Sozial-reformatorisches Denken

Lukáš Fasora, Jiří Hanuš,
Jiří Malíř (Hg.)

Sozial-reformatorisches Denken

in den böhmischen Ländern 1848–1914

Martin Meidenbauer »

Das Buch erscheint mithilfe der Unterstützung der Grant-Agentur der Tschechischen Republik im Rahmen des Projekts GA409/08/0591 und im Rahmen der Tätigkeit des Forschungszentrums für Geschichte Mitteleuropas: Quellen, Land, Kultur MSM0021622426.

Rezensenten:
Prof. PhDr. Roman Holec, CSc., Komenský-Universität, Bratislava
Prof. PhDr. Eduard Kubů, CSc., Karls-Universität, Prag
Dr. Peter Urbanitsch, Österreichische Akademie der Wissenschaften, Wien

Übersetzung: Thomas Krzenck, Satz: Lenka Váchová

Bibliografische Information der Deutschen Nationalbibliothek
Die Deutsche Bibliothek verzeichnet diese Publikation in der Deutschen Nationalbibliografie; detaillierte bibliografische Daten sind im Internet über http://dnb.ddb.de abrufbar.

Printed in Germany

Gedruckt auf chlorfrei gebleichtem, säurefreiem und alterungsbeständigem Papier (ISO 9706)

ISBN 978-3-89975-192-5
Verlagsverzeichnis schickt gern:
Martin Meidenbauer Verlagsbuchhandlung
Erhardtstr. 8
D-80469 München
www.m-verlag.net

INHALT

DIE SOZIALE FRAGE ALS FORSCHUNGSGEGENSTAND

Lukáš Fasora – Jiří Hanuš – Jiří Malíř

Die Entstehung der sog. sozialen Frage war eine Folge der wirtschaftlichen Veränderungen im 19. Jahrhundert, vor allem des Prozesses der Industrialisierung. Je nach Umfang und Dringlichkeit der sozialen Folgen erhielt die sog. soziale Frage lokal und zeitlich ein variables Aussehen – hier wurde sie vornehmlich auf die Frage der Industriearbeiterschaft reduziert, andernorts aber auch auf die Frage der Landarbeiterschaft oder auch auf diejenige des Kontrasts zwischen Armut und Reichtum in der Industriegesellschaft generell ausgeweitet. Die Industrialisierung stellte zwar die Voraussetzung für die Entstehung der Konsumgesellschaft oder auch einer „Gesellschaft des Überflusses“ dar, deren segenspendende Einflüsse in dieser Richtung zeigten sich jedoch eher in einem mittelfristig ausgerichteten zeitlichen Horizont. Auf der anderen Seite sahen sich in kurzfristiger Sicht im Ergebnis der Industrialisierung mehrere Generationen mit deren sozioökonomischen Veränderungen konfrontiert. Unter letzteren überwogen eher negative Aspekte: schlechte Wohnverhältnisse, unsichere Arbeitsverhältnisse, unregelmäßige Beschäftigung mit langen Arbeitszeiten, niedrige Löhne, monotone Arbeiten, schlechte Wohnungen und ein chronischer Mangel an materiellen Bedürfnissen und Anreizen für eine geistige Entwicklung. Treffend wird diese Lebensweise der städtischen Arbeiterschaft „Kultur der Armut“ genannt.

In die kulturelle und politische Mythologie Europas trat der Industriearbeiter des 19. Jahrhunderts als symbolischer Vertreter der gesamten Arbeiterschaft und ihres Lebensstils ein, und er prägte das Bild des „Arbeiters“ noch weit bis in das 20. Jahrhundert. Bestandteil dieser Mythologie war die Klassentheorie von Marx, die sich auf die Vorstellung von einem monopolgleichen Mandat der Arbeiterschaft zur Realisierung tiefgreifender ökonomischer und gesellschaftlicher Veränderungen stützte, die die markante Ungerechtigkeit der industriellen Ära ein für alle Mal beseitigen würden. Und dies trotz des Widerstandes der sog. Ausbeuter, also der Besitzer der „Produktionsmittel“, in deren Lebensinteresse es – der Theorie des Klassenkampfes zufolge – läge, die Arbeiterschaft in Unwissenheit hinsichtlich der wahren Ursachen ihres Elends zu belassen und deren öffentliche Aktivität expressis verbis lediglich den Charakter einer Verteidigung der eigenen privilegierten Stellung in der Produktion und in der Gesellschaft besaß.

Auf die Formulierung einer konsistenten Haltung gegenüber den zeitgenössischen wirtschaftlichen und sozialen Problemen orientierten freilich nicht allein die Sprecher der Arbeiterschaft, also vor allem die Sozialdemokraten als repräsentativer Kern der Industriearbeiterschaft. Die übergroße Mehrzahl der Angehörigen der Aristokratie und des Bürgertums fühlte sich zwar durch die Zunahme der sozialen Spannungen und der Erfolge der Ideologie des Klassenkampfes überlistet, ja sogar eingeschüchtert, ein Teil der Angehörigen dieser „Ausbeuter-„Klassen wollte jedoch nicht tatenlos einer weiteren Eskalation der gesellschaftlichen Spannungen zusehen und bemühte sich ein eigenes Rezept zur Überwindung der Probleme zu formulieren.

Jedes europäische Land bot für eine ähnliche intellektuelle Leistung unterschiedliche Bedingungen, eine spezifische kulturelle und gesellschaftliche Atmosphäre. Die unterschiedliche Entwicklung und vor allem das Konfliktpotential der Arbeiterbewegung auf den britischen Inseln, in Frankreich, Deutschland oder in den USA beschwor einen unterschiedlichen Bedarf nach sozialen Reformversuchen auf der Seite der herrschenden gesellschaftlichen Schichten herauf. Der inspirativste Markt für soziale Reformvorstellungen war ohne Zweifel Deutschland, wo zudem die Bismarcksche staatliche Sozialpolitik der Entwicklung in den übrigen Ländern weit vorauseilte. Eines der Länder, das sich programmatisch ganz von den deutschen Erfahrungen auf dem Felde der Sozialpolitik inspirieren ließ, war die Habsburgermonarchie. Ein reines Übertragen der deutschen Sozialstaatspolitik bzw. der Herangehensweisen des deutschen Kathedersozialismus auf das österreichische Milieu war allerdings nicht ohne bedeutende Korrekturen möglich, die die lokalen Spezika berücksichtigten: vornehmlich den multiethnischen Charakter des Reiches, die niedrigere bisherige Stufe der Industrialisierung sowie das Fortdauern einer ganzen Reihe postfeudaler Relikte in den gesellschaftlichen Beziehungen.

Die Spezifik der sozialen und ökonomischen Situation in den böhmischen Ländern

Die böhmischen Länder gehörten zur sog. zweiten Welle der industrialisierten Länder Europas und bildeten, zusammen mit Wien und Umgebung sowie einem Teil der Steiermark, den am meisten industrialisierten Teil des Habsburgerreiches. In gewissem Wortsinn verkörperten sie nämlich zum einen das Schaufenster der Modernisierung des altertümlichen Reiches, zum anderen jedoch auch den Raum, in dem sich relativ bald im Rahmen Ostmitteleuropas die Symptome der sozialen Spannungen zu zeigen begannen, die bereits aus den höherentwickelten Regionen des europäischen Kontinents bekannt waren. Im Rahmen des sog. „Kaskadenmodells" der sozioökonomischen Entwicklung Europas in der industriellen Ära bildeten im Grunde genommen die böhmischen Länder eine der mittleren Stufen, zwar mit markanter Verspätung im Vergleich mit England oder Belgien, auf der anderen Seite wiederum mit bedeutendem Vorsprung vor den Ländern Ost- und Südosteuropas.

Für eine allgemeinere Chrakterisierung der sog. sozialen Frage leisteten die böhmischen Länder mit einer ganzen Reihe von Spezifika einen Beitrag, die die komplizierten Verhältnisse im Lande aus ökonomischer, sozialer, politischer und ethnisch-nationaler Sicht reflektierten, für die sich anderswo in Europa nur schwerlich Vergleiche finden lassen:

a) billige Arbeitskräfte

In allen böhmischen Ländern zeigte sich ein langzeitliches Defizit beim Herangehen an Kapital und moderne Technologien – nur ein sehr kleiner Teil der Industriebetriebe verfügte über ein ausreichend starkes Kapitalumfeld und nur wenige Betriebe vermochten sich im Konkurrenzkampf auf einen technologischen Vorsprung zu stützen, so dass sich eher die Suche nach komparativen Vorteilen bezüglich geringerer Aufwendungen für die Arbeitskraft als charakteristisch erwies.

b) ländlicher Charakter eines Großteils der industriellen Kapazitäten:

Ein Großteil der industriellen Kapazitäten war zudem auf dem Lande dislokalisiert, in sog. Industriedörfern. Die Unternehmer suchten somit wiederum den auf der Ausnutzung der (Gelegenheits-)Arbeit beruhenden Vorteil der Arbeit mit Personen, die eng mit der ländlichen Lebensweise und der Versorgung verbunden waren, was die eigenen Aufwendungen verringerte. Relativ gesehen fiel – im Vergleich zu Westeuropa – die Zahl der industriellen Zentren städtischen Typs mit einer hohen Konzentration an Fabriken und einem Potential für die Entwicklung einer starken Arbeitersubkultur in den böhmischen Ländern geringer aus und die Probleme der (groß-)städtischen Industriearbeiterschaft traten somit im Paket der zeitgenössischen sozialen Probleme nicht derart in den Vordergrund.

c) hohe Aufwendungen für die grundlegenden Lebensbedürfnisse:

Ein typisches Merkmal der Lebensbedingungen der städtischen Industriearbeiterschaft waren auf der einen Seite relativ niedrige Löhne in fast allen Industriezweigen, dem auf der anderen Seite jedoch hohe Aufwendungen zur Regelung der grundlegenden Lebensbedürfnisse – insbesondere für Lebensmittel – gegenüberstanden. Diese Tatsache ist in der Regel einerseits mit der Zollpolitik der Habsburgermonarchie und den hohen Verkehrstarifen verbunden, andererseits mit der niedrigen Effizienz der landwirtschaftlichen Produktion, in der sich nur langsam und mit großen regionalen Unterschieden die Regeln einer leistungsorientierten Ökonomie durchsetzten. Eine Rolle spielten zudem auch die Auswirkungen der Akzise, die in den großen Städten die grundlegenden Lebensbedürfnisse verteuerte, sowie der chronische Mangel an billigem Wohnraum in den großen Städten.

d) Konservatismus und verbreitetes Misstrauen gegenüber liberalen Werten und der Moderne:

Die vorwiegend aristokratischen Großgrundbesitzer standen mit ihrer Politik des Festhaltens an postfeudalen Relikten keineswegs isoliert, die Skepsis gegenüber liberalen Werten fußte auf einer viel breiteren sozialen Grundlage. Die konservativen Rezepte zur Lösung der zeitgenössischen, nicht allein sozialen, vor allem aber politischen Probleme – hier teilte ein bedeutender Teil der tschechischen politischen Repräsentanz, die sog. Alttschechen, mit den Aristokraten in hohem Maße die Meinung. Auf sozialem Gebiet artikulierte sich die Skepsis gegenüber den liberalen Errungenschaften in einem Misstrauen in den Prozess der Industrialisierung, die Moderne insgesamt sowie deren Träger, die überwiegend aus dem Milieu des deutsch sprechenden Bürgertums sowie dem in der deutschen Kultur assimilierten Judentum stammten. Das Misstrauen gegenüber der Moderne verband auch die Angehörigen der traditionellen städtischen Eliten der Kleinstädte miteinander, und zwar ohne Rücksicht auf die Nationalität, und bereitete in der Gesellschaft das Potential für die Entstehung einer starken antimodernen Bewegung. Diesen Raum füllte zu einem Teil zuerst die Politik der Alttschechischen Partei aus und nach dem Zerfall dieser allnationalen Partei dann seit den 1890er-Jahren der politische Katholizismus, der zur stärksten politischen Kraft im tschechischen Lager in Mähren aufstieg. Im deutschen Milieu breitete sich die christlich-soziale Bewegung Karl Luegers erfolgreich von Wien und Niederösterreich besonders in Mähren aus.

e) bedeutende regionale Unterschiede auf relativ engem Raum:

Auf dem relativ kleinen Territorium der böhmischen Länder mit ihren vielfältigen natürlichen Bedingungen stoßen wir zudem auf zahlreiche gewichtige soziale und wirtschaftliche Besonderheiten. Neben den hoch industrialisierten Gebieten Nord- und Nordostböhmens, die in unmittelbarer Nachbarschaft zum sächsischen Industriegebiet lagen, finden wir hier zahlreiche Gebiete, in denen der prä-industrielle Charakter des Lebens noch weit bis in das 20. Jahrhundert fortdauerte: in Böhmen handelte es sich dabei insbesondere um den Süden und die Bergregionen im böhmisch-mährischen Grenzland, in Mähren sodann vornehmlich um den Osten und Südosten, Gebiete, die im 19. Jahrhundert in vielfacher Sicht sozioökonomische Parameter aufwiesen, die vergleichbar mit Ungarn oder letztlich dem Balkan waren. Im traditionell konservativen Milieu gelang es den örtlichen, häufig national und sozial denkenden Priestern, den sozialen Problemen und der Agitation modernistischer Kräfte auch bei einem Großteil der kleinproduzierenden Arbeiterschaft zum Trotz ihre Autorität zu wahren. Die Skepsis eines Teils der in ethnisch-nationaler Hinsicht tschechischen Arbeiterschaft gegenüber der herrschenden gesellschaftlichen Ordnung fand ihren Niederschlag wesentlich stärker in den Beziehungen zu Religion und Kirche, aber keineswegs in den Werten Glauben und Nation. Auch in den deutschen Gebieten der böhmischen Länder ließen sich Regionen finden, die praktisch ohne Fabrikindustrie und mit einem lange Zeit bestehenden Übergewicht konservativer Kräfte lebten, vor allem in Südmähren, deren Bedeutung jedoch im Rahmen der deutschen Bevölkerung der böhmischen Länder weitaus geringer ausfiel.

f) enger Zusammenhang zwischen sozialen und nationalen Themen:

Das deutsche Bürgertum war anfänglich der Hauptmotor der Industrialisierung der böhmischen Länder. In Mähren und in Österreichisch-Schlesien behielten die deutsch sprechenden Unternehmer gegenüber den tschechischen bis zum Ende der Existenz der Habsburgermonarchie ein eindeutiges Übergewicht beim Kapital, in Böhmen näherte sich vor allem seit den 1890er-Jahren die wirtschaftliche Leistungsfähigkeit beider ethnisch-nationaler Gruppen rasch an und zeigte sich vornehmlich in den klassischen Industriesektoren, also in der Rohstoffförderung und – verarbeitung sowie in der Textilindustrie sowie lange Zeit auch im Maschinenbau. Zweige, in denen wiederum – wenngleich mit zeitlicher Verzögerung – ein tschechisches Übergewicht vorherrschte, waren die Lebensmittelindustrie und später auch die Produktion landwirtschaftlicher Maschinen. Die einstmals eindeutig deutsch dominierten Gebiete wiesen nunmehr im Gefolge der Industrialisierung und Arbeitsmigration einen gemischtsprachigen Charakter auf. Die industrielle Produktion zog relativ frühzeitig zur Arbeit in den Fabriken die aus den bergigen Grenzregionen der böhmischen Länder stammende deutsch sprechende Arbeiterschaft an, und erst mit zeitlicher Verzögerung wurde diese ältere Schicht des Proletariats partiell durch eine Welle tschechisch sprechender Zukömmlinge überlagert. Die deutsche Arbeiterschaft verteidigte in der Regel die Position des qualifizierteren und besser bezahlten Elements, das sich darüber hinaus bereits besser in der städtischen Lebensweise etabliert hatte und sich durch ein höheres Maß an sozialer Disziplin auszeichnete. Der Zustrom tschechischer Arbeitskräfte, in dessen Verlauf auch tschechische Kleinunternehmer und Intellektuelle in den Städten Fuß zu fassen suchten, führte im Verlaufe von ein bis zwei Generationen auch zu einem Erwachen der bislang in ethnisch-nationaler Hinsicht indifferenten Bevölkerung und in der Folge zu einer Tschechisierung kleinerer Städte – ein Prozess, den sowohl das deutsche Bürgertum als auch ein bedeutender Teil der deutsch sprechenden Arbeiterschaft mit begreiflichem Unmut verfolgten. Insbesondere seit den 1880er-Jahren stellte der sog. Defensivnationalismus ein Thema dar, das auch im Bereich der Wirtschafts- und Sozialpolitik seinen Niederschlag fand. Versuche zur Lösung der sozialen Probleme von einem primär nationalen Standpunkt aus – etwa das Projekt der sog. geschlossenen deutschen Gebiete – stießen jedoch zum einen auf die Existenz eines einheitlichen Marktes an Arbeitskräften im westlichen Teil der Habsburgermonarchie, zum anderen auf die Unentbehrlichkeit der in der Regel weniger qualifizierten und billigeren tschechischen Arbeitskräfte für die für gewöhnlich technologisch veraltete Industrie, also auch für deutsch sprechende Unternehmer. In Mähren erwies sich sodann der Plan einer Segregation mit Blick auf die Vermischung der tschechischen und deutschen Einwohnerschaft, als nicht durchführbar.

g) Rezeption ausländischer Theoriediskussionen:

In der Herangehensweise an die theoretischen Aspekten der sog. sozialen Frage spiegelten sich auch das Niveau der Bildung sowie die gesamte kulturelle Weitsicht der Angehörigen der Eliten bzw. der rivalisierenden Eliten der tschechischen und deutschen Bevölkerung wider. Um das Jahr 1900 fanden ihren Broterwerb im tertialen Sektor der Wirtschaft (Beamte, Geistliche, Lehrer, freie Berufe, Kaufleute u. a.) annähernd drei Prozent der männlichen Bevölkerung Böhmens, wobei es zu einem steilen Anstieg vornehmlich in beiden letzten Dekaden unter anderem im Zusammenhang mit dem Aufschwung des Hochschulwesens sowie der Teilung der Prager Universität in den eine deutsche und eine tschechische Einrichtung (1882) kam. Relativ sank zudem der Anteil der Geistlichen, demgegenüber stieg die Zahl der Anwälte und Ärzte.[1] Die Intellektuellen wiesen ohne Unterschied der ethnisch-nationalen Herkunft ein hohes Maß an Bindungen in das Milieu der deutschen Wissenschaft auf, im tschechischen Milieu zeigte sich jedoch aus Gründen der gefühlten Rivalität das Bemühen, Inspirationen auch in Frankreich, Belgien oder in den angelsächsischen Ländern zu suchen. Einem relativ engen Kreis von Theoretikern der sozialen Arbeit, die mit der Prager und Wiener Universität in Verbindung standen, sekundierte ein breiterer Kreis von Autodidakten und originellen, eher praktisch orientierten, mit der regionalen oder lokalen Ebene des öffentlichen Geschehens verbundenen Denkern.

Versuche des österreichischen Staates zur Lösung der sozialen Probleme in der zweiten Hälfte des 19. Jahrhunderts

Das Anwachsen der sozialen Spannungen in den böhmischen Ländern hing, ähnlich wie in anderen Teilen Europas, eng mit der Erosion der althergebrachten Institutionen zusammen, die bislang mit mehr oder minder großer Wirksamkeit die Spannungen zwischen Reichtum und Armut

[1] Machačová, Jana – Matějček, Jiří: *O středních vrstvách v českých zemích 1750–1950* [Über die Mittelschichten in den böhmischen Ländern 1750–1950], Opava 2002, S. 87.

hatten abfedern können. Ein wichtiges Moment war vor allem der Zerfall der Zünfte in der ersten Hälfte des 19. Jahrhunderts, zementiert mit deren Beseitigung de iure im Jahre 1859. Auch der Rückzug der katholischen Kirche aus öffentlichen Positionen sowie die Abnahme der Religiosität der Bevölkerung stärkten die Nachfrage nach Übernahme von Verantwortung für die sozial Schwachen und die – einerseits durch den Staat, andererseits durch die Arbeitgeber, gegebenenfalls auch die selbstverwaltendenden Korporationen – Bedrohten.

Der habsburgische Staat, in seinen Grundfesten durch die revolutionären Ereignisse der Jahre 1848–1849 erschüttert, suchte in den Folgejahren einen Kompromiss mit einem Teil des liberal orientierten Bürgertums. Das daraus entstandene Produkt war ein in den 1850er-Jahren konstituierter modus vivendi, der auf einer Liberalisierung des ökonomischen Lebens in der Monarchie sowie der Wahrung des politischen Einflusses der alten konservativen Eliten beruhte. Dieses stille Übereinkommen schränkte die einstigen liberalen Reformvorstellungen des Bürgertums vor allem in zwei Bereichen ein – zum einen auf der Ebene einer allgemeinen Demokratisierung der Verhältnisse, die sozusagen auf halber Strecke zum Stehen kam, zum anderen auf der Ebene einer gerechteren Ordnung der Beziehungen zwischen den Völkern innerhalb des multiethnischen Reiches. Es war verständlich, dass die Repräsentation jener bedrohten Völker, die in ihrer sozialen Zusammensetzung eine geringere Vertretung der privilegierten Schichten besaßen, sich verpflichtet fühlten, zusammen mit den nationalen Rechten auch allgemeine Ansprüche an eine Gleichheit in den bürgerlichen Beziehungen sowie im Wirtschaftsleben zu verteidigen.

Das Problem der Ungleichheit in den bürgerlichen und sozialen Rechten spitzte sich insbesondere in den 1860er- und 1870er-Jahren zu, als der Staat einer unternehmerischen Gründerwelle das Feld überließ und als sich rasch auch die letzten Reste des unternehmerischen Patriarchalismus, verbunden mit den Wurzeln in der Ära der Protoindustrialisierung, verschwanden. Die Wirtschaftskrise des Jahres 1873 offenbarte die gewaltigen, in den sozialen Beziehungen herrschenden, Spannungen, stellte für eine ganze Generation einen Schock dar, der auch die noch nicht so feste Position der liberalen Ideologie im Milieu der Habsburgermonarchie untergrub, und der das dringende Bedürfnis nach einem staatlichen wirtschaftlichen und sozialen Protektionismus auf den Plan rief.

Den Höhepunkt der österreichischen Sozialgesetzgebung bildete die Ära der konservativen Regierung des Grafen Eduard Taaffe (1879–1893), die sich auf die Unterstützung des tschechischen politischen Blocks, des konservativen tschechischen und mährischen Adels, der galizischen Großgrundbesitzer und der klerikalen Kräfte aus den Alpenländern stützte. Taaffes Sozialgesetzgebung folgte dem Beispiel Bismarcks, und neben Gesetzen, die extreme Fälle von Ausbeutung der Arbeiterschaft und der Diskriminierung der Gewerbetreibenden beseitigten, praktizierte die Regierung auch eine Politik der Repressionen, die gegen die politische Führung der sozialistischen Bewegung gerichtet war. Die Unterdrückungs- und Verfolgungsmaßnahmen erwiesen sich freilich nicht als sehr wirksam und sie besaßen keinen derart systematischen Charakter wie in Deutschland, da das gegen die Sozialisten gerichtete Gesetz nicht das Parlament durchlief, und die Auswirkungen daher – in Gestalt eines verhängten Ausnahmezustands – vor allem Wien und Umgebung als das bedeutsamste Zentrum der sozialistischen Bewegung spürten.

Die um die Regierung Taaffe versammelten politischen Kräfte, der sog. grüne Kreis der Rechten, stand den Vorstellungen von einer konsequenten Demokratisierung der Gesellschaft fern, und es erstaunt daher nicht, dass für den liberalsten Teil der Regierungskoalition, nämlich die tschechische politische Repräsentation, die Zusammenarbeit in einer Koalition schrittweise immer weniger akzeptabel wurde, was im Jahre 1893 zum Sturz der Regierung Taaffe führte. Zu dieser Zeit beschäftigten die Auseinandersetzungen um die sog. Sprachenverordnungen die österreichische Politik bereits in einem Maße, dass eine weitere Fortsetzung der sozialreformerischen Politik nunmehr schwer vorstellbar schien. Die österreichische Sozialgesetzgebung erstarrte somit in ihren Grundzügen im Jahre 1888 mit der Verabschiedung des Gesetzes über die Pflichtversicherung der Beschäftigten. Auf die Veränderungen in der Struktur der Industrie, dem Arbeitsmarkt usw., die im Zusammenhang mit dem Ende der extensiven Phase der Industrialisierung nach der Wirtschaftskrise in den Jahren 1900–1902 sichtbar wurden, vermochte der Staat praktisch bereits nicht mehr zu reagieren.

Dennoch aber sollte nicht außer acht gelassen werden, dass die österreichische Sozialgesetzgebung in den 1880er-Jahren im Weltmaßstab ein hohes Niveau erreicht hatte, womit man sich schließlich mit der weltweit führenden Nummer Eins, dem kaiserlichen Deutschland, messen konnte, und in vielerlei Hinsicht eilte Österreich damit wirtschaftlich wesentlich erfolgreicheren Staaten voraus. Dessen ungeachtet bildete der erreichte Stand der österreichischen Sozialgesetzgebung den Gegenstand von Kritik, und zwar bereits seit den 1890er-Jahren. Die Ursache hierfür muss vor allem im Vergleich der Situation in Österreich mit der Entwicklung in Deutschland gesucht werden, wo mit der Person des jungen Kaisers Wilhelm II. und seiner Politik des Neuen Kurses eine „zweite Welle" von Sozialgesetzen erfolgte, die im Unterschied zur ersten in Österreich auf der Ebene der Legislative nahezu keinerlei Echo fand. Die Interessensvereinigung der österreichischen Industriellen wies zwingend darauf hin, dass die Realisierung weiterer aufwendiger Sozialprojekte die Konkurrenzfähigkeit der maroden österreichischen Wirtschaft untergrabe und jeder Vorschlag für soziale Maßnahmen wurde fortan primär unter dem Aspekt nationaler Interessen beurteilt, so dass es schwierig, ja geradezu unmöglich war, hier einen allgemein akzeptablen Kompromiss zu finden.

Die gesamte komplizierte Situation auf dem Felde der Sozialgesetzgebung mündete in einer Übertragung der Diskussionen aus dem Milieu der hohen Politik in die niederen Sphären des öffentlichen Geschehens, in das Milieu der Vereine, Gemeindevertretungen und der Universität. Eine gewisse Aufsplittung der Debatte bildete die unausbleibliche Folge dieser Entwicklung, wenngleich sich hier – vor allem seit den 1890er-Jahren – ein interessanter Tummelplatz von Vorstellungen hinsichtlich der Möglichkeiten eines Herangehens an eines der aktuellsten Probleme der Zeit konstituierte, die viel über die Stellung der böhmischen Länder im europäischen Kontext sowie über die Möglichkeiten der Rezeption der Vorbilder der deutschen Sozialpolitik im ethnisch-national gemischten Milieu Ostmitteleuropas aussagen.

Der aktuelle Forschungsstand

Die soziale Thematik geriet in der tschechischen Historiographie erst unter dem Druck der marxistisch-leninistischen Ideologie in das Zentrum der Aufmerksamkeit. Ihre wichtigste Aufgabe bestand u. a. darin sich kritisch gegenüber der älteren Forschung zur sozialen Frage abzugrenzen. Unter diesen älteren Arbeiten müssen vor allem als bedeutend die Arbeiten von Albín Bráf, Karel Kramář, Lev Winter und insbesondere Tomáš G. Masaryk hervorhoben werden. Aus Sicht der tschechischen marxistisch-leninistischen Geschichtsschreibung bildete ausnahmslos die volle Übernahme und praktische Applikation der Marxschen Revolutionstheorie durch die Arbeiterklasse das Symptom für deren Fortschrittlichkeit und revolutionäre Bereitschaft, die Pflicht des Historikers bei der Erarbeitung des komplizierten Themas der sozialen Frage bestand selbstredend in der teleologischen Zitierung der Koryphäen der sozialistischen Bewegung, beginnend bei Marx, Engels und fortschreitend mit Lenin bis Stalin, der jedoch in den 1950er-Jahren aus dem Pantheon ausgeschlossen wurde. Die Zitate der Chefideologen der Bewegung stellten eine Quelle für die unüberwindbare Weisheit und Meilensteine des einzig richtigen Weges dar, wobei jedes Abweichen als ein Fehler, begründet in der unzureichenden ideologischen Schulung der Führer der Partei, bezeichnet wurde. In Erwägung wurde keinerlei Pluralität der Meinungen gezogen, wie sie damals sowohl auf Seiten der Arbeiterschaft als auch auf Seiten ihrer ideologisch beschränkten, vermeintlichen Gegner herrschten.[2]

Das ideologische Klischee in der Interpretation der sozialen Frage erreichte seinen Kulminationspunkt vor allem in den 1950er- und 1970er-Jahren, andererseits förderten ein gewisses Tauwetter in den sechziger Jahren sowie die schrittweise Abschwächung des ideologischen Drucks

[2] Šindelář, Bedřich: *Přehled dějin dělnického hnutí na Moravě od hainfeldského sjezdu* [Überblick zur Geschichte der Arbeiterbewegung in Mähren seit dem Hainfelder Parteitag]. ČMM 73, 1954, 1, S. 3–57; prägnante Formulierungen bei der Herangehensweise bei Šolle, Zdeněk: *Dělnické hnutí v českých zemích koncem minulého století (1887–1897)* [Die Arbeiterbewegung in den böhmischen Ländern am Ende des vergangenen Jahrhunderts (1887–1897)]. Praha 1954; Peša, Václav: *Sociálně demokratické hnutí v habsburské monarchii v letech 1868–1879* [Die sozialdemokratische Bewegung in der Habsburgermonarchie in den Jahren 1868–1879], Československý časopis historický 22, 1974, S. 808–847; Franěk, Otakar: *Maršál chudých. Životní osudy Josefa Hybeše rodáka z východčeského kraje* [Marschall der Armen. Das Lebensschicksal des aus dem ostböhmischen Kreis stammenden Landsmannes Josef Hybeš]. Hradec Králové 1980; Ders.: *Rebel a básník. Okamžiky života dělnického politika a básníka Josefa Krapky – Náchodského* [Rebell und Dichter. Augenblicke im Leben des Arbeiterpolitikers und Dichters Josef Krapka-Náchodský]. Hradec Králové 1982.

und der Zensur in der zweiten Hälfte der 1980er-Jahre einige interessante Arbeiten zutage.[3] Für die hier vorliegende Publikation müssen besonders die Arbeiten Josef Kolejkas und Jiří Kořalkas Erwähnung finden, die die Rolle des Nationalismus in den zeitgenössischen Diskussionen über die soziale Frage und in der Arbeiterbewegung generell analysierten.[4] Der relativ geringe Anteil des Großbürgertums in der bürgerlichen tschechischen Gesellschaft erleichterte das Aufspüren gemeinsamer Themen zwischen einem Teil des Städtebürgertums und einem Teil der Arbeiterschaft im Kampf gegen das (deutsche und jüdische) Großkapital. Diese bedingte und keinewegs konfliktfreie Gemeinschaft schuf für die böhmischen Länder ein typisches Konglomerat von Problemen, in dem sich praktisch die sozialen Probleme nicht von den nationalen oder aber die Arbeiterfrage nicht von Fragen der Kleingewerbetreibenden trennen lassen.

[3] JORDAN, František: *Problémy rozkolu dělnického hnutí v českých zemích na umírněné a radikály 1879–1889* [Die Probleme der Spaltung der Arbeiterbewegung in den böhmischen Ländern in Gemäßigte und Radikale 1879–1889]. Praha 1965; JANÁK, Jan: *Národní strana a sociální otázka na moravském zemském sněmu v 60. a 70. letech 19. století* [Die Nationalpartei und die soziale Frage im mährischen Landtag in den 1860er- und 1870er-Jahren], in: Sborník k nedožitým padesátinám PhDr. Jiřího Radimského. Brno 1969, S. 276–307; DERS.: *Příčiny vzniku předlitavské sociální správy* [Die Ursachen für die Entstehung der cisleithanischen Sozialverwaltung]. Brno 1970; MATĚJČEK, Jiří: *Sociální politika Vítkovických železáren od začátku 70. let do roku 1918* [Die Sozialpolitik der Witkowitzer Eisenwerke vom Beginn der 1870er-Jahre bis zum Jahre 1918]. In: Ostrava 9, 1977, S. 236–249; HORSKÁ, Pavla: *Kapitalistická industrializace a středoevropská společnost* [Die kapitalistische Industrialisierung und die mitteleuropäische Gesellschaft]. Praha 1970.

[4] KOLEJKA, Josef: *Národnostní program v začínajícím socialistickém hnutí v Rakousku 1868–1874* [Das Nationalitätenprogramm in der beginnenden sozialistsichen Bewegung in Österreich 1868–1874], Časopis Matice moravské 93, 1974, S. 84–97; DERS.: *Rozkol sociální demokracie na autonomisty a centralisty v roce 1910 a činnost centralistické sociální demokracie v letech 1911–1919* [Die Aufspaltung der Sozialdemokratie in Autonomisten und Zentralisten im Jahre 1910 und die Tätigkeit der zentralistischen Sozialdemokratie in den Jahren 1911–1919], Slezský sborník 54, 1956, S. 1–28; KOŘALKA, Jiří: *Arbeiteremanzipation und Bildung in einer aufstrebenden Nationalgesellschaft: das Beispiel Böhmens*, In: Kocka, Jürgen (Hg.): Arbeiter und Bürger im 19. Jahrhundert. Varianten ihres Verhältnisses im europäischen Vergleich. München 1986, S. 65–74.

Der Beitrag der damaligen, unter dem ideologischen Einfluss des Marxismus-Leninismus stehenden tschechoslowakischen Historiographie lässt sich zum einen in einer systematischen Zusammentragung und Edition von Quellen zur Geschichte der Arbeiterbewegung und zum anderen im Bemühen, detailliert das Geschehen in den höheren Strukturen der Bewegung und des sozialistischen Lagers zu analysieren, erblicken. Sofern wir uns das unumgängliche ideologische Klischee einmal wegdenken, das die Autoren obligatorisch in den Text einbauen mussten (v. a. Zitate der ideologischen „Klassiker"), lässt sich die verwendete Arbeitsmethode bei wertvolleren Arbeiten als spätpositivistisch bezeichnen, die – dank bestimmer interpretatorischer „Plattheiten" – die relativ größten Möglichkeiten bot, einer frontalen Auseinandersetzung mit dem herrschenden Regime zu entgehen. In der Ära des Nachlassens des ideologischen Drucks war es schließlich sogar möglich auch zu einigen partiellen mikrohistorischen Forschungen (z. B. zur Beschäftigungspolitik der großen Unternehmen) oder aber zu mit dem Verhältnis zwischen der Arbeiterschaft und den übrigen Bestandteilen der Gesellschaft – die kulturellen und geistigen Einflüsse eingeschlossen – verbundenen Fragen überzugehen. Das sozialreformerische bürgerliche Denken bildete zwar auch weiterhin ein Tabu, ein neues Moment verkörperten jedoch z. B. detaillierte ethnologisch ausgerichtete Analysen des Alltagslebens der Arbeiterschaft, Versuche hinsichtlich einer sachlicheren und realistischeren Interpretation der Streiktätigkeit sowie Arbeiten, die sich mit den Sozialprogrammen der bürgerlichen politischen Parteien befassten.[5]

Der Sturz des kommunistischen Regimes im Jahre 1989 führte förmlich zu einer „Flucht" von Historikern vom Forschungsfeld der Beschäftigung mit der Arbeiterschaft und der Arbeiterbewegung. Es handelte sich

[5] Malíř, Jiří: *Lidová strana na Moravě a dělnické hnutí na sklonku 19. století* [Die Volkspartei in Mähren und die Arbeiterbewegung am Ende des 19. Jahrhunderts], Sborník prací Filozofické fakulty brněnské univerzity, C-32, 1985, S. 49–62; Kraváček, František: *Katolická církev a dělnické hnutí na Moravě před první světovou válkou* [Die katholische Kirche und die Abeiterbewegung in Mähren vor dem Ersten Weltkrieg], Sborník prací pedagogické fakulty Univerzity Palackého v Olomouci, Historie 5, Praha 1979, S. 93–115; Marek, Pavel: *Volební zápasy živnostenské strany na Moravě v letech 1911–1913* [Die Wahlkämpfe der Gewerbepartei in Mähren in den Jahren 1911–1913], Časopis Matice moravské 103, 1984, S. 291–311.

natürlicherweise um eine verständliche Erscheinung, das legitime Bemühen, Defizite der Forschung in Bereichen auszugleichen, die das alte Regime in der Vergangenheit nicht als Forschungsthemen präferiert oder letztlich sogar untersagt hatte. Mit wachsendem Abstand zur „Samtenen Revolution" begann sich jedoch zu zeigen, dass eine Vernachlässigung der Erforschung der unteren sozialen Schichten und deren Interaktion mit dem Rest der Gesellschaft zu einem weiteren gefährlichen Forschungsdefizit und zur Formung eines unrealen Bildes über die Geschichte der böhmischen Länder im 19. Jahrhundert führten würde.

Zugleich sind im zurückliegenden Jahrzehnt mehrere grundlegende Veränderungen sichtbar geworden, die das immer dringender werdende Bedürfnis nach einer Rückkehr zu Forschungen über die Stellung der unteren gesellschaftlichen Sachichten deutlich artikuliert haben.[6] Im Prinzip – so ein knappes Resümee – ist nämlich die Erforschung des sog. politischen Parteienwesens vorangeschritten[7], was auf der anderen Seite auch für die Geschichte von Unternehmen gilt, deren notwendiges Segment zudem Probleme der Beschäftigungspolitik sowie der allgemeineren Zweig- und Regionalspezifik des Arbeitsmarktes bilden.[8] Ein markanter Fortschritt wurde vor allem in Mähren auf dem Gebiet der Erforschung

[6] Machačová, Jana – Matějček, Jiří: Problémy obecné kultury v českých zemích 1781–1989 [Probleme der allgemeinen Kultur in den böhmischen Ländern 1781–1989]. Opava – Kutná Hora 2007.

[7] Malíř, Jiří: *Od spolků k moderním politickým stranám. Vývoj politických stran na Moravě v letech 1848–1914* [Von Vereinen zu modernen politischen Parteien. Die Entwicklung der politischen Parteien in Mähren in den Jahren 1848–1914], Brno 1996; Marek, Pavel: *Český katolicismus 1890–1914: kapitoly z dějin katolického tábora na přelomu 19. a 20. století* [Der tschechische Katholizismus 1890–1914: Kapitel aus der Geschichte des katholischen Lagers an der Wende vom 19. zum 20. Jahrhundert]. Rosice 2003; Malír, Jiří – Marek, Pavel u. a.: *Politické strany: vývoj politických stran a hnutí v českých zemích a Československu 1861–2004* [Politische Parteien: Die Entwicklung der politischen Parteien und Bewegungen in den böhmischen Ländern und in der Tschechoslowakei 1861–2004], Brno 2005.

[8] Myška, Milan u. a.: *Historická encyklopedie podnikatelů Čech, Moravy a Slezska* [Historische Enzyklopädie der Unternehmer Böhmens, Mährens und Schlesiens], Ostrava 2003; Štaif, Jiří: *Unternehmerbourgeoisie und Wirtschaftseliten in der tschechischen Historiographie nach dem Jahr 1945*. Prager wirtschafts- und sozialhistorische Mitteilungen, Volume 8, 2007–2008, S. 76.

der Geschichte der bürgerlichen Gesellschaft und der städtischen Selbstverwaltung – unter dem Eindruck der methodischen Anregungen der deutschen „Bürgertumsforschung" – erreicht.[9] Auch Untersuchungen zur sozialen Stellung des Adels im 19. Jahrhundert haben zahlreiche Fragen nach dessen Verhältnis zu den unteren sozialen Schichten aufgeworfen, ebenso wie das Interesse an den Veränderungen der sozioberuflichen Struktur der Gesellschaft in einzelnen Zeitetappen.[10] Allgemein darf festgestellt werden, dass sich auf der Grundlage dieser neuen Herangehensweisen vor allem die jüngere Historkergeneration immer stärker gezwungen fühlt zu einer Revision der bisherigen Interpretationen bei der Entwicklung der Arbeiterschaft und der sozialistischen Bewegung voranzuschreiten, wenngleich dabei bislang die Aufmerksamkeit eher auf die Geschichte des 20. Jahrhunderts gelegt wurde.[11]

[9] Fasora, Lukáš – Kladiwa, Pavel: *Local self-government and local elites in the Czech lands 1850–1918. Partial results of the research in the Czech Republic.* Historica: historicalsciences in the Czech Republic, Series Nova 13, 1, p. 195–229.

[10] Hlavačka, Milan: *Zlatý věk české samosprávy 1862–1914* [Das Goldene Zeitalter der tschechischen Selbstverwaltung 1862–1914]. Praha 2005; Bezecný, Zdeněk: *Příliš uzavřená společnost: orličtí Schwarzenberkové a šlechtická společnost v Čechách v druhé polovině 19. a na počátku 20. století* [Eine überaus geschlossene Gesellschaft: die Worlitzer Schwarzenbergs und die adelige Gesellschaft in Böhmen in der zweiten Hälfte des 19. und zu Beginn des 20. Jahrhunderts]. České Budějovice 2005; Slabáková-Švaříčková, Radmila: *Rodinné strategie šlechty: Mensdorffové-Pouilly v 19. století* [Die Familienstrategien des Adels: die Herren von Mensdorff-Pouilly im 19. Jahrhundert]. Praha 2007; Malíř, Jiří u. a.: *Člověk na Moravě ve druhé polovině 18. století* [Der Mensch in Mähren in der zweiten Hälfte des 18. Jahrhunderts]. Brno 2008; Fasora, Lukáš – Hanuš, Jiří – Malíř, Jiří (Hg.): *Člověk na Moravě 19. století* [Der Mensch in Mähren im 19. Jahrhundert]. ²Brno 2008; Fasora, Lukáš – Hanuš, Jiří – Malíř, Jiří, Vykoupil, Libor (Hg.): *Člověk na Moravě v první polovině 20. století* [Der Mensch in Mähren in der ersten Hälfte des 20. Jahrhunderts]. Brno 2006; Myška, Milan – Zářický, Aleš (Hg.): *Člověk v Ostravě XIX. století* [Der Mensch in Ostrau im 19. Jahrhundert]. Ostrava 2007.

[11] Vgl. Matějček, Jiří: *Konečně zase dělnictvo součástí společnosti? Lukáš Fasora (Tovární dělník v textilním průmyslu) a jiní* [Ist die Arbeiterschaft endlich wieder ein Bestandteil der Gesellschaft? Lukáš Fasora (Der Fabrikarbeiter in der Textilindustrie) und die anderen]. In Slezský sborník 4, 106, 2008, S. 305–306; Pullmann, Michal: *Sociální demokracie a hospodářský nacionalismus. Národní identifikace na německé levici v Čechách kolem r. 1918* [Die Sozialdemokratie und der wirtschaftliche Nationalismus.

Die Konzeption des vorliegenden Bandes

Ziel des vorliegenden Bandes ist es, die grundlegenden Rahmenbedingungen und Konturen der öffentlichen Diskussion über die soziale Frage in der Form vorzustellen, in der diese in den böhmischen Ländern im städtischen und aristokratischen Milieu in den Jahren 1873–1914 stattfand. Bereits die Definition des Themas respektiert die Tatsache, dass die sog. soziale Frage in den böhmischen Ländern primär nicht den Charakter von Problemen der städtischen Industriearbeiterschaft trug, sondern dass es sich um einen breiter gefächerten Themenkreis handelte, der auch einen Großteil der Bewohner ländlicher Regionen sowie einen Teil der Gewerbetreibenden umfasste. Wenngleich der Schwerpunkt der Diskussion über die soziale Frage in die beiden letzten Dekaden vor dem Ausbruch des Ersten Weltkrieges fällt, können wir deren Wurzeln bereits Mitte der 1870er-Jahre ausmachen, als das Thema im Gefolge der Wirtschaftskrise an Aktualität gewann. Der vorliegende Band stellt sich das Ziel, die tschechischen Historiker in die Diskussion über die soziale Frage als eines der wichtigsten Probleme der Geschichte der Industriegesellschaft einzubinden und auf der Basis einer Rezeption vornehmlich deutscher Forschungen auf einige Spezifika der Länder Ostmitteleuropas aufmerksam zu machen.[12]

Die Herausgeber haben in den Band Beiträge aufgenommen, die sowohl das sozialreformerische Denken bedeutender Persönlichkeiten des

Die nationale Identifikation in der deutschen Linken in Böhmen um das Jahr 1918]; Hájek, Jan – Jančík, Drahomír – Kubů, Eduard (Hg.): *O hospodářskou národní državu. Úvahy a stati o moderním českém a německém nacionalismu v českých zemích* [Über den nationalen wirtschaftlichen Besitzstand. Überlegungen und Aufsätze über den modernen tschechischen und deutschen Nationalismus in den böhmischen Ländern]. Praha 2009, S. 129–139; Rákosník, Jakub – Pullmann, Michal: *„Dělnická třída" v moderní sociální historiografii* [Die „Arbeiterklasse" in der modernen Sozialgeschichtsschreibung]. In: Dějiny – teorie – kritika. 2008, r. 4, Nr. 2, S. 271–288.

[12] Mommsen, Hans: *Arbeiterbewegung und Nationale Frage.* Göttingen 1979; Ritter, Gerhard A.: *Soziale Frage und Sozialpolitik in Deutschland seit Beginn des 19. Jahrhunderts.* Opladen 1998; Ders.: *Bismarck und die Entstehung der sozialen Versicherung.* Pforzheim 1998; Kocka, Jürgen: *Arbeit als Problem der europäischen Geschichte.* In: Figuren und Strukturen. Hg. Von Manfred Hettling, München 2002, S. 1–15; Steinbach, Matthias: Ökonomisten, Philanthropen, Humanitäre, Professorensozialismus in der akademischen Provinz. Berlin 2008 u. a.

öffentlichen Lebens in den böhmischen Ländern skizzieren, als auch Auffassungen von Personen mit eher lokaler oder regionaler Bedeutung. Beide haben unserer Auffassung nach ihre Berechtigung. Am Beispiel bedeutender Persönlichkeiten lässt sich gut das Herangehen an die Lösung breiterer theoretischer Fragen verfolgen, am Beispiel des zweiten Personenkreises wiederum die praktische Applikation verdeutlichen, die für das Sichtbarmachen regionaler und lokaler Besonderheiten sowie der mannigfachen Zusammenhänge sozialer Fragen wertvoll ist.

Die Einteilungen der Kapitel berücksichtigt die soziale und berufsmäßige Zugehörigkeit der Akteure der fiktiven Diskussion. Der erste Block orientiert zum einen auf eine allgemeinere Analyse der traditionellen Mechanismen der Sozialhilfe und deren ethische Grundlagen dergestalt, wie sie im Untersuchungszeitraum der Familienadel präsentierte, der in seinem Konservatismus bereits in hohem Maße gesellschaftlich isoliert war. Ein konservatives Denken ist auch den Repräsentanten des anderen Blocks eigen, in den die Vertreter des katholischen Lagers eingereiht sind. Als bedeutendes Element für deren Nachdenken registrieren wir hier zum einen eine Ablehnung des Liberalismus auf der Grundlage der katholischen Soziallehre, zum anderen auch nationale Akzente, die Betonung der ethischen Seite des Problems, sowie eine programmatische Ablehnung der vor allem in den revolutionären Ablegern des Sozialismus enthaltenen utopischen Elementen.

Den Blick in die Welt „fortschrittlich" orientierter Gelehrter bietet der dritte Block, in dem als herausragendste Gestalt vor allem Tomáš Masaryk als der wohl bedeutendste Theoretiker der sozialen Frage in den böhmischen Ländern in jener Zeit in den Vordergrund tritt. Doch trotz der erheblichen Vielfalt in den Herangehensweisen an die soziale Frage, erweist sich als typisch für diese Gruppe eine Art gemeinsames geistiges Amalgam, bestehend aus liberalen, national-emanzipatorischen und sozialistischen Visionen, wobei stets das Bemühen dominiert, die zahlreiche Spezifika der böhmischen Länder zu berücksichtigen, also vornehmlich die sozialen Aspekte des national-emanzipatorischen Prozesses der Tschechen.

Das Übergewicht praktischer Reflexionen über die soziale Frage, die im Milieu der böhmischen Länder zweifellos eindeutig vor theoretischen Herangehensweisen die Überhand besaßen, manifestieren die beiden letzten thematischen Blöcke. Hier finden wir zum einen Repräsentanten der Unternehmerschaft, Großindustrielle, Manager und Vertreter wirtschaftlicher Interessensverbände, deren Vorstellungen sozusagen durch die tagtäglichen Erfahrungen mit der Arbeiterschaft sowie durch Attacken vonseiten der politischen Massenparteien, die mit Vorliebe als Zielscheibe ihrer Gesellschaftskritik die „Männer des Kapitals" wählten, geprägt waren. Bereits praktisch denkende Politiker – Bürgermeister und Staatsbeamte – finden wir im letzten Block. Deren theoretische Grundlagen können zwar als schwach ausgeprägt bezeichnet werden und auch ihre Weitsicht war häufig eher durch die Erfahrungen einer konkreten Stadt bzw. Region geprägt, doch lag ihr Vorteil in einer detaillierten Kenntnis der Situation sowie einer gewissen Unabhängigkeit von den ideologischen und politischen Interpretationen des Problems.

DIE SOZIALE SICHERUNGSORDNUNG IN DER LÄNDLICHEN GESELLSCHAFT

Milan Hlavačka

Methodologische Einleitung

Die vorliegende Studie unternimmt den Versuch, die „soziale Ordnung" bzw. die „soziale Sicherungsordnung" oder auch die „soziale Subsidiärordnung" der ländlichen Gesellschaft in Böhmen vor dem Auftauchen der sozialen Frage kartographisch zu erfassen. Die soziale Frage wird hier als eine Angelegenheit des mehr oder weniger konzentrierten, besitzlosen städtischen bzw. industriell oder anderweitig agglomerierten Teils der Gesellschaft ohne Bindung an den Boden aufgefasst, dessen Schwerpunkt sich zeitlich konzentriert auf die Ära des wirtschaftlichen Liberalismus bezieht. Die Studie versucht zudem eine Antwort auf die Frage zu geben, warum diese soziale Sicherungsordnung keine aktiven Denker fand, sondern lediglich passive Verteidiger.

Die grundlegenden Informationsquellen für die nachfolgenden typologischen Überlegungen finden sich vor allem in der zeitgenössischen normativen Rechts- und Sozialliteratur, die den Charakter einen Überblick bietender Handbücher für den Bedarf herrschaftlicher und städtischer Beamter, Justitiare sowie der gebildeten Öffentlichkeit (sog. Dorf- und Bauernrecht bzw. Untertanenverfassung)[1] trug, darüber hinaus in zeitgenössischen Zeugnissen (P. E. Turnbull)[2] sowie nachfolgend in der deskriptiven (E. Lisá, M. Buquoyová) und analytischen (J. Grulich, Z. Stoklásková, A. Velková, D. Tinková, P. Himl) sowie synthetisierenden

[1] Vgl. hierzu u. a. Schopf, Franz J.: *Die Rechte und Pflichten des Grundherren und der Wirkungskreis der grundobrigkeitlichen Wirtschaftsämter in Böhmen*, Prag 1847; Reichl, Franz: *Dorf- und Bauernrecht im Königlichen Böhmen mit Rücksicht auf die Übrigen k. k. teutschen Erbländer im Grundriss*, Prag 1817; Engelmayer, Anton: *Die Untertans-Verfassung des Königreiches Böhmen*, Wien 1830–1831; Schopf, Franz J.: *Die organische Verwaltung der Provinz Böhmen*, Prag 1847.

[2] Turnbull, Peter E.: *Österreichs politische und sociale Zustände*, Leipzig 1840.

Sekundärliteratur (J. Petráň, R. van Dülmen).[3] Die konkrete Situation der Handhabe in der gesellschaftlichen Praxis lässt sich dann in jedem böhmischen oder mährischen Archiv aufspüren, das Schriftstücke adeliger Großgüter aufbewahrt. So finden sich zum Beispiel in den Fonds des Melniker Zweiges der Familie Lobkowicz verschiedene Dokumente über die Unterstützung der Armen, die Pensionsversorgung aktiver und verdienter Beamter bzw. Angestellter sowie deren Hinterbliebener bzw. Zeugnisse für die Unterstützer von Spitälern u. ä.[4]

Diese untergegangene soziale Ordnung lässt sich aus unterschiedlicher Perspektive betrachten: 1. aus der Sicht desjenigen, der Objekt des sozialen Schutzes ist; 2. aus Sicht der Ursachen der Entstehung der Armut, gegebenenfalls nur der Gefahr des sozialen Abstiegs; oder 3. vom Standpunkt der Art und Weise der Mobilisierung der Mittel in der Gesellschaft zur

[3] DÜLMEN, Richard van: *Entdeckung des Individuums 1500–1800*, Frankfurt am Main 1997. Die übrigen Verweise auf die erwähnten Autoren siehe nachfolgend.

[4] Státní oblastní archiv Litoměřice [Staatliches Gebietsarchiv Leitmeritz], Arbeitsstelle Žitenice, Fonds: Vs (Velkostatek = Großgut) Mělnik. Registratura 1858–1946 (entsprechend den Repertorien): A Knížecí rezoluce [Fürstliche Resolutionen], Inv.-Nr. 881 – Spisy [Schriften] A 727, A 1437, Z 416 = Spital in Melnik (alle Karton 653); Inv.-Nr. 883 – Schriften der Gruppe Aa = Milodary [Almosen] (4 Kartons, tj. 658–661); Vs (Velkostatek = Großgut) Drahenice – Registratura 1870–1948 Inv.-Nr. 183 – Oddělení [Abteilung] „U" – Úřednictvo a dozorčí personál/podle elenchů [Beamtenschaft und Aufsichtspersonal/nach Elenchi] (insgesamt 5 Kartons, tj. 135–139) Inv.-Nr. 185 – Oddělení [Abteilung] „X" = Milodary a dary vůbec/podle elenchů [Almosen und Geschenke überhaupt/nach Elenchi] (insgesamt 3 Kartons, tj. 140–142); Us (Ústřední správa = Zentralverwaltung) der Lobkowiczer Güter, Melnik, Inv.-Nr. 79 = Výkazy úředníků a penzistů [Berichte der Beamten und Pensionisten], 1893; Inv.-Nr. 80 = Tabely platů, deputátů, penzí a darů od r. 1857 [Tabellen der Gehälter, Deputate, Pensionen und Geschenke seit dem Jahre 1857] (1 Karton, XXV); Inv.-Nr. 1447 – Penzisté [Pensionisten], 1909 (1 Faszikel im Karton 701). Zu diesen Schriftzeugnissen lassen sich die Rechnungen des Pensionsfonds, Rubriken in Geldrechnungen für Almosen usw. zählen. Das größte methodologische Problem stellt die Selektion innerhalb der ausgewählten Quellen dar, es geht zum Beispiel um die Feststellung, wieviele und welche Almosen vereinzelte, außerordentliche (an Opfer von Feuersbrünsten u. ä.) Geschenke es gab und wieviele systematische, also sich wiederholende Gaben (z. B. Beigaben für Wohnen, Brennmaterial für Arme usw.). Für die Unterstützung bei der Suche nach den oben angeführten Quellen gilt mein Dank dem Archivar in Žitenice, Mgr. Petr Kopička.

Finanzierung der Armenhilfe; oder schließlich (was methodologisch die am ehesten zu beherrschende Herangehensweise darstellt) 4. aus Sicht der Aufzählung und Charakteristik der zum damaligen Zeitpunkt benutzten Instrumente zur Bekämpfung der Armut. Diese vier Betrachtungsweisen sind noch nicht die richtige methodologische Ausgangsbasis für eine Dechiffrierung der einstigen sozialen Ordnung. Der methodologische Durchbruch beruht erst in der „Verknüpfung" der beiden wichtigsten oben erwähnten Standpunkte, nämlich konkret der Menge der Akteure dieses Systems und der Modelle der krisenhaften Lebenssituationen. Erst durch die Kombination dieser Betrachtungsweisen erhalten wir ein kompakteres und innerlich verflochtenes Bild über das Funktionieren dieser sozialen Unterstützungs- bzw. Sicherungsordnung. Aus dieser Matrize ergibt sich dann auch die Logik der Benutzung präventiver bzw. posteriorer (nachträglich applizierter) Instrumente zur Liquidierung oder schließlich Verhütung der Armut respektive der Gefahr des sozialen Abstiegs.

Diese ehemalige Sozialordnung der ländlichen Gesellschaft zeichnete sich durch Versuche zur Lösung krisenhafter Lebenssituationen mit Hilfe dominierender Meinungen und Intentionen aus, zu denen die nachfolgenden gehörten:

1. eine konservative patriarchalische Herangehensweise des ständisch gegliederten Milieus mit klar erkennbaren Funktionen, Distinktionen und Hierarchien.

2. die christliche passive Herangehensweise an die Bewertung des sozial bzw. ansonsten nicht abgesicherten Individuums, wobei stets die ansonsten deklarierte Nächstenliebe vorherrscht. Bis zu den Josefinischen Reformen war die Absicherung gegen Armut ausschließlich eine Angelegenheit der Familie, partiell der Gemeinde und entsprechender kirchlicher Orden. Nach Aufhebung der kontemplativen Orden und nach der Begrenzung der Aktivitäten der übrigen Orden musste sich der Staat wesentlich stärker hierum kümmern, aber auch Gemeinden und Obrigkeiten (zumeist der Adel und die königlichen Städte), allerdings nur mehr ausnahmslos im Namen des „Allgemeinwohls", also mit anderen Worten: Gegenüber den transzendentalen Momenten (Erlösung) begannen immer mehr Elemente der Charitas, der Humanität und des rationalen Kalküls zu überwiegen. Sittliche Pflicht und gottgefällige Absicht ersetzte schrittweise rationaler Vorsatz, an die Stelle von religiöser bzw. christlicher Einsicht trat ein staatlicher

Utilitarismus, die von der Kirche unterstützte Freiwilligkeit ersetzte die allgemeine rechtliche Verbindlichkeit. Die rationalen politischen Theorien der Aufklärung, mit den Worten von Albín Bráf aus dem „Ottův slovník naučný" (Ottos Wissenschaftliches Wörterbuch) – Stichwort: Armenwesen – *„zerriss das tausendjährige Band der Idee der Armut und des christlichen Geistes"* und es wurde das individuelle *„Recht auf eine Existenz in Würde"* postuliert, das dann dank politischer Ökonomen und Populisten in England zu dem bekannten unerbittlichen Prinzip der modernen Zeit präzisiert wurde, und das besagt, dass *„niemand eine Existenzberechtigung besitzt, der sich diese nicht durch Arbeit und eigenen Verdienst erkaufen kann"*. Das Resultat derartiger Einsichten stellte dann die Kategorisierung der Armut dar, also die Einstufung der Armen gemäß den Ursachen für die Entstehung der Armut und die Art und Weise ihrer möglichen Beseitigung. Damit wurde auch angedeutet, dass derjenige, der nicht arbeiten will, automatisch den Anspruch auf Armenhilfe verliert. Ein weiterer Schritt war dann die Offenlegung des Umfangs der Unterstützung, *„damit diese weder unzureichend noch unverhältnismäßig oder gar demoralisierend wirkte"*.

3. Sämtliche Versuche zur Lösung der Armenfrage besaßen vorläufig lediglich einen partiellen, nicht flächendeckenden Charakter mit einem absehbaren „ad hoc Horizont". Erst mit der Einführung der Institution der Heimatgemeinde im Jahre 1857 bzw. der Verabschiedung des Heimatgesetzes im Jahre 1863 erfolgte der Versuch, die Armenfrage systematisch und flächendeckend zu lösen.

4. In dem Augenblick, als dieser Kampf gegen die Armut begann zentral koordinierte und institutionalisierte, abgrenzbare Charakterzüge zu erhalten, verwandelte sich dieser dennoch nur in eine Beseitigung der „handwerklichen Bettelei" und die Entfernung unbequemer Personen aus dem öffentlichen Raum, vor allem in größeren Städten,[5] und die Konzentration dieser Hilfe auf sog. Hausarme.[6]

[5] Lisá, Eva: *Karel hrabě Chotek. Nejvyšší purkrabí Království českého* [Karl Graf Chotek. Oberstburggraf des Königreichs Böhmen], hrsg. von Milada Sekyrková, Praha 2008, S. 68–76.

[6] Malý, Tomáš: *Konec barokní caritas? Od tradiční stategie spásy k racionální charitě* [Das Ende der barocken Charitas? Von der traditionellen Strategie des Heils zur

5. Bis in die 1880er-Jahre handelte es sich um ein mehr oder weniger nichtstaatliches diversifiziertes „System" bzw. eher eine Ordnung. Mit anderen Worten ausgedrückt: Diese *„Gesellschaft des zentral nicht abgesicherten Alters"* und der *„nicht auf einem Anspruch beruhenden ärztlichen Hilfe"* löste ihre Angelegenheiten partiell, ständisch und berufsmäßig gegliedert und aus unserer Sicht auch „unsystematisch". Die Rolle des Staates in dieser Gesellschaft war – im Vergleich zu heute – ein wenig anderes definiert. So fehlte vor allem seine offensive und evidente Rolle, die elementar andere Aufgaben umfasste als den Schutz der Bevölkerung bei unerwarteten Lebens- und Naturkatastrophen (z. B. eine vollständige Evidenz der Bevölkerung zum Zwecke der Erhöhung des Steuereinnahmen schaffen sowie die Implementierung regelmäßiger Werbungen) und die Veranschlagung der Folgen des Ablebens des Ernährers bzw. der durch das Alter hervorgerufene Unfähigkeit der eigenen Versorgung. Als deren Instrumente wurden vor allem die Meldepflicht, die Konskription und das Institut des politischen Domizils eingeführt. Erst mit der Einführung der späteren sozialrechtlichen Kategorie der sog. „Zugehörigkeit zur Heimatgemeinde" entstand mehr oder weniger der erzwungene Anspruch auf eine Mindesthilfe und Versorgung des Individuums, die sich erst nach der Beseitigung der letzten Abhängigkeiten gegenüber der Obrigkeit und der urbarialen Bindung an den Boden in den Bürger verwandelte bzw. aus der Abhängigkeit gegenüber der Gemeinde wurden Pflichten an ein Mitglied der Gemeinde in Zeiten des Alters, der körperlichen Gebrechlichkeit bzw. anderer verhängnisvoller Lebensumstände abgeleitet.[7]

6. Für eine freiwillige Distribution finanzieller und anderer Mittel sowie des individuellen und kollektiven Fleißes für die Armenhilfe wurde durch Kirche und Staat eine Belohnung nicht allein in Gestalt der Erlösung versprochen, sondern hauptsächlich auch bereits in der realen Chance auf

rationalen Charitas], In: Církev a zrod moderní racionality. Víra – pověra – vzdělanost – věda v raném novověku [Die Kirche und die Geburt der modernen Rationalität. Glauben – Aberglauben – Bildung – Wissenschaft in der Frühen Neuzeit], hrsg. von M. Ondo Grečenková u. a., Mikulec – Praha 2008, S. 182–201.

[7] Stoklasová, Zdeňka: *Zákonné rozlišení „domácích" a „cizích". Vývoj domovského práva v Rakousku 1750–1863* [Die gesetzliche Unterscheidung zwischen „Einheimischen" und „Fremden". Die Entwicklung des Heimatrechts in Österreich 1750–183], Český časopis historický 102/2004, Nr. 2.

eine soziale Beförderung des Donators zum Beispiel durch die Form der Nobilitierung, die mit einem Gewinn an sozialem Prestige und auch einer Audienz beim Kaiser verbunden war.
7. Nach 1811 wurden einige sozial-rechtliche Institutionen, die sich fest auf den Besitz fixieren ließen, respektive das Erbrecht (z. B. die Vormundschaft), im Allgemeinen Bürgerlichen Gesetzbuch Österreichs verankert.[8]

Verzeichnis krisenhafter Lebenssituationen

Die so begründete soziale Ordnung bot eine unsystematische Hilfe (Rettung) für nahezu alle Personen, die sich in einer kritischen Lebenssituation befanden. Sämtliche Fälle, die zusammen eine „legitime" und auch eine nichtlegitime soziale Bedürftigkeit bildeten, lassen sich heute nicht vollständig rekonstruieren, doch nach der Erfahrung hinsichtlich des Funktionierens des ersten Armeninstituts in Böhmen, das Graf Johann Buquoy in den 1780er-Jahren auf der Herrschaft Neugratzen gegründet hatte und das als Vorbild für den Aufbau ähnlicher Einrichtungen in der Habsburgermonarchie diente (ebenso wie zuvor das auf ebendieser Herrschaft eingeführte Kindermannsche Schulsystem), handelte es sich um:
1. Alter,
2. Krankheiten, Gebrechen,
3. Behinderungen, Verletzungen,
4. Naturkatastrophen,
5. Hunger (Missernte),
6. problematische Familiensituation,
7. Waisenstatus,
8. Faulheit, Alkoholismus,
9. Geisteskrankheit,
10. Armut von Geburt an,
11. unvorhersehbare Lebenssituationen.[9]

[8] Die Vormundschaft regelte der Paragraph 188 dieses Gesetzbuches.

[9] Buquoyová, Margereta: *Hrabě Jan Buquoy – sociální reformátor doby osvícenství* [Graf Johann Buquoy – ein Sozialreformator der Aufklärungszeit], Feldkirchen – Westernham 2004, S. 112–114.

Alle diese Fälle generierten die Armut oder aber eine solche Stellung in der Gesellschaft, die als bedauernswert angesehen wurde, und somit prädestiniert für eine konkrete Art der humanitären (sozialen) bzw. sozial-gesundheitlichen Hilfe erschien. Diese Hilfe wurde dann entsprechend der sozialrechtlichen Stellung des Individuums in der Gesellschaft diversifiziert.

Der sozialrechtliche Status (Identität) des Individuums

Objekt dieser sozialen Ordnung vor dem Jahre 1848 war das Individuum in vier zeitlich normierten Formen bzw. in vier sozialrechtlichen Statusformen respektive Identitäten.

A. *Der Mensch oder das Individuum (der Mensch, eher der Mann)*, oder auf dem Lande der persönlich emanzipierte Bauer mit einer eigenen strategischen Entscheidung, da die vorherigen Abhängigkeiten entfielen, die seine äußere und innere Mobilität zunichte gemacht hatten, und der zudem ein hohes Maß an eigentumsrechtlicher Sicherheit besitzt. Bauer bzw. Beisasse treten nach Erfüllung urbarialer und anderer Pflichten (Zehnt) bereits als selbständig handelnde Subjekte auf, die für ihre Lebens- und wirtschaftlichen Entscheidungen einen weitaus größeren Spielraum als jemals zuvor besitzen. Ihre sozialen Sicherungsinstrumente waren jahrelang erprobte Institutionen, vor allem Ausgedinge, Patenschaft, Familien- und Nachbarschafts- sowie Pfarrhilfe.

B. *Der Staatsangehörige*, in der damaligen Zeit definiert als *das Staatsmitglied*. Aufgrund der Tatsache, dass das Individuum im bestehenden Milieu geboren wurde und letztlich eine Kontribution zahlte, wurde es automatisch zu einem Mitglied eines territorial und dynastisch definierten Staates. Dieser Staat garantierte ihm für den Fall sozialer (bzw. gesundheitlicher) Not zum Beispiel eine Unterbringung in einem Gesundheits- oder Armeninstitut. In den Städten werden schließlich für (arbeitsmäßig) beschäftigte Familien Kinderbewahranstalten eingerichtet und für ledige Mütter Entbindungsanstalten und Findelhäuser, die zwar private Einrichtungen sind, allerdings durch den Staat bzw. den Kaiser in bedeutendem Umfang Unterstützung erfahren. Der Staat ist in jener Zeit bereits nicht mehr nur passiver Verteiler für eine begrenzte Hilfe, sondern zugleich auch ein unerbittlicher und kompromissloser Initiator einer Umerziehung für den nicht integrierten Staatsangehörigen, also sog. Vagabunden in

Zwangarbeitsanstalten oder aber in der kaiserlichen Armee. Diese weiter oben erwähnten, mehrheitlich städtischen Institutionen stehen jedoch bereits auch der ländlichen Bevölkerung zur Verfügung. Der Einfluss Prags erweist sich in dieser Hinsicht als grundsätzlich und vorbildhaft für das Land, etwa im Bereich der Medikalisierung des Raumes mit Hilfe einer Rayonisierung der medizinischen Fürsorge, der Distribution von Medikamenten bzw. von Hebammendiensten. Bis zum Jahre 1848 kann man allerdings im Falle des zur ländlichen Bevölkerung zählenden Individuums nicht von einem Bürgerrecht sprechen, zumal diesen Personen – wie bekannt – das Attribut völliger rechtlich-ökonomischer Freiheit fehlte.

C. *Der Untertan*, also in der damaligen Zeit definiert als *herrschaftlicher Untert(h)an*, wobei es sich um einen Angehörigen des Dorfes, der Marktgemeinde (sofern diese mehr als 120 Häuser umfasste) bzw. einer Untertanenstadt handelte. Die Obrigkeit tritt gegenüber dem Untertanen nicht allein als „Unterdrücker der Landbevölkerung" auf, sondern eher als Richter in zweiter Instanz bei Konflikten zwischen den Untertanen und darüber hinaus als Regulator ihrer Eigentumsverhältnisse. In diese Besitzverhältnisse der Untertanen greift er erst in dem Augenblick ein, wenn sich die Untertanen untereinander nicht einig sind oder aber wenn sie schlecht wirtschaften. Die Obrigkeit bildete nicht allein die Autorität bzw. stellte eine gerichtlich-polizeiliche Gefahr dar, sondern war häufig die erste und letzte Instanz bei der Lösung krisenhafter Lebens-(sozialer)Situationen. Die ländliche Gesellschaft repräsentierten damals nicht allein die Besitzer von Grundstücken, sondern auch die starken Schichten Landloser ohne Besitz. Über deren Situation sind wir am wenigsten informiert, auch wenn davon ausgegangen werden kann, dass sie fast die Hälfte der Population auf dem Lande ausmachten. Ihr sozialer Status der Besitzlosigkeit machte sie zur größten Gefahr für einen gesellschaftlichen Abstieg.[10]

[10] Sheilagh, Ogilvie: *Village Community and Village Headman in Early Modern Bohemia*, In: Bohemia, Bd. 46/2, 2005, S. 402–451, konstatierte zu recht, dass die ländliche Kommunität in Böhmen ihren Armen und Landlosen (deutsch: Landarme, Landlose, unbehauste Landleute) sehr wenig soziales Mitempfinden entgegenbrachte. Vgl. hierzu auch: Mitterauer, Michael: *Lebensformen und Lebensverhältnisse ländlicher Unterschichten*, In: Von der Glückseligkeit des Staates. Staat, Wirtschaft und Gesellschaft in Österreich im Zeitalter des aufgeklärten Absolutismus, hrsg. von Herbert Matis, Berlin 1980, S. 315–354.

Schutz- und Subsidiärinstrumente im Rahmen des patriarchalischen Systems sowie der „Untertanenverfassung" waren das obrigkeitliche Patronat, Getreide- (Kontributions)fonds, ein System von Almosen (finanzielle Unterstützung bzw. Verköstigung) und auch ein „stationär geführtes Almosenhaus" bzw. das Armeninstitut mit regelmäßiger Lebensmittelunterstützung, des weiteren Waisenfonds und überhaupt die allgemein definierte Pflicht sich um den Untertanen zu kümmern, der zehn Jahre auf einem Großgut gedient hatte und dabei die Bedingung sozialer Bedürftigkeit erfüllte, was bedeutete, dass laut Gesetz bereits keine verantwortlichen Personen mehr existierten, die sich um dessen Unterhalt hätten kümmern können.[11]

Dieser gesellschaftliche Status bzw. die sozialrechtliche Identität wird zuerst im Jahre 1848 durch die politische Entscheidung (Aufhebung der Untertänigkeit und der Fronarbeit) liquidiert, zu guter Letzt 1850 auch durch die Beendigung der verbuchten Erbuntertänigkeit in Form einer Entkopplung, respektive in Böhmen noch später, genauer erst im Jahre 1867, nämlich nach der Tilgung aller aus der Entkoppelung sich ergebenden Verpflichtungen des Besitzers eines bäuerlichen Anwesens und nach Auflösung der Kontributionsfonds. Erst damals setzte in der ländlichen Gesellschaft eine freie Disponibilität mit dem Familien- (zuweilen auch Gemeinde-)eigentum ein und eine völlige Freiheit nicht allein der wirtschaftlichen Entscheidung, die in dem liberalen Marktmilieu mitunter noch fatalere soziale Folgen nach sich zog als in dem ehemaligen Untertanenverband. Diese Kategorie des obrigkeitlichen Untertanen verwandelte sich damals in einen persönlich freien Einzelnen, dessen sozialer Status den Umständen entsprechend – auch auf dem Lande, sofern er hier blieb – sehr vielgestaltig war. Doch auch weiterhin blieb er ein Angehöriger des Staates und der Gemeinde, auch wenn er die dörfliche Kommunität verließ.

D. *Der Nachbar bzw. das Gemeindemitglied respektive der Angehörige der Gemeinde*, also in der zeitgenössischen Wortwahl das *Gemeindemitglied*. Vor 1849 ergaben sich aus dieser Beziehung lediglich das politische Domizil und auch die Hilfe bei der Stabilisierung der fatalen sozialen und gesund heitlichen Situation. Die Gemeinde fungierte hier zuvörderst als Inhaber

[11] Schopf, Franz J.: *Entwurf einer Dienst-Instruction für die Wirtschaftsämter in den k. k. Staaten*, Prag 1848, S. 87.

des Besitzes (der Wälder, Weiden und anderer Grundstücke) und konfirmierte sodann Testamente und Ausgedinge, zudem agierte sie als Unterhalter der eigenen Armen sowie als Organisator öffentlich erfolgreicher Dienste für die dörfliche Gemeinschaft (Schmied, Nachtwächter, Schäfer, Lehrer). Die Gemeinde war außerdem verpflichtet sich um ihre Armen in Zusammenarbeit mit der Pfarrei für den Fall zu kümmern, dass sich in der Umgebung kein Armenhaus fand, wobei man dann mittels Geld, Lebensmittel und anderer Unterstützung (Bekleidung) Hilfe leistete.[12] Auch darf die Absorbierungsfähigkeit der Gemeinde, die sichtbarsten äußeren Anzeichen von Armut (zumeist ging nämlich deren niederer sozialer Status naturgemäß aus der Respektierung des Erbrechts für Erstgeborene hervor) nicht unterschätzt werden – etwa durch die Tatsache, Angehörigen der unteren Schichten ein im Besitz der Gemeinde befindliches Grundstück zum Bau eines Häuschens zur Verfügung zu stellen.[13] Nach 1849 kamen auf der Grundlage der Provisorischen Gemeindeordnung, in der die Gemeinde entsprechend der Größe des Stabilkatasters erstmals eine Definition als selbständige administrativ-rechtliche Einheit erhielt, Gemeindevermögen und Wahlordnungen hinzu. Die „neue Gemeinde" war anfänglich verpflichtet sich um ihre Angehörigen zu kümmern, auch wenn sie außerhalb derselben weilten. Im Jahre 1857 bzw. 1863 wurde das sozialrechtliche Institut der Heimatgemeinde klar definiert, wodurch die sozialen Verpflichtungen (Funktionen) mehr oder minder klar deklariert und auch um monetäre Unterstützungen, den Unterhalt einer Schäferhütte und die Respektierung der Institution der Abschiebung (nämlich der Pflicht sich auch um die eigenen „Lumpen" zu kümmern) u. ä. erweitert wurden.[14]

[12] Ebd., S. 87–8.

[13] Michael Mitterauer (ebd., S. 326) verweist auch auf eine andere Art des außerökonomischen Antriebs, der die unteren dörflichen Schichten zu einem rascheren Bau eines Hauses führte und damit auch zu einer Einordnung in die höheren sozialen Schichten. So gab es die Verordnung Maria Theresias und des Mitregenten Kaiser Josefs aus den 1770er-Jahren, die besagte, dass die Söhne von Hausbesitzern bzw. Anwesen (deutsch: Haussässige) von der Rekrutierung ausgeschlossen waren.

[14] Der pejorative Terminus „šupák" (Lump, Vagabund) wurde von dem deutschen Wort „der Schub" abgeleitet, Vgl. *Grenze und Staat. Passwesen, Staatsbürgerschaft, Heimatrecht und Fremdengesetzgebung in der österreichischen Monarchie (1750–1867)*, hrsg. von Waltraud Heindl und Edith Saurer. Wien 2000.

Das Instrumentarium der patriarchalisch konservativen Sozialordnung

Wie bereits angedeutet, sollte durch eine „Verknüpfung" krisenhafter Lebenssituationen mit der sozialrechtlichen Identität des damaligen Individuums ein institutionell definiertes Netz einer sozial abgesicherten Ordnung der ländlichen Gesellschaft entstehen. Diese patriarchalisch konservative Ordnung zeichnete sich durch folgende Instrumente aus:

Die Verknüpfung der Kategorie „Alter" und „begütertes Individuum" generiert das Institut der *Ausgedinge*. Das Ausgedinge war eine Einrichtung, die der Absicherung des Bauern oder von Personen aus seiner unmittelbaren Umgebung für den Fall diente, dass sich diese Leute nicht würden allein versorgen können. Diese Situation trat zumeist in dem Augenblick ein, wenn der Bauer (oder im Falle seines Todes die verwitwete Ehefrau) seinen Besitz verkaufte oder diesen seinem Erben vermachte. Dabei beharrte, wie die Etymologie des Wortes Ausgedinge verdeutlicht, der alte Bauer auf gewissen Bedingungen, die im Abtretungsvertrag (oder dem Heiratsvertrag des neuen Bauern) Aufnahme fanden, wobei der Vertrag in den Grundbüchern verzeichnet wurde.[15] Diese beiden Tatsachen wurden

[15] Vgl. neuerdings zum Ausgedinge: Velková, Alice: *Venkovská rodina a společnost v 18. století a první polovině 19. století: Proměny sociálních a demografických struktur na příkladu západočeského panství Štáhlavy.* [Die ländliche Familie und Gesellschaft im 18. und in der ersten Hälfte des 19. Jahrhunderts. Die Veränderung der sozialen und demografischen Strukturen am Beispiel der westböhmischen Herrschaft Štáhlavy] Dissertation, FFUK Praha 2002 (im Druck); Grulich, Josef: *Populační vývoj a životní cyklus venkovského obyvatelstva na jihu Čech v 16. až 18. století* [Bevölkerungsentwicklung und Lebenszyklus der ländlichen Bevölkerung im Süden Böhmens im 16.–18. Jahrhundert], České Budějovice 2008 (besonders das Kapitel „Podzim života" [Der Herbst des Lebens], S. 339–356. Procházka, Vladimír: *Česká poddanská nemovitost* [Die Untertanenliegenschaft in Böhmen], Praha 1963, S. 435–36, führt als weitere Eintragungen die in Verbform verwendeten Termini „vyměnovati" [austauschen], „vyjmouti sobě" [sich selbst herausnehmen] sowie die Ausdrücke „užitek do smrti své" [Nutzen bis zum eigenen Tode] oder „příloh" [Ruhefeld] sowie die analogen deutschen Termini „Ausgeding", „Auszug" und die Verbformen „ausserdingen" und „ausziehen" an. Horáček, Cyril: *Výminek, úvaha agrárně politická* [Das Ausgedinge, eine agrarpolitische Betrachtung], Praha 1900, S. 7, fügt zudem weitere deutsche Ausdrücke hinzu: „Altentheil", „Leibgeding", „Leibzucht", „Ausbehalt", „Winkel" sowie

durch das Erbrecht bestimmt, da das gesamte bäuerliche Anwesen des Vaters in den meisten Fällen nach vorheriger Zustimmung lediglich ein Erbe übernahm. Seit der Mitte des 18. Jahrhunderts begann der Staat spürbarer in diesen Bereich einzugreifen, indem er die Bildung von Ausgedingen untersagte, die Ländereien beinhalteten. Eine ähnliche Problematik regelte mehr als 50 Jahre später das jüngere Dekret der Hofkanzlei vom 15. Februar 1833, welches festsetzte, dass die Besitzer von Grund und Boden fortan nicht mehr dem Ausgedinger einen Teil ihres Anwesens überlassen dürften. Das Allgemeine Bürgerliche Gesetzbuch, welches durch ein Patent am 1. Juni 1811 verkündet wurde, führte in Kapitel 7 – unter dem Titel „Über Dienstbarkeiten" – detailliert die einzelnen Arten der Rechte des Nutzers des Servituts (also auch des Ausgedingers) in Form eines ununterbrochenen Nutzungsrechtes auf. Nach der Aufhebung der Erbuntertänigkeit im Jahre 1848 fand das Ausgedinge als reale Last weiterhin Eintrag in den Grundbüchern. Das Ausgedinge, das die Eltern für ihre Kinder begründeten, diente hauptsächlich der Absicherung derjenigen Personen, die schlechtere Voraussetzungen dafür mit sich brachten, sich selbst versorgen zu können. Ein derartiges Ausgedinge nutzten am häufigsten Menschen mit einer körperlichen bzw. geistigen Behinderung oder unverheiratete Töchter. In erster Linie jedoch diente es der Sicherung der weiteren Existenz derjenigen Besitzer von Gehöften, die aus irgendeinem Grunde nicht weiter wirtschaften wollten. Deren Lebensbedürfnisse sicherte der neue Bauer auch weiterhin, ohne Rücksicht auf die Tatsache, ob zwischen ihnen und dem Ausgedinger verwandtschaftliche Bindungen oder nicht existierten. Das Ausgedinge trat am häufigsten bei bäuerlichen und Beisassengehöften auf, wo es die Form sog. Scheffelsteuern annahm. Seit der Mitte des 18. Jahrhunderts verbreitete sich das Ausgedinge auch immer mehr unter Häuslern. Auf den zunehmenden Rückzug der abtretenden Familien auf das Ausgedinge hatte die Änderung des Erbrechts im Jahre 1787 Einfluss. Aufgrund der Tatsache, dass der Erbe fortan der älte-

den lateinischen Ausdruck „contractus vitalitatus". In den Quellen, die Alice Velková ausgewertet hat, finden sich auch die Begriffe „s tím vymíněním" [damit tausche ich], „Vejminek učinil" [ich habe ein Ausgeding gemacht], „vejminek potáhne" [ich beziehe ein Ausgedinge], „vyminuje sobě" [sich ausgedingen], „Vyjímá sobě" [sich ausnehmen].

ste Sohn des Bauern sein sollte, erhöhte sich die Wahrscheinlichkeit, dass der Vater die Volljährigkeit des Sohnes erlebte. Der Rückzug aufs Altenteil konnte für den abtretenden Bauern auf der einen Seite einen Abstieg auf der sozialen Stufenleiter bedeuten, aber auf der anderen Seite musste dies nicht notwendigerweise eine Verschlechterung des Lebensniveaus mit sich bringen. Wie Alice Velková aufzuzeigen vermochte, konnte, sofern der Ausgedinger neben den entsprechenden Leistungen vom neuen Bauern auch Bargeld erhielt, sich seine Stellung angesichts der Tatsache, dass er durch keinerlei Pflichten belastet wurde, sogar verbessern.[16]

[16] Wie Alice Velková in der bereits erwähnten Dissertation weiter belegt, „*beeinflussten die konkrete Situation auf den einzelnen bäuerlichen Höfen am stärksten die Beziehungen zwischen dem neuen Bauern und dem Ausgedinger. Diese sind häufig ein Sujet der Belletristik, die die Situation der Ausgedinger in düsteren Farben schildert. Allein die Tatsache, dass sich die Familie schriftlich den Anspruch auf eine Grundversorgung sichern musste, die sie von ihren Kindern bekommen sollte, ruft keinen positiven Eindruck hervor. Man muss sich allerdings vergegenwärtigen, dass der neue Bauer nicht immer mit dem vorherigen Besitzer verwandt, sondern häufig nur der Käufer war. Doch auch wenn den Hof das eigene Kind des Bauern übernahm, mit dem der künftige Ausgedinger ein gutes Verhältnis unterhielt, konnte er nicht sicher sein, dass diese Beziehungen von Dauer waren. Das Ausgedinge schuf im Grunde genommen eine gewisse Absicherung für die Zukunft, zum Beispiel für den Fall, dass der Erbe den Hof verkaufen und der neue Bauer dann in keinem Verwandtschaftsverhältnis zum Ausgedinger stehen würde. Auch konnte der Fall eintreten, dass der Sohn oder die Tochter des Ausgedingers, die auf dem Hofe arbeiteten, starben und nachfolgend so durch Heirat mit dem hinterbliebenen Partner eine fremde Person auf den Hof kam. Auf der anderen Seite konnten, sofern die Ausgedinger auf der Ablieferung von Naturalabgaben ohne Rücksicht auf das Ernteergebnis beharrten, erstere einen höheren Lebensstandard als die auf dem Hof wirtschaftende Familie besitzen. Für den Fall, dass sich die Familie ein besonders umfängliches Ausgedinge sicherte, das für viele Jahre galt, darf man sich über die Feindseligkeit des Bauern gegen die Ausgedinger nicht wundern. Trotz dieser Umstände erwies sich das Ausgedinge für beide Seiten als vorteilhaft, wovon auch die Tatsache zeugt, dass sich das Ausgedinge bis in die Mitte des 20. Jahrhunderts hielt. Das Ausgedinge diente jedoch nicht allein den ehemaligen Bauern, diese Form der Absicherung der elementaren Lebensbedürfnisse nutzten auch kranke, behinderte bzw. sehr alte Personen, am häufigsten die Geschwister des neuen Bauern, die ansonsten keine Versorgung gefunden hätten. Das Gewicht einer solchen sozialen Absicherung lastete voll auf der Familie des Bauern.*“

Die Verknüpfung der Kategorie „Alter“ und „besitzloses Individuum“ oder „besitzloser Untertan“ generiert die Institution des *Almosens* bzw. des sog. *„Almosenhauses“*. Almosen war im engeren Sinne die freiwillige Armenunterstützung, die eine Privatperson aus religiösen (Nächstenliebe) oder anderen Gründen erhielt. Den Terminus *„almužinec“* (Almosenhaus) hat der Vf. in Archivalien der Lobkowiczer Großgüter entdeckt, wobei dieser Begriff offenkundig den Terminus *„chudinský ústav“* (Armenhaus) suppliert, das jedoch durch die Obrigkeit unterhalten wird, später dann durch den Großgrundbesitzer.

Die Verknüpfung der Kategorie „Alter“ und „besitzloser Angehöriger“ generiert die Institution der *Schäferhütte.*

Seit dem Ende der 1840er-Jahre veränderte sich im Zusammenhang mit der Entstehung der neuen dörflichen Selbstverwaltung bzw. mit der neuen Herangehensweise an die soziale Absicherung der Armen auch die Funktion der gemeindlichen Schäferhütte. Die Gemeindeschäferei verschwand aus dem böhmischen Dorf, da die Bauern das Vieh einstallten oder die Bauern und Landwirte dieses individuell weideten. Aus der Schäferhütte wurde somit schrittweise eine Zufluchtsstätte der von der Unterstützung der Gemeinde lebenden Armen. Wie Josef Petráň nachwies, richtete zum Beispiel der Gemeinderat in Oubĕnice im Jahre 1868 in der Schäferhütte eine Stube für Bettler ein, die bis zu jener Zeit hie und da in Scheunen und anderen Wirtschaftsgebäuden bei Bauern genächtigt hatten, denen sie selbstverständlich zur Last lagen. Die Bestimmungen des Gesetzes über das Heimatrecht vom Ende der fünfziger Jahre des 19. Jahrhunderts „unterstützten die uralte Tendenz der Gemeinden, sich in ihrer Gemeinschaft gegenüber herbeiströmenden Fremden, insbesondere gegen Landstreicher und Bettler, abzuschotten.“[17] Die Gemeinden kopierten gleichsam mit Verspätung das frühere Bemühen des Staates, die Bevölkerung in Einheimische und Fremde zu unterscheiden. Aus dieser Unterscheidung in Einheimische und Fremde bzw. Zugehörige zur Gemeinde und Nichtangehörige resultierten auch weitere Pflichten der Gemeinde gegenüber den eigenen Armen und Kranken, zum Beispiel die Pflicht Schwerkranke (zumeist an Tuberkulose Erkrankte) in ein Spital zu bringen, dem Arzt den

[17] Petráň, Josef: *Příběh Oubĕnic. Mikrohistorie české vesnice* [Der Fall Oubĕnice. Mikrogeschichte eines böhmischen Dorfes], Praha 2001, S. 171.

Transport zu bezahlen, da dieser die Gemeinde aufsuchte um den Kranken zu untersuchen bzw. die Impfung gegen Pocken vorzunehmen oder Verstorbenen ein würdevolles Begräbnis zu veranstalten.

Die Verknüpfung der Kategorie „Verwaisung" und „Untertan" oder „Individuum" generiert die Einrichtung der *Waisenfonds und der Vormundschaft, gegebenenfalls der Fürsorge.*

Waisenfonds und Vormundschaft dienten minderjährigen Personen, deren Eltern verstorben waren. Nicht allein in den Städten wurden sog. Waisenkassen eingerichtet, die unter (entgeltloser) Aufsicht der Obrigkeit, des Staates (des Bezirksamtes) und des Gemeindevorstehers der Bewahrung und Vermehrung des Vermögens für den elternlosen Minderjährigen dienen sollten. Um diese Waisenfonds entwickelte sich eine ganze rechtlich abgesicherte Finanzagenda, die in bedeutendem Umfang die kleinen lokalen Finanzmärkte dynamisierte, da mit diesen Waisenfonds unter genau festgelegten Bedingungen (wie bei Hypotheken) gewirtschaftet werden konnte bzw. kurzfristig Barschaften zu verleihen waren respektive Wertpapiere u. ä. erworben werden konnten. Mit dem Erreichen der Volljährigkeit, nämlich mit 24 Jahren, wurde die volle Disponibilität mit dem Besitz der Waisen erreicht.

Das Wesen der Vormundschaft wiederum beruhte auf der Erledigung von Angelegenheiten für die Person, die aufgrund ihrer Minderjährigkeit bis zum Erreichen der Volljährigkeit nicht voll zu rechtliche Handlungen befähigt war, also bis zum Erreichen des 24. Lebensjahres. Die Fürsorge betraf vornehmlich Personen mit geistiger Behinderung und solche, die als „verschwenderisch" galten, wobei die Fürsorge auf eine Entscheidung eines Gerichts zurückging.

Die Verknüpfung der Kategorien Hungersnot (Missernte) und besitzender Untertan generiert die Institution der *Getreide(Kontributions)fonds.*

Die Getreidefonds verkörpern eine sehr nützliche Regelung, die bereits in der vorjosefinischen Zeit existierte. Seit den Josefinischen Reformen bzw. nach den verhängnisvollen Erfahrungen aus den Jahren der Missernte zu Beginn der 1770er-Jahre war deren Gründung und Unterhalt allerdings eine obligatorische Angelegenheit, zumal jeder Bauer ein Zwanzigstel der kommenden Aussaat oder in Gebirgs- und Vorgebirgsregionen Geld hier einzahlen musste. Dies bedeutete unter anderem, dass auf dem tschechischen Lande nicht allein vielfach neue große Gebäude von Kornspeichern entstanden, wo das Getreide Aufbewahrung fand, sondern auch „Getreidebänke“. Über dieses absichernde Versorgungssystem wachten (rechnungstechnisch) die Obrigkeiten und Bezirksämter, die dieses einfache aber nutzbringende System zudem mit der Abführung einer Kontribution verknüpften, denn mit der Zeit bildeten sich um diese Fonds herum jährliche finanzielle Überschüsse für verkauftes, nicht konsumiertes Getreide. Die aus dem Betrieb der Kontributionsfonds erwachsenden Vorteile durften sog. Fremde, Arme (Inleute) und Dominikale nicht beanspruchen, die im Gefolge ihre Rechtsstellung im Dorfe einem anderen Regime unterstanden. Getreide(Kontributions)fonds bildeten somit eine Art der „Sicherheit“, die es nicht allein ermöglichte die Kontribution zu amortisieren und außerordentliche Ausgaben für Armen- und Gesundheitsfragen zu finanzieren (so wurden hiervon zum Beispiel Hebammen bezahlt), es wurde auch der Ausbruch einer Hungersnot von „flächendeckendem“ Charakter verhindert, zu der es seit dem Beginn der 1770er-Jahre in den böhmischen Ländern in der Tat bereits nicht mehr kam.

Die Verknüpfung der Kategorien „Alter“ und „Individuum“ oder „Staatsangehöriger“ generiert die Institution des *Spitals, des Siechenhauses bzw. des Krankenhauses.*

Das Spital und letztendlich das Siechen- und das Krankenhaus waren und sind Einrichtungen zur Heilung und Betreuung Kranker. Die Siechenhäuser waren seit der Regierungszeit Josefs II., als in Wien im Jahre 1784 und in Prag im Jahre 1790 ein Allgemeines Krankenhaus gegründet wurden (womit man den Besitz der bisherigen Klosterspitäler vereinte), ausschließlich für unheilbar Kranke bestimmt. Die beiden Einrichtungen knüpften an die Tätigkeit der Spitäler, vor allem der geistlichen und der Ritterorden an, die zumeist mit Apotheken, Bibliotheken und Bethäusern verbunden waren. Zur Umwandlung der Spitäler in Krankenhäuser kam es im Verlaufe des 18. Jahrhunderts, was mit einer gewissen zeitlichen Verzögerung die semantische Analyse des Begriffes Spital enthüllt.[18] Das „Krankenhaus“ klinischen Charakters disponierte bereits mit einem

[18] Vgl. JÜTTE, Robert: *Vom Hospital zum Krankenhaus. Ein begriffsgeschichtlicher Definitionsversuch*, In: Alfons Labisch, Reinhard Spree (Hrsg.): „Einem Kranken in einem Hospitale sein eigenes Bett“. Zur Sozialgeschichte des Allgemeinen Krankenhauses in Deutschland im 19. Jahrhundert, Frankfurt am Main – New York 1996, S. 31–50.

fortwährenden Gesundheitspersonal und war in den meisten Fällen mit einer Universität verbunden, die Raum und Zeit für die sog. „klinische" Ausbildung von Medizinern am Bett des Kranken bot. An deren Spitze stand zumeist ein Universitätsprofessor, der zugleich Mediziner war. Im Krankenhaus kam es im Verlaufe des 19. Jahrhunderts zur Durchsetzung des Prinzips der räumlichen Differenzierung und Individualisierung der Fürsorge, zur Professionalisierung der therapeutischen Praxis und zu einer Verdrängung ihrer einstigen sozialen Funktion zu Gunsten „wissenschaftlicher Lernbegier". Gemeinsam mit der Entwicklung der Medizin und der Urbanisierung der Gesellschaft sollte diese Entwicklung zur Folge haben, dass die Wahl der medizinischen Hilfe sich soziostrukturell zu verändern begann. Der Weg vom Spital zum Krankenhaus war zugleich ein Weg von der Gewährung gesundheitssozialer Hilfe für Arme zu einer wissenschaftlich durchgeführten Medizin nahezu ohne einen sozial (auf Arme fixierten und) motivierten Untertext.[19] Die soziale Funktion des Krankenhauses hat sich zwar grundlegend verändert, doch dank dieser Wandlung hat sich auch in der ländlichen Gesellschaft die moderne Überzeugung gefestigt, dass Gesundheit das größte soziale Gut ist und dass dieses Gut vor allem durch Sauberkeit, regelmäßige Ernährung und Moral bewahrt wird.

Die Verknüpfung der Kategorie „Alter" und „Staatsangehöriger" generiert die Einrichtung der *Armenhäuser, Hospitäler bzw. der humanitären Vereine.*

Das Armenhaus bzw. das Hospital war eine Einrichtung, die sich der Fürsorge für Arme widmete, d. h. jener Armen, die keine ausreichenden Mittel für eine notwendige Versorgung besaßen, und zwar sofern sich in deren Umfeld keine Personen befanden, denen die Unterstützung dieser Personen oblag, die also per Gesetz hierzu verpflichtet waren. Die anfänglich private und letztlich auch öffentliche Anerkennung der unzureichenden Versorgung für diese Personen (und selbstverständlich das allgemeine aufgeklärte Bemühen das Elend aus dieser Welt zu verbannen) war jene (durch die Aufklärung hervorgerufene) Urgrundlage für die Entstehung

[19] Im Deutschen lässt sich dieser Weg wie folgt beschreiben: vom Ort der Pflege zum Ort der Heilung. Berger, Eva: *Frühmodernes Krankenhaus. Pflegeversicherung in der ersten Hälfte des 19. Jahrhunderts. „Instrumente städtischer Armenfürsorge?"*, ebd., S. 209–235.

der weltlichen Armenhäuser. Beispielgebend wurden in Böhmen in dieser Hinsicht die Armenhäuser, die im Jahre 1779 Graf Johann Buquoy auf seinen Gütern errichten ließ. Jede Herrschaft wurde in Armenbezirke auf der Grundlage der Pfarrgemeinden eingeteilt, an deren Spitze der Pfarrer mit dem gewählten Armenvater stand. Entsprechend diesem Muster erschien im April 1781 auch eine komplex angelegte Richtregel Josefs II., die anwies, neben den Armenhäusern auch Findelhäuser (für verlassene Jungendliche) einzurichten, Institutionen für Wahnsinnige, Waisen sowie Entbindungsheime. Diesen Direktiven zufolge wurden bis Ende 1787 in den sog. „deutschen Erbländern" Armenhäuser an Pfarreien eingerichtet, die die Grundlage für ein Netz des öffentlichen Armenwesens bis zum Erlass des Heimatgesetzes im Jahre 1863 bildeten. Deren Finanzierung speiste sich aus verschiedenen Quellen. Hierzu zählten kirchliche und private Vermächtnisse, Nachlässe katholischer Geistlicher, Prozente aus Erträgen von Versteigerungen und auch Geldstrafen (zum Beispiel aus dem Zollschmuggel). Diese Armenhäuser bestanden in Böhmen auch nach der Beseitigung des Patrimonialsystems, dennoch erlangten aber die Armenhäuser der Gemeinden größeres Gewicht.[20] Neben diesen Armenhäusern konnten selbstverständlich die verschiedensten Typen von Stiftungen zur Unterstützung der armen, zumeist städtischen Bevölkerung existieren.[21]

Die Verknüpfung der Kategorien „Alter" und „Individuum" oder „Staatsangehöriger" generiert die Institution der *Rente (Pension) bzw. der Pensionsunterstützung.*

Die Rente bzw. die Pension war und ist eine bis zum Lebensende gezahlte Geld- bzw. früher auch sehr häufige in Naturalform geleistete Absicherung zunächst vor allem für den „Staatsdiener" und später auch für andere (nichtstaatliche) Beamtenkategorien, etwa obrigkeitliche bzw.

[20] Zum Beispiel wurde das Armenhaus in Tvořovice, wozu Ouběnice gehörte, im Jahre 1827 gegründet, das vier Arme aufnahm, die die Herrschaft mit 24 Talern im Jahr unterstützte. Vgl. Petráň, *Příběh Ouběnic* [Der Fall Ouběnice], S. 172.

[21] Besonders für den Beginn des 19. Jahrhunderts war die Gründung derartiger humanitärer Vereine durch Adelige charakteristisch. Vgl. hierzu zum Beispiel den Privaten Verein zur Unterstützung der in Prag lebenden Armen (1805–1819), dessen Fond durch die Ausgliederung bei der Inventarisierung der Lobkowiczer Zentralverwaltung in Mělnik entstand und der im Staatlichen Gebietsarchiv Leitmeritz, Zweigstelle Žitenice, aufbewahrt wird.

Selbstverwaltungsbeamte nach Ableistung der vorgeschriebenen Jahre oder im Gefolge von Krankheit bzw. Altersschwäche. Dies bezog sich zumeist auch auf Witwen und Weisen der die Rente beziehenden Personen. Diese Form der „Alterssicherung" wurde zum Pilottyp der sozialen Absicherung der modernen Gesellschaft.

Die Verknüpfung der Kategorie „Staatsangehöriger" und „Müßiggang" generiert die Institution *Zwangsarbeitsanstalt, gegebenenfalls Zuchthaus bzw. Gefängnis.*

Zwangsarbeitsanstalt, Zuchthaus bzw. Gefängnis waren Einrichtungen, die „zur Arbeit befähigte Personen, wenn diese ein arbeitsscheues oder ansonsten ein unregelmäßiges Leben führten (Bettler, Vagabunden, Prostituierte), durch Zwang zu regelmäßiger Arbeit und durch das Einwirken religiöser und erzieherischer Maßnahmen zu einem geordneten Leben" führen sollten. Die Einrichtung derartiger Institutionen in Böhmen erfolgte nach den Direktiven der Hofkammer vom 15. Juni 1811. Über die Überstellung in eine Zwangsarbeitsanstalt entschied das Gubernium, später die Statthalterei auf der Grundlage einer Empfehlung untergeordneter politischer Behörden. Verordnungen dieser Art betrafen vor allem Vagabunden, unverbesserliche Bettler und „Leute, die einem ehrenvollen Ausgedinge auswichen", aber auch Gesinde, das keine Anstellung fand sowie „Minderjährige mit vernachlässigter Erziehung". Diese Institutionen befanden sich in den Landeshauptstädten und überdauerten bis in die liberale Ära, dennoch verwandelte sich mit der Zeit ihr Charakter, da sie zumeist von großen Gemeinden (u. a. Iglau, Znaim, Pardubitz, Gitschin oder Mährisch Schönberg) unterhalten wurden und ihr Aufgabenspektrum eher präventiv denn repressiv war. Die Zwangsarbeitshäuser wurden eher Schutzstationen für Individuen ohne Beschäftigung, die Arbeit suchten und die nicht „ins Landstreicherdasein abgleiten wollten", da diese Einrichtungen ihnen ein Nachtlager sowie Verpflegung boten. Andere Zwangsarbeitshäuser verwandelten sich in Schutzstationen für Jugendliche, also in Besserungsanstalten, oder aber in naturale Versorgungseinrichtungen sowie Arbeitskolonien.[22]

[22] Vgl. hierzu besonders für das 18. Jahrhundert Himl, Pavel: *Zrození vagabunda. Neusedlí lidé v Čechách v 17. a 18. století* [Die Geburt des Vagabunden. Unsesshafte Menschen in Böhmen im 17. und 18. Jahrhundert], Praha 2007.

Die Verknüpfung der Kategorie „unerwartete Lebenssituation" und „Staatsangehöriger" generiert die Institution der *Entbindungsanstalt, des Findel- sowie des Waisenhauses.*

Die Entbindungsanstalt repräsentiert eine ebenfalls polyfunktionale Institution, die die Imperative der Sozial- und der Gesundheitsfürsorge, aber auch soziale Kontrollen kombiniert. Eines ihrer Ziele ist verständlicherweise eine bessere Gesundheitsfürsorge für Familien und Neugeborene, zugleich jedoch geht es auch um zwei weitere Funktionen: zum einen sollte ledigen Müttern ein Zufluchtsort geboten und somit auch Abtreibungen und Infantiziden vorgebeugt werden (ledige Mütter dominierten in der Tat unter der Klientel öffentlicher Entbindungsanstalten bis zum Beginn des 20. Jahrhunderts), zum anderen sollte den Medizinstudenten „Material" gesichert werden, insbesondere zukünftigen Hebammen, aber auch Geburtshelfern, Ärzten und Chirurgen – und damit auch sekundär eine Hilfe bei der Entwicklung der neu unterstützten Geburtswissenschaft. Die Entbindungsanstalt – so, wie wir diese gerade aus dem Zeitraum vom Ende des 18. Jahrhunderts kennen – knüpfte also sowohl an ältere Asyle kirchlichen Charakters für gefallene Frauen – ledige Mütter an, als auch an neu gegründete Krankenhausinstitutionen, die bereits auf „klinischer" Basis beruhten. In den meisten europäischen Ländern gehörten Entbindungsanstalten zu den ersten Krankenhäusern klinischen Charakters, die Sozialfürsorge mit einer ständigen Gesundheitsfürsorge sowie mit universitärer Bildung verknüpften. Dies war auch in den böhmischen Ländern der Fall: in Brünn entstand die erste Entbindungsanstalt bereits im Jahre 1785, in Prag auf dem Větrov bei der Kirche St. Apollinaris im Jahre 1789 (während das Allgemeine Krankenhaus auf dem Karlov erst im Jahre 1790 gegründet wurde); eine grundlegende Erweiterung erfuhr die Entbindungsanstalt nach 1875, als das (bis heute funktionierende) neue sog. Hlávka-Haus in der Apollinaris-Gasse seinen Betrieb aufnahm.[23] Mit der Instituti-

[23] Vgl. u. a. Tinková, Daniela: *Illegitimata a nová ekonomie života: svobodné matky a nemanželské děti mezi sociální péčí a kontrolou v osvícenském „Rakousku"* [Die Illegitimata und die neue Ökonomie des Lebens: ledige Mütter und uneheliche Kinder zwischen Sozialfürsorge und Kontrolle im aufgeklärten „Österreich"], In: Historická demografie 27, Sociologický ústav AV ČR, 2003, S. 133–172, sowie Dies.: *Tělo, věda, stát. Zrození porodnice v osvícenské Evropě* [Körper, Wissenschaft, Staat. Das Entstehen der Entbindungsanstalt im aufgeklärten Europa], Praha 2009 (im Druck).

on der Entbindungsanstalt eng verbunden waren auch das Findel- und das Waisenhaus, die sich um „staatliche" Kinder „ohne Eltern" kümmerten.

Die Verknüpfung der Kategorie „gesundheitlich Geschädigte" und „Staatsangehöriger" generiert zum Beispiel die Institution der *Blindenanstalt.*

Die Blindenanstalt war für blinde Personen bzw. solche mit eingeschränkten Seefähigkeiten bestimmt. Am meisten galt dies für Kinder, die im Gefolge einer Neugeborenenentzündung der Augen oder im Ergebnis einer Erkrankung an Masern, Scharlach oder Typhus ihr Augenlicht verloren hatten. In Prag existierten im 19. Jahrhundert zwei derartige private Einrichtungen (das Klara-Institut und das Haus in der Loretogasse). Diese waren in den meisten Fällen mit einer Schule und einer handwerklichen Werkstatt verbunden.

Die Verknüpfung der Kategorie „Geisteskrankheit" (verbunden zumeist mit dem Alter) und „Staatsangehöriger" generiert die Einrichtung *„Irrenhaus", d. h. eines Hauses für Geisteskranke.*

Diese Irrenhäuser (deutsch: Irrenanstalt) waren ein untrennbarer Bestandteil des großes Projektes zum Aufbau Allgemeiner Krankenhäuser. Jede Landeshauptstadt sollte mit einer derartigen Einrichtung für geistig Behinderte ausgestattet werden. Die Anerkennung des Bedarfes an derartigen Einrichtungen war bereits ein Akt der Humanität und des sozialen Mitgefühls. Durch die Konzentrierung geistig behinderter Personen in Facheinrichtungen kam man deren Demütigung und existentieller Bedrohung zuvor. Zum Ende des 19. Jahrhunderts lagen solche Einrichtungen auch in der Regie großer Gemeinden.

Die Verknüpfung der Kategorie „Natur- und andere Katastrophen" oder „Armut" und „frommer Untertan" oder „sozial schwaches Individuum" generiert die *Institution des Patronats und der Almosen.*

Das Patronat ist seinem Wesen nach privatrechtlicher Natur, zugleich jedoch auch eine Pflicht, die der Person obliegt – am häufigsten einem Adeligen – bzw. der Obrigkeit gegenüber einer Kirche bzw. einem Kirchenamt. Hauptgrund für die Entstehung dieser Institution ist eine Fundierung, also der regelmäßige Zufluss an materiellen Mitteln. Der Patronatsherr durfte die Verwaltung der entsprechenden Kircheneinrichtung beaufsichtigen und zuweilen war seine Zustimmung in eigentumsrechtlichen Angelegenheiten der Kirche bzw. in der Frage der Besetzung eines

Amtes erforderlich, das mit diesem Gotteshaus verbunden war (etwa wenn es um die Ernennung eines neuen Pfarrers ging). Dieses Recht konnte nicht durch Bestechung übertragen werden. Im Kontext der Charakterisierung der sozialen Subsidiärordnung der ländlichen Gesellschaft ist es wichtig auf die Tatsache hinzuweisen, dass es bereits traditionell eine häufige Erscheinung (mit Zustimmung des Patronatsherrn) war, für die Armen der Pfarrei verschiedenste Aktionen der Charitas durchzuführen, verbunden mit der Verteilung von Essen, Kleidung sowie einmaligen Arbeitsmöglichkeiten und auch des (nicht allein) sozialen Schutzes vor dem aggressiven Milieu der ländlichen Gemeinschaft vor allem in der Zeit großer Feierlichkeiten christlicher Heiliger.

Eine kleine Sonde zur sozialen Subsidiärsicherung auf dem Großgrundbesitz

Das Ziel der nachfolgenden Betrachtungen besteht darin, die Existenz dieses sozialen Subsidiärsystems zu überprüfen und sein weiteres Aussehen zu hinterfragen bzw. das Spektrum „fürstlicher Wohltaten" auf den Lobkowiczer Gütern in einer Zeit zu beleuchten, in der die Bauernschaft respektive die ländliche Bevölkerung formal bereits frei, ökonomisch und mental jedoch noch von der Existenz des adeligen Großgutes abhängig war. Die Sonde stützt sich auf die oben bereits genannten Archivmaterialien des Großgutes des Mělnik-Hořiner Zweiges des Geschlechts der Lobkowicz aus dem Ende der 1880er- und Beginn der 1890er-Jahre. In diesen Materialien überwiegend wirtschaftlichen Inhalts lassen sich auch Zeugnisse über die sozial-philanthropische Tätigkeit in nachfolgenden Bereichen finden:[24]

A. außerordentliche und regelmäßige Unterstützung für Arme, Ausgebrannte und Bedürftige:

[24] Staatliches Gebietsarchiv in Leitmeritz, Arbeitsstelle Žitenice, Fond: Velkostatek Drahenice [Großgut Drahenice], Inv.-Nr. 185, Sign. X – Milodary a dary vůbec [Almosen und Gaben überhaupt], Schriften X 1–30, Karton 140 sowie Inv.-Nr. 166, Sign. A – Knížecí rezoluce [Fürstliche Resolutionen], Schriften A 1–137, Karton 62, Fond: Ústřední správa lobkovických velkostatků [Zentralverwaltung der Lobkowiczer Großgüter], Schematismus der Beamten, anderer Diener, Pensionisten und Spitäler, Pensionisten und Gnadengaben.

1. Die Hilfe an zum Großgut gehörende Dorfbewohner im Falle einer Naturkatastrophe. Die Wirtschaftsdirektion des Großgutes Drahenice bat Fürst Georg Christian von Lobkowicz im Juni 1888 um Unterstützung für die Opfer einer Brandkatastrophe in der Gemeinde Uzenice. Allen Nachbarn, die ihr Dach über dem Kopf verloren hatten, wurde in der Tat Hilfe geboten – in Gestalt eines zinslosen Kredits zur Errichtung eines neuen Hauses. Dies kam zehn Jahre später auch einem anderen Brandopfer, dem Wirt Jan Štván aus Svůdčice zugute, der sich in seinem Bittschreiben auf den langjährigen Bezug von Bier aus der Lobkowiczer Brauerei berief;
2. Die regelmäßige Vergabe außerordentlicher Geldleistungen, sog. Almosen, an Alte, Arme und Krüppel auf Rechnung (bzw. im zeitgenössischen Ausdruck „zu Lasten") des Großgutes. Diese Zuteilung erfolgte an Personen, die früher auf dem Gut gearbeitet hatten und die die wirtschaftliche Verwaltung bestätigte. Diese Fälle (sozialer) Hilfe belegen, dass noch Ende des 19. Jahrhunderts auf dem tschechischen Dorfe das Bewusstsein einer patriarchalisch motivierten Zugehörigkeit zur ehemaligen (Drahenicer) „Herrschaft" überwog;
3. Die Verteilung von Kleidung für arme Mädchen, die die Fürstin Anna von Lobkowicz organisierte;
4. Die finanzielle Beteiligung am Bau des Armenhauses der Gemeinde bzw. dem Erwerb einer gemeindlichen Maschinenschere. Die Bitte der Freiwilligen Feuerwehr aus Hudčice war wiederum dadurch motiviert, dass es sich bei den Antragstellern um ehemalige Untertanen der Herrschaft Drahenice handelte;
5. Spenden an ehemalige Březnicer Jäger.

B. groß angelegte Philanthropie
Die groß angelegte Philanthropie innerhalb des Melniker Zweiges der Herren von Lobkowicz stellte im 19. Jahrhundert eine bedeutende Ergänzung zu deren „Sozialprogramm" auf den Großgütern (sie knüpfte an Almosen, Stiftungen u. ä. aus älterer Zeit an) in Gestalt der Gründung und Unterstützung des Krankenhauses in Mělnik-Podolí (Donatoren waren Helena und Franz Lobkowicz)[25] oder in Form der Gründung und Finanzierung

[25] Pitelková, Lucie: *Příspěvek k historii kláštera a nemeocnice kongregace milosrdných sester svatého Karla Borromejského v Mělníku-Podolí* [Ein Beitrag zur Geschichte des

des „Privatvereins zur Unterstützung der Hausarmen der Hauptstadt Prag" (*Soukromý spolek pro podporu bydlící chudiny*) dar, dessen Vorsitzender Fürst Anton Isidor Lobkowicz war,[26] oder auch des Humanitären Vereins bzw. der „Lebensrettungs- und Wiederbelebungs Privatanstalt", deren Gründung der Prager Universitätsprofessor und Arzt Adalbert Vinzenz Zarda (1755–1811) initiiert hatte.

C. Das eigentliche soziale Subsidiärsystem des Großguts

1. Die Pensionsabsicherung der Beamten- und Dienerschaft, die in einer fürstlichen Resolution, einschließlich der Einordnung in die Pensionskategorie verkündet wurde. So handelte es sich zum Beispiel im Jahre 1893 auf dem Großgut Drhovle um 26 Personen, auf dem Gut Rožďalovice um sechs (diese erhielten Unterstützung in Form von Geld und Getreide sowie ein Holzdeputat).
2. Der Unterhalt eines eigenen Armenhauses bzw. eines Spitals, in dem ehemalige Beschäftigte Aufnahme fanden, die ohne Unterstützung von Verwandten blieben. Im Jahre 1893 handelte es sich um sieben Fälle.
3. Zuteilung bzw. ständige Begünstigungen bzw. Almosen in Form finanzieller und naturaler Unterstützung (zum Beispiel erhielten im Jahre 1896 elf Personen eine solche in Höhe von fünf Talern).
4. Individuelle Tantiemen an Einzelpersonen in Höhe von 24 Talern jährlich, die persönlich in vierteljährlichen Abgaben beim Verwalter des entsprechenden Wirtschaftshofes, auf dem der Begünstigte zuvor gearbeitet hatte, bezogen wurden.

Auf diesen drei Ebenen, also a) außerordentliche Beihilfe, b) Philanthropie und c) Entwicklung eines eigenen sozialen Subsidiärsystems, bewegte sich die soziale Unterstützungshilfe auf dem tschechischen Großgut in der zweiten Hälfte des 19. Jahrhunderts. Offenkundig handelte es sich um ein finanziell keinesfalls unerhebliches Segment im Gesamthaushalt des

Klosters und Krankenhauses der Kongregation der Barmherzigen Schwestern des hl. Karl Borromäus in Mělnik-Podolí], In: Sborník historických a vlastivědných prací z Mělnicka Nr. 6, 2006, S. 164–170.

[26] Staatliches Gebietsarchiv in Leitmeritz, Arbeitsstelle Žitenice, Fond: Privatverein zur Unterstützung der Hausarmen der Hauptstadt Prag 1812–1819, Fond: Lebensrettungs- und Wiederbelebungs Privatanstalt 1811–1818.

Großgutes, zumal seine nicht allein finanziellen Aufwendungen in einigen Fällen – gerade im Gefolge der großen Belastung des Etats des Großgutes durch Beamtenpensionen – auch zu einem Bankrott führten.[27]

Besaß diese Ordnung ihre sozialen Theoretiker?

Offenkundig war dies nicht der Fall, denn diese soziale Subsidiärordnung wurde von den Zeitgenossen als stabil und naturgegeben angesehen. Sie war im Grunde genommen fertig ausgeprägt, dennoch konnte sie auch weiterhin, wie wir am Beispiel der Lobkowiczer Großgüter aufgezeigt haben, extensiv und intensiv weiterentwickelt werden. In der liberalen Ära wurde diese Ordnung jedoch stets als ein außerhalb der modernen sozialen (Arbeiter-) Frage sich befindlicher Raum definiert. Die sog. Agrarfrage bildete kein Segment der sozialen Frage, sondern wurde eher als eine Frage des sittlichen Schutzes des Landes und seiner wirtschaftlichen Interessen vor den aggressiven Einflüssen der Stadt bzw. des aus der Stadt fließenden Kapitals verstanden, denn als Problem der Bewahrung der alten Sozialordnung. Die soziale und die Agrarfrage wurden mitnichten einander gegenübergestellt, denn der Kapitalismus vernichtete die natürlichen Schutzmechanismen des Landes und mit seinen wirtschaftlichen und Handelsinstrumenten destruierte er seine Gesellschaft. Die Agrarfrage wurde zudem lediglich als Frage des Schutzes des Landes bzw. des bäuerlichen Besitzes vornehmlich in Form einer staatlichen Regulierung verstanden.

Der größte Verfechter der sozialen und wirtschaftlichen Interessen der ländlichen Regionen war in den 1870er- und 1880er-Jahren das konservative Wiener Blatt „Vaterland" und besonders dessen Chefredakteur Karl von Vogelsang.[28] Das „Vaterland" sah im Bauernstand die Grundlage des Staates und eine Stütze konservativer gesellschaftlicher Werte. Die kapitalistische Zerstörung des Landes und seiner ökonomischen und sozialen Ordnung bedrohte seiner Auffassung nach die ganze christliche Gesellschaft. Die Gefährdung des Jahrhunderte alten Besitzes des bäuerlichen

[27] Vgl. u. a. CERMAN, Ivo: *Chotkové. Příběh úřednické šlechty* [Die Chotkows. Geschichte des Beamtenadels], Praha 2008, S. 513ff.

[28] MAYERHOFER, Maria: *Die Behandlung der sozialen Frage im Vaterland mit besonderer Berücksichtigung der Jahre 1874–1890*, Dissertation, Wien 1939, S. 46–58.

Grund und Bodens sowie die Desorientierung der ländlichen Bevölkerung bewirkten in der liberalen Ära Karl von Vogelsang zufolge vor allem:
1. eine Ausbeutung des Landes durch die Industrie,
2. den Abfluss der Bevölkerung vom Lande,
3. eine Verschuldung der Güter, die durch schlampige Wirtschaftsführung, Pech, eine Begleichung erblicher Pflichten sowie Wucher entstehen,
4. eine massive Besitzexekution,
5. erhöhte Ausgaben der Gemeinden auch für Angehörige, die sich nicht ständig in der Gemeinde aufhalten und somit keinen Beitrag für die Gemeindekasse leisten, jedoch aus den Städten, sofern sie hier nicht dauerhaft Wurzeln fassen, in ihre ländlichen Heimatgemeinden vertrieben werden,
6. Missernte und
7. die Konkurrenz ausländischer und ungarischer landwirtschaftlicher Produkte, vor allem Getreide.

Selbstverständlich darf nicht übersehen werden, dass sich in dieser Auflistung sozioökonomischer Kalamitäten, die in der liberalen Ära die ländliche Gesellschaft erfassten, nirgends eine Anklage gegen das adelige Großgut wegen vernichtender Konkurrenz findet.[29]

Karl von Vogelsang sah die Ursachen für das Auseinanderbrechen der gesamten christlichen Gesellschaft in den zeitgenössischen politischen und wirtschaftlichen Strömungen, zu denen vor allem Liberalismus, Atheismus, Materialismus, Pessimismus und Kapitalismus gehörten. Äußere Erscheinungen dieses Zerfalls waren dann Klassenkampf, Massenarmut bzw. „Verpöbelung“ und „Vagantentum“, des weiteren Übervölkerung der

[29] Das Vaterland prägte die Losungen: „Befreiung des Großgrundbesitzes und Wiedererkennung des Objektes Bauerngut“. Die Grundlage für eine Erneuerung der ökonomischen Stabilität sollten im Original diese wirtschaftlichen Maßnahmen sein: „Verminderung der Kreditbedürftigkeit, Befreiung von sachwidrigen Verschuldungen, Aufhebung der Freiverschuldbarkeit des Grund und Bodens, Schließung der Hypothekarbücher, Sistierung der Exekutionen, Errichtung von Amortisationskassen unter Mitwirkung des Staates bzw. Landes und der Gemeinde, Wiedererkennung des Objektes Bauerngut, seine Sicherstellung gegen Zerteilung und Abtrennung von Bestandteilen, gesetzliche Regelung der Erbfolge auf Bauerngütern nach germanischem Recht.“ Ebd., S. 57–58.

Städte und Massenflucht vom Lande.[30] Da der (liberale) Kapitalismus die natürlichen Schutzmechanismen des Landes vernichtet und durch seine wirtschaftlichen und ökonomischen Instrumente die traditionelle Gesellschaft destruiert hatte, suchte man auch nach mehr allgemeinen Ursachen für diesen Zustand. Allgemeine Ursachen für den Zerfall der natürlichen, wohlverstanden agrarischen Gesellschaft wurden am häufigsten in der Privatisierung und Individualisierung des öffentlichen Lebens erblickt. Das philosophisch-rechtliche Wesen des Zerfalls der traditionellen Gesellschaft, die zu einem universalen Auseinanderbrechen der christlichen Gesellschaft führt, hatte bereits zu Beginn des 19. Jahrhunderts Adam Müller definiert, der in seinen öffentlichen Dresdner Vorlesungen behauptete, dass durch die Durchsetzung des Begriffes des römischen Privatrechts und des Privateigentums innerhalb der damaligen (katholischen wie evangelischen) Gesellschaft es zu einer radikalen Verwandlung der Wahrnehmung vor allem des Begriffes des Privateigentums und der privaten Profits gekommen sei, was auch eine Privatisierung aller menschlichen Tätigkeiten nach sich gezogen habe, die zuvor kollektiv vorgenommen und wahrgenommen worden seien. Der Siegeszug der Reformation und die Verbreitung des privat empfundenen religiösen Ritus leisteten einer Privatisierung aller früher gesellschaftlichen (christlichen) Gefühle Vorschub.[31]

Gerade die spätere massenhafte Durchsetzung dieser neuen (liberalen) Prinzipien in der Gesellschaft – auch im Gefolge des Zerfalls des patrimonialen Systems – hatte angeblich verheerende Auswirkungen auf die dörfliche Gesellschaft, da vor allem das Verhältnis zum Boden bzw. das Eigentum an Boden sich radikal veränderte. Das Prinzip des Eigennutzes des eigenen Erfolgs und des konzipierten raschen Profits aller Dinge wurde zum ausschlaggebenden Prinzip im Verhältnis der Menschen untereinander sowie des Menschen zum Boden, was Karl Vogelsang zufolge nicht einmal die „soziale Rache" der Bedrohten gefährdet, sondern in Zukunft eher die „Rache der Natur". Wenn wir, wie Karl von Vogelsang weiter behauptete,

[30] Klopp, Wiard von: *Die soziale Lehre des Freiherrn Karl von Vogelsang. Grundzüge einer katholischen Gesellschafts- und Volkswirtschaftslehre nach Vogelsangs Schriften*, zweite Auflage, Wien, Leipzig 1938.

[31] Müller, Adam H.: *Elemente der Staatskunst. Zweites Buch: Von der Idee des Rechtes*, Berlin 1809, S. 255–260.

die liberalen ökonomischen Gesetze für den Boden anwenden, dann vernichten wir damit sämtliche Beziehungen, die daran gebunden sind.[32]

Abschließende Überlegungen in Thesen

1. Sofern wir uns um eine Charakterisierung dieser sozialen Subsidiärordnung bemühen, müssen wir konstatieren, dass wir es hier zwar mit einem „System des zentral nicht abgesicherten Alters und der medizinischen Fürsorge" zu tun haben, das jedoch seit den Zeiten der Josefinischen Reformen über eine breite Skala von Instrumenten zur Bekämpfung und Linderung der Armut und des menschlichen Leidens verfügte. Diese Instrumente haben sich bis zum Ende des 18. Jahrhunderts mit Unterstützung kirchlicher (Ordens-) Institutionen, Spitäler und Bruderschaften mehr oder weniger eigenmächtig formiert. Im 19. Jahrhundert wurden diese mehr oder weniger in ein vom Staat garantiertes System übernommen, das dieses um weitere Instrumente, Institutionen und Maßnahmen bereicherte. Alle diese Maßnahmen wurden bereits im Namen des Allgemeinwohls zusammengestellt, doch das Zusammenwirken der kirchlichen, gemeindlichen und privaten humanitären Institutionen, die auf der Basis der Nächstenliebe agierten, wurde begrüßt und in das System fest integriert. Jedenfalls dienten diese bereits jedem christlichen Individuum, und zwar ohne Standesunterschied.

[32] Vogelsang formulierte diese Prämisse mit folgenden Worten: „Die Ansprüche, die das Individuum an Staat und Gesellschaft zu machen berechtigt ist, bestehen in dessen Anteil an dem allgemeinem Zweck, also in dem Schutze seines Friedens und der Sicherstellung und Beförderung seiner Wohlfahrt, namentlich soweit diese für den angegebenen höchsten Gesellschafts- und Staatszweck erforderlich oder nützlich sind. Hierauf ergibt sich vor allem der Anspruch auf Schutz des Rechtes und der Sicherheit einerseits, und andererseits auf Schaffung wirtschaftlich sozialer Positionen, die die Garantien einer dauernden, standesgemäßen Lebenshaltung, sowie die möglichst harmonische, dem höchsten Endzweck zugewandte Geistesentwicklung zu gewähren geeignet sind. Der Konservatismus, der die Individuen als organische Glieder des Sozialkörpers auffasst, der glaubt, dass die normale Organisation und Entwicklung der Gesellschaft die notwendige Bedingung des Wohlergehens und Gedeihens der Individuen sind, setzt jener trostlosen Lehre vom persönlichen Egoismus die Idee der Pflicht entgegen, eines Gesellschaftsinteresses, das das individuelle Interesse nicht bekämpft, aber es überragt."

2. Dieses System bestand in nahezu unveränderter Form bis in die Gegenwart fort, die sich durch die Existenz einer neuen, in der Tat städtisch agglomerierten „sozialen Frage“ auszeichnete. Es wurde jedoch um neue, per Gesetz garantierte Instrumente (zum Beispiel um eine Pensions-, Gesundheits- und Sozialabsicherung) zentralisiert und bereichert. Das neue System stützte sich auf eine neue Mobilisierung der Quellen, garantiert durch den „allmächtigen“ (zeitgenössisch ausgedrückt „omnipräsenten) Staat (*Etat – Providence* – Staat – Voraussicht) vor allem in Form steuerlicher und anderer Abgaben und deren Umverteilung mit Hilfe des Staatshaushaltes. Erst seit den 1880er-Jahren betrachtete der Staat die Sozialpolitik als Bestandteil seiner staatlichen Politik.
3. Bis in die achtziger Jahre des 19. Jahrhunderts funktionierte die Gesellschaft auf der Basis eines Systems, das sich nach den Reformen Maria Theresias und Josefs II. herausgebildet hatte. In dieser Zeit können wir von der Existenz eines sehr starken (absoluten) Rechtsstaates sprechen, in dem jegliche äußerlich beschreibbare menschliche Tätigkeit durch den Staat von Grund auf normiert ist, also verzeichnet und entsprechend institutionalisiert sowie vor allem auf lokaler Ebene juristisch disloziert. Die gesamte erste Hälfte des 19. Jahrhunderts war so mit der Umsetzung und Verfeinerung des groß angelegten Projekts eines sozialen Gesundheitsnetzes Kaiser Josefs II. beschäftigt, das dessen Direktive aus dem Jahre 1781 initiiert hatte.[33] Die Suche nach Finanzquellen außerhalb der Staatskasse stellte dessen größte Schwäche dar.
4. Das demographische Wachstum der Bevölkerung, spürbar in großen Teilen Europas seit der zweiten Hälfte des 18. Jahrhunderts und begleitet von einer massenhaften Abwanderung der Bevölkerung vom Lande in die Stadt, musste notwendigerweise die Mittel und Formen des Umgangs mit der Armut und den Bedürftigen verändern. Die Hauptverantwortung fiel immer mehr auf den Staat.

[33] Reinalter, Helmut (Hg.): *Josephinismus als aufgeklärter Absolutismus*, Wien-Köln-Weimar 2008, S. 163–190. Zur Hilfe für Bedürftige in den böhmischen Ländern und insbesondere in Prag vgl. Petráňová (Šubrtová), Alena: *Vývoj chudinství v Čechách v době josefinské* [Die Entwicklung des Armenwesens in Böhmen in josefinischer Zeit], ungedruckte Diplomarbeit, FFUK Praha 1958.

5. Die Abwanderung in die Industriegebiete und großen Städte (die Geburt des „agglomerierten Menschen") legte den Akzent vor allem auf diese neu gebildete Besiedlung mit Elementen einer Atomisierung und Anonymität – und dies mit dem Risiko einer Absenz der auf dem Lande bestehenden traditionellen Subsidiärsysteme (große Familie, Gemeinde u. ä.). Daher initiierte gerade das städtische Milieu die Entstehung eines neu konzipierten Sozialsystems: gerade hier entstehen die ersten großen Sozial- und Gesundheitseinrichtungen (unter anderem auch deshalb, weil diese immer stärker auch an andere, fachliche Institutionen mit einer Universität an der Spitze gebunden sind).[34] Gerade das städtische Milieu – und keinesfalls das idealisierte Land – mit seinen neuen risikobehafteten Merkmalen zog die Aufmerksamkeit sozialer Theoretiker und Kritiker auf sich.
6. Die Frage, warum gerade das ländliche System keinen großen Sozialtheoretiker und Denker hervorbrachte, lässt sich nur schwer beantworten. Ungeachtet dessen scheint offenkundig, dass das alte Subsidiärsystem in der liberalen Ära stets als ein außerhalb der modernen Sozial(Arbeiter)frage angesiedelter Raum definiert wurde. Die sog. Agrarfrage war kein Segment der sozialen Frage, sondern wurde eher als Frage des sittlichen Schutzes des Landes und seiner wirtschaftlichen Interessen vor den aggressiven Einflüssen der Stadt bzw. des aus der Stadt fließenden Kapitals denn als Problem der Bewahrung der alten sozialen Subsidiärordnung aufgefasst.

[34] Einer der ersten Sozialtheoretiker und Praktiker, die im großstädtischen Milieu in den böhmischen Ländern wirkten, war zweifellos der Arzt (Gynäkologe) Johann Melitsch, der am Ende der Josefinischen Zeit in Prag auf eigene Kosten ein ambulantes Haus für werdende Mütter einrichtete, das er schließlich zu einer allgemeinen ambulanten Einrichtung für Arme erweiterte. Diese private Einrichtung auf dem Kleinseitner Platz sollte (oder war es am Ende auch) mit dem System der Sozial-/Gesundheitsversicherung für weniger vermögende und besitzlose Einwohner, abgestuft nach dem Jahreseinkommen, verbunden sein. Diesen Vorschlag veröffentlichte Melitsch unter dem Titel *Darstellung einer Gesundheitsassekuranzanstalt*, Prag 1795. Zu Melitschs Persönlichkeit und seinem Wirken vgl. auch Klaus, Karel: *Tradice české gynekologie* [Die Tradition der tschechischen Gynäkologie], Praha 1953, sowie D. Tinková, a. a. O.

DIE WELT IN DEN AUGEN DES LETZTEN LANDSKNECHTS FRIEDRICH ZU SCHWARZENBERG (1799–1870) UND SEINE GEISTIGEN NACHFAHREN

Zdeněk Bezecný

„Auf der Eisenbahn stellt sich mir immer am deutlichsten der herannahende Standpunkt des Kommunismus dar. Es teilen sich nämlich auf derselben die Passagiere, wie jetzt auch im Leben, nur in zwei Klassen, die, welche viel, und die, welche nur wenig zahlen. Also ist Eigenthum, die Proprietät, der einzige Unterscheidungsgrund, der Stand aber nur Nebenbedingung."[1] Mit diesen Worten brachte Fürst Friedrich zu Schwarzenberg seine Kritik an der damaligen Gesellschaft zum Ausdruck.

Friedrich zu Schwarzenberg erblickte im Jahre 1799 das Licht der Welt, wie er später in seinem eigenen Lebenslauf anführte: „... *leider in Wien, diesem Schandneste, das sich den unsterblichen Ruhm untermenschlicher Stupidität und wiederträchtiger Undankbarkeit durch die Revolution von 1848 [...] in der Weltgeschichte erworben hat.*"[2] Sein Vater, Karl Philipp zu Schwarzenberg, war Diplomat und Heerführer, Sieger über Napoleon in der Völkerschlacht bei Leipzig, Begründer des Worliker Zweiges des bedeutendsten böhmisch-österreichischen Adelsgeschlechts. Die Mutter, Maria Anna geb. von Hohenfeld, besaß den Ruf einer Dame mit breit gefächerten kulturellen Interessen, die in Wien einen viel beachten Salon führte. Gerade sie spielte eine bedeutende Rolle bei der Erziehung des Sohnes und bei seinem späteren Weg zur Literatur. Dem Vorbild des Vaters folgend widmete sich Friedrich zu Schwarzenberg der militärischen Karriere. Im Jahre 1821 kämpfte er gegen die Revolutionäre in Neapel, nachfolgend war er als Offizier in Regimentern in Ungarn und Galizien

[1] Schwarzenberg, Friedrich zu: *Ante-divulianische Fidibus-Schnitzel*, 1. Faszikel. Wien 1850, S. 22–23.

[2] Státní oblastní archiv Třeboň [Staatliches Gebietsarchiv Wittingau; weiter: SOA], Rodinný archiv [Familienarchiv; weiter: RA] Schwarzenberg-Orlík, Sign. II–58/1, Friedrich Fürst zu Schwarzenberg, Autobiographie, Kart. 153.

stationiert. Am Ende der 1820er- und zu Beginn der 1830er-Jahre kam seine romantische Vorstellung des künftigen Lebens voll und ganz zum Tragen. Friedrich zu Schwarzenberg verließ die vorbestimmte Laufbahn eines höheren Offiziers der österreichischen Armee und betraute zugleich seinen jüngeren Bruder Karl mit der Verwaltung der Familienbesitzungen. Im Jahre 1830 nahm Friedrich zu Schwarzenberg als Soldat des französischen Expeditionskorps an der Eroberung von Algier teil. Die Folgejahre reiste er durch Frankreich, die deutschen Länder, Schottland, England, die Niederlande und hielt sich auch im Osmanischen Reich auf. Im Jahre 1838 kämpfte Friedrich zu Schwarzenberg in den Reihen der spanischen Karlisten gegen die liberalen Anhänger der Königin Christina. Nach seiner Rückkehr erwarb Friedrich das Gut Mariathal (Marianka) unweit des heutigen Bratislava. Unter dem Spitznamen „Der verabschiedete Lanzknecht" widmete sich Friedrich zu Schwarzenberg der Niederschrift seines literarischen Werkes, das Gedichte, Erzählungen, Novellen, Aphorismen und Tagebucheintragungen sowie Memoiren umfasste. In den vierziger Jahren des 19. Jahrhunderts zählte der Schwarzenberger zu den bedeutenden Personen in den Wiener literarischen Salons. Diese verließ er wieder, um im Jahre 1846 in Galizien und ein Jahr darauf im Heer des Sonderbundes in der Schweiz zu kämpfen. An der Niederschlagung der Revolution 1848/49, die er selbst als Sintflut bezeichnete, nahm Friedrich zu Schwarzenberg in den Regimentern Radetzkys und Jelačićs in Italien und Ungarn teil. Die beiden letzten Jahrzehnte seines Lebens verlebte der Kriegsveteran in seinem Domizil Mariathal, in Wien sowie auf der Burg Worlik.[3] Als Friedrich zu Schwarzenberg im Jahre 1870 starb, schrieb Alfred Meissner in seinem in der Wiener Tageszeitung „Die Presse" veröffentlichten Nekrolog, dass der letzte Ritter abgetreten sei, der bereits nicht mehr in diese Welt gehört habe.[4]

[3] Zuletzt zu Friedrich zu Schwarzenberg vgl. Bezecný, Zdeněk: *Poslední lancknecht* [Der letzte Landsknecht], In: M. Gaži (Hrsg): *Schwarzenbergové v české a středoevropské kulturní historii* [Die Schwarzenberger in der tschechischen und mitteleuropäischen Kulturgeschichte], České Budějovice 2008, S. 415–423. Hier auch Verweise auf die ältere Literatur.

[4] Die Presse, 16. 3. 1870.

Der letzte Ritter, der letzte Mönch aus Mariathal, der letzte Mohikaner bzw. der sich von den alten Zeiten verabschiedende Landsknecht – dies alles waren Beinamen, mit denen Friedrich zu Schwarzenberg in den literarischen Arbeiten und Korrespondenzen sich selbst titulierte. Eine romantisch durchlebte Nostalgie ist ein Merkmal auch von Friedrichs Reflexionen über die Gesellschaft. Scharfsinnig erfasste und zuweilen sarkastisch kommentierte er die Zeit, in der er lebte. Letztere zeichnete sich durch politische und soziale Veränderungen aus, für die wir für gewöhnlich den Begriff „Modernisierung" verwenden. Zu diesen Veränderungen wollte Friedrich zu Schwarzenberg auf keinen Fall einen Beitrag leisten, sondern er bemühte sich im Gegenteil im Geiste seines Credos: „*Keineswegs bedachtsam nach vorn, sondern entschieden zurück, da vor uns der Abgrund liegt*"[5], die traditionelle Ordnung zu bewahren. Seine Aufgabe erblickte Friedrich zu Schwarzenberg im Kampf auf der Seite der Legitimität, die für ihn das durch die Geschichte legalisierte Recht symbolisierte, das nicht gewaltsam beseitigt oder ersetzt werden könne. Die Teilnahme an den Karlisten-Kriegen stellte für ihn nicht allein ein großes Abenteuer dar. Für Friedrich zu Schwarzenberg war dies ein Paradebeispiel für die Notwendigkeit des – wenn auch von vornherein aussichtslosen – Kampfes zwischen Tradition und Moderne. Das Programm der Karlisten unter dem Motto „el Rey netto" (der reine König, d. h. der ohne Beschränkung des Parlaments regierende Monarch) und „fueros" (Landesfreiheiten) schien auch dem böhmischen Adeligen akzeptabel. Einen solchen König und derartige Freiheiten forderte Friedrich zu Schwarzenberg eben für das Königreich Böhmen.[6] Zur Verteidigung der „alten Freiheiten" benutzte Friedrich aber nicht allein das Schwert, sondern auch die Feder. Von seinen Reisen und Kämpfen erholte er sich im ehemaligen Kloster Mariathal, wo sich Friedrich zu Schwarzenberg dem Studium sowie der Niederschrift seiner Erinnerungen und Ansichten über die gegenwärtige Gesellschaft widmete.[7]

[5] Schwarzenberg, Karel (Hrsg.): *Lancknechta Bedřicha Schwarzenberga Španělský deník a zrození revolucí* [Das Spanische Tagebuch des Landsknechtes Friedrich zu Schwarzenberg und die Geburt der Revolutionen], Praha 1937, S. 119.

[6] Ebd., S. 15.

[7] Zum literarischen Werk Friedrichs zu Schwarzenberg vgl. Belke, Horst: *Autobiographie und Zeitkritik. Friedrich zu Schwarzenberg als Schriftsteller.* Düsseldorf 1971.

„Ursprünglich ist aber in unserer sozialen Organisation die Proprietät nur Akzidens, die soziale Stellung aber die Hauptdifferenz gewesen. Diese setzte aber auch einen moralischen Wert voraus. Man hörte auf, ein Edelmann zu sein, konnte man nicht ein makelloses Schild vorweisen. Der Bürger war gestrenger Herr, d. h. ein biederer, angesehener Familienvater, der ehrsame Meister ein fleißiger, redlicher, tadelloser Familienvater, der Bauer legte einen Wert auf seine Würde als Schöppe oder Geschworener in der Gemeinde. So hatte jede Proprietät eine moralische Sanktion, welcher leichter die daraus erfolgende Ungleichheit des Genusses ertragen ließ. Diese ist jetzt verwischt", notierte Friedrich zu Schwarzenberg in seinen Eintragungen im Juni des Jahres 1842.[8] Gegen die allmächtige Rolle des Eigentums, die er in der Einleitung der zitierten Parabel über den Zug als Vorbild für das einsetzende Zeitalter kritisiert hatte, setzte Friedrich zu Schwarzenberg das Ideal einer ständisch gegliederten Gesellschaft, in der jeder Besitz eine sittliche Begründung, jeder Einzelne seinen festen Platz in der Gesellschaft und alles dann seine von Gott geweihte Ordnung besitzt. Die sittliche, religiöse und auf der Familie beruhende Legitimation fehlte dem modernen Staat, der aus dem Atheismus der Aufklärung und der Diskontinuität der Revolution geboren wurde. Ihm fehlte die Legitimität, was ihm gestattete sich absolutistisch und zentralistisch zu gebärden.

„Sozialismus und Absolutismus sind nahe verwandt. Auflösung, wenigstens Bevormundung jedes individuellen Lebens (Individuum, Familie, Geschlecht, Zunft, Korporation, Staat) im allgemeinen Abstraktion des Vernunftstaates oder summarischen Begriffs (Menschheit)", so formulierte Friedrich zu Schwarzenberg seine Haltung gegenüber dem modernen Staat.[9] Die Rolle bei der Verteidigung gegen diesen schrieb Friedrich zu Schwarzenberg gerade der Bewahrung und Unterstützung der Individualität und der zwischen dem Einzelnen und dem Staat stehenden Institutionen zu. Hier erblickte er auch den Platz des Adels in der Gesellschaft als einem klar definierten Element, der bei dem sich Bewusstwerden seiner traditionellen Bedeutung an der Spitze der Gesellschaft stehen könne. *„Meiner Ansicht nach wurzelt der Adel, wo es noch einen gibt, im Volke selbst, er kann die Krone und*

[8] Schwarzenberg, Friedrich zu: *Ante-diluvianische Fidibus-Schnitzel*, 1. Faszikel, Wien 1850, S. 22–23.

[9] Ders.: *Post-diluvianische Fidibus-Schnitzel*, 1. Faszikel, Wien 1862, S. 91.

den Wipfel tragen, aber seine Wurzel liegt im Boden des Volkes", schrieb der „Landsknecht" seinem Freund Vinzenz von Auersperg im Jahre 1862.[10]

Im konsequenten Festhalten an christlichen Grundsätzen erblickte Schwarzenberg die Lösung der sozialen Frage sowie ein Bollwerk gegen die Realisierung radikaler Gedanken: *„Die Charitas sollte den Kommunismus unter anderer Gestalt vertreten, sie repräsentierte das Kruzifix, das Bild dessen, der für alle litt; jetzt, da Regierungen und Völker das Kruzifix auf den Mist geworfen, erscheint der Kommunismus mit dem Dreschflegel und Pflasterstein in der rohen, derben Faust, da jetzt dieselbe keine milde Hand zu drücken, ebenso wenig als eine kräftige, waffengewandte mehr sie zu bewältigen weiß!"*[11]

Die Auffassungen Friedrichs zu Schwarzenbergs speisten sich nicht allein aus dem authentischen Erleben der Zeit und dem Bedürfnis der eigenen Stilisierung, sondern zugleich auch aus dem Studium des zeitgenössischen konservativen politischen Denkens. In seinen original verteilten Sentenzen und Aphorismen kommen der Widerhall von Louis-Gabriel-Ambroise de Bonalds Kritik am Absolutismus sowie die Idealisierung des unverdorbenen flachen Landes zum Ausdruck, in dem der patriarchalische Geist fortdauerte und in dessen hierarchisch gegliederter Gesellschaft der Adel weiterhin seinen unverrückbaren Platz einnahm. In den Gedanken Josephs de Maistres schwangen auch die Vorstellung des Landsknechts von der Bedeutung des Glaubens und seine Auffassung der Nation mit. Alexis de Tocqueville wiederum inspirierte Friedrich zu Schwarzenberg zu Reflexionen über den modernen Staat und den Widerstand gegen eine Zentralisierung der Macht.[12]

Friedrich zu Schwarzenberg griff hingegen kaum sichtbar in die praktische Politik ein. Er berührte diese flüchtig in der Zeit des Vormärz, als er in der zweiten Hälfte der vierziger Jahre des 19. Jahrhunderts an den Verhandlungen über den ständisch gegliederten böhmischen Landtag teilnahm. Auf dessen letzter Zusammenkunft im Mai 1847 hielt Friedrich

[10] SOA Wittingau, RA Schwarzenberg-Worlik, Sign. II–63d/9, Konspekt eines Briefes Friedrichs zu Schwarzenberg an Karl Vinzenz von Auersperg vom 8. 9. 1862, Karton 164.

[11] Schwarzenberg, Friedrich zu: *Post-diluvianische Fidibus-Schnitzel*, 2. Faszikel, Wien 1850, S. 70.

[12] Vgl. Schondorff, Joachim (Hrsg.): *Europäische Zeitenwende. Tagebücher 1835–1860*, München 1960, S. 243.

zu Schwarzenberg eine Rede über die Notwendigkeit der Errichtung eines Denkmals für Erzherzog Karl, worin er insbesondere das Verhältnis gerade dieses verstorbenen, legendären österreichischen Heerführers zum Königreich Böhmen unterstrich, dessen Generalkapitän er in den bewegten Jahren der Kämpfe gegen die Französische Revolution gewesen war.[13] Als bedeutsamer freilich erwiesen sich die Beratungen über die Veränderungen der Landesverfassung, die er in dieser Zeit mit seinen Ständekollegen führte – mit Graf Friedrich Deym, Fürst Carlos Auersperg, Graf Franz Stadion, Graf Johann Lažanský bzw. Fürst Gustav Lamberg.[14]

Am politischen Leben der 1860er-Jahre lehnte Friedrich zu Schwarzenberg, trotz des Drängens von Verwandten und Freunden, ab teilzunehmen. Die prosaischsten Gründe hierfür waren zum einen Friedrichs Alter und sein schlechter Gesundheitszustand, den er selbst den Entbehrungen im Verlaufe der militärischen Feldzüge zuschrieb, an denen er in der Vergangenheit teilgenommen hatte. Als ein weiteres Hindernis für ein öffentliches Wirken betrachtete Fürst Schwarzenberg den militärischen Rang eines Generals, in den ihn der Kaiser für seine Verdienste in den Kämpfen in Ungarn und Italien in den Jahren 1848 und 1849 erhoben hatte. Auf diese Würde wollte er unter keinen Umständen verzichten. Friedrich zu Schwarzenberg sah sich immer als Soldat und er war auf seine Generalsuniform unendlich stolz. Zugleich jedoch war er sich darüber im Klaren, dass er sich als hoher Offizier nicht werde völlig ungehindert politisch äußern können. Nicht zuletzt hielt sich der Schwarzenberger selbst nie für einen guten Redner. Näher lag ihm das schriftliche Bekenntnis, zumal er meinte, dass er als ein mit der Feder kämpfender *guerillero* konservativen Gedanken förderlicher sei als ein Angehöriger einer politischen Partei, an deren realer Kraft er begründeterweise Zweifel hegte. Darüber hinaus kam es seiner angespannten Individualität wenig entgegen, seine Gedanken einer Parteidisziplin zu unterwerfen.[15]

[13] Schwarzenberg, Friedrich zu: *Post-diluvianische Fidibus-Schnitzel*, 4. Faszikel, Wien 1850, S. 131–135.

[14] SOA Wittingau, RA Schwarzenberg-Worlik, Sign. II–59/3a, Exzerpt aus den Tagebüchern Friedrichs zu Schwarzenberg, Karton 154.

[15] SOA Wittingau, RA Schwarzenberg-Worlik, Sign. N–a–5, Briefe Friedrichs zu Schwarzenberg an seinen gleichnamigen Onkel vom 31. 3. 1861 und vom 2. 4. 1861, Karton 213.

Erbe und Umsetzer der Anschauungen Friedrichs zu Schwarzenberg zur Ordnung der Gesellschaft sollte dessen Enkel Karl III. zu Schwarzenberg werden. Letzterer gehörte zu den „Verteidigern der alten Rechte", womit der letzte Landsknecht das sich formierende Lager konservativer Großgrundbesitzer bezeichnet hatte.[16] Von deren Lehrer-Schüler-Verhältnis zeugt die gegenseitige Korrespondenz. Friedrichs Vorstellungen entsprachen auch Karls Ansichten zur Rolle des Adels in der Gesellschaft: „*Wo der Adel sich der Geschichte entzieht, wo er nicht mehr inmitten des Volkes steht, wo er keine Wurzeln darin besitzt, dort muss er keinen Boden verlieren wie ein Baum mit gebrochenen Wurzeln beim ersten Windhauch.*"[17] Der Satz aus dem Schreiben Karls III. zu Schwarzenberg, im April 1862 an František Ladislav Rieger gesandt, stellt im Grunde genommen eine Paraphrase der Worte des Landsknechts dar. Sein Ruf nach Bewahrung der Rechte der historischen Länder der Monarchie fand seinen Ausdruck in der Durchsetzung des böhmischen Staatsrechts – des Götzenbildes der böhmischen adeligen und bürgerlichen Politik in der zweiten Hälfte des 19. Jahrhunderts.[18] Bei der Verwaltung der Familienbesitzungen, die Karl III. zu Schwarzenberg im Jahre 1856 übernahm, vermochte er eine Modernisierung der landwirtschaftlichen Tätigkeit[19], die sich – mit Blick auf die nach dem Jahre 1848 eingetretene Situation – als völlig unumgänglich erwies, mit der Beibehaltung der im wesentlichen patriarchalischen Beziehungen

[16] SOA Wittingau, RA Schwarzenberg-Worlik, Sign. II–63d/9, Konspekt eines Briefes Friedrichs zu Schwarzenberg an Karl Vinzenz Auersperg vom 8. 98. 1862, Karton 164.

[17] Zitiert nach Sak, Robert: *Schwarzenbergové – sblížení s národem* [Die Schwarzenberger – eine Annäherung an das Volk], Rozeta 1, S. 42.

[18] Aus der Literatur über Karl III. zu Schwarzenberg vgl. u. a. Tomášek, Libor: *Karel III. Ze Schwarzenbergu. K politické činnosti české šlechty v šedesátých letech 19. století* [Karl III. zu Schwarzenberg. Zur politischen Tätigkeit des böhmischen Adels in den sechziger Jahren des 19. Jahrhunderts], Jihočeský sborník historický 63, 1994, S. 101–114; Sak, Robert: *Schwarzenbergové* [Die Schwarzenberger], S. 42–43; Schwarzenberg, Karl: *Geschichte des reichsständischen Hauses Schwarzenberg II*, Neustadt an der Aisch 1963, S. 304–315.

[19] Vgl. Michálek, Mořic: *Zemědělští buditelé. Sbírka životopisů mužů o zemědělství zasloužilých* [Landwirtschaftliche Aufklärer. Eine Sammlung von Biographien von Männern, die sich um die Landwirtschaft verdient gemacht haben], Praha 1937, S. 35–48.

im Umfeld der fürstlichen Beschäftigten zu vereinen, wozu auch die Sorge für deren soziale Absicherung zählte. Durch sein aktives Interesse an der lokalen Selbstverwaltung, eine umfangreiche philanthropische Tätigkeit und umfangreiche Bindungen an die katholische Kirche bewahrte sich Fürst Schwarzenberg die Autorität auch außerhalb des engeren Kreises seiner Großgrundbesitzungen.[20] Auf einer konkreten Ebene entstand somit der Anschein fortdauernder traditioneller Bindungen innerhalb der ländlichen Gesellschaft. Diese idealisierte Vorstellung gab dem Adel, dessen Rolle sich in der moderner werdenden Gesellschaft verringerte, die Hoffnung, dass noch eine Welt besteht, in die er gehöre und in der er seinen führenden Platz einnehmen könne.

Derjenige, der die konservativen Anschauungen Friedrichs zu Schwarzenberg in das 20. Jahrhundert transformierte, war Karl VI. zu Schwarzenberg.[21] Dieser Historiker aristokratischer Herkunft bereitete eine Edition von Aufzeichnungen seines Uronkels, des letzten Landsknechts, vor. Im Vorwort zu diesem Werk schrieb er: *„Es lässt sich nicht übersehen, dass das vorangegangene Jahrhundert* [d. h. das 19. Jahrhundert – Anm. des Autors], *die Zeit beispielloser politischer und technischer Umwälzungen, mit einer großen Enttäuschung endete. Es verwundert daher nicht, dass gerade heute das Interesse an den Stimmungen zunimmt, die sich gegen diese Entwicklung gestellt haben, deren siegreicher Verlauf uns zu dem heutigen Zustand geführt hat. Triebkraft dieser Entwicklung war die Bourgeoisie, deren individualistische, liberale Gedanken, deren literarische Vorlieben, deren kapitalistische Ordnungen das gesamte vorangegangene Jahrhundert völlig beherrscht haben.*

[20] Vgl. Bezecný, Z.: *Bývalí poddaní a bývalá vrchnost.* (K postavení orlických Schwarzenbergů ve venskovské společnosti v druhé polovině 19. a na začátku 20. století). Studie k sociálním dějinám 1 [Ehemalige Untertanen und einstige Obrigkeiten. (Zur Stellung der Worliker Schwarzenberger in der ländlichen Gesellschaft in der zweiten Hälfte des 19. und zu Beginn des 20. Jahrhunderts). Studien zur Sozialgeschichte 1], 1998, S. 9–22: Slechta a církev v druhé polovině 19. století [Adel und Kirche in der zweiten Hälfte des 19. Jahrhunderts], In: Z. Hojda – R. Prahl (Hrsg.): Bůh a bohové v české kultuře 19. století. Církev, náboženství a spiritualita v českém 19. století [Gott und Götter in der tschechischen Kultur des 19. Jahrhunderts. Kirche, Religion und Spiritualität im tschechischen 19. Jahrhundert], Praha 2003, S. 186–191.

[21] Zu Karl VI. zu Schwarzenberg vgl. zuletzt Schwarzenberg, K. (M. C. Putna ed.): *Torzo díla* [Der Torso eines Werkes], Praha 2007.

Gegen den Liberalismus formierte sich ein zweifacher Widerstand der durch die Bourgeoisie unterdrückten Elemente – der historischen Stände und des Proletariats – nämlich der Reaktion und des Sozialismus."[22]

Ein direktes Anknüpfen an die Gedanken seines Vorfahrens lässt sich in einer ganzen Reihe seiner Essays feststellen. Zu den beachtenswertesten zählt ohne Zweifel der Essay „*Obrana středověkých předsudků* (Die Verteidigung mittelalterlicher Vorurteile), abgedruckt in der Zeitschrift Rad im Jahre 1939.[23] Das Mittelalter repräsentierte im Werk Karls zu Schwarzenberg eine Zeit, die durch ihre gleich bleibende gesellschaftliche Struktur allen ihren Mitgliedern Freiheit garantierte. Diese Freiheit war stets an die gesellschaftliche Stellung des Einzelnen geknüpft, die sich als unverrückbar erwies. Der mittelalterliche Mensch lebte – um mit Schwarzenberg zu sprechen – vom Ertrag seiner Arbeit und er besaß für diese Arbeit die entsprechenden Mittel. Es war demnach nahezu ausgeschlossen, seinen Lebensunterhalt zu verlieren. Hierin bestand das reale Fundament der mittelalterlichen Freiheit. Sie garantierte ihr dann eine autonome Macht. Adeliger, Bürgermeister, Landeshauptmann – alle verfügten über eine eigene Autorität, die durch die ökonomische Unabhängigkeit und die Wehrkraft unterstützt wurde. Der Untertan bezeugte die Abhängigkeit immer einem konkreten, ihm am nahesten stehenden Ganzen (der Stadt, der Herrschaft). Die Freiheit und das Beharren an kleinen homogenen, zur Selbstverwaltung fähigen Ensembles garantierten dem Einzelnen ein entsprechendes Maß an Freiheiten.

Über diesen sich selbst verwaltenden Einheiten, von denen die kleinste und grundlegendste die patriarchalische Familie war, stand die Krone als Quelle allen Rechts. Nicht eine bestimmte Statur des Königs, sondern das Prinzip des göttlichen Ursprungs der Herrschaft. Die Angelegenheiten des täglichen Lebens regelte die lokale Obrigkeit, deren unveränderliche Rechte sich von der Krone ableiteten. Der mittelalterliche Mensch war damit sozusagen stufenweise vom Staat entfernt, was für ihn bedeutete, dass er die Schwierigkeiten des Alltags nicht mit dem Gedanken der Funktion des Staates verband. Einen Beweis hierfür stellt für Schwarzenberg die

[22] Schwarzenberg, K. (Hrsg.): *Lancknechta*, S. 10.

[23] Schwarzenberg, K. (M. C. Putna ed.): *Torzo díla* [Der Torso eines Werkes], S. 203–209.

Tatsache dar, dass es in der erwähnten Zeit stets nur zu Revolten gegen die lokale Obrigkeit kam, niemals hingegen wurde der gesalbte König attackiert. Der göttliche Ursprung der Regierung bildete eine Garantie für deren Sittlichkeit. Das Wissen um die historisch legitimierte Korrektheit (also die Tradition) des mittelalterlichen Staates ermöglichte den Untertanen eine dauerhafte Zustimmung zur eigenen Existenz. Die so garantierte stark unabhängige Autorität vermochte die Freiheiten Untergeordneter zu bewahren, ohne dass sie diese im Inneren bedroht hätte.

Diese Ode auf das Mittelalter aus der Feder Karls zu Schwarzenberg aus der bewegten Zeit der dreißiger Jahre des 20. Jahrhunderts bildet in auffallender Weise in Form und Inhalt eine Parallele zu den damals einhundert Jahre alten Aufzeichnungen seines Vorfahren, des Fürsten Friedrich zu Schwarzenberg. Ursache hierfür ist sicherlich eine direkte Inspiration, doch sind wir der Auffassung, dass auch die Analogie in der zeitgenössischen gesellschaftlichen Situation und selbstverständlich in der Gedankenwelt der Autoren zu berücksichtigen ist. Die Unsicherheit der Zeit, in der sie lebten, sowie die keineswegs gegebene Selbstverständlichkeit in der Existenz der gesellschaftlichen Schicht, der sie angehörten, zwang die Schwarzenbergs einen Ausweg zu finden – mit Benjamin Disraeli gesprochen *„in einer unverhohlen artikulierten Rückkehr zu einem System, das sich als System der Loyalität und der Achtung charakterisieren lässt, ein System öffentlicher Rechte und des sozialen Mitgefühls.*“[24]

Was den Überlegungen Friedrichs und Karls zu Schwarzenberg fehlte, war eine konkrete Vorstellung über den Weg, der die Zivilisation aus dem Chaos der Gegenwart in ein ruhigeres Fahrwasser der traditionellen Ordnung hätte lenken können. Die aristokratisch-konservative Romantik, deren Gründer Friedrich zu Schwarzenberg und dessen Erbe Karl VI. zu Schwarzenberg war, konnte nur schwerlich in die Form einer politischen Ideologie gebracht werden.[25] Eher schien es möglich diese in partiellen po-

[24] Zitiert nach Nisbet, Robert: *Konzervatismus*, Praha 1993, S. 27.

[25] Zum aristokratischen Konservatismus vgl. Havelka, Miloš: *Zamyšlení nad genezí českého konzervatismu* [Reflexionen über die Genesis des tschechischen Konservatismus], Obzory 2, 2005, S. 16; Höbelt, Lothar: *Die Konservativen Alt-Österreichs 1848 bis 1918: Parteien und Politik*, In: R. Rill, U. E. Zellenberg (Hg.): Konservatismus in Österreich: Strömungen, Idee, Personen und Vereinigungen von den Anfängen bis heute, Graz-Stuttgart 1999, S. 109–154.

litischen Schritten zu realisieren und in konkreten Haltungen zu deklarieren, wie dies Karl III. zu Schwarzenberg tat. Hierzu jedoch fehlten beiden die Möglichkeiten und der Wille. Den Worten Karls IV. zu Schwarzenberg zufolge endete darüber hinaus im zwanzigsten Jahrhundert die christliche Ordnung der Gesellschaft, da die Revolution definitiv den Sieg davontrug. In einer Zeit, als es bereits nichts mehr zu verteidigen gab, endet der Konservatismus. Dieser These zufolge folgt nur mehr ein suggestiver Aufruf an die „letzten Christen" zu einer Rückkehr in die Katakomben, allerdings ist dieser von Skepsis getragen: „*Da die Menschheit nicht christlich ist, wird sie ausgerottet.*"[26] Und es hallt das Echo der Worte des Landsknechts wider: „*Wenn es auf diesem Wege fortgeht, wird der Tscheche den Deutschen, der Ungar den Tschechen, der Slowak und Serbe den Ungar schlachten, der Bürger den Adel, der Proletarier den Bürger totschlagen, der Bauer die Grundherren vertilgen – und der Teufel Asmodi, der sie alle, und zwar im verschärften Tempo, ihrem eigenen Untergange zureitet, sein Plaisier daran haben.*"[27]

[26] Schwarzenberg, K. (M. C. Putna ed.): *Torzo díla* [Der Torso eines Werkes], S. 178.

[27] Schwarzenberg, Friedrich zu: *Post-diluvianische Fidibus-Schnitzel*, 1. Faszikel, Wien 1862, S. 28.

IN DEN INTENTIONEN DER ENZYKLIKA RERUM NOVARUM: DER BEITRAG RUDOLF HORSKÝS ZUR LÖSUNG DER SOZIALEN FRAGE

Pavel Marek

Einen wichtigen Beitrag[1] für die Problematik der Lösung der sozialen Frage stellt ohne Zweifel die Soziallehre der römisch-katholischen Kirche dar, deren neuzeitliches und aktuelles Aussehen die bekannte Enzyklika Rerum novarum Papst Leos XIII. aus dem Jahre 1891 lieferte.[2] Wenngleich deren Erscheinen damals im tschechischen Milieu in vielen Kreisen keine allzu

[1] Der vorliegende Beitrag entstand im Rahmen des Grantprojektes GAČR Nr. 409/08/0009.

[2] Leo, Papa XIII.: *Rundschreiben über die Arbeiterfrage*. Freiburg 1891; Leo, Papa XIII.: *Enzyklika über die Arbeiterfrage*. Schwenningen 1947; *Encyklika (Zirkularbrief) Lva XIII. O otázce dělnické. (Rerum novarum)*. Ed. Vašek, Bedřich. Olomouc 1931; vgl. Berchtold, Alfred: *Von Rerum novarum bis Populorum progressio*. In: Ein Leben – drei Epochen. Festschrift für Hans Schütz zum 70. Geburtstag. München 1971, S. 182–227; *Die soziale Frage und der Katholizismus*. Festschrift zum 40-jährigen Jubiläum der Enzyklika Rerum novarum. Paderborn 1931; Knoll, August Maria: *Der soziale Gedanke im modernen Katholizismus*. Von der Romantik bis Rerum novarum. Wien 1932; Nell-Bruning, Oswald von: *Christliche Erneuerung der menschlichen Gesellschaft*. Die Sozialenzykliken der Päpste. Aschaffenburg 1962; Binkowski, Johannes: *Die sozialen Enzykliken*. Vittingen 1963; Sorgenfrei, Helmut: *Die geistesgeschichtlichen Hintergründe der Sozialenzyklika Rerum novarum*. Heidelberg 1970; Huber, Kurt A.: *Die Enzyklika „Rerum novarum" und die Genesis der christlichsozialen Volksparteien in der Tschechoslowakei*, In: Bosl, Karl (Hg.): Die Erste Tschechoslowakische Republik als multinationaler Parteienstaat. München-Wien 1979, S. 241–257; *90 Jahre Rerum novarum*. Hrsg. Rauscher, Anton. Köln 1982; Stüttler, Josef A.: *Adolph Kolping und Rerum novarum*. Kolpings Wirken und Werk und 100 Jahre kirchliche Sozialbotschaft im Vergleich. Köln 1991; Bazzichi, Oreste: *Cent'anni di Rerum novarum 1891–1991*. Roma 1991; Johannes Paul II.: *Zum hundertsten Jahrestag von Rerum novarum*. Enzyklika Centesimus annus vom 1. 5. 1991. Leutesdorf 1991; *Kirche zwischen Vertröstung und Klassenkampf*. 100 Jahre Rerum novarum. Leipzig 1991; Gottwald, Herbert: *Rerum novarum*. Das soziale Gewissen des Heiligen Stuhls. Berlin 1994.

positive Aufnahme fand[3], zeigt die längerfristige Reflexion, dass diese Enzyklika am Beginn zahlreicher Aktivitäten theoretischen und praktischen Charakters der Katholiken steht. Dank der Enzyklika beschleunigte sich in den böhmischen Ländern insbesondere die organisatorische Entwicklung der christlich-sozialen Bewegung, die auf die Gründung einer sich programmatisch auf die Grundsätze und Postulate der Enzyklika stützenden Partei zielte und sich in zahlreichen Bereichen um einen Einfluss im politischen Geschehen sowie im Alltag der Menschen bemühte. Die Enzyklika regte Bemühungen an und beeinflusste in hohem Maße das Leben der jungen, in den 1890er-Jahren auftretenden Generation von Geistlichen[4], vornehmlich von Kaplänen, aber auch Ordensgeistlichen, wobei für viele von ihnen ein Engagement im sozialen Bereich nicht allein zu einer Selbstverständlichkeit wurde, sondern auch zu einem untrennbaren Bestandteil ihres pastoralen Wirkens bzw. ihrer „zweiten Profession". Nur exemplarisch können wir an dieser Stelle etwa die Tätigkeit der Priester Vincenc Ševčík und Jan Holba im Gebiet von Letovice bei der Gründung von Selbsthilfevereinen evozieren, ein Unterfangen, das sich mit der Zeit auch auf Unternehmungen in der Produktionssphäre ausdehnte. Der Kaplan Jan Šrámek[5] organisierte Mitte der 1890er-Jahre im Gebiet von

[3] Einen markanten Beleg stellt z. B. das Verhalten des Prager Erzbischofs dar. Vgl. Miko, Norbert: *Zur Mission des Kardinals Schönborn, des Bischofs und des P. Albert Maria Weiß OP im Jahre 1895*. Römische Historische Mitteilungen, 5, 1961/62, S. 181–225.

[4] Světlík, František: *Zpět do sakristie?* [Zurück in die Sakristei?] Život 11, 1929, Nr. 10, S. 4; Vgl. Marek, Pavel: *Český katolicismus 1848–1914* [Der tschechische Katholizismus 1848–1914]. Olomouc 2003, S. 41.

[5] Zu Šrámeks Persönlichkeit vgl. u. a. Trapl, Miloš: *Monsignore Jan Šrámek*. Olomouc 1995; Ders.: *Tragédie politika s kolárkem. Msgre Jan Šrámek* [Die Tragödie des Politikers mit dem Kollar. Msgr Jan Šrámek]. In: Osobnosti moravských dějin [Persönlichkeiten der mährischen Geschichte], 1. Ed. Libor Jan und Zdeněk Drahoš. Brno 2006, S. 459–467; Turzová, Virginie Marie: *Kartouzský vězeň. Mons. Jan Srámek* [Der karthäusische Gefangene. Mons. Jan Šrámek]. Svitavy 2006; Pehr, Michal u. a.: *Cestami křestanské politiky. Biografický slovník k dějinám křestanských stran v českých zemích* [Auf den Wegen christlicher Politik. Biographisches Wörterbuch zur Geschichte der christlichen Parteien in den böhmischen Ländern]. Praha 2007, S. 265–268; *Jan Šrámek. Kněz-státník-politik* [Jan Šrámek. Priester-Staatsmann-Politiker]. Ed. Pavel Marek. Olomouc 2004.

Neu-Titschein (Nový Jičín) mehrere christlich-soziale Vereine, die den Arbeitern im Krankheitsfalle oder bei Arbeitslosigkeit Unterstützung boten und ihnen halfen, Waren des täglichen Bedarfs zu ermäßigten Preisen zu erwerben. Eine Pioniertat im tschechischen Milieu stellte die Einrichtung sog. Frauenanstalten dar, Internaten für junge Arbeiterinnen, die den außerhalb von Zuhause lebenden jungen Frauen ein geeignetes Milieu und ein Lebensumfeld boten und diese zugleich für die Mission in ihren künftigen Familien vorbereiteten, die die katholischen Grundsätze und die Prinzipien des Lebens respektierten. Der Forschung obliegt es, die Umstände für Šrámeks missglückten Versuch zur Errichtung einer Musterfabrik aufzudecken, mit der er in der Praxis die Tragfähigkeit seiner Ideen und Konzepte der katholischen Kirche zur Lösung des sozialen Problems unter Beweis stellen wollte. Ebenso verdienen die christlich-sozialen Bemühungen im Bereich der Errichtung von Wohnhäusern und der Sicherung von Wohnmöglichkeiten für besitzlose Schichten Erwähnung. Eine Pionierarbeit unter der Arbeiterschaft leisteten in Mähren auch weitere Geistliche[6], zumal wir hier bereits in den neunziger Jahren des 19. Jahrhunderts an die 120 Vereinigungen registrieren, die Hilfe anboten und die Möglichkeiten einräumten, sich Selbsthilfeaktivitäten anzuschließen. Ähnlich wie in Böhmen finden wir hier Aktivisten aus den Reihen der Geistlichen vom Typ eines Prokop Holý oder František Jan Kroiher, die am Beginn der den katholischen politischen Parteien angeschlossenen (Satelliten) Organisationen standen, zunächst der Gewerkschaften, doch sehr rasch auch Wirtschaftsorganisationen, die auf eine Hilfe für katholische Bauern orientierten[7] – in Übereinstimmung mit der Transformation des

[6] Zu diesen Geistlichen zählte auch František Světlík. Vgl. Marek, Pavel – Trapl, Miloš: *Mons. František Světlík (1875–1949). Nástin života a díla katolického politika a novináře* [Mons. František Světlík. Abriss des Lebens und Werks eines katholischen Politikers und Journalisten]. Rosice 2001.

[7] Vgl. Marek, Pavel: *Senátor agrární strany František Jan Kroiher* [Der Senator der Agrarpartei František Jan Kroiher]. In: Osobnosti agrární politiky 19. a 20. století. Sborník příspěvků z mezinárodní konference konané ve dnech 24.–25. května 2006 [Persönlichkeiten der Agrargeschichte. Tagungsband der internationalen Konferenz vom 24.–25. Mai 2006]. Studie Slováckého muzea Uherské Hradiště, 11/2006. Ed. Blanka Rašticová. Uherské Hradiště 2006, S. 107–112; Ders.: *František Jan Kroiher mezi ultramontanismem a sekularizací* [František Jan Kroiher zwischen Ultramontanismus

Charakters der christlich-sozialen Bewegung in Böhmen seit dem Beginn des 20. Jahrhunderts.[8]

Der christliche Sozialismus in den böhmischen Ländern entstand jedoch nicht erst unter dem Einfluss der päpstlichen Enzyklika Rerum novarum; wir haben bereits darauf verwiesen, dass dieses Dokument eher zur seiner Akzelerierung bzw. Verbreitung beitrug. Das tschechische Milieu wurde längerfristig vor allem mit Blick auf die geistige Entwicklung und die organisatorischen Aktivitäten unter den deutschen Katholiken im Habsburgerreich und außerhalb der Monarchie wahrgenommen, bei denen dieses Milieu Inspiration, Impulse und Anregungen fand. Es ließen sich für diese Annahme zahlreiche Belege anführen, wobei wichtig erscheint, dass dies zur Aus- und Umformung eigener Zentren führte, die eine selbständige Tätigkeit entwickelten. In dieser Hinsicht können wir an der Wende der achtziger zu den neunziger Jahren des 19. Jahrhunderts von der Existenz einer autochthonen tschechischen christlich-sozialen Bewegung sprechen, die sich dank der Enzyklika Rerum novarum programmatisch neu belebte und in einer engeren Verbindung zur Kirche den Boden für ihre weitere Tätigkeit bereitete. Wenn Mitte der 1880er-Jahre aufgrund der agilen Tätigkeit von Angehörigen der zweiten Generation der Sušil-Gefolgschaft die führende Stellung den um die Benediktinerdruckerei des Klosters Raigern (Rajhrad) versammelten Brünnern gehörte, verlagerte sich um 1890 in-

und Säkularisation]. In: Fasora, Lukáš – Hanuš, Jiří – Malíř, Jiří: Sekularizace českých zemí v letech 1848–1914 [Die Säkularisation in den böhmischen Ländern 1848–1914]. Brno 2007, S. 89–101; Ders.: *Může být katolický kněz členem agrární strany? Příspěvek k životním osudům Františka Jana Kroihera* [Kann ein katholischer Priester Mitglied der Agrarpartei sein? Ein Beitrag zur Biographie František Jan Kroihers]. In: Náboženství a politika [Religion und Politik]. Ed. Tomáš Bubík a Hynryk Hoffmann. Pardubice 2007, S. 18–31.

[8] Kučera, Martin: *Český politický katolicismus před první světovou válkou* [Der tschechische politische Katholizismus vor dem Ersten Weltkrieg]. Český časopis historický, 98, 2000, Nr. 1, S. 83–117; Marek, Pavel: *Český katolicismus 1890–1914* [Der tschechische Katholizismus 1890–1914]. Olomouc 2003; Ders.: *Počátky českého politického katolicismu v letech 1848–1918* [Die Anfänge des tschechischen politischen Katholizismus in den Jahren 1848–1918]. In: Fiala, Petr – Foral, Jiří – Konečný, Karel – Marek, Pavel – Pehr, Michal – Trapl, Miloš: Ceský politický katolicismus 1848–2005 [Der tschechische politische Katholizismus 1848–2005]. Brno 2008, S. 7–149.

folge objektiver und subjektiver Faktoren das Zentrum nach Böhmen, auf den Boden der Genossenschaft Vlast. Das Umfeld der Vlast wurde zum Kristallisationskern der tschechischen Christlich-Sozialen nicht allein im Ergebnis der eigenen Aktivitäten, sondern zugleich auch dadurch, dass die Opposition, die die christlich-soziale Bewegung zum einen dynamisierte, zugleich aber im Ergebnis der Unfähigkeit führender Repräsentanten beider Seiten aus den unterschiedlichsten Gründen einen Konsens zu finden, schwächte, die Gelegenheit zur Konfrontation und Abgrenzung erhielt.

Die Genossenschaft Vlast wurde im Jahre 1894 von dem Katecheten Tomáš Škrdle gegründet[9], der mit diesem Akt die Idee des Aufbaus eines Hinterlands für die Herausgabe einer gleichnamigen Literaturzeitschrift verfolgte. Škrdle zeigte sich unzufrieden mit der Tatsache, dass sich seit den 1870er-Jahren – in Anbindung an die Ergebnisse des Ersten Vatikanischen Konzils – die öffentlichen Angriffe auf die katholische Lehre, die Kirche und den Klerus mehrten; aus diesem Grunde wollte er das Periodikum der apologetischen Tätigkeit widmen, und zwar anfänglich auf dem Gebiet der Literatur. Bald jedoch transformierte er seine Zeitschrift und den Verein und suchte ein katholisches Zentrum zu schaffen, das mit der Ambition auftrat, zur führenden Struktur im Rahmen des gesamten katholischen Lagers aufzusteigen und den Ton bei der Tätigkeit in der politischen und apolitischen Sphäre anzugeben.[10] Das Umfeld des Vlast können wir daher als Initiator und auch Träger der christlich-sozialen Strömung in

[9] Jiroušek, Tomáš J.: *Tomáš Skrdle. Jeho život, práce a působení ve družstvu Vlast a v katolickém životě v letech 1880–1913* [Tomáš Škrdle. Sein Leben, seine Arbeit und sein Wirken in der Genossenschaft Vlast sowie im katholischen Leben in den Jahren 1880–1913]. Praha 1917; Ders. (anonym): *Z dob našeho probuzení. Účást družstva Vlast v křestansko-sociálním hnutí československém* [Aus den Zeiten unserer Erwachens. Die Beteiligung der Genossenschaft Vlast an der christlich-sozialen tschecho-slawischen Bewegung]. Praha 1900; Putna, Martin C.: *Česká katolická literatura v evropském kontextu 1848–1918* [Die tschechische katholische Literatur im europäischen Kontext 1848–1918]. Praha 1998, S. 196–205. Vgl. des weiteren das Nationalarchiv (NA) Praha, Fond Ordinariat des Prager Erzbistums 1536–1939. Inv.-Nr. 838, Karton 214.

[10] *Jak by to vypadalo, kdyby družstvo Vlast dnes přestalo existovati* [Wie würde es aussehen, wenn die Genossenschaft Vlast heute aufhören würde zu existieren]. Naše listy, 15, 1905, Nr. 2, 9.9., S. 1–3; Nr. 3, 16.9., S. 1–2.

Böhmen bezeichnen. Seit dem Ende der achtziger Jahre des 19. Jahrhunderts begann die agitatorische Tätigkeit den Boden für eine Veränderung in der Betrachtung der sozialen Frage[11] und deren Lösung vorzubereiten, wobei es nicht allein um die Verbreitung und Vertiefung von Wohltätigkeit, Caritas und Philanthropie um weitere soziale Aktivitäten, also eine Sanierung des aktuellen Standes ging, sondern die Anstrengungen bargen in sich auch Elemente einer produktiven und systemorientierten Lösung. Auf deren Boden wurden grundlegende Aktionen vorbereitet, die sich als Realisierung der in der Enzyklika Rerum novarum enthaltenen Anregungen interpretieren lassen. Nominell war die führende Persönlichkeit der Genossenschaft Vlast in den Jahren 1888–1911 – in der Funktion des Vorsitzenden – ThDr. Rudolf Horský (23. 9. 1852 Kyje bei Prag – 22. 12. 1926 Horní Šárka bei Prag).

Die Persönlichkeit Rudolf Horskýs, seine Lebensbahn und seine Aktivitäten, lassen sich auf zwei Ebenen verfolgen. Auf der einen Seite tritt dieser gebildete und vor allem außerordentlich redegewandte Priester als geachteter Publizist, Journalist und Redner an die Öffentlichkeit, auf der anderen Seite greift er in die praktische Politik ein; auf dem Boden der Christlich-Sozialen Partei nimmt er eine führende Stellung ein, die nicht ohne Berücksichtigung der Tatsache bewertet werden kann, dass er durch seine Konkurrenten schrittweise verdrängt wird und sich in der Stellung eines Repräsentanten ohne realen Einfluss auf Schlüsselentscheidungen wieder findet.

Die Anfänge von Horskýs Lebensbahn erscheinen als typisches Beispiel für einen talentierten Jungen aus sehr ärmlichen sozialen Verhältnisse und sie stehen im Einklang mit ähnlichen Schicksalen von Angehörigen aus der gleichen Schicht – tschechischen katholischen Priestern der zweiten Hälfte des 19. Jahrhunderts. Im Alter von sieben Jahren verlor Horský seinen Vater, einen Kutscher auf dem Gut des Ritters Frey, und seine Mutter, die sich als Dienstmagd in Prag verdingte, vertraute ihren Sohn zunächst ihrem bekannten Milchhändler und dann ihrer Schwester in Brandeis an der Elbe an. Horský wuchs somit zwar bei Verwandten auf, doch waren diese genau so arm wie seine eigene Familie. Nach drei Jahren holte die

[11] Pokorný, Jiří: *P. Tomáš Škrdle a družstvo Vlast* [Tomáš Škrdle und die Genossenschaft Vlast]. In: Sacrum et profanum. Praha 1998.

Mutter den kleinen Rudolf zu sich nach Prag und er kam in das Lebensumfeld eines Kleinhändlers. Nach dem Abschluss der vierten Klasse der Hauptschule sollte Rudolf den Beruf eines Schneiders erlernen, doch dank des Eingreifens des Priesters František Mašek kam er auf das Akademische Gymnasium, das er im Jahre 1872 aufgrund der Tatsache beenden konnte, dass er in Arbeiterfamilien Privatunterricht für deren Kinder erteilte und Horský somit Unterkunft und Verpflegung bezahlen konnte. In den Jahren 1872–1876 studierte er an der Prager Deutschen Theologischen Fakultät und am 16. Juli 1876 empfing er die Priesterweihe.[12]

Als Kaplan wirkte er an mehreren Orten auf dem böhmischen Lande (Jílové bei Prag, Alt Boleslav, Netvořice, Ořech, Únětice), wo er sein pastorales Wirken durch ein intensives Studium und die Vorbreitung auf ein Doktorat in Theologie (1886 promovierte er Prag) ergänzte, wobei er sich – je stärker ihn die Philosophie anzog – voll in die Werke der Klassiker einlas und zugleich auch die zeitgenössische Literatur dank seiner außergewöhnlichen Sprachkenntnisse (Horský beherrschte insgesamt sieben Sprachen) verfolgte. Einen Großteil seines Gehalts investierte er in den Erwerb von Fachliteratur, so dass Horský mit der Zeit auf eine umfangreiche Privatbibliothek zurückgreifen konnte, die ihm dann ausgiebig sein ganzes Leben lang diente und die die Quelle für seine Erkenntnisse über die Entwicklung des philosophischen, aber auch des sozialen Denkens in der westeuropäischen Gesellschaft bildete. Die Tätigkeit in Unětice seit 1886 und dann vor allem die Ernennung zum Pfarrer an der Sankt Matthäus-Kirche in Horní Šárka bei Prag (seit 1897) ermöglichte es Horský engere Kontakte zum Prager Milieu zu schließen, wo er sich vornehmlich als grandioser Prediger präsentierte. Von hier aus war es dann nur noch ein Schritt zur Genossenschaft Vlast, die in Horský trotz seiner Jugend (er zählte 36 Jahre) bereits einen erfahrenen, in erster Linie jedoch hoffnungsvollen und perspektivreichen Funktionär fand, der sich der Genossenschaft nicht allein als repräsentative Persönlichkeit offenbarte, sondern der auch die Möglichkeit versprach, die Aktivitäten der Genossenschaft auszudehnen und qualitativ auf eine höhere Stufe zu heben – was er im

[12] Jiroušek, Tomáš J.: *Msgr. ThDr. Rudolf Horský, vynikající řečník, politik a křestanský sociolog český* [Msgr. ThDr. Rudolf Horský, ein hervorragender Redner, Politiker und tschechischer christlicher Soziologe]. Vlast 44, 1927/8, Nr. 4, S. 169–170.

übrigen mit seinem ersten größeren, in der Vlast abgedruckten Beitrag unter Beweis stellte, einer Abhandlung über das Leben und Werk Johann Josefs Ignatius von Döllinger (1890)).

Sein Engagement in der Genossenschaft Vlast veränderte Horskýs Leben, ohne dass er sich dessen zu Beginn bewusst wurde. Anfänglich leitete er zwar fleißig die Zusammenkünfte, auf denen die auf ein Wirken im sozialen Bereich und die Ehrerweisung gegenüber der Tätigkeit Papst Leos XIII. zielenden Aktivitäten der Genossenschaft vorbereitet wurden, aber – als ob die Herausgabe einer Beilage für Arbeiter in der Tageszeitung „Čech" (Januar 1891)[13] und die Gründung eines Sozialausschusses des Vereins (Juli 1891), die eine neue Etappe in der Tätigkeit der christlich-sozialen Bewegung in den böhmischen Ländern eröffneten, kaum ein merkliches Echo fanden, – Horský wurde voll und ganz von der Vision, eine kritische philosophische Schrift zu verfassen, ergriffen. Es hat den Anschein, dass erst unter dem Einfluss des Konvertiten und ehemaligen Sozialdemokraten Tomáš J. Jiroušek bei Horský eine Interessensverlagerung hin zur sozialen Bewegung einsetzte, deren Bedeutung die gerade erschienene Enzyklika Rerum novarum unterstrich. Im September 1891 fand Horský in den „Dělnické noviny" (Arbeiternachrichten) eine Pressetribüne, die es ihm ermöglichte, seine Vorstellungen hinsichtlich der Lösung der sozialen Frage zu publizieren und seinen Standpunkt zu aktuellen Problemen der Arbeiterschaft zu formulieren. Diese ständige Publikationsmöglichkeit regte ihn zum Studium an[14], so dass Horský binnen kurzer

[13] Jiroušek, Tomáš J.: *Družstvo Vlast a encyklika Rerum novarum* [Die Genossenschaft Vlast und die Enzyklika Rerum novarum]. Vlast 47, 1931, Nr. 1, S. 20.

[14] Ein Beleg für das gründliche Studium der zeitgenössischen Literatur sind Horskýs Rezensionen einheimischer und vor allem ausländischer Titel auf den Seiten katholischer Zeitungen und Zeitschriften. Der sozialen Problematik widmete sich Horský insbesondere in den „Arbeiternachrichten", vor allem in den ersten Jahrgängen Anfang der 1890er-Jahre. Vgl. u. a. Horský, Rudolf: *Latscha, Adam: Socialistická kazání* [Sozialistische Predigten]. Praha 1891. Dělnické noviny, 1, 1891, Nr. 6, 16.11., S. 52; Ders.: *Die Gottlosigkeit der Sozialdemokratie*. Dělnické noviny, 1, 1891, Nr. 7, 1.12., S. 60; Ders.: *Der Sozialismus als Feind der Religion und die Volksschule*. Dělnické noviny, 2, 1892, Nr. 1, 1.9., S. 12; Ders.: Lenz, Antonín: *Socialismus v dějinách lidstva a jeho povaha* [Der Sozialismus in der Geschichte der Menschheit und sein Charakter]. Dělnické noviny, 2, 1892/3, Nr. 9, 1.1., S. 91; Ders.: *Internatioanle Regelung der*

Zeit die gesamte Problematik auf einem sehr soliden Niveau beherrschte und er sich in der englischen, belgischen, italienischen, deutschen und österreichischen sozialistischen und christlich-sozialen Fachliteratur und Publizistik orientieren konnte. Im Sommer 1893 unternahm Horský eine Studienreise nach Deutschland, wo er nacheinander Bamberg, Würzburg, Nürnberg[15] und Amberg[16] besuchte, um den Zustand der christlich-sozialen Bewegung kennen zu lernen, hier Erfahrungen zu sammeln und um die führenden deutschen Repräsentanten mit Carl Friedrich August Pieper und Franz Hitz SJ mit den Aktivitäten der Sozialabteilung der Vlast vertraut zu machen.[17] In Bamberg nahm Horský an einem einwöchigen internationalen „praktischen Sozialkurs" teil, der ihm die Möglichkeit bot, mit Christlich-Sozialen aus verschiedenen Ländern ins Gespräch zu kommen.[18] Der Aufenthalt in Deutschland hinterließ bei Horský dauerhafte

sozialen Frage. (Autor Aug. Lehmkuhl). Dělnické noviny, 3, 1893/4, Nr. 5, 1. 11., S. 54–55. – Ein gemeinsames Merkmal dieser Rezensionen ist die kritische Bewertung der Sozialdemokratischen Partei, ihres Programms und allgemein der sozialistischen Theorie. Horský nahm an, dass die Sozialisten nicht in der Lage seien die soziale Frage zu lösen, sondern sie würden vielmehr eine blutige Revolution vorbereiten und das Auftreten ihrer Führer gegen die Arbeiterschaft habe vornehmlich agitatorischen Charakter mit dem Ziel, die Massen für sich zu gewinnen und diese zu beherrschen. Hart wird das Taktieren der Partei bezüglich des Verhältnisses zur Religion kritisiert, wobei deren Verlagerung in den Bereich der privaten Sphäre des Menschen Horský als Verschleierung der wahren Absichten bewertet, die auf eine Liquidierung der Kirche und eine Verdrängung der Religion aus dem Bewusstsein des Menschen zielten. Der Autor verweist auf die engen Bindungen der Parteieliten zu Freimaurern, wobei ein scharfer Antisemitismus zum Ausdruck kommt. Horský hebt solche Schlussfolgerungen der Buchautoren hervor, die die einzige Möglichkeit zur Lösung der sozialen Frage in einer Rückkehr zu Gott sehen bzw. die betonen, den Christlich-Sozialen müsse die Möglichkeit zur Realisierung ihrer Vorstellungen eingeräumt werden, wobei sich alle diejenigen diesem Bemühen anschließen sollten, die die soziale Frage in irgendeiner Form betreffe.

[15] Horský, Rudolf: *V Norimberku* [In Nürnberg]. Dělnické noviny, 3, 1893/4, Nr. 2, 16. 9., S. 22–23

[16] Horský, Rudolf: *V Ambergu* [In Amberg]. Dělnické noviny, 3, 1893/4, Nr. 2, 16. 9., S. 23–24.

[17] Jiroušek, Tomáš J.: *Msgr ThDr. Rudolf Horský*, Nr. 6, S. 313.

[18] Horský, Rudolf: *V Bamberku* [In Bamberg]. Dělnické noviny, 3, 1893/4, Nr. 1, 1. 9., S. 11.

Spuren und sein Echo bringt ein angeblicher Ausspruch, vorgetragen in der Redaktion der Vlast, zum Ausdruck: „*Freunde, nach derartigen Reisen werden wir voranschreiten, so wie die deutschen Katholiken in der Politik und im Sozialismus vorgehen, und Ihr werdet sehen, dass sich unsere Ideale erfüllen – die Gründung einer großen Partei des katholischen Volkes.*“[19] Ähnliche Erfahrungen sammelte Horský auch während eines Studienaufenthaltes in Belgien. Bis zur Mitte der neunziger Jahre des 19. Jahrhunderts orientierte sich Horský, ebenso wie das gesamte Umfeld der Vlast, stark an den österreichischen christlich-sozialen Kreisen um Josef Scheicher, dessen Schrift „Die Geistlichkeit und die soziale Frage“ (*Duchovenstvo a sociální otázka*) für sie zum Lehrbuch des christlichen Sozialismus wurde.[20] Horský blieb unter dem Druck Jiroušeks nicht allein ein Theoretiker (Propagandist) der christlich-sozialen Bewegung, sondern er absolvierte in den Jahren 1893–1984 als Redner Dutzende Versammlungen und Agitationstreffen, deren Ziel darin bestand, den Boden für die Gründung einer christlich-sozialen Partei zu bereiten; um 1900 knüpfte Horský an diese Aktionen als Parteivorsitzender und als Abgeordnetenkandidat.

Dieses Ziel konnte mit den Personen aus dem Umfeld der Vlast, die in enger Verbindung zu den Brünner Christlich-Sozialen standen, in relativ kurzer Zeit erreicht werden. Den ersten Kongress der tschechischen katholischen Arbeiterschaft berief Jiroušek – in Zusammenarbeit mit Horský – für den 8.–9. September 1894 nach Leitomischl ein. Die Zusammenkunft wird in der Tradition der Tschechoslowakischen Volkspartei (Československá strana lidová) als Gründungsparteitag der christlich-sozialen Partei in Böhmen gewertet.[21] Hier sollte Horský als Mitschöpfer

[19] Jiroušek, Tomáš J.: *Msgr ThDr. Rudolf Horský*, Nr. 6, S. 313.

[20] Scheichers Arbeit erschien in tschechischer Übersetzung bereits im Jahre 1884 auf Anregung von Egbert Graf Belcredi in der Benediktinerdruckerei in Brünn.

[21] Zum Parteitag vgl. u. a. *Protokol 1. sjezdu katolického dělnictva československého v Litomyšli* [Protokoll des 1. Parteitags der katholischen tschecho-slawischen Arbeiterschaft in Leitomischl]. Ed. Rudolf Horský und Tomáš Josef Jiroušek. Praha 1895; *Program strany katolického dělnictva československého v Rakousku* [Programm der Partei der katholischen tschecho-slawischen Arbeiterschaft in Österreich]. Praha 1894; Pauly, Jan: *Populární úvod do sociální otázky* [Populäre Einführung in die soziale Frage]. Praha 1899, S. 118–125; Jiroušek, Tomáš J: *Dějiny sociálního hnutí v zemích koruny české 1840–1900* [Geschichte der sozialen Bewegung in den böhmischen Ländern

des Parteiprogramms erstmals die Möglichkeit erhalten, in breiterem Umfang seine Vorstellungen zur Lösung der sozialen Frage vorzutragen. In der Nachfolgezeit entwickelte er diese dann auf den Seiten der Dělnické noviny, bei seinen Auftritten auf den katholischen Kongressen und Parteikonferenzen sowie in Broschüren, die er zur Verteidigung der katholischen Kirche vor den Angriffen aus den Reihen der Liberalen und Sozialisten herausgab, weiter. Nachfolgend wollen wir versuchen seine Auffassungen zu evozieren, die im Einklang mit Thesen, Inhalt und Geist der Enzyklika Rerum novarum standen.

Den Ausgangspunkt für Horskýs Herangehen an die soziale Frage bildet die Feststellung über die Krise der industriellen Gesellschaft, die vom Bazillus des Liberalismus befallen ist. „*Europa kehrt zum Heidentum zurück und daher kehrt auch die heidnische Sklaverei in modernem Gewand zurück. Das alte Heidentum führte zum Verkauf Sklaven auf dem Markt und das neumodische Heidentum, welches der liberale Kapitalismus verfolgt, verwandelt ganz Europa in einen großen Sklavenmarkt, auf dem mit dem Arbeiter geschachert wird und dem der Kapitalismus zur Auswahl lässt: Entweder Du wirst für das arbeiten, was ich Dir gebe, oder Du gehst hungrig von dannen.*“[22] Der Liberalismus ist die Ursache für den Umstand, dass die kapitalistische Organisation der Produktion auf der Grundlage des Privateigentums an Produktionsmitteln, die im allgemeinen Maßstab für die katholischen Schichten der Bevölkerung akzeptabel ist, da dieses mit dem

1840–1900], 2. Praha 1903, S. 93–95; Žampach, František M.: *Československé hnutí křesťanskosociální na Moravě, ve Slezsku a v Dolních Rakousích* [Die tschecho-slawische christlich-soziale Bewegung in Mähren, Schlesien und Niederösterreich]. Olomouc 1909, S. 27–30; Tobolka, Zdeněk: *Politické dějiny čs. národa* [Politische Geschichte des tschechoslowakischen Volkes], 4. Praha 1937; Urban, Otto: *České a slovenské dějiny do roku 1918* [Tschechische und slowakische Geschichte bis zum Jahre 1918]. Praha 2000; Trapl, Miloš: *Politický katolicismus a Československá strana lidová v letech 1918–1938* [Der politische Katholizismus und die Tschechoslowakische Volkspartei in den Jahren 1918–1938]. Praha 1990; Die Habsburgermonarchie 1848–1918. Bd. 4 Die Konfessionen. Wien 1985, S. 220–222. – Weitere Dokumente werden im Nachlass von T. J. Jiroušek im Archiv der KDU-ČSL, ohne Sign., und ebendort im Karton Katolické politické strany [katholische politische Parteien], ebenfalls ohne Sign., aufbewahrt.

[22] *Protokol 1. sjezdu* [Protokoll des 1. Parteitages], S. 82.

Fortschritt in der wirtschaftlichen Sphäre korrespondiert, sich leider in die Gestalt einer unmenschlichen Aussaugung und Ausbeutung der für Lohn arbeitenden Schichten verwandelt hat. Diese werden dezimiert, leben in Hunger und Mangel, erhalten nicht den verdienten adäquaten Lohn, was die physischen und psychischen Kräfte gefährdet und sich im Lebensstil der Arbeiter und ihrer Familien niederschlägt. Der Liberalismus bildet zugleich den Ursprung für die Veränderungen in der Gesellschaft, die auf eine Reduzierung ihrer natürlichen Sozialstruktur abzielen und insbesondere die Liquidierung der Mittelschichten bewirkt, was das Gleichgewicht und die notwendige Harmonie für einen Aufschwung stört. Eine weitere große Sünde ist die Entstehung des Atheismus, der die Bevölkerung von den grundlegenden Werten und Sicherheiten wegführt, auf denen das menschliche Leben beruht. Ein Produkt des Liberalismus ist zudem auch der Sozialismus als Anleitung für eine gewaltsame Lösung der Probleme der Industriegesellschaft, eine Soziallehre, die durch ihre Lehre vom Klassenkampf, der Revolution sowie der taktischen Verlagerung religiöser Fragen in die Sphäre des Privatlebens des Menschen für Katholiken inakzeptabel ist.[23] Horský verkündete dem Protokoll des Leitomischler Kongresses zufolge: *„Wenn wir auf die menschliche Gesellschaft schauen, sehen wir auf den ersten Blick, dass es in dieser nicht so ist, wie es sein sollte, sondern dass die menschliche Gesellschaft krank ist, sehr krank. Sie ist vom Bazillus der liberalen Untreue befallen und es hat sich in ihr ein erpresserischer Kapitalismus wie ein schreckliches Exsudat ausgebreitet, das nahezu allen Nutzen der Arbeit zu Lasten der arbeitenden Organe und der Zustände der menschlichen Gesellschaft aufsaugt. Die menschliche Gesellschaft ist also krank und benötigt einen Arzt. Und wie auf einem Kreisel steht hier ein Doktor im roten Gewand und bietet bereitwillig Heilung an. Und wie klingt sein Rezept? Wir vernichten sämtliche Stände und gesellschaftlichen Klassen! Der Kopf tut weh? Wir schlagen ihn ab und sofort hören die Schmerzen auf! Die Nase tut weh? Wir schneiden sie ab! Das Herz ist krank? Wir schneiden es heraus! Das Auge kränkelt? Wir schälen es heraus! Auf diese Art und Weise will die Sozialdemokratie die kranke menschliche Gesellschaft heilen. Ich frage: Kann derjenige, der nur*

[23] Vgl. Horský, Rudolf: *Desatero sociální demokracie, 3. „Pomni, abys den svateční zničil."* [Die Zehn Gebote der Sozialdemokratie, 3. „Bedenke, dass Du den Feiertag missachtest."] Praha 1899.

eine Prise gesunden Verstandes besitzt, einen Kranken auf diese Art und Weise heilen? Doch mit Sicherheit nicht! Und dennoch will gerade diese ungesunde ‚Heilung' die Sozialdemokratie an der menschlichen Gesellschaft durchführen. Sie will keine Heilung der Gebrechen der einzelnen gesellschaftlichen Klassen, sie will nämlich keine Duldung irgendeiner anderen Klasse außer sicht selbst, und daher hat sie allen anderen gesellschaftlichen Klassen den Kampf angesagt. [...] Eine derart ‚geheilte' menschliche Gesellschaft würde der des altertümlichen mythischen Scheusals Briareus ähneln, der nur aus Händen bestand und der die Welt dann in eine einzige große Sklavenfabrik verwandeln würde, *[...] und daraus entstünde ein des Lebens unfähiger Krüppel.*"[24]

Horský konstatiert darüber hinaus, dass die heutige Gesellschaft krank ist und notwendigerweise einen Arzt benötigt, der sie schützt und ihrem Exitus mit geeigneten Schritten zuvorkommt. Er fordert eine Reform, die auf einer Eliminierung des Liberalismus, Atheismus und Sozialismus beruht, die durch die Ideen, Grundsätze und Prinzipien des Christentums ersetzt werden,[25] die alle gesellschaftlichen Schichten, Gruppen und Einzelpersonen akzeptieren müssen. Lediglich eine dergestalt gesundete und neu geborene Gesellschaft ist in der Lage ihre Kräfte zu erneuern und Wohlstand zu erreichen. Die soziale Frage ist für Horský ein sittliches, ethisches Problem, das ausschließlich durch die Einsetzung einer allgemeinen Herrschaft der Tugend, d. h. einer Rückkehr zu Gott, gelöst werden kann. Die zeitgenössische Gesellschaft ist erkrankt, weil sie sich von Gott, dem Christentum und dem Katholizismus abgewendet hat. Die Medizin stellt somit nicht die materielle Saturation des Menschen dar, es lässt sich nicht nur seine physische Seite heilen, sondern auch die geistige, und es ist erforderlich den Menschen grundlegend zu verändern, die Gesellschaft muss den Stellenwert der Nächstenliebe erneuern, indem die Menschen gegenseitig Brüder und Schwestern sind und nicht etwa Wölfe („*Dieser Arbeiter trägt das Bild Gottes in sich, er ist derselbe wie Du, er ist nämlich Dein Bruder. Hörst Du? Ein Bruder und keineswegs ein Sklave. Und gerade darin liegt unsere Aufgabe als Christlich-Soziale – nämlich dafür zu arbeiten,*

[24] *Protokol 1. sjezdu*, S. 32–33.

[25] Vgl. die *Zpráva o 1. sjezdu katolíků česko-slovanských* [Nachricht über den 1. Kongress der tschecho-slawischen Katholiken]. Ed. Tomáš Šilinger. Brno 1894, S. 97–117.

dass nicht allein die Arbeiterschaft, sondern auch die Herren vom christlichen Geiste in gegenseitiger Liebe durchdrungen seien").[26] Die soziale Frage kann Horský zufolge lediglich eine auf sittlichen Grundlagen errichtete Gesellschaft lösen, eine die katholischen Zehn Gebote anerkennende und sich nach diesen richtende Gesellschaft.[27] „*Schon der Philosoph Platon stellte fest, dass – wolle sich die Menschheit behaupten – sie auf religiöser Grundlage stehen müsse, und Plutarch urteilte, dass eher eine Stadt in der Luft errichtet werde, als die menschliche Gesellschaft ohne religiöse Grundlagen. Daher erkennen auch wir, die Christlich-Sozialen, die Religion an, und zwar die christliche Religion als Grundlage einer wohlgeordneten menschlichen Gesellschaft; wir wissen, dass aus dem Christentum die wahre Aufklärung und Bildung hervorgegangen ist und dass, sollte die menschliche Gesellschaft vom Geiste Christi durchdrungen sein, das Wohl in der menschlichen Gesellschaft erblüht. Zurück zu Christus! Dies ist unsere Losung.*"[28]

Den Ausgangspunkt für Horskýs Überlegungen zur sozialen Frage, die wir in allen seinen schriftlichen wie mündlichen Aussagen, die dem christlichen Sozialismus gewidmet sind, finden, ist also die Charakterisierung des Liberalismus als Ursprung allen Übels in der Gesellschaft: dieser hat den ausbeuterischen Kapitalismus hervorgebracht, die Sozialdemokratie, den Abfall von Gott und seinen Gesetzen.[29] Offen gesagt: Sein Ursprung hängt mit der Tätigkeit des Judentums zusammen, das allseitig davon profitiert; Horský ist Antisemit, der in diesem Bereich auch aus dem gedank-

[26] *Protokol 1. sjezdu*, S. 51.

[27] „*Vom sozialpolitischen Standpunkt aus sind die Zehn Gebote in der Tat ein Meisterwerk. Der Dekalog ist kurz und bündig, doch trotz dieser Kürze ist er ungemein inhaltsreich auch mit Blick auf die Tiefe und den Umfang.* […] *Die ersten drei Gebote zeigen die Souveränität Gottes gegenüber der Menschheit und die übrigen sieben Gebote bestimmen die Grundsätze des gesellschaftlichen, ja des sozialen Lebens der Menschheit.*" Horský, Rudolf: *Epištoly. Sbírka úvah náboženských, sociálních a politických, 2. Náboženství a politika* [Episteln. Eine Sammlung von religiösen, sozialen und politischen Überlegungen, 2. Religion und Politik]. Praha s. a., S. 37.

[28] *Protokol 1. sjezdu*, S. 50–51.

[29] Horský, Rudolf: *Uvod v otázku sociální* [Einführung in die soziale Frage]. Dělnické noviny, 3, 1893/4, Nr. 1, 1. 9., S. 1–2; Nr. 2, 16. 9., S. 13–15; Nr. 3, 1. 10., S. 25–27; Nr. 4, 17. 10., S. 37–38; Nr. 5, 16. 11., S. 57–58; Nr. 7, 1. 12., S. 65–67; Ders.: *Klesání liberalismu* [Der Verfall des Liberalismus]. Dělnické noviny, 5, 1895/6, Nr. 4, 16. 10., S. 25–27.

lichen Umfeld der österreichischen Christlich-Sozialen um Karl Lueger schöpfte, mit denen er in ziemlich engem Kontakt stand, ehe man sich in nationalen Fragen voneinander entfernte.[30]

Horský, der auf dem Leitomischler Kongress an die Spitze der Christlich-Sozialen Partei gewählt wurde und die Aufgabe erhielt, eine katholische Arbeiterpartei auf dem Territorium der Böhmischen Krone aufzubauen, beschränkte sich als Politiker nicht allein auf die theoretische Analyse des aktuellen Standes, sondern suchte zugleich praktische Mittel und Möglichkeiten mit denen es möglich schien, einen Beitrag zur Transformation der Gesellschaft und zur Einführung christlich-sozialer Grundsätze im Leben zu liefern.[31] Aus seinen auf dem Parteitag vorgetragenen Reden geht hervor, dass Horský damals zwei Ausgangspunkte, zwei Prioritäten, zwei aktuelle Aufgaben sah, die vor den Christlich-Sozialen standen:

1. eine feste und einheitliche Organisation der Katholiken auf Vereinsebene aufzubauen,[32] deren führende Kraft die Christlich-Soziale Partei mit ihrer Presse und ihren Aktivitäten sein würde, die sich nicht allein auf das einheimische Milieu beschränkte, sondern zugleich die Zusammenarbeit im internationalen Maßstab mit allen denjenigen suchte, die sich mit ihren Zielen identifizierten und die diese akzeptierten; die soziale

[30] Horský, Rudolf: *Antisemitismus.* Dělnické noviny, 4, 1894/5, Nr. 14, 16. 3., S. 105–107; Nr. 17, 1. 5. S. 130–132; Nr. 24, 16. 8., S. 185–189; Ders.: *Hallelůjah*! Dělnické noviny, 4, 1894/5, Nr. 16, 16. 4., S. 121–122; Ders.: *„Sláva Zidům"* [„Ruhm den Juden"]. Dělnické noviny, 5, 1895/6, Nr. 23, 1. 8., S. 177–178; Ders.: *Židovstvo a sociální demokracie* [Judentum und Sozialdemokratie]. Dělnické noviny, 6, 1896/97, Nr. 14, 16.3., S. 108–109; Nr. 15, 1. 4., S. 114–115; Nr. 17, 1. 5., S. 131; Nr. 19, 1. 6., S. 148–149; Ders.: *Antisemitismus a křesťanský socialismus* [Antisemitismus und christlicher Sozialismus]. Dělnické noviny, 9, 1899/1900, Nr. 18, 16. 5., S. 137–138. Vgl. Frankl, Michal: *„Emancipace od židů". Český antisemitismus na konci 19. století* [„Emanzipation von den Juden". Der tschechische Antisemitismus am Ende des 19. Jahrhunderts]. Praha-Litomyšl 2007, S. 121–129. – Frank begnügt sich erstaunlicherweise lediglich mit der Analyse der Dokumente des Leitomischler Kongresses.

[31] Horský betonte die Pflicht der Katholiken am politischen und öffentlichen Leben teilzunehmen, da man sich „aufrichtig und wahrhaft" um eine Veränderung Ordnung zum Allgemeinwohl bemühen müsse. Horský, R.: *Epištoly* [Episteln], S. 65.

[32] Vgl. Horský, Rudolf: *Proč se musime organizovati* [Warum wir uns organisieren müssen]. Dělnické noviny, 6, 1896/7, Nr. 1, 1. 9., S. 2–3.

Frage kann nicht im nationalen, sondern ausschließlich im internationalen Maßstab gelöst werden.[33] Aufgabe der politischen Organisation ist es, dem Katholizismus ergebene Abgeordnete vorzubereiten, zu bilden und zu erziehen, die dann in der Lage sind, im Parlament solche Gesetze vorzulegen und diese durchzusetzen, die die gegenwärtige Gesellschaft umformen und sie im Geiste einer sittlichen Wiedergeburt kultivieren. „*Das öffentliche Leben im Staat regeln Gesetze, doch Gesetze haben nicht allein Einzelpersonen zu dienen, sondern allen Bürgern. Heute nehmen die Gesetze Partei für die atheistischen Liberalen und das ausbeuterische Kapital. [...] Die Gesetze machen die Abgeordneten im Parlament und diejenigen Abgeordneten, die Ihr in das Parlament wählt, die verabschieden auch die entsprechenden Gesetze. Wenn Ihr Euch liberale Abgeordnete gewählt habt, dürft Ihr Euch nicht wundern, dass sie Euch liberale Gesetze machen: Wählt Ihr von christlichem Geist beseelte Abgeordnete, dann werdet Ihr auch Gesetze im christlichen Sinne bekommen.*“[34]

Einen untrennbaren Bestandteil dieser Bemühungen stellt, so Horský, auch eine Reform des bestehenden Kurienwahlsystems dar,[35] das unsittlich und ungerecht sei. Dieses müsse durch ein neues Wahlrecht ersetzt werden, jedoch ein solches, wie es die Sozialdemokraten durchsetzen wollten („*Ich glaube diesem roten Rezept nicht einen Stecknadelkopf... Überall dort, wo das allgemeine und gleiche Wahlrecht eingeführt worden ist, nutzen es die Sozialdemokraten mit fieberhafter Tätigkeit, um sich so viele Mandate wie nur möglich zu sichern, doch nicht etwa zum Wohle des Volkes, sondern zu Hetzjagden und zum eigenen Erfolg.*“),[36] sondern in das Parlament müssen

[33] In den Dělnické noviny dachte Horský über einen Entwurf nach, das soziale Problem auf der Basis internationaler Gesetze bzw. internationaler Verträge und Abkommen zu lösen. Er nahm diesbezüglich eine skeptische Haltung ein und sah einen Ausgangspunkt in einer allgemeinen Neigung des „Staates“ zu religiösen Werten. Horský, Rudolf: Internationale Regelung der sozialen Frage. Dělnické noviny, 3, 1893/4, Nr. 5, 1. 11., S. 54–55.

[34] *Protokol I. sjezdu*, S. 52–53.

[35] Horský trat auch gegen Badenis Wahlreform auf, die er als unzureichend charakterisierte. Vgl. Horský, Rudolf: *Volební oprava* [Eine Wahlkorrektur]. Dělnické noviny, 5, 1895/6, Nr. 11, 1. 2., S. 81; Ders.: *Volební předloha Badeniho* [Die Wahlvorlage Badenis]. Dělnické noviny, 5, 1895/6, Nr. 16, 16. 4., S. 121–122.

[36] *Protokol 1. sjezdu*, S. 108.

alle relevanten gesellschaftlichen Schichten und Gruppen gelangen, da das Parlament durch seine Gründung als Vertreter und Sprecher des gesamten Volkes die soziale Zusammensetzung der ganzen Gesellschaft widerspiegeln muss („*Wenn das Parlament wirklich die Vertretung des ganzen Volkes im Staat sein soll, dann muss dieses Parlament wie ein Miniatur- oder verkleinertes Bild des ganzen Staates sein, d. h., sämtliche Stände, alle Interessen müssen im Parlament entsprechend der Zahl ihrer Angehörigen und ihres sittlichen Gewichts vertreten sein*“).[37] Daher ist ein gerechtes Wahlsystem ausschließlich ein solches, das diese Bedingung erfüllt. Horský spricht in diesem Zusammenhang von einem „*allgemeinen Wahlrecht mit einer Vertretung gemäß den Interessen der Arbeit*“.[38] Im Prinzip lehnt Horský den Grundsatz der Gleichheit des Stimmrechts ab, denn er erblickt darin die Gefahr einer „*Vorherrschaft des Pöbels*“,[39] er kritisiert den zeitgenössischen Parlamentarismus,[40] wobei er fordert, die Altersgrenze für die Berechtigung zur Wahl auf 24 Jahre zu verschieben, da eine gewisse Reife und Erfahrung des Wählers die Garantie biete, dass die Entscheidung über das Schicksal des ganzen Staates verantwortungsbewusst gefällt werde, und aus diesem Grunde wendet er sich gegen ein Wahlrecht für Frauen. „... [...] *Wir können dem nicht zustimmen, dass die Frau im politischen Leben dem Manne gleichgestellt ist und dass der Frau* [...] *auch das Wahlrecht verliehen werde. Wer die Frau auf das politische Schlachtfeld zieht, der hat die Aufgabe der Frau niemals verstanden. Gott hat die Frau nicht für die Politik geschaffen und ihr nicht die Aufgabe zugeteilt, dass sie die äußeren Geschicke im Volk gestalte, sondern dass sie mit sorgfältiger Hand den Haushalt führe und Ordnung am heimischen Kamin schaffe. Hierauf weist auch das physiologische und moralische Gewicht der Frau; wohlan! Man lasse sich die Frauen um die Ordnung daheim kümmern, wir sorgen für die Ordnung draußen* (lebhafter Beifall), *denn wenn der Frau das politische Schlachtfeld eröffnet würde, würden wir ein großes Chaos im Freien haben und noch eine größere Unordnung daheim.* (So ist das!).“[41] Daher zielten die Korrekturen der Wahlordnung ausschließlich auf eine

[37] Ebd., S. 110

[38] Ebd., S. 110.

[39] Ebd., S. 109.

[40] Vgl. Horský, Rudolf: *Moderní parlamentarismus* [Der moderne Parlamentarismus]. Dělnické roviny, 5, 1895/6, Nr. 8, 16. 12., S. 60–61.

[41] *Protokol 1. sjezdu*, S. 113.

Vertretung im Reichsrat, im Jahre 1898 schlugen die tschechischen Christlich-Sozialen durch den Mund R. Horskýs eine Reform des Wahlsystems für den böhmischen Landtag vor, die auf der Einführung einer neuen Wahlkurie (als Arbeiterwahlkurie bezeichnet) beruhte, in der Männer wählen sollten, die bislang kein Wahlrecht besaßen.[42]

2. Die Betonung auf die Erziehung der jungen Generation im Geiste des Glaubens an Gott zu legen, an der sich nicht allein die katholische Familie zu beteiligen habe, sondern an die durch diese gelegte Grundlagen müsse die katholische Schule anknüpfen ([die katholische tschechoslowakische Arbeiterschaft]) *„spricht sich gegen eine Konfessionslosigkeit der Schule und eine atheistisch-liberale Gesetzgebung aus und fordert, dass die Schulen im Prinzip religiös seien und dass die gesamte Gesetzgebung im Einklang mit den Wahrheiten des christlichen Glaubens steht*"),[43] die interessensmäßigen katholischen Vereinsstrukturen und die katholische Presse im breiteren Wortsinne. Diese Institutionen bereiten die innere Reform des Menschen vor, für den das Verständnis der äußeren Reform der Gesellschaft nicht so schwer sei.

Während die Realisierung der aufgeführten Aufgaben für Horský und seine Kollegen dennoch lediglich eine Art Langstreckenlauf darstellte, richtete der Leitomischler Parteitag sein Augenmerk auf eine Lösung der konkreten aktuellen Probleme der Arbeiterschaft in der Sphäre der Regelung der Arbeitszeit[44] und der sozialen Absicherung (Einrichtung von Krankenkassen, Unfall- und Pensionsversicherung[45]), was auf der

[42] Horský, Rudolf: *Dělnická kurie* [Die Arbeiterkurie]. Dělnické noviny, 8, 1898/9, Nr. 9, 1. 1., S. 66–67.

[43] *Protokol 1. sjezdu.*, S. 54; Vgl. Horský, Rudolf: *Bankrot bezkonfessionelní školy* [Der Bankrott der nichtkonfessionellen Schule]. Dělnické noviny, 3, 1893/4, Nr. 18, 16. 5., S. 177–179.

[44] Horský kritisierte in zahlreichen seiner Auftritte nicht allein die Länge der Arbeitszeit, die Nachtarbeit von Frauen sowie die Kinderarbeit, sondern zugleich auch die Arbeit an Sonn- und Feiertagen. Vgl. hierzu u. a. Horský, Rudolf: *Pomni, abys den sváteční světil* [Denke daran, den Fiertag zu achten]. Dělnické noviny, 8, 1898/9, Nr. 12, 16. 2., S. 89–92; Nr. 13, 1. 3., S. 97–100; Nr. 14, 16. 3., S. 105–107; Nr. 23, 1. 8., S. 182–183.

[45] Im Jahre 1899 befasste sich Horský noch mit der Problematik der Arbeiter-Altersversicherung, die er mit Hilfe eines Fonds aus Beiträgen der Arbeitgeber und der

Grundlage der Zusammenarbeit von Arbeitgebern und Arbeitern geregelt werden sollte.[46] Horský dachte intensiv über die Frage von Streiks nach, deren Ursachen, Funktionen und Effekte. Er sah darin einen Beweis und ein Signal für die Tatsache, dass es in der Gesellschaft etwas Ungesundes gäbe, wobei er Streiks nicht ablehnte, zugleich aber die Auffassung vertrat, diese würden alle teilnehmenden Parteien schwächen und auch das System als Ganzes. Horský zeigte auf, dass Streiks stets das Resultat der Sünde sind – sei sie nun vonseiten des Arbeitgebers begangen oder durch den unzufriedenen Arbeiter, der das Problem durch Druckausübung und einseitig lösen wolle. Horský räumte ein, dass man den Streik nicht abschaffen wolle, dass es jedoch nötig sei, diesem gewisse Parameter zu geben: ein gerechter Streik müsse unter bestimmten Bedingungen verlaufen. Es sei zwar ein Weg zur Korrektur eines ungünstigen Standes, doch handele es sich bei dem Streik um das gefährlichste und auch allerletzte Mittel.[47] Auf praktischer Ebene erhielt Horský die Möglichkeit, diese Theorie auf die große Streikbewegung in den böhmischen Ländern im Jahre 1899 zu applizieren.[48] Als ebenso dringend empfand Horský das Problem der Arbeitslosigkeit der Arbeiterschaft, wobei ihm alle bestehenden Versuche dieses zu lösen wie ein Flicken von Löchern erschienen, wie ein Provisorium, ein Hilfsmittel, zumal es nicht einhundert gäbe, die diese Frage zugunsten

Arbeiter zu realisieren gedachte, der dann durch den Staat aus den Erträgen einiger indirekter Steuern saniert werden sollte. Horský, Rudolf: *Pojištění dělnictva ve stáří* [Die Versicherung der Arbeiterschaft im Alter]. Dělnické noviny, 8, 1898/9, Nr. 22, 16. 7., S. 172–173.

[46] *Protokol 1. sjezdu*, S. 99–104.

[47] Horský formuliert mit Blick auf einen „gerechten“ Streik drei Bedingungen: 1. Dieser muss auf „rechtlicher Grundlage“ erfolgen, d. h. aus gewichtigen Gründen; 2. Der Streik muss notwendig sein, d. h. er erfolgt erst nach Ausschöpfung aller anderen Möglichkeiten zur Lösung des Problems. Entscheidende Bedeutung misst er einem Schiedsgericht bei; 3. Es muss die Hoffnung auf einen Sieg bestehen, d. h. es ist unerlässlich, die Situation rational, ohne Emotionen zu analysieren und abzuwägen, ob die gegenüber dem Arbeitsgeber formulierten Forderungen für diesen erfüllbar sind. Horský, Rudolf: *Stávka* [Der Streik]. Dělnické noviny, 3, 1893/4, Nr. 20, 16. 6., S. 197–199.

[48] Vgl.u. a. Horský, Rudolf: *Návrh na uspořádání poměrů hornických* [Ein Vorschlag zur Regelung der Verhältnisse bei den Bergarbeitern]. Dělnické noviny, 9, 1899/1900, Nr. 12, 16. 2., S. 89–92.

aller Arbeitenden lösen könnten, sondern lediglich zum Nutzen einiger Gruppen. Einen Ausgangspunkt erblickte Horský in einer Veränderung des Systems, in einer Befreiung der Arbeit vom Marktsystem, in dem der Arbeiter nicht das Recht auf Arbeit erhält, sondern das Recht über die Arbeit, d. h. die auf christlichen Prinzipien und nach den Grundsätzen der Christlich-Sozialen errichtete Gesellschaft wird eine Vollbeschäftigung garantieren.[49] Horský belastete das Problem der Lebensbedingungen der Arbeiterfamilien sehr, zumal er selbst in seiner Kindheit den Aufenthalt in der „Gesindestube“ durchlebt hatte und als Priester diese Wohngegenden der Ärmsten aufgesucht hatte, die als „Höhlen“ und „Hungertürme“, voll von Krankheiten und Sünden, bezeichnet wurden. Horský empfahl deren Vergleich mit dem Land sowie die schrittweise Errichtung von kleinen Familienhäusern mit Gärten und eigener Bewirtschaftung.[50]

In den Bereich dieser konkreten Maßnahmen, die Horskýs allgemeine Vision zur Lösung der sozialen Frage zum Ausdruck bringen, müssen auch die programmatischen Thesen eingeordnet werden, die auf dem Prager Parteitag der tschechischen Christlich-Sozialen im Jahre 1898 vorgetragen wurden. In diesem Falle können wir zwar nicht belegen, dass es sich expressis verbis um Horskýs Formulierung handelte (zumal er in der weiteren Publizistik nicht zu diesen Themen zurückkehrte), wie dies in allen übrigen in unserer Darstellung aufgeführten Beispielen der Fall ist, dennoch können wir mit Blick auf Horskýs führende Rolle bei der Vorbereitung und beim Verlauf der Verhandlungen zumindest über seinen Anteil daran bzw. seine Zustimmung mit deren Fassung Erwägungen anstellen; die erwähnten Thesen werden als Standpunkt des Exekutivausschusses der Partei präsentiert, dem Horský vorstand. Die Thesen betreffen die Stellung der Bauern und in gewissem Umfang auch der Handwerker, also jener sozialen Schichten, die in der Anfangsphase der christlich-sozialen Bewegung in den böhmischen Ländern nur im Hintergrund standen und erst um die Jahrhundertwende Gegenstand des organisatorischen

[49] Horský, Rudolf: *Boj proti nezaměstnanosti dělnictva* [Der Kampf gegen die Arbeitslosigkeit der Arbeiterschaft]. Dělnické noviny, 7, 1897/8, Nr. 15, 1. 4., S. 115–116.

[50] Horský, Rudolf: *Ratejny* [Gesindestuben]. Dělnické noviny, 6, 1896/7, Nr. 17, 1. 5., S. 131–132.

Interesses der christlich-sozialen Partei wurden. Die programmatischen Thesen bezeichnen die Bauern als eine der Hauptsäulen der Gesellschaft und fordern, die Bedingungen für deren Erhalt als eigenständige soziale Schicht und eine wirtschaftliche Entfaltung zu sichern. Den Schlüssel hierfür bildet die Garantie des Privateigentums an Boden, der gegen die „verderbliche und unnatürliche" Bildung von Latifundien, einen „allgemeinen Agrarkommunismus", geschützt werden muss, aber auch gegen die „freie Teilbarkeit der Grundstücke". Auf dem Lande sei es unabdingbar, eine Kooperation zwischen Bauern und Großgrundbesitzern mit Hilfe von – auf Bezirks- bzw. Gauebene organisierten – Gemeinschaften, die als Garant der Stabilität und des Aufschwungs der landwirtschaftlichen Produktion dienen sollten, abzusichern. Diese Aufgabe könne freilich nicht ohne sichtbaren Anteil sowie die Hilfe des Staates erfüllt werden, dessen Politik das Ziel eines Schutzes der Bauern gegen unerwünschte ausländische Einflüsse (z. B. Zölle) sei und der somit deren soziale Sicherheit in der Sphäre der Absicherung für den Fall einer plötzlichen Katastrophe, Krankheit, des Alters etc. garantiere. Es sei notwendig, dass die Bauern eine repräsentative und garantierte Vertretung in allen Landtagen sowie im Reichsrat mit Hilfe von Bauernkammern bis zu dem Zeitpunkt gewännen, an dem es zu einer Reform des Wahlsystems entsprechend den Vorlagen der Christlich-Sozialen komme.[51] Sofern es sich um Gewerbetreibende als einem der Grundpfeiler der Mittelschichten handele, betonten die Christlich-Sozialen in den 1890er-Jahren den Gedanken der Bildung von obligatorischen Handwerkergenossenschaften, die sich an der Lösung der brennenden Frage einer Abstimmung der maschinellen und handwerklichen Produktion im Sinne einer Regulierung zu Gunsten von Kleinproduzenten beteiligen sollten.

Das hier dargelegte Grundschema der Ansichten Horskýs zur Lösung der sozialen Frage zeigt, dass es sich bei Horský um keinen originellen Denker handelte, der eine eigene Konzeption vorgelegt hätte, sondern dass sich dessen Überlegungen in einem Raum bewegten, der von in der Soziallehre der römisch-katholischen Kirche verankerten Herangehensweisen bestimmt wurde. Expressis verbis berief sich Horský nicht allein auf den

[51] *K našemu sjezdu* [Zu unserem Kongress]. Dělnické noviny, 7, 1897/8, Nr. 23, 1. 8., S. 177.

Text der Enzyklika Rerum novarum, sondern er evozierte nicht nur einmal die in weiteren Rundbriefen Leos XIII. enthaltenen Gedanken, wobei sich seine Schlussfolgerungen konkret auf Zitate aus den Enzykliken Inscrutabili vom 4.4.1878, Quod apostolici muneris vom 28. 12. 1878, Arcanum Sapientiae vom 10.2. 1880, Diurturnum illud vom 29.6.1881, Immortale die vom 1.11.1885 und Libertas vom 20.6.1888 beziehen.[52] Eine Autorität stellten für Horský die Schriften und Auffassungen des Anglikaners Henry Edward Kardinal Manning,[53] des Franzosen Albert de Mun,[54] des Schweizers Gaspard Decurtinse,[55] des Österreichers Karl von Vogelsang[56] sowie weiterer deutscher, französischer, belgischer, österreichischer und amerikanischer christlich-sozial orientierter Denker dar.[57] Enthusiastisch referierte Horský in den Dělnické noviny über die Aktivitäten der französischen Unternehmerfamilie Harmel,[58] die in dem Dorf Warmeriville im Departement de la Marne eine musterhafte Textilfabrik errichtet hatte, die ihren Beschäftigten nicht allein eine Lebensgrundlage bot, sondern zugleich auch das Umfeld für die Möglichkeit, im Geiste katholischer Grundlagen zu leben, eröffnete.[59] Horskýs Referate über die Anstrengungen der Christlich-Sozialen in Westeuropa bildeten einen tragfähigen, dauerhaften und offenkundig unersetzbaren inhaltlichen Bestandteil der Dělnické noviny.[60]

[52] Horský, Rudolf: *Sv. Otec Lev XIII.* [Der Hl. Vater Leo XIII.] Dělnické noviny, 2, 1892/3, Nr. 12, 16. 2., S. 112.

[53] http://wikipedia.infostar.cz/h/he/henry_edward_cardinal_manning.html, Stand vom 21.11.2008

[54] http://fr.wikipedia.org/wiki/Albert_de_Mun, Stand 21.11.2008.

[55] http://fr.wikipedia.org/wiki/Gaspard_Decurtins, Stand 21.11.2008.

[56] http://de.wikipedia.org/wiki/Karl_von_Vogelsang, Stand 21.11.2008.

[57] Vgl. Horský, Rudolf: *Katoličtí sociologové o dělnické otázce* [Katholische Soziologen zur Arbeiterfrage]. Dělnické noviny, 2, 1892/3, Nr. 20, 7. 6., S. 195–197; Nr.21, 1.7., S. 205–208; Nr. 22, 17. 7., S. 217–220.

[58] Vgl. Léon Harmel (1829–1915) – http://fr.wikipedia.org/wiki/L%/C3%A9on_Harmel, Stand 23.11.2008.

[59] Horský, Rudolf: *Vzor katolického pána* [Das Vorbild eines katholischen Herrn]. Dělnické noviny, 4, 1894/5, Nr. 1, 1. 9., S. 2; Nr. 3, 1. 10., S. 18–20; Nr. 5, 1. 11., S. 35–36.

[60] Vgl. u. a. Horský, Rudolf: *Sociální hnutí katolického dělnictva v Itálii* [Die soziale Bewegung der katholischen Arbeiterschaft in Italien]. Dělnické noviny, 3, 1893/4,

Mit einer gewissen Vereinfachung ließe sich konstatieren, dass den Kern von Horskýs Ansichten zur Lösung der sozialen Frage bereits die im Protokoll des Leitomischler Parteitages publizierten Texte enthalten, wobei weitere Äußerungen und Artikel daran anknüpfen, diese Gedanken vertiefen und sie durch eine detailliertere Analyse weiterentwickeln. Es hat den Anschein, dass den Interessen Horskýs am nahesten allgemeiner ausgerichtete Themen standen, die den Charakter der Industriegesellschaft kritisch analysierten; hinzu kamen von sozialistischen Theorien getränkte Konzepte der Transformation bzw. Liquidierung dieser Gesellschaft. Damit korrespondierten dann Interpretationen über die Notwendigkeit einer Rückkehr zu christlichen Idealen, die eine Sicherheit für das irdische und das ewige Leben darstellen. Horský konnte sich hier auf eine relativ breite literarische Grundlage von Arbeiten europäischer Denker, Theoretiker und Autoren stützen bzw. er vermochte aus dem Reichtum der christlichen Traditionen Europas und der katholischen Literatur zu schöpfen. Die erwähnten Tatsachen unterstreichen ziemlich deutlich den Charakter der Persönlichkeit Horskýs als eines katholischen Intellektuellen, dem die Welt der Ideen, der Theorie, der Wissenschaft und der Publizistik am nahesten stand.

Dessen ungeachtet gehen wir davon aus, dass die Bedeutung Horskýs auf dem Gebiet der Lösung der sozialen Frage vornehmlich in der Sphäre der praktischen Politik gesucht werden muss. In den Intentionen der Enzyklika Rerum novarum bemühte sich Horský um die Schaffung einer solchen politischen Partei, die in der Lage sein würde, im Raum zwischen Kirche und Staat als den beiden Pfeilern zu wirken, auf denen dem Rundbrief zufolge der Aufbau der auf den Prinzipien der Solidarität basierenden katholischen Gesellschaft beruhen sollte. Horský konzentrierte

Nr. 23, 1. 8., S. 226–228; Ders.: *Volby v Belgii* [Die Wahlen in Belgien]. Dělnické noviny, 4, 1894/5, Nr. 5, 1. 11., S. 33–35; Ders.: *Ve Vidni dne 13. listopadu 1894* [In Wien am 13. November 1894]. Dělnické noviny, 4, 1894/5, Nr. 6, 16. 11., S. 47–48; Ders.: *Sociální poměry ve Francii* [Die sozialen Verhältnisse in Frankreich]. Dělnické noviny, 4, 1894/5, Nr. 11, 1. 2., S. 81–83; Ders.: *Křesťanští sociálové ve Francii* [Die Christlich-Sozialen in Frankreich]. Dělnické noviny, 6, 1896/7, Nr. 6, 16. 11., S. 41–42; Ders.: *Jinde u nás* [Andernorts bei uns]. Dělnické noviny, 8, 1898/9, Nr. 4, 16. 10., S. 25–27.

sich dabei auf die Problematik einer programmatischen Verankerung der Partei und den Aufbau ihrer Strukturen, auch wenn er die Bedeutung einer Entwicklung der Tätigkeit beigeordneter (Satelliten)Organisationen unterschätzte bzw. nicht wahrnahm; Horskýs literarische Beiträge, die die soziale Frage betrafen, bilden lediglich einen Teil bzw. stellen ein begleitendes Phänomen seines Wirkens in der Rolle eines katholischen Politikers dar. Daran änder auch nichts die Tatsache, dass Horský selbst mit unserer Auffassung nicht übereinstimmen würde, da er sich unbestritten vor allem als Schriftsteller betrachtete, und seine Rolle in diesem Bereich nicht überschaubar ist.

Die Formung eines objektiven Bildes und politischen Profils von Rudolf Horský erscheint keineswegs einfach: auf der einen Seite gebührt ihm in der Geschichte der tschechischen christlich-sozialen Bewegung ein bedeutender Platz als Mitbegründer und Erbauer der Partei, als eines Protagonisten der zweiten Generation tschechischer Christlich-Sozialer, zugleich jedoch dürfen wir nicht die Tatsache vergessen und verschweigen, dass sein Name mit zahlreichen Kontroversen innerhalb des katholischen Lagers und innerparteilichen Kämpfen verbunden ist, die die Entwicklung des politischen Katholizismus in Böhmen in der Zeit vor dem Ersten Weltkrieg entscheidend geprägt haben. Die Reflexion seiner Stellung und seines Verhaltens in der politischen Szene jener Zeit evoziert schließlich die Frage, ob Horský für die Rolle des Parteiführers und Organisators ausreichend geeignet war und ob er dem politischen Katholizismus an anderer Stelle mehr und besser hätte dienen können. Horský ließ ohne Zweifel Führungsambitionen vermissen, die unerlässlich waren und möglicherweise eine grundlegende Voraussetzung für die Persönlichkeit eines erfolgreichen Politikers darstellen. Wir finden bei Horský keine Sehnsucht zu leiten und zu entscheiden. Funktionen übernahm er mehr oder minder erst auf Druck seiner Umgebung. Vielfach drängt sich zudem der Eindruck auf, Horský habe sich hierum nicht gekümmert. Obgleich er Vorsitzender war, nahm er zumeist nicht an den Versammlungen des Exekutivausschusses der Partei teil, wo er die Möglichkeit hatte, am sichtbarsten die Parteipolitik zu beeinflussen. Er überließ die Entscheidungen anderen ambitionierten Persönlichkeiten dergestalt, dass sich Horský in der Position einer reinen Repräsentationsfigur sah, die die Intentionen des hinter den Kulissen verborgenen Volkes verfolgte. Die hier erwähnten Tatsachen bedeuten jedoch nicht, dass Horský kein Selbstbewusstsein besessen und keinen Drang verspürt hätte, sich im öffentlichen Leben Geltung zu verschaffen. Zugleich sind wir Zeugen seiner fieberhaften Aktivitäten, erfolgreich tritt er auf öffentlichen Versammlungen und in der sog. Tábor-Bewegung des Volkes, bei Wahlkampagnen auf; er ist die zentrale Gestalt in den Verhandlungen zwischen den Fraktionen des katholischen Lagers. Horský verschaffte sich als Gesandter des Reichsrates in Wien Geltung. Dies alles zeugt von seinen Voraussetzungen und Fähigkeiten, von einem gewissen Charisma, mit dem er bei den Volksmassen Wirkung erzielte. Horský fehlte allerdings die Ausdauer, ein Stück taktischen Verstandes, die Fähigkeit zu manövrieren, im rechten Augenblick in den Hintergrund zu treten, um bald darauf in voller Parade als Sieger auf die Szene zurückzukehren. Nur schwer überwand Horský die Hindernisse der täglichen politischen Kleinarbeit. Vermutlich hat er sie auch unterschätzt, da er seine Hauptmission an anderer Stelle erblickte.

Als Horský zu Beginn der 1920er-Jahre im Gefolge einer Kritik an der Politik Šrámeks in eine Kontroverse mit der Führung der Tschechoslowakischen Volkspartei geriet, veröffentlichte er zu seiner Verteidigung eine Schrift unter dem Titel „In causa mea", in der er über die Traditionen des tschechischen politischen Katholizismus reflektierte und sich auch zu den Kämpfen innerhalb des katholischen Lagers in den Jahren vor dem Ersten Weltkrieg äußerte. Er selbst sieht sich darin nicht allein als Gründer und Erbauer der Christlich-Sozialen Partei („*Ich habe zwar gesehen und fest erwartet, dass unsere Partei nicht sterben wird, sondern dass sie leben wird, dass sie wächst, ich habe jedoch keineswegs geahnt, dass wir im Verlaufe von dreißig Jahren so erstarken und so mächtig werden, dass wir uns den Primat unter den übrigen Parteien erobern und dass wir entschieden in die Führung des Staates eingreifen*"[61]), sondern Horský sieht sich auch als Wächter des politischen Kurses und programmatischer Werte, die in die Wiegengabe der Organisation bei deren Gründung gelegt wurden. Gerade dieses Festhalten an den Grundsätzen und ihre Verteidigung stellten für Horský den Hauptgrund für die Kämpfe innerhalb des katholischen Lagers dar. Horský vermochte sich nicht vorzustellen, dass die mit der Erfüllung und Entfaltung der

[61] Horský, Rudolf: *In causa mea*. Praha s.a., S. 81.

Soziallehre der Kirche zusammenhängenden Aufgaben der Partei ohne deren konfessionellen, demokratischen und konservativen Charakter sowie ein eigenständiges Auftreten auskommen könnten.

„[...] *mit ganzer Energie habe* [ich] *mich dagegen gewehrt, dass unsere Partei nicht einen Fußbreit am katholischen Standpunkt abrückt.*"[62] Horský spielte mit diesem Ausspruch auf die Tatsache an, dass er nominell als Führer der Vlast an der Spitze der Gegner der tschechischen katholischen Moderne – repräsentiert durch Namen wie Karl Dostál-Lutinov, Jan Šrámek, Emil Dlouhý-Pokorný,[63] František Světlík u. a. – stand, die Horskýs Auffassung zufolge das katholische Lager zersetzten und auf eine Trennung von der katholischen Kirche zielten. „*Mit diesen Modernisten hatte ich furchtbare Auseinandersetzungen... Ich habe nicht nachgegeben und rechne es mir als Verdienst an, dass ich mich damals mit solcher Entschiedenheit gegen sie gestellt habe. Heute sind die meisten von ihnen Abtrünnige und Farskýaner,*[64] *und dies ist auch ihr Ziel gewesen, unsere Partei auf die Grundlagen der Moderne zu stellen, die Partei sollte so zu einem Janitscharen und Instrument ihrer modernistischen Pläne werden, was ich verhindert habe.*"[65] Ebenso verhinderte Horský den Versuch zur Absorption der Christlich-Sozialen Partei durch Kreise um die Katolicko-politická jednota pro Království české (Katholisch-politische Einheit für das Königreich Böhmen). Diese hatten die Gründung der Národní strana katolická (Nationale katholische Partei) mit dem Ziel inspiriert, die Führung des katholischen politischen Lagers zu übernehmen und die christlich-soziale Bewegung zu ersticken, deren Programm für die vermögenden Schichten der Bevölkerung inakzeptabel war. Horský glaubte, dass er einer Degradierung breiterer Volksschichten als bloße Staffage der Reichen und des Adels zuvorkam: „[...] *wir hatten*

[62] Ebd., S.94.

[63] Die Erinnerungen von E. Dlouhý-Pokorný an R. Horský sind gedruckt bei Marek, Pavel – Červený, Vladimír – Lach, Jiří: *Od katolické moderny k českému církevnímu rozkolu.* Nástin života a díla Emila Dlouhého-Pokorného [Von der katholischen Moderne zur tschechischen Kirchenspaltung. Abriss des Lebens und Werks von Emil Dlouhý-Pokorný]. Rosice u Brna 2000, S. 121–127.

[64] Eine Anspielung auf die im Jahre 1920 von Karel Farský gegründete Tschechoslowakische Kirche.

[65] Horský, Rudolf: *In causa mea*, S. 95.

Tausende und Abertausende von Anhängern hinter uns, sie aber nur ein Häuflein... Ich meine, ich hatte Recht, als ich die selbsternannten Offiziere nicht in die Partei ließ, die sich nicht durch irgendwelche Verdienste um die Partei hervorgetan hatten und ohne eigene Arbeit zum Wohl und zur Blüte der Partei sich an den gedeckten Tisch setzen wollten."[66] Große politische Auseinandersetzungen führte Horský seit der Jahrhundertwende mit den Linken innerhalb der christlich-sozialen Fraktionen, repräsentiert durch den Kreis um Václav Myslivec, die sich am deutlichsten im Streit um das Verhältnis der Katholiken zur Frage des allgemeinen Stimmrechts zeigten. Die Situation führte soweit, dass sich die ausgeschlossene Linke im Jahre 1899 als Křesťansko-sociální strana lidová (Christlich-Soziale Volkspartei) konstituierte. Diese Auseinandersetzungen verstummten nach 1907, als unter dem Druck der Umstände die Christlich-Sozialen die Veränderung des Wahlsystems akzeptierten und ihre Forderung nach Modifikation des Prinzips der Gleichheit des Stimmrechts in die Zukunft verschoben. Seit Beginn des 20. Jahrhunderts, insbesondere nach der Konstituierung der Agrarpartei und im Zusammenhang mit deren Ambitionen, die ländlichen Regionen zu beherrschen, avancierte Horský zum kompromisslosen Verteidiger der Forderung nach Unabhängigkeit beim Vorgehen der katholischen Parteien und ihrer vollen Unabhängigkeit. „*Entweder wir bleiben eine völlig eigenständige Partei oder wir werden dies niemals; auf Kompromisse um jeden Preis lasse ich mich nicht ein, solange ich an der Spitze der Partei stehe.*"[67] Diese Einstellung Horskýs zeigte sich insbesondere in der Zeit der Wahlen zum Reichsrat im Jahre 1911: „*Mir wurde zu verstehen gegeben, dass wir nicht eigenständig kandidieren, sondern einen Kompromiss mit den Agrariern suchen sollten, damit sie uns vier Mandate abtreten. Šabat, Šachl, Prokop und mir; beide Myslivec und Záuba sollen nicht kandidieren dürfen. Ich sage a priori nein. Lieber wollen wir ehrenvoll scheitern, als irgendeine Gnade aus fremden Händen annehmen. Ich bin niemals ein Freund von Kompromissen gewesen, zumal die Katholische Partei dabei stets eine Schlappe erleidet und anderen Partei eine Vorschubarbeit leistet.*"[68]

[66] Ebd., S. 90.
[67] Ebd., S. 92.
[68] Ebd., S. 93.

Heute müssen wir feststellen, dass Horskýs Konzeption der Partei und ihrer Politik[69] nicht absolut erfolgreich war, wovon nicht allein die Position des politischen Katholizismus in Böhmen vor dem Ersten Weltkrieg zeugt, sondern auch die Tatsache, dass nach den verlorenen Reichsratswahlen im Jahre 1911 Horský formal die Führung der Partei entzogen wurde und dass er sich peu à peu an der Peripherie des politischen Einflusses wieder fand, bis er in der ersten Hälfte der 1920er-Jahre in die Rolle des Sprechers der oppositionellen konservativen Fraktion in der Tschechoslowakischen Volkspartei geriet. Diese Tatsache ändert jedoch nichts daran, dass in der Person Rudolf Horskýs der politische Katholizismus und sein christlich-sozialer Zweig in Böhmen eine bedeutende Persönlichkeit besaß. Hierin stimmten bereits seine Zeitgenossen, Mitarbeiter und politischen Konkurrenten sowie Gegner überein.[70] Eine vollständige und objektive Bewertung von Horskýs Lebenswerk jedoch bleibt eine Aufgabe weiterer Forschungen.

[69] Eine indirekte Polemik mit dieser stellt die der Geschichte der katholischen tschechischen Moderne und dem politischen Katholizismus vor dem Ersten Weltkrieg gewidmete Untersuchung des Vf. dar. Vgl. Marek, P.: Český katolicismus [Der tschechische Katholizismus].

[70] Vgl. Nationalarchiv Prag, Fond VA MZV, Karton 3333.

MATĚJ PROCHÁZKA UND DIE CHRISTLICHE LÖSUNG DER SOZIALEN FRAGE

JIŘÍ HANUŠ

Als Präsident Tomáš G. Masaryk Karel Čapek die Atmosphäre in Brünn in der Zeit seines Gymnasiumsbesuchs schilderte, sprach er zum einen über seine Sicht auf den damaligen Katholizismus, der ihm seinerzeit noch in gewissem Umfang imponierte, zum anderen verwies er auf seinen Religionslehrer Matěj Procházka:

„Im Brünner Gymnasium hatten wir als Katecheten Pater Procházka. Er war einer der damaligen christlichen Sozialisten; ich bin zu seinen Versammlungen und zu den Zusammenkünften anderer gegangen, dabei habe ich Bekanntschaft mit dem Sozialismus geschlossen. Etwa in der Quinta habe ich Pater Procházka gesagt, dass ich nicht zur Beichte gehen könne. Pater Procházka mochte mich, er war ein guter und wirklich tiefgläubiger Mensch; er redete mir derart zu, dass ich zu weinen begann, doch ich ließ mir nichts vorschreiben…"[1]

Die in hohem Maße autostilisierte Darstellung Masaryks besitzt dennoch einen hohen Informationswert. Auch aus dem kleinen Auszug erfahren wir etwas über die innere Ernsthaftigkeit Matěj Procházkas sowie über seine Interessen, denen wir uns nachfolgend ausführlicher zuwenden wollen, nämlich jenen – nach der Schilderung von TGM – „sozialistischen" Interessen. Uns interessiert dabei vornehmlich, um welche Art Sozialismus es sich eigentlich handelte, den der bedeutende Brünner Gymnasialprofessor und Autor des Buches „*Otázka dělnická*" (Die Arbeiterfrage) verteidigte und lehrte.[2] Uns geht es des weiteren auch darum, welche Hauptthemen

[1] ČAPEK, Karel: *Hovory s T. G. Masarykem (Spisy XX)* [Gespräche mit Masaryk (Schriften, Bd. 20)]. Československý spisovatel, Praha 1990, S. 44.

[2] Wir gehen dabei von der Publikation Matěj Procházka: *Otázka dělnická* [Die Arbeiterfrage] aus, herausgebracht vom Vzdělávací kroužek křesťansko-sociální [Christlich-sozialer Bildungszirkel], Praha 1898, auch wenn der Autor diese Studie bereits

Procházka wählte und welche Lösungsvorschläge der Autor präsentierte, als er den Versuch unternahm, auf die grundlegenden Probleme seiner Zeit zu antworten, die im provinziellen Brünn als prinzipielle Fragen und zugleich als Fragen von europäischer Bedeutung eine Rolle zu spielen begannen. Es hat nämlich den Anschein, dass wir mit Hilfe einer Analyse seiner Gedanken partiell auch eine breiter angelegte Frage beantworten können, nämlich diejenige nach dem Charakter der christlich geprägten Wissenschaft jener Zeit bzw. jenes Teils, der sich mit der gesellschaftlichen Problematik beschäftigte, insbesondere mit dem Verhältnis zwischen dem Staat und dem Einzelnem, der Rolle der Unternehmer sowie dem spezifischen Anteil der Christen bei der Lösung der sozialen Widersprüche und Konflikte.

Matěj Procházka: Der Typus des „missionarisch" patriotischen Priesters

Einleitend erscheinen jedoch einige Anmerkungen zum Leben und Werk von Matěj Procházka, gegebenenfalls zur Charakterisierung seiner Persönlichkeit, notwendig. Procházka wurde am 4. Februar 1811 in Brtnice in der Region Iglau (Jihlava) geboren, er besuchte zunächst in dem damals überwiegend deutsch dominierten Iglau die Schule. Das Gymnasium absolvierte Procházka in Brünn, ebenso das Theologiestudium, im Jahre 1834 wurde er durch Bischof Anton Gindel zum Priester geweiht, als Kaplan wirkte er in Čejkovice, in Brünn bei St. Thomas, nachfolgend in unmittelbarer Nähe des Stadtzentrums sowie in Komárov und Zabrdowitz (Zábrdovice) – damals vorstädtische Gebiete, die sich zu dieser Zeit von der ländlichen Lebensweise zu verabschieden begannen und schrittweise zu Stadtteilen entwickelten – mit allen positiven wie negativen Aspekten. Matěj Procházka schloss sich bald der patriotischen Strömung innerhalb der Geistlichkeit an, repräsentiert durch František Sušil, und nach dem Jahre 1848 erwarb er sich große Verdienste bei der Gründung sowie der auf die Erziehung der Volksmassen ausgerichteten Tätigkeit der Jednota katolická (Katholische Union), einem jener Vereine, in dem sich schritt-

im Jahre 1972 in dem Časopis katolického duchovensta [Zeitschrift der katholischen Geistlichkeit] veröffentlicht hat.

weise der politische Katholizismus herauskristallisierte. In der nachrevolutionären Zeit war Procházka zudem äußerst aktiv als Publizist und Herausgeber: Er wirkte in der *Hlas* (Die Stimme), zuvor in dem Presseorgan der *Jednota*, aber auch in weiteren Periodika, zum Beispiel im *Časopis katolického duchovensta* (Zeitschrift der katholischen Geistlichkeit) und in der Zeitschrift *Matice moravská*. Er verfasste nicht allein kleinere Artikel und Studien, sondern auch größere literarische Abhandlungen: zu seinen Themen zählten die hagiographische Literatur – *Život blahoslaveného Jana Sarkandra* [Das Leben des seligen Johannes Sarkander], *Život Stanislava Pavlovského, biskupa olomouckého* [Das Leben des Olmützer Bischofs Stanislav Pavlovský], *Život svatého Methoda* [Das Leben des heiligen Method]- sowie missionarische Themen (Missie jezuitské [Jesuitische Missionen]). Im Jahre 1850 erfolgte die Ernennung zum Katecheten des Brünner Gymnasiums, wo Procházka bis zum Jahre 1881 zudem Tschechisch unterrichtete. Danach ging er in Pension. Seine Leistungen wurden mit dem Ehrendoktorat der Theologischen Fakultät Olmütz sowie der Ernennung zum Konsistorialkanoniker des Brünner Kapitels im Jahre 1878 honoriert. Matěj Procházka starb am 26. November 1889, offenkundig überfahren von einer Droschke während seines beliebten Abendspaziergangs. Das Begräbnis fand am 29. November unter aktiver Anteilnahme des Brünner Bischofs Franz Bauer sowie der lokalen Geistlichkeit statt.

Der Umfang von Procházkas Wissen und Interessen erwies sich als ungemein vielschichtig. Da er sich vor allem der sog. christlichen Apologetik widmete, beschäftigte er sich mit philosophischen und insbesondere wissenschaftlichen Richtungen seiner Zeit und verglich diese mit der katholischen Lehre. Ein Beleg für dieses Interesse sind vor allem die auf den Seiten der Zeitschrift der katholischen Geistlichkeit (ČKD) in den sechziger bis achtziger Jahren des 19. Jahrhunderts abgedruckten Artikel, in denen sich Procházka der Problematik der Theologie in den Naturwissenschaften, dem Darwinismus und sogar der Astronomie widmete.[3] Diese Texte stellen ein Zeugnis für Procházkas gründliche Methode und seine

[3] Vgl. u. a. die Artikel: *Darwinismus v upádku* [Der Darwinismus im Verfall], ČKD X, Bd. 8, S. 561ff.; *Účelosloví čili teleologie v přírodovědách* [Die Zweckbestimmtheit oder die Teleologie in den Naturwissenschaften], ČKD XI, Bd. 1, S. 45ff; *Astronomie*, ČKD XI, Bd. 3–6; *Materialismus*, ČKD XVI, Bd. 5–6 sowie weitere.

Sorgfältigkeit dar, mit der er an das Studium und die Analyse deutscher und englischer Fachbeiträge ging. Gleiches gilt für seine apologetische Methode, die auf einer exakten Definition der Grenzen wissenschaftlicher Erkenntnis beruhte sowie den Verweisen auf theologische Argumente der Verteidiger der christlichen Weltanschauung.

Die Analyse des Kommunismus und des Sozialismus

Der erste Teil von Procházkas relativ umfangreicher Schrift *Die Arbeiterfrage* widmet sich der Analyse der Begriffe Kommunismus und Sozialismus. Der Kommunismus verkörpert Procházka zufolge eine Lehre, die die menschliche Persönlichkeit völlig abstrakt begreift, die es ablehnt, jedem Einzelnen das notwendige Maß an Freiheit zuzugestehen und für alle Menschen ein gleiches und gemeinsames Eigentum fordert: „… *der Kommunismus ist nichts anderes als eine Theorie der Ausschweifung und des Epikureismus, die eine höhere Berufung des Menschen bestreitet, Unsterblichkeit und Ewigkeit negiert, dem Menschen als höchstes Ziel lediglich den irdischen Genuss wie dem Tier zugesteht und den Menschen folglich zu reinen gesellschaftlichen Tieren degradiert.*“[4] Der Kommunismus errichtet im Bemühen allen die vollkommene Freiheit zu verschaffen, für alle die Sklaverei. Der Sozialismus stellt für den Autor einen „*gemäßigteren Kommunismus*“ dar, der eine gerechtere Entlohnung für geleistete Arbeit fordert, jedoch auf der anderen Seite vererbten Besitz sowie sämtliche gesellschaftlichen Privilegien ablehnt – zumal er eine grundsätzliche gesellschaftliche Gleichheit postuliert. Procházka ist sich natürlich darüber im Klaren, dass der Ausdruck „Sozialismus“ vielschichtig ist und verschiedene Gestalten aufweist, worauf er selbst am Beispiel der Entwicklung der Sozialdemokratischen Partei in Deutschland hinweist (Parteitag in Dresden im Jahre 1871). Auf der anderen Seite erhebt Procházka auch gegen den Sozialismus zwei grundsätzliche Einwände. Zum einen vernichte dieser seiner Meinung nach die natürlichen Beziehungen, vor allem die Familienbande, zum anderen stelle der Sozialismus einen Angriff auf die Würde der menschlichen Person dar, insbesondere bei jenen sozialistischen Theorien, die den Menschen daran hindern, selbst über sein Eigentum zu entscheiden. Nachfolgend versucht

[4] *Otázka dělnická* [Die Arbeiterfrage], S. 10.

Procházka in einer historischen Glosse gewisse kommunistische Merkmale in der Vergangenheit aufzuzeigen, von den Gesellschaften der Jäger und Nomaden über das antike Griechenland und Rom bis hin zu den mittelalterlichen Hussiten. In der Neuzeit schildert Procházka keinerlei kommunistische Praxis, sondern eher verschiedene Theorien, die mehr oder weniger zum modernen Kommunismus führen oder seinen Ausgangspunkt darstellten (Babeuf, Buonarotti, Saint-Simon, Fourier, Enfantin, Blanqui, Lammennais, Leroux, Ledrou-Rollin, bartels, Owen, Lasalle u. a.). Dabei unterscheidet Procházka jedoch zwischen einzelnen Persönlichkeiten und deren Auffassungen nicht etwa nach der Opposition Kommunismus-Sozialismus, sondern er bemüht sich deren Ideen und die Unterschiede zwischen ihnen tiefer zu verstehen. Mehrfach hebt Procházka schließlich die positiven Seiten verschiedener Lehren hervor – zum Beispiel bei Charles Fourier dessen Gedanke der Assoziation oder der Vergesellschaftung, wenn der Arbeiter einen größeren Besitz entdeckt, oder die Ideen von Ledrou-Rollin und Louis Blanc während der Zweiten Französischen Republik.

Procházka legte hier – mit Blick auf die verschiedenen sozialistischen Denk- und Praxisversuche – eine beachtliche Vertrautheit mit der ausländischen Literatur an den Tag und stellte diese übersichtlich vor. Interessant ist, dass er in seinem Überblick nicht die Lehre von Karl Marx analysierte – hier widmet er sich lediglich kritisch dessen Aktivitäten bei der Gründung einer Arbeiterinternationale, und dies keineswegs bei der Übersicht der sozialistischen Theorien, sondern in der Einleitung seines Buches sowie in mehreren weiteren Teilen der Abhandlung. In Marx sieht Procházka eher den gefährlichen Organisator als den einflussreichen Theoretiker. Dieses Defizits seines Brünner Lehrers wurde sich später offenkundig auch Tomáš G. Masaryk bewusst, und in seiner *Sozialen Frage* befasste er sich gründlich auch mit Marx als Theoretiker.

Die Arbeiterselbsthilfe

Procházkas Buch gliedert sich in vier große Teile, von denen der erste der Selbsthilfe gewidmet ist, der zweite der staatlichen Intervention, der dritte unternehmerischen Aktivitäten und der vierte dem spezifisch christlichen Beitrag in der Gesellschaftsproblematik. Bei der Charakteristik der Selbsthilfe wurde Procházka offenkundig von den Gedanken des Landarztes

František Cyril Kampelík (1805–1872) und des Prager Rechtsgelehrten František Ladislav Chleborad (1839–1911) inspiriert, die sich der Unterstützung tschechischen Unternehmertums gewidmet hatten – Kampelík dachte insbesondere über eine Unterstützung kleiner Gewerbetreibender in Form einer finanziellen Selbsthilfe nach, Chleborad wiederum über die Form von Arbeiterspareinlagen und den Erwerb von Betrieben, dessen Gewinn man sich letztlich teilen sollte. Wichtig erscheint, dass nur wenige Jahre vor der Herausgabe von Procházkas Schrift die ersten größeren tschechischen Banken entstanden (Hypotheken- und Gewerbebank) und dass Chleborad mit seiner Zeitschrift *„Dělník*“ (Der Arbeiter) sowie der Arbeitervereinigung *Oul* an die Öffentlichkeit getreten war.[5]

Bei der Arbeiterselbsthilfe geht es schlicht und einfach darum, dass sich die Arbeiter „materiell und sittlich“ gegenseitig helfen: *„Materiell können sie dies durch die Gründung von Lebensmittelvereinen, Einlagekassen und Kreditanstalten tun, gemeinsamen Sparkassen, Kassen für erkrankte, ausgezehrte und von Invalidität heimgesuchte Arbeiter, Unternehmer- und Produktionsvereinigungen bzw. die Schaffung kleiner Fabriken auf der Basis eigener Aktien und die Anlage von Handelslagern u. ä. Sittlich sollen sie sich durch Enthaltsamkeit, Sparsinn, eine einfache, allen Luxus' fremde, einfache und bescheidene Lebensweise helfen, durch die bewusste Ausnutzung freier Stunden für eine geistige Bildung und erbauliche Erholung.*“[6] Diese breit angelegte Auffassung der Selbsthilfe kann durch die vereinten Kräfte der Arbeiter erreicht werden, die sich damit der „Vorherrschaft des Kapitals“ widersetzen. Das Kapitel über diese Problematik widmet Procházka dann konkreten Beispielen, vor allem aus Deutschland und Frankreich, sowie der Anwendung dieser Grundsätze. Er stützt sich dabei insbesondere auf die Schriften und Aktivitäten des deutschen Rechtsgelehrten und Abgeordneten des preußischen Parlaments Schulze Delitzsch, der sowohl die Lehre

[5] F. L. Chleborad verkörpert durch sein Leben und Werk eine interessante Persönlichkeit: Das Buch *Soustava národního hospodářství politického* [Der Mechanismus der politischen Nationalökonomie] erschien drei Jahre vor der Publikation Procházkas; das Buch *Boj o majetek* [Der Kampf um das Eigentum] aus dem Jahre 1885 kehrte nicht allein zu Chleborads liberalen Ideen zurück, sondern entwickelt auch Gedanken über die Rolle des Staates in der Volkswirtschaft, über Verkehr und Geldhandel.

[6] *Otázka dělnická* [Die Arbeiterfrage], S. 46.

von der Selbsthilfe entwickelte als auch einige Arbeitervereine gründete. Ihm folgend teilt Procházka die Vereine in sechs Arten (1. Einlagekassen, Kreditinstitute, Banken, 2. Rohstoffverbände, 3. Lebensmittelvereine, 4. Krankenkassen, 5. Vereine für Reservoirs zum gemeinsamen Handel mit Produkten der Mitglieder, 6. gemeinsame Produktionsvereine im eigentlichen Wortsinn, d. h. Unternehmerverbände), nachfolgend charakterisiert er einige dieser Institutionen, und zwar in Deutschland, Frankreich, Italien und England. Gerade in Großbritannien beschäftigt er sich auch mit den „Trade Unions", Procházkas Auffassung zufolge Vereinen, die zum einen eine hohe Qualität für einen bedeutenden Teil der Arbeiter besitzen, sich zum anderen aber auch dadurch auszeichnen, dass sie in Opposition zu einer derart liberalen Auffassung der menschlichen Arbeit stehen, wie diese Adam Smith und weitere Nationalökonomen verbreiteten, die die Arbeit lediglich als eine *„Sache* (betrachten), *die der Arbeiter auf den Markt bringt*". Procházka beschäftigt sich des weiteren mit den Möglichkeiten berechtigter Streiks, als die er solche ansieht, die unter bestimmten Bedingungen geführt werden und die nicht zu einem Zusammenbruch der Gesellschaft führen.

Sehr interessant ist die Artikulierung des sittlichen Charakters der Arbeiterselbsthilfe. Der Autor widmet sich vor allem der Problematik der Undiszipliniertheit und der Exzesse der Arbeiter, die sich insbesondere im Alkoholmissbrauch nach erfolgten Lohnzahlungen zeigen. Die Betonung der „Tugend", die ständig zu kultivieren und die als Grundlage jedweder weiteren Koalitionstätigkeit anzusehen sei – dies ist im übrigen einer der Evergreens in Procházkas Text. Bemerkenswert erscheint seine Schilderung der Situation in Österreich, wo vor allem sozialdemokratische und katholische Arbeitervereine existierten. Procházka würdigt vor allem Chleborads Prager Oul, der *„sämtliche Utopien und antigöttliche Bemühungen der Internationale ungeheuer ausbalanciert*"[7] und der trotz aller Probleme zu den vorbildhaften Organisationen dieses Typs zählt. Procházka führt zudem statistische Zahlen an (in Böhmen gab es im Jahre 1871 angeblich 279 Arbeitervereine, in Mähren 46). Was die Situation in Brünn anbetrifft, muss besonders der Industrielle Verein der privaten Weber (*Průmyslový spolek soukromných tkadlců*) genannt werden, sodann

[7] *Otázka dělnická* [Die Arbeiterfrage], S. 67.

der Erste Unternehmerverein der Schneidereiarbeiter (*První podnikatelský spolek dělníků krejčovských*) und der Frauenproduktionsverein *Vlasta*, eine Abteilung der Frauenschneiderinnen des Oul.

Staatliche Hilfe

Die staatliche Intervention in der Wirtschaft bildet für Procházka eine bedeutsame und unerlässliche Form, ohne die es im Prinzip nicht möglich sei *„gegen das Großkapital zu kämpfen"*. Procházka stützt sich hierbei auf das Werk von Dr. Scheel, einem Schweizer Juristen, der sein grundlegendes Werk im Jahre 1871 herausgab. Der Staat müsse vor allem anerkennen, dass die Arbeit nicht einfach eine einfache „Sache" sei, sondern dass der Mensch selbst in der Arbeit *„mit seinem Körper und seiner Seele"* präsent sei; der Staat solle also (zum mindesten in dieser die menschliche Würde betreffenden Angelegenheit) ein christlicher Staat sein. Des weiteren solle er die Arbeiter angemessen durch gesetzliche Regelungen aller Art schützen, vor allem durch solche Vorschriften, die Arbeitervereine erleichterten. Damit hängt selbstverständlich auch eine angemessene Steuerpolitik zusammen. Procházka analysiert detailliert die damals offenkundig sehr aktuelle Frage der Sonnabend- und Sonntagsarbeit, der Länge der Arbeitszeit sowie der Frauen- und Kinderarbeit. Procházka fordert gleichberechtigte Löhne für Frauen und er zieht gegen die Kinderarbeit zu Felde; der Staat solle in dieser Angelegenheit das Schulwesen unterstützen. Zu den grundlegenden Pflichten des Staates gehört auch die Einrichtung verschiedener Arbeitsämter und Aufsichtsorgane, die die Realisierung der neuen Gesetze und Arbeitsbekanntmachungen kontrollieren sollten. Prochazkás Vorschläge sind dergestalt politischer Natur, da sie den Anteil der Arbeiterschaft auch in legislativen Organen gerade bei der Ausarbeitung von die Arbeit betreffenden Gesetzen akzentuieren. Der Staat solle zudem die Einrichtung zentraler Bankorgane unterstützen, die den Einlagekassen und weiteren Vereinen Geld leihen könnten, wobei Procházka zufolge ins Gewicht fiele, dass der Staat dort auch seine Finanzmittel einlege und somit ein Gegengewicht zum großen Finanzkapital bilde und kleinere Kassen unterstütze. Procházka führt den konkreten Fall der Gewerbebank an, die zwar 139 Filialen aus Böhmen und Mähren zusammengefügt hatte, jedoch weiterhin darunter litt, dass sie lediglich kleine Geldsummen als

Kredite zur Verfügung stellte. Zum Schluss seiner Ausführungen zu dieser Problematik unterstreicht Procházka erneut, dass die staatliche Unterstützung nach geradezu wertlos sei, wenn sie nicht ein auf dem Christentum fußender Staat ausübe, da ein anderer Staatstypus nicht in dem Umfang zur Wahrung der Wechselbeziehungen zwischen den Menschen und den menschlichen Institutionen motiviert sei.

Die Unterstützung der Fabrikbesitzer und Industriellen

Diese Art der Unterstützung kann sich insbesondere bei der Lösung der Wohnungsfrage für Arbeiter zeigen, wobei auch der Staat durch seine Gesetzgebung, finanzielle Dotationen und die Aufsicht darüber, dass die Arbeiterwohnungen den gesundheitlichen Vorschriften entsprachen, helfend unterstützen konnte (Procházka präferiert das Beispiel Belgien, wo die dortige Regierung im Jahre 1849 dem Unternehmer Gommard einen über zehn Jahre laufenden unverzinslichen Kredit zum Aufbau von Arbeitervorstädten gewährte). Der Unternehmer und Industrielle soll sich von der christlichen Liebe und Solidarität dazu verleiten lassen, dass er sich um das *„körperliche und geistige Wohl“* der Arbeiter kümmere. In diesem Sinne vermag Procházka auch jene Denker anzuerkennen, die er zuvor einer Kritik unterzogen hatte, nämlich aufgrund ihres Bemühens den Arbeitern in ihrer Not zu helfen (Robert Owen). Dieses Kapitel enthält ein „instruktives Beispiel“ in Gestalt der Theatertragödie mit dem Titel „Vater Brahm“, das in Mainz im Jahre 1871 uraufgeführt wurde und das Procházka ungemein interessierte. Und zwar dergestalt, dass Procházka Handlung und Botschaft ins Tschechische übertrug. Dies ermöglicht ihm einige grundlegende Typen zu charakterisieren – den liberalen Unternehmer, den personifizierten Tyrannen, den Fabrikbesitzer, den Zweifel hegen, der sich jedoch eher durch seine Laster leiten lässt, und den Geistlichen, der sich bemüht beide Unternehmer von der Notwendigkeit der Hilfe für Arbeiter in deren Elend zu überzeugen – nicht allein durch Almosen, sondern in sehr konkreter Gestalt, wobei sich eine Arbeiterselbsthilfe entfalten konnte: *„Herbert unterbricht die Rede des Pastors, indem er sagt: ‚Phrasen, dies sind nichts als Phrasen! Die Welt ist aber kein Markt und die Arbeit nichts als eine Sache oder ein Fabrikat, das sich verkauft; was ist es für mich verkaufsmäßig?‘ Jedoch, antwortet der Pastor, dies ist die Welt des Herrn Herbert (des Erzliberalen), doch* *kommt gewiss eine Zeit, in der der verlorene und verirrte Staat (der unchristliche und atheistische) wiederum zu seiner hehren, göttlichen Berufung zurückkehrt und erkennt, dass er nicht allein dafür da ist, durch seinen Schutz denjenigen zu unterstützen, der hat, sondern auch denjenigen, der nichts besitzt, und zwar, um ihn vor allem im Kampf gegen das allgemeine und gefährlichste Böse – gegen den Hunger zu unterstützen!... Bereits jetzt weist Euer Stand (der Stand der Fabrikbesitzer) eine ganze Reihe edelmütiger Menschen aus, die hervorragend ihrer Zeit vorauseilen, die wohltätige Hand in die schwielige Hand der Armut legen...*"[8] Procházka jedoch begnügt sich nicht damit diese grundlegende Richtung aufzuzeigen. Zu den positiven Seiten seiner Arbeit zählt auch diesmal die Aufzählung zahlreicher Beispiele vor allem aus Westeuropa, die die vorbildhafte Hilfe der Fabrikbesitzer für den Arbeiterstand belegen, insbesondere in der Wohnungsproblematik. Procházka zögert auch nicht sich kritisch konkreten Vorschlägen zuzuwenden, die in diesem Bereich auftauchen, moderne Baumethoden eingeschlossen: „... *denn es ist rechtschaffen sich nach dem betonierten, in England verwendeten System zu richten. Beton ist eine weiche Mischung aus Sand, Kiesel und Zement, die sich in die Form eines Brettes ergießt und rasch die auskühlte Gestalt von Quadern (behauenen Steinen) annimmt, wodurch man jedwede Größe und Form anfertigen kann, und dass zusammen dauerhaft und billig ist.*"[9] Die grundlegende Form der Hilfe ist nämlich die Absicherung eines zufrieden stellenden Wohnens, und dies sowohl für ledige als auch für verheirate Arbeiter, die für preiswertes Geld nicht allein nach der Arbeit ausruhen wollen, sondern gegebenenfalls sich auch weiterbilden möchten und ihre Freizeit in Würde verbringen bestrebt sind (Einrichtung von Bibliotheken und Lesesälen in Arbeiterunterkünften, Errichtung von Waschküchen und Bädern etc.). Selbstverständlich interessiert sich Procházka dabei für die Situation in Österreich: er führt das löbliche Beispiel des Fabrikbesitzers Liebig an, der an seinen Werksstandorten Arbeiterhäuser mit Bäckereien und Krankenhäusern errichten ließ, die sog. Rositzer Werke für die Hütten „Božidar" bei Brünn sowie weitere Beispiele aus Mähren: „*Fürst Raifferscheid ließ bereits im Jahre 1831 Wohnungen für Arbeiter erbauen, die ihm Kupfererz (unweit von Blansko in Mähren) entweder abbauen oder in*

[8] *Otázka dělnická* [Die Arbeiterfrage], S. 114.
[9] *Otázka dělnická* [Die Arbeiterfrage], S. 131.

den Gießereien und Maschinenfabriken das gewonnene Erz verarbeiten. Es handelt sich hierbei um die Arbeitersiedlungen Těchov und ein wenig auch Klepačov."[10]

Die Hilfe durch karitative christliche Liebe

Die vierte und letzte Art der Lösung der Arbeiterfrage ließe sich mit dem Begriff der christlichen karitativen Hilfe umschreiben. Dieses Kapitel formulierte Procházka ein wenig anders als die vorangegangen: dessen Konzipierung ermöglichte ihm ausführlich und übersichtlich über die Geschichte der Hilfe durch die christliche Kirche für alle Bedürftigen – und zwar nicht allein für die Arbeiter in der modernen Zeit – zu berichten. Das Christentum stellt für Procházka eine Lehre dar, die gleich in doppelter Hinsicht einen universalen Charakter besitzt: zum einen dadurch, dass sie sich – im Unterschied zum „Philantropismus" bzw. der „philosophischen Liebe der Humanisten" – um den ganzen Menschen bemüht, mit seinen körperlichen und geistigen Bedürfnissen, zum anderen dadurch, dass sie nicht allein eine Religion verkörpert, sondern zugleich eine zivilisatorische Ausdehnung besitzt: „*Wir können kühn sagen, dass erst durch das Christentum die Welt vernommen hat, dass die Nächstenliebe echt ist, und dass die Zivilisation, der Fortschritt, die Humanität, die Freiheit und das Christentum identische bzw. deckungsgleiche Begriff darstellen.*"[11] Diese mutige Behauptung wollte der Autor durch zahlreiche Beispiele sowohl aus dem Bereich der vorchristlichen oder außerchristlichen Kulturen (zum Beispiel des Buddhismus, dem Procházka zufolge die Wirksamkeit der aktiven christlichen Liebe fehlt), aber auch der christlichen – europäischen Kulturen untermauern. Die wesentlichen Resultate dieser Kultur sieht Procházka darin, dass die Kirche „*die Sklaverei abgeschafft hat, die Barmherzigkeit geschaffen und die Selbstaufopferung gepredigt hat*".[12] Darüber hinaus hat sie sich stets bemüht die die Gesellschaft bedrückenden Übel zu vermindern. Gerade hierin sieht Procházka auch eine Aufgabe der Kirche und der katholischen Religion in seiner Zeit: Die Kirche ist hier vor allem deshalb,

[10] Ebd., S. 160.
[11] Ebd., S. 169.
[12] Ebd., S. 187.

um – ähnlich wie in der Vergangenheit – die gesellschaftlichen Übel zu benennen und diese zu verringern. In diesem Zusammenhang bewertet Procházka verschiedene Mönchsgemeinschaften, Orden und Kongregationen, die zwischen dem 17. und 19. Jahrhundert mit dem Ziel entstanden, Armut, Krankheiten und Sittenverfall zu verringern. Auch hier versucht Procházka einige Vorschläge zu unterbreiten, die zu Innovationen führen könnten, insbesondere im Bereich der Pfarreien (Organisationen der Armenverwaltung). Die Aufgabe der christlichen Lehre und Praxis skizziert Procházka am Ende seines Werkes mit folgenden Worten: „*Die moderne Gesellschaft ähnelt, mit Montalembert gesprochen, einem lahmen Bettler an der Pforte einer Kirche, welche einen schönen Namen trug. Gold und Silber gab der hl. Petrus dem Lahmen nicht, sondern er verlieh ihm Gesundheit im Namen von Jesus Christus, damit er ungehindert wandern und Gott fröhlich preisen könne. Gold und Silber vermag die Lehre Christi nicht zu spenden, doch kann sie der bedrohten modernen Gesellschaft wiederum auf die Füße verhelfen…*“[13]

Versuch zusammenfassender Bemerkungen

Im nachfolgenden Abschnitt wollen wir versuchen einige allgemeinere Bemerkungen und Charakterisierungen zu formulieren, zu denen uns Matěj Procházka mit seinem Werk über die Arbeiterfrage geführt hat.

1. Den Kern seines Buches über die Arbeiterfrage bildet die christliche Lehre in ihrer katholischen Version, in der zwei Schlüsselaspekte hervorgehoben werden: zum einen der soziale Charakter, der sich auf der einen Seite im Interesse an den Armen offenbart und auf der anderen Seite in den Fähigkeiten das geistige Rückgrat des Staates zu bilden; zum anderen dessen gegen Utopie und Revolution gerichtete Einstellung, zumal das Hauptziel in der Suche nach einer friedlichen Lösung der Konflikte zwischen „Arbeitern und Kapital“, der Suche nach einer gesellschaftlichen Harmonie liegt.

2. Diesen sozialen Charakter des Christentums bemüht sich Matěj Procházka auf die Situation seiner Zeit in einer gewissen Geschlossenheit zu applizieren. Die Aufgliederung der Arbeit liefert ein klares Signal, dass

[13] Ebd., S. 230.

die Lösung des Autors bezüglich der Arbeiterfrage eine Lösung der Gesamtsituation darstellen will, keineswegs nur eines Teilproblems. Die Kirche erweist sich dabei als in der Lage direkt bzw. indirekt in die Lösung der Schwierigkeiten auf Gesamtniveau sowie in Teilbereichen einzugreifen.

3. Den roten Faden im Text bildet die Akzentuierung der Tugenden, vor allem in den Kapiteln über die Arbeiterinnen, die Unternehmer und die Kirche. Unter Tugenden werden vor allem Sparsamkeit, Wirtschaftlichkeit und Frömmigkeit im Falle der Arbeiter verstanden, im Falle der Unternehmer sodann Milde, Anstand und Gerechtigkeit, in der Kirche hingegen insbesondere Charitas und Barmherzigkeit. Ohne diese ist es Procházka zufolge unmöglich eine bessere Gesellschaft aufzubauen. Hiermit korrespondiert die Überzeugung, dass diese Tugenden vor allem dort präsent sind, wo die katholische Kirche agiert – Protestantismus und moderner Humanismus vermögen hier keine alternative Lehre anzubieten, die zur Lösung der Probleme führt.

4. Procházkas Publikation enthält eine Reihe kritischer Anmerkungen. Kritisiert werden insbesondere die ausbeutenden Fabrikbesitzer und Unternehmer, aber auch zahlreiche zum Anarchismus oder Kommunismus tendierende Denker, sämtliche Bemühungen um eine revolutionäre Lösung (Internationale). Gegenstand häufiger Kritik sind die Juden und deren machtpolitische und finanzielle Umtriebe, die dem Autor zufolge eindeutig die bereits armselige Situation verschlimmern würden. Wir treffen hier auf einen Antisemitismus, der in jener Zeit in der ganzen Gesellschaft verbreitet war bzw. auf eine Kritik am Handeln jüdischer Unternehmer und Händler, die mit ihren hohen Zinsen bei Krediten sowie durch ihr eindeutig antisoziales Verhalten das Elend der Arbeiter ermöglichen.[14]

5. Man könnte sagen, dass auch diese Publikation Procházkas schließlich und wirklich eine gewisse mittlere Richtung bei der Lösung der sozialen Frage sein will. Diese Strömung, die wir seit der Mitte des 19. Jahrhunderts bis auf den heutigen Tag verfolgen können, wird durch die christliche Soziallehre gebildet, deren Pionier in den böhmischen Ländern

[14] Vgl. Vydra, Zbyněk (Hrsg.): *Protižidovské stereotypy a křesťanská společnost na přelomu 19. a 20. století* [Antijüdische Stereotype und die christliche Gesellschaft an der Wende vom 19. und 20. Jahrhundert]. Filozofická fakulta, Univerzita Pardubice 2007.

eben Procházka war. Hauptmerkmal dieser Lehre ist auf der einen Seite die Kritik einer liberalen Lösung („die Arbeit ist eine reine Sache"), auf der anderen Seite wird die kommunistische Lösung kritisiert (Revolution, Vernichtung des persönlichen Eigentums). Den positiven Akzent dieser Lehre verkörpert die christliche Anthropologie, zu der die Betonung der menschlichen Freiheit auch im Bereich des Eigentums sowie die grundlegende Würde der menschlichen Person gehören.

6. Ein Vorzug von Procházkas Buch ist nicht allein die theoretische Verankerung, sondern auch die Aufzählung zahlreicher konkreter Beispiele für Selbsthilfe, Fabrikanten- und staatliche Beteiligung, kirchliche Karitas, die das Buch einerseits interessant machen, zum anderen aber auch glaubwürdig. Dessen Verfasser stützt sich auf eine Reihe von ausländischen Denkern seiner Zeit, insbesondere auf Nationalökonomen und Juristen, Exempel zieht Procházka aus nahezu ganz West- und Mitteleuropa heran. In diesem Sinne basiert das vorliegende Buch auf einer gründlichen Kenntnis der Situation.

7. Insgesamt lässt sich auch diese Arbeit Procházkas in den Kontext seines apologetischen Schaffens einordnen, auch wenn diese ihn in zahlreichen Aspekten pikiert. Die Verteidigung des Christentums in Procházkas Auffassung ist nicht einfach nur eine Apologie der Vergangenheit oder der herrschenden Positionen der kirchlichen Lehre und Praxis, sondern häufig auch der Versuch zur Suche nach neuen Wegen zur Lösung der ernsten Probleme in der zweiten Hälfte des 19. Jahrhunderts auf intellektueller, beruflicher und sozialer Ebene.

DIE SOZIALE FRAGE, DER KAPITALISMUS UND DIE INTELLEKTUELLEN ELITEN VOR 1914: T. G. MASARYK UND DIE ANDEREN

Jiří Štaif

Masaryks mentale Landkarte

Tomáš Garrigue Masaryk (1850–1937) gelangte zu seiner Auffassung der sozialen Frage durch die ihm eigene philosophische Vorbildung sowie das Bestreben, sich als führender Repräsentant des öffentlichen Lebens der Tschechen Geltung zu verschaffen. Ähnlich wie vor ihm František Palacký zeigte sich Masaryk fest davon überzeugt, dass er dazu berufen sei, die nationale tschechische Gesellschaft dadurch wiederzuerwecken, in dem er ihr höhere ethische Ziele setze. Masaryk ging jedoch – im Unterschied zu seinem Vorgänger – bereits von der existentiellen Krise des modernen Menschen aus, der sich seiner Auffassung zufolge in einer immer komplizierter werdenden Welt deshalb verloren fühle, da er unter dem Einfluss der Säkularisierung den authentischen christlichen Glauben vergessen habe. Die charakteristischen Merkmale seines weltanschaulichen Repertoires bildeten sich zwar schrittweise heraus, dennoch nahmen sie seinen aufmerksamen Zeitgenossen offenkundig erst wahr, nachdem sich Masaryk im Jahre 1882 in Prag niederließ, wo er eine außerordentliche Professur für Philosophie an der neu entstandenen tschechischen Universität antrat.

Im intellektuellen Milieu der Philosophischen Fakultät dieser Alma Mater wurde Masaryk gleich von Beginn an zu einer außergewöhnlichen Erscheinung, und zwar aufgrund mehrerer Umstände. Masaryk war nach Prag aus dem kosmopolitischen Milieu Wiens gekommen, in dem die deutsche Kultur überwog. Diese wurde allerdings durch zahlreiche weitere Einflüsse aus dem romanischen, jüdischen, slawischen und ungarischen Milieu bereichert, was aus diesem Gemisch ein besonderes europäisches Phänomen entstehen ließ. Masaryk hatte hier zudem Englisch gelernt und als Erzieher in der Familie des Generalrats der Englisch-österreichischen Bank gewirkt, so dass er sich die angelsächsischen Kultureinflüsse in einem weitaus höheren Maße anzueignen begann, als dies hätte in Böhmen geschehen können. Darüber hinaus ist allgemein bekannt, dass seine Frau Amerikanerin war. Und auch zahlreiche weitere brennende ethnisch-nationale, soziale, kulturelle und wirtschaftliche Probleme des ausgehenden 19. Jahrhunderts besaßen in der Hauptstadt der Habsburgermonarchie einen komplexeren Charakter – etwa im Vergleich zum nationalen Milieu der Tschechen.[1]

Auch Masaryks mentale Landkarte unterschied sich in hohem Maße von der seiner Prager Kollegen. Diese Verschiedenheit resultierte nicht allein aus Masaryks besserer Orientierung in Themen, die die zukunftsträchtigen Trends im intellektuellen Milieu Europas bestimmten. Als bestimmendes Moment seiner mentalen Ausstattung können wir nämlich Masaryks Bemühen ansehen, das überdurchschnittliche symbolische Kapital des Universitätsgelehrten in einen möglichst breiten gesellschaftlichen Einfluss umzuwandeln. Mit Blick auf den Terminus „mentale Landkarte" wollen wir an dieser Stelle nur darauf verweisen, dass darunter ein Ensemble bewusster eigener Wertvorstellungen verstanden wird, insbesondere im Unterbewusstsein vorhandene Wertepräferenzen, durch die sich Masaryk als potentielle Führungspersönlichkeit in den breiten gesellschaftlichen Kontext einreihte. Wie wir noch hören werden, zeichnete sich seine Persönlichkeit durch ein beängstigendes Fragenpotential in einem noch größeren Umfang aus als dies bei Gelehrten dieser Zeit gewöhnlich der Fall war.[2]

Die Historiker haben den Begriff „mentale Landkarte" dem psychologischen Konzept einer radikalen Ordnung der menschlichen Psyche entliehen, in der es darum geht, dass für die Psyche des Menschen die in seinem Zentrum sich befindlichen Komponenten am charakteristischsten sind. Von diesem Zentrum entfernt sich dann strahlenförmig das, was für sie weniger wichtig ist, auch wenn dies als auffälliges Ereignis erscheinen mag. In diesem Zusammenhang halten wir es für notwendig darauf zu verweisen, dass Masaryk ein sehr guter Psychologe war. Aus diesem Grun-

[1] Vgl. OPAT, Jaroslav: *Filozof a politik T. G. Masaryk 1882–1893 (Příspěvek k životopisu)*, [Der Philosoph und Politiker T. G. Masaryk 1882–1893 (Ein Beitrag zu seiner Biographie)]. Praha 1990, S. 36ff.

[2] Vgl. BUZAN, Tony – BUZAN, Barry: *The Mind Map Book*. London 1993 (v. a. S. 53ff., 59ff. und 172ff.).

de hat er sich mehr oder minder autoritativ zu den wirklich brennenden gesellschaftlichen Problemen geäußert, da er sehr gut verstand, dass er als homo novus des öffentlichen Lebens der Tschechen, in dem er sich nicht auf sein traditionell einflussreiches Netz zu stützen vermochte, nur auf diese Weise die Aufmerksamkeit der öffentlichen Meinung auf sich ziehen könne. Für seine Weltanschauung war bereits in Masaryks Jugend ein noetischer Realismus kennzeichnend, der der Auffassung der antiken Philosophen sehr nahe stand, die annahmen, dass die Allgemeinbegriffe ganz konkret in Dingen und Beziehungen existieren, also in der Welt, in der der Mensch lebt.

Seinen noetischen Realismus verband Masaryk zudem a priori mit dem monistischen Theismus, der von dem Grundsatz ausging, dass Gott die Welt geschaffen habe, in der er weiterhin präsent sei und den Menschen unentwegt an sein Wissen um die zeitlosen moralischen Werte erinnere, dabei insbesondere an seine Fähigkeit der Nächstenliebe. In das wertmäßige Zentrum von Masaryks mentaler Landkarte gehörte allerdings nicht nur seine intellektuelle und gesellschaftliche Ambitioniertheit, das Bewusstsein einer intellektuellen Überlegenheit gegenüber der eigenen Umgebung sowie die sittliche Verankerung, sondern auch die Impulsivität, die sich in der Regel dann zeigte, wenn Masaryk überzeugt war, dass er aus moralischer Sicht die Wahrheit sagte, die seine Umgebung aus den unterschiedlichsten Gründen nicht zu akzeptieren gedachte. Die genetisch bedingte Impulsivität verband sich in Masaryks Persönlichkeit mit dem auf Charisma begründeten Selbstbewusstsein, das wir in seinem Falle auch als Gefühl einer Vorbestimmung zur Erfüllung edelmütiger Ziele interpretieren können, die in der Gesellschaft einen sittlichen Fortschritt bewirken.[3]

Das so verstandene Charisma legitimierte Masaryks Bedürfnis, seine Anhänger mit den ihm eigenen Argumenten auf seine Seite zu ziehen und sie danach zur Erfüllung des gemeinsamen Ziels zu führen. Als politisch denkender Mensch wünschte sich Masaryk aus nachvollziehbaren Gründen, dass er damit eine möglichst große Zahl von Menschen ansprach, zumal er sich nur schwer damit abfinden konnte, dass er vor Ausbruch

[3] Vgl. Čapek, Karel: *Hovory s T. G. Masarykem* [Gespräche mit Masaryk]. Vollständige Ausgabe. Praha 1947, passim (v. a. S. 189ff.).

des Ersten Weltkrieges in dieser Hinsicht keine durchschlagenden Erfolge erzielt hatte. In dieser Hinsicht setzte Masaryk nicht allein auf den intellektuellen und psychologischen Effekt, sondern auf den erzieherischen Aspekt seiner Argumentation, mit der er die tschechische Öffentlichkeit von seiner Wahrheit zu überzeugen suchte. Zugleich jedoch zeigte er sich überzeugt, dass weder eine Revolution noch eine soziale bzw. eine Wahlreform die natürlichen Unterschiede zwischen den Menschen beseitigen könne. Darüber hinaus nahm Masaryk an, dass sich höhere humanitäre Ideale erst durch eine systematische tagtägliche Arbeit in der modernen Gesellschaft akkulturieren müssten, und zwar als unerlässliche Voraussetzung jeder wahren Demokratie und der mit ihr verbundenen Sozialisierung.

Auf der anderen Seite wird jedoch deutlich, dass Masaryk zu feinmaschigeren Formen einer soziologischen Analyse der nationalen Gemeinschaft der Tschechen im Grunde genommen zu keinem Zeitpunkt systematisch überging, was seinen Aktionsradius im öffentlichen Leben bis zum Ersten Weltkrieg sichtbar einengte. Seine Auffassung der Soziologie bemühte er sich in Anknüpfung an seine *Konkrétní logika* (Konkrete Logik) zu Beginn des 20. Jahrhunderts in einer Serie von Zeitschriftenbeiträgen zu entwikkeln, aus denen hervorgeht, dass die theologische Auffassung des Begriffs Fortschritt für ihn den Beweis darstellt, dass die Welt, die Gesellschaft und die menschliche Moral ihren Ursprung in der göttlichen Schöpfung haben. Aus Sicht der sozialen Analyse tritt dann Masaryks Auffassung in den Vordergrund, in der er der sozialen Statik den Vorzug einräumt, artikuliert im menschlichen und ohne Zweifel auch im göttlichen Bemühen um ein Gleichgewicht der gesellschaftlichen Kräfte, vor der gesellschaftlichen Dynamik. Schließlich wird gemutmaßt, dass das Verständnis des statischen Moments in der Entwicklung der Welt das Ziel jeglichen menschlichen Denkens darstelle.

Masaryks Sicht der Gesellschaft gibt zugleich der konstruktiven evolutionären Zusammenarbeit verschiedener Menschen und gesellschaftlicher Gruppen den Vorzug, wobei diese Zusammenarbeit auf eine höhere Moral gerichtet ist und dem Konfliktmodell des menschlichen Zusammenlebens, in dem sich der gemeinsame Nenner verschiedener gesellschaftlicher Interessen in Machtkämpfen durchsetzt, vorgezogen wird. Im übrigen ist das Phänomen der Macht für Masaryk ein legitimer gesellschaftlicher Faktor nur dann, wenn er sich durch einen altruistischen Humanismus legitimieren lässt. In den übrigen Fällen ist Masaryk ein Kritiker des Missbrauchs bzw. des übermäßigen Missbrauchs der Macht, was sich auch in seiner humanistischen Auffassung der modernen sozialen Frage widerspiegelt. Dessen ungeachtet wird deutlich, dass bei Masaryk der Moralist vor dem wissenschaftlichen Soziologen siegt, der offenkundig Schwierigkeiten hat sich damit abzufinden, dass sich die Vorstellungen von einer besseren Zukunft in der Geschichte sehr oft nur um den Preis der Anwendung von Gewalt durchsetzen lassen. In dieser Hinsicht stellt Masaryks Auffassung der Soziologie eher eine idealistische denn eine realistische Vorstellung dar, zumal das kollaborative Ideal hierin stets einen höheren Stellenwert besitzt als die konfliktreiche Praxis.[4]

Die soziale Frage als diskursives Thema

Auf Masaryks mentaler Landkarte können wir auch einen gewissen Widerspruch zwischen der philosophischen Emotionalität und der soziologischen Rationalität erkennen, der sich offenbar am auffälligsten in seinem voluminösen Buch über die soziale Frage aus dem Jahre 1898 zeigte. Milan Machovec hat diese Abhandlung als ein Werk bezeichnet, das „einzelne, selten gelungene Deduktionen einzelner Kapitel" enthalte. Diese lakonische Charakterisierung bei einem ansonsten sophistizierenden Kenner von Masaryks geistigem Vermächtnis mag in der Tat Erstaunen hervorrufen. Erklären lässt sich diese Feststellung dadurch, dass Machovec das Kapitel über Masaryks Verhältnis zum Marxismus aus seiner Monographie streichen musste. Seine Interpretation hatte er darin – inspiriert von Goethes Festspiel „Pandora" (1807 bzw. 1810) – auf der Parabel aufgebaut, der zufolge sich Karl Marx mit Hilfe des antiken Mythos von Prometheus erklären lässt, der zum Wohl der Menschen die ganze Welt radikal verändern will. Masaryk erscheint ihm wie Prometheus Gegenspieler Epimetheus, der sich als Intellektueller mit der Vorstellung quält, dass sich auch die edelsten Gedanken bei ihrer Verwirklichung in ihr gerades Gegenteil

[4] Vgl. Masaryk, T. G.: *Rukověť sociologie: podstata a metoda sociologie* [Handbuch der Soziologie: Wesen und Methode der Soziologie]. Naše doba 8, 1901, S. 1–12, 98–105, 173–181, 662–667, 735–741, 822–828 sowie 904–910.

verwandeln können, so dass aus diesem Grunde die Gelehrten diese in höchstem Maße kritisch beurteilen müssen.[5]

Machovec zufolge gehören Marx und Masaryk untrennbar zum Drama der modernen Zeit. Lassen wir dabei einmal außer Acht, in welchem Umfang der gewählte Vergleich heute noch konzeptionell tragbar erscheint. Wir wollen lediglich daran erinnern, dass sein Autor in seinem enthusiastischem Essay *Masaryk a marxismus* (Masaryk und der Marxismus), der in Samizdat-Form erst im Jahre 1980 erschien, eine konkrete Analyse von Masaryks sozialer Frage mehr oder weniger versäumt. Darüber hinaus glauben wir, dass seine These, Masaryk habe in diesem Werk die Entwicklung des Marxismus hin zu Dogmatismus und Totalitarismus bereits antizipiert, doch sehr aktualisierend erscheint. Wir gehen nämlich davon aus, dass am Ende des 19. Jahrhunderts Masaryk erwartete, dass der marxistische Revisionismus auch im tschechischen Milieu den Raum eröffnen würde, dank dessen sich die Nichtmarxisten als richtungweisende Autoritäten innerhalb der Arbeiterbewegung durchsetzen könnten, die dennoch – so oder so – sozialistische Intellektuelle seien, zu denen er sich selbst zählte. Masaryks Erwartungen waren freilich ziemlich optimistisch. Voll und ganz zugestimmt werden kann jedoch Machovec' Auffassung, dass Masaryk auch im Weltmaßstab in vielen Richtungen in der Tat ein bemerkenswerter Geist von „anspruchsvollen Fragestellungen" war, der sich seine intellektuelle Position keinesfalls leich gemacht habe.[6]

Machovec hat sich in seiner Monografie über T. G. Masaryk (1968) ganz gezielt auf eine detaillierte Analyse seiner Wiener Habilitationsschrift zum Thema *Sebevražda jako masový jev moderní civilizace* (deutsch 1881 – Der Selbstmord als Massenerscheinung der modernen Zivilisation, tschechisch

[5] Vgl. Machovec, Milan: *Masaryk a marxismus* [Masaryk und der Marxismus]. In: Masarykův sborník VII. Masaryk a naše současnost (1980). Praha 1992, S. 345–378. Im eigentlichen Nachdruck des ursprünglichen Aufsatzes (s. 347–376) heißt es dank der abschließenden Formulierung: „Ich erinnere unwillkürlich daran, dass im Gegenteil das wohl beachtenswerteste an der Demokratisierung des ‚Prager Frühlings 1968' war…", dass der Verfasser den Text „Masaryk und der Marxismus", der im Frühjahr entstehen bzw. im Juli 1967 hätte beendet werden sollen, dennoch nachträglich lediglich ein wenig überarbeitet hat.

[6] Ebd., S. 364.

1904) konzentriert. Masaryk ging deshalb so vor, weil er hierin die Grundlage für die Ansicht erblickte, dass es für die moderne Zeit notwendig sei eine neue Religion zu finden, die eine organische Verbindung von Wissenschaft mit dem bereits erwähnten altruistischen Humanismus eingehe. Im Vergleich mit diesem Kapitel ist jedoch seine Interpretation eines weiteren Werks von Masaryk, der *Základy konkrétní logiky* (Grundlagen der konkreten Logik; 1885, deutsch 1887), in dem auf der Basis von Inspirationen durch den französischen positivistischen Soziologen Auguste Comte eine Hierarchie der Wissenschaften und ihrer Methoden dargelegt wird, relativ kurz gefasst. Dabei hat es den Anschein, dass Masaryk Machovec in dieser Hinsicht nicht in dem Umfang überzeugte wie durch sein existentielles Verständnis der Ethik, wenngleich ihr Protagonist annahm, dass gerade die *Konkrete Logik* aus dieser den zum obersten Richter Berufenen darüber bestimmte, was eine wahre Wissenschaft sei und was nicht.[7]

Im tschechischen intellektuellen Milieu traf Masaryk allerdings in dieser Richtung auf eine weniger anspruchsvolle Konkurrenz – im Vergleich zu der Situation, in der er mit der deutschen Übersetzung seiner *Sozialen Frage* die internationale Bühne betrat, auf der sich konzeptionell nicht minder starke Athleten bewegten als er selbst. Masaryk nahm sich diesen seinen komparativen Nachteil nicht allzu sehr zu Herzen, so dass er seine Forschungen zur sozialen Frage mit unbestrittener Weitsicht, innerer Verve und ungewöhnlichem Einsatz des Autors betrieb. Dennoch wurde auch in den in den zurückliegenden Jahrzehnten verfassten Masaryk-Monographien diesem Werk aus sehr unterschiedlichen Gründen keine gebührende Aufmerksamkeit gewidmet. Dies hängt offenbar damit zusammen, dass Masaryks damaliges Verhältnis zum Marxismus für ihn lediglich als komplimentierende Komponente der Gesamtinterpretation eine Bedeutung besitzt. Dieser Linie entzieht sich jedoch deutlich das Buch des amerikanischen Historikers H. G. Skilling.[8]

[7] Vgl. Machovec, Milan: *Tomáš G. Masaryk*. Praha 1968, S. 58ff., 67f. und 161f., sowie Chalupný, Emanuél: *Úvod do sociologie s ohledem na české poměry I* [Einführung in die Soziologie unter Berücksichtigung der tschechischen Verhältnisse I] Praha 1905, S. 25ff.

[8] Skilling, Gordon H.: *T. G. Masaryk proti proudu, 1882–1914* [T. G. Masaryk: Against the Current, 1882–1914]. Praha 1995, S. 54–64.

Die umfangreiche Monographie von Stanislav Polák, der Masaryks *Soziale Frage* analysiert hat, führt Machovec gar nicht an, wenngleich sie eine ganze Reihe wertvolle und ergänzende Angaben darüber liefert, wie sich Masaryk zu dieser komplizierten Problematik durchgearbeitet hat. Ähnlich ist dies auch im Buch von Jaroslav Opat.[9] Ein weiterer Grund für diese Tatsache ist unserer Meinung nach der Umstand, dass nach 1989 in der Tschechischen Republik das Bestreben dominierte, Masaryk aus dem Blickwinkel unverhüllter Bewunderung zu interpretieren, was nach einer Zeit des „Fastens" eine gewisse Berechtigung hatte. Die Ansichten von Martin Kučera, dass diese Schrift Masaryks vor allem durch dessen politische Interessen motiviert gewesen sei, sowie das Bemühen von Petr Horák, einem gewissen Konjunkturalismus entgegenzuwirken, bildeten in diesem Kontext eher Einzelmeinungen. Wir nehmen jedoch an, dass die Interpretation T. G. Masaryks heute nicht nur seine Vorzüge zu Lasten seiner Grenzen hervorheben sollte. Jeder Intellektuelle weist nämlich in seinem Repertoire von Ansichten gewisse Grenzen auf, die es seinen Interpreten ermöglichen, hierauf hinzuweisen, so dass sich unserer Auffassung nach – zumeist im guten Glauben – die Möglichkeiten unserer Erkenntnisse erweitern.[10]

Wir wollen uns aus diesem Grunde in der vorliegenden Studie der Problematik von Masaryks Auffassung der sozialen Frage als mehr allge-

[9] Vgl. Polák, Stanislav: T. G. Masaryk. *Za ideálem a pravdou III* [T. G. Masaryk. Für Ideal und Wirklichkeit III]. Praha 2004, S. 169–182, sowie Opat, Jaroslav: *Filozof a politik T. G. Masaryk 1882–1893 (Příspěvek k životopisu)* [Der Philosoph und Politiker T. G. Masaryk 1882–1893 (Ein Beitrag zu seiner Biographie)]. Praha 1990, S. 272–282 sowie 342–346. Unter den weiteren Monographien vgl. zumindest Funda, O. A.: *Thomas Garrigue Masaryk. Sein philosophisches, religiöses und politisches Denken*. Bern 1978; Schmidt-Hartmann, Eva: Thomas G. *Masaryk's Realism. Origins of a Czech Political Concept*. München 1984, sowie Soubigou, AlaIn: *Tomáš Garrigue Masaryk*. Praha 2004. zahlreiche Masaryk-Monographien bis zum Jahre 1968 bleiben unberücksichtigt.

[10] Vgl. Horák, Petr: *Masaryk a Pascal* [Masaryk und Pascal]. In: Rozum a víra. K problematice myšlení a působení T. G. Masaryka [In: Verstand und Glauben. Zur Problematik des Denkens und Wirkens von T. G. Masaryk], hrsg. von Miloslav Pauza, Praha 1991, S. 86–94, sowie Kučera, Martin: *Politický aspekt Masarykovy sociální otázky* [Der politische Aspekt von Masaryks Sozialer Frage]. In: T. G. Masaryk a sociální otázka [T. G. Masaryk und die soziale Frage]. Hodonín 2002, S. 135–143.

meinem diskursiven Thema der gebildeten Eliten vor dem Ersten Weltkrieg widmen, um so Masaryks intellektuelle Leistung in einen breiteren Kontext einordnen zu können. Gerade aus letzterem wird deutlich, dass es in den 1890er-Jahren insbesondere in Europa zu einer sichtbaren Renaissance des Interesses am Sozialismus kam, der sich nicht allein unter seinen Anhängern zeigte, sondern auch im universitären Milieu, was offenkundig vor allem in Deutschland der Fall war, dessen intellektuelles Milieu Masaryk besonders gut kannte. Der Reformsozialismus der Fabian Society fand damals seine Zuflucht an der neuen Hochschule der London School of Economics (1895), worüber Masaryk zuverlässig informiert war, ebenso wie über den Umstand, dass für das Anwachsen seines gesellschaftlichen Einflusses die bekannten Essays der Fabianer (1889) verantwortlich zeichneten, in denen die Ansichten über die zeitgenössische soziale Frage als geschlossenes Meinungsbild ihre Begründung fanden. Masaryk entging zudem keineswegs dessen direkter Zusammenhang mit der Entstehung der britischen Labour Party. Darüber hinaus wusste Masaryk sehr gut, dass der die marxistischen Themen betreffende Diskurs sich in den achtziger Jahren des 19. Jahrhunderts auch in Frankreich rege verbreitete, wo eine einflussreiche Arbeiterpartei (Parti ouvrier française) entstand.[11]

Deren ideologischen und politischen Kurs beeinflusste zu Beginn die um Marxens Schwiegersohn Paul Lafargue konzentrierte Gruppe, die sich durch eine Betonung des ökonomischen Akzents des Marxismus auszeichnete, was offenkundig auf der Interpretation des *Kapitals* von Karl Marx und des wissenschaftlichen Sozialismus aufbaute, deren Autor Gabriel Deville war (1887). Masaryk zeigte sich ebenfalls informiert über die Diskussionen unter den damaligen französischen Marxisten über die Möglichkeit einer proletarischen Revolution, die mit gewaltsamen Mitteln realisiert werde, was für ihn den Beweis eines wachsenden Opportunismus innerhalb der französischen Arbeiterbewegung darstellte. Masaryk war sich sehr wohl des Einflusses der französischen utopistischen Sozialisten auf Marx' Neigung zu einer revolutionären Lösung der sozialen Frage bewusst. Von den zeitgenössischen französischen Sozialisten verweist Masaryk auch auf die Auffassungen von Lafargues Gefolgsmann J. B. Guesdy,

[11] Vgl. Masaryk, T. G.: *Otázka sociální II.* [Die soziale Frage II.], 5. tschech. Auflage, Praha 1948, S. 284ff.

den Anarchosyndikalisten George Sorel sowie den moralisierenden Jean Jaurès. Ein klein wenig entging ihm hingegen die Diskussionen unter den italienischen Intellektuellen über den Marxismus. In dieser Hinsicht stand ihm nämlich das kulturelle Milieu Russlands näher.[12]

Expressis verbis stellte der Marxismus besonders unter den deutschen Intellektuellen ein diskursives Thema dar. Den organisatorischen Anstoß zur Herausbildung dieses Trends in Deutschland lieferte die Gründung des Vereins für Sozialpolitik (1872/73), der aus konservativen bzw. liberalen Positionen heraus zu verhindern suchte, dass dank dieser Ideologie die Arbeiterschaft möglichst von einem revolutionären Wege abgebracht werden sollte. Dabei erscheint ein wenig befremdlich, dass Masaryk die Existenz dieser Institution in seiner *Sozialen Frage* an keiner Stelle erwähnt, wenngleich er über das deutsche intellektuelle Milieu vortrefflich informiert war. Mitglieder des genannten Vereins bzw. dessen Sympathisanten wurden mit der Zeit auch einflussreiche Vertreter universitärer gesellschaftswissenschaftlicher Sektionen, für die sich der Begriff Kathedersozialisten einbürgerte, an deren Spitze der führende Repräsentant der nationalökonomischen Schule Gustav Schmoller stand. Dieser hoch geschätzte und respektierte Gelehrte bekleidete in den neunziger Jahren des 19. Jahrhunderts den Posten des Vorsitzenden dieses Vereins, der sich stärker konzeptionell an der soziologischen Erforschung der sozialen Frage sowie an einer systematischeren Analyse des zeitgenössischen Kapitalismus zu orientieren begann. Von den jungen Intellektuellen begannen sich auf diesem Felde Max Weber und Werner Sombart durchzusetzen, die zu Beginn des 20. Jahrhunderts Arbeiten vorlegten, mit denen sie sich unauslöschlich in die theoretische und methodologische Entwicklung der Gesellschaftswissenschaften einschrieben.[13]

[12] Ebd., S. 285. Vgl. des weiteren Bourdié, Guy – Martin, Hervé: *Les écoles historiques.* Paris 1990, S. 295ff. sowie im Internet The Outline Books by Benedetto Croce: B. Croce, *Historical Materialism and the Economics of Karl Marx*, 1914. Es handelt sich hierbei um die elektronische Version der englischen Übersetzung von Croces Essays *Materialismo storico ed economico marxistico*, die vollständig im Jahre 1900 herausgeben wurden.

[13] Vgl. Loužek, Marek: *Max Weber. Život a dílo weberovské interpretace* [Max Weber. Leben und Werk der Interpretation Webers]. Praha 2005, S. 31ff. sowie 61ff.

Im Jahre 1894 erschien zudem der letzte Band von Marx' *Kapital*, mit dem er eine internationale Diskussion über seine Konzeption des Mehrwerts entfachte, die im kontinentalen Europa besonders intensiv im deutschen und italienischen Milieu der Intellektuellen verlief. Das letzte Jahrzehnt des 19. Jahrhunderts zeichnete sich zudem durch eine charakteristische massenhafte Entfaltung der Arbeiterbewegung aus, die besonders auffällig in Deutschland verlief, wo die Sozialdemokratie zur stärksten Partei im Parlament aufstieg. Dieser Umstand besaß entscheidenden Einfluss darauf, dass deren Führer darüber nachzudenken begannen, ob eine soziale Befreiung der Arbeiterschaft nicht eher auf evolutionärem Wege denn mit Hilfe einer proletarischen Revolution erreicht werden könne. Führender Vertreter dieses marxistischen Revisionismus wurde der deutsche Sozialdemokrat Eduard Bernstein, für den sich als entscheidend ausschließlich die Erreichung konkreter Ergebnisse bei der Verbesserung der sozialen Stellung der Arbeiterschaft durch politische Mittel erwies. Eine gewaltsame proletarische Revolution erschien ihm bereits als anachronistisch.

Masaryk war sich dieser ideologischen Verschiebungen innerhalb des damaligen Marxismus sehr wohl bewusst. Der sozialen Frage wurde in der *Čas* (Die Zeit), dem Presseorgan seiner Realistischen Partei, erhöhte Aufmerksamkeit gewidmet – im Zusammenhang mit den neu aufkommenden Feiern zum Ersten Mai als Feiertag der Arbeit (1890). Gerade auf den Seiten dieser Zeitung dachte Masaryk offenbar zum ersten Male über das Phänomen des Klassenbewusstseins der Arbeiterschaft und ihres Kampfes für berechtigte Forderungen nach, insbesondere für den Achtstundenarbeitstag, das allgemeine Stimmrecht sowie menschenwürdige Löhne. Letztlich entstand der Eindruck, dass damals Masaryk das Recht der Arbeiter auf eine klassenmäßige Konfrontation mit ihren Arbeitgebern anerkannte, sofern er sich dabei jedoch an die gesetzlichen Rahmenbedingungen halte, seien es nun Massendemonstrationen oder berechtigte Streiks. Masaryk notierte damals wörtlich: „*Die Arbeiterschaft ist zu einem Großteil sozialistisch und diese Tendenz wird noch zunehmen; dies muss ein Realpolitiker, gewollt oder ungewollt, anerkennen…*" Im Entwurf des Volksprogramms, das Masaryks Realistische Fraktion aus Anlass der nachfolgenden Parlamentswahlen erarbeitete, steht dann geschrieben, dass die eigenen Kandidaten für ein Abgeordnetenmandat die gewaltlosen Bestrebungen der Arbeiterschaft, die auf eine Verbesserung ihrer sozialen Stellung und auf eine „friedliche Verbesserung und eine organische Entwicklung" der bestehenden Gesellschaftsordnung zielten, unterstützen wollten.[14]

Für die Zeit bis das allgemeine Stimmrecht erreicht werde, empfahlen die Realisten, dass auf gesetzlicher Grundlage Arbeiterkammern entstehen sollten, in denen deren Mitglieder ihre Forderungen gegenüber der übrigen Gesellschaft formulieren und zugleich ihre Vertreter in die Vertretungskörperschaften wählen könnten. Dieses Projekt, das ursprünglich einen Bestandteil der Bemühungen der Regierung Taaffe zur Lösung der sozialen Frage durch Reformen „von oben" darstellte, fand jedoch keine Realisierung. Zur sozialen bzw. Arbeiterfrage äußerte sich Masaryk nachfolgend von Zeit zu Zeit auch als Abgeordneter des cisleithanischen Parlaments für die Partei der Jungtschechen (1891–1893), für die die führenden Realisten schließlich gewählt wurden. Nachdem sich Masaryk mit den Jungtschechen ideologisch überworfen hatte, konzentrierte er seine Kräfte auf eine gründlichere Beschäftigung mit der Philosophie der tschechischen Geschichte, und zwar als Grundlage für sein künftiges politisches Engagement. Bereits im Jahre 1895 bezeichnete Masaryk dann in seinem Buch *Česká otázka* (Die tschechische Frage) die soziale Frage als programmatische Komponente seines Humanitätsideals, mit dem die tschechische nationale Wiedergeburt an die reformorientierte konfessionelle Richtung der Böhmischen Brüder anknüpfte, die in den böhmischen Ländern im 16. Jahrhundert in den Vordergrund gerückt war.[15]

Im Zusammenhang mit der Industrialisierung und Urbanisierung, die gerade in den 1890er-Jahren wiederum an Fahrt aufnahmen, war es zu einer großen Entfaltung der Arbeiterbewegung in den urbanisierten Regionen Cisleithaniens – die böhmischen Länder eingeschlossen – gekommen, was eine allgemein bekannte Tatsache darstellt, mit der wir uns an dieser

[14] Vgk. Opat, Jaroslav: *Filozof a politik T. G. Masaryk 1882–1893* [Der Philosoph und Politiker T. G. Masaryk 1882–1893]. Praha 1990, S. 280, sowie Křížek, Jurij: *T. G. Masaryk a česká politika. Politické vystoupení českých realistů v letech 1887–1893* [T. G. Masaryk und die tschechische Politik. Das politische Auftreten der tschechischen Realisten in den Jahren 1887–1893]. Praha 1958, S. 149.

[15] Masaryk, T. G.: *Česká otázka* [Die tschechische Frage], 7. Aufl. Praha 1969, S. 228ff. Vgl. des weiteren Srovnal, Jindřich: *Masarykova sociální otázka. Dílo a dějiny* [Masaryks Soziale Frage. Werk und Geschichte]. In: T. G. Masaryk a sociální otázka [T. G. Masaryk und die soziale Frage]. Hodonín 2002, S. 3–22.

Stelle nicht eingehender befassen wollen. Als wichtigen Anstoß dafür, dass hier auch die soziale Frage zu einem gewichtigen diskursiven Thema unter den intellektuellen Eliten wurde, werten wir den Umstand, dass nach Badenis Wahlreform im März 1887 fünfzehn Sozialdemokraten als Abgeordnete in die neu eingerichtete allgemeine Kurie der Abgeordnetenkammer im cisleithanischen Reichsrat gewählt wurden. Fünf von ihnen erhielten ihr Mandat in den böhmischen Ländern. Den weit blickenden Politikern musste nämlich klar sein, dass, sofern in Österreich das allgemeine, direkte, geheime und gleiche Wahlrecht für alle erwachsenen Männer dergestalt eingeführt werden würde, wie dies in Deutschland der Fall war und wie sich die Sozialdemokratie programmatisch darum bemühte, dass sich dann die Zahl der sozialdemokratischen Mandate in bisher ungeahnter Weise erhöhen würde.[16]

Aus diesem Grunde nehmen wir an, dass es kein Zufall ist, dass ungefähr zu dieser Zeit Masaryk eine Analyse der marxistischen Weltanschauung zum Gegenstand seiner Vorlesungen an der Universität machte, was im damaligen intellektuellen Milieu der Tschechen eine höchst beachtenswerte Tat darstellte. Masaryk hatte nämlich gut verstanden, dass es sich hierbei um eine sehr aktuelle Zeitanforderung handelte, der sich ein demokratisch ausgerichteter bürgerlicher Intellektueller stellen müsse, sofern er seinen gesellschaftlichen Einfluss zu erweitern beabsichtige. Als Philosoph und Soziologe verfolgte Masaryk zudem mit großem Interesse die Diskussion über den Bedarf einer Revision des Marxismus unter den deutschen und deutsch-österreichischen sozialdemokratischen Führern. Bereits im Juli trat Masaryk in schriftlichen Kontakt mit dem führenden deutschen Sozialdemokraten Karl Kautsky. Später suchte Masaryk zudem eine Korrespondenz auch mit Eduard Bernstein, dessen Revision des Marxismus ihm ideologisch am nächsten stand. Dessen ungeachtet dominierte dennoch auch weiterhin eine derartige Überbewertung dieser Weltanschauung, die Masaryk als philosophisch unzureichend erschien.[17]

[16] Vgl. Kořalka, Jiří: *Tschechen im Habsburgerreich und in Europa 1815–1914.* Wien 1991, S. 223ff. (die tschechische Ausgabe erschien im Jahre 1996).

[17] Vgl. Šolle, Zdeněk: *Masarykův zájem o socialismus a o dělnické hnutí* [Masaryks Interesse am Sozialismus und an der Arbeiterbewegung]. In: T. G. Masaryk a sociální otázka. Hodonín 2002, S. 158ff.

Breits im Januar 1898 veröffentlichte Masaryk in seiner Revue „Naše doba" (Unsere Zeit) eine grundlegende Studie über die wissenschaftliche und philosophische Krise des Marxismus, die später auch in deutscher Sprache in der Wiener Zeitung „Die Zeit" erschien. Anschließend wurde Masaryks Abhandlung sowohl als deutsche wie auch als französische Broschüre herausgegeben. Die relativ schmale Abhandlung führte den Begriff Krise des Marxismus als einheitlicher Weltanschauung in den europäischen intellektuellen Diskurs offenbar als eine der ersten Darstellungen ein. Seine Auffassung, dass dieser Terminus zutiefst operativer Natur sei, hat T. G. Masaryk nach dem Stuttgarter Parteitag der deutschen Sozialdemokratie, der Anfang Oktober 1898 stattfand, unterstrichen. Masaryk zögerte nicht, die tschechische und deutsche Öffentlichkeit darüber in Kenntnis zu setzen, dass gerade auf diesem Kongress zahlreiche widersprüchliche Standpunkte in einem Umfang deutlich zum Vorschein kamen, dass man darin die bereits seit längerem schwelende Krise dieser Philosophie und Ideologie erkennen könne. Im Dezember 1898 lag dann auf Masaryks Schreibtisch die mehr als 700 Seiten umfassende Monographie *Otázka sociální. Základy marxismu filozofické a sociologické* (Die soziale Frage. Die philosophischen und soziologischen Grundlagen des Marxismus) vor. Diese Publikation erschien bei dem Prager Buchhändler Jan Laichter im Rahmen seiner Buchreihe „Nejlepší spisy poučné" (Die aufschlussreichsten Schriften).[18]

Die deutsche Ausgabe der *Sozialen Frage* erschien im April 1899. Dabei war es offenkundig kein völliger Zufall, dass Masaryk in seinem Buch die Reihenfolge von Titel und Untertitel umkehrte, da seine Monographie in Deutschland unter dem Titel *Die philosophischen und sociologischen Grundlagen des Marxismus. Studien zur socialen Frage* herausgebracht wurde. Der tschechische Titel des Buches war nämlich ein wenig irreführend, zumal

[18] Vgl. Masaryk, T. G.: *Vědecká a filozofická krize současného marxismu* [Die wissenschaftliche und philsophische Krise des gegenwärtigen Marxismus]. Naše doba 5, 1898, S. 289–304. Ders.: *Ke krizi marxismu. (K stuttgartskému sjezdu)* [Zur Krise des Marxismus (Zum Stuttgarter Parteitag)]. Naše doba 6, 1899, S. 249–258, 592–596, 675–656. Ders.: *Otázka sociální. Základy marxismu filozofické a sociologické I* [Die soziale Frage. Die philosophischen und soziologischen Grundlagen des Marxismus I], 5. tschech. Aufl. Praha 1948, S. VIIff. sowie Ders.: *Otázka sociální. Základy marxismu filozofické a sociologické I.* [Die soziale Frage. Die philosophischen und soziologischen Grundlagen des Marxismus I], 5. tschech. Aufl. Praha 1948, S. 356ff.

es ursprünglich eigentlich um den Beginn eines Projekts der Kritik an der marxistischen Weltanschauung gehen sollte, an dessen Ende Masaryks Konzeption zur Lösung der modernen sozialen Frage geplant war. Dieses Projekt als Ganzes fand jedoch nie eine Realisierung. Der Autor ließ denn auch im Jahre 1933, d. h. in der Zeit des 50. Todestages von Karl Marx, seine ursprüngliche Absicht fallen, die eine Überarbeitung und Aktualisierung seiner Monographie über die soziale Frage betraf, die inhaltlich spürbar überholt war, da sie nicht auf die kommunistische Version des Marxismus reagierte bzw. zu reagieren vermochte.

Masaryks Soziale Frage: Interpretationsschema

Die deutsche Ausgabe der *Sozialen Frage* bildete die Grundlage für die russische Übersetzung, die im Jahre 1900 in Moskau erschien. Masaryk war sich zwar sehr wohl bewusst, dass Russland in gewissem Sinne ein Laboratorium für die Lösung des Übergangs von einer rückständigen Gesellschaft zu einer modernen Demokratie werden könne, doch bis zum Oktober 1917 konnte er sich nicht vorstellen, dass gerade hier der kämpferische marxistische Bolschewismus die Regierung übernehmen würde, der dann wiederum die machtpolitische Karte einer revolutionären Lösung der sozialen Frage in einer Art und Weise ausspielen sollte, mit der gerade dieser originelle tschechische Philosoph überhaupt nicht gerechnet hatte. Masaryk ging nämlich von einer evolutionären Lösung moderner gesellschaftlicher Veränderungen aus, die er im Jahre 1898 in seiner voluminösen Monographie hatte einfließen lassen und mit der wir uns im Folgenden eingehender beschäftigen wollen. Den Inhalt gliederte Masaryk dabei insgesamt in sechs unterschiedliche lange Teile, die er in Teilkapitel untergliederte. Diese wiederum setzen sich aus Unterkapiteln zusammen, die Masaryk durchlaufend in 162 Paragraphen nummerierte.

Der erste Teil der Sozialen Frage enthält eine sehr gut informierte bibliographische Übersicht zum Werk von Marx und Engels und der so genannten marxistischen und sozialistischen Literatur. Unter den interpretierenden Teilen ist sodann der zweite Teil am umfangreichsten (ca. 37% des Textes), der vom historischen Materialismus handelt. Im dritten Teil spricht der Autor über Wesen und Entwicklung der Ansichten von Marx und Engels zur wirtschaftlichen Organisation der Gesellschaft (mehr als

25% des Textes). Beide Teile machen also zusammen mehr als sechzig Prozent von Masaryks Darstellung aus. Etwas kürzer fällt der vierte Teil aus, in dem Masaryk seine Vorstellung vom ideologischen System des Marxismus darlegt (ca. 21% des Textes). Im Vergleich dazu nur halb so umfangreich fällt Masaryks Erklärung der marxistischen Kritik in der Praxis im fünften Teil aus (ca. 11% des Textes). Das Buch wird dann abgeschlossen durch eine Zusammenfassung des Autors im sechsten Teil, der aus verständlichen Gründen am kürzesten ist. Hier wollen wir gleich einfügen, dass sich Masaryks Interpretation durch eine gewisse Hektik sowie eine Wiederholung einzelner Themen auszeichnet, die wir damit erklären können, dass es sich ursprünglich um Vorlesungen an der Universität handelte.

Zugleich gilt es zu beachten, dass die Frage des Temperaments innerhalb von Masaryks Mentalität diesen bei der intellektuellen Konzentration auf den Gegenstand seiner Interpretation ein wenig hemmte. Gerade diese Konzentration stellt nämlich unserer Auffassung nach eine unabdingbare Voraussetzung für eine zusammenhängende Erklärung einer wahrhaft großen Vielzahl von Teilthemen dar, wie sich diese Masaryk ausgewählt hatte. Zu diesem Zwecke studierte Masaryk eine imponierende Zahl deutscher, englischer, französischer und russischer Bücher und Zeitschriften, die sich mit dem Marxismus, der sozialen Frage sowie dem modernen Kapitalismus befassten. Die inhaltliche Breite in der Beschäftigung mit der gewählten Problematik erwies sich – auch im europäischen Vergleich – als konkurrenzlos. Masaryks Herangehensweise an den Untersuchungsgegenstand orientierte dank dessen jedoch eher auf eine gewisse Atomisierung des Themas als auf eine Überblicksdarstellung, die sich auf eine innere Distanz des Autors gestützt hätte. Masaryks weiteres Problem bestand sodann in dem Umstand, dass er zu den einzelnen Themen Standpunkte vertrat, die keine innere Konsistenz aufweisen, da er seine Beurteilungen von Marx, Engels und des Marxismus überhaupt in einem derartigen Umfang hin und her schob, dass die Verfolgung ihrer inneren Logik auch für den versierten Leser eine relativ schwierige Angelegenheit darstellt.

Diese Umstände haben dann zweifellos den potentiellen Beitrag seiner Monographie für eine kritische Bewertung des Marxismus insbesondere auf internationalem Niveau gemindert. Im tschechischen nationalen Milieu wurde Masaryks Darstellung in den gebildeteren Kreisen dankbar als bis dahin seit langem nicht vorhandene Informationsquelle aufgenommen, jedoch bildete das Buch für gewöhnliche sozialdemokratische Aktivisten eine intellektuell nur schwer zugängliche Materie. Masaryk blieb somit auf dem Niveau eines Gelehrtendiskurses, wenngleich er alle Anstrengungen unternahm, sich mit seiner Herangehensweise an den Stoff unter tschechischen und deutschen Sozialdemokraten einen nichtwegzudiskutierenden Einfluss zu verschaffen. Die Stärke seiner Darstellung beruhte insbesondere darauf, dass er begann, die Gründerautoritäten des Marxismus im Grunde genommen kritisch als Autoren einer Weltanschauung zu lesen, die sich insbesondere dank Friedrich Engels als inhaltlich geschlossen zu deklarieren begann. Masaryk nutzte dann diese Umstände in seiner Kritik weidlich aus. Es lässt sich letzten Endes sogar sagen, dass er gerade hierauf seine Gegenargumentation aufbaute.

Masaryk störte am Marxismus nämlich am meisten, dass dieser – ähnlich wie Wissenschaft und Religion – das Recht usurpierte, den Menschen nicht allein als kollektives Wesen, sondern auch als mit nichts anderem vergleichbares Individuum seiner Autorität zu unterwerfen. Einen der Ausgangspunkte in den Einwänden Masaryks gegen den Marxismus bildete dabei seine Überzeugung, dass sich dieser als Weltanschauung nicht auf eine methodologisch und gnoseologisch berechtigte und folglich auch wahrheitsgetreue Erkenntnis der Welt zu stützen vermochte. Mit Blick auf seinen Materialismus und die auf Klassenkampf begründete Auffassung der Gesellschaft verfügt der Marxismus Masaryk zufolge nicht einmal über ein ausreichend erstrebenswertes Ideal des Menschen, was ihn zu einer derartigen historischen Mission berechtigen würde. Masaryk erkennt zwar die Berechtigung des Sozialismus als einer wichtigen Komponente bei der fortschreitenden Demokratisierung der Gesellschaft an, in keinem Falle jedoch zeigt er sich bereit, sich mit einer revolutionären Lösung der sozialen Frage anzufreunden, noch damit, dass gerade die Marxisten hierfür ein Monopol besäßen. Marx und Engels hält Masaryk zudem – wenn auch nicht immer völlig zu Recht – einen gnoseologischen und materialistischen Primitivismus sowie einen forcierten Historismus vor.

Der Marxismus relativiert so dank seiner dialektischen Methode ununterbrochen die bereits erwähnte statische Komponente der gesellschaftlichen Entwicklung zu Gunsten einer dynamischen, was für Masaryk moralisch einfach inakzeptabel und wissenschaftlich unkorrekt ist. In diesem Sinne stellte sich Masaryk auch den philosophischen Quellen, aus denen sich die Weltansichten von Marx und Engels speisten. Auf der Grundlage der bisherigen Literatur verweist Masaryk dabei auf die deutsche philosophische Tradition, insbesondere sodann auf Feuerbachs Kritik der Religion. Weniger zur Kenntnis nimmt Masaryk hingegen Hegels Dialektik. Des weiteren erinnert er an den Einfluss des französischen revolutionären Sozialismus und die britische politische Ökonomie. In einer gewissen interpretatorischen Originalität fügt er sodann den Positivismus von Comte als intellektuell einflussreiches Bemühen um eine Verdammung der Mythen und der Religion als konstitutiven Elementen der modernen zivilisatorischen Entwicklung hinzu. Masaryk lehnt als Wissenschaftler Mythen als Herangehensweise an die Wirklichkeit ab, allerdings verteidigt er als Philosoph und Sozialreformer die Bedeutung der Religion als Orientierungskompass, der auch in der modernen Welt seinen unverzichtbaren Platz einnimmt. Aus diesem Grunde lehnt Masaryk sowohl das Vertrauen von Comte als auch das der Marxisten auf eine positive wissenschaftliche Erkenntnis ab, die er als nicht ethisch und gnoseologisch nicht haltbar bezeichnet.[19]

Masaryk geht nämlich davon aus, dass sich ein derart verstandener Positivismus von der Erkenntnisskepsis Humes entferne, mit der – seiner Meinung nach – Immanuel Kant am besten operiert habe. Masaryk kommt aus diesem Grunde der Neukantianismus mit seinem Apriorismus und seinem Psychologismus sehr entgegen, die den Glauben an Gott nicht ausschließen. Masaryk kann sich allerdings nicht restlos mit Kants sittlichem Imperativ identifizieren, da dieser seiner Auffassung nach immerhin ein wenig rationalistisch sei, wenn das menschliche Zusammenleben auf der Voraussetzung fuße, dass die Gesellschaft nicht langfristig auf ungelösten Konflikten verweilen könne. Masaryks sittlicher Imperativ war jedoch emotional auf dem biblischen Christentum begründet, welches es unmöglich macht, dass der Mensch dauerhaft von der Nächstenliebe abrückt. Diese gedankliche Herangehensweise gebietet es Masaryk jetzt bereits völlig den Klassenkampf als Lösung der modernen sozialen Frage abzulehnen, und zwar zuerst a priori aus moralischer Sicht und dann a posteriori,

[19] Vgl. Masaryk, T. G.: *Otázka sociální. Základy marxismu filozofické a sociologické I* [Die soziale Frage. Die philosophischen und soziologischen Grundlagen des Marxismus I]., 5. tschech. Aufl. Praha 1948, S. 118ff. Und 209ff.

da sich weder die antagonistischen Klassen noch der fortwährende Kampf zwischen ihnen wissenschaftlich als real existierend belegen lassen.[20]

Dabei wird offenkundig, dass Masaryk damit seine Auffassung von der positiven Bedeutung des Klassenbewusstseins der Arbeiterschaft fallen lässt, durch die sich seine Überlegungen hinsichtlich des Ersten Mai aus dem Jahre 1890 auszeichneten – und zwar zu Gunsten eines humanistischen Konzepts der Zusammenarbeit aller gesellschaftlichen Gruppen. Masaryks gnoseologischer Realismus als Ausgangspunkt kommt hier in dieser Angelegenheit auch deutlicher zum Tragen als zuvor. Diese Herangehensweise an den Untersuchungsgegenstand hilft ihm auf der einen Seite den Marxismus als geschlossene Weltanschauung abzulehnen. Auf der anderen Seite jedoch ermöglicht diese Masaryk nicht, darin eine der Methoden der Erkenntnis des Menschen, der Welt und der Gesellschaft zu sehen, die man ebenso gut kritisch aus der Position des gnoseologischen Nominalismus und der Wertneutralität der Gesellschaftswissenschaften bewerten kann, wie dies nur wenige Jahre nach Masaryk Max Weber tat. In ähnlicher Weise hinderte Masaryk ebenfalls sehr stark sein grundsätzlicher Widerstand gegen die Hegelsche Dialektik bzw. die Dialektik überhaupt, die schon wesentlich früher fest in seiner mentalen Landkarte verwurzelt war, noch bevor er Philosoph und Soziologe wurde. Daher spitzte sich in seiner Argumentation gegen Marx, Engels und die philosophischen Grundlagen des Marxismus der Gegensatz zwischen der amoralischen Dialektik der materialistischen Marxisten und dem ethisch begründeten Idealismus der christlichen Altruisten in einer Form zu, die sich in bedeutendem Umfang als überexponiert erwies.

Masaryk nahm nämlich nicht wahr, dass sich in Hegels Auffassung die Dialektik menschlicher Erkenntnis mit der Entwicklungsdialektik der sich angeeigneten Welt verwob, da gerade diese das Medium darstellte, mittels dessen sich das menschliche Bewusstsein mit menschlichem Wissensdurst füllt, welches sich ebenfalls mit Hilfe dialektischer Gegensätze weiter entwickelt. Den materialistischen bzw. idealistischen Apriorismus schloss im Übrigen auch Webers Version des Neukantianismus von der wissenschaftlichen Erkenntnis aus. Wir wollen hier anfügen, dass Masaryk bei der Suche nach den philosophischen Inspirationen des Marxismus

[20] Ebd., insbes. S. 224ff.

nur im Falle von Feuerbachs Verhältnis zur Religion die Bemühungen um eine Überwindung des Phänomens der Entfremdung berücksichtigte, die jedoch für Marx und Engels in den vierziger und fünfziger Jahren des 19. Jahrhunderts nahezu ein Legitimierungsinstrument für die Berechtigung ihrer Weltanschauung darstellten. Wohl aus diesem Grunde unternimmt Masaryk keine Analyse der grundlegenden Einflüsse Hegels auf den jungen Marx und Engels. Zu einer derartigen Herangehensweise verspürt Masaryk offenkundig keine Lust, was ebenfalls durch die Prioritäten seiner inneren Veranlagung untermauert ist.

Masaryk ahnte offenkundig auch unterschwellig, dass ein Kräftemessen mit diesem Meister der klassischen deutschen Philosophie ihn zu einem Punkt führen könnte, an dem er mit seinem System der Wissenschaften, das er in seiner *Konkrétní logika* (Konkrete Logik) dargelegt und begründet hatte, bereits nicht mehr Paroli würde bieten können. Wenngleich Masaryk nachfolgend zu Hegel auch in weiteren Passagen seiner Darstellung bei Bedarf zurückkehrte, wird deutlich, dass er sich hierbei zu keinem Zeitpunkt auf Hegels konstitutives Werk *Die Phänomenologie des Geistes* (1807) stützte, in dem argumentativ die dialektische Methode der Erkenntnis entwickelt wurde und in der er, Masaryk, auch als Soziologe zahlreiche Anregungen finden konnte. Hegel hatte sich hier nämlich bemüht, in seiner Dialektik von Herr und Sklave das allgemeine Modell des Verhältnisses zwischen Entfremdung und Emanzipation des Menschen als kollektives Geschöpf zu enthüllen. In ähnlicher Weise wollte Masaryk dann in seiner Interpretation der „Sache, um die es sich handelt" zeigen, wie die gesellschaftlichen Verhältnisse auf gegenseitigen Interaktionen zwischen dem begründet sind, was die Menschen wollen und dem, was sie dann in der Praxis ohne Rücksicht darauf, ob sie Materialisten oder Idealisten sind, durchzusetzen vermögen.[21]

Doch kehren wir zu Masaryks Werk zurück. Wir wollen dabei nicht verbergen, dass mit einem Abstand von mehr als einhundert Jahren in Masaryks Kritik des Marxismus auch zahlreiche positive Aspekte stecken. Zum einen ist es Masaryks Ansicht, dass sich der Begriff des Mehrwerts in

[21] Vgl. Hegel, G. W. F.: *Fenomenologie ducha* [Phänomenologie des Geistes]. Praha 1960, S. 98ff. Das Werk hat Jan Patočka ins Tschechische übersetzt und mit Anmerkungen versehen.

Marx' *Kapital* als eine der Versionen seiner Auffassung des Klassenkampfes interpretieren lässt. Zum anderen ist es seine Betonung der alltäglichen Erziehungsarbeit, mit der die intellektuellen Eliten zur Kultivierung der modernen Gesellschaft im Sinne eines altruistischen sittlichen Ideals beitragen sollen. Gerade dieses soll nämlich – zusammen mit der „apolitischen Politik" – die Grundlage eines Sozialreformismus sowie einer weiteren Demokratisierung der Gesellschaft werden. Masaryk ging nämlich davon aus, dass eine Parzellierung des öffentlichen Interesses durch die omnipräsenten politischen Parteien, deren Einfluss er sich durch organischere Formen der ideologischen Profilierung und der gegenseitigen Zusammenarbeit verschiedener Interessensgruppen ausgewogener wünschte, der modernen Gesellschaft allzu sehr schade. Die Gesellschaft sollte seiner Vorstellung nach die Ansicht dergestalt ein wenig autonomisieren, dass darin der Staat und die politischen Parteien nicht mehr die alles beherrschenden Machtzentren verkörperten. Deren Grundlage sollten daher in größtmöglichem Umfang verschiedene Interessensvereinigungen bilden, nicht politisierte Gewerkschaften, Wirtschaftsverbände und Organisationen unabhängiger Intellektueller, was sich jedoch als ein recht utopisches Ziel erwies.[22]

Insgesamt lässt sich feststellen, dass Masaryks Realismus im praktischen Leben eine soziale Pädagogik werden sollte, die verantwortungsbewusst die Grenzen der zeitgenössischen Ordnung der Gesellschaft in Erwägung zog und sich zugleich bemühte, eine unermüdliche Bildungs- und Erziehungsarbeit im vorteilhaftesten ethischen Sinne zu leisten. Als besonders beachtenswert erscheint (bislang zudem – unserer Auffassung nach – auch noch ohne Würdigung), dass Masaryk aus seiner Kritik des Marxismus den Begriff der philosophischen Diskretion nutzte, den er gegen Marx' Analyse des modernen Kapitalismus zur Geltung brachte. Masaryk beabsichtigte damit eine gewisse Reserviertheit bei der Verwendung der theoretischen Konzepte innerhalb der sozialen Analyse, die eine realistische Feststellung der Fakten ermöglich sollte. Beachtenswert hierbei erscheint, dass Masaryk so zumindest für diesen Fall der ansonsten abgelehnten Dialektik als Erkenntnismethode entgegenkam, wenn er wortwörtlich schrieb, dass *„es*

[22] Vgl. Masaryk, T. G.: *Otázka sociální II* [Die soziale Frage II], S. 339ff.

freilich keine Konstatierung ohne Theorie, wie umgekehrt keine Theorie ohne Konstatierung der Empirie gäbe".[23]

Masaryk näherte sich so auch der Weberschen Auffassung der sozialen Wirklichkeit, ohne dass er diese jedoch stärker analytisch aufschlüsselte. Ähnlich verhielt er sich in seiner Apologie des Protestantismus, in dem er den Fortschrittsfaktor einer neuzeitlichen zivilisatorischen Entwicklung erblickte, die aus der Wertsicht u. a. die Entstehung des modernen Nationalismus ermöglichte. Dennoch entnahm Masaryk, im Unterschied zu Max Weber, auch hier allein eine Anregung für methodologisch inspirierende Gedanken. Wie bereits betont, erscheint unserer Auffassung nach die Verknüpfung ethischer Postulate, der philosophischen Vorbereitung und der empirischen Wissenschaft mit der soziologischen Interpretation als das größte Problem bei Masaryks Herangehen an den Untersuchungsgegenstand. Dank dieser Umstände sowie der angeborenen Impulsivität schuf sich Masaryk in seiner Monographie die tragfähigen Voraussetzungen dafür, dass er später seine Auffassung der sozialen Frage in eine kompaktere Form bringen konnte, nur sehr unzusammenhängend. Masaryks Argumentation bewegt sich nämlich zumeist im Kreis und ist dabei wesentlich stärker auf die ideologische Besiegung des Gegners ausgerichtet als auf die Entwicklung eigener positiver Gedanken.[24]

Die eigentliche soziale Frage behandelte Masaryk im Grunde genommen lediglich in Paragraph 93 seiner Darstellung, in der er Marx' Wirtschaftskommunismus insbesondere deshalb ablehnt, weil er die Tatsache negiert, dass die Menschen niemals – als mit verschiedenartigen Fähigkeiten ausgestattete Geschöpfe – völlig gleich sein können. Masaryk lehnte diese Theorie auch deshalb ab, weil er Marx' Vorstellung, dass im Kommunismus die Mehrarbeit als Quelle der zivilisatorischen Entwicklung erhalten bleibe, doch niemand sich diese werde privat aneignen können, für einfach utopisch hielt. Darüber hinaus war Masaryk überzeugt, dass die Konkurrenz ein nützliches zivilisatorisches Phänomen sei und deren Beseitigung im Rahmen des Kampfes gegen die Anarchie der kapitalistischen Produktion und ein Wechsel dieser nicht wünschenswert seien. Ebenso stimmte Masaryk nicht mit der marxistischen Vorstellung

[23] Masaryk, T. G.: *Otázka sociální II* [Die soziale Frage II], S. 357.
[24] Ebd., S. 196ff.

überein, dass eine Konzentration der Produktion im Kapitalismus im Prinzip dem Kommunismus bzw. einem Staatssozialismus den Boden bereite.

Masaryk geht dabei von der richtigen Ansicht aus, dass die gegenwärtigen Unternehmensmonopole privatwirtschaftliche Unternehmerorganisationen sind, allerdings nimmt er nicht wahr, dass dank dieser der Kapitalismus eine neue Qualität erhält, wie dies wenige Jahre später der britischer Fabianer und Sozialist J. A. Hobson in seinem Buch über den Imperialismus (1902) nachzuweisen suchte, das sich auf seine Analyse der Beziehungen zwischen den ökonomischen Kennziffern und dem Burenkrieg stützte. Wesentlich weiter gelangte dann in seiner Analyse des monopolistischen Kapitalismus der österreichische Sozialdemokrat Rudolf Hilferding in seinem beachtenswerten Werk über das Finanzkapital (1910). Beide beeinflussten dann in gewissem Maße Lenins Schrift über den Imperialismus als höchstem Stadium des Kapitalismus (1916). Über die These, dass die Konzentration und Bürokratisierung des Kapitalismus dessen wirtschaftliche Leistungsfähigkeit untergrabe, stützte sich im übrigen in den 1940er-Jahren auch der bekannte österreichisch-amerikanische Ökonom Joseph Schumpeter.[25]

Masaryks Soziale Frage: Schlüsselpassagen

Der Übergang von der Kritik des Marxismus zur Entwicklung eines konkreten sozial-reformerischen Programms komplizierte für Masaryk die Tatsache, dass er aus soziologischer Sicht einen sehr breit angelegten Begriff des Arbeiters benutzte, den er an einer Stelle seiner Darstellung mit jedem modernen und fortschrittlichen Arbeitenden gleichsetzt. Dieser ein wenig ins Uferlose abgleitende Terminus würde dann bedeuten, dass Masaryk sein sozial-reformerisches Programm in wahrhaft bedeutendem

[25] Vgl. die tschechischen Übersetzungen: Hobson, John Atkinson: *Imperialismus. (Studie).* Praha 1963; Hilferding, Rudolf: *Finanční kapitál* [Das Finanzkapital]. Praha 1962, Lenin, V. I.: *Imperialismus jako nejvyšší stadium kapitalismu* [Der Imperialismus als höchstes Stadium des Kapitalismus]. Praha 1950, sowie Schumpeter, J. A.: *Kapitalismus, socialismus a demokracie* [Kapitalismus, Sozialismus und Demokratie]. Brno 2004.

Umfang hätte ausarbeiten müssen und dieses nachfolgend insbesondere in einer philosophischen und soziologischen Analyse jener gesellschaftlichen Gruppen hätte verankern müssen, auf die sich dieses Programm bezieht. In einigen Passagen seiner Darstellung spricht Masaryk nämlich von einem verantwortungsbewussten Kapitalisten, dem es nicht allein um eine ungezügelte Ausbeutung seiner Arbeiter gehe, und der sich aus der Logik der Sache dann auch unter Masaryks Definition „Arbeiter = wahrhaft moderner Mensch = Beschäftigter" einbeziehen ließe.[26] In dieser Hinsicht liefert uns Masaryk freilich nur eine relativ knappe Vorstellung, welche den Schlüssel für sein Verständnis der sozialen Frage bietet, weshalb wir an dieser Stelle Masaryk wörtlich zitieren wollen. Masaryk schreibt zu diesem Punkt: „*Soziale Reformen halte ich für notwendig. Um die Richtung dieser Reform anzuzeigen, führe ich (außer den allgemein anerkannten Reformen wie zum Beispiel die Einführung einer progressiven Steuer) an: Ich erkenne das Recht auf eine Existenz an, ich spreche mich für die Anerkennung eines legalen Existenzminimums aus. In einzelnen Fällen ist es notwendig den Wucher sowie sämtliches Schmarotzertum abzuschaffen (siehe § 83 von oben), für eine gewisse Zeit muss das Erbrecht begrenzt werden. Es versteht sich, dass die Arbeiterversicherung ergänzt und vervollkommnet werden muss, die Gesetzgebung besitzt sodann ihre Haupt- und führende Aufgabe in der Beseitigung der Arbeitslosigkeit. Ich scheue mich schließlich nicht eine staatliche und wirtschaftliche Aufsicht zu fordern, die sich auf eine möglichst vollkommene Sozialstatistik stützt, sowie eine strenge Überwachung. Insbesondere ist auch eine klarere Bevölkerungspolitik erforderlich*". In diesem Zusammenhang ist es allerdings ziemlich befremdlich, dass Masaryk als Soziologe in seinem Buch in keiner Weise die offiziellen Nachrichten der Handels- und Gewerbeinspektoren nutzt, die seit 1885 erschienen, wenngleich die soziale

[26] Masaryk, T. G.: *Otázka sociální I.* [Die soziale Frage I], S. 380ff. Hierzu vgl. Urban, Otto: *Zprávy živnostenských inspektorů jako pramen hospodářských a sociálních dějin* [Die Nachrichten der Gewerbeinspektoren als Quelle der Wirtschafts- und Sozialgeschichte]. Acta Universitatis Carolinae, Philosophica et historica 3, Studia historica XIX, 1979, S. 63–128. Auf der Grundlage des statistischen Materials beschrieb der Begründer der tschechischen nationalökonomischen Schule, Albín Bráf, im übrigen auch die sozialen Probleme der Arbeiterschaft in seinen *Studien über nordböhmische Arbeiterverhältnisse* aus dem Jahre 1881.

Problematik der Arbeiterschaft darin in wahrhaft breit angelegter Form beschrieben wird.[27]

Sofern wir Masaryks Interpretation der sozialen Frage tiefer verstehen wollen, sollten wir zunächst bei seiner Erklärung der Marxschen Konzeption von Wert und Mehrwert verweilen, in der er von der Vorstellung ausgeht, dass sich Marx im ersten Band seines *Kapitals* (1864) auf die sog. Arbeitstheorie des Mehrwerts stützt, in der diese lediglich eine Vielzahl von Arbeit schafft bzw. die in das Produkt investierte Arbeitszeit. Masaryk kritisiert des weiteren insgesamt zu Recht auch den Marxschen Begriff des Mehrwerts als Mehrarbeit, die der Kapitalist dem Arbeiter privat entwendet, ohne dass er ihn dafür entlohnen würde. Der Arbeiter ist nämlich zuvor mit dem Kapitalist in ein vertragliches Verhältnis getreten, in dem dieser sich mit der Ausbeutung einverstanden erklärte. In der Diskussion kann es somit nicht um einen Diebstahl gehen, sondern lediglich um den Umfang der Gleichberechtigung beider Seiten bei Abschluss des Arbeitsvertrages. Masaryk nimmt dabei noch an, dass Marx sich gezwungen sah seine Arbeitstheorie des Wertes in dem nach seinem Tode erschienenen dritten Bandes des *Kapitals* (1894) zu Gunsten der Theorie des Profits zu revidieren, da sie sich als wissenschaftlich unhaltbar erwies, was jedoch bis heute umstritten bleibt.[28]

Diese Feststellung hält Masaryk darüber hinaus für einen seiner Hauptbeweise hinsichtlich der wissenschaftlichen Haltlosigkeit der marxistischen Konzeption der kapitalistischen Ausbeutung. Masaryk glaubt nämlich, dass der Kapitalismus nicht die einzige Ursache für das Elend der Arbeiterschaft ist, worin er Recht hat, ebenso wie in der Feststellung, dass Marx seine Arbeitstheorie des Wertes ein wenig überexponierte. Ein gewichtiges Problem seiner Kritik ist – ebenso wie in Masaryks Kritik der marxistischen Auffassung der Klassen und des Klassenkampfes – sein gnoseologischer Realismus, der allerdings aus materialistischer Sicht auch Marx und Engels eigen ist. Diese waren nämlich davon ausgegangen, dass Wert, Mehrwert, Klasse und Klassenkampf – wie auch andere Formen der gesellschaftlichen Beziehungen – in der Tat existieren und

[27] Masaryk, T. G.: *Otázka sociální II* [Die soziale Frage II], S. 11ff, 305, Zitat S. 23–24.

[28] Ebd., S. 330–388.

die marxistischen Begriffe diese am besten widerspiegelten. Masaryk, der wiederum unter dem Einfluss des platonischen Realismus stand, ging seinerseits davon aus, dass jedem abstrakten Begriff in der Wirklichkeit etwas Konkretes entsprechen müsse.

Ein derart verstandener Realismus hinderte beide Seiten daran, in den Termini Wert und Mehrwert vor allem explikative Instrumente zu erblicken, die erklären sollen, dass der Kapitalismus wirtschaftlich nicht funktionieren könne, ohne dass die Kapitalisten nach einem maximalen Gewinn strebten und zugleich durch diese Bestrebungen unzweifelhaft gesellschaftliche Widersprüche erzeugten. Wir fügen an dieser Stelle hinzu, dass diese Herangehensweise es Masaryk erleichtert hätte, sich nach seiner Kritik des Marxismus zu Begriffen vorzuarbeiten, die er für ein Erklären der Funktionsweise des Kapitalismus als adäquater ansieht und die zudem inhaltlich komplexer als jene von Marx und Engels sind. Das einfache Konzept des Profits reichte für diesen Zweck nicht aus. Es hat den Anschein, dass Masaryk nicht einmal zur Argumentation der Wiener Schule der Nationalökonomie vordrang, die auf die Suche nach Instrumenten orientierte, mit deren Hilfe es möglich sein sollte den kapitalistischen Markt als ununterbrochene Suche und zugleich auch Störung des Gleichgewichts zwischen dem Grenznutzen des Produzenten und dem Grenznutzen des Verbrauchers zu erklären.

Dieses Konzept rief zudem die Vorstellung hervor, dass eine moderne Sozialpolitik nicht notwendigerweise unter sittlichem Aspekt zu betrachten sei, sondern dass man darin möglicherweise ein Pendel sehen könne, das sich – entsprechend der Logik der Sache – abwechselnd einmal auf die Seite der Unternehmer und ein anderes Mal wieder auf die Seite ihrer Beschäftigten schwenke. Für die Stabilität der kapitalistischen Gesellschaft stelle dann die Lösung der Frage, diesen Ausschlag nicht so groß werden zu lassen, dass die funktionierenden gesellschaftlichen Verhältnisse begännen zerstört zu werden, das Schlüsselproblem dar. Wir fügen hier an, dass Masaryk sich in der politischen Ökonomie nicht in dem Umfang auskannte, um in Marx' Interpretation die grundlegende Bedeutung der These wahrzunehmen, dass die Arbeit, die der Arbeiter in das Produkt steckt, eine unerlässliche Bedingung für dessen Tausch sei, denn gerade durch sie gewinne es einen Nutzwert, ohne den es sich nicht verkaufen ließe. Sein Wert richtet sich dabei nicht vornehmlich nur nach dem Nutzen für den

Kaufenden, wie Masaryk behauptete, sondern berücksichtigt zugleich auch seinen Geschmack, das Prestige sowie weitere motivierende Phänomene, deren Gewicht sich im Rahmen des Marktangebots nur mittels intellektuell und methodologisch sehr sophistizierende Analysen ermitteln lasse.[29]

Masaryk zog darüber hinaus nicht ausreichend in Betracht, dass Marx das mit der Ware sui generis handelnde Bankkapital, nämlich Geld, überhaupt nicht analysiert hatte. Insbesondere entging ihm folglich dessen multinationale Expansion, die die zweite Industrielle Revolution beschleunigte. Die Konzentration der kapitalistischen Produktion und des Bankkapitals, verbunden mit der wachsenden staatlichen Unterstützung der wirtschaftlichen Expansion außerhalb des eigenen Territoriums, wurde nachfolgend im zeitgenössischen ökonomischen Denken ein souveränes Thema, was Masaryk nicht registrierte. Wir müssen an dieser Stelle konstatieren, dass Masaryk diesen Trend in seiner *Sozialen Frage* nicht rechtzeitig wahrnahm, so dass er auch dessen Einfluss auf die weitere Konzeptualisierung dieses Problems nicht zu beurteilen vermochte. In diesem Zusammenhang zieht Masaryk nämlich nur gelegentlich den Einfluss des Militarismus – und zwar nicht einmal so sehr auf die Wirtschaftspolitik Deutschlands denn auf die Bildung ambivalenter Haltungen der deutschen Arbeiterschaft gegen die massive Bewaffnung – ins Gewicht. Aus sozialer und ethischer Sicht leitet Masaryk aus seinen Beobachtungen jedoch keine grundlegenden Schlüsse ab, wenngleich sich hier zum Beispiel das Problem anböte, wie die wachsende Gefahr von Vernichtungskriegen zu bewerten ist, in denen – mit Blick auf die moderne Technik – hunderttausende Soldaten ohne Rücksicht auf irgendein Humanitätsideal sterben.[30]

Gänzlich außerhalb Masaryks Interesse blieb auch die wachsende Rolle des Geldes in der damaligen kapitalistischen Gesellschaft, das nicht allein einer der Schlüsselfaktoren für das Verständnis ihres Funktionierens war – insbesondere mit Blick auf die Mentalität der Konsumenten –, sondern zugleich einen Beweggrund für die weitere Entwicklung der Reformauffassung der sozialen Frage darstellte. Der wachsende Konsum der untersten gesellschaftlichen Schichten war nämlich am Ende des 19. Jahrhunderts

[29] Vgl. Marx, Karel: *Kapitál I/1*, Praha 1954, S. 196ff.

[30] Vgl. Masaryk, T. G.: *Otázka sociální II* [Die soziale Frage II], S. 121, 275 und 283.

auch einer der Gründe, die grundlegend zur Entwicklung des marxistischen Reformismus beitrugen. T. G. Masaryk nahm in seiner *Sozialen Frage* diesen Trend in keiner Weise wahr. Beachtung verdient in diesem Zusammenhang, dass nur wenig später Masaryks deutscher Kollege, der Soziologe Georg Simmel, das Buch *Philosophie des Geldes* (1900) veröffentlichte, das bis heute mit der darin vertretenen Auffassung aktuell ist, das Geld mache – in Verbindung mit dem hoch entwickelten Kapitalismus – aus dem Menschen einen Sklaven des Konsums.[31]

Hierzu sei angemerkt, dass der Anziehungskraft des Geldes in dieser Zeit in den entwickelten Ländern auch besser situierte Schichten der Arbeiterschaft zu erliegen begannen, für die der Klassenkampf damit eine falsche Ideologie darstellte, da auch sie bereits etwas zu verlieren hatten. Masaryk verfolgt jedoch als Soziologe diese Entwicklungslinie nicht. Er gibt sich lediglich mit der richtigen Feststellung zufrieden, dass es in den entwickelten Industrieländern bei weitem weder zu einer Pauperisierung der Arbeiterschaft noch zu einem Untergang der Mittelschichten, wie Marx dies prognostiziert hatte, in dem Umfang komme, wie er ihn vermutete. Masaryk befasste sich in seiner *Sozialen Frage* auch weder mit dem Niveau der Arbeitereinnahmen noch mit der realen Kaufkraft der Arbeiterschaft.[32] Auf der anderen Seite äußert sich Masaryk hier zur Problematik des Streiks als ursprünglicher Erscheinungsform eines zugespitzten sozialen Konflikts. Aus seiner Anmerkung zu diesem Thema geht hervor, dass er den Streik also sowohl vom pragmatischen als auch vom ethischen Standpunkt aus beurteilt, zumal dieser zu einem revolutionären Mittel er-

[31] Vgl. Simmel, Georg: *Philosophie des Geldes*. Leipzig 1900, passim, bes. S. 455–554. Vgl. hierzu Štaif, Jiří: *Peníze a společnost. Několik sond do vztahů mezi tradiční a společenskou modernizací v české národní společnosti 19. století* [Geld und Gesellschaft. Einigen Sondierungen über die Beziehungen zwischen der traditionellen und der gesellschaftlichen Modernisierung in der tschechischen nationalen Gesellschaft des 19. Jahrhunderts]. In: Finanční elity v českých zemích (Československu) 19. a 20 století [Die Finanzeliten in den böhmischen Ländern (Tschechoslowakei) im 19. und 20. Jahrhundert], hrsg. von Eduard Kubů -. Jiří Šouša, Praha 2008, S. 18–55.

[32] Hierzu vgl. zumindest Křepeláková, Vlastimila: *Struktura a sociální postavení dělnické třídy v Čechách 1906–1914* [Struktur und soziale Stellung der Arbeiterklasse in Böhmen 1906–1914]. Praha 1974, passim (dort werden zeitgenössische Statistiken ausgewertet).

wachsen könne, wenngleich *„dessen Opfer nicht als Tote im Straßenkampf gesehen werden"*.

Einige Streiks führten dabei jedoch gerade zu Opfern an Menschen – unter den streikenden Ostrauer Bergleuten im Mai 1894 waren es insgesamt zwölf, mehr als fünfzig wurden entlassen, mehrere Dutzend Bergarbeiterfamilien mussten die Firmenwohnungen räumen, was auch auf die damalige öffentliche Meinung Einfluss gewann. Selbst einflussreiche Bergarbeitergewerkschaftler vom Typ eines Petr Cingr stimmten spontanen, gewaltsamen und schlecht organisierten Streiks – inspiriert von Anarchosyndikalisten – deshalb nicht zu, weil umstritten war, ob man mit derartigen Aktionen mehr Erfolg hatte oder mehr Schaden anrichtete. Masaryk stand gewaltsamen Streikaktionen noch reservierter gegenüber. In konkreten Fällen zeigte er sich hingegen bereit die streikenden Bergarbeiter zu unterstützen, wie dies zum Beispiel Ende Januar 1900 in Kladno der Fall war, wo er in seiner Ansprache die Streikenden mit dem antiken Prometheus verglich. Seiner Auffassung nach waren nämlich die Arbeiterstreiks ethisch nur dann gerechtfertigt, wenn sie die Regel befolgten *„sich zu verteidigen und keine Gewalt anzuwenden"*.[33]

Beachtenswert hierbei erscheint, dass die relativ breite Skala der sozialen Problematik in dieser Zeit auch auf den Seiten der Zeitung des Centralverbands der Industriellen Österreichs mit Sitz in Wien häufig eine Rolle spielte, eine Diskussion, die Masaryk aber offenkundig nicht verfolgte. Den Streiks, und insbesondere den Aktionen der Bergleute, wurde in diesem Zusammenhang besondere Aufmerksamkeit geschenkt. Kohle war nämlich neben dem Geld nicht allein eine unverzichtbare Triebkraft der damaligen kapitalistischen Wirtschaft, sondern auch eine unerlässliche Voraussetzung für das Funktionieren vieler Haushalte, einschließlich derjenigen der Arbeiter. Zu dieser Problematik sei an dieser Stelle hinzugefügt, dass es zu einem Anstieg von Streikaktionen der Arbeiter in Cisleithanien vor dem Ersten Weltkrieg in den Jahren 1896, 1900, 1905–1907 sowie

[33] Vgl. Masaryk, T. G.: *Otázka sociální II* [Die soziale Frage II], Zitat auf S. 307; Polák, Stanislav: *T. G. Masaryk. Za ideálem a pravdou IV* [T. G. Masaryk. Für Ideal und Wirklichkeit IV]. Praha 2005, S. 18f; Jiřík, Karel: *Dělnický vůdce (na příkladu Petra Cingra)* [Der Arbeiterführer (am Beispiel von Petr Cingr)]. In: Člověk v Ostravě v XIX. Století, hrsg. von Milan Myška und Aleš Zařický, Ostrava 2007, S. 194ff.

1911–1912 kam, und zwar in der Textilindustrie sowie im Bergbau. Deren Organisierung wurde dabei – auch dank der Gewerkschaften – weiter vervollkommnet, so dass die staatliche Administration diesen eine verstärkte Aufmerksamkeit widmen musste. Von einer gewissen politischen Kultur zeugt auch, dass die staatlichen Organe durchwegs kein Interesse daran hatten, dass es bei derartigen Streiks zu spektakulären Opfern an Menschen kam, die häufig den öffentlichen Unmut hervorriefen.[34]

Masaryk konnte also auch nicht erkennen, dass in dieser einflussreichen Unternehmerorganisation zudem auch der Gedanke aufkam, dass die Unternehmerverbände notwendigerweise als Kartelle der Arbeitgeber anzusehen seien, die unter gewissen – durch die Gesetze vorgegebenen – Bedingungen für einen einheitlichen Preis die Arbeitskraft von den Arbeitergewerkschaften kaufen sollen, die für sie so de facto Kartelle der Beschäftigten wurden. Masaryk erinnerte in seinem Buch daran, dass die Arbeiterschaft mit Blick auf ihre Interessen in Wahrheit keine einheitliche Arbeiterklasse sei, die soziologische Begriffsbestimmung dieser Gruppe jedoch nicht sehr fortgeschritten war. Die Arbeitergewerkschaften spielten also in seiner *Sozialen Frage* keine wesentliche Rolle. In diesem Zusammenhang räumt Masaryk zwar ein, dass Marx in seinen Auffassungen über die gesellschaftliche Arbeitsteilung „zahlreiche zutreffende Gedanken" geliefert habe, doch fügt er in gleichem Atemzug hinzu, dass das Problem „wesentlich umfangreicher" sei. Typisch für Masaryk war nämlich, dass er als Soziologe die Lösung ähnlicher Probleme damit beantwortete, indem er auf die zugehörige Gewerkschaftsliteratur verwies und das Thema dann nicht weiter ausführte.[35]

[34] Vgl. Leitartikel in der Zeitung *Die Industrie. Organ für die Interessen der österreichischen Industrie. Ausschließliches Organ des Centralverbandes der Industriellen Österreichs* 4, 1899, Nr. 6, 8, 18, 19, 23, 25, 26, 32, 35, 39, 51 und 52, die ein Viertel aller Leitartikel in diesem Jahrgang ausmachten! Vgl. auch Knob, Stanislav: *Obecná charakteristika vlivu stávkového hnutí na život v předlitavských městech na přelomu 19. a 20. století* [Die allgemeine Charakterisierung des Einflusses der Streikbewegung auf das Leben in den cisleithanischen Städten an der Wende vom 19. zum 20. Jahrhundert]. Der im Druck befindliche Beitrag wurde auf der Konferenz in Ostrava zum Thema „Město a městská společnost v procesu modernizace 1740–1918" [Stadt und städtische Gesellschaft im Prozess der Modernisierung 1740–1918] vorgetragen, die vom 6.–7. 11. 2008 stattfand.

[35] Vgl. Masaryk, T. G.: *Otázka sociální I* [Die soziale Frage I], Zitat auf S. 308.

Zugleich wird deutlich, dass Masaryk die bahnbrechende Studie aus dem Jahre 1892 nicht kannte, die auf der Grundlage einer vorherigen Meinungsumfrage des deutschen Vereins für Sozialpolitik Max Weber als beginnender Soziologe zum Thema soziale Verhältnisse der Landwirtschaftsarbeiter in den deutschen Provinzen östliche der Elbe verfasst hatte. Gerade hieraus hätte er lernen können, wie eine konkrete soziologische Erforschung mit der Interaktion zwischen der Gewinnorientierung der kapitalistischen Produktion, dem Preis für die Arbeitskraft, Migration, der Veränderung der ethnisch-nationalen Verhältnisse und der kulturell unterschiedlich bedingten Werteorientierung der deutschen Arbeiter auf der einen und polnischen Arbeitern auf der anderen Seite verbunden werden kann. Weber aggregierte so die soziale Frage, die Effektivität des Kapitalismus und des Nationalismus in ein einheitliches Erklärungsschema, was gerade für Masaryk methodologisch wahrhaft ertragreich hätte sein können. Ebenso hätte für ihn der Umstand anregend sein können, dass Max Weber mit dieser Problematik auch auf verschiedenen protestantischen christlich-sozialen Aktionen in Erscheinung trat. Er bemühte sich auf diese Weise seine Sicht der Dinge einem breiteren Kreis potentieller Interessenten näher zu bringen und damit die Grenzen des Diskurses intellektueller Eliten in ein wenig anderen gesellschaftlichen Zusammenhängen zu überwinden als dies Masaryk tat.[36]

Masaryk bot sich die Gelegenheit seine Auffassung der sozialen Frage unbestritten auch in seiner Interpretation der verschiedenen Strömungen des Sozialreformismus darzulegen, die sich in den neunziger Jahren des 19. Jahrhunderts auf verschiedenen Feldern des damaligen intellektuellen und weltanschaulichen Spektrums zeigten. In der Tat nur peripher erwähnt Masaryk das katholisch christlich-soziale Projekt der sozialen Frage, wenn in der zum weiteren Studium empfohlenen Literatur die Enzyklika Papst Leos XIII. *Rerum novarum* (1891) genannt wird. Inhaltlich allerdings analysiert Masaryk diese Schrift nicht, wenngleich darin der sog. gerechte Lohn hervorgehoben wird, der dem Arbeiter eine elementare menschliche Würde sichern soll. Aus soziologischer Sicht wäre es hier zweifellos ertragreich gewesen, wenn Masaryk zumindest den Versuch unternommen hätte zu formulieren, wie sich diesbezüglich seine Meinung

[36] Vgl. Loužek, M.: *Max Weber*. Praha 2005, S. 61ff.

zum Existenzminimum verhält. Ähnlich ließe sich auch über Verhältnis seiner humanitären Ideale zur katholischen Sicht der sozialen Solidarität sagen, die gerade unter dem Einfluss dieser Enzyklika schließlich bis zu einem Korporativismus führte, und zwar als einer der einflussreichen Bestrebungen zur Lösung des Problems moderner sozialer Spannungen.[37]

Mit der katholischen christlich-sozialen Bewegung befasste sich Masaryk nur am Rande, und zwar vermutlich auch deshalb, weil deren Kandidaten bei den Wahlen in die Abgeordnetenkammer des Reichsrats im März 1897 in Böhmen vollständig scheiterten, wenngleich diese Bewegung zuvor unter der tschechischen Arbeiterschaft einen gewissen Widerhall gefunden hatte, der sich allerdings mit dem Aufstieg der Sozialdemokratie in keiner Weise vergleichen ließ. Stärkeres Interesse hingegen zeigte Masaryk für die evangelische christlich-soziale Bewegung. Von deren Repräsentanten, die Masaryk nennt, sei hier zumindest der in breiteren Kreisen bekannte evangelische Pfarrer und spätere Politiker Friedrich Naumann erwähnt, der sich für diese ideologische Richtung wenig erfolgreich bemühte, eine eigene politische Plattform im Nationalsozialen Verein (1896–1903) zu schaffen. Von dessen Existenz zeigte sich Masaryk zu der Zeit, als er seine *Soziale Frage* schrieb, nicht unterrichtet.

Das Programm dieses Vereins bestand in der Schaffung einer verhältnismäßig breiten gesellschaftlichen Übereinstimmung, die die Grundlage für eine erfolgreiche Lösung der sozialen Frage im damaligen Deutschland bilden sollte. Einige der programmatischen Ziele dieses Vereins, die das relative soziale Gleichgewicht zwischen den verschiedenen Berufs- und Interessensgruppen betrafen, beleuchtete Naumann in seinen späteren Überlegungen zum Thema eines deutschen Mitteleuropas (1915) als eines engen wirtschaftlichen Bundes von Deutschland und Österreich-Ungarn. Zu dessen Hauptvoraussetzungen erklärte er ein deutsches kulturelles und ökonomisches Übergewicht in Mitteleuropa, die Notwendigkeit einer wirtschaftlichen Konzentration, die die Kriegswirtschaft und die Absicherung eines ausreichenden wirtschaftlichen Raumes sowie fehlender Rohstoffe für das ökonomische Wachstum unterstützte, wobei letzteres für alle

[37] Vgl. Jiroušek, Tomáš J.: *Dějiny sociálního hnutí v zemích Koruny české II. (1840–1903)* [Geschichte der sozialen Bewegung in den Ländern der Böhmischen Krone II. (1840–1903)]. Praha 1904, S. 63ff., 91ff. sowie 117ff.

Gruppen der Bevölkerung, einschließlich der Industriearbeiterschaft, deren vollständige Integration in die nationale deutsche Gesellschaft geplant war, erfolgreich sein sollte.[38]

Wir fügen an dieser Stelle an, dass der deutsche Nationalsoziale Verein auch auf einen planmäßigen wirtschaftlichen Imperialismus orientierte, der die Macht des deutschen Volkes nach außen erweitern, und so dessen materielle Ressourcen vermehren und zugleich einen gemeinsamen nationalen Stolz pflegen sollte. Aus Sicht unseres Untersuchungsgegenstandes spielt auch die Tatsache eine gewisse Rolle, dass Naumann Max Weber ideologisch nahe stand, der sich freilich sehr gut bewusst war, dass mit dem Eintritt der Vereinigten Staaten von Amerika in den Ersten Weltkrieg das Projekt Mitteleuropa zu scheitern drohte, zumal Deutschland nicht in der Lage sein würde, wirtschaftlich auf Dauer den Möglichkeiten eines solch starken Verbündeten der Ententemächte zu trotzen. Ein Anhänger Naumanns war auch der jüngere Bruder von Max Weber, Alfred, der in den Jahren 1904–1907 an der deutschen Universität Prag lehrte. In das Blickfeld der tschechischen Nationalökonomen geriet dieser mit seiner Studie über den wirtschaftlichen Imperialismus als Begleitphänomen eines ökonomischen Nationalismus, die im Jahre 1904 in den Preußischen Jahrbüchern erschien.[39]

Konzeptionelle Alternativen

Nach seinem Weggang an die Universität in Heidelberg veröffentlichte Alfred Weber das bis heute bekannte Buch *Über den Standort der Industrie. Reine Theorie* (1909). Er beschäftigte sich darin mit der Auswahl des am besten geeigneten Standortes für ein industrielles Unternehmen aus Sicht

[38] Vgl. Jiroušek, Tomáš J.: *Dějiny sociálního hnutí v zemích Koruny české III. (1840–1903)* [Geschichte der sozialen Bewegung in den Ländern der Böhmischen Krone II. (1840–1903)]. Praha 1909, S. 30, Masaryk, T. G.: *Otázka sociální II* [Die soziale Frage II], S. 207 und 213 sowie Naumann, Friedrich: *Mitteleuropa.* 86–100.000, Berlin 1916, v. a. S. 101ff. und 197ff.

[39] Vgl. Weber, Max: Gesammelte politische Schriften. München 1921, v. a. S. 460ff., Gruber, Josef: *Idea soběstačnosti v dějinném vývoji hospodářském* [Die Idee der Autarkie in der wirtschaftsgeschichtlichen Entwicklung]. Praha 1904, S. 27ff.

einer Optimierung des unternehmerischen Gewinns. Seine Untersuchung stellte ein gutes Beispiel dafür dar, dass die deutschen Kathedersozialisten sich bemühten den Marxismus auch dergestalt zu kritisieren, indem sie soziologische und wirtschaftliche Analysen der aktuellen Wirtschaft sowie der sozialen Frage durchführten, mit deren Hilfe sie eine positive Alternative zur revolutionären Lösung der Widersprüche suchten, die im modernen Kapitalismus an einigen Stellen stärker, an anderen wiederum weniger sichtbar zum Vorschein kamen. Masaryks Nachteil dabei war, dass die nationale tschechische Gesellschaft keine derart günstigen Voraussetzungen für eine wissenschaftliche Erforschung auf diesem Feld bot, wie dies etwa an deutschen Universitäten und dem – im Vergleich zu Prag – kosmopolitischeren Wien der Fall war. Daher ist es undenkbar, dass ein tschechischer Intellektueller an der Wende vom 19. zum 20. Jahrhundert eine derart gründlich erarbeitete Erklärung der Wirtschaft lieferte wie etwa der deutscher Kathedersozialist Werner Sombart in seinem umfangreichen Werk *Der moderne Kapitalismus* (1. Auflage 1902, 2. Auflage 1916–1927), der sein Buch bereits im Jahre 1897 verfasst hatte.[40]

Masaryk reagierte in seinem Buch vor allem auf Sombarts Arbeit *Der Socialismus und soziale Bewegung im 19. Jahrhundert* aus dem Jahre 1896, die zwei Jahre später in tschechischer Übersetzung erschien. Er kannte auch dessen zuvor veröffentlichten Beitrag zur Krise des wirtschaftlichen Systems von Karl Marx, das im übrigen in die Galerie jener gehörte, die Masaryk auf den möglichen Widerspruch zwischen dem ersten und dritten Band des *Kapitals* hinwiesen. An einer Würdigung von Sombarts Herangehen an den Untersuchungsgegenstand hinderte Masaryk allerdings der gnoseologische Realismus, auf den wir bereits mehrfach verwiesen haben. Sombart fasste nämlich Marx' Beitrag zur Beleuchtung der wirtschaftlichen Erscheinungen aus methodologischer Sicht als wesentlich fruchtbringender im Sinne des Nominalismus auf wenn er konstatierte, dass die theoretischen Elemente seiner Interpretation des Kapitalismus Regulationsprinzipien beisteuern, mit denen sich diese Problematik erklären lassen

[40] Vgl. Myška, Milan: *Problémy a metody hospodářských dějin I* [Probleme und Methoden der Wirtschaftsgeschichte I]. Ostrava 1995, S. 5ff. und 87ff.; Rafael, Lutz: *Geschichtswissenschaft im Zeitalter der Extreme. Theorien, Methoden, Tendenzen von 1900 bis zur Gegenwart*. München 2003, S. 77ff.

könne. Diese lassen sich jedoch nicht als empirische Fakten auffassen, die sich mit der Realität decken.[41]

Auf der anderen Seite stellte Masaryk aber fest, dass bei Sombart bei dieser Gelegenheit gewisse Sympathien für den Sozialismus zum Vorschein kamen. Ebenso war er sich auch seiner Fähigkeit bewusst, Marx' Analyse der Wirtschaft in einen breiteren kulturellen Kontext einzuordnen. Der Dialog mit diesem deutschen Kathedersozialisten erwies sich für Masaryk als wahrlich ersprießlich. Eine ähnliche Bereicherung stellte der intellektuelle Kontakt mit den englischen Anhängern des Reformismus der Fabianer dar, von denen Masaryk insbesondere auf die Eheleute Sidney und Beatrice Webb aufmerksam machte. Masaryk sieht in ihnen Vertreter des nichtmarxistischen Sozialismus, die sich sehr wohl bewusst sind, dass sich die soziale Situation der englischen Arbeiterschaft im Verlaufe des 19. Jahrhunderts verbessert hatte, wenngleich er sie nach wie vor für nicht zufrieden stellend ansieht. Zugleich konstatierte Masaryk, dass der Sozialismus der Fabianer, zu dem sich u. a. auch der Schriftsteller Bernard Shaw bekannte, die Betonung darauf legt, dass an den sozialen Reformen in England unter Beteiligung der Gewerkschaften, Genossenschaften sowie einer gezielten Kommunalpolitik weiter gearbeitet werde.[42]

Es sei hinzugefügt, dass deren Hauptinstrument der Sozialpolitik für die Fabianer-Sozialisten der systematische Druck auf die Durchsetzung erforderlicher Veränderungen in der Sozialgesetzgebung wurde. Die Mitglieder der Gesellschaft der Fabianer besaßen, wie wir bereits wissen, einen erheblichen Einfluss auch auf die Entstehung der britischen Labour Party (1900). Eine große Betonung legten sie zudem auf eine systematische Bildung der Arbeiterschaft sowie auf die organische Einbindung der Wirtschafts- und Sozialproblematik in die Hochschulausbildung der hoch qualifizierten Beamtenschaft. Im Unterschied zu Masaryk stützten sich die Fabianer stärker als ersterer auf das legislative Ethos, auch wenn die religiös motivierten Humanitätsideale einigen von ihnen nicht fremd waren. Von

[41] Vgl. Masaryk, T. G.: *Otázka sociální I* [Die soziale Frage I], v. a.. S. 301ff. sowie 332ff.

[42] Vgl. hierzu die tschechische Übersetzung der Essays der Fabianer (1889): Shaw, Bernard: *Fabianská pojednání o socialismu* [Die Abhandlungen der Fabianer über den Sozialismus]. Praha 1896.

diesen Persönlichkeiten sei an dieser Stelle zumindest auf den Professor für Wirtschafts- und Sozialgeschichte an der London School of Economics, R. H. Tawney, verwiesen, der jedoch 30 Jahre jünger war als Masaryk.[43]

Der politische Einfluss der britischen Gesellschaft der Fabianer auf die Arbeiterschaft war weitaus größer als derjenige von Masaryk, da im tschechischen Milieu ein gewisses Misstrauen der sozialdemokratischen Führer gegenüber den Intellektuellen fortbestand. Masaryk gelang es nicht diese in dem Umfang abzubauen, wie er sich dies gewünscht hatte, wenngleich er sich mit dem sozialdemokratischen Journalisten Josef Krapka anfreundete. Von ihm stammte die Konzeption des Bildungsvereins der Arbeiterakademie (1896), und durch eine Geldsammlung unterstützte er die Entstehung der neuen sozialdemokratischen Zeitung „Právo lidu" (Das Volksrecht). Nach den Parlamentswahlen im März 1897 scheiterte Masaryk jedoch bei den tschechischen sozialdemokratischen Abgeordneten mit seinem Vorschlag einer antistaatsrechtlichen Erklärung, in der er sich für das natürliche Recht aller Völker auf Gleichberechtigung im Sinne seiner Auffassung des politischen Vermächtnisses der beiden Führer der tschechischen nationalen Wiedergeburt, František Palacký und Karel Havlíček Borovský, aussprach. Im Mai 1907 wurde Masaryk in Walachisch Meseritsch im zweiten Wahlgang als Abgeordneter des österreichischen Parlaments mit Unterstützung sozialdemokratischer Wähler gewählt, die noch in der ersten Runde ihren eigenen Kandidaten präferiert hatten.

Auch in dieser Wahlkampagne war sich Masaryk sehr wohl darüber im Klaren, dass zwischen ihm und seinen potentiellen Wählern weiterhin eine kulturelle und soziale Lücke klaffte, die er mit dem Hinweis auf seine Rolle als Vermittler berechtigter sozialer Forderungen zu schließen versuchte.

[43] Die Gesellschaft der Fabianer war bereits im Jahre 1884 entstanden, sie orientierte sich an der Losung des römischen Generals Fabius (Cunctator): „langsam, aber sicher". Deren Anhänger William H. Beveridge, in den Jahren 1919–1937 Direktor der London School of Economics, erarbeitete im Jahre 1942 eine Gesamtreform des britischen Sozialsystems, das dann dank des politischen Sieges der Labour Party in den Nachkriegswahlen als Grundlage des neuen Sozialstaats in die Praxis eingeführt wurde. Vgl. Eley, Geoff: Generations of Social History. In: Encyklopedia of European Social History V., hrsg. Von Peter Stearns, Detroit 2001, S. 3ff. und Polák, Stanislav: *T. G. Masaryk. Za ideálem a pravdou III* [T. G. Masaryk. Für Ideal und Wirklichkeit III]. Praha 2005, S. 170ff.

Aus diesem Grunde verkündete er auf einer seiner Wahlversammlungen wohlweislich: *„Ich mache mir keine Illusionen, dass sie in mir einen Arbeiter sehen. Ich will jedoch das Interesse für soziale Demokratie in den Reihen der Bourgeoisie erweitern, das heißt die Gedanken von Fortschritt und Freiheit. Hierin sehe ich meine Aufgabe.“* Aus diesen und anderen Informationen wird dann deutlich, dass sowohl der Sozialreformismus der Fabianer als auch derjenige Masaryks die Öffnung der sozialen Frage als diskursives Thema auch mit der ethischen Verantwortung der intellektuellen Eliten für die Formierung eines systematischen Drucks auf deren evolutionäre Lösung verband. Man befand sich damit programmatisch in direkter Opposition zu verschiedenen Varianten des Sozialrevolutionismus.[44]

Die Anhänger des Marxismus und des marxistischen Reformismus verhielten sich derartigen Bestrebungen gegenüber durchwegs mit einer gewissen Wachsamkeit, was sich auch in den Rezensionen der deutschen Version der *Sozialen Frage* aus der Feder des russischen marxistischen Philosophen G. V. Plechanov, des deutschen Sozialdemokraten Heinrich Cunow, und insbesondere dann in bissigen Kommentaren des marxistischen italienischen Philosophen Antonio Labriola widerspiegelte.[45] In diesem Zusammenhang muss auch unterstrichen werden, dass Masaryk als den eigentlichen Beginn des marxistischen Revisionismus das sog. Politische Testament Friedrich Engels aus dem Jahre 1895 sah, enthalten in dessen

[44] Vgl. Masaryk, T. G.: *Otázka sociální I* [Die soziale Frage I], S. 387ff. sowie ebd. II, S. 237 und 347. Des weiteren vgl. Polák, S.: T. G. Masaryk IV., Zitat auf S. 221.

[45] Vgl. den Nachdruck: *Marx a Masaryk. Marxistická kritika Masarykovy „Otázky sociální“* [Marx und Masaryk. Die marxistische Kritik an Masaryks „Sozialer Frage“]. Herausgegeben und übersetzt von J. Stolz und H. Doberský. Praha 1933. Von den tschechischen Rezensenten dieses Werks schrieb u. a. Masaryks Universitätskollege, der Historiker Jaroslav Goll, im Český časopis historický (1900) einen relativ umfänglichen Kommentar. Seine Rezension wägt sorgfältig die Vorteile und Mängel dieses Werkes ab. Insbesondere wird dieses dann mit Masaryks kritischer Herangehensweise an die Methoden der historischen Forschung verglichen und abschließend konstatiert, dass in der Geschichte die Rolle materieller Faktoren in größerem Umfang respektiert werden müsse als Masaryk dies getan habe. Vgl. den Nachdruck: Goll, Jaroslav: *Vybranné spisy drobné I* [Auswahl kleinerer Schriften I]. Praha 1928, S. 219–234. Die komplette Bibliographie der tschechischen und internationalen Reaktionen auf die *Soziale Frage* vgl. In: T. G. Masaryk, *Otázka sociální II* [Die Soziale Frage II], 6. tschechische Ausgabe. Praha 2000, S. 241–245.

Einleitung zur Neuausgabe von Marx' *Klassenkämpfen in Frankreich in den Jahren 1846–1850*, die ursprünglich in der Neuen Rheinischen Zeitung (1850) erschienen waren. Masaryk interpretiert diese Einleitung im 143. Paragraphen seiner Darstellung als Bekenntnis dafür, dass Engels der Lösung der sozialen Frage mit Hilfe der proletarischen Revolution entsagt habe, die er angeblich – mit Blick auf die evolutionäre Entwicklung des Kapitalismus sowie die Möglichkeit der Arbeiterschichten an einer massenhaften Partizipation am parlamentarischen Vertretungssystem – für unmöglich und unnötig erklärt habe.

Dabei bleibt die Frage unbeantwortet, ob Engels damit den Klassenkampf als solchen ablehnt oder aber lediglich annimmt, dass dieser gegenwärtig in anderer Form in das Parlamentsgebäude verlagert werde. Darauf antwortet Masaryk allerdings nicht. Er unterstreicht wiederum, dass sich der Marxismus in einer unhaltbaren wissenschaftlichen und philosophischen Krise befände, was jedoch nicht bedeute, dass sich der Marxismus als solcher auf dem Rückzug befände bzw. gar im Absterben begriffen sei. Masaryk ist im Gegenteil der Auffassung, dass der Sozialismus eine „unversiegbare Quelle in ersichtlichen Unzulänglichkeiten und Sittenlosigkeiten vieler gesellschaftlicher Einrichtungen sei, seinen lebendigen Boden in dem großen materiellen und geistigen Elend großer Massen aller Völker besitze – eine sachliche Kritik der marxistischen Auffassungen dieser Quelle reicht nicht." Hierzu bemerkt Masaryk als verantwortungsvoller Intellektueller, der sehr wohl weiß, dass sich die Welt nicht nach den Interpretationen derselben richte, seien sie nun wissenschaftlich auch noch so gerechtfertigt und ethisch noch so ausgereift, und er fügt hinzu, dass auch wenn der Marxismus *„vollständig verfehlt wäre und selbst wenn die Marxisten dies auch voll und ganz zugeben würden, der Sozialismus damit aber nicht untergehe."*[46]

Wie erkennbar, beschäftigte sich Masaryk mit einer Kritik des Marxismus und der sozialen Frage in einer Zeit, als dieses Thema zu einem Bestandteil des Diskurses eines einflussreichen Teils der intellektuellen Eliten Europas wurde. Einige seiner Zeitgenossen leiteten jedoch methodologisch aus seinem Interesse am Untersuchungsgegenstand mehr ab als Masaryk selbst, wie wir insbesondere bei Werner Sombart und Max Weber haben

[46] Masaryk, T. G.: *Otázka sociální II* [Die soziale Frage II], S. 356.

feststellen können, die sich auch dank dieser Umstände in das konzeptionelle Repertoire der Gesellschaftswissenschaften signifikanter einbrachten als der tschechische Philosoph und Soziologe Masaryk. Masaryks Nachteil bestand nicht allein darin, dass das tschechische intellektuelle Milieu an der Wende vom 19. zum 20. Jahrhundert recht kompetitiv war, sondern auch, dass zu den wesentlichen theoretischen und methodologischen Beiträgen auf diesem Feld Masaryks ausländische Kollegen nur wenige Jahre später einen Beitrag leisteten, nämlich zu einer Zeit, als Masaryk gerade begann, sich von der Bearbeitung der sozialen Frage wieder zu entfernen. Ein deutlicheres Echo seiner Herangehensweise an dieser Problematik finden wir dann in den politischen Programmen seiner Lidová strana (Volkspartei) aus dem Jahre 1900 sowie deren Nachfolgerin, der Fortschrittspartei, aus dem Jahre 1912. In der politischen Praxis allerdings setzten sich diese kaum durch.[47]

Masaryk besaß auch keine Kenntnis davon, dass sich mit einer ähnlichen Problematik wie er selbst in den Jahren 1896–1900 der italienische Philosoph Benedetto Croce, damals Anfang Dreißig, in seinen Essays beschäftigte, die dann unter dem gemeinsamen Namen *Materialismo storico ed economico marxistico* erschienen. Sein Interesse am Marxismus wurde anfänglich durch das Bemühen hervorgerufen, sich kritisch mit Labriolas Buch *Del materialismo storico, dilacidazione prefiminare* aus dem Jahre 1896 auseinanderzusetzen. Croces Aufgabe wurde dadurch erleichtert, dass im italienischen Intellektuellenmilieu sich auch bedeutende Repräsentanten der Gesellschaftswissenschaften wie etwa Giovanni Gentile und Vilfredo Pareto, die jedoch nach 1918 dem Faschismus anhingen, auf einen Vergleich mit dem Marxismus konzentrierten. An der Wende vom 19. zum 20. Jahrhundert nahm deren Denken jedoch eine andere Richtung, da Gentile sich mit Marx' historischem Materialismus und seiner Philosophie als solcher beschäftigte (1897, 1899), während Pareto an einer Kritik von Marx' *Kapital* arbeitete.

Das diskursive Milieu in Italien wurde somit in seiner Diskussion über den Marxismus auch dank der genannten Italiener wesentlich kompetitiver als etwa im tschechischen Falle. Ein gewisser Vorteil Croces gegenüber

[47] Vgl. Skilling, H. G.: T. G. *Masaryk proti proudu 1882–1914* [T. G. Masaryk gegen den Srom 1882–1914]. Praha 1995, S. 56ff.

Masaryk bestand darin, dass ersterer die methodologischen Vorteile des gnoseologischen Nominalismus verstand und dass er im Marxismus besser als Masaryk dessen anthropologische Dimension zu enthüllen vermochte. Ebenso wie sein tschechischer Kollege ließ er sich dabei von Kants philosophischem Vermächtnis inspirieren, das es ihm ermöglichte, den Versuch einer Reflexion des weiterhin offenen Widerspruches zwischen Denken und Sein zu unternehmen, der eine ewige philosophische Frage zu sein scheint. Croce nahm darüber hinaus an, dass die marxistische Herangehensweise an die soziale Frage auf der einen und die marxistische Philosophie auf der anderen Seite zwei verschiedenartige Dinge seien, die man konsequent voneinander trenne müsse. Marx als Soziologen interpretierte er zudem eher positiv als negativ, und zwar als Machiavelli der Arbeiterbewegung. Seine Auffassungen über den Marxismus fasste er dann in mehreren Schlussfolgerungen zusammen, die diese – also die marxistische – Weltanschauung mit einem größeren inneren Verständnis bewerteten als dies bei Masaryk der Fall war.

Darunter finden wir dann auch die Empfehlung, die marxistische Ökonomie in eine komparative Wissenschaft zu verwandeln, die am historischen und gesellschaftlichen Leben des Menschen als kollektives Wesen Interesse signalisiert, ohne einseitig die weltanschauliche Ausgangsposition zu akzentuieren. Der historische Materialismus muss aus diesem Grunde seiner Betonung der Verbindung von Inspirationen der Hegelianer mit einem vereinfachten natürlichen und gesellschaftlichen Evolutionismus, dessen Ziel bereits zuvor feststeht, entsagen. Auf diese Art und Weise erscheint dieser dann theoretisch offener als zuvor. Croce konstatierte weiter, dass das marxistische Sozialprogramm sich nicht von der reinen Wissenschaft ableiten lasse, sondern es müsse eine Angelegenheit der empirischen Beobachtung und praktischen Überzeugung sein. Der Marxismus kann nämlich seiner Meinung nach ununterbrochen von neuem beweisen, dass er in der Lage ist die gärende Bewegung in der sich verändernden Welt der Gegenwart zu reflektieren. Zugleich forderte Croce, der Sozialismus solle vollständig seine Vorstellungen über die klassenmäßige Bedingtheit der Moral fallen lassen, da es unerlässlich sei, allgemeine ethische Prinzipien zu respektieren.[48]

[48] Vgl. im Web The Outline Books by Benedetto Croce: B. Croce, Historical Materialism and the Economics of Karl Marx, 1914, v. a. S. 12 und 38–40.

Aus diesen zusammenfassenden Thesen geht unserer Auffassung nach klar hervor, dass Croces Kritik des Marxismus sich auf ihre Weise Masaryks Prinzip der philosophischen Diskretion annäherte. Dem sei hinzugefügt, dass dieser italienische Philosoph die Ethik nicht im Sinne von Masaryks humanitären Idealen und deren religiöser Begründung ansah. Er stützte sich nämlich auf die rationalistische Interpretation von Kants sittlichem Imperativ, demzufolge es in höchstem Maße vernünftig sei, dass sich die Menschen nicht gegenseitig schadeten. In Übereinstimmung mit Karl Kautsky, Eduard Bernstein, George Sorel und Antonio Labriola, die er „umsichtige Marxisten" nennt, glaubt Masaryk, dass das autonome Verhältnis zwischen dem marxistischen Sozialprogramm, dessen Ziele langfristig sind, und der aktuellen Politik der sozialistischen Parteien, zu respektieren sei, da ein anderes Vorgehen – im Vergleich zum früheren marxistischen wissenschaftlichen Dogmatismus von Friedrich Engels – schlimmer sei und zu einem politischen Dogmatismus führen würde. Trotz einiger ideologischer Ähnlichkeiten ging Croce von einer anderen philosophischen und methodologischen Tradition als Masaryk aus. Im Unterschied zu diesem zeigte er sich in der Lage, aus seinem kritischen Interesse am Marxismus einige methodologische Inspirationen abzuleiten, ohne dass er diese Weltanschauung zu seiner eigenen gemacht hätte.

Schlussbemerkungen

Die weitere Entwicklung des Marxismus im 20. Jahrhundert hat jedoch gezeigt, dass beide in vielerlei Hinsicht irrten. Dessen ungeachtet scheint offensichtlich, dass Masaryk die Langzeittendenz seiner Entwicklung, die auf eine ungeahnte Erschütterung seiner gesellschaftlichen Positionen und eine Marginalisierung der philosophischen Ausgangspositionen zielte, besser als Benedetto Croce aufzudecken vermochte. Masaryks unauslöschliches Verdienst dabei bleibt, dass er den Marxismus und die soziale Frage als diskursives Thema in das tschechische Milieu auf einem hohen intellektuellen Niveau einführte und auf die Probleme aufmerksam machte, vor denen man nicht weiter die Augen verschließen konnte. An dieser Stelle sei hinzugefügt, dass seine Betrachtung des Untersuchungsgegenstandes ebenfalls ein gutes Beispiel dafür ist, dass ein intellektueller Diskurs stets in einem dialektischen Verhältnis zur Wirklichkeit steht, die er zu erfassen sucht. Dies betrifft auch T. G. Masaryk, wenngleich diesem die Dialektik in höchstem Maße verhasst war. Zum Nachteil der ganzen Angelegenheit jedoch entwickelte Masaryk sein Verhältnis zur modernen Sozialfrage als Philosoph und Soziologe, entgegen der ursprünglichen Ankündigung, nicht weiter. Wir sind fest davon überzeugt, dass die emotive Seite seiner Persönlichkeit, sein hoher Bildungsgrad, sein Charisma und die ethische Wahrhaftigkeit geeignet gewesen wären, dass uns Masaryk weitere Beobachtungen vorgelegt hätte, die nicht allein dem tschechischen intellektuellen Diskurs einen nicht geringen geistigen Impuls gegeben hätten wie dies seine *Soziale Frage* aus dem Jahre 1898 getan hat.[49]

[49] Die vorliegende Studie entstand im Rahmen des Forschungsprojektes MŠMT Nr. MSM 00211620827 „Die böhmischen Länder in der Mitte Europas in der Vergangenheit“, das von der Philosophischen Fakultät der Karlsuniversität realisiert wird.

DER SOZIALLIBERALE KAREL KRAMÁŘ (1860–1937)

JAKUB RÁKOSNÍK

Karel Kramář zählt zu den markantesten Repräsentanten der tschechischen nationalistischen Rechten in der Zwischenkriegszeit. Weitaus bekannter ist er als standhafter und leidenschaftlicher Verteidiger nationaler Interessen, keineswegs jedoch als sozialer Reformer.[1] Dennoch widmete gerade dieser Mann der Lösung der „sozialen Frage" von Beginn seiner politischen Karriere an eine außerordentliche Aufmerksamkeit. Wir können Karel Kramář als Typ einer neuen Generation liberaler Politiker bezeichnen, die die politische Arena in den achtziger und neunziger Jahren des 19. Jahrhunderts betraten und die sich – in Konfrontation mit neuen ideologischen Strömungen und einer aufkeimenden, massenhaft verbreiteten Demokratie – bemühten, den traditionellen ideologischen Katalog ihrer Parteien um neue Akzente in sozialreformerischer Richtung zu erweitern. Zu keinem Zeitpunkt erlangte Kramář in den Fragen der Sozialpolitik eine Hegemonie, letztlich stand er in dieser Hinsicht die meiste Zeit im Schatten seiner weiteren Mitstreiter in der Partei. Der führende Experte war mit Blick auf die Fragen der Volkswirtschaft sowie der Sozialpolitik in der Zwischenkriegszeit der fast um eine Generation jüngere Karel Engliš. In der Vorkriegszeit konkurrierten mit Kramář in diesen Fragen Karel Adámek, Josef Kaizl und Josef Fořt. Dennoch verdient gerade Kramář auch dank seiner nahezu vier Jahrzehnte – vom Tode J. Kaizls im Jahre 1901 bis zu seinem eigenen Tod im Jahre 1937 – dauernden Führungsposition in der

[1] Teile der vorliegenden Studie wurden bereits an anderer Stelle veröffentlicht; vgl. RÁKOSNÍK, Jakub: *Kramářovy sociálně politické koncepce na přelomu 19. a 20. století* [Kramářs sozialpolitische Konzeptionen an der Wende vom 19. zum 20. Jahrhundert]. In: Sborník Národního muzea v Praze 61[Jahrbuch des Prager Nationalmuseums], Řada A –Historie, 2007, Nr. 3–4, S. 35–40. DERS.: *Karel Kramář, národní demokracie a otázky sociální politiky v meziválečném Československu* [Karel Kramář, die Nationaldemokratie und die Fragen der Sozialpolitik in der Tschechoslowakei der Zwischenkriegszeit]. In: Sborník z mezinárodní vědecké konference Karel Kramář (1860–1937) [Tagungsband der internationalen wissenschaftlichen Konferenz „Karel Kramář"], im Druck.

Jungtschechischen (später Nationaldemokratischen) Partei Aufmerksamkeit als herausragendes Beispiel für einen tschechischen Sozialliberalen zu Beginn des 20. Jahrhunderts.

Die Freisinnige Nationalpartei, in deren Reihen Kramář zusammen mit weiteren sog. Realisten im Jahre 1890 eintrat, profilierte sich seit ihrer Gründung als liberale und nationalistische Partei. Das semantische Feld des Terminus „Liberalismus" ist jedoch im tschechischen Milieu sehr heterogen, und wir können feststellen, dass dieser Begriff auch inhaltlich eher einen negativen Beigeschmack besitzt.[2] Als Kramář in die Politik eintrat, waren bereits 30 Jahre seit jener Zeit vergangen, als František Rieger seine herausragende und im tschechischen Milieu nahezu einzigartige, radikale Verteidigung des ökonomischen Liberalismus und des freien Marktes veröffentlicht hatte. Man schrieb damals das Jahr 1860. Rieger war noch nicht jener konservative, mit dem patriotischen Adel zusammenarbeitende Mann, der schließlich seine Bereitschaft signalisierte, sich mit den „Krumen vom deutschen Tisch" zufrieden zu geben. Damals, im Jahre 1860, schrieb Rieger: „*Wenn die Freiheit des Handels und der freie Wettbewerb (Konkurrenz) der Unternehmer häufigere Umwälzungen in Industrie und Handel sowie ein zeitweiliges Elend der Arbeiterschaft hervorruft, ist dies dennoch in vielerlei Hinsicht vorteilhafter als die alte Zunftordnung, die durch ihre Engstirnigkeit und Beschränkung eine Ausdehnung der Produktion verhinderte und den fähigsten und am stärksten industriell ausgerichteten Häuptern die Produktion und Verbesserung ihres Standes unmöglich machte.*"[3] An der Schwelle des zwanzigjährigen Zeitraumes der sechziger und siebziger Jahre des 19. Jahrhunderts, die als „liberale Ära" bezeichnet werden, zeigte sich dieser Führer der tschechischen Politik als radikaler Verfechter

[2] Vgl. hierzu URBAN, Otto: *Český liberalismus v 19. stol.* [Der tschechische Liberalismus im 19. Jahrhundert]. In: ZNOJ, Milan – HAVRÁNEK, Jan – SEKERA, Martin: *Český liberalismus – texty a osobnosti* [Der tschechische Liberalismus – Texte und Persönlichkeiten], Praha 1995, S. 15–27. Hinsichtlich der grundlegenden Komponenten der liberalen Ideologie vgl. WALDERON, Jeremy: *Theoretical Foundations of Liberalism*, The Philosophical Quarterly 37, 1987, Nr. 147, S. 127–150.

[3] RIEGER, František Ladislav: *Průmysl a postup výroby jeho v působení svém k blahobytu a svobodě lidu zvláště pracujícího* [Die Industrie und der Aufschwung ihrer Produktion in ihrem Wirken für das Wohl und die Freiheit insbesondere des arbeitenden Volkes], Litomyšl 1860, S. 129.

des Liberalismus in der Wirtschaft und als wesentlicher Verfechter des Fortschrittsgedankens, was die Utilität des freien Marktes für die Gesellschaft anbetrifft. Dennoch nahmen die tschechische Politik und Rieger selbst frühzeitig von dieser Akzentuierung Abstand. Warum? Erst nach einer Beantwortung dieser Frage können wir auch Kramář selbst besser verstehen.

Die Gründe, warum der Liberalismus im tschechischen Milieu keine tieferen Wurzeln schlug und warum er eher als Begriff benutzt wurde, gegenüber dem sich die tschechische politische Repräsentanz abgrenzte, lassen sich im wesentlichen auf drei Faktoren reduzieren: einen politischen, einen wirtschaftlichen und einen sozialen Grund. Der Liberalismus zeigte sich weitaus stärker mit der deutschen Politik in den böhmischen Ländern verbunden und gerade darin sind die Gründe für einen negativen Einschlag im damaligen tschechischen politischen Diskurs zu sehen. Aus politischer Sicht erwiesen sich als Hauptrivale der tschechischen Liberalen die deutschen Liberalen als Schöpfer der Februarverfassung aus dem Jahre 1861 und als konsequente Gegner des historischen Staatsrechts der Tschechen. Unter wirtschaftlichen Gesichtspunkten kamen diese deutschen Repräsentanten des Liberalismus hauptsächlich aus Bank- und Industriellenkreisen, die die schwächere, erst in der Entstehung begriffene tschechische Bourgeoisie als Bedrohung für sich selbst empfanden. Der wirtschaftliche Liberalismus stellte die Gefahr des Unterliegens gegen eine stärkere und höher entwickelte Konkurrenz dar. Aus sozialer Sicht handelte es sich um eine Unterdrückung des tschechischen Volkes durch deutsch-jüdische Großunternehmer. In dieser Hinsicht hat bereits Jiří Kořalka vor einigen Jahren festgestellt, dass sich in der tschechischen Gesellschaft, vor allem in den 1860er-Jahren, die soziale und die nationale Spaltung deutlich überlagerten.[4] Die tschechischen Arbeiter hatten nämlich weitaus häufiger mit deutschen oder jüdischen Unternehmern zu tun, während die zahlenmäßig stärkeren tschechischen Großunternehmer erst am Ende dieser Dekade in Erscheinung traten. Ähnlich fühlten sich auch die tschechischen kleinen Gewerbetreibenden und Kleinproduzenten von der deutsch-jüdischen Großbourgeoisie bedroht.

[4] Kořalka, Jiří: *Češi v habsburské říši a v Evropě 1815–1914* [Die Tschechen im Habsburgerreich und in Europa 1815–1914], Praha 1996, S. 228–233.

Die tschechische nationale Bewegung als schwächerer Spieler in der nationalen Konkurrenz des westlichen Teils der Habsburgermonarchie begründete die Ablehnung des ökonomischen Liberalismus, als deren Träger vor allem die deutschsprachigen wirtschaftlichen und politischen Eliten fungierten, aus den oben erwähnten Gründen, ohne Rücksicht auf das politische Farbenspektrum der einzelnen Strömungen innerhalb der tschechischen Politik. Alt- und Jungtschechen, Agrarier und selbstverständlich auch die Sozialdemokraten lehnten dies einmütig in ihrer Propaganda ab, allerdings jede politische Gruppierung aus ein wenig voneinander abweichenden Gründen.[5] Die nichtsozialistischen Parteien suchten den Schutz der tschechischen Gewerbetreibenden und der Landwirte konkret gegen die deutsch-jüdische Bourgeoisie und den Großgrundbesitzeradel, die Sozialdemokraten gegen die Bourgeoisie allgemein. Kramář war sich zu Beginn seiner politischen Karriere sehr wohl bewusst (und er stand in dieser Hinsicht keineswegs allein), dass ohne wirtschaftliche Emanzipation das Volk in keiner Hinsicht effektiv eine kulturelle und politische Emanzipation erreichen könne. Und dieser Prämisse entsprachen auch seine sozialpolitischen Auffassungen, in denen grundsätzlich die sozialen Forderungen mit einem starken nationalen Appell verschmolzen.

Die Wirtschaftskrise, die nach 1873 auch Mitteleuropa erfasste, führte die Gefahr der ungelösten „sozialen Frage" vor Augen und ließ eine bunte Palette an Rezepten für deren Lösung entstehen. Während die Impulse des damals im Entstehen begriffenen sozialen Liberalismus[6] auf den bri-

[5] Zu den sozialen Voraussetzungen dieser Einstellungen der einzelnen Schichten des tschechischen Volkes vgl. Kořalka, Jiří: *Češi v habsburské říši a v Evropě 1815–1914* [Die Tschechen im Habsburgerreich und in Europa 1815–1914], Praha 1996, S. 228–233. Die Akzente in den politischen Programmen unterstrich Kubů, Eduard: *Wirtschaftsnationalismus in Parteiprogrammen der böhmischen Länder und der ersten Tschechoslowakischen Republik*. In: Pogány, Ágnes – Kubů, Eduard – Kofman, Jan: *Für eine nationale Wirtschaft – Ungarn, die Tschechoslowakei und Polen vom Ausgang des 19. Jahrhunderts bis zum Zweiten Weltkrieg*, Berlin 2006, S. 73–104.

[6] Die Pioniere dieser Denkrichtung waren in Großbritannien vor allem Thomas H. Green (1836–1882), Leonard T. Hobhouse (1864–1929) und später John M. Keynes (1883–1946). In Amerika gehörte zu den führenden Propagandisten dieser Richtung John Dewey (1859–1952). In der tschechischen Historiographie beschäftigt seit einigen Jahren der Brünner Historiker Lukáš Fasora mit der Reflexion des

tischen Inseln und in Amerika Cisleithanien kaum berührten, gewannen die Gedanken der historischen Volkswirtschaftler aus dem benachbarten Deutschland um so größeren Einfluss, für die sich die ursprünglich als Schmähruf aufgekommene Bezeichnung „Kathedersozialisten" einbürgerte.[7] Kanzler Otto von Bismarck führte in den 1880er-Jahren die ersten obligatorischen Sozialversicherungsgesetze ein, die Ministerpräsident Eduard Taaffe in Cisleithanien bereitwillig kopierte.[8] Taaffe übernahm zudem jene Kehrseite der Bismarckschen Sozialreform – das Sozialistengesetz. Die Vorstellung von einer mutualen Selbsthilfe als entscheidendem liberalen Rezept gegen negative soziale Konsequenzen der Industrialisierung verlor rasch an Popularität, und es wurden neue Wege gesucht, in denen Bismarcks Auffassung einer gesetzlichen, durch den Staat organisierten und korporativ differenzierten Versicherung jedoch nur eine von vielen Möglichkeiten darstellte.[9]

Sozialliberalismus in Cisleithanien. Vgl. Fasora, Lukáš: *Svobodný občan ve svobodné obci? – Občanské elity a obecní samospráva města Brna 1851–1914* [Ein freier Bürger in einer freien Gemeinde? – Die bürgerlichen Eliten und die Gemeindeselbstverwaltung der Stadt Brünn 1851–1914], Brno 2007, S. 127, 130, 164.

[7] Man geht davon aus, dass diesen Begriff der deutsche Nationalökonom H. B. Oppenheim Ende 1871 gegen Professor Adolf Wagner (die Schlüsselfigur im intellektuellen Reifeprozess von Karel Kramář) benutzte. Letzterer hatte auf einer Kirchenversammlung im Oktober 1871 die Berechtigung der Kritik an der damaligen Gesellschaft durch die Sozialisten eingeräumt. Der Begriff bürgerte sich als Bezeichnung für die deutschen konservativen Universitätsprofessoren (und weiterer Intellektueller) ein, die gegen den Wirtschaftsliberalismus polemisierten und eine Sozialreform forderten. Die Verkörperung des Kathedersozialismus wurde nachfolgend der im Jahre 1872 gegründete Verein für Sozialpolitik, der die intellektuelle Grundlage für die späteren Bismarckschen Sozialreformen darstellte. *Wörterbuch der Volkswirtschaft*, Band II, Jena 1911, S. 37–38.

[8] Eine hervorragende, wenngleich marxistisch konzipierte Monographie schrieb Janák, Jan: *Příčiny vzniku předlitavské sociální správy* [Die Ursachen für die Entstehung der cisleithanischen Sozialverwaltung], Brno 1970.

[9] Vgl. Rákosník, Jakub: *Cukr a bič kancléře Bismarcka* [Zuckerbrot und Peitsche bei Kanzler Bismarck], Historický obzor 15, 2004, Nr. 5–6, S. 130–138. Hinsichtlich der deutschen und österreichischen Parallelen bzw. Unterschiede vgl. Ritter, Gerhard A.: *Sozialversicherung in Deutschland und England – Entstehung und Grundzüge im Vergleich*, München 1983, S. 14f.

In diesen geistigen Gärungsprozess in den letzten Jahrzehnten des 19. Jahrhunderts trat Kramář als junger Berufspolitiker mit entsprechenden Ambitionen ein. Zum Schlüsselerlebnis bei der Ausprägung seiner sozialpolitischen Auffassungen wurde das Hochschulstudium. Von seiner Ausbildung her war Kramář Jurist (im Jahre 1884 promovierte er). Entscheidenden Einfluss auf seine sozialpolitischen Ansichten übte ein Aufenthalt in Berlin (zum einen im Verlaufe seiner Studien, zum anderen kurz nach Beendigung des Studiums) aus. Gerade hier konnte sich Kramář mit den Gedanken Adolf Wagners – einem der führenden Kathedersozialisten – vertraut machen. In seinen Memoiren findet dies im übrigen seine Bestätigung, wenn Kramář über seinen ersten Berlinaufenthalt schreibt: *„Mein Hauptinteresse galt den Vorlesungen Wagners, die mir die neue, unbekannte Welt der Sozialpolitik öffneten, deren wissenschaftlicher Vorreiter A. Wagner war.*“[10]

Als sich Kramář während seiner zweiten Studienreise 1884 in Berlin aufhielt, fand gerade die sozialreformerische Gesetzgebung Bismarcks ihren Höhepunkt. Ein beredtes Zeugnis sind in dieser Hinsicht Kramářs Einstellungen gegenüber diesem Trend in der deutschen Politik. Mit dem ihm eigenen Pathos brachte er seinen Zwiespalt zwischen dem gefühlsmäßigen Aufflackern für die Lösung der sozialen Frage und dem instinktiven Widerstand gegenüber einer Konservierung der alten Gesellschaftsordnung zum Ausdruck, deren Siegel in den Sozialreformen des Eisernen Kanzlers mehr als deutlich sichtbar wurde. In den Erinnerungen aus dem Jahre 1884 äußert er sich diesbezüglich klar und deutlich: *„Allerdings, sollte der Staat den Bedürftigen und Unterdrückten helfen, an denen sich im Namen der Freiheit eine unverzeihliche Sünde weidet... Jedoch suche ich die Aufgabe dieser Erfüllung nicht in vollkommener Armut, deren Bedeutung ich keineswegs leugne, sondern darin, dass die Verteilung gerechter sei; ich will nicht, dass der Arbeiter durch das Almosen eines Bettlers das erhalte, worauf er ein Recht besitzt! Daher sind mir die Bismarckschen Sozialreformen so sympathisch. Doch der Staat, der dies alles erfüllen soll, muss ein freier Staat sein, sein Wille muss der Wille des Volkes sein... Nun, auf diese Weise lässt sich viel-*

[10] Kramář, Karel: *Paměti Dr. Karla Kramáře* [Der Erinnerungen von Dr. Karel Kramář], Praha s. a., S. 48.

leicht jener Gegensatz ausgleichen: das Nichtsein als ökonomischer Liberaler und dennoch das Sein als Freisinniger!"[11]

M. Znoj hat treffend bemerkt, dass „Masaryk das klassische liberale Modell der Gesellschaft überwindet, und zwar in Richtung einer Ordnung, die für gewöhnlich als sozialer Liberalismus aufgefasst wird. Seine Positionen entsprechen der Veränderung, die gerade in jener Zeit der Liberalismus erfährt. Die Ursache für dieser Verwandlung des Liberalismus war zweifellos die soziale Frage, die Masaryk beschäftigte."[12] Dies kann auch über den jungen Kramář gesagt werden. In seinen späteren Erinnerungen zitiert dieser schließlich Dokumente der Realisten vom Ende der 1880er-Jahre, in denen expressis verbis darauf verwiesen wird, dass *„wir in der sozialen Frage entschieden gemäß unserer slawischen Natur den liberalen Individualismus ablehnen.*"[13]

In den Reihen der Jungtschechen bestand stets ein Interesse an der sozialen Frage. Dies geht zum einen aus dem Umstand hervor, dass diese sich bemühten in die Position einer allnationalen Partei zu gelangen, zum anderen lässt sich dies aus der Struktur ihrer Wählerbasis ableiten. Die Jungtschechen repräsentierten die Linke in der bürgerlichen Politik vor 1891 und als solche wandten sie sich häufiger an weniger vermögende Schichten der Bevölkerung. Im Übrigen bildete diese organisatorische Erschließung der sog. Fünf-Gulden-Wählerschaft auch den Schlüssel für ihren Wahltriumph (neben der effektiven Propaganda gegen die Alttschechen nach den sog. Punktationen). Darüber hinaus hatten sich die Jungtschechen seit den 1860er-Jahren bereits auf der Ebene der politischen Deklarationen als Fraktion der Fortsetzer der radikalen Demokraten von 1848 profiliert.

[11] Sís, Vladimir (ed.):*Dr. Karel Kramář – život – dílo – práce vůdce národa* [Dr. Karel Kramář – Leben – Werk – Arbeit als Führer des Volkes], Praha 1936, S. 24–25.

[12] ZNOJ, Milan: *Masarykova kritika liberalismu a moderní doby – Několik poznámek k Masarykově politické filozofii* [Masaryks Kritik des Liberalismus und der modernen Zeit – Einige Anmerkungen zu Masaryks politischer Philosophie], Filozofický časopis 51, 2003, Nr. 1, S. 94.

[13] Es handelt sich um die „Glossen zum Volksprogramm" (Glosy k programu lidovému), die im vierten Jahrgang der Zeitschrift „Čas" (Die Zeit) veröffentlicht wurden. Hier das Zitat nach KRAMÁŘ, Karel: *Paměti Dr. Karla Kramáře* [Der Erinnerungen von Dr. Karel Kramář], Praha s. a., S. 252–253.

Im nachfolgenden Jahrzehnt erwiesen sich gerade die Jungtschechen als Hauptkonkurrenten der entstehenden Sozialdemokratie im Kampf um die Gunst der Arbeiter.[14] Mit Blick auf die oben bereits angeführten Faktoren überrascht es keineswegs, dass die Jungtschechen der sozialen Frage nahe standen und dass wir in ihren gelegentlichen programmatischen Verlautbarungen eine Reflexion der sozialpolitischen Reformen finden.[15] Daher finden wir nach dem Eintritt der Realisten Masaryk, Kaizl[16] und Kramář in die Jungtschechische Partei auf diesem Feld keinerlei bedeutsamere programmatische Korrekturen, wenngleich sich der zuletzt genannte Politiker später gebärdete, dass es gerade die Realisten gewesen seien, die die sozialpolitische Frage nicht allein in die Partei eingebracht hätten, sondern letztlich auch auf den Boden des Reichsrates. Kramář übertrieb ein wenig, als er im Jahre 1931 verkündete: *„Ich kenne keine größere Pflicht als gerade eine gute, vernünftige Sozialpolitik. Dies war das, was wir, die sog. Partei der Realisten, neu in das österreichische Parlament eingebracht haben. Damit haben wir neue Horizonte eröffnet, und wir hatten sicherlich auch große Erfolge, die weiter gingen als alles, was die Christlich-Soziale Partei in den achtziger Jahren im Wiener Parlament getan hat.*“[17]

[14] Vgl. Horáček, Cyril*: Počátky českého hnutí dělnického* [Die Anfänge der tschechischen Arbeiterbewegung], Praha 1933, S. 66–80. Die Jungtschechen besaßen von Beginn an einen Vorteil darin, dass die Sozialdemokratie bis in die 1890er-Jahre eine politische Randgruppierung blieb.

[15] Bezeichnend in dieser Hinsicht ist das ursprüngliche jungtschechische Programm vom Dezember 1874: „Die Freisinnige Nationalpartei wird sich vor allem um eine in Wahrheit freiheitliche Ordnung, die auf demokratischen Grundlagen beruht, kümmern, d. h. auf gleichem Recht für alle. ... entsprechend den Möglichkeiten wird sie sich zu einer Verbesserung der jetzt deprimierenden Lage und für einen Aufschwung der Bauernschaft bekennen, zu einer Belebung der Industrie und des Handels, für eine Verteidigung der Bedürfnisse der Arbeiterschaft und für eine Linderung der aktuell bedrückenden, allgemeinen Not.“ Zitiert nach Cibulka, Pavel (ed.): *Politické programy českých národních stran 1860–1890* [Die politischen Programme der tschechischen nationalen Parteien 1860–1890], Praha 2000, S. 214.

[16] Kaizl hatte u. a. bei einem weiteren Giganten des Deutschen Bundes für Sozialpolitik, Gustav Schmoller, studiert.

[17] *Stenografické protokoly Poslanecké sněmovny NS RČS* [Stenographische Protokolle der Abgeordnetenkammer der Nationalversammlung der Tschechoslowakischen Republik], Zeitraum 1929–1935, 103. Sitzung, 10. Februar 1931.

Kramář trat in die Politik in der Ära der Dämmerung des klassischen Liberalismus des 19. Jahrhunderts ein, in einer Zeit, als sich (in den soziologischen Kategorien ausgedrückt) Europa in der Phase des Übergangs von der begrenzten liberalen Modernität hin zur organisierten Modernität befand.[18] Dieser Übergang beeinflusste grundlegend das Verhalten der liberalen Parteien im allgemeinen. Die deutschen Liberalen in Cisleithanien sahen sich gezwungen, dem Druck neuer nationaler populistischer Strömungen in dem sich demokratisierenden System nachzugeben. Bei den Jungtschechen kommt diese Verlagerung weniger zum Vorschein, da sich diese lange Zeit durch eine radikale populistische Rhetorik und einen ausgeprägten Nationalismus auszeichneten. Die nationale Radikalisierung beider nationalen Lager im Gefolge der Gesamtkrise des Liberalismus katapultierte neue radikal-nationale Parteien in den Vordergrund und zog immer breitere Schichten der Bevölkerung in das Räderwerk nationalistischer Reibereien hinein. Als Katalysator dieses Prozesses erwiesen sich neben dem Nationalismus auch die soziale Frage und der durch deren Politisierung hervorgerufene Kampf für eine Wahlreform.[19] Treffend bemerkte in diesem Zusammenhang B. Loewenstein, dass „es (den Jungtschechen – Th. K.) nur dank der nationalen Demagogie noch im Jahre 1907 in Prag gelang 42% der Wähler zu erreichen, genau jenes Spektrum, das im damaligen Wien Luegers Christlich-Soziale wählte…

[18] Ein Prinzip dieser sog. ersten Krise der Modernität war die unerfüllte Realisierung der Forderungen der liberalen Ideologie. Der „alte" Liberalismus hatte expressis verbis die deklarierte Gleichheit aller Bürger limitiert (dies betraf v. a. Frauen, die Arbeiterschaft, mitunter auch ethnische Minderheiten). Die entscheidende Folge dieser Krise waren die Ausdehnung des Wahlrechts, die Krise des Liberalismus und die Entwicklung politischer Massenorganisationen und Interessensverbände. Vgl. WAGNER, Peter: *Soziologie der Moderne*, Frankfurt – New – York 1990, S. 110–113.

[19] Zitiert nach MALÍŘ, Jiří: *Staročeši a mladočeši v Čechách, na Moravě a ve Slezskku* [Die Alttschechen und die Jungtschechen in Böhmen, Mähren und Schlesien], Ostrava 1998, S. 19. In jüngster Zeit hat sich sehr inspirativ mit diesen Fragen Gary Cohen befasst. Vgl. COHEN, Gary B.: *Společnost, politický život a vláda v pozdně imperiálním Rakousku: zamyšlení nad novou syntézou* [Gesellschaft, politisches Leben und Herrschaft im spätimperialen Österreich], ČČH 102, 2004, Nr. 4, S. 745–765.

Die Liberalen gerieten überall in das Schlepptau radikal nationalistischer Losungen."[20]

Diese Entwicklung konnte nicht ohne Einfluss auf Veränderungen in den sozialpolitischen Konzepten der liberalen Parteien bleiben. Sofern wir beabsichtigen, die sozialpolitischen Vorstellungen eines konkreten Politikers oder die programmatischen Forderungen einer politischen Partei zu analysieren, müssen wir zugleich die Kriterien dieser Analyse festlegen. Eine Bewertung in Begriffen wie „bürgerlich", „sozialistisch", „fortschrittlich", „reaktionär" usw., wie dies in marxistischen Arbeiten tschechischer Historiker üblich war, erweist sich (auch wenn häufig auf guter Quellenkenntnis beruhend) als nicht sehr nutzbringend. Für die Analyse und Interpretation haben wir aus diesem Grunde das nachfolgende Begriffspaar gewählt, das wir in den Kontroversen über die Richtungen der Sozialpolitik am Ende des 19. und zu Beginn des 20. Jahrhunderts als prägend erachten. Es handelt sich um folgende Begriffspaare: 1. Selbsthilfe oder Etatismus, 2. Armut oder Sozialversicherung, 3. Pflicht- oder freiwillige Sozialversicherung, 4. Sozialreform oder soziale Revolution und nicht zuletzt auch 5. Klasse oder Nation.[21] Nachfolgend wollen wir versuchen mit Hilfe dieses analytischen Apparates die Vorstellungen Karel Kramářs zu interpretieren.

Zahlreiche der Antworten hat bereits das Zitat aus seinen Memoiren angedeutet. Wenngleich die Erwähnungen über die Selbsthilfe zum traditionellen rhetorischen Vokabular liberaler Parteien gehörten, verstärkten sich die Sympathien für einen staatlichen Eingriff oder genauer: für einen Eingriff der öffentlichen Gewalt (der staatlichen Verwaltung oder der Selbstverwaltung) bei der Lösung der sozialen Frage sichtbar. Ohne Zweifel spielten in dieser Richtung die Erfahrungen aus der Wirtschaftskrise der 1870er-Jahre eine Rolle, als die meisten Arbeiterselbsthilfevereine, die Ende der sechziger Jahre des 19. Jahrhunderts im tschechischen Milieu mit

[20] Loewenstein, Bedřich: *Potíže liberalismu – dvanáct tezí* [Die Schwierigkeiten des Liberalismus – 12 Thesen]. In: *Mezi liberalismem a totalitou – Komunální politika ve středoevropských zemích 1848–1948* [Zwischen Liberalismus und Totalität – Kommunalpolitik in den mitteleuropäischen Ländern 1848–1948], Praha 1997, S. 42.

[21] Dies bedeutet: Hier handelt es sich bei der „sozialen Frage" ausschließlich um eine „Arbeiterfrage".

Pomp (und mit Unterstützung der lokalen und nationalen liberalen Honoratioren) gegründet worden waren, bankrott gingen. Wie bereits weiter oben angeführt, machte sich der junge Kramář hinsichtlich der Effektivität der Selbsthilfe keinerlei übertriebene Illusionen, sondern plädierte im Gegenteil voll und ganz bei einer Lösung für einen staatlichen Eingriff.

Kramář übernahm auch die Bismarcksche Idee einer korporativ organisierten Versicherung, d. h. der Einführung eines keinesfalls einheitlichen Universalsystems, sondern die Einführung besonderer Versicherungen für die einzelnen „Stände" der Gesellschaft. Den Sozialdemokraten hielt er vor, sie würden ausnahmslos eine Arbeiterversicherung fordern und nicht an die übrigen Stände der Gesellschaft denken. Kramář selbst hingegen forderte eigenständige Sozialversicherungsmechanismen auch für selbständige Erwerbstätige.[22] Später, als die Lösung dieser Frage an die Tagesordnung kam, trat Kramář für besondere Pensionsschemen für Berufe außerhalb der Arbeiterschaft ein. Kramářs sichtbare Annahme deutscher Regeln unterschiedlicher Schemen für einzelne gesellschaftliche Stände (nicht umsonst wird vom deutschen Modell als von einem korporativen gesprochen) konnte auch den einfachen politischen Pragmatismus beeinflussen. Offener als Kramář, der in seiner Rhetorik entschieden die Klassenstandpunkte ablehnte, brachte sein Parteikollege Václav Škarda die Haltung der Jungtschechischen Partei in dieser Hinsicht zum Ausdruck, als er auf der 38. Sitzung des Parteiklubs verkündete: „*Wir sind für die Sozialreformen, aber wir müssen immer darauf achten, dass dies zum Wohle des ganzen Volkes geschieht, da wir nicht nur für eine einzige Schicht Politik machen können... Unsere Partei ist eine allnationale Partei. Sie achtet stets darauf, dass alles dem Wohl des gesamten Volkes dient. Wir dürfen freilich nicht verheimlichen, dass unsere Hauptkraft jetzt auf dem städtischen Mittelstand beruht.*"[23] Diese Herangehensweise fand dann selbstverständlich in der praktischen Sozialpolitik ihren Niederschlag. Es verwundert also

[22] *Odpověď československým sociálním demokratům – řeč Dra. Kramáře v Libni 21. května 1911* [Antwort an die tschechoslowakischen Sozialdemokraten – Rede von Dr. Kramář in Libeň am 21. Mai 1911], Praha 1991, S.8.

[23] *XXXVIII. Válná schůze klubu národní strany svobodomyslné – řeči Dra. V. Skardy a Dra. K. Kramáře* [38. Vollversammlung des Klubs der Freisinnigen Nationalpartei], s. A.1911, S. 16–17.

nicht, dass sich sowohl in der Vorkriegsära als auch in der Zwischenkriegszeit soziale Maßnahmen zum Wohle dieser Schichten (vornehmlich die Altersversicherung privater Arbeitnehmer bzw. Gehaltsrechnungen öffentlich Beschäftigter) des eminenten Interesses Kramářs und seiner Partei erfreuten.

Der ausgeprägte tschechische Nationalismus Kramářs führte zu einer Unterstützung der finanziellen Forderungen im Ressort Schulwesen (verständlicherweise für tschechische Schulen).[24] Von Beginn an – seitdem er im Jahre 1891 das Parkett des Reichsrates betreten hatte – artikulierte Kramář in seiner Abgeordnetentätigkeit sozialreformerische Forderungen relativ häufig.[25] Gerade in dieser Zeit war Kramář dem Anschein nach auf dem Feld der Sozialpolitik zudem der aktivste Politiker und zuweilen vertrat er in diesen Fragen ziemlich radikale Einstellungen. Damals verteidigte Kramář steuerliche Erleichterungen beim Bau von Arbeiterwohnungen und er kämpfte für eine progressive Besteuerung der Einkommen und Erbschaften. Ein Jahr später, im Frühling 1892, erläuterte Kramář klipp und klar seine Motive in einer Rede vor seinen Wählern aus Hořitz: *„Wir werden nicht vergessen, dass wir eine reine Volksnation sind, wir werden nicht vergessen, dass wir so viele Arbeiter und kleine Gewerbetreibende haben – und nirgends einen Überfluss an Reichtum… Wir müssen sozial sein und wir müssen auch für eine soziale Gerechtigkeit eintreten.“*[26] Im Jahre 1893 verteidigte Kramář die Notwendigkeit einer Besitzumverteilung vor Studenten in Železný Brod noch deutlicher: *„Sie müssen im Herzen fühlen, dass die Untersten – der arme Arbeiter, der kleine Bauer, der Handwerker, kurz alle, die unter der Bürde des Existenzkampfes leiden, – Ihre Brüder sind, denen geholfen werden muss, deren Einbindung muss auch zu Lasten aller verbessert werden… Wir müssen dafür Sorge tragen, dass es ihnen besser geht…, damit ihre materielle Lage verbessert werde, und dann wird es die tschechische*

[24] Nähere Angaben siehe *První ministerský předseda ČSR – Dr. Karel Kramář* [Der erste Ministerpräsident der ČSR – Dr. Karel Kramář], Praha 1938, S. 6–7.

[25] Eine kurze Übersicht hierzu bei Sísová, M.: *Život a dílo* [Leben und Werk]. In: *Dr. Karel Kramář – K šedesátým narozeninám* [Dr. Karel Kramář – Zum 60. Geburtstag], Praha 1920, S. 60f.

[26] Zitat nach Lustigová, Martina: *Karel Kramář – První československý premiér* [Karel Kramář – der erste tschechoslowakische Premierminister], Praha 2007, S. 56.

Arbeiterschaft sein, die nicht den deutschen Arbeitgebern ausgeliefert und uns entfremdet sein wird, sondern im Gegenteil, sie wird eine feste, breite Basis unseres nationalen Lebens.“[27]

Dies klingt wie eine platte, rhetorische Wende, die wir in den Quellen in einem gehäuften Maß antreffen, so dass „die tschechische Frage für Kramář zugleich eine soziale Frage war“.[28] Damit wird jedoch viel über die Ausgangspunkte von Kramářs sozialpolitischen Vorstellungen gesagt. Kramář und die Jungtschechen traten von Anfang an für eine radikale Erweiterung des Wahlrechts ein, wenngleich sich mit dem Aufkommen neuer Parteien in den 1890er-Jahren das politische Kapital, das die Jungtschechen aus dem allgemeinen Wahlrecht zu ziehen vermochten, wesentlich verringerte. Deren permanenter Hinweis auf eine Allnationalität diente der Unterstützung der Wahl- und Sozialreformen. Am stärksten ausgeprägt zeigte sich diese Tatsache offenkundig in den neunziger Jahren des 19. Jahrhunderts, als die Jungtschechen – in Konkurrenz zu den Sozialdemokraten – noch nicht völlig auf die Erlangung der Hegemonie unter der Arbeiterschaft verzichteten. Die Appelle an die Allnationalität und die Negierung der Bedeutung der klassenmäßigen Differenzierung der Gesellschaft zu Gunsten eines nationalistischen Credos von einer einheitlichen Nation verblieben im Arsenal der politischen Rhetorik – auch im Falle der nationalen Demokratie in der Zwischenkriegszeit.

Es verwundert daher keineswegs, dass (nicht allein) aufgrund des radikalen Nationalismus Kramářs Standpunkt zum Marxismus von Beginn an kritisch war und auch während seines gesamten Lebens kritisch blieb. Kramář entwickelte eine schematische Schwarz-Weiß-Kontraposition des marxistischen Materialismus gegen den nationalistischen Idealismus.[29] Der Auffassung, dass die soziale Frage vor allem bzw. ausschließlich eine Verbesserung der Lebensbedingungen der Arbeiterklasse beinhalte, trat Kramář stets mit dem bereits erwähnten nationalen Argument entgegen.[30]

[27] Ebenda, S. 62.

[28] Vgl. u. a. *Dr. Karel Kramář – K šedesátým narozeninám* [Dr. Karel Kramář – Zum 60. Geburtstag], Praha 1920, S. 60f.

[29] Vgl. Vencovský, František: Karel Kramář – život a dílo [Karel Kramář – Leben und Werk], Praha 1992, S. 44.

[30] Ebenda, S. 44.

Auch wenn Kramář sich in der Lage zeigte mit den Sozialdemokraten in der praktischen Politik ohne Schwierigkeiten zusammenzuarbeiten, änderte dies nichts an dem fundamentalen Gegensatz in den ideologischen Ausgangspunkten. Die Grundlage für diesen Unterschied bildete die Frage einer Möglichkeit der Überwindung der grundlegenden Kontradiktion des Kapitalismus zwischen Kapital und Arbeit. Für Kramář und die Jungtschechen ließ sich dieser Gegensatz im Rahmen der bestehenden Ordnung mit Hilfe von partiellen Sozialreformen lösen.[31]

Im Jahre 1920 wandte sich Kramář im tschechoslowakischen Parlament hämisch an die Adresse der Sozialdemokraten: „Meine Reden haben Sie unter der Arbeiterschaft in hunderttausenden Exemplaren verbreitet". Daraufhin ereilten ihn aus den Reihen der Abgeordneten Zurufe: „Damals haben Sie auch anders darüber gedacht!" oder „Damals sind Sie ein Realist gewesen!". Kramář entgegnete darauf betroffen: *„Aber ich bin meinen Idealen nicht untreu geworden...*"[32] Darin hatte er recht. Die Auffassungen, die sich Kramář in sozialpolitischen Fragen bei seinem politischen Reifeprozess angeeignet hatte, wurden von ihm im weiteren Verlauf niemals mehr revidiert. Konstanten in seinen sozialpolitischen Ansichten wurden zum einen die Betonung der Notwendigkeit eines staatlichen Eingriffs (und damit die Leugnung primärer Selbsthilfe), die Forderung nach modernen Sozialmaßnahmen (d. h. eine Ablehnung des traditionellen Modells der Armenhilfe)[33] in Form einer obligatorischen Versicherung, der Vorzug der nationalen Identität des Einzelnen vor der Klassenidenti-

[31] Vgl. Škarda, Václav: *Národní strana svobodomyslná a její program* [Die Freisinnige Nationalpartei und deren Programm], Praha 1897, S. 88–94.

[32] *Stenografické protokoly RNS* [Stenographische Protokolle der Revolutionären Nationalversammlung], Zeitraum 1918–1920, 109. Sitzung, 22. Januar 1920.

[33] Die Vorzüge der Versicherungsschemen gegenüber der traditionellen Armenhilfe waren: In der Versicherung sind die Empfänger gezwungen einen Beitrag für das System zu leisten (Versicherung), die ständische Differenzierung ermöglichte die Beibehaltung des sozialen Status des Versicherten im Falle eines sozialen Ereignisses. Während die Armut erst im Moment des sozialen Abstiegs des Einzelnen eintrat, bildete die Versicherung ein standardisiertes System von Präventionen gegen die unerwünschten Folgen eines solchen Absturzes. Vgl. Heidenheimer, Arnold J. – Flora, Peter (eds): *The Development of Welfare States in Europe and America*, New Brunswick 1987, S. 87.

tät und die Unterstützung partieller (keineswegs jedoch oberflächlicher) Sozialreformen.

An die jungtschechischen sozialpolitischen Konzeptionen aus der Zeit vor dem Ersten Weltkrieg knüpfte in der Zwischenkriegszeit die Nationaldemokratische Partei kontinuierlich an. Als unbestrittenem Repräsentanten des rechten Flügels im politischen Spektrum während der Zwischenkriegszeit in der Tschechoslowakei wird ihr für gewöhnlich eine Feindschaft gegenüber jedweden großzügigen sozialpolitischen Programmen angehängt. Im übrigen würde die Losung des ersten tschechoslowakischen Finanzministers, Alois Rašín, „Arbeiten und sparen" dies nur bestätigen. Dennoch erweist sich diese Sicht als sehr einseitig. Die Nationaldemokraten und Kramář zeigten sich bereit, vielfach sehr radikale sozialpolitische Reformen zu unterstützen, wenngleich ihre Motivation häufig eine völlig andere war als die derjenigen, die sie vorschlugen. Kramář selbst widmete sich in den obersten Vertretergremien der Sozialpolitik – im Vergleich zur Ära seiner politischen Anfänge in den 1890er-Jahren – nur sehr wenig. Größere Aktivitäten entwickelte er vor allem in den Fragen einer Systematisierung der Löhne von Beschäftigten im öffentlichen Dienst. In den Reihen der Partei wuchsen junge Politiker heran, die sich der Sozialpolitik mit weitaus größerem Interesse widmeten, vor allem der bereits erwähnte Karel Engliš oder Josef Matoušek. Während der Erstgenannte innerhalb der Partei langwierige Konflikte austragen musste, die schließlich im Jahre 1925 mit seinem Abschied und der Rückgabe des Abgeordnetenmandats endeten, gehörte Matoušek bis in die 1930er-Jahre zum engsten Führungskreis der Partei um František X. Hodáč.

In den unmittelbaren Folgejahren nach dem Ersten Weltkrieg erwies sich für die nationale Demokratie eine sehr wohlwollende Haltung zu Sozialreformen als kennzeichnend. Daran ändert auch die Tatsache nichts, dass die Partei die politischen Richtungen vereinte, für die sich auch bei bestem Willen nur sehr schwer eine gemeinsame Sprache finden ließ. In die neue Tschechoslowakei traten die Staatsrechtlichen (Nationalen) Demokraten nicht mit einem klar definierten Sozialprogramm ein. Bereits der Parteitag der Jungtschechen im Oktober 1917 hatte beschlossen, „dass sich jetzt bei der völligen Unsicherheit, wie sich die Weltwirtschaftsverhältnisse entwickeln werden, keine genauen Wirtschafts- und Sozialprogramme machen lassen ... gerade die Folgen des Weltkrieges werden uns die Pflicht weit reichender Sozialreformen auferlegen."[34] Hierbei blieb es auch im Zeitraum unmittelbar nach Ende des Ersten Weltkrieges.

Wenn wir einen Blick auf das im März 1919 verabschiedete Parteiprogramm werfen, enthält dies in sozialpolitischen Fragen lediglich allgemeine Proklamationen. Die Vorbereitungen für das Kapitel „Wirtschafts- und Sozialprogramm" verliefen nicht ohne innerparteiliche Auseinandersetzungen, in denen sich die konservativsten Ökonomen mit Jan Kaloušek an der Spitze (mit dem in dieser Frage auch Rašín sympathisierte) mit den Auffassungen des weiter links angesiedelten Karel Engliš stritten. Schließlich setzten sich auf dem Parteitag die Ansichten Engliss durch. Das Programm bekannte sich zu den Prinzipien der Marktwirtschaft, in deren Rahmen es allerdings zu einer gerechteren Gewinnverteilung kommen sollte. Dabei rechnete man auch mit einer Bodenreform und vor allem – was sich unter diesem Aspekt als grundsätzlich erweist – mit der Einführung bzw. Vollendung einer Sozial-, Unfall-, Kranken-, Alters- und Invaliditätsversicherung.[35] Im Programm wurde auch die Möglichkeit einer Vergesellschaftung von Großeigentum eingeräumt, was jedoch nur auf den ersten Blick überraschend erscheint.

Wenngleich diese Partei nämlich nach 1918 zu den konsequentesten Verfechtern des Prinzips des Privateigentums gehörte (ein Ruf, den sie sich auch in den Folgejahren bewahrte), bedeutete dies nicht, dass sie von diesem programmatischen Postulat unter keinerlei Umständen abweichen würde. Die Tatsache, dass sich die Nationaldemokraten z. B. bereit zeigten die Sozialisierungsforderungen der Linken zu verteidigen, ist zum einen lediglich auf den ersten Blick paradox, zum anderen tauchte diese Haltung keineswegs zum ersten Mal auf. Bereits im Jahre 1908 hatten die Sozialdemokraten die tschechischen bürgerlichen Parteien verspottet, weil diese zu „einer Verstaatlichung der Gruben im nordböhmischen Kohlenrevier (aufgerufen hatten), wenngleich diese sich nicht im Besitz des tschechischen

[34] *Desetiletí Československé národní demokracie* [Ein Jahrzehnt Tschechoslowakische Nationaldemokratie], Praha 1929, S. 11.

[35] Zum Inhalt des Programms und den Umständen seiner Entstehung vgl. ČECHUROVÁ, Jana: *Sociální programy politické reprezentace českých buržoázních kruhů po vzniku Československa* [Die Sozialprogramme der politischen Repräsentation bürgerlicher Kreise nach der Entstehung der Tschechoslwoakei], AUC – Philosophica et Historica 3, Studia Historica I, 1998, S. 120–122.

Kapitals befinden".[36] Und die gleiche Logik führte die Nationaldemokraten in den zwanziger und dreißiger Jahren auch trotz einer Verteidigung des Privateigentums und des Unternehmertums dazu, dass sie sich einer Sozialisierung nicht pauschal verschlossen. Ihre Motivation war dennoch grundlegend verschieden von derjenigen der Linken. Während für die Sozialisten die Verstaatlichung der Betriebe ein Mittel zur Überwindung der Kontradiktion von Kapital und Arbeit darstellte, die sie als Grundlage der kapitalistischen Wirtschaft ansahen, bildete sie für die Nationaldemokraten ausschließlich ein Mittel für die Stärkung des Volkes im Sinne eines wirtschaftlichen Nationalismus.[37] Und die Vorstellungen Karel Kramářs unterschieden sich in dieser Hinsicht nur unwesentlich.[38] Zu einer Zeit jedoch, als im Parlament die Frage der Verstaatlichung am stärksten diskutiert wurde, verhielt sich Kramář in dieser Frage außerordentlich zurückhaltend. In dieser Richtung bekannte Kramář zu Beginn des Jahres 1920: *„Ich möchte nicht, dass der Gedanke, sei er nun sozial oder nicht sozialistisch, durch missglückte Experimente kompromitiert werde, wie dies im Bolschewismus geschieht. Mir scheint, wie vielen anderen auch, dass die Menschheit in der Tat zu einer Verstaatlichung schreitet. Aber, meine Herren, Sie können eine Sozialisierung nicht dadurch erreichen, dass sie irgendwelche Gesetze durchpeitschen, sondern nur, wenn Sie das Volk und die Nation zu einer Verstaatlichung erziehen. Erst wenn jeder weiß, dass er eine Arbeit als seine vornehmliche Bürgerpflicht ausüben muss, erst dann werden wir für eine Sozialisierung reif sein. Aber glauben Sie, dass wir schon heute hierfür reif sind? Gestatten Sie, dass ich hiergegen protestiere."*[39]

[36] *Kdo jsou národní dělníci?* [Wer sind die nationalen Arbeiter?], Praha 1908, S. 8.

[37] Vgl. u. a.: „... im Staat finden wir überzeugende Beweise für eine Notwendigkeit einer Industriereform in Richtung Überführung großer Industriebetriebe in tschechische Hände oder zumindest unter tschechische Kontrolle." *Znárodnění průmyslu v sever. Čechách* [Die Verstaatlichung der Industrie in Nordböhmen], Národní zájmy 5, Nr. 6, 8. Februar 1924. Vgl. auch Engliš, Karel: *Naše hospodářská a sociální práce* [Unsere wirtschaftliche und soziale Arbeit], Praha 1919, S. 11–14.

[38] Vgl. *Řeči a projevy předsedy prvé vlády československé, dr. Karla Kramáře* [Reden und Ansprachen des Vorsitzenden der ersten tschechoslowakischen Regierung, Dr. Karel Kramář], Praha 1935, S. 83.

[39] *Stenografické protokoly RNS 1918–1920* [Stenographische Protokolle der Revolutionären Nationalversammlung], 109. Sitzung, 22. Januar 1920.

Ähnlich wie im Falle der Verstaatlichungen führte der wirtschaftliche Nationalismus die Nationaldemokraten auch zur Unterstützung einiger Streikmaßnahmen von Arbeitern, insofern diese gegen deutsche Arbeitgeber gerichtet waren. So sympathisierten die Nationaldemokraten z. B. im Jahre 1932 mit dem Streik in Brüx (Most): „*Der heutige Bergarbeiterstreik unterscheidet sich von früheren dadurch, dass es dem Bergbau nicht um irgendwelche pekunären Vorteile geht, sondern um weitaus höhere Werte, um Attribute der Humanität. Das, was von Seiten der deutschen Gesellschaften kam, war eine ununterbrochene Kette zynischer Provokationen und vorsätzlicher Reizungen nicht allein der Bergarbeiter, sondern der ganzen tschechischen Gesellschaft… Trotz der Tatsache, dass der Staat diesen Ausländern das Recht einräumte seinen Besitz zu plündern und sich auf dem hiesigen Boden zu bereichern, verspüren die Gesellschaften keinerlei Dank gegenüber dem Staat, sondern reihen sich in die Front seiner Feinde ein. Unter stiller Zustimmung der staatlichen Behörden sabotieren die deutschen Gesellschaften das Gesetz und halten sich nicht an die Verpflichtungen, die sie mündlich übernommen haben… wir sagen offen, dass dieser Streik uns durch seine sittliche Grundlage sympathisch ist…*“[40] Doch auch dies stellte kein Novum dar. Die Jungtschechen zeigten für gewöhnlich ihre Bereitschaft den Streiks von Arbeitern auch in jenen Fällen ihre Unterstützung zu gewähren, in denen diese in der Regie nationalistischer Arbeiter standen. Der Sozialdemokrat Václav Šturc bekannte in seinen Erinnerungen, auch wenn er sich der wahren Motivation in den Handlungen der Jungtschechen bewusst war, dass (mit Blick auf den Bergarbeiterstreik in Kladno im Jahre 1889) die Nationalzeitung „*sehr wertvolle Dienste für die Bergarbeiter (leistete), da die öffentliche Meinung, die früher gegen jede Art einer Arbeiterrevolte war, zugunsten der Arbeiter umschlug.*“[41]

Bereits innerhalb der beiden ersten Monate der Existenz des neuen tschechoslowakischen Staates besaßen die Staatsrechtlichen (Nationalen) Demokraten die Möglichkeit zu demonstrieren, inwieweit sie bereit waren, ihre programmatischen Proklamationen hinsichtlich sozialer Refor-

[40] *Zápas o ujařmené lidství* [Der Kampf um die unterjochte Humanität], Krušnohorský obzor 7, Nr. 14, 2. April 1932.

[41] Šturc, Vaclav: *Moje vzpomínky po 20 letech* [Meine Erinnerungen nach 20 Jahren], VI. Teil, Praha s. a., S. 19.

men umzusetzen. Damals wurden gesetzliche Festlegungen zur Unterstützung im Falle der Arbeitslosigkeit (Nr. 63/1918 Gesetzessammlungen) sowie das Gesetz über den Acht-Stunden-Arbeitstag (Nr. 91/1918 Gesetzessammlungen) verabschiedet. Beiden Gesetzen erteilten die Nationalen Demokraten trotz zahlreicher Einwände schließlich ihre Zustimmung. Kramář selbst bekannte zwei Jahre später, an die Adresse des zweiten Gesetzes gerichtet, klar und eindeutig: *„Ich bin für den Acht-Stunden-Arbeitstag, da ich glaube, dass dies eines der besten Mittel ist, um die Hyperproduktion zu drosseln, da wir wissen, dass Überproduktion zu einer Kolonialpolitik, zum Imperialismus und zum Weltkrieg geführt hat.“*[42]

Das Entgegenkommen der Nationaldemokraten lässt sich nicht allein mit einer allgemeinen Euphorie aufgrund der neu errungenen nationalen Selbständigkeit begründen. Ebenso kann deren Haltung nicht ausschließlich im Rahmen des politischen Pragmatismus bewertet werden, als ob sie sich in der stark radikal links geprägten Atmosphäre in den Jahren 1918–1920 lediglich durch eine soziale Rhetorik bemüht hätten, ein entsprechendes politisches Kapital zu ziehen und eine Unterstützung durch die Wähler zu gewinnen. Den Hauptgrund können wir vielmehr in der programmatischen Kontinuität, der Anknüpfung an den jungtschechischen Liberalismus erblicken. Wenngleich die Nationaldemokraten also die Nachkriegsreformen nicht entschieden sabotierten, bemühten sie sich doch zugleich den entsprechenden sozialen Radikalismus zu korrigieren. Diese Politik eräuterte Kramář selbst am 20. Dezember 1918 lapidar in der Revolutionären Nationalversammlung: *„Wir werden für die sozialen Aufgaben große Summen benötigen; wir dürfen in diesen Dingen nicht kleinlich sein, da wir auch hierbei vor allem vorangehen müssen, wohl nicht deshalb, um vor der Welt zu prahlen, dass wir ungewöhnlich demokratisch und sozial sind, sondern die Zusammensetzung unseres Volkes zwingt uns hierzu…“ Postwendend fügte er jedoch hinzu: „Es versteht sich von selbst, dass wir nichts tun dürfen, was durch die Lösung dieser sozialen Frage allzu einseitig unserer Produktionskraft schaden würde…“*[43]

[42] *Stenografické protokoly RNS 1918–1920* [Stenographische Protokolle der Revolutionären Nationalversammlung], 109. Sitzung, 22. Januar 1920

[43] Sís, Vladimír (ed.): *Dr. Karel Kramář, Zivot – dílo – práce vůdce národa* [Dr. Karel Kramář, Werk – Leben – Arbeit als Volksführer]. Praha 1936, S. 211.

Seit Beginn der 1920er-Jahre lässt sich ein Rückgang des sozialreformerischen Enthusiasmus bei den Nationaldemokraten feststellen. In dem oben zitierten Text bemerkt Z. Sládek – an die Adresse des II. Parteitags der Nationaldemokraten gerichtet, der im März 1922 stattfand, – dass sich die Parteiführung mit Kramářs Aussagen von ihren jugendlichen sozialreformerischen Ideen distanziert und sich zu einer konservativen Politik bekannt habe.[44] Diese Feststellung bedarf einer gewissen Präzisierung. Sichtbarster praktischer Ausdruck der angeführten Linie war Alois Rašíns radikal aufgefasste Deflationspolitik, die eine Massenarbeitslosigkeit hervorrief, da sie die Exportmöglichkeiten der einheimischen Industrie unterband, die in existentieller Abhängigkeit zur Ausfuhr stand. Zugleich formulierte der II. Parteitag eine klare sozialpolitische Agenda, aus diesem Grunde lässt er sich nicht als irgendeine augenblickliche radikale Wende beschreiben. Im Gegenteil: Man kann eher von einem Beginn eines allmählichen und langwierigen Prozesses sprechen.

Den Höhepunkt der sozialpolitischen Bemühungen in der jungen Republik bildete zweifellos das Gesetz Nr. 221/1924 (Gesetzessammlungen) über die Versicherung der Beschäftigten im Krankheits-, Invaliditäts- und Altersfall. Die Nationaldemokraten griffen in dessen Vorbereitung aktiv ein. Deren Vorschläge hinsichtlich der Grundlinien übertrafen schließlich – aus Sicht des personellen Umfangs der Sozialversicherung – bei weitem die Version, die die Nationalversammlung am Ende verabschiedete. Kramář selbst plädierte auch für eine Versicherung von Personen, die nicht in einem Lohnverhältnis standen. Diese Forderung hatte im übrigen zum traditionellen Kanon sozialpolitischer Forderungen der Jungtschechen bereits vor dem Ersten Weltkrieg gehört.[45] Kramářs Namen finden

[44] Sládek, Zdeněk: *Československá národní demokracie* [Die tschechoslowakische Nationaldemokratie]. In: Jiří Malíř – Pavel Marek u. a.: *Politické strany. Vývoj politických stran a hnutí v českých zemích a Československa 1861–2004* [Die politischen Parteien. Die Entwicklung der politischen Parteien und Bewegungen in den böhmischen Ländern und in der Tschechoslowakei 1861–2004]. Teil 1: 1861–1938, Brno 2005, S. 597.

[45] Vgl. *Bez invalidního a starobního pojištění živnostnictva ani dělnictva* [Ohne Invaliditäts und Altersversicherung der Gewerbetreibenden und der Arbeiterschaft], Živnostenské rozhledy 4, Nr. 2, 13. Januar 1921.

wir auch unter einer der Abgeordneteninterpellationen aus dem Jahre 1921, die den Minister für Sozialhilfe ausdrücklich auffordert, er möge ein „auf modernen Grundsätzen der Sozialversicherung beruhendes" Gesetz ebenfalls für selbständige Landwirte vorlegen.[46] Das entsprechende Gesetz wurde dann auch wirklich – wenngleich mit vierjähriger Verspätung – verabschiedet (Gesetz Nr. 148/1925, Gesetzessammlungen – Über die Versicherung selbständig wirtschaftender Personen). Allerdings wurde das Gesetz nicht in die Tat umgesetzt, was aus der Retrospektive als größtes Versagen der tschechoslowakischen Sozialpolitik in der Zwischenkriegszeit erscheint.

Erst nach der Verabschiedung dieser Gesetze kommt es zu einem evidenten Bruch in der Sozialpolitik der Nationaldemokraten. Diese Einstellung unterstrich in beredter Form Josef Matoušek im Jahre 1925 in seiner Übersicht zur sozialpolitischen Tätigkeit seiner Partei: „*Heute jedoch, wenn wir die vollbrachte Arbeit im Bereich der Sozialpolitik überblicken…, werden wir notwendigerweise in Erwägung ziehen müssen, dass, wollen wir unter den gegebenen Umständen im gleichen Tempo und in einer Richtung wie bisher voranschreiten, es erforderlich ist, unserer nationalen Volkswirtschaft […] den notwendigen Atem zu verschaffen und auch wir erproben können, wie sich die bisherigen Reformen bewähren. Dies alles müssen wir erst zu Leben erwecken, und es wird sicherlich auch im Interesse der Arbeiterschaft und im Interesse der Produktion sein, wenn wir jetzt in erster Linie unsere Aufmerksamkeit dieser Arbeit widmen, damit die verabschiedeten Reformen auch wirklich denjenigen zugute kommen, für die sie gedacht waren, ohne dass sie die Konkurrenzfähigkeit unserer Produktion erschüttern.*"[47]

Aus Sicht des sozialpolitischen Programms der Nationaldemokratie kann der verbreiteten Ansicht über die schrittweise Umwandlung der Nationaldemokratie zu einer konservativen Partei mit einer imaginären

[46] *Interpelace Nr. 1392 ze dne 26. ledna 1921* [Interpellation Nr. 1392 vom 26. Januar 1921], Abgeordnetenkammer der Nationalversammlung der Tschechoslowakischen Republik, 1920–1925.

[47] Matoušek, Josef: *Jak si čsl. Národní demokracie uplatňovala svůj sociálně reformní program* [Wie die Tschechoslowakische Nationaldemokratie ihr soziales Reformprogramm umsetzte], Praha 1925, S. 10–11.

sozialpolitischen Barrikade bestätigt werden. Im Verlaufe der zwanziger Jahre begann sich nämlich deren Charakter sichtbar zu verändern. Zu Beginn der Republik profilierte sie sich zu einer allnationalen Partei und repräsentierte ein breites Spektrum von Wählern mit Blick auf deren soziale Zusammensetzung. Die Nationaldemokratie orientierte sich auf die „städtischen Schichten" (im breiteren Wortsinn) – von den Großunternehmern über die Intelligenz (freie Berufe, Beamtentum, Lehrerschaft) bis hin zu kleinen Gewerbetreibenden.

Mit der Zeit verwandelte sich die Nationaldemokratie in eine Partei des Großkapitals, was notwendigerweise zu einer Abnahme der Unterstützung einkommensschwächerer Schichten der Bevölkerung führte. Dies zeigte sich in der Praxis zum einen in der engen Verschmelzung der Partei mit dem Konzern der Gewerbebank sowie dem wachsenden Einfluss der Technokraten, die häufig als „industrieller Flügel" bezeichnet wurden und schließlich in der Partei einen dominierenden Einfluss gewannen. In der Zeit, als in der Tschechoslowakei die große Wirtschaftskrise ausbrach, kamen immer mehr Determinanten zum Vorschein, die zu einer zunehmenden Marginalisierung der Nationaldemokratie führten. Angesichts der Tatsache, dass die oberste Parteiführung sich in der Wirtschaftspolitik auch nach Rašíns Tod im Jahre 1923 zu einer Politik des hohen Wertes der tschechoslowakischen Krone bekannte und nach 1930 umstrittene konservative Mittel zur Lösung der Wirtschaftskrise präferierte, erscheint es logisch, dass wir stärker ausgeprägte soziale Reformtendenzen eher nur in Reihen der innerparteilichen Opposition finden, die jedoch nur schwer einen effektiven Einfluss auf politische Entscheidungen zu erreichen vermochte (wenngleich es sich um die Jugendorganisation, die sog. Parteilinke und K. Engliš in den 1920er-Jahren oder später die Gruppe „Demokratische Mitte" handelte). Als typisch erweist sich in dieser Hinsicht auch Kramář selbst, der in der Zeit des Höhepunkts der Wirtschaftskrise lediglich den „Weg Rašíns", eine auf hohem Wert basierende Krone sowie eine radikale Sparpolitik im Haushalt empfahl.[48]

[48] *Řeč, kterou bych chtěl promluviti, kdybach mohl do sněmovny* [Eine Rede, die ich halten würde, sofern ich in die Abgeordnetenkammer dürfte], Národní listy 74, Nr. 69, 11. März 1934.

Gerade in diesem zuletzt genannten Punkt können wir auch eine gewisse Tragik Kramářs oder vielleicht noch mehr der gesamten Nationaldemokratie erblicken, die sich in einer Zeit ungeahnter Wirtschaftsprobleme nicht in der Lage zeigten, in der Sozial- und Wirtschaftspolitik eine wie auch immer geartete progressivere Alternative zu den Konzeptionen zu bieten, auf die man sich bereits lange vor dem Ersten Weltkrieg berufen hatte.

DIE SOZIALE FRAGE IN DEN ANSICHTEN UND IN DER TÄTIGKEIT DES MÄHRISCHEN JUNGTSCHECHEN VÁCLAV ŠÍLENÝ

Jiří Malíř

Es wurde bereits vor geraumer Zeit und an anderer Stelle konstatiert[1], dass die Habsburgermonarchie in der wirtschaftlichen Entwicklung in der zweiten Hälfte des 19. Jahrhunderts zwar in erheblichem Umfang hinter dem hoch entwickelten Westeuropa zurückblieb, andererseits erzielte sie beachtliche Erfolge, und zwar auch im Vergleich zu Deutschland und weiteren ökonomisch entwickelten Staaten Europas. Diese relativ erfolgreiche Reaktion auf die durch die schrittweise Industrialisierung und die Modernisierung hervorgerufene Notwendigkeit, die unaufschiebbare soziale Frage zu lösen, war in Österreich ein Werk nicht allein der Nationalökonomen und Pioniere neuer ökonomischer Theorien – sei es nun aus den Reihen des Kathedersozialismus (Albert Schäffle), der österreichischen Schule (Karl Menger, Eugen von Böhm-Bawerk) oder aber des Sozialismus und Marxismus (Karl Kautsky) – sondern stellte insbesondere das gemeinsame Bemühen einer Reihe öffentlich tätiger Einzelpersonen dar, die die konkreten zeitgenössischen sozialen Probleme zu reflektieren verstanden und die vorteilhafte konkrete Maßnahmen für deren Umsetzung in der Praxis suchten. Zu diesen Persönlichkeiten gehörte auch der heute bereits nahezu unbekannte Politiker, Nationalökonom und Anwalt JUDr. Václav Šílený (15. 9. 1849 – 9. 9. 1911).[2]

[1] Janák, Jan: *Příčiny vzniku předlitavské sociální správy* [Die Ursachen der Entstehung der cisleithanischen Sozialverwaltung]. Brno 1970.

[2] Ausführlicher zu Šílený und zur Literatur über diesen vgl. Kučera, Radek: *Václav Šílený*. In: Osobnost v politické straně [Die Persönlichkeit in der politischen Partei]. Hrsg. von Pavel Marek. Olomouc 2000, S. 125–138; Kučera Radek: *JUDr. Václav Šílený a jeho činnost na moravském zemském sněmu ve světle dobových souvislostí* (magisterská dipl. práce FF MU) [Václav Šílený und seine Tätigkeit im Mährischen Landtag im Lichte des zeitgenössischen Kontexts (Magisterarbeit an der Philosophischen Fakultät der Masaryk-Universität]. Brno 2001; Malíř, Jiří: *Šílený Václav*. In: „Österreichisches biographisches Lexikon 1815–1950. Hrsg. von der Österreichischen Akademie der

Die Gründe warum Šílený es verdient, ihm nicht allein als Anwalt und Politiker Aufmerksamkeit zu schenken, sondern auch als Verfechter sozialer Reformen, liegen in seiner langjährigen und vielseitigen Tätigkeit und seinem Wirken auf dem Gebiet der Sozialproblematik begründet. Seit Beginn der 1870er-Jahre interessierte sich Šílený nämlich für die zeitgenössischen sozialen Probleme, studierte Reformkonzepte, die diese Probleme hätten vermindern können, und er bemühte sich als Publizist, Organisator zahlreicher Interessensverbände und schließlich auch als Politiker und Abgeordneter des Mährischen Landtags (1896–1911) sowie als Abgeordneter des Abgeordnetenhauses des Reichsrats in Wien (1897–1907) um deren Durchsetzung. Eine gewisse Empfänglichkeit für die soziale Frage brachte Šílený bereits aus der Kindheit mit, zumal er nach seiner Geburt im Jahre 1849 in Kolence bei Wittingau (Třeboň) in Böhmen in der großen und unbemittelten Familie eines Bauern aufwuchs, zu der neben Václav selbst noch weitere zehn Geschwister gehörten. Zahlreiche Anlässe zur Vertiefung des Interesses am zeitgenössischen öffentlichen und sozialen Geschehen erhielt Šílený im Verlaufe seines Gymnasiumsbesuches in Budweis (České Budějovice) und Neuhaus (Jindřichův Hradec) in den Jahren 1861–1869 und insbesondere während seines Studiums an der Rechts- und Staatswissenschaftlichen Fakultät der Universität Wien (1869–1874),[3] wo gerade in dieser Zeit, wenn auch nur sehr kurz, Albert Eberhard Friedrich Schäffle (1831–1903) wirkte, der als Mitbegründer des deutschen Kathedersozialismus bezeichnet wird.[4] Schäffle war im Jahre 1868 von Tübingen einem Ruf für eine Professur an der Wiener Universität gefolgt und hielt nicht allein vor Universitätsstudenten Vorlesungen, sondern auch für die

Wissenschaften. 57. Lieferung. Wien 2004, S. 266–267; Ders.: *Advokát: příklad JUDr. Václava Šíleného* [Der Advokat: Das Beispiel des JUDr. Václav Šílený]. In: Fasora, Lukáš – Hanuš, Jiří – Malíř, Jiří (Hrsg.): Člověk na Moravě 19. století [Der Mensch in Mähren im 19. Jahrhundert]. Brno 2004, S. 79–110. Vgl. darüber hinaus Moravský zemský archiv [Mährisches Landesarchiv], Sign. G 68, Karton 62, Materiál životopisný [biographisches Material]

[3] Archiv der Universität Wien, Fond Nationalia. Für die Zusendung von Kopien zur Studienevidenz von V. Šílený danke ich dem Archivmitarbeiter Dr. Johannes Seidl.

[4] Schäffle, Albert Eberhard Friedrich: *Z mého žití* [Aus meinem Leben], Bd. 1. Praha 1911, S. 157–167, 171–185; *Geschichte der Wiener Universität von 1848 bis 1898*. Wien 1898, S. 173–174.

Öffentlichkeit, die er vor allem durch seine Kritik der „reinen kapitalistischen Gesellschaftsordnung“ und durch seine sozialreformerischen Vorstellungen für sich einnahm. Diese Vorlesungen bildeten nachfolgend die Grundlage für seine bekannte Schrift „Kapitalismus und Sozialismus mit besonderer Rücksicht auf Geschäfts- und Vermögensformen“, die im Jahre 1870 in Tübingen erschien und durch ihre Kritik sowohl der liberalen kapitalistischen Auffassung der Entwicklung der Gesellschaft als auch der Lassalleschen und Marxschen Lehre großes Aufsehen erregte, nicht zuletzt auch durch die Betonung, die Schäffle bei der Suche nach Reformmitteln zur Beseitigung der negativen Auswirkungen der Großproduktion auf das Genossenschaftswesen sowie Interessenvereinigungen legte. Im Jahre 1871 wurde Schäffle Handelsminister in der Regierung Hohenwart und sein Wirken an der Universität Wien fand damit ein Ende, doch seine Ansichten wirkten weiter, insbesondere nach dem Ausbruch der Wirtschaftskrise im Jahre 1873.

Die Anfänge von Šílenýs Interesse an der sozialen Frage (1870–1881)

Das Interesse Šílenýs an der sozialen Frage entstand nicht allein im Zusammenhang damit, wie er sich bestimmte theoretische Konzepte zur Lösung der konkreten sozialen Probleme aneignete, sondern auch wie er insgesamt die sich dynamisch verändernden sozialen und politischen Verhältnisse wahrnahm. Šílenýs Einstellungen in der ersten Phase seines öffentlichen Wirkens, das noch in die Zeit seiner Wiener Studien (1869–1874) zurückreicht sowie die Ausübung der Anwalts- und Gerichtspraxis (1874–1881), formierten sich in den bewegten Zeiten nach dem österreichisch-ungarischen Ausgleich aus dem Jahre 1867. Das öffentliche Geschehen in den böhmischen Ländern war damals stark durch den Kampf um das Staatsrecht, eine demonstrativ zur Schau getragene passive Resistenz der tschechischen Abgeordneten im Böhmischen und Mährischen Landtag sowie im Reichsrat, die als Prostest angelegte „Tábor-Bewegung“ sowie nachfolgend die Persekution der tschechischen Nationalbewegung gekennzeichnet. Die Unruhe setzte sich auch nach dem Misserfolg des böhmisch-österreichischen Ausgleichs von 1871 fort, als wiederum in Mähren der Widerstand der tschechischen Öffentlichkeit gegen die Taktik der passiven

Resistenz zunahm, der die mährischen Politiker zu einer Rückkehr sowohl in den Mährischen Landtag (1873) als auch ins Wiener Parlament (1874) führte, und zwar fünf Jahre eher als im Falle der Abgeordneten aus Böhmen. Zugleich handelte es sich im gesamtösterreichischen Maßstab um eine Zeit, als die liberale Ära des Gründerkapitalismus und des spontanen Unternehmertums mit all ihren positiven und negativen Folgen, die vom Schock nach dem Krach an der Wiener Börse im Jahre 1873 und der nachfolgenden Wirtschaftskrise abgelöst wurde. Die sozialen Probleme dieser hektischen Entwicklung der Gesellschaft erwiesen sich als umso unaufschiebbarer,

In diesen bewegten Zeiten, als in die staatsrechtlichen sowie national geprägten politischen Kämpfe auch in Mähren immer breitere Schichten der Bevölkerung einbezogen wurden, avancierte auch die anwachsende Arbeiterbewegung zu einem Objekt der nationalen Mobilisierung. Die Aktivisten der tschechischen Nationalbewegung, die selbst durch ihre Herkunft und ihre Stellung häufig nicht weit von den unteren Gesellschaftsschichten entfernt waren, erblickten bereits seit dem Ende der 1860er-Jahre in der Arbeiterschaft ein bedeutendes Potential für die Durchsetzung der tschechischen nationalen Bemühungen. Sie organisierten daher sog. „Tábory", Volksversammlungen, nahmen aktiv an Zusammenkünften der Arbeiter teil, verteidigten einige der Arbeiterforderungen und besuchten häufig auch die Gründungsveranstaltungen von Arbeitervereinen. Dieses Bemühen, die Arbeiterschichten für die nationalen tschechischen Ziele zu gewinnen, die auch durch das unverhohlene Bemühen, die trostlosen sozialen Verhältnisse der Arbeiterschaft zu verbessern, begleitet wurden, erhielten nach dem Antritt der konservativen Regierung Taaffe im Jahre 1879, die ähnlich wie Bismarck in Deutschland einige umfangreichere soziale Reformen durchführte, einen neuen Impuls.

Šílenýs Interesse an den sozialen Problemen seiner Zeit zeigte sich in den 1870er-Jahren vor allem in seiner aktiven publizistischen, organisatorischen und der Vereinstätigkeit. Seine journalistischen Aktivitäten waren anfänglich mit der Tageszeitung *Stimmen aus Mähren* in Brünn verbunden, seit 1872 dann mit dem Blatt *Našinec* (Der Unsrige) in Olmütz und nach Šílenýs Eintreffen in Brünn im Jahre 1875 mit der Tageszeitung *Občan* (Der Bürger), die in der mährischen Kapitale erschien. Šílený wurde noch als junger Student der Rechte im Jahre 1870 durch Wilhelm Kienberger, den ersten Hauptredakteur der neu gegründeten und in deutscher Sprache erscheinenden Tageszeitung *Stimmen aus Mähren* (1870–1872) für die Publizistik gewonnen.[5] Šílený arbeitete danach eng mit dem Tageblatt auch unter dem Chefredakteur Karel V. Jelen zusammen.[6] Die Zeitung wurde von führenden Repräsentanten der Národní strana (Nationalpartei) und auch von den konservativen Großgrundbesitzern unterstützt und vertrat ein föderalistisches Programm, für das es auch gemäßigte Deutsche zu gewinnen suchte. Trotz ihres insgesamt konservativen und katholischen Charakters befasste sich die Zeitung auch mit der sozialen und Arbeiterproblematik, und dies insbesondere in den Rubriken „Spolky a tisk" (Vereine und Presse) sowie „Národní hospodář" (Der Nationalökonom).

Durch die Zusammenarbeit mit der Brünner Zeitung begann für Šílený ein lebenslanges Wirken in Mähren, wohin es von Wien aus, wo Šílený studierte, näher war als bis in das heimatliche Böhmen. Aus diesem Grunde wurde Šílený auch Mitglied einer Korrespondentenagentur, die in Brünn im Jahre 1870 der Redakteur der *Stimmen aus Mähren*, Karel V. Jelen, sowie der Beamte im Landesausschuss, Kuneš Kunz, zu Gunsten der tschechischen und deutschen föderalistischen Presse gegründet hatten. Šílený geriet noch während seiner Wiener Studienzeit in das Zentrum des gesellschaftlichen und politischen Geschehens in Mähren.

Auch wenn Šílený nach Beendigung seines Studiums im Verlaufe der Gerichts- und Anwaltspraxis in den Jahren 1874–1875 mehrfach seine Wirkungsstätte änderte und sich in Olmütz, Prag, Ungarisch Hradisch und schließlich in Brünn aufhielt, entwickelte er seine öffentlichen Aktivitäten anfänglich vornehmlich in der „zweiten Hauptstadt" Mährens, in Olmütz. Nachdem die Brünner Tageszeitung *Stimmen aus Mähren* ihr Erscheinen eingestellt hatte, begann Šílený seit 1872 eine Zusammenarbeit mit der Olmützer Zeitung *Našinec* (1869–1948), die er letztendlich für kurze Zeit auch redigierte. Der *Našinec* propagierte damals unter der Redaktion von Josef Černoch oppositionelle freigeistige Gedanken und trat gegen die von

[5] Okáč, Antonín: *Osudy brněnského listu „Stimmen aus Mähren" 1870–1872* [Das Schicksal der Brünner Zeitung „Stimmen aus Mähren" 1870–1872]. Vlastivědný věstník moravský 34, 1982, S. 178–189.

[6] Hýsek, Miloslav: *Literární Morava v letech 1849–1885* [Das literarische Mähren in den Jahren 1849–1885]. Praha 1911, S. 221.

der tschechischen Národní strana (Nationalpartei) durchgesetzte Taktik einer passiven Opposition für eine aktive Politik im Landtag ein. Šílený zeigte sich im *Našinec* als Fachmann, Propagandist und Unterstützer von Vorschusskassen mit begrenzter Haftung nach dem Vorbild von Hermann Schulze-Delitzsch. Er geriet damit in eine Polemik mit der Zeitung *Pozor* (Achtung), die – mit Jan Rudolf Demel im Vordergrund – im Gegensatz hierzu zu den Verfechtern von Vorschusskassen mit begrenzter Haftung zählte. Diese wurden nach dem Gründer von volksnahen Kreditgenossenschaften in Deutschland, Friedrich Wilhelm Raiffeisen und seines tschechischen Nachfolgers František Cyril Kampelík häufig „Raiffeisenbanken" oder „Kampelíkbanken" genannt.[7]

Šílený dehnte seine Aktivitäten bei der Propagierung der genossenschaftlichen Selbsthilfe, die einen großen Widerhall insbesondere in den Reihen der unter Kreditmangel leidenden Bauernschaft in Mittelmähren, im Verlaufe seines Wirkens in Olmütz auch um eine organisatorische Tätigkeit in den örtlichen Vereinen unter der Arbeiterschaft aus. Er wurde Mitglied der *Občanská beseda* (Bürgerverein), des führenden Vereins der Olmützer Tschechen. Bald jedoch wurde er hier ausgeschlossen, da er sich als Geschäftsführer des Vorbereitungsausschusses und schließlich als Geschäftsführer des gewählten Komitees des *Český politický spolek* (Tschechischer Politischer Verein) – gegründet am 15. 4. 1873 – aktiv am Aufbau dieses organisatorischen Zentrums der Olmützer Jungtschechen beteiligte.[8] In Mähren, wo die jungtschechische Opposition nur über schwache Position verfügte und sich erst fast zwanzig Jahre später als in Böhmen (1874) zu einer Partei (1891) konstituierte, zählte der Verein neben dem *Český politický spolek* in Brünn (gegr. 1872) zusammen mit den Vereinen in Prerau (Přerov), Prossnitz (Prostějov), Frankstadt am Radhošt (Frenštát p. R.), Kremsier (Kroměříž) und Trebitsch (Třebíč) zu den einzigen

[7] Wenzl, František: *Dějiny záložen a ostatního družstevního podnikání na Moravě do roku 1885* [Die Geschichte der Vorschusskassen und des übrigen genossenschaftlichen Unternehmertums in Mähren bis zum Jahre 1885]. Praha 1937, S. 95.

[8] Janák, Jan: *Vznik prvních politických organizací moravské buržoazie počátkem 70. let 19. století* [Die Entstehung der ersten politischen Organisationen der mährischen Bourgeoisie zu Beginn der 1870er-Jahre]. Sborník matice moravské (künftig: ČMM) 80, 1961, S. 204–226.

jungtschechisch ausgerichteten Vereinen, die in den Jahren 1872–1874 agierten.[9]

Der Olmützer *Politický spolek* zeigte – ähnlich wie sein Brünner Pendant – von Beginn an Interesse an der Arbeiterfrage, um die Arbeiterschaft für die nationale Sache zu gewinnen. In Olmütz hatte gerade Šílený hieran einen großen Verdienst, in Brünn der Advokat Wolfgang Kusý, wobei beide damals eng zusammenarbeiteten. W. Kusý widmete als Vorsitzender des Brünner Vereins der Arbeiterschaft große Aufmerksamkeit.[10] Während Kusý, in dessen Anwaltspraxis Šílený dann seit November 1875 als Konzipient arbeitete, bei der Lösung der Arbeiterfrage von den traditionell allgemein freigeistigen Positionen ausging, wenn er für die Arbeiterschaft einen Zugang zur Bildung und die Gewährung politischer Rechte – vor allem das Wahlrecht – und später die Einrichtung von Arbeiterkammern forderte, setzte Šílený von Beginn an direkt auf das organisatorische und geistige Agieren unter der Arbeiterschaft.[11] Šílený orientierte zu Beginn direkt auf

[9] Ebd.; Čurda, Jan: *Český politický spolek v Brně 1872–1911* [Der Tschechische Politische Verein in Brünn 1872–1911]. ČMM 124, 2007, S. 101–140.

[10] Bei der Konstituierung des Vereins am 1. 9. 1872 verkündete er: „Die Arbeiterfrage wird täglich mehr internationaler; schon sind alle Freunde der Menschheit hiervon überzeugt, dass sich die große Gefahr für die ganze Gesellschaft hinter der so genannten Arbeiterfrage verbirgt, nur diesmal wird sich alles zum Guten wenden, wenn die ganze Gesellschaft mit großer Anstrengung die Rechte und wohltätigen Opfertaten anpackt. Hier ist kein Platz für Überlegungen zur Arbeiterfrage. Nur soviel muss hervorgehoben werden, dass zur ausgiebigsten Hilfe, die die Gesellschaft den Arbeitern schuldig ist, die Gewährleistung der Schul- und Berufsbildung sowie der Bereitstellung anderer Mittel und Bildungseinrichtungen und schließlich die Gewährung der politischen Rechte, insbesondere des Wahlrechts, gehört." *Z politického spolku v Brně* [Aus dem Politischen Verein in Brünn]. Moravská orlice 1 (10), Nr. 44 vom 5. 9. 1872, S. 3.

[11] Neben Kusýs Eintreten für die Einführung des allgemeinen Stimmrechts (u. a. auf dem Volks-„Tábor" bei Rossitz [Rosice] am 9. 7. 1871 und in ähnlicher Weise am 1. 9. 1872 auf der bereits erwähnten Versammlung des Tschechischen Politischen Vereins in Brünn) vgl. insbesondere dessen Rolle bei der Übergabe einer Petition von 337 Brünner Arbeitern, die die „Abschaffung des bisherigen Wahlprivilegs und die Einführung des allgemeinen Wahlrechts für die Vertreterkörper" forderten und die Kusý als Reichsratsabgeordneter am 19. 11. 1875 letzterem erläuterte und damit erreichte, dass die Petition einem besonderen Reichsratsausschuss übergeben wurde.

das organisatorische und ideologische Wirken unter der Arbeiterschaft. Im Jahre 1873 engagierte er sich beim Aufbau des *Slovanský dělnický spolek* (Slawischer Arbeiterverein) in Olmütz, zu dessen Gründung er selbst den Anstoß geliefert hatte. Dank seines Zutuns wurde der Verein auch später kein Bestandteil der Sozialdemokratie, sondern er kooperierte dauerhaft mit den übrigen tschechischen Vereinen.[12]

Šílenýs Aktivitäten in Olmütz endeten jedoch im Jahre 1875, zumal durch das Zutun von W. Kusý, zum damaligen Zeitpunkt bereits Abgeordneter, Šílený im Jahre 1875 nach Brünn übersiedelte, wo er nach Beendigung seines Praktikums am Landgericht seit November 1875 bis 1880 als Konzipient in dessen Anwaltskanzlei arbeitete. Nach seiner Ankunft in Brünn wirkte Šílený dann bis zum Jahre 1880 in der Redaktion der oppositionellen Zeitung *Občan* (Der Bürger), die in den Jahren 1870–1871 in Prossnitz erschienen war und seit 1872 in Brünn herauskam und um die sich junge mit dem Jungtschechentum sympathisierende Advokaten (B. Hoppe, W. Kusý, J. Tuček, B. Janků) scharrten. Insbesondere durch Šílenýs Verdienst befasste sich der *Občan* mit rechtlichen und nationalökonomischen Fragen sowie mit der Arbeiterproblematik, der bereits eine eigenständige Rubrik unter dem Titel „Věstník dělnický" (Arbeiter-Anzeiger) gewidmet war.[13]

Stenographische Protokolle über die Sitzungen des Hauses der Abgeordneten des österreichischen Reichsrathes, VIII. Session, V. Band (138. bis 170. Sitzung). Wien 1876, S. 5141–5142 und 5172–5173. In ähnlicher Weise initiierte Kusý auf der Versammlung des Brünner Vereins vom 11. 1. 1885 eine Resolution, die neben der Einführung des allgemeinen Wahlrechts die Einrichtung von Arbeiterkammern forderte. Moravský zemský archiv (künftig: MZA), B 13, Karton 302, Nr. 202/85; *Veřejná schůze lidu v Brně* [Eine öffentliche Volksversammlung in Brünn]. Moravská orlice 14 (23), Nr. 9 vom 13. 1. 1885, S. 1–2. Vgl. des weiteren Malíř, Jiří: *Mähren und die Frage der Einführung des allgemeinen Wahlrechts (1848–1907)*. In: Modernes Wahlrecht unter den Bedingungen eines Vielvölkerstaates: Hundert Jahre allgemeines Wahlrecht in Österreich. Wien (im Druck).

[12] Wolf, Karel: *Památník Slovanského dělnického spolku olomuckého na oslavu dvacetiletého působení 1872–1892* [Denkschrift des Slawischen Arbeitervereins anlässlich der Feier des zwanzigjährigen Wirkens 1872–1892]. Olomouc 1892. In: MZA, G 68, Karton 60, Nr. 186.

[13] Ausführlicher hierzu vgl. Kolejka, Josef: *České národně politické hnutí na Moravě v letech 1848–1874* [Die tschechische nationalpolitische Bewegung in Mähren in den

Die soziale Frage in Šílenýs Publizistik (1881–1895)

Die zweite Etappe mit Blick auf Šílenýs Interesse an sozialen und wirtschaftlichen Fragen bilden dessen journalistisches Wirken in dem vierzehntäglich erscheinenden Monatsblatt *Sekretář* [Der Sekretär] (1881–1895) in Brünn sowie seine Aktivitäten in zahlreichen Vereinen und Korporationen. Im tschechischen Milieu in Mähren gehörte diese Zeitschrift, seit 1884 unter dem Titel *Česko-moravský národní hospodář a samosprávný věstník* (Böhmisch-mährischer Nationalökonom und autonomer Anzeiger) erschienen, zu den Pionieren nationalökonomischer Journalistik und wurde hier zu einem der Hauptverbreiter neuer Auffassungen zur Lösung der wirtschaftlichen und sozialen Probleme der Gesellschaft.[14] An der Herausgabe beteiligte sich neben Šílený insbesondere JUDr. Jan Sovadina, Beiträge lieferten damals bedeutende tschechische Politiker und Nationalökonomen – K. Adámek, A. Bráf, J. Fořt, J. Kaizl, I. Hořica, B. Pacák, T. Jiroušek u. a.

Die Herausgabe des *Sekretář* fiel in eine Zeit des allgemeinen Aufschwungs der tschechischen Gesellschaft, die jedoch auch weiterhin keine wirklichen ökonomischen Eliten hervorbrachte und die lange Zeit den wirtschaftlichen Vorsprung der mährischen Deutschen nicht aufzuholen und das Handicap einer „unvollständigen" Gesellschaft zu überwinden vermochte. Besonders spürte Šílený das Bedürfnis einer systematischen Arbeit auf wirtschaftlichem und sozialem Gebiet, als er in den Jahren 1884–1894 zahlreiche Länder bereiste (Deutschland, Frankreich, Belgien, Russland, Italien, Türkei, Rumänien sowie den gesamten Balkan) und sich dort mit den Verhältnissen in den einzelnen Gebieten Europas vertraut machte.

Im *Sekretář* informierten Šílený und seine Mitarbeiter deshalb über den Zustand der Wirtschaft, die Lösung der sozialen Probleme sowie die

Jahren 1848–1874]. In: Brno v minulosti a dnes, 2, 1960, S. 301–371, besonders S. 349–359, 367–369.

[14] Vgl. das Programm der Zeitschrift: *Co chceme* [Was wir wollen]. Sekretář I, Nr. 1, 15. 2. 1881, S. 1; *Národohospodářské jubileum* [Das nationalökonomische Jubiläum]. Lidové noviny IV, Nr. 222 vom 27. 9. 1896, S. 2. Zur Zeitschrift vgl. des weiteren Pernes, Jiří: *Česká buržoazie a dělnické hnutí na Moravě v 80. letech 19. století* [Die tschechische Bourgeoisie und die Arbeiterbewegung in Mähren in den achtziger Jahren des 19. Jahrhunderts]. ČMM 99, 1980, S. 19–39, hier insbesondere S. 20–21.

soziale Stellung der Arbeiterschaft in anderen Ländern der Welt[15], zugleich brachten sie Nachrichten über die sozialen Probleme der einzelnen Schichten der tschechischen Gesellschaft (Gewerbetreibende, Bauernschaft und Intelligenz)[16] und boten zugleich Informationen über verschiedene Maß-

[15] Svoboda, V.: *Jak který stát k ochraně svých dělníků přispívá I-III* [Wie welcher Staat zum Schutz seiner Arbeiter beiträgt I-III]. Sekretář I, Nr. 5 vom 15. 4. 1881, S. 72–73; Nr. 6, 1. 5. 1881, S. 85–86; Nr. 7 vom 15. 5. 1881, S. 102–104; Ders.: *Mezinárodní zákonodářství dělnické* [Die internationale Arbeitergesetzgebung]. Ebd., Nr. 11 vom 15. 7. 1881, S. 165; Šílený, Václav: *Hospodářství na Rusi* [Die Wirtschaft in Russland]. Česko-moravský národní hospodář a samosprávný věstník VI (III), Januar 1886, S. 1–7; Ders.: *Stěhování a kolonisace* [Migration und Kolonisierung]. Ebd. X, Januar 1890, S. 21–28; *Sociální otázka ve Spojených státech* [Die soziale Frage in den Vereinigten Staaten]. Ebd. IV (I), 1884, Februarheft, S. 121–125; *Boycottisování čili osamocování jako nový prostředek boje dělnictva proti podnikatelům* [Boykottisierung bzw. Isolierung als neues Mittel im Kampf der Arbeiterschaft gegen die Unternehmer]. Ebd. V. (II), 1885, Augustheft, S. 455–473; Tesář, Hugo: *Zákonodářství francouzské v příčině dělníků* [Die französische Gesetzgebung im Falle der Arbeiter]. Ebd. VI (III), Dezemberheft 1886, S. 589–709; *Zřízení dělnických kolonií a naturálních stravovacích stanic v Německu* [Die Errichtung von Arbeiterkolonien und Natural-Versorgungsstationen in Deutschland]. Ebd. V. (II), Aprilheft 1885, S. 119–128; Popelka, Benjamin: *Dělnická otázka v Americe* [Die Arbeiterfrage in Amerika]. Ebd. VI (III), Oktoberheft 1886, S. 591–593.

[16] Šílený, Václav: *Organiziace živnostníků a nově založený „Ústřední spolek pro živnostníky na Moravě“* [Die Organisation der Gewerbetreibenden und der neu gegründete „Zentrale Verein für Gewerbetreibende in Mähren“]. Sekretář 1, Nr. 9 vom 15. 6. 1881, S. 129–130; *Ústřední spolek pro živnostníky na Moravě*. Ebd., Nr. 11 vom 15. 7. 1881, S. 161–162; Šílený, Václav: *Pomoc živnostnictvu* [Hilfe für die Gewerbetreibenden]. Česko-moravský národní hospodář, samosprávný věstník XIII, 1894, Nr. 11, S. 223–236; Bouček, Jiří: *Dozorcové živnostenští* [Gewerbliche Aufseher]. Ebd. IV (I), Märzheft 1884, S. 129–151; Šílený, Václav: *Z čeledního řádu* [Aus der Gesindeordnung]. Sekretář 1, Nr. 20 vom 1. 11. 1881, S. 314; Ders.: *Nucené spolky rolnické* [Erzwungene Bauernverbände]. Česko-moravský národní hospodář a samosprávný věstník IV, 1884, Februarheft, S. 97–105; Ders.: *Důchodiny a výměnek* [Renten und Ausgedinge]. Ebd. XIII, 1894, Nr. 12, S. 249–251; Ders.: *Rolnictvo v národním hospodářství I-II* [Die Bauernschaft in der Nationalökonomie I-II]. Ebd. XV, 1895, Nr. 22, S. 339–341 sowie Nr. 24, S. 370–372; *Poměry stavu rolnického na Moravě a několik poznámek o nápravách* [Die Lage des Bauernstandes in Mähren sowie einige Bemerkungen über Abhilfen]. Ebd. V. (II), Dezemberheft 1885, S. 689–709. Ders.: *Falešné heslo o vzdělaném proletariátu* [Die falsche Losung vom gebildeten Proletariat]. Sekretář I, Nr. 10, 1. 7. 1881, S. 145–146.

nahmen und Gesetze, die zu einer Verbesserung der Bedingungen für die wirtschaftliche Entwicklung beitrugen.[17] Hand in Hand mit der vor allem für die Mittelschichten der tschechischen Gesellschaft bestimmten Entwicklung der wirtschaftlichen und nationalökonomischen Bildung wurden sodann in der Zeitschrift systematisch auch brennende zeitgenössische soziale Probleme der Arbeiterschaft verfolgt – etwa teure Lebensmittel, Arbeitslosigkeit und Landstreicherei – und Informationen über verschiedene Maßnahmen oder Reformentwürfe geboten, die diese Probleme vermindern sollten, etwa die Reform Heimatrechts, die Einrichtung von Zwangsarbeitsanstalten und Versorgungsstationen, einer Sozialversicherung, Entwürfe zur Gründung von Arbeiterkammern u. ä.[18]

[17] Ders.: *Jak se koná stavební řád* [Wie die Bauordnung erfolgt]. Sekretář I, Nr. 22, 1. 12. 1881, S. 353–355; Ders.: *Nový druh silnic* [Eine neue Art von Straßen]. Česko-moravský národní hospodář a samosprávný věstník V, Februar 1885, S. 105–106; Ders.: *O regulativu spořitelním* [Über ein Sparkassenregulativ]. Ebd. VII (IV), November 1887, S. 625–638; Ders.: *Jak upraviti právní poměry veřejného statku* [Wie die Rechtsverhältnisse öffentlichen Guts zu regeln sind]. Ebd. VIII, November 1888, S. 648–653; Růžička, A.: *Proti lichvě* [Gegen den Wucher]. Sekretář I, Nr. 22, 1. 12. 1881, S. 353–355.

[18] Polák, Př.: *Pojišťování dělníků* [Die Versicherung der Arbeiter]. Sekretář I, Nr. 3 vom 15. 3. 1881, S. 34–35; Svoboda, V.: *Dělnické statistické úřady. Slovo k dělnické otázce* [Die Arbeiter-Statistikbehörden. Ein Wort zur Arbeiterfrage]. Ebd., Nr. 8, 1. 6. 1881, S. 113–114; Němec, Jiří: *K otázce potravní* [Zur Lebensmittelfrage]. Ebd., Nr. 10, 1. 7. 1881, S. 146–148 und Nr. 11, 15. 7. 1881, S. 166–167; *Studie o poměrech dělníků v severních Čechách* [Eine Studie zu den Verhältnissen der Arbeiter in Nordböhmen]. Ebd., Nr. 18–19, 15. 10. 1881, S. 294; *Pokusy svépomoci mezi dělnictvem* [Versuche der Selbsthilfe unter der Arbeiterschaft]. Ebd, Nr. 21 und 23, 1. 12. 1881, S. 338–341, und Nr. 24, 15. 12. 1881, S. 372–374; Bráf, Albín: *Oprava domovského práva* [Eine Korrektur des Heimatortsrechts]. Česko-moravský národní hospodář a samosprávný věstník IV (I), 1884, Februarheft, S. 65–97; Adámek, Karel: *Řešení otázky dělnické* [Die Lösung der Arbeiterfrage]. Ebd., Septemberheft, S. 524–542; Ders.: *Upravení práce dělníkův* [Die Regelung der Arbeit für Arbeiter]. Ebd., Oktoberheft, S. 569–601; Ders.: *O vychování a vzdělání dorostu dělnického a řemeslnického* [Über die Erziehung und Bildung des Nachwuches der Arbeiter und Handwerker]. Ebd., Novemberheft 1884, S. 633–652; Ders.: *Řešení otázky dělnické* [Die Lösung der Arbeiterfrage]. Ebd., V (IV), 1885, Juliheft, S. 324–342; Ders.: *Pojišťování dělníkův* [Die Versicherung der Arbeiter]. Ebd., VI (III), 1886, Juliheft, S. 377–399; Ders.: *Společenstva pojišťování dělníkův proti úrazům* [Die Versicherungs-Genossenschaften

Für diese Aktivitäten Šílenýs mit Blick auf soziale Fragen, die zuweilen auch die Form einer direkten Hilfe für Bedürftige annahmen[19], erwies es sich in den 1880er-Jahren als wichtig, dass die Versuche einer legislativen Lösung einiger sozialer Probleme gerade in dieser Zeit in Österreich sowie in Mähren neue Impulse erhielten. Der Höhepunkt der Industriellen Revolution und die ungestüme Entfaltung der kapitalistischen Produktion führten im letzten Drittel des 19. Jahrhunderts zu grundlegenden wirtschaftlichen Veränderungen, die in elementarer Weise die gesamte Gesellschaft in der Habsburgermonarchie prägten. Die sozialen Folgen dieses Prozesses betrafen vor allem die ständig wachsende Masse einer Industriearbeiterschaft, deren soziale Stellung sich im Ergebnis häufiger ökonomischer Schwankungen und Depressionen als sehr labil erwies. Ein bedeutender Teil dieser Schicht war permanent von einem Abstieg

der Arbeiter gegen Unfälle]. Ebd., Augustheft, S. 441–459; Ders.: *Finanční upravení společenstev na pojišťování dělníkův proti úrazům* [Die finanziellen Regelungen der Genossenschaften zur Versicherung der Arbeiter gegen Unfälle]. Ebd., Septemberheft, S. 507–527; Jiroušek Zlichovský, Tomáš J.: *Socialismus v přítomnosti* [Der Sozialismus in der Gegenwart]. Ebd., Aprilheft, S. 213–221; *Chudinství* [Armut]. Ebd., Maiheft, S. 269–277; *Poměry dělnické na Moravě* [Die Lage der Arbeiter in Mähren]. Ebd., S. 283–287; *Zřízení naturálních stravovacích stanic na Moravě* [Die Einrichtung von Natural-Versorgungsstationen in Mähren]. Ebd., VII, 1887, Dezemberheft, S. 736–741; *Zřízení čtyř nových robotáren na Moravě* [Die Einrichtung von vier neuen Zwangsarbeitsanstalten in Mähren]. Ebd., S. 741–744; Stránsky, Adolf: *O dělnických osadách* [Über Arbeitersiedlungen]. Ebd., IV (I), Februarheft 1884, S. 21–33; Rozkošný, František: *Jakých právních prostředků mohou upotřebiti obce proti osobám chudým, kteréž pracovati mohou, avšak pracovati nechtějí* [Welche rechtlichen Mittel können Gemeinden gegen arme Personen anwenden, die arbeiten können, jedoch nicht arbeiten wollen]. Ebd., IV (I), Februarheft, 1884, S. 33–45; Bráza, S. A.: *Nový zákon na zamezení tuláctví* [Ein neues Gesetz zur Begrenzung der Landstreicherei]. Ebd., V (II). Maiheft 1885, S. 267–273; Popelka, Fr. L.: *Donucovácí pracovny a polepšovací ústavy* [Zwangsarbeitsanstalten und Besserungsheime]. Ebd., VI (III), 1886, Januarheft, S. 30–37; Kummer, Josef: *Dělnické komory* [Arbeiterkammern]. Ebd., Novemberheft, S. 658–672; Vorel, Jan: *Právo na práci* [Das Recht auf Arbeit]. Ebd., XV, 1. Oktober 1895, Nr. 19, S. 290.

[19] Šílený verteidigte als junger Anwalt z. B. im Jahre 1881 zwölf Arbeiter aus Prossnitz, die der Geheimbündlerei sowie der Verbreitung unerlaubter Literatur beschuldigt wurden. *Přelíčení proti dělníkům* [Eine Gerichtsverhandlung gegen Arbeiter]. Sekretář 1, Nr. 1, 15. 2. 1881, S. 11.

in die Reihen der Reservearmee der Arbeitslosen bedroht, die eine Quelle der Verbreitung der Armut, der Landstreicherei, des Bettelwesens, der Kriminalität und überhaupt der sozialen Unruhe wurde und die zudem zu einer Radikalisierung der Arbeiterbewegung beitrug. Die Folgen der wirtschaftlichen Entwicklung bedrohten jedoch auch die Kleinbauern, die sich sowohl der Konkurrenz großer landwirtschaftlicher Produzenten als auch der Auswirkungen häufiger Agrarkrisen erwehren mussten. Unter ähnlichen Problemen litten auch kleine Gewerbetreibende und Kaufleute, deren wirtschaftliche und soziale Stellung sich im Gefolge des sich erhöhenden Übergewichts der Großproduktion ständig verschlechterte. Die wachsenden sozialen Probleme dieser gesellschaftlichen Schichten wurden zu einem gesamtgesellschaftlichen Problem und schrittweise auch zum Gegenstand der Suche nach Mitteln zu deren Beseitigung oder Minderung.[20] Allerdings besaßen diese einen repressiven Charakter und lösten nicht die Ursachen der sozialen Probleme der pauperisierenden Schichten, sondern reagierten lediglich auf einige ihrer negativen Folgen. Ein Beispiel hierfür war das Reichsgesetz gegen Landstreicherei aus dem Jahre 1873, das gegen die negativen Bestandteile des sog. Vagabundierens gerichtet war, oder die Walz der Arbeit wegen, doch es betraf nicht allein „Leute, die Arbeit scheuten", sondern auch Arbeitslose, die Arbeit suchten.[21]

[20] Insgesamt zu den Auswirkungen der wirtschaftlichen Entwicklung auf die sozialen Probleme sowie zu den Anfängen der sozialen Gesetzgebung siehe: *Die Habsburgermonarchie 1848–1918*, Bd. 1. Die wirtschaftliche Entwicklung. Hrsg. von Adam Wandruszka und Peter Urbanitsch. Wien 1973; Brügel, Ludwig: *Die soziale Gesetzgebung in Österreich von 1848 bis 1918.* Wien – Leipzig 1919; Janák, Jan: *Příčiny vzniku* [Die Ursachen der Entstehung]; Martínek, Miloslav: *Přehled vývoje sociálního zákonodárství v českých zemích v letech 1879–1918* [Überblick zur Entwicklung der Sozialgesetzgebung in den böhmischen Ländern in den Jahren 1879–1918]. In: Sborník k dějinám 19. a 20. století. Praha 1976, S. 13–44; Zu den zeitgenössischen Überlegungen vgl. Bráf, Albín: *Ze sociální politiky* [Aus der Sozialpolitik]. In: Albín Bráf. Život a dílo. Díl třetí [Albín Bráf. Leben und Werk. Teil 3]. Hrsg. von Josef Gruber und Cyril Horáček. Praha 1923, S. 125–203.

[21] Janák, Jan: *Rakouský protitulácký zákon z roku 1873 jako pokus o řešení společenských důsledků průmyslové revoluce* [Das österreichische Antivagabundiergesetz aus dem Jahre 1873 als Versuch zur Lösung der gesellschaftlichen Folgen der Industriellen Revolution]. Sborník prací filosofické fakulty brněnské university (künftig: SPFFBU) C 16, 1969, S. 73–102.

Bis zum Beginn der 1880er-Jahre wurden die brennenden sozialen Probleme jedoch weder zu einem Objekt grundlegender legislativer oder administrativer Maßnahmen im Wiener Reichsrat noch im Mährischen Landtag. Dabei gehörte zum Beispiel das als „österreichisches Manchester" bezeichnete Brünn als bedeutendstes Zentrum der Textilindustrie in der Monarchie noch Mitte der achtziger Jahre zu den Städten mit der größten Sterblichkeitsrate in Europa. Die Wirtschaftspolitik der liberalen österreichischen Regierungen beließ die sich verschlimmernden sozialen Probleme der betroffenen Schichten in den sechziger und siebziger Jahren des 19. Jahrhunderts ohne die erforderlichen legislativen Maßnahmen. Deren Lösung blieb somit im Wesentlichen auf die traditionelle Charitas und Selbsthilfe beschränkt, bei der sich vor allem die Kirche (Armenfonds an den Pfarreien), die Gemeindeselbstverwaltung[22], Hilfskassen und Subsidiärvereine engagierten. Die unhaltbare soziale Lage der zahlenmäßig immer weiter wachsenden Arbeiterschaft, insbesondere im Falle von Krankheit oder bei einem Unfall, wurde bis in die 1880er-Jahre nur sehr lasch durch ein zersplittertes und unvollkommenes Netz verschiedenartiger Krankenkassen und Subsidiärvereine abgefedert. Es handelte sich hauptsächlich um Unterstützungskassen, die an einzelnen Industriebetrieben auf der Grundlage des Gewerbegesetzes aus dem Jahre 1859 eingerichtet wurden, sowie um Genossenschaftskassen, die von Genossenschaften der Gewerbetreibenden im Geiste des früheren Zunftsystems gegründet worden waren, und schließlich auch um verschiedene auf Selbsthilfebasis agierende subsidiäre Arbeitervereine, die zumeist auf dem von Schulze-Deliztsch entwickelten Prinzip entstanden.[23] Die übrigen Sozialmaßnahmen der Behörden und parlamentarischen Körperschaften trugen lange Zeit einen vereinzelten und beschränkten Charakter und erwiesen sich

[22] Die einzelnen Gemeinden waren auf der Grundlage des österreichischen Heimatortsrechts verpflichtet, sich auch um jene Kranken, Alten und armen Angehörigen zu kümmern, die den Großteil ihres Lebens andernorts verbracht und dort gearbeitet hatten, zum Beispiel in den Industriezentren. Vgl. Janák, Jan: *Domovské právo ve starém Rakousku a v ČSR* [Das Heimatortsrecht im alten Österreich und in der ČSR]. In: Pocta akademiku Václavu Vaněčkovi k 70. narozeninám. Praha 1975, S. 147–167.

[23] Janák, Jan: *Výpomocné pokladny pro dělnictvo na Moravě v 50.–70. letech 19. století. (K předhistorii sociálního pojištění)* [Die Subsidiärkassen für die Arbeiterschaft in Mähren in den fünfziger bis siebziger Jahren des 19. Jahrhunderts. (Zur Vorgeschichte der Sozialversicherung)]. SPFFBU C 20, 1973, S. 61–101.

als völlig unzureichend.[24] Darüber hinaus nahm man auch auf Landesebene zumeist Repressionen in Kauf und keineswegs die Beseitigung der Ursachen der bedrückenden sozialen Lage der pauperisierenden Schichten. Zu derartigen Maßnahmen gehörte auch die Einrichtung von Zwangsarbeitsanstalten; eine derartige Institution existierte in Mähren (Brünn) bereits seit den sechziger Jahren des 19. Jahrhunderts.[25]

Die Situation im Bereich der sozialen Reformen begann sich nach dem Antritt der konservativen Regierung des Grafen Eduard Taaffe zu ändern, die im Jahre 1879 die bisherigen liberalen Kabinette ablöste und die die Rolle des Staates in wirtschaftlichen und sozialen Belangen stärkte. Der sich verschärfenden Polarisierung der Gesellschaft stellte sich die Regierung Taaffe zum einen durch die legendäre Politik von „Zuckerbrot und Peitsche" entgegen, die gegen die Arbeiterschaft gerichtet war, als man nach dem Vorbild Bismarcks neben repressiven Maßnahmen gegen eine Radikalisierung der Arbeiterbewegung Schutzmaßnahmen für die Arbeiter durchsetzte, zum anderen kam es zur Verabschiedung von Maßnahmen zum Schutze und zur Stärkung der Mittelschichten.[26]

[24] Zum Beispiel die Einrichtung eines Gewerbegerichts in Brünn für Wollfabriken im Jahre 1870, das die erste Institution dieser Art in der Monarchie darstellte. Vgl. Janák, Jan: *Hospodářský rozmach Moravy 1740–1918 [*Die wirtschaftliche Entfaltung Mährens 1740–1918]. Brno 1999, S. 285.

[25] Der Mährische Landtag hatte den Entwurf eines Armengesetzes für Mähren zwar bereits im Jahre 1868 vorgelegt, dieser trat jedoch nicht in Kraft; der neue Entwurf eines solchen Gesetzes wurde in den Jahren 1881–1882 diskutiert, wiederum jedoch kam es nicht zur Verabschiedung. Janák, Jan: *Z počátků moravského sociálního zákonodárství (Vznik institutu stravovacích stanic a jejich frekvence na jižní Moravě)* [Aus den Anfängen der mährischen Sozialgesetzgebung (Die Entstehung der Institution der Versorgungsstationen und deren Frequentierung in Südmähren)]. ČMM 88, 1969, S. 50–72.

[26] Zur Entstehung der Sozialgesetzgebung vgl. Anm. 20 sowie Winter, Lev: *Dělnické zákonodárství rakouské* [Die österreichische Arbeitergesetzgebung]. In: Česká politika IV. Hrsg. von Zdeněk Tobolka, Praha 1911, S. 831–1006; Steindl, Harald: *Wege zur Arbeitsrechtsgeschichte.* Frankfurt am Main 1984; *Handbuch der betrieblichen Altersvorsorge. Arbeitsrecht, Sozialrecht, Steuerrecht.* Hrsg. von Ulrich Rundggaldier und Harald Steindl. Wien 1987; Reulecke, Jürgen: *Frieden zwischen Kapital und Arbeit.* Entwicklungsstufen der bürgerlichen Sozialreform im 19. Jahrhundert. In: Historische Wurzeln der Sozialpartnerschaft. Hrsg. von Gerald Stourzh – Margarete Grandner. Wien 1986, S. 38–52.

Die Grundlage der Arbeiterschutzgesetzgebung in Cisleithanien bildete in den 1880er-Jahren vornehmlich die Einrichtung des Instituts der Gewerbeinspektion (1883), die die Beziehungen zwischen Arbeitgebern und Arbeitnehmern überwachen sollten, des weiteren die Beschränkung der maximalen Arbeitszeit sowie das Verbot der Nachtarbeit für Frauen (1884–1885). Große Erwartungen weckten auch die lange diskutierten Vorschläge zur Einführung einer obligatorischen Unfall- und Krankenversicherung der Arbeiterschaft, die jedoch schließlich lediglich in begrenzter Form verabschiedet wurden – das Gesetz über die Unfallversicherung wurde im Jahre 1887 verabschiedet und trat am 1. 4. 1888 in Kraft, freilich nur für die in Betrieben tätigen Arbeiter, die einer erhöhten Unfallgefahr ausgesetzt waren. Das Gesetz über die Krankenversicherung aus dem Jahre 1888 betraf lediglich die in Industrie und Gewerbe tätige Arbeiterschaft, nicht aber die übrigen von Pauperisierung bedrohten Schichten.

Für die weitere Entwicklung erwies sich als entscheidend, dass in den 1880er-Jahren bei der Lösung der sozialen Frage eher positiv als repressiv ausgerichtete Maßnahmen und Gesetze dominierten und dass hierbei immer mehr ausländische Erfahrungen Berücksichtigung fanden. Dies spiegelte sich auch in den sozialen Reformen wider, die auf der Ebene der einzelnen Kronländer verabschiedet wurden. Auch in Mähren diskutierte man seit den achtziger Jahren neben Fragen einer Kranken- und Unfallversicherung weitere Instrumente im Kampf gegen Arbeitslosigkeit und Armut, die – nach dem Vorbild Englands, der Niederlande oder Preußens – in der Einrichtung von Zwangsarbeitsanstalten, „Natural-Verpflegs-Stationen", Arbeitsvermittlungen und Arbeiterkolonien bestanden.[27]

Die Wirksamkeit von Natural-Verpflegs-Stationen, Zwangsarbeitsanstalten und Arbeiterkolonien in Mähren wurden in den Jahren 1883 und 1884 auf der Grundlage der Nachrichten von Studienreisen durch Preußen und die Niederlande auch im Mährischen Landtag überprüft und diskutiert.[28] Per Entscheid durch den Mährischen Landtag vom 27. 7. 1884 wurden dann in Mähren im Jahre 1889 neben den bestehenden Zwangsarbeitsan-

[27] Janák, Jan: *Z počátků moravského sociálního zákonodárství* [Aus den Anfängen der mährischen Sozialgesetzgebung], S. 57–59.

[28] Stránský, Adolf: *O dělnických osadách* [Über Arbeiterkolonien]. Česko-moravský národní hospodář a samosprávný věstník IV (I), Februarheft 1884, S. 21–33.

stalten in Brünn weitere vier derartige Institutionen in Znaim, Neutitschein (Nový Jičín), Iglau und Mährisch Schönberg (Šumperk) eingerichtet.[29] In ähnlicher Form stimmte der Mährische Landtag am 17. 12. 1885 dem Vorschlag zu, dass für eine Beschäftigung suchende Arbeitslose eine Natural-Verpflegs-Station eingerichtet werden solle, und zwar im südöstlichen Mähren für die Bezirke Nikolsburg (Mikulov) und Göding (Hodonín). Deren Gründung erfolgte jedoch erst 1887, nachdem eine ähnliche Einrichtung in Niederösterreich ihre Arbeit aufgenommen hatte. Kurze Zeit später jedoch, nachdem das Landesgesetz über die Versorgungsstationen am 19. 2. 1888 die kaiserliche Sanktionierung erfahren hatte, entstanden in Mähren in rascher Reihenfolge insgesamt 111 derartige Einrichtungen.[30] Deren Einrichtung war ein Ausdruck für ein aktiveres Herangehen an die soziale Problematik sowie ein differenzierteres Vorgehen in der Frage der Landstreicherei, die lange Zeit eher als eine Folge der Flucht vor der Arbeit denn als Folge unverschuldeter Arbeitslosigkeit angesehen wurde. Die Stationen sollten kurzzeitig ein schützendes Dach sowie eine Verpflegung denjenigen Menschen bieten, die Arbeit suchten, zugleich galt es Informationen über Arbeitsmöglichkeiten in der Region zu liefern bzw. zu vermitteln und somit einen Beitrag zur Verringerung der Arbeitslosigkeit zu leisten.

Die gesellschaftlichen Spannungen suchte die Regierung Taaffe auch mit einer Gesetzgebung zu Gunsten der Kleingewerbetreibenden und der Bauernschaft abzubauen. Sie beschritt hierbei aber nur den Weg eines Abbaus der bisherigen liberal ausgerichteten Gesetzesnormen. Einen Schritt in dieser Richtung stellte die Novelle des Gewerbegesetzes aus dem Jahre 1883 dar, die die liberale Gewerbeordnung aus dem Jahre 1859 korrigierte und neben der Beschränkung des freien Zugangs zu gewerblichen Unternehmungen die gewerblichen Genossenschaften reformierte. Deren Einrichtung sollte obligatorisch sein und ohne die Großunternehmer erfolgen, deren Pflicht bestand in der humanitären Hilfe für die Angehörigen der Genossenschaften, und dies vor allem auf der Basis der Gründung von Krankenkassen und Arbeitsvermittlungen. Der Bauernschaft kam man

[29] *Zřízení čtyř nových robotáren na Moravě* [Die Einrichtung von vier neuen Arbeitszwangsanstalten in Mähren]. Ebd. VII (IV), Dezemberheft 1887, S. 741–744.

[30] JANÁK, Jan: *Z počátků moravského sociálního zákonodárství* [Aus den Anfängen der mährischen Sozialgesetzgebung], S. 67–71.

mit einem Gesetz über die zeitweilige Beschränkung der Teilbarkeit von Gütern aus dem Jahre 1889 entgegen, auf die Minderung der existentiellen Probleme der Mittelschichten orientierten ein Gesetz aus dem Jahre 1881 sowie eine Novelle des Zwangsvollstreckungsgesetzes aus dem Jahre 1887.

Šílený verfolgte diese Reformen und das Maß ihrer Wirksamkeit und machte sich zugleich mit den sozialen Reformen in anderen Regionen der Welt bekannt, er war zudem auch mit den sozialistischen Ideen aus Frankreich und Deutschland mit Blick auf das Recht auf Arbeit vertraut.[31] Insbesondere verfolgte er die Reformen in einigen europäischen Ländern, die die Kranken-, Unfall- und Altersversicherung betrafen, wobei Šílený kritisch ähnliche Auffassungen und Versuche im österreichischen Milieu mit diesen verglich. Die gewonnenen Erkenntnisse bemühte er sich schrittweise anhand der konkreten einheimischen Verhältnisse in Österreich zu applizieren. Er erarbeitete hierzu eigene Vorschläge, die er dann in der Presse und auf Vereinsversammlungen sowie in eigenständigen Broschüren

[31] Materialien hierzu finden sich in dem Nachlass Šílenýs: MZA, G 68, Karton 33, Pojišťování starobní [Altersversicherung]; Karton 34, Pojišťování úrazové [Unfallversicherung]; Poptavárny [Erkundigungen]; Karton 24, Kartely [Kartelle]; Karton 51, Vyvlastnění [Enteignungen]; des weiteren z. B. Drexler, A.: *Das Recht auf Arbeit und die Arbeiterversicherung.* Basel 1894. In: MZA, G 68, Karton 57, Nr. 32; Frankenstein, Kuno: *Bibliographie des Arbeiterversicherungswesens im deutschen Reiche.* Leipzig 1895. In: Ebd., Nr. 42; *Klíč ku výpočtům obligatorní starobní pokladny živnostenské v království českém* [Schlüssel zu den Berechnungen der obligatorischen gewerblichen Alterskasse im Königreich Böhmen]. Pelhřimov 1903. In: Ebd., Karton 58, Nr. 69; Lepař, Bohuš P.: *Holandské kolonie pro žebráky a tuláky* [Holländische Kolonie für Bettler und Landstreicher]. Praha 1890. In: Ebd., Nr. 81; Mischler, Ernst: *Die Armenpflege in den österreichischen Städten und ihre Reform.* Wien 1890. In: Ebd., Nr. 91; Otáhal, Tomáš: *Návrhy a dodatky ku změně vládní předlohy o sociálním pojištění* [Vorschläge und Zusätze zur Veränderung der Regierungsvorlage über die Sozialversicherung]. Olomouc 1908. In: Ebd., Karton 59, Nr. 100; Pilbauer, Rudolf: *K otázce jednotného vybudování dělnického pojišťování* [Zur Frage des einheitlichen Aufbaus einer Arbeiterversicherung]. In: Ebd., Nr. 111; *Programm für die Reform und den Ausbau der Arbeiterversicherung (1904).* In.: Ebd., Nr. 113; *Dejte nám pojištění invalidní i starobní, jakož i také zaopatření vdov a sirotků dělnických.* Dle spisu dra Verkaufa Příspěvěk k pojištování dělnictva [Gebt uns eine Invaliditäts- und Altersversicherung, ebenso auch eine Versorgung der Witwen und Waisen. Nach einer Schrift des Doktors Verkauf „Ein Beitrag zur Versicherung der Arbeiterschaft"]. Praha 1901. In: Ebd., Karton 60, Nr. 181.

propagierte und die er später in der zweiten Hälfte der 1890er-Jahre als tatkräftiger Politiker und Abgeordneter durchzusetzte versuchte.

Im Jahre 1894 publizierte Šílený im *Česko-moravský národní hospodář* eine Serie von Artikeln, in denen er die Alters- und Krankenversicherung (über die Pension für Alte und zur Arbeit nicht fähige Personen) sowie den Anspruch auf Arbeit behandelte, und zwar sowohl aus Sicht der einzelnen gesellschaftlichen Schichten (Gewerbetreibende, Bauern und Arbeiterschaft)[32] als auch übergreifend.[33] Die Mehrzahl dieser Überlegungen gab er nachfolgend mehrfach in eigenständigen Broschüren heraus.[34]

[32] Šílený, Václav: *Pomoc živnostnictvu* [Hilfe für die Gewerbetreibenden]. Českomoravský národní hospodář a samosprávný věstník, Sekretář, XIII, 1894, Nr. 11, S. 223–236; Ders.: *Důchodiny a výměnek* [Renten und Ausgedinge]. Ebd., Nr. 12, S. 249–251.

[33] Ders.: *Všeobecné pojišťování pro případ stáří a neschopnost ku práci I-II* [Eine allgemeine Versicherung für den Fall des Alters und der Arbeitsunfähigkeit I-II]. Ebd., Nr. 18, S. 345–346, und Nr. 19, S. 361–364.

[34] Ders.: *Pro živnostenský program.* a) Pense pro stáří a neschopnost ku práci. b) Nárok na práci. Vyňatek z „Česko-mor. Národního hospodáře" Nr. 11. Pomoc živnostnictvu podává Václav Šílený [Für ein Gewerbeprogramm. A) Pensionen für Alter und Erwerbsunfähigkeit. B) Anspruch auf Arbeit. Auszug aus dem „Böhmisch-mährischen Nationalökonomen" Nr. 11. Hilfe für die Gewerbetreibenden bietet Václav Šílený]. Brno 1894; Ders.: *Pro živnostenský program* (Pense starobní a chorobní – Nárok na práci). Veřejné skladiště v Přerově. Z uveřejných národohospodářských pojednání dr. V. Šíleného [Für ein Gewerbeprogramm (Alters- und Krankenpensionen – Anspruch auf Arbeit). Öffentliches Lager in Prerau. Aus den veröffentlichten Abhandlungen von Dr. Václav Šílený]. Brno 1896; Ders.: *Pro živnostenský program* (Pense starobní a chorobní – Nárok na práci) – Veřejné skladiště v Přerově. Z uveřejných národohospodářských pojednání dr. V. Sileného [Für ein Gewerbeprogramm (Alters- und Krankenpensionen – Anspruch auf Arbeit). Öffentliches Lager in Prerau. Aus den veröffentlichten Abhandlungen von Dr. Václav Šílený]. Řečnická knihovna. Nr. 8, Brno 1901; *Všeobecné pojišťování pro případ staří a neschopnost ku práci.* Dle řečí dra. Václava Sileného (Výňatek z č. 18. a 19. „Česko-mor. Národního hospodáře" z října 1894) [Eine allgemeine Versicherung für den Fall des Alters und der Arbeitsunfähigkeit. Nach den Reden von Dr. Václav Šílený (Auszug aus dem Auszug aus dem „Böhmisch-mährischen Nationalökonomen" vom Oktober 1894]. Brno 1896; *Všeobecné pojišťování důchodů pro případ stáří a neschopnost ku práci.* Dle řečí a článků dra. Václava Šíleného [Eine allgemeine Rentenversicherung für den Fall des Alters und der Erwerbsunfähigkeit. Nach den Reden und Artikeln von Dr. Václav Šílený], 3. ergänzte Auflage. Řečnická knihovna Nr. 5. Tišnov 1900. Vgl. auch MZA, G 68, Karton 14, Nr. 3, 9, 14.

Bei den Überlegungen zur Kranken-, Invaliden- und Pensionsversicherung verwies Šílený insbesondere auf die Erfahrungen mit der kooperativen Krankenversicherung in Deutschland und in anderen europäischen Ländern (Frankreich, England)[35], wo verschiedene Fonds der Sozialversicherung bereits seit längerem mittels Eigenhilfe und kommerziell eingeführt waren, wo jedoch – vor allem in Deutschland – der Staat in diesen Fragen schrittweise die Initiative ergriff. Šílený verwies insbesondere auf das Gesetz aus dem Jahre 1891, mit dem Deutschland zum Prinzip der Einführung einer obligatorischen allgemeinen Krankenversicherung überging.[36] Es blieb nicht allein bei Hinweisen auf die deutschen Vorbilder, sondern Šílený lieferte auch konkrete statistische Angaben über die aktuelle Entwicklung der Kranken- und Pensionsversicherung in Deutschland, die er als Besucher der Weltausstellung im Jahre 1900 in Paris erhalten hatte.[37] Šílený kritisierte die unzureichenden Maßnahmen in Österreich, wo das Gesetz über die eingetragenen Krankenkassen vom 16. 7. 1892 (Gesetz Nr. 202) diese Frage weiterhin der Eigenhilfe überließ und darüber hinaus für die Entwicklung der kooperativen Versicherung keinen ausreichenden Platz schuf. Šílený legte dar, warum es auch in Österreich notwendig sei, dass der Staat – gegebenenfalls auch einzelne Kronländer – die Organisation der Alters- und Krankenversicherung auch für eine Gewährleistung der Arbeit für Arbeitslose übernehme.[38] Šílený kritisierte dabei die Laxheit der österreichischen Regierung, die ihm zufolge *„jede moderne soziale Reform im Sumpf des Großkapitalismus ertränke“*.[39] Šílený verwies dabei auf

[35] Šílený, Václav: *Všeobecné pojišťování důchodů pro případ stáří a neschopnost ku práci* [Eine allgemeine Versicherung für den Fall des Alters und der Arbeitsunfähigkeit]. Česko-moravský národní hospodář a samosprávný věstník XIV, 1894, Nr. 19, S. 363.

[36] Ebd., Nr. 18, S. 345 und Nr. 19, S. 361–362.

[37] Šílený, Václav: *Všeobecné pojišťování důchodů pro případ stáří a neschopnost ku práci.* Dle řečí a článků dra. Václava Šíleného [Eine allgemeine Versicherung für den Fall des Alters und der Arbeitsunfähigkeit. Nach den Reden und Artikeln von Dr. Václav Šílený]. 3., ergänzte Aufl.. Tišnov 1900, S. 15–16.

[38] Ders.: *Pomoc živnostnictvu* [Hilfe für die Gewerbetreibenden]. Česko-moravský národní hospodář a samosprávný věstník XIII, 1894, Nr. 11, S. 235; Ders.: *Všeobecné pojišťování důchodů pro případ stáří a neschopnost ku práci* [Eine allgemeine Versicherung für den Fall des Alters und der Arbeitsunfähigkeit]. Ebd., Nr. 18, S. 345.

[39] Ebd., Nr. 19, S. 363.

das Schicksal des Abgeordnetenentwurfs für die Absicherung der Renten von Pensionären und Kranken vom 23. 4. 1891, auf den der Gewerbeausschuss des Abgeordnetenhauses am 13. 12. 1892 lediglich mit der Verabschiedung einer Nachricht reagiert hatte, in der die Regierung aufgefordert wurde, vorbereitende Arbeiten zur Umsetzung dieses Entwurfs in Angriff zu nehmen. Šílený ging in seinen Überlegungen von der Analyse der Folgen der bisherigen wirtschaftlichen und sozialen Entwicklung aus, die seiner Meinung nach zu einer Verschlechterung der sozialen Lage der einzelnen unteren und mittleren Schichten der Gesellschaft führte und umgekehrt der schmalen Schicht der wirtschaftlichen Eliten eine enorme Gewinnanhäufung ermöglichte. Die Ursachen dieser Entwicklung resultierten Šílený zufolge „*zum einen aus der angespannten Konkurrenz, die sich aus der Zunahme der Bevölkerung und aus dem Übergewicht des Kapitals sowie der Massenproduktion durch Maschinen ergaben. Insbesondere die beiden letzten Umstände griffen mit Macht in die wirtschaftlichen Verhältnisse der Kleinproduzenten und Arbeiter aller Art zu Gunsten der oberen Zehntausend der gesamten Bevölkerung im Staat ein. Bei dieser Unterstützung des Großkapitals und der Maschinen – jedoch auch mit Hilfe ihrer eigenen Strebsamkeit – häufe sich Reichtum an und für die einzelnen ein unausschöpflicher Überfluss. Ich muss jedoch hinzufügen, dass sich zu diesen oberen Zehntausend nur die Fabrikbesitzer, partiell die Großgrundbesitzer, Großkaufleute, Bankhäuser und große Transportunternehmen zählen lassen.*“[40]

Für eine Minderung der sozialen Auswirkungen dieser Entwicklung würden Šílený zufolge die bisherigen kooperativen Maßnahmen in Gestalt der verschiedensten Brüder- und Krankenkassen, Unfallversicherungen, öffentlichen und privaten Pensionsfonds, Subsidiärvereinen usw. nicht ausreichen, es sei vielmehr notwendig, dass der Staat zu energischen Maßnahmen greife: „*Staat und Gesellschaft fällt darin die große, ehrenvolle Aufgabe zu, auf legislativem und administrativem Wege Mittel zu finden, wie sich die Unterschiede zwischen den Angehörigen des Staates ausgleichen ließen, die (auf der einen Seite) in einem extrem unzweckmäßigen Reichtum erscheinen – und auf der anderen Seite den unabwendbaren, häufig unverschuldet in unwürdiger Armut lebenden Menschen. Die Quelle des Gewinns*

[40] Ders.: *Pomoc živnostnictvu* [Hilfe für die Gewerbetreibenden]. Ebd., Nr. 11, S. 235.

ist die Arbeit und hier soll jeder, wie er entsprechend seinen Kräften und Fähigkeiten zur Arbeit verpflichtet ist, auch einen Anspruch auf Arbeit haben, also auf die Einführung solcher Maßnahmen vonseiten des Staates und der Gesellschaft, damit er nicht ohne Arbeit – und ohne Einkommen bleiben sollte.“[41]

Šílený dachte jedoch nicht allein an die untersten Schichten, sondern er verstand sehr wohl die differenzierten Bedürfnisse der einzelnen sozialen Gruppen: „*Diese Maßnahmen sind jedoch verschiedenen entsprechend der Beschäftigung und der Profession.*“ In erster Linie interessierte er ihn die Stellung der gewerblichen Kleinproduzenten, bei denen neben der Alters- und Krankenversicherung der Staat – unter Umständen auch einzelne Kronländer – zur Unterstützung des Absatzes handwerklicher Produkte übergehen sollte, und zwar vor allem durch die Einrichtung von Vermittlungsämtern, die durch eine Verknüpfung von Angebot und Nachfrage helfend eingreifen sollten: „*Der Staat entspricht dem Anspruch auf Arbeit und sollte die Pflicht haben, Vermittlungsämter zu unterhalten, in denen die Angebote zusammenlaufen und auseinander gehen sollten bei jenen, die Erzeugnisse zum Verkauf besitzen, sowie bei jenen, die sie kaufen.*“[42] Es sollte jedoch nicht um die Übernahme der Absicherung des Absatzes kleingewerblicher Erzeugnisse durch den Staat gehen, sondern „*lediglich um Fälle, in denen der Gewerbetreibende bei bestem Willen keinen Absatz für seine Produkte innerhalb des üblichen Kreises seiner Abnehmerschaft findet, und er sich dann an die Depots des Vermittlungsbüros, die Kolonien wendet, von den Agenten angezeigte Absatzorte usw.*“[43] Ein derart verstandenes Recht der Gewerbetreibenden auf Arbeit sollten, ebenso wie die Forderung nach Betreuung für Alte sowie im Falle einer Arbeitsunfähigkeit, die Gewerbetreibenden als ihre Forderung in das eigene Programm aufnehmen.

Ähnlich dachte Šílený über die Mittel, mit denen sich die soziale Situation der Bauernschaft verbessern ließe. Den Anlass hierfür bildete der Entwurf des am 10. 10. 1893 durch den Landwirtschaftsminister Dr. Steinbach vorgelegten Gesetzes, das in dieser Hinsicht 1.) die Einrichtung bäuerlicher Genossenschaften und 2.) die Gründung von Pensions- bzw. Rentengütern

[41] Ebd.
[42] Ebd.
[43] Ebd.

(oder sog. *důchodiny)* vorschlug.[44] Šílený kritisierte an der Gesetzesvorlage die Tatsache, dass sich das Gesetz wiederum hauptsächlich auf die Selbsthilfe eigenständiger Bauern verließ, während die Hilfe durch den Staat minimal ausfallen sollte. Šílený unterstrich, dass die Bauernschaft es verdiene, *„dass ihr der Staat auch durch andere Mittel als die Selbsthilfe Unterstützung biete. /.../ Die Massenproduktion des Großguts verdrängt die bäuerliche Produktion in den Hintergrund und wirkt störend auch auf den Getreidemarkt insgesamt, und zwar insbesondere in einzelnen Regionen...“*[45] Da der Staat die bestehenden umfangreichen Latifundien nicht teilen könne, sollte er jedoch als Kompensation hierfür der Kleinbauernschaft helfen, und Šílený sprach sich deshalb *„für die Forderung* (aus), *der Staat solle eine allgemeine Pensionsversicherung einrichten, von Pensionen, Ausgedingen für alle. Jeder, auch wenn er nun gezwungen sei eine Pensionssteuer zu zahlen, erhalte erst mit 60–65 Jahren eine Pension oder ein Ausgedinge, während bei einer früher eintretenden Erwerbsunfähigkeit (Invalidität) nur der eine solche bekomme, der dessen bedürfe.“*[46]

Auch wenn Šílený zugunsten der gewerblichen und bäuerlichen Kleinproduktion differenzierte Maßnahmen forderte, mit Blick auf die pensions- und Krankenversicherung schlug er vor, eine allgemeine Versicherung für alle Schichten der Bevölkerung durchzusetzen, die verpflichtend (verbindlich) sei und die der Staat organisieren solle: *„Warum soll nicht die gesamte Bevölkerung in eine obligatorische Versicherung einbezogen werden“*, wenn doch der Staat z. B. eine Pflichtversicherung gegen Feuer und eine Versicherung des Viehs durchsetzt?[47] Hinsichtlich der Versicherung *„sollen sämtliche Stände und Klassen einmütig sein und vom Staat Maßnahmen für Alter und Erwerbsunfähigkeit fordern. /.../ Die ganze Gesellschaft im Staat muss sich um ihre Alten und zur Arbeit nicht fähigen Angehörigen kümmern.“*[48]

[44] Šílený, Václav: *Důchodiny a výměnek* [Pensionsfonds und Ausgedinge]. Ebd., Nr. 12, S. 249–251.

[45] Ebd., S. 251.

[46] Ebd., S. 251.

[47] Šílený, Václav: *Všeobecné pojišťování důchodů pro případ stáří a neschopnost ku práci* [Eine allgemeine Versicherung für den Fall des Alters und der Arbeitsunfähigkeit]. Ebd., Nr. 19, S. 361–364.

[48] Ders.: *Pomoc živnostnictvu* [Hilfe für die Gewerbetreibenden]. Ebd., Nr. 11, S. 236.

Bei seinen Überlegungen ging Šílený von der Unumkehrbarkeit des Prozesses der Ausbreitung der Großproduktion aus, der sich insbesondere die unternehmerischen Spitzen erfreuen würden, so dass er die Forderung aufstellte, dass sich diese an der Finanzierung der Aufwendungen für eine allgemeine Pensions- und Krankenversicherung in erhöhtem Maße auf der Grundlage der progressiven Pensionsbesteuerung beteiligen sollten: *„In den letzten 30 Jahren vollzog sich eine allgemeine Verschiebung der wirtschaftlichen und der Produktionsverhältnisse. Die progressive, vom Großkapital unterstützte Fabriktechnik degradierte die handwerkliche Kraft zu einem mechanischen Helfer an der Maschine, nahm dem Handwerker sein Handwerksgerät aus der Hand, brachte jeden Kleinproduzenten um eine ganze Reihe von Erträgen. Ähnliche Effekte üben die Großproduktion und auch der Großhandel auf die Verhältnisse in der Arbeiterschaft aus, deren Werk sich in vielen Zweigen als überflüssig erwies, – und in nicht unwesentlichem Maße schädigte dies auch die Interessen der Bauernschaft, wo das Wirtschaften in großem Stil sowie der maschinelle Transport von Getreide aus den entlegensten Winkeln die Getreidepreise drückte /…/ Hiergegen gibt es keine Mittel; die Benutzung von Maschinen, Dampfmaschinen, Eisenbahnen, Billigtarifen lässt sich nicht verbieten. Doch sollte zur Anwendung kommen, dass denjenigen, die vielfache Profite durch diese modernen Einrichtungen zu Lasten der übrigen erzielen, auch wesentlich mehr Verpflichtungen auferlegt werden; und zwar zu Gunsten derjenigen, den ohne beiderseitige Schuld Gescheiterten.*[49]

Šílený schlug vor, dass die bisherige Zersplitterung der verschiedensten kooperativen Subsidiärorganisationen und Fonds zu einem Pensionssystem[50] zusammengefasst werden sollte und er sprach sich dafür aus, dass die Quellen der dafür notwendigen Finanzierung in höherem Maße in einer progressiven Besteuerung der Einnahmen, einschließlich der Erbschaftssteuer, gesucht werden sollten: *„Die Einführung der Progressivsteuer aus Einnahmen, die Erhebung höherer Beiträge aus großen Hinterlassenschaften sind*

[49] Ders.: *Všeobecné pojišťování důchodů pro případ stáří a neschopnost ku práci* [Eine allgemeine Versicherung für den Fall des Alters und der Arbeitsunfähigkeit]. Ebd., Nr. 18, S. 346.

[50] *„Dies alles ließe sich zusammenfügen mit Einführung z. B. einer allgemeinen, jedoch stets progressiven Armensteuer.“* Ders.: *Pomoc živnostnictvu* [Hilfe für die Gewerbetreibenden]. Ebd., Nr. 11, S. 236.

neue, bislang nicht ausgeschöpfte Quellen; aus ihnen könnte zu Gunsten der Landespensionsversicherungen geschöpft werden. Es hängt von der Klugheit unserer Aristokratie und Plutokratie ab, sich nicht zu widersetzen, dass im Sinne einer vernünftigen Steuer ein Teil ihrer unbeschreiblich großen Einnahmen und der sagenhaft großen, Hunderttausende, ja Millionen zählenden Hinterlassenschaften zur Minderung des Elends des Volkes ein Beitrag geleistet werde.“[51]

Šílený reagierte damit als einer der ersten tschechischen, öffentlichen Vertreter in Mähren auf die Tatsache, dass den ökonomischen und sozialen Fragen im tschechischen Milieu keine solche Aufmerksamkeit zuteil wurde wie etwa nationalen und politischen Fragen. Šílený begriff allerdings die soziale Frage im breiteren Kontext der sozialen Verhältnisse innerhalb der gesamten tschechischen Gesellschaft und die Arbeiterfrage sah er somit im Zusammenhang mit dem Zustand der tschechischen Gesellschaft in enger Verknüpfung mit der wirtschaftlichen und sozialen Lage der Mittelschichten – insbesondere der Gewerbetreibenden und der Bauernschaft, die zusammen mit der Arbeiterschaft die Basis der tschechischen Gesellschaft bildeten. Durch die unermüdliche publizistische und schrittweise auch Vereins- und politische Tätigkeit gewannen Šílenýs Auffassungen zur Lösung der sozialen Probleme in der tschechischen Öffentlichkeit an Gewicht und Einfluss.[52] Die Forderung nach Einführung einer allgemeinen Pensions- und Krankenversicherung sowie die Forderung eines Rechts auf Arbeit avancierte dank Šílený zu einem Bestandteil des Programms der Lidová strana (Volkspartei) in Mähren, die im Jahre 1891 als mährisches Pendant der jungtschechischen Partei in Böhmen gegründet wurde.[53]

[51] Ders.: *Všeobecné pojišťování důchodů pro případ stáří a neschopnost ku práci* [Eine allgemeine Versicherung für den Fall des Alters und der Arbeitsunfähigkeit]. Ebd., Nr. 18, S. 346.

[52] Zum Beispiel rief Šílený in seinen Entwürfen für eine allgemeine Versicherung die Vereine auf, zu deren Unterstützung Resolutionen und Petitionen zu schicken (Ebd., Nr. 19, S. 364) und er verzeichnete in dieser Hinsicht ein positives Echo. Vgl. Šílený, Václav: *Všeobecné pojišťování důchodů pro případ stáří a neschopnost ku práci* [Eine allgemeine Versicherung für den Fall des Alters und der Arbeitsunfähigkeit]. Tišnov 1900, S. 15–16.

[53] Dies geschah auf dem Jour fix der Lidová strana am 19. 9. 1894 und nachfolgend auch auf dem Parteitag am 14. 7. 1896. Vgl. Ders.: *Všeobecné pojišťování důchodů pro případ stáří a neschopnost ku práci* [Eine allgemeine Versicherung für den Fall des

Šílený als Politiker und seine Abgeordnetenvorschläge zu sozialen Reformen (1896–1911)

Šílenýs intensive Publizistik und Vereinstätigkeit sowie ab 1881 auch die eigene Anwaltspraxis bildeten eine günstige Voraussetzung für eine Betätigung in den obersten Etagen der Politik, zu der es in den Jahren 1896–1911 kam. Als aktiver Politiker, Landtags- und Reichsratsabgeordneter interessierte sich Šílený auch weiterhin für die zeitgenössischen sozialen Fragen, und sein politisches Engagement in diesem Bereich stellt den dritten Abschnitt seiner reformerischen Bemühungen dar. Šílenýs öffentliche Aktivitäten spielten sich bis zum Beginn der 1890er-Jahre im Rahmen der *Národní strana* (Nationalpartei) ab, bis zu diesem Zeitpunkt die einzige tschechische Partei in Mähren. Šílený trat jedoch spätestens im Jahre 1893 aus dieser aus und der 1891 neu gegründeten, pro-jungtschechischen Volkspartei in Mähren bei, in der er bald zu einer der führenden Repräsentanten aufstieg. In den Jahren 1896–1911 war Šílený Landtags-, 1897–1907 auch Reichsratsabgeordneter, nach dem Tode von J. Tuček übte er in den Jahren 1900–1906 die Funktion des Vorsitzenden des Exekutivausschusses dieser Partei aus. In den Jahren 1900–1905 war Šílený einer der drei Vertreter der Volkspartei im tschechisch-deutschen Ausgleichsausschuss, der einen deutsch-tschechischen ethnisch-nationalen Ausgleich in Mähren vorbereitete. Nach 1906 war Vaclav Šílený bei den Auseinandersetzungen um das Verhältnis zur jungtschechischen Partei der einzige ernsthafte Konkurrent von A. Stránský innerhalb der Parteiführung. Seine Verdienste um die Institutionalisierung des mährischen Landwirtschaftsrats (1898) und den Gewerberat (1907) wurden auch mit parteiübergreifenden Funktionen gewürdigt – in den Jahren 1909–1911 war Šílený Vorsitzender des Landesamts für die Pflege der Gewerbetätigkeit und Vorsitzender der mährischen Sektion des Nationalrats, in den Jahren 1906–1911 wirkte er zudem als Beisitzer im Landesausschuss.

Alters und der Arbeitsunfähigkeit]. Česko-moravský národní hospodář a samosprávný věstník XIV, 1894, Nr. 18, S. 345; *Národohospodářské jubileum* [Nationalökonomisches Jubiläum]. Lidové noviny IV, Nr. 222 vom 27. 9. 1896, S. 2; Malíř, Jiří: *Vývoj liberálního proudu české politiky na Moravě. Lidová strana na Moravě do roku 1909* [Die Entwicklung der liberalen Strömung der tschechischen Politik in Mähren. Die Volkspartei in Mähren bis zum Jahre 1909]. Brno 1985, S. 54 und 205.

Šílený profitierte als Abgeordneter und Politiker bei seinen legislativen Initiativen in sozialen Bereichen davon, dass er diese sozialen Fragen lang und intensiv reflektiert und publizistisch thematisiert hatte. In seinen Vorschlägen zu sozialen Reformen, die er seit Mitte der 1890er-Jahre im Mährischen Landtag einbrachte, vermochte sich Šílený auf seine früher publizierten Vorstellungen und Entwürfe zur Veränderung der bestehenden, unzureichenden sozialen Legislative inhaltlich und mit Blick auf die Formulierungen zu stützen. Šílený trat während seiner Abgeordnetentätigkeit aktiv für eine grundlegende legislative Regulierung der sozialen Probleme ein und mit seinen Vorschlägen bemühte er sich um eine Weiterentwicklung und Vertiefung der bisherigen sozialen Maßnahmen. Die grundlegenden Mängel der bisherigen Sozialgesetzgebung erblickte er vor allem in der Tatsache, dass die Gesetze über die Kranken- und Invaliditätsversicherung aus der Mitte der achtziger Jahre lediglich ausgewählte Gruppen der Arbeiterschaft betrafen und eine Versicherung für die übrigen Kategorien der Arbeiterschaft – insbesondere für die nicht in Fabriken sowie in der Landwirtschaft tätigen Arbeiter – außer Acht ließen und eine Versicherung der kleinen Gewerbetreibenden und der Bauernschaft überhaupt nicht ins Auge fassten. Šílený zeigte sich auch unzufrieden damit, wie die bisherigen legislativen Maßnahmen völlig unzureichend das Problem der Arbeitslosigkeit und die damit in Zusammenhang stehenden sozialen Probleme gelöst hatten. Die Arbeitslosigkeit sah er als ein grundlegendes Problem nicht allein der Arbeiterschaft an, sondern in Gestalt der Absatzschwierigkeiten auch als ein Problem der kleinen Gewerbetreibenden und der Bauernschaft. Šílený konzentrierte sich aus diesem Grunde in seinen Vorschlägen zur Verabschiedung neuer sozialer Reformen vor allem auf drei grundlegende Bereiche – auf die Einführung einer obligatorischen allgemeinen Alters- und Krankenversicherung, auf Maßnahmen gegen die Arbeitslosigkeit sowie auf die Einbeziehung der Mittelschichten in die durchgesetzten sozialen Reformen.

In erster Linie trat Šílený für eine grundlegende Reform des bestehenden Systems der Sozialversicherung ein, er forderte dabei die Einführung einer allgemeinen obligatorischen Versicherung nicht allein im Falle von Krankheit und bei Unfällen, sondern auch eine Rentenversicherung. Die so verstandene obligatorische allgemeine Alters-, Invaliditäts- und Rentenversicherung sollte nicht allein für alle Kategorien der Arbeiterschaft eingeführt werden, sondern auch für alle Angehörigen der Mittelschichten. Mit dem Vorschlag zur gesetzlichen Verankerung einer allgemeinen obligatorischen Kranken- und Altersversicherung für Arbeiterschaft, Bauern, Gewerbetreibende, die private Beamtenschaft sowie freie Berufe trat Šílený am 6. 2. 1897 im Mährischen Landtag auf.[54] Šílený sah bei der Begründung seines Entwurfs dessen Vorteile darin, dass eine Realisierung zu einem Ersatz der bisherigen unvollkommenen und zersplitterten, selektiv und unterfinanzierten Art und Weise der Versicherung durch eine allgemeine und pflichtgemäße sowie finanziell fest verankerte Versicherung führen würde und dass zugleich die bisherige Armenfürsorge entlastet werden würde, und dies vor allem mit Blick auf die Gemeinden, die finanziell unter der Verpflichtung einer sozialen Unterstützung für alle in Not geratenen Menschen litten, die ihren Heimatsitz in der Gemeinde hatten. Mit Blick auf die Unterschiede in der ökonomischen Reife der einzelnen Kronländer forderte Šílený, dass eine allgemeine und obligatorische Pflichtversicherung vor allem im Rahmen der einzelnen Länder und nicht etwa des gesamten Staates einheitlich gelöst werden sollte.

Šílenýs Vorschlag für eine Reform der Sozialversicherung war in der damaligen Zeit keineswegs der einzige, ähnliche Entwürfe wurden sowohl durch tschechische als auch durch deutsche Abgeordnete in Mähren und Böhmen vorgetragen.[55] Die Spezifik und die Bedeutung der Bemühungen Šílenýs für eine Reform der Sozialversicherung liegen vor allem darin begründet, dass Šílený seinen Entwurf nicht allein für die Arbeiterschaft als Ganzes, sondern auch für die Angehörigen der Mittelschichten konzipiert hatte und dass er seinen Vorschlag langfristig und systematisch durchsetzte. Dies galt insbesondere auf dem Parkett des Mährischen Landtags, zugleich initiierte Šílený aber auch in dem Abgeordnetenhaus des Reichsrats ein Interesse an dieser Frage und in dieser Angelegenheit richtete er am 22. 3. 1904 eine Interpellation an den Ministerpräsidenten.[56] Seinen Ent-

[54] *Sněmovní list o sezeních moravského sněmu zemského* [Landtags-Blatt über die Sitzungen des /…/ Mährischen Landtags], 1896–1897, S. 173; Malíř, J.: *Vývoj liberálního proudu* [Die Entwicklung der liberalen Strömung], S. 54.

[55] Janák, J.: *Příčiny vzniku předlitavské sociální správy* [Die Ursachen für die Entstehung der cisleithanischen Sozialverwaltung], S. 140.

[56] Interpellation der Abgeordneten Dr. Šílený, Pospíšil und Genossen an seine Exzellenz den Herrn Ministerpräsidenten als Minister des Innern, betreffend die obligato-

wurf verbreitete und propagierte Šílený in verschiedenen Formen, u. a. auch weiterhin in der Öffentlichkeit, und er warb auch die Volkspartei für die dessen Durchsetzung.[57]

Die weitere Entwicklung zeigte, dass weder Šílený noch später andere Vorschläge, von denen die bedeutendsten die 1904 von der Regierung Koerber und 1908 von der Regierung Beck eingebrachten Vorschläge waren Erfolg hatten, so dass die allgemeine Kranken-, Invaliditäts- und Altersversicherung der Arbeiterschaft – mit Ausnahme derjenigen für die Bergarbeiter[58] – in Cisleithanien bis zum Jahre 1918 nicht durchgesetzt werden konnte. Im Falle der Mittelschichten gelang es weder eine allgemeine Alters-, noch eine Kranken- und Invaliditätsversicherung durchzusetzen – mit Ausnahme der privaten Beamten und Angestellten, die bereits die Gesetze über die Arbeiterunfall- und Krankenversicherung aus den Jahren 1884 und 1888 einbezogen hatten und die dann als eigenständige Kategorie von Arbeitenden per Gesetz aus dem Jahre 1906 (mit Gültigkeit ab 1909) eine Alters- und Krankenversicherung erhielten.[59]

Auch die Gründung der *Zemská životní pojišťovna* (Landeslebensversicherungsanstalt) am 27. 4. 1900 in Mähren stellte keinen Ersatz für Šílenýs Bemühungen für eine Ausweitung der Versicherung auf möglichst breite Schichten der mährischen Bevölkerung dar. Šílený begrüßte die Gründung zwar, allerdings mit Vorbehalten, zumal die Versicherungsanstalt auf kommerzieller Ebene arbeitete, die Beteiligung des Landes gering war und die neue Institution mit Blick auf eine allgemeine Versicherung für viele aus finanziellen Gründen nicht zugänglich war.

rische allgemeine Alters- und Invaliditäts-Rentenversicherung. MZA, G 68, Karton 14, Nr. 13. Stenogr. Protokolle über die Sitzungen des Hauses der Abgeordneten des österr. Reichsrates im Jahre 1904. XVII. Session. XXVII. Band. Wien 1904. S. 24189–24195.

[57] Vgl. weiter oben Anm. 34, 52 und 53.

[58] Houser, Jaroslav: *Vývoj hornického pojištění* [Die Entwicklung der Bergarbeiterversicherung]. Praha 1960.

[59] Deyl, Zdeněk: *Z historie přípravy a vzniku zákona o pojištění zaměstnanců pro případ nemoci, invalidity a stáří* [Aus der Geschichte der Vorbereitung und Entstehung des Gesetzes über die Versicherung der Angestellten im Falle von Krankheit, Invalidität und Alter]. Československý časopis historický 21, 1973, S. 527–552; Martínek, M.: *Přehled vývoje sociálního zákonodárství* [Übersicht zur Entwicklung der Sozialgesetzgebung], S. 13–44.

Den zweiten Teil von Šílenýs sozialen Reformbemühungen im Mährischen Landtag bildeten Vorschläge, die auf einen Abbau der Arbeitslosigkeit zielten. Šílený sah im Problem der Arbeitslosigkeit einerseits eine Folge der demographischen Veränderungen, zum anderen erblickte er darin das Resultat der raschen Entwicklung der Großproduktion und ihrer Konzentration, die zugleich ein Ungleichgewicht zwischen Nachfrage und Angebot an Arbeitsplätzen schuf. Die große Bedeutung bei der Suche nach Mitteln zur Beseitigung bzw. zum Abbau der Arbeitslosigkeit suchte er deshalb in einer besseren Informiertheit über regionale und berufliche Unterschiede in der Nachfrage nach Arbeitskräften und Arbeitsstellen, die er vorschlug vor allem durch die Schaffung eines festen Netzes von Arbeitsvermittlungen (sog. Arbeitsbedarfsstellen) zu vervollkommnen. Es handelte sich wiederum nicht um ein Novum, zumal es verschiedene Arbeitsvermittlungen in Mähren und anderen Gebieten in Österreich und in Europa bereits seit Mitte der 1880er-Jahre gab. Zumeist handelte es sich jedoch – wie der Kenner dieser Problematik, Jan Janák, betont – nur um als Vereine gegründete Arbeitsvermittlungen oder im Rahmen der einzelnen gewerblichen Genossenschaften oder aber an Naturalversorgungsstationen, mitunter auch von einigen gemeindlichen Selbstverwaltungen organisierte bzw. als kommerziell konzessierte „Makler-" Büros.[60] Insgesamt handelte es sich um einen zufälligen und unsystematischen Splitter der so gebildeten Arbeitsvermittlungen, die nur sehr partielle Segmente eines notwendigen Austauschs von Informationen über freie Arbeitsmöglichkeiten abdeckten.

Šílenýs Verdienst bestand darin, dass seine Vorschläge zuerst in der Presse veröffentlicht wurden, insbesondere in dem erwähnten *Česko-moravský národní hospodář*, und schließlich als im Landtag durchgesetzte Abgeordnetenentwürfe, die auf die Bildung eines einheitlichen und durch die Landesorgane fest organisierten Netzes lokaler, auf Bezirks- sowie gegebenenfalls auch auf Kreisebene öffentlich-rechtlicher Arbeitsvermittlungen mit einer Zentrale in Brünn orientierten. Bezeichnend erscheint, dass Šílený mit diesem Entwurf als frisch gewählter Landtagsabgeordneter gleich auf

[60] Janák, Jan: *Snahy o zavedení veřejnoprávního zprostředkování práce na Moravě a ve Slezsku před rokem 1918* [Bemühungen um die Einführung einer öffentlich-rechtlichen Arbeitsvermittlung in Mähren und Schlesien vor 1918]. SPFFBU C 44, 1997, S. 97–116.

der zweiten Sitzung des neu gewählten Landtags am 28. 12. 1896 auftrat und seinen Entwurf dann in der am 5. 2. 1897 gehaltenen Rede begründete.[61] Die Vermittlungen sollten ermöglichen, dass *„jeder, der keine Arbeit und kein Einkommen habe, anzeigen könne, dass er eine Beschäftigung suche – und wo aber auch die Arbeitgeber die Möglichkeit haben sollten zu vermelden, dass sie Arbeiter suchen, dass sie die Möglichkeit haben eine Beschäftigung anzubieten.*“[62] Das fest organisierte Netz von Arbeitsvermittlungen, die sich gegenseitig Informationen lieferten und statistische Daten über die Arbeitslosigkeit sammelten, sollten Šílený zufolge ein wichtiges Mittel beim Abbau der Arbeitslosigkeit und der Verwirklichung des Rechts auf Arbeit sein, dessen Verfechter Šílený in diesem Zusammenhang war.[63] Der Vorschlag fand jedoch keine Realisierung, nach seiner Übergabe an den nationalökonomischen Ausschuss des Landtags blieb er liegen, so dass Šílený mit einem ähnlichen Entwurf und dessen Begründung auf der Landtagssitzung am 6. 3. 1899 bzw. am 11. 3. 1899 erneut auftrat.[64] Im Vergleich zu dem Entwurf aus den Jahren 1896/1897 ergänzte Šílený seine Begründung um Argumente mit Angaben über die Nützlichkeit ähnlicher Einrichtungen in anderen Ländern (Bayern, Preußen, Russland, Frankreich, Schweiz, USA und in Böhmen) und schnitt auch die Frage der Einführung einer Arbeitslosenversicherung an. Der Vorschlag wurde wiederum an den Gewerbeausschuss des Landtags überwiesen, der dann

[61] *Sněmovní list o sezeních Moravského sněmu zemského* [Landtags-Blatt über die Sitzungen des /.../ Mährischen Landtags], 1896–1897, S. 48, 142–145; *Sněm markrabství moravského* [Der Mährische Landtag]. Lidové noviny IV, Nr. 299 vom 30. 12. 1896, S. 2; Malíř, J.: *Vývoj liberálního proudu* [Die Entwicklung der liberalen Strömung], S. 54.

[62] *Sněmovní list o sezeních Moravského sněmu zemského* [Landtags-Blatt über die Sitzungen des /.../ Mährischen Landtags], 1896–1897, S. 144–145.

[63] *Nároky na práci a poptavárny. Ze sněmovní řeči poslance dra. Šíleného* [Die Ansprüche auf Arbeit und die Nachfrageeinrichtungen. Aus der Landtagsrede des Abgeordneten Dr. Šílený]. Leták. Nr. 4, 1900.

[64] *Sněmovní list o sezeních Moravského sněmu zemského* [Landtags-Blatt über die Sitzungen des /.../ Mährischen Landtags], 1898–1899, S. 262, 371–374; vgl. auch Řeč pana poslance dra. Šíleného mluvená v 17. sezení dne 11. března 1899 [Rede des Abgeordneten Dr. Šílený, gehalten in der 17. Sitzung am 11. März 1899]. MZA, G 68, Karton 14, Nr. 5; *Nároky na práci a poptavárny. Ze sněmovní řeči poslance dra. Šíleného* [Die Ansprüche auf Arbeit und die Nachfrageeinrichtungen. Aus der Landtagsrede des Abgeordneten Dr. Šílený]. Leták. Nr. 4, 1900.

am 24. 3. 1899 dem Landesausschuss die Pflicht auferlegte, in Mähren ein Netz von Arbeitsvermittlungen einzurichten. Zur Realisierung eines festen Systems von Arbeitsvermittlungen in Mähren kam es jedoch – im Unterschied zu Böhmen – bis zum Ende der Monarchie nicht,[65] wenngleich Šílený auch später, vor allem in einer an den Landeshauptmann gerichteten Interpellation vom 9. 4. 1900, seinen Entwurf an den Landtag erneut in Erinnerung rief.[66] Für Šílenýs legislative Initiativen und überhaupt seine gesamte Tätigkeit im sozialen Bereich erwies sich als charakteristisch – und hierin beruht das dritte Spezifikum in Šílenýs sozialreformerischen Initiativen –, dass die Mehrzahl der durch ihn vorgeschlagenen sozialen Reformen eng mit den Interessen der Mittelschichten verbunden war, und zwar auch dort, wo er primär soziale Probleme der Arbeiterschaft löste. Dies zeigte sich bereits in der erwähnten Durchsetzung der allgemeinen Kranken-, Pensions- und Invaliditätsversicherung, die nicht allein für die Arbeiterschaft gelten sollte, sondern auch für die Mittelschichten. Ähnlich wie im Falle des Vorschlags zur Einführung von Arbeitsvermittlungen hatte Šílený neben der Arbeiterschaft auch Gewerbetreibende und Bauern vor Augen, zumal die Frage des Anspruchs auf Arbeit und Beschäftigung seiner Meinung nach eng mit dem Absatz von Produkten zusammenhing, gleich ob nun industrieller, gewerblicher oder landwirtschaftlicher Provenienz.

Šílený zählte aus diesem Grunde zu den sozialen Reformen und zu Maßnahmen gegen die Beschäftigungslosigkeit auch Reformen, die auf eine Förderung des Absatzes orientierten. Bereits im Jahre 1894 hatte er vermerkt: *„Die Quelle des Einkommens ist die Arbeit und zwar für jeden; wie der einzelne an Arbeit entsprechend seinen Kräften und Fähigkeiten gebunden ist, soll er einen Anspruch auf Arbeit haben, also auf die Einführung solcher Maßnahmen vonseiten des Staates und der Gesellschaft, dass er nicht ohne Arbeit bliebe – ohne Einkommen. Derartige Maßnahmen sind jedoch ver-*

[65] Cerman, Jan: *Vývoj a organizace zprostředkování práce v Československu* [Entwicklung und Organisation der Arbeitsvermittlung in der Tschechoslowakei]. Sociální revue 18, 1937, S. 133–141; Janák, J.: *Snahy o zavedení veřejnoprávního zprostředkování práce* [Die Bemühungen um eine Einführung der öffentlichrechtlichen Arbeitsvermittlung], S. 97–116.

[66] *Sněmovní list o sezeních Moravského sněmu zemského* [Landtags-Blatt über die Sitzungen des /…/ Mährischen Landtags], 1899–1900, S. 308; Kučera, R.: *JUDr. Václav Šílený a jeho činnost* [JUDr. Václav Šílený und seine Tätigkeit], S. 106.

schiedenartig, entsprechend den unterschiedlichen Beschäftigungen und Berufen. Bei den Gewerbetreibenden werden sie hauptsächlich in jenen Richtungen zutage treten, dass ein ständiger Absatz handwerklicher Erzeugnisse ermöglicht werden kann, ob es nun durch Selbsthilfe mit gemeinsamen Lagern, Exportverbänden oder mit Unterstützung des Staates geschehe. Der Staat sollte sich also in gewissem Umfang um den Absatz derartiger Produkte kümmern..."[67] Nachdem Šílený deshalb am 28. 12. 1896 mit dem erwähnten Landtagsentwurf zu den Arbeitsvermittlungen an die Öffentlichkeit getreten war, fügte er einen Tag später, am 29. 12. 1896, diesem noch einen „*Vorschlag in der Frage des Absatzes der Arbeit, einen Entwurf zur Pflege des Exports für die kleingewerbliche und bäuerliche Produktion*" hinzu, den er ebenfalls als eines der Mittel im Kampf gegen die Arbeitslosigkeit betrachtete.[68] Erneut kehrte Šílený zu diesem Vorschlag in seinen Landtagsreden am 28. 2. 1899 und am 16. 3. 1899 zurück, in denen er forderte, „*dass die Kleingewerbetreibenden und die Kleinbauern in ihrer Produktion durch den Export unterstützt werden, damit die Regierungskreise bei der Beschäftigung mit der Exportfrage die Vorteile der Ausfuhr auch jenen Kreisen zugänglich machen könnten*", wobei sich Šílený für einen wirtschaftlichen Protektionismus des Staates, für eine den Export fördernde Zollpolitik sowie für Handelsverträge zu Gunsten der Ausfuhr von Erzeugnissen der Kleinproduktion aussprach.[69] Šílený zufolge ergänzten sich die Vorschläge für Arbeitsvermittlungen

[67] *Pro živnostenský program. a) Pense pro stáří a neschopnost ku práci. b) Nárok na práci* [Für ein Gewerbeprogramm. A) Pensionen für Alter und Arbeitsunfähigkeit. B) Anspruch auf Arbeit]. Výňatek z „Cesko-mor. Národního hospodáře" Nr. 11. Pomoc živnostnictvu podává Václav Šílený [Auszug aus dem „Böhmisch-mährischen Nationalökonomen" Nr. 11. Václav Šílený bietet den Gewerbetreibenden Hilfe]. Brno 1894, S. 11.

[68] *Nároky na práci a poptavárny. Ze sněmovní řeči poslance dra. Šíleného* [Die Ansprüche auf Arbeit und die Nachfrageeinrichtungen. Aus der Landtagsrede des Abgeordneten Dr. Šílený]. Leták. Nr. 4, 1900, S. 1.

[69] *Řeč pana poslance dra. Šíleného, mluvená v 21. sezení dne 16. března 1899* [Rede des Herrn Abgeordneten Dr. Šílený, vorgetragen auf der 21. Sitzung am 16. März 1899]. In: MZA, G68, Karton 14, Nr. 8; *Odbyt výrobků rolnických a živnostenských.* Řeč poslance dra. Šíleného na sněmu moravském 16. března 1899 [Der Absatz bäuerlicher und gewerblicher Produkte. Rede des Abgeordneten Dr. Šílený im Mährischen Landtag am 16. März 1899]. Leták Nr. 6. In: Ebd., Nr. 4; vgl. des weiteren Kučera, J.: *JUDr. Václav Šílený a jeho činnost* [JUDr. Václav Šílený und seine Tätigkeit], S. 123.

sowie zur Unterstützung des Absatzes und Exports gegenseitig: „*Diese beiden Vorschläge betreffen den Komplex sozialer Fragen, die in der Losung ‚Anspruch auf Arbeit' verankert sind. Die Verbesserung der Arbeit ist die eigentliche gesunde Grundlage aller sozialen Fragen, sie ist die Basis nicht allein der Verbesserung der Produktion, sondern auch was den Absatz der produzierten Gegenstände anbetrifft./.../ Um die arbeitenden Klassen jedoch, um die in dieser Zeit herstellenden (Klassen), die eigentlich der wichtigste Faktor im Bereich der Arbeit sind, müssen wir uns nicht weniger kümmern. Dies geschieht zwar bereits teilweise durch die Bereitstellung besserer Produktionsmittel, entscheidend jedoch ist, dass wir uns mit der Frage des Absatzes der Arbeit beschäftigen; denn was wäre alles wert, wenn die beste Ware und viele andere Waren produziert würden, die Waren jedoch unverkauft liegen blieben? Die Absatzfrage im weitesten Wortsinne betrifft nicht allein den Verkauf materieller Produkte, sondern sie betrifft auch den Absatz der produzierenden Arbeit, die Gewährleistung der Arbeit und zwar in erster Linie durch die Schaffung eines ganzen Netzes kostenfreier Arbeitsvermittlungen.*“[70]

Šílenýs gesteigertes Interesse an den Mittelschichten und sein Bemühen nach Schutz der gewerblichen und bäuerlichen Kleinproduktion gegenüber Großproduktion und Großkapital auf staatlichem Wege bzw. mit Unterstützung des Landes entsprangen nicht allein der unzureichenden Befriedigung der wirtschaftlichen Bedürfnisse dieser Schichten, sondern resultierten in nicht unerheblichem Umfang auch aus nationalen Gründen. Die tschechische nationale Bewegung sowie die aus ihr erwachsenden tschechischen politischen Parteien in Mähren stützten sich in einer Situation, in der die soziale Struktur der tschechischen Gesellschaft hier insbesondere im Vergleich mit der deutschen sich als unvollständig erwies, vor allem auf die Mittelschichten.[71]

[70] *Nároky na práci a poptavárny. Ze sněmovní řeči poslance dra. Šíleného* [Die Ansprüche auf Arbeit und die Nachfrageeinrichtungen. Aus der Landtagsrede des Abgeordneten Dr. Šílený]. Leták. Nr. 4, 1900, S. 1–2.

[71] Zur Entwicklung der Mittelschichten und zur Sozialstruktur der tschechischen Gesellschaft vgl. MACHAČOVÁ, Jana – MATĚJČEK, Jiří: *O středních vrstvách v českých zemích 1750–1950* [Die Mittelschichten in den böhmischen Ländern 1750–1950]. Opava 2002; DIES.: *Nástin sociálního vývoje českých zemí 1781–1914* [Abriss der sozialen Entwicklung in den böhmischen Ländern 1781–1914]. Opava 2002, S. 213–268; KOŘALKA, Jiří: *Češi v habsburské říši a v Evropě 1815–1914* [Die Tschechen im

Durch die Erarbeitung eines mittelständischen Programms zeichnete sich seit den 1890er-Jahren vor allem die *Lidová strana* (Volkspartei) aus, zu deren Protagonisten Šílený zählte. Das durch diesen Mitte der neunziger Jahre formulierte gewerbliche und bäuerliche Programm wurde zu einem Bestandteil des offiziellen Programms der Volkspartei.[72] Šílený widmete aus diesem Grunde in seinen gesetzgeberischen Initiativen auch den einzelnen sozialen Gruppen, vor allem der Bauernschaft und den Gewerbetreibenden, große Aufmerksamkeit. Seinem Interesse an der Bauernschaft ging ein langjähriges Wirken Šílenýs zu Gunsten der Bauernschaft zurück, sei es nun in der Presse, insbesondere im *Česko-moravský národní hospodář*, oder auf Versammlungen von Bauernverbänden.[73] Der Unterstützung der wirtschaftlichen Bedürfnisse der Bauernschaft waren Šílenýs im Landtag am 29. 12. 1896 und am 24. 2. 1897 vorgelegte und begründete Vorschläge gewidmet. Šílený warb in diesen dafür, gegen die extreme Verschuldung Maßnahmen zu treffen, für eine durch den Staat organisierte Entlastung der Grundschulden, für den Schutz der bäuerlichen Produktion durch regulierte Preise usw., und er schlug zudem festere Organisationsstrukturen der Bauern vor, insbesondere die Gründung bäuerlicher Einkaufs- und Verkaufsgenossenschaften und Lager für Produkte sowie die Gründung einer Agrarbank u. ä.[74] Als bedeutenden Erfolg in dieser Richtung wertete Šílený die Gründung der *Zemská zemědělská rada* (Landeskulturrat) für die Markgrafschaft Mähren im Jahre 1898, in der er ein gewichtiges Mittel zur Durchsetzung der bäuerlichen Interessen erblickte, so dass er später bereits keine Notwendigkeit mehr sah, sich derart intensiv den Problemen der Bauernschaft zu widmen.

Habsburgerreich und in Europa 1815–1914]. Praha 1996 (deutsche Ausgabe: „Die Tschechen im Habsburgerreich und in Europa 1815–1914. Wien 1991).

[72] Malíř, J.: *Vývoj liberálního proudu* [Die Entwicklung der liberalen Strömung], S. 205; *Národohospodářské jubileum* [Das nationalökonomische Jubiläum]. Lidové noviny IV, Nr. 222 vom 27. 9. 1896, S. 2.

[73] *Rolnictvo v národním hospodářství*. Dle řeči dra Václava Šilného. Výňatek z č. 22 a 24 „Národního hospodáře“ z listopadu a prosince 1895 [Die Bauernschaft in der Nationalökonomie. Nach einer Rede von Dr. Václav Šílený. Auszug aus Nr. 22 und 24 des „Nationalökonomen“ vom November und Dezember 1895]. Brno 1896.

[74] Kučera, J.: *JUDr. Václav Šílený a jeho činnost* [JUDr. Václav Šílený und seine Tätigkeit], S. 129–130.

Ein ähnlich langjähriges Engagement Šílenýs bei der Unterstützung der Gewerbetreibenden, das bereits seit dem Beginn der 1880er-Jahre zu verzeichnen war, als Šílený sich Verdienste um die Gründung des *Ústřední spolek živnostníků moravských* (Zentralverein der mährischen Gewerbetreibenden) im Jahre 1881 in Brünn erworben hatte, und als er ununterbrochen in Vereinen, auf Versammlungen, in der Presse sowie im Landtag Forderungen und Interessen der Bauernschaft unterstützte[75], fand in den Landtagsentwürfen zur Gründung des Landesgewerberates für die Markgrafschaft Mähren seinen Höhepunkt. Erstmals brachte Šílený diese Anregung im Mährischen Landtag bereits am 17. 2. 1898 und dann erneut am 3. 7. 1901 sowie am 4. 7. 1902 zur Sprache, auch wenn er den wirklich durchgearbeiteten Entwurf erst am 4. 10. 1904 dem Landtag vorlegte und dann am 11. 10. 1904 begründete.[76] Diese Bemühungen wurden schließlich von Erfolg gekrönt – der realen Gründung dieser Organisation im Jahre 1907.

Mit Blick auf diese Bemühungen zum Schutz der Kleinproduktion überrascht es daher nicht, dass Šílený am 30. 3. 1900 im Landtag einen Vorschlag unterbreitete, der auf eine Enteignung der Kohlegruben zielte.[77] Dieser Auftritt Šílenýs muss jeder als eine der vielen Reaktionen auf die durch den großen Streik der Bergleute in den Kohlegruben in Cisleitha-

[75] *Rolnictvo v národním hospodářství.* Dle řeči dra Václava Šilného. Výnatek z č. 22 a 24 „Národního hospodáře" z listopadu a prosince 1895 [Die Bauernschaft in der Nationalökonomie. Nach einer Rede von Dr. Václav Šílený. Auszug aus Nr. 22 und 24 des „Nationalökonomen" vom November und Dezember 1895]. Brno 1896.

[76] *Pro zřízení živnostenské rady na Moravě.* Řeč posl. Dra. Václava Šíleného na sněmu markrabství moravského dne 13. září 1904 [Für die Einrichtung eines Gewerberates in Mähren. Rede des Abgeordneten Dr. Václav Šílený im Landtag der Markgrafschaft Mähren am 13. September 1904]. Holešov 1904; *Denkschrift anlässlich den 10-jährigen Bestandes des Landesgewerberates für die Markgrafschaft Mähren hrsg. vom Zentralkollegium des Landesgewerberates.* Brünn 1917; Marek, Pavel: *K historii moravské Zemské živnostenské rady* [Zur Geschichte des Landesgewerberates]. Vlastivědný věstník moravský 47, 1995, S. 403–405; Kučera, J.: *JUDr. Václav Šílený a jeho činnost* [JUDr. Václav Šílený und seine Tätigkeit], S. 132–139.

[77] *Vyvlastnění uhelných dolů.* Řeč posl. dra. V. Šíleného na moravském sněmu dne 30. března 1900 [Die Enteignung der Kohlengruben. Rede des Abgeordneten Dr. V. Šílený im Mährischen Landtag am 30. März 1900]. Brno 1900. (ebenfalls In: MZA, G 68, Kart. 14, Nr. 11).

nien- insbesondere im Revier von Mährisch Ostrau – Karwin – hervorgerufene Kohlekrise gewertet werden. Šílený forderte in seinem Vorschlag lediglich, *„dass dieser dem Landesausschuss vorgelegt werde, damit eine Untersuchung zum Zwecke einer Enteignung der Kohlegruben durchgeführt werde und dass er in der kommenden Sitzung des Landtags den Entwurf und seine Nachricht hierüber vorlegen könne"*.[78] Eine mögliche Verstaatlichung oder Enteignung der Gruben sollte Šílený zufolge künftig ähnliche Streiks, den Mangel an Kohle sowie Spekulationen hinsichtlich der Kohlepreise verhindern. Im Falle Šílenýs stellte der Vorschlag einer Enteignung großen Besitzes jedoch kein Einzelbeispiel dar. Aus den gleichen Gründen sprach sich Šílený auch für eine Verstaatlichung der Eisenbahnen sowie gegen Kartelle aus,[79] wobei er wiederum in erster Linie den Mittelschichten entgegenkam. Bei der Begründung seines Vorschlags fügte Šílený zur Beruhigung hinzu, es sei nicht notwendig, *„dass man sich durch den Begriff einer Enteignung der Gruben abschrecken lassen solle, also des Wegnehmens und zwangsweisen Abkaufens der Gruben von den bisherigen Eigentümern"*.[80] Und er fuhr fort: *„Wir müssen auch nicht vor der Frage zurückweichen, dass wir unter Umständen in die privaten Rechte der Eigentümer der Gruben eingreifen könnten. Die Zahl der Besitzer ist, meine Herren, derart bescheiden, dass deren Interessen schon dadurch gegenüber den Interessen der gesamten Bevölkerung unseres Landes verschwindend klein sind. Wenn man Rücksicht auf die Interessen dieser wenigen Grubenbesitzer nimmt, dann sollte man um so eher die Interessen des zahlenmäßig starken und wichtigen Bauernstandes in einer für die Bauernschaft bedeutsamen Richtung schützen."*[81]

Aus dem bisher Gesagten geht hervor, dass sich Šílenýs Vorstellungen zur Lösung der sozialen Frage schrittweise entwickelten, die Art und Weise von deren Lösung im Ausland reflektierten und auf die sich verändernde Situation in den einzelnen sozialen Schichten in der Monarchie reagierten, zugleich jedoch einige spezifische und charakteristische Merkmale annahmen. Šílenýs jugendliches Interesse an der Arbeiterschaft in den 1870er-Jahren, das zugleich vom Bemühen getragen war, die entstehenden Arbeitervereine

[78] Ebd., S. 12.

[79] Malíř, J.: *K vyhraňování třídněpolitického profilu* [Zur Ausprägung klassenpolitischer Profile], S. 62–63.

[80] *Vyvlastnění uhelných dolů*, S. 13.

[81] Ebd., S. 16.

für die nationalen tschechischen Bestrebungen zu gewinnen, näherte sich in seiner organisatorischen Vereins- und publizistischen Tätigkeit in den achtziger Jahren und schließlich auch in seinem politischen Wirken und seiner Arbeit als Abgeordneter seit der Mitte der neunziger Jahre des 19. Jahrhunderts immer mehr der Auffassung der sozialen Frage als einer nicht allein die Arbeiterschaft, sondern auch weitere, insbesondere die Mittelschichten betreffenden Frage an. Šílenýs Herangehen an die soziale Frage wurde so immer mehr von den Positionen des tschechischen wirtschaftlichen Nationalismus geprägt, der in Konkurrenz mit den ökonomisch und mit Blick auf das Kapital stärkeren deutschen Unternehmereliten in den böhmischen Ländern aus nationalen Gründen gegen Kartelle und Großkapital zum Schutz der Kleinproduktion auftrat.[82] Šílenýs Auffassungen verschmolzen so mit den Ansichten anderer zeitgenössischer tschechischer Nationalökonomen, die die sozialen Probleme in erster Linie vom Standpunkt des nationalen Vorteils bewerteten und im Geiste der von Albín Bráf formulierten These, dass die Formierung der tschechischen Nation nicht vollendet sei, solange das tschechische Volk nicht auch in wirtschaftlicher Hinsicht ausgreift sei,[83] ihre Aufmerksamkeit immer stärker der Unterstützung tschechischer Unternehmungen zuwandten, die jedoch lange Zeit eher die Form gewerblichen Unternehmertums besaßen. Daher waren auch die durch Šílený propagierten und durchgesetzten sozialen Reformen weder originär noch rasant, sondern vielmehr ein gewisser Mix sozialreformerischer, bereits anderswo in Europa von weiteren Sozialreformern durchgesetzten Vorstellungen, die

[82] Ausführlicher zum wirtschaftlichen Nationalismus vgl. Kubů, Eduard – Schultz, Helga (Hrsg.): *Wirtschaftsnationalismus als Entwicklungsstrategie ostmitteleuropäischer Eliten. Die böhmischen Länder und die Tschechoslowakei in vergleichender Perspektive.* Praha – Berlin 2004.

[83] Bráf, Albín: *Listy politického kacíře* [Briefe eines politischen Ketzers]. Praha 1902, 2. Aufl; Ders.: *České a německé „Svůj k svému“* [Das tschechische und das deutsche „Svůj k svému“]. Praha 1911; Albrecht, Catherine: *Two Czech Economists: Albín Bráf and Josef Kaizl.* East Central Europe 19, 1992, S. 1–15; Staif, Jiří: *Bráfův pokus o sociální rekonstrukci české národní společnosti a Národohospodářský ústav ČAV* [Bráfs Versuch einer sozialen Rekonstruktion der tschechischen nationalen Gesellschaft und das Nationalökonomische Institut der Tschechischen AdW]. In: Studie k moderním dějinám. Sborník k sedmdesátým narozeninám Vlastimila Laciny. Hrsg. von Josef Harna und Petr Prokš. Praha 201, S. 71–104.

jedoch den zeitgenössischen Bedürfnissen der tschechischen, vornehmlich „mittelständischen" Gesellschaft angepasst waren. Der Vorzug von Šílenýs sozialreformerischen Bemühungen beruhte darin, dass ähnlich wie in Böhmen K. Adámek oder A. Bráf bzw. J. Kaizl, so auch in Mähren Šílený die Entwürfe zu sozialen Reformen langfristig und systematisch nicht allein in der Publizistik, sondern auch als Politiker auf dem Boden des Mährischen Landtags sowie des Reichsrats durchsetzte. Dies betraf vor allem die Forderung nach Einführung einer allgemeinen Kranken-, Alters- und Invaliditätsrente, in die auch die Mittelschichten einbezogen werden sollten, sowie Vorschläge zur Einführung solcher Maßnahmen, die die Arbeitslosigkeit verringern könnten, und zugleich auch Überlegungen hinsichtlich einer Verstaatlichung der Gruben und Maßnahmen gegen Kartelle.[84]

Šílený zeigte sich in sozialen Fragen als Eklektiker und als Praktiker, der in seinen Auffassungen und Vorschlägen zur Lösung der sozialen Fragen immer mehr mögliche soziale Reformen mit nationalökonomischen Fragen vermischte, der jedoch als einer der wenigen im tschechischen Milieu der Durchsetzung einiger sozialer Reformen eine stärker organisierte und systematische Gestalt verlieh. Seine Landtagsentwürfe waren nämlich zumeist das Resultat einer langjährigen Reflexion ausgewählter sozialer Fragen, deren Lösung Šílený der Öffentlichkeit – sei es nun auf den zahlreichen Versammlungen der unterschiedlichsten Vereine oder auf den Seiten der Presse bzw. mit Hilfe weiterer organisatorischer und propagandistischer Aktionen – unterbreitete. Es ist kein Zufall, dass gerade auf Initiative Šílenýs am 31. 5. 1895 ein nationalökonomischer Kongress in Prag organisiert und am 31. 5. 1896 die *Česká národohospodářská společnost pro země koruny české* (Tschechische nationalökonomische Gesellschaft für die böhmischen Länder) in Prag gegründet wurde, zu deren agilem Vizepräsidenten und zugleich zum Vorsitzenden der mährischen Sektion, die sich am 5. 4. 1900 unter seiner Führung verselbständigte, man Šílený wählte.[85]

[84] Šílený wurde im jungtschechischen Abgeordnetenklub im Reichsrat im Jahre 1900 damit beauftragt, einen Entwurf gegen die Ausbreitung von Kartellen auszuarbeiten. Vgl. Malíř, Jiří: *K vyhraňování třídněpolitického profilu* [Zur Ausprägung klassenpolitischer Profile], S. 31.

[85] Vgl. MZA, G 68, Karton 13 und 20 (Národohospodářský sjezd [Nationalökonomischer Kongress]); Karton 12 und 19 (Národohospodářská společnost

Es war gerade das Verdienst Šílenýs, dass die im Jahre 1891 neu gegründete jungtschechische Volkspartei in Mähren stärker als die frühere alttschechische Nationalpartei begann, sich systematisch mit sozialen und wirtschaftlichen Fragen zu beschäftigen, sodass die von Šílený formulierte Forderung einer allgemeinen Versicherung sowie des Rechts auf Arbeit und das Ensemble bäuerlicher und gewerblicher Forderungen einen Bestandteil des Programms der Volkspartei bildeten. Šílenýs Interesse an den sozialen Problemen der Arbeiterschaft und seine guten Beziehungen zur national orientierten Arbeiterschaft ermöglichten es auch, dass die Volkspartei nach der Gründung der National-Sozialen Partei in Mähren im Jahre 1898 für eine gewisse Zeit ihren Einfluss auf diese Partei bewahrte. Die sozialreformerischen und nationalökonomischen Vorstellungen Šílenýs, die in erheblichem Umfang auch die Volkspartei teilte, hatten ihren Anteil daran, dass diese Partei, die im tschechischen Milieu Mährens den tschechischen politischen Liberalismus repräsentierte, durch ihre mittelständische und sozialreformerische Politik weitaus stärker vom Liberalismus entfernt war als die deutschen liberalen Parteien in Mähren sowie die Sozialliberalen im damaligen Deutschland.[86]

[Nationalökonomische Gesellschaft]); des weiteren die zeitgenössische Presse: *Sjezd národohospodářský* [Nationalökonomischer Kogress]. Národní hospodář a samosprávný věstník XV, Nr. 19 vom 1. Oktober 1885, S. 289–290; Nr. 20 vom 15. Oktober 1895, S. 305–311; *Sjezd národohospdářský* [Nationalökonomischer Kongress]. Národní listy 35, Nr. 284 vom 14. 10. 1895, S. 1–3; *Česká společnost národohospodářská* [Tschechische Nationalökonomische Gesellschaft]. Ebd. 36, Nr. 150 vom 1. 6. 1896, S. 1–2; *Ustavující valná hromada České národohospodářské společnosti* [Gründungsversammlung der Tschechischen Nationalökonomischen Gesellschaft]. Moravská orlice 34, Nr. 126 vom 2. 6. 1896, S. 1; *Ustavující válna hromada národo-hospodářské společnosti české* [Gründungsversammlung der National-ökonomischen Tschechischen Gesellschaft]. Ebd. 34, Nr. 127 vom 3. 6. 1896, S. 2; *Česká národohospodářská společnost v Brně* [Tschechische Nationalökonomische Gesellschaft in Brünn]. Ebd. 38, Nr. 80 vom 7. 4. 1900, S. 1; *Česká společnost národohospodářská pro Moravu* [Tschechische Nationalökonomische Gesellschaft für Mähren]. Lidové noviny 8, Nr. 80 vom 7. 4. 1900, S. 3.

[86] Vgl. Malíř, J.: *K vyhraňování třídněpolitického profilu* [Zur Ausprägung klassenpolitischer Profile], S. 57–58; Ders.: *Zu einigen Entwicklungstendenzen der tschechischen liberalen Parteien.* SPFFBU C 35, 1988, S. 49–69.

LEV WINTER (1876–1935) – ARCHITEKT DER TSCHECHOSLOWAKISCHEN SOZIALPOLITIK[1]

JAKUB RÁKOSNÍK

Am Donnerstag, dem 29. Januar 1935, gegen zehn Uhr am Vormittag, verhüllten schwarzen Trauerfahnen die Fassade des Volkshauses in Prag. Kurz zuvor war hier in der Zentrale der Tschechoslowakischen Sozialdemokratischen Partei die Nachricht eingetroffen, dass im schlesischen Kurort Gräfenberg (Jeseník) einer der langjährigen Repräsentanten dieser politischen Partei, der ehemalige Abgeordnete und Minister Lev Winter, verstorben sei. Winter hatte bereits seit Jahren an Diabetes gelitten, zu der im Alter auch noch eine Herzinsuffizienz getreten war. Ernste gesundheitliche Probleme hatten sich bereits im Verlaufe des Wahlkampfes im Jahre 1929 gezeigt, die nachfolgend nie mehr völlig verschwanden.[2] Es war schließlich das Herz, das den sich verschlimmernden gesundheitlichen Problemen nicht mehr zu trotzen vermochte. Die Zeitgenossen stimmten, unabhängig ihrer parteipolitischen Zugehörigkeit, darin überein, dass gerade diese Persönlichkeit Pate bei der Geburt einer für ihre Zeit weit fortgeschrittenen Sozialpolitik in der Tschechoslowakei, wie sie in den Jahren 1918–1924 zum Tragen kam, gestanden hatte. Als am 1. September 1935 im Krematorium von Prag-Strašnice das Begräbnis Winters stattfand, sprachen zahlreiche bedeutende Persönlichkeiten am Sarg, darunter der damalige Minister für Sozialfürsorge Jaromír Nečas. In seiner Rede, in der es aus nachvollziehbaren Gründen nicht an dem pietätvollen Pathos mangelte, hob der Trauerredner eindrucksvoll Winters Bedeutung für die tschechoslowakische Gesellschaft hervor: *„Er verschaffte sich überall und zu jedem Zeitpunkt durch seine ruhige, ausgeglichene Art Achtung, er gehörte zu*

[1] Die vorliegende Studie entstand im Rahmen des Forschungsprojektes MSM 0021620827 „České země uprostřed Evropy v minulosti a dnes" (Die böhmischen Länder in der Mitte Europas in Vergangenheit und Gegenwart), das an der Philosophischen Fakultät der Karlsuniversität zu Prag realisiert wird.

[2] WINTER, Lev: *Poslanec se loučí se svými voliči* [Ein Abgeordneter verabschiedet sich von seinen Wählern], Praha 1935, S. 10.

den edelherzigen Geistern des Sozialismus und der Demokratie, mit denen auch die Gegner gern zusammenarbeiten, da er einfach ein korrekter Mensch gewesen ist. Genosse Winter widmete seine ganze Kraft dem Wohl der Arbeiterklasse, er kämpfte unermüdlich für das allgemeine und geheime Wahlrecht, für den achtstündigen Arbeitstag und für eine gerechte Sozialversicherung."[3] Die überlieferten Quellen unterstreichen diese Bewertung. Winter gehörte nicht zu den klassischen Lagerrednern und charismatischen politischen Führern. Seine Erfolge in der Politik verdankte er in viel stärkerem Maße seiner fachlichen Gelehrsamkeit, die ihn bis in die höchsten Vertretergremien sowie auf einen Ministersessel brachten.[4] Winter war zweifellos ein Mann des Konsenses und damit geeignet für die Arbeit in einer Koalition. František Soukup sprach in dieser Hinsicht gar von Winters legendärer „unaufdringlicher Konzilianz".[5] Wenn wir im übrigen einen Blick auf sein erstes Flugblatt aus dem Jahre 1907 werfen, erscheint dieses bereits – im Vergleich zu anderen damaligen Wahlmaterialien der Sozialdemokratie – bewunderungswert gemäßigt und keinesfalls aggressiv.[6]

[3] *Pohřeb sůdr. Dr. Leva Wintra* [Das Begräbnis von Dr. Lev Winter], Robotnické noviny 32, Nr. 201, 3. September 1935.

[4] Minister für Sozialhilfe war Winter im Kabinett Kramář sowie in beiden Tusar-Regierungen (von Oktober 1918 bis September 1920). Im März 1925 kehrte er erneut in dieses Amt zurück, als in Švehlas erster sog. „Pětka"-Regierung Winters Parteigenosse Gustav Habrman aus gesundheitlichen Gründen seinen Posten aufgab. Winter behielt sein Amt auch nach den folgenden Wahlen in der zweiten Regierung Švehla bis zum März 1926, als die zweite Beamtenregierung von Jan Černý gebildet wurde. Auf den Posten eines Ministers für Sozialfürsorge kehrte Winter nicht mehr zurück. Zur Zusammensetzung der einzelnen Kabinette vgl. Tomeš, Josef: *Slovník k politickým dějinám Československa 1918–1992* [Wörterbuch zur politischen Geschichte der Tschechoslowakei 1918–1992], S. 235–242.

[5] Soukup, František: *Lev Winter v Internacionále a zahraniční politice republiky* [Lev Winter in der Internationale und der Außenpolitik der Republik], Právo lidu 44, Nr. 204, 1. September 1935.

[6] Národní archiv [Nationalarchiv – künftig: N.A.], Fond: Československá sociálně demokratická strana dělnická [Tschechoslowakische Sozialdemokratische Arbeiterpartei], Karton Nr. 17, aj. 144. Trotzdem können wir auf der Grundlage sporadischer Indizien davon ausgehen, dass Winter hinter verschlossenen Türen durchaus schärfere Ausdrücke benutzte. Antonín Klimek verweist in diesem Zusammenhang auf eine kleine pikante Anekdote. Als im Jahre 1927 über den Eintritt der Nationalen Demo-

Lev Winter wurde am 26. Januar 1876 in dem Dorf Hroby bei Tábor „als ältester Sohn einer später zahlenmäßig großen[7] und stets armen Familie“[8] geboren, deren Lebensunterhalt eine nicht sehr umfängliche landwirtschaftliche Tätigkeit sicherte. Winters künftige Berufslaufbahn hing also in hohem Maße von ihm selbst ab. Er finanzierte diese durch Privatunterricht. Dies war offenkundig auch der Hauptgrund, dass er einen enthaltsamen Lebensstil pflegte, den er auch später beibehielt. Sein ganzes Leben war Winter eingeschworener Abstinenzler und Nichtraucher.[9] Seine Kindheit verlebte er in der Gemeinde Mlyny bei Chaustnik, wo sein Vater eine kleine Mühle in Pacht betrieb. Die Eltern waren assimilierte Juden, und der Vater lebte auch weiterhin nach den jüdischen Glaubensriten. Lev Winter besuchte zunächst das Gymnasium im unweit gelegenen Tábor, anschließend studierte er an der Prager Juristischen Fakultät, wo er sich unter Anleitung von Albín Bráf mit Fragen der Nationalökonomie beschäftigte. Ursprünglich sah Winter seine Zukunft in der Wissenschaft, er wollte sich an der Universität einer wissenschaftlichen Karriere widmen. Seine Biographen haben unterstrichen, es seien die Politik und die Begeisterung für die Lösung der sozialen Frage gewesen, die Winter von dieser Laufbahn abgebracht hätten. Josef Macek bemerkte jedoch später

kraten in die Regierung lizitiert wurde, war einer der Kandidaten für einen Ministerposten auch Ladislav Novák (mehrfach Minister für Industrie, Handel und Gewerbe). Klimek bemerkt hierzu: „Der Sozialdemokrat L. Winter charakterisierte Novák im Jahre 1929 gegenüber V. K. Škrach, der dies brühwarm dem Präsidenten mitteilte, zugespitzt mit nur zwei Worten: ‚Ein absoluter Ochse‘.“ Vgl. Klimek, Antonín: *Boj o hrad* [Der Kampf um die Burg], II. Bd., Praha 1998, S. 106.

[7] Winters Eltern zeugten insgesamt sechs Kinder, von denen drei bekannte Persönlichkeiten wurden. Levs Bruder Gustav machte sich als hervorragender Journalist einen Namen, Arnošt bekleidete in der Ersten Republik das Amt eines Senators.

[8] Štern, Evžen: *Za Lvem Wintrem* [Nach Lev Winter]. In: *Sociální ústav ČSR památce svého zakladatele a předsedy Dr. Lva Wintra 1876–1935* [Das Sozialinstitut der Tschechoslowakei im Andenken an seinen Gründer und Vorsitzenden Dr. Lev Winter 1876–1935]. Publikace Sociálního ústavu Nr. 65, Praha 1935, S. 9.

[9] Wir besitzen Hinweise darauf, dass Winter bereits vor dem Krieg die Abstinenzbewegung unterstützte und eine Versammlung einberief, auf der „über eine auf den mäßigen Gebrauch von Spirituosen abzielende Aktion verhandelt werden sollte“. *Zápis ze schůze výkonného výboru* [Notiz aus der Versammlung des Exekutivausschusses] (1. Februar 1909) N.A., Fond: ČSDSD, Karton Nr. 4, aj. 33.

hierzu: „*Dies ist nur ein Teil der Wahrheit. Winter wurde von der Universitätslaufbahn eher durch die damaligen Verhältnisse an der Juristischen Fakultät abgeschreckt, ungern verzichtete er auf die Karriere als Wissenschaftler, auf die ihn sein Lehrer geführt hatte, und wurde Anwalt.*"[10] Bereits während seines Studiums hatte sich Winter als Stenograf in einer Anwaltskanzlei verdingt. Im Jahre 1899, mit 24 Jahren, erwarb er das Doktorat in Jura und begann ein Praktikum als Konzipient. Eine eigene Anwaltskanzlei eröffnete Winter im Jahre 1907. Stern erklärte seinen Abschied von der akademischen Laufbahn damit, dass Bráfs Plan, Winter möge sich so rasch wie möglich mit einer Arbeit über Kartelle habilitieren, „*prallte im österreichischen Ministerium für Schulwesen auf Winters jüdische Herkunft und auf seine politische Zugehörigkeit...*"[11] Der angewiderte Winter brach seine Arbeit ab, und um so intensiver mischte er sich in die Parteiarbeit ein. Es war genau jene Zeit, als die Kampagne der Sozialdemokratie für das Allgemeine Wahlrecht ihren Höhepunkt erreichte. Später machte Bráf Winter, als ersterer bereits als Minister für Ackerbau agierte, erneut auf die Möglichkeit der Habilitation aufmerksam, doch Winter, zu jener Zeit schon Abgeordneter, zeigte keinerlei Interesse an einer Rückkehr auf die Universitätslaufbahn.[12]

Das Interesse für soziale Probleme kam bei Winter bald zum Vorschein. Im Jahre 1899 bewertete er in einer Rezension Masaryks Schrift „*Sociální otázka*" (Die soziale Frage)[13] sehr kritisch und in den Folgejahren veröffentlichte er mehrere Bücher (einige in Zusammenarbeit mit dem zukünftigen Minister, dem Sozialdemokraten Alfred Meissner).[14] Winters Publikationstätigkeit vollständig aufzuzeigen, erscheint fast unmöglich. Es ist überraschend, dass er keine systematische Arbeit zur sozialen Frage hin-

[10] Macek, Josef: *Dr. Lev Winter, socialistický národohospodář* [Dr. Lev Winter, ein sozialistischer Nationalökonom], Právo lidu, Nr. 204, 1. September 1935.

[11] Štern, Evžen: *Za Lvem Wintrem* [Nach Lev Winter]..., S. 11.

[12] Žalud, Augustýn: *Dr. Lev Winter*, Sociální revue 7, 1926, S. 24.

[13] Winter, Lev: *K Masarykově „Otázce sociální*" [Zu Masaryks „Die soziale Frage"], Právo lidu 8, Nr. 59, 29. Januar 1899. Die Fortsetzung Ebd., Nr. 60, 1. März 1899.

[14] Winter, Lev – Meissner, Alfréd: *Rukověť živnostenského soudce* [Handbuch des Gewerberichters], Praha 1901. Winter, Lev – Meissner, Afréd: *Úrazové pojištění dělnické dle práva rakouského* [Die Arbeiterunfallversicherung nach österreichischem Recht], Praha 1904.

terließ, wie dies seinen Parteikollegen Josef Macek oder aber Karel Engliš gelang.[15] Winters sozialpolitische Auffassungen müssen wir daher in den Gesetzeskommentaren, Reden und vor allem in Dutzenden von Beiträgen suchen, die er im Verlaufe seines Lebens in den unterschiedlichsten Periodika publizierte. Winter schrieb in erster Linie für Zeitschriften und Zeitungen wie *„Akademie"*, *„Právo lidu"* [Das Volksrecht], *„Naše doba"* [Unsere Zeit], *„Obzor národohospodářský"* [Nationalökonomische Rundschau], *„Svépomoc"* [Selbsthilfe] (Organ der Krankenversicherungen), *„Sborník věd právních a státních"* [Jahrbuch der Rechts- und Staatswissenschaften], *„Odborové sdružení československé"* [Die tschechoslowakische Gewerkschaftsvereinigung], später auch für *„Nová svoboda"* [Neue Freiheit] und andere Presseorgane. Mit dem zuletzt genannten Wochenblatt, das in den 1930er-Jahren eher die Einstellungen der sozialdemokratischen Rechten reflektierte (auch Josef Macek war mit diesem liiert), verband Winter ein enges Verhältnis. Wir finden Winter auch als Herausgeber der „Nová svoboda", wenngleich er mit diesem Presseorgan wenig Gemeinsamkeiten pflegte. Als dieses Blatt in der ersten Hälfte der 1930er-Jahre sichtbar von der offiziellen Parteilinie abwich, geschah dies angeblich „auf ausdrückliche Bitte des an dem Blatt finanziell interessierten Winter", was den Vorsitzenden Antonín Hampl nötigte, sich im Namen der Partei von der „Neuen Freiheit" zu distanzieren.[16] Winters Publikationen vollständig zu erfassen erschwert zudem die Tatsache, dass er häufig unter einem Pseudonym veröffentlichte.[17]

[15] Macek, Josef: *Základy sociální politiky* [Grundlagen der Sozialpolitik], Praha 1925. Engliš, Karel: *Sociální politika* [Die Sozialpolitik], Praha 1921.

[16] Klimek, Antonín: *Boj o hrad* [Der Kampf um die Burg], Bd. 2, Praha 1998, S. 347. Patzak nimmt an, dass Winter im Jahre 1930 gebeten wurde, die „Neue Freiheit" durch seinen Namen als Herausgeber abzusichern. Winter wollte jedoch nicht durch die tägliche Redaktionsarbeit belastet werden und lehnte es ab, dass sein Name missbraucht werde. Auf Bitten der Redakteure willigte er aber schließlich ein. Winter veröffentlichte in der Regel in dem Blatt mehrere Beiträge im Jahr. Vgl. Patzak, Václav: *Socialista životem a prací* [Ein Sozialist im Leben und in der Arbeit], Nová svoboda 12, 6. September 1935, S. 313–314.

[17] Wir wissen mit Bestimmtheit, dass Winter die Pseudonyme „Zima" und „Vachal" benutzte. Vgl. Tayerle, Rudolf: *Za soudruhem Lvem Winterem* [Nach Genosse Lev Winter], Odborové sdružení československé 39, 1935, Nr. 9, S. 278–279. Überraschung ruft die Tatsache hervor, dass das bis heute in historischen Untersuchungen

Im Jahre 1907 wurde Winter in die Abgeordnetenkammer des Reichs rates für den Wahlbezirk IX Smíchov – Land gewählt. Dies war zweifellos ein großer Erfolg. Ein Zeitgenosse berichtet, dass sich die Sozialdemokraten aus Smíchov ein wenig überrascht zeigten, als auf der ersten öffentlichen Wahlversammlung „ein fast bartloser Jüngling mit dem Aussehen eines Gymnasiasten auftrat".[18] Winter selbst konnte zu dieser Zeit nicht ahnen, dass er dieses Mandat kontinuierlich über mehr als ein Vierteljahrhundert ausüben würde. In der Zeit, in der er den Boden des Reichsrates betrat, war er vermutlich der jüngste Abgeordnete. Winter zählte damals gerade einmal 30 Jahre.[19] Bald wurde Winter Sekretär des Abgeordnetenklubs der Sozialdemokraten. Die Kommunikation zwischen der Prager Zentrale und dem Klub in Wien verlief offenkundig nicht problemlos, als sich Winters Anhänger im Mai 1908 entschlossen einen Brief abzusenden, in dem sie mitteilten, „dass sie nur schwer ertrügen, dass der Exekutivausschuss der Partei die Zusammenkünfte des Klubs, zu denen letzterer eingeladen sei, ignoriere".[20] Nach fünfjährigem Wirken im Reichsrat entschied Winter, nicht weiter Abgeordneter bleiben zu wollen. Mit dieser Absicht wandte er sich in einem Schreiben an den Parteiausschuss seines Wahlkreises, in dem er *„mit Rücksicht auf seine Erkrankung verkündete, dass er künftig nicht mehr antreten wolle und es an der Zeit sei, einen Ersatz für ihn zu suchen"*. Seine Bitte wurde bis an den zentralen Exekutivausschuss der Partei weitergeleitet. Im Protokoll der Beratungen ist zu lesen, dass „es weder dem Exekutivausschuss des Wahlbezirks IX noch dem Exekutivausschuss der III. Kreisorganisation... gelungen sei, den Genossen Winter von seiner

zitierte Handbuch von Pavel Potocký *„Dělník na válečných úkonech – jeho práva povinnosti"* [Der Arbeiter in den Kriegshandlungen – seine Rechte und Pflichten] (Praha 1915) auch aus der Feder von Winter stammt und lediglich unter einem Pseudonym herausgegeben wurde. In dem Organ „Právo lidu" benutzte Winter lediglich das Redakteurskürzel „r" oder „nt". Zu seinem 50. Geburtstag erschien zumindest eine, wenn auch unvollständige Bibliographie seiner Bücher und Artikel. Vgl. Sociální revue 7, 1926, S. 32ff.

[18] Nová svoboda 12, 20. September 1935, S. 337.

[19] *Pohřeb Lva Wintra* [Das Begräbnis von Lev Winter], Národní osvobození 12, Nr. 205, 3. September 1935.

[20] *Zápis ze schůze výkonného výboru* [Protokoll der Versammlung des Exekutivausschusses] (7. Mai 1908), N. A., Fond: ČSDSD, Karton Nr. 4, aj. 33.

Entscheidung abzubringen".[21] Seine gesundheitlichen Probleme waren zu jener Zeit offenbar noch nicht unüberwindbar, da Winter sein Mandat letztlich doch behielt, und als der Erste Weltkrieg ausbrach wurde er sogar zum Kriegsdienst einberufen. Winter leistete seinen Dienst als Unteroffizier im Prager Armeekommando. Er arbeitete hier als ständiger Verteidiger, und in den Jahren 1915–16 trat er als Rechtsvertreter ex offo in 400 Straffällen vor Kriegsgerichten auf.[22] Bereits im Vorkriegsparlament hatte sich Winter eine Reputation als Experte für Sozialpolitik erworben und er beteiligte sich im Reichsrat an der Vorbereitung der Sozialversicherungsgesetze, die jedoch niemals verabschiedet wurden. Ein Beweis für die Anerkennung seiner Qualitäten in dieser Richtung war zweifellos seine Ernennung zum Vorsitzenden des sozialpolitischen Ausschusses des Parlaments im Jahre 1917. Aus den gleichen Gründen wurde er durch die tschechische politische Repräsentation auch in der Schlussphase des Krieges damit betraut, das sozialpolitische Programm des neuen Staates auszuarbeiten. Unter diesen Gegebenheiten war es ganz natürlich, dass Winter in der ersten, am 14. November 1918 ernannten tschechoslowakischen Regierung den Posten des Ministers für Sozialfürsorge bekleidete. In den ersten Monaten erwies sich für sein Amt die Bezeichnung Ministerium offenkundig als ziemlich vornehm. Evžen Štern bemerkte in dieser Hinsicht recht sarkastisch: *„Ich könnte hier zahlreiche interessante Erinnerungen aus der Zeit vortragen, als das Ministerium lediglich aus zwei Aktenkoffern bestand und als es notwendig war, augenblicklich dringende sozialpolitische Probleme zu lösen und das Ministerium weder über Schreibtische, noch über Tintenfässer oder gar Fachreferenten verfügte, und als wir einen längeren Zeitraum lediglich mit einem schlecht funktionierenden Telefon arbeiten mussten.*"[23] Es war Winter – zumindest nahm er dies später für sich in Anspruch -, der durchsetzte, dass in die Regierungserklärung des ersten Kabinetts eine Passage über die Notwendigkeit des Aufbaus einer Sozialversicherung sowie eines großzügigen sozialen Schutzes der Bevölkerung im neuen Staat Aufnahme fand.[24]

[21] Ebd. (28. August 1912).

[22] Štern, E.: *Za Lvem Wintrem...* [Nach Lev Winter...], S. 13.

[23] Ebd., S. 14.

[24] Winter, Lev: *Sociální péče dělnická v našem životě* [Die Arbeitersozialfürsorge in unserem Leben] (Vorlesung, gehalten am 21.11.1929 in der Zentralbibliothek der

An dieser Stelle drängt sich eine grundlegende Frage auf. Winter fand als Mitglied einer marxistischen Partei Zugang zur obersten Repräsentanz und zur Regierung. Er gehörte mehr als dreißig Jahre zu den führenden Vertretern seiner Partei. Doch kann Winter überhaupt als Marxist bezeichnet werden?

Die ersten Kontakte mit der sozialen Frage vermittelte ihm zweifellos sein Lehrer Albín Bráf. Winter selbst kommentierte dies wie folgt: „*Er beabsichtigte aus mir, sofern ich dies aus der Lektüre beurteilen kann, die er mir gab, einen christlichen Sozialisten zu machen, wenngleich er gut wusste, dass ich Jude bin. Dies störte ihn nicht. Die Lektüre, die er mir gab, stammte aus der Gruppe Vogelsang,*[25] *aus einem Zweig des christlichen Sozialismus. Ich habe mir hieraus den Sozialismus ausgewählt und das Christentum belassen. Das Buch der Webbs war in Wahrheit jedoch das erste Buch aus der Arbeiter- (ich will nicht sagen: sozialistischen) Bewegung, das ich gelesen habe.*“[26] Sidney und Beatrice Webb gehörten zu den Pionieren der Labourbewegung in England und waren führende Vertreter der englischen Fabian Society.[27] Die Fabianer jedoch hielten sich weitab vom Marxismus, während Winter wiederum den Fabianern geistig sehr nahe stand.

Nach seinem Tode entbrannte eine Polemik um Winters Haltung zum Marxismus. Josef Macek interpretierte Winter in seinem bereits erwähnten Artikel als Anhänger revisionistischer Strömungen innerhalb der sozialisti-

Hauptstadt Prag innerhalb des Zyklusses „Wege zum Sozialismus“). In: Sociální ústav ČSR památce svého zakladatele… [Das Sozialinstitut der ČSR im Andenken an seinen Gründer…], S. 60.

[25] Karl Freiherr von Vogelsang (1818–1890) zählte zu den Pionieren des politischen Katholizismus in Cisleithanien. Zu seinem Einfluss vgl. Marek, Pavel: *Český katolicismus 1890–1914* [Der tschechische Katholizismus 1890–1914], Olomouc 2003.

[26] Winter, Lev: *Sociální péče dělnická v našem životě…* [Die Arbeitersozialfürsorge in unserem Leben…], S. 57.

[27] Die Fabian Society verkörperte die intellektuelle sozial-reformerische Bewegung. Für die Fabianer typisch waren ein gewisser intellektueller Elitismus, Empirismus, Demokratismus und die Unterstützung allmählicher Reformen. Die Quellen waren mehr oder weniger liberal, doch keineswegs marxistisch. Zum Wirken vgl. Rueschmeyer, Dietrich – van Rossem, Ronan: *The Verein für Sozialpolitik and the Fabian Society*, In: Dietrich Rueschmeyer – Theda Skocpol (Hgg.), *States, Social Kwowledge, and the origins of Modern Social Policy*. Princeton 1996, S. 117ff. Vgl. Des weiteren Beer, Max: *Geschichte des Sozialismus in England*, Stuttgart 1913, S. 461–467.

schen Bewegung. Ausdrücklich hob er dessen Sympathien gegenüber den Repräsentanten des deutschen Vorkriegsrevisionismus – Eduard Bernstein und Gerhard Hildebrand – hervor.[28] Als an der Wende der zwanziger und dreißiger Jahre des 20. Jahrhunderts in der Tschechoslowakei die Ideen des belgischen Sozialisten Hendrik de Man Verbreitung fanden[29], zählte Winter zu deren Propagandisten. Gegen eine solche Auffassung des Winterschen Sozialismus polemisierte Jaroslav Vozka in der Zeitschrift „*Dělnická osvěta*" [Die Arbeiteraufklärung].[30] Es kann sicherlich kein Zweifel daran bestehen, dass auch Winter unter den Repräsentanten seiner Partei zu den größten Kennern des Werkes von Karl Marx gehörte. Kritisch rezensierte er Masaryks „*Socialni otazka*" und er beteiligte sich an der Übersetzung des Marxschen Kapitals. Der sozialistischen Bewegung schloss sich Winter genau zu dem Zeitpunkt an, als der Revisionismus sich auf seinem Höhepunkt befand. Vozka erklärte die relative Schwäche des Revisionismus innerhalb der tschechischen sozialdemokratischen Bewegung mit dem Einfluss von Karl Kautsky, der einen starken pädagogischen Einfluss auf die Hauptakteure der Partei – Josef Steiner und Antonin Němec – ausübte. Einen ähnlichen formativen Einfluss übte dieser seiner Auffassung nach auch auf den jungen Winter aus. In ähnlicher Weise antizipierte Winter auch die Gedanken des späten Engels. Vozka schloss seine Analyse mit der eindeutigen Behauptung, dass, wenn Winter nicht dem Ausschluss von Bernstein zustimmte, dies nicht bedeute, dass er auf dessen Ansichten eingeschwenkt sei.[31] Dies

[28] In dieser Hinsicht hat Macek Unrecht. Winters Kommentar zu Hildebrands Ansichten ist sehr kritisch und ablehnend. Vgl. Winter, Lev: *Případ Hildebrandův* [Der Fall Hildebrand], Akademie 17, 1913, S. 97–100.

[29] Hendrik de Man (1885–1953) war ein sozialistischer Theoretiker aus Belgien, der in den 1930er-Jahren die Planwirtschaft propagierte und die marxistische Lehre revidierte. Vgl. u. a. De Man, Hendrik: *Cesta z krise* [der Weg aus der Krise], Praha 1935; Ders.: *Cesty tvořícího socialismu* [Die Wege des schaffenden Sozialismus], Praha 1932.

[30] Vgl. Vozka, Jaroslav: *Poměr dr. Lva Wintra k marxismu* [Das Verhältnis von Dr. Lev Winter zum Marxismus], Dělnická osvěta 21, 1935, S. 228–231, 305–308.

[31] Ebd., S. 305. Den Revisionismus in der Partei setzten hauptsächlich František Modráček und Antonín Pravoslav Veselý durch. Modráček distanzierte sich ostentativ vom Marxismus. Eingehender hierzu Příborský, Zbyněk: *Modáčkova cesta k družstevnímu socialismu* [Modráčeks Weg zu einem genossenschaftlichen Sozialismus], Moderní dějiny – Sborník k dějinám 19. a 20. století 4, 1996, S. 45–70.

entsprang eher seiner Auffassung des Marxismus nicht als statischem System ideologischer Lehrsätze, sondern als dynamischer Lehre, die es notwendigerweise mit intellektueller Offenheit auf die sich ändernden wirtschaftlichen und sozialen Bedingungen zu applizieren galt. Daher vermochte Bernstein den radikalen Versuch als Mittel zur Anregung für eine Diskussion über die Ziele des Sozialismus zu begrüßen. Notwendigerweise muss an dieser Stelle angemerkt werden, dass Vozkas Interpretation diejenige einer Minderheit darstellte. Weitaus häufiger wurde Winter als Revisionist angesehen, jedoch zu keinem Zeitpunkt als Revisionist der Prägung Modráčeks. Štern sagte bereits im Jahre 1926 auf der Grundlage der Argumente aus Winters Artikeln über diesen, dass Winter *„bei uns eine der prägnantesten Persönlichkeiten des sozialistischen Revisionismus, ein praktischer Revisionist ohne überflüssiges Theoretisiergehabe, das auf dem Papier geführte Auseinandersetzungen hervorrufe, gewesen sei“*.[32]

Seinen eigenen Worten zufolge hatten Winter bei seinen Studien seine älteren Mitschüler zur sozialistischen Bewegung geführt. Er war damals ungefähr zwanzig Jahre alt, und ein Jahr später bereits trat er in die Partei ein. Unter den damaligen Prager Sozialdemokraten fühlte er sich jedoch nicht gänzlich wohl. Später kommentierte er dies so, dass „[die Bewegung] *jedoch viel radikaler gewesen sei…, sie gegen jedwede Flickschusterei war, sie die Theorie vertreten habe ‚entweder sofort oder gar nicht‘* “. Winter selbst hingegen hielt sich für wenig revolutionär und eher skeptisch, so dass er sich nicht ohne weiteres mit den anderen identifizieren konnte.[33] Weitaus näher stand ihm offensichtlich eine mehr gemäßigte Interpretation des Marxismus, die sich auch in seinen frühen theoretischen Schriften niederschlug. Im übrigen: Auch an die Adresse der „Kartelle“ gerichtet – Winters erster größerer wissenschaftlicher Arbeit – fühlte sich der Rezensent genötigt darauf hinzuweisen, dass *„er ein wenig einem gewissen a priori Standpunkt unterlegen sei und die ganze Frage aus der Perspektive des Marxismus betrachtet habe“*.[34]

[32] Vgl. Štern, Evžen: *Politický profil Dra L. Wintra* [Das politische Profil von Dr. Lev Winter], Sociální revue 7, 1926, S. 13.

[33] Winter, Lev: *Sociální péče dělnická v našem životě…* [Die Arbeitersozialfürsorge in unserem Leben…], S. 57.

[34] Sborník věd právních a státních 3 [Jahrbuch für Rechts- und Staatswissenschaften, Bd. 3], 1903, S. 177.

Wenngleich Winter ein Gefühl für theoretische Fragen besaß, waren ihm die dogmatischen Streitigkeiten über den richtigen ideologischen Katechismus eher fremd. Mit fortschreitendem Alter wich er auch nicht von dieser Position ab. Gewiss waren ihm die Leninsche Interpretation des Marxismus und die Auffassung der sozialistischen Partei als zahlenmäßig kleine Schar professioneller Revolutionäre fremd. In der Politik erwies sich Winter als überzeugter Reformer und keineswegs als Revolutionär. Die sozialistische Partei musste, um einen Einfluss auf die staatliche Verwaltung ausüben und sich an der Macht im Staat beteiligen zu können, eine Massenorganisation des Volkes sein.[35] Winters politischer Lebenslauf ist ein beredtes Zeugnis dafür, dass ihm Kompromisse und die Zusammenarbeit mit den bürgerlichen Parteien wesentlich näher standen als ein sektiererisches Beharren auf den eigenen Ansichten.

In seinen „Kartellen" zeigt sich ohne Zweifel ein erheblicher Einfluss der marxistischen Interpretation des wirtschaftlichen Lebens. Doch auch in dieser Schrift finden wir keine Verurteilung des zeitgenössischen Staates als Diktatur der Bourgeoisie, die ausschließlich durch eine Revolution gestürzt werden könne. Den Staat interpretiert Winter im Gegenteil von Beginn an als Institution, die durch ihre Eingriffe in das Wirtschaftsleben positiv die Situation der Bevölkerung beeinflussen kann. Auch hier (in den Kartellen findet wohl am deutlichsten die Lehre von der unvermeidlichen Konzentration der Produktion ihren Widerhall) findet sich letztlich die Lösung in deren Verstaatlichung.[36] Nicht einmal in einer von Winters radikalsten Schriften – „*Maloživnostníci a sociální demokracie*" (Die Kleingewerbetreibenden und die Sozialdemokratie) – aus dem Jahre 1907 verspricht der Autor eine proletarische Revolution. Er spricht lediglich von einem sozialdemokratischen Programm einer Verstaatlichung der Produktion und einer ausdrücklichen Beseitigung des Privateigentums. An keiner Stelle erwähnt Winter eine Unvermeidlichkeit der Revolution. Im Gegenteil: Offensichtlich wird, dass das Mittel für die Reform die mit Hilfe von Wahlen siegende Massenpartei ist, und zwar dank der Unterstützung aller

[35] Vgl. Winter, Lev: *Konference Socialistické internacionály* [Konferenz der Sozialistischen Internationale], Teil 3, Nová svoboda 10, 22. September 1933, S. 385.

[36] Winter, Lev: *Kartely – Studie národohospodářská* [Kartelle – eine nationalökonomische Studie], Praha 1902.

unter der kapitalistischen Großproduktion leidenden Schichten.[37] Sympathie gegenüber der gemäßigten parlamentarischen Politik der deutschen Revisionisten bezeugen zudem Winters eigene Worte: „*Bernstein hat in vielem recht, und zwar deshalb, weil er theoretisch eigentlich nur das folgert, was im praktischen Leben tatsächlich geschieht...*".[38] In seinen Beiträgen zu dieser Frage finden wir zahlreiche kritische Anmerkungen an die Adresse Bernsteins gerichtet. Durch diesen ersten Eindruck sollten wir uns freilich nicht verwirren lassen. Die undogmatische Auffassung des Marxschen Vermächtnisses ähnelte der Herangehensweise der Revisionisten, wenngleich Winter der marxistischen Theorie keinesfalls entsagen wollte.[39] Diese Interpretation unterstreicht Winters Aussage in seiner Rezension zu Masaryks sozialer Frage: „... *Wir selbst erkennen die Krise des Marxismus an, denn wir bekennen uns stolz und freudig zu ihr, zumal wir uns dessen voll bewusst sind, dass der Sozialismus aus den Quellen des gesellschaftlichen Lebens selbst erwächst, er muss hieraus fortwährend neue Kräfte schöpfen, wenn er das bleiben will, was er heute ist bzw. wenn er schließlich die Ziele erreichen will, die er sich gestellt hat.*"[40]

In der Zwischenkriegszeit verteidigte Winter unbeirrbar das Prinzip der Koalitionsregierung, die er unter dem Aspekt der wirtschaftlichen und sozialen Struktur des Staates als das am besten geeignete Mittel ansah.[41] Winter wiederholte Appelle für einen demokratischen Sozialismus unterstreichen den Glauben an die Prinzipien der konstitutionellen Demokratie als Mittel zur Durchsetzung sozialistischer Ziele und die praktische Bereitschaft, auch um den Preis zahlreicher Kompromisse mit nichtsozialistischen Parteien zusammenzuarbeiten, sagt über Winters ideologisches Bekenntnis wohl mehr aus als ganze Stöße beschriebenen Papiers. Winter

[37] Winter, Lev: *Maloživnostníci a sociální demokracie* [Die Kleingewerbetreibenden und die Sozialdemokratie], Praha 1907, S. 7.

[38] Zitiert nach Žalud, Augustýn: *Dr. Lev Winter*, Sociální revue 7, 1926, S. 26.

[39] Vgl. Winter, Lev: *Revisionistické proudy v moderním socialismu* [Revisionistische Strömungen im modernen Sozialismus], Obzor národhospodářský 7, 1902, S. 129–133.

[40] Winter, Lev: *K Masarykově „Otázce sociální"* [Zu Masaryks „Die soziale Frage"], Právo lidu 8, Nr. 59, 29. Januar 1899.

[41] Winter, Lev: *Poslanec se loučí s voliči* [Ein Abgeordneter verabschiedet sich von den Wählern], Praha 1935, S. 9.

gehörte zu den wenigen Menschen, die bereit waren, die Existenz auch solcher nichtverfassungskonformen Institution wie der „Pětka" – also des sog. „Fünferausschusses" – zu verteidigen. Winter sah kein Hindernis darin, auf diese Weise den politischen Willen zu artikulieren. Das Gesetz in der Demokratie verstand er als Resultat des Wettstreits verschiedener gesellschaftlicher Interessen, die verschiedene politische Parteien repräsentieren. Das Parlament, so Winter, sei mit Blick auf die Zahlenstärke seiner Abgeordneten weitaus weniger für die Erreichung solcher Übereinkünfte geeignet. Aus diesem Grunde vertrat Winter die Auffassung, dass, sofern die Ergebnisse schwieriger Beratungen innerhalb der Regierung *„den legislativen Gremien zur Entscheidung vorgelegt werden, man daran nur schwerlich etwas ändern könne, da jede Änderung das mühevoll erzielte Gleichgewicht des Entwurfs untergrabe. Daher müsse die entscheidende legislative Tätigkeit bereits im Schoße der Regierung ausgeübt werden.*"[42]

Ferdinand Peroutka hat eine charakteristische Geschichte über Winter als Politiker jener Zeit festgehalten, als im Jahre 1920 die Krise innerhalb der Sozialdemokratie ihren Höhepunkt fand. *„Einige sozialdemokratische Führer waren von der noch nicht vorhandenen Reife der Produktion für eine Sozialisierung sowie von der Unfähigkeit der Massen für diese Aufgabe überzeugt. Sie mussten sich jedoch bei dieser Feststellung, zu der sie nicht ohne innere Krisen gelangt waren, fühlen wie Fremde innerhalb der Massen, die sie dem Namen nach führten. Würde ich Artikel schreiben, dann wäre ich auch radikal*", entgegnete melancholisch Minister Dr. Lev Winter.[43] Seine charakteristischen Eigenschaften drängten ihn von Beginn an förmlich auf die Seite der Parteirechten. Darüber hinaus übte er das Ministeramt aus, das ihn zur Unterstützung der auf Kompromisse ausgerichteten Politik der Koalition zwang. Diese Haltung bewahrte er sich auch später. Im übrigen sagte auch der zitierte Peroutka über Winter, dieser habe ebenso wie Alfred Meissner *„eher fachliche Neigungen und mehr ein Wissenschaftlertemperament besessen*".[44]

[42] Ebd., S. 9. Vgl. des weiteren Winter, Lev: *Parlament a plné moci* [Das Parlament und die Vollmachten], Nová svoboda 12, 14. Juni 1935, S. 277–278.

[43] Peroutka, Ferdinand: *Budování státu* [Der Aufbau des Staates], Bd. 3, Praha 1991, S. 1176.

[44] Ebd., S. 1276.

Dieser Tatsache war sich auch Winter selbst bewusst. Stets sah er sich eher als Fachmann denn als politischer Führer. Immer ordnete er sich der Parteidisziplin unter. Schließlich auch bei solchen Kleinigkeiten wie etwa der Bitte der Verwaltung der Hochschule für Politik (Vysoké učení politické) aus dem Jahre 1911, dort eine Vorlesung über die Arbeiterfrage zu halten, wobei er den Exekutivausschuss seiner Partei um Erlaubnis bat, damit der Auftritt nicht im Widerspruch zu seinen politischen Aufgaben stand.[45] Offenbar fürchtete Winter den Verdacht, diese Bildungseinrichtung sei durch die Jungtschechen organisiert. Als Winter am Ende seines Lebens sein Verhalten in der Politik bewertete, bestätigte er voll und ganz die weiter oben wiedergegebene Meinung, wenn er notierte: „*Bei allen wichtigen Beschlüssen der Partei habe ich mich stets untergeordnet, allerdings dergestalt, dass kaum jemand hiervon Kenntnis erhielt. Ich habe im Stillen anders gedacht, zuweilen fast in umgekehrter Richtung, doch habe ich gleich nach einer Weile gemerkt, dass Hampl und Bechyně im Recht waren. Die Partei hat immer recht, da sie ein Gespür dafür besitzt. Sie hat mich damals als Fachmann aufgestellt und Ihr seht, sie hatte ein Gespür. Ich blieb ihnen die gesamte Zeit über erhalten.*“[46]

In dem weiter oben zitierten Artikel sprach Josef Macek noch eine weitere charakteristische Eigenschaft von Winters sozialpolitischem Denken an, der bislang noch keine Aufmerksamkeit geschenkt worden ist. Mit den Anhängern der Fabian Society teilte Winter die Auffassung über die Schlüsselrolle der Intellektuellen innerhalb der modernen Gesellschaft. Emil Schoenbaum hat dies treffend umschrieben, als er notierte: „[Winter] *ging von dem erstmals von den Fabianern artikulierten Gedanken aus, dass die Intellektuellen schon dadurch im Grunde genommen die führende Klasse sind, da sie im politischen und wirtschaftlichen Leben führende Funktionen ausüben, wenngleich im Dienste fremder Erwerbsinteressen. Zur Verwirklichung des Sozialismus sei es seiner Meinung notwendig, die Intellektuellen an den Sozialismus*

[45] Der Ausschuss entschied damals, dass es sich um eine Privatangelegenheit handele und er brachte deshalb keinerlei Einwände vor. *Zápis ze schůze výkonného výboru* [Protokoll der Versammlung des Exekutivausschusses] (13. Januar 1911), N. A., Fond: ČSDSD, Karton Nr. 4, aj. 33.

[46] Dělnické listy [Arbeiterzeitung] 15, Nr. 36, 6. September 1935.

heranzuführen.“[47] Winter besaß eine Schwäche für die Rolle der Intelligenz in der Gesellschaft und machte diese dafür verantwortlich, die Angehörigen der anderen gesellschaftlichen Schichten zu erziehen und zu edleren Menschen zu formen. Im Jahre 1926 wurde Winter erster Vorsitzender des Kuratoriums des Arbeiterrundfunks. In einer (mit Blick auf seine Person atypisch flammenden) Ansprache verkündete er resolut: „*Sie müssen lernen zum Volk zu sprechen. Sie müssen das Volk lehren schöpferisch, verantwortungsvoll, überlegt zu denken... Dem Volk beibringen, dass das Glück nicht im Egoismus besteht, sondern in der gemeinsamen Arbeit. Glück ist, wenn jeder zu sagen vermag: Ich bin auch ein Bestandteil des Ganzen. So sollt Ihr arbeiten.*“[48] Hierin verbarg sich ohne Zweifel eine gehörige Portion Elitismus, der jedoch auch seine positiven Züge besaß. Winter stand dank seines flammenden Engagements für die Rolle der Intellektuellen in der Gesellschaft auch Pate bei der Gründung einer Fachinstitution, die das Ideal eines wissenschaftlichen Studiums und der Leitung der Sozialpolitik verwirklichen sollte.

Der Gedanke an die Einrichtung eines „Sozialinstituts“ (*Sociální ústav*) tauchte noch vor dem Ersten Weltkrieg auf. Im Jahre 1913 verteidigte auf den Seiten der Zeitschrift „Akademie“ die Einrichtung eines solchen Instituts J. Hájek.[49] Mit staatlicher Unterstützung durfte in dieser Angelegenheit nur schwer zu rechnen sein, aus diesem Grunde schlug er vor, den Weg nationaler Selbsthilfe zu beschreiten. Der Krieg machte zwar derartige Bestrebungen zunichte, doch der Gedanke lebte weiter und wurde schon bald nach Kriegsende erneut geäußert. Das Sozialinstitut wurde am 5. April 1920 gegründet und Lev Winter zum Vorsitzenden gewählt. Es dauerte jedoch noch fast drei Jahre, ehe Winter begann eine sinnvolle Tätigkeit zu entfalten, und zwar neben der Organisation von Vorlesungen, deren einziges Ziel – wie Winter dies treffend zum Ausdruck

[47] Schoenbaum, Emil: *Lev Winter – Sociální politik...* [Lev Winter – ein Sozialpolitiker], S. 22.

[48] *Dr. Lev Winter a dělnický rozhlas* [Dr. Lev Winter und der Arbeiterrundfunk], Dělnické listy 15, Nr. 36, 6. September 1935.

[49] Noch vor Hájek hatte dies Josef Tomas in „Naše doba“ im Jahre 1912 getan. Vgl. Hájek, Josef: *Český sociální ústav* [Das Tschechische Sozialinstitut], Akademie 12, 1913, S. 191–197.

brachte – darin bestand, „*ut aliquid fecisse vedeatur*" und die „*sowohl unter geeigneten Vortragenden als auch Zuhörern litten*".[50] Im Jahre 1922 bewertete Winter dieses sein „Kind" sehr zurückhaltend, von seinem Aussehen distanzierte er sich abstrakt und verkündete, dass er selbst ursprünglich lediglich ein soziales Archiv habe einrichten wollen, was angeblich völlig genügt hätte.[51] Das Sozialinstitut konnte jedoch schließlich zahlreiche Erfolge vorweisen.[52] Das unbestritten wichtigste Vermächtnis in dieser Richtung stellte die neu begründete Editionsreihe „*Publikace Sociálního ústavu*" (Veröffentlichungen des Sozialinstituts) dar, in deren Rahmen an die siebzig analytische Arbeiten zur Sozial- und Wirtschaftspolitik in der Tschechoslowakei und zu den sozialen Verhältnissen publiziert wurden. Heute erscheint es nur schwer vorstellbar über die Sozialgeschichte in der Tschechoslowakei der Zwischenkriegszeit zu schreiben, ohne dass ein Forscher sich gerade auf jene Bücher aus dieser Editionsreihe stützen würde. Ein Denkmal für Winter als Sozialpolitiker symbolisierte sicherlich das Gesetz Nr. 221/1924 (Gesetzestexte) über die Versicherung der Angestellten im Falle von Krankheit, Invalidität und Alter. Dieses war jedoch mehr oder weniger nur der Höhepunkt von Winters langjährigen Bemühungen, die er bereits als Abgeordneter an den Tag gelegt hatte, als er wiederholt im Reichsrat für eine gesetzliche Verankerung der Sozialversicherung eingetreten war. Als Winter Minister für Sozialfürsorge in der ersten Regierung Kramář wurde, eröffneten sich ihm in dieser Hinsicht neue Möglichkeiten. Die Tätigkeit des Ministeriums richtete ihr Augenmerk vor allem auf die Lösung von drei großen sozialen Problemen, die den neuen Staat beschäftigten: Arbeitslosigkeit, Organisation der Hilfe für Kriegsgeschädigte und Wohnraumkrise. Die Arbeitslosigkeit sah Winter Ende 1918/Anfang 1919 neben Fragen der Ernährung, die sich der Kompetenz seiner Behörde

[50] N. A., *Fond: Sociální ústav* [Das Sozialinstitut], Karton Nr. 2, Sign. 1231, 1922–1940.

[51] N. A., *Fond: Sociální ústav* [Das Sozialinstitut], Karton Nr. 3, Sign. 1220, 1921–1928.

[52] Zur Tätigkeit des Sozialinstituts vgl. Rákosník, Jakub: *Sociální ústav 1921–1941 – mozkové centrum československé sociální politiky* [Das Sozialinstitut 1921–1941 – geistiges Zentrum der tschechoslowakischen Sozialpolitik]. In: Svět historie – Historikův svět – Sborník profesoru Robertu Kvačkovi [Die Welt der Geschichte – die Welt des Historikers – FS für Professor Robert Kvaček], Liberec 2008, S. 295–316.

entzogen,[53] als das vornehmlichste Problem des Staates an.[54] Zu diesem Zwecke wurde bereits im November die Unterstützung bei Arbeitslosigkeit aus dem Staatshaushalt gesetzlich verankert (Gesetz Nr. 63/1918/ Gesetzestexte). Offenkundig war, dass dies vor allem in den ersten Nachkriegsmonaten den Staatshaushalt spürbar belasten würde. Winter verkündete jedoch damals, dass *„der junge Staat bei dieser Regelung nicht auf die damit verbundenen Ausgaben blicken dürfe"*.[55] Nicht minder entschlossen verteidigte Winter auch die gesetzliche Verankerung des Genter Systems der Arbeitslosenversicherung bei der Parlamentsdebatte über das Gesetz (Nr. 267/1921/Gesetzestexte) am 11. März 1921, also zu einer Zeit, als Winter bereits seit langem kein Minister mehr war.[56]

Winters Tätigkeit im Ministerium für Sozialfürsorge endete nämlich im September 1920, als im Gefolge eines Streits innerhalb der Sozialdemokratie die zweite Tusar-Regierung ihre Demission einreichte. Mit diesem Kabinett sind im Grunde genommen alle Sozialgesetze verbunden, die in den Jahren 1918–1920 durch das Parlament verabschiedet wurden. An dieser Stelle seien zumindest das Gesetz über den Achtstundenarbeitstag (Nr. 91/1918, Gesetzestexte), das Gesetz über den staatlichen Wohnfond (Nr. 111/1919, Gesetzestexte), die Novelle zur Krankenversicherung (Nr. 268/1919, Gesetzestexte), das Gesetz über die staatliche Unterstützung der Bauaktivitäten (Nr. 281/1919) oder das Gesetz über Kinderarbeit (Nr. 420/1919, Gesetzestexte) genannt. Nach Winters Rücktritt lagen jedoch im Ministerium noch zahlreiche Gesetzesentwürfe, von denen einige später verabschiedet wurden, zum Beispiel das Gesetz über Betriebsräte (Nr. 330/1921, Gesetzestexte) oder das Gesetz über den Urlaub für Arbeiter (Nr. 67/1925, Gesetzestexte). Štern erinnerte sich nach Winters Tod an die Arbeitsmethoden, die Winter bei der Vorbereitung der Gesetze

[53] Die Fragen lagen im Entscheidungsbereich des Ministeriums für Volksernährung (des späteren Ministeriums für Volksversorgung).

[54] Vgl. Mlynařík, Ján: *Revolučné hnutie nezamestnaných na Slovensku v rokoch 1918–1938* [Die revolutiuonäre Bewegung der Arbeitslosen in der Slowakei in den Jahren 1918–1938], Bratislava 1968, S. 12.

[55] Peroutka, Ferdinand: *Budování státu* [Der Aufbau des Staates], Bd. 1, Praha 1991, S. 267.

[56] *Stenografické záznamy schuzí Národního shromáždění* [Stenographische Protokolle der Debatten der Nationalversammlung]. 63. Debatte, 11. März 1921.

benutzte. Für gewöhnlich erschien er zu Wochenbeginn mit thesenartig ausgearbeiteten Rechtsvorschriften, die er seinen Referenten überreichte. Diese brachten die Thesen dann in den Folgetagen in die Form einer Vorlage für das Parlament mit einer entsprechenden Begründung und legten sie dann Winter wiederum vor. Durch diese „Ping-Pong-Methode" wanderte die Vorlage mehrfach zwischen dem Minister und seinen Untergebenen hin und her, bis der Minister sie schließlich absegnete und die Vorlage ins Parlament ging.[57]

Das bedeutendste Gesetz, das die sozialreformerische Legislative der Nachkriegszeit krönte (das oben genannte Gesetz Nr. 221/1924, Gesetzestexte), wurde in einer Zeit verabschiedet, als das Ministerium für Sozialfürsorge Winters Parteigenosse Gustav Habrman verwaltete. Dennoch hatte Winter am Entstehen dieses Gesetzes unbestritten einen größeren Anteil als Habrman selbst. Er führte nämlich den Vorsitz im Arbeitsausschuss der Expertenkommission für Sozialversicherung, dem die Aufgabe oblag, einen Entwurf für das Sozialversicherungsgesetz auszuarbeiten. Emil Schoenbaum, der die mathematischen Prinzipien für diese Versicherung entwarf, bemerkte später ohne Übertreibung, dass ohne Winter das Gesetz über Alters- und Individualversicherung nicht bzw. nicht zu diesem Zeitpunkt zustande gekommen wäre.[58] Nach Winters Tod erinnerte sich Schoenbaum auch daran, wie sich der Alltag in der Arbeitsgruppe abspielte: „*Er trieb uns zur Arbeit an, stets galt ein Vorwurf all uns Faulpelzen. Wenn wir ermatteten und, überdrüssig der politischen Streitigkeiten, aus dieser unangenehmen Tätigkeit fliehen wollen, verbreitete der Optimist Winter Hoffnung und Zuversicht und verteidigte das Werk in seiner stereotypen Art und Weise: ‚Es ist gut*'".[59]

Es war offenbar kein Zufall, dass sich im Verlaufe der Vorbereitungen für ein Gesetz Winter selbst vornehmlich auf die Fragen seiner Organisation konzentrierte, also auf das System der Versicherungsinstitutionen.

[57] Štern, Evžen: *Za Lvem Wintrem...* [Nach Lev Winter...], S. 15.

[58] Schoenbaum, Emil: *Dr. Winter a sociální pojištění* [Dr. Winter und die Sozialversicherung], Sociální revue 7, 1926, S. 9.

[59] Schoenbaum, Emil: *Lev Winter – Sociální politik.* In: Sociální ústav ČSR památce svého zakladatele... [Lev Winter – der Sozialpolitiker. In: Das Sozialinstitut der ČSR im Andenken an seinen Gründer...], S. 21.

Nur auf den ersten Blick scheint dies eine Besonderheit zu sein, dass sich Winter also nicht auf grundlegendere Momente orientierte – etwa die persönliche Wirkung des Gesetzes bzw. der Methode der Festsetzung der Höhe von Abgaben. Eine Erklärung finden wir in Winters Ansprache im Parlament aus dem Jahre 1920, in der er unter anderem darauf hinwies, dass „[im vor-cisleithanischen Parlament] *ein ständiger Gegenstand des Streites zwischen den Parteien die Frage der Organisation dieser Versicherung auch deshalb gewesen sei, da aus der Frage der Organisation immer ein Politikum gemacht wurde, dass die Organisation stets – insbesondere bei Parteien, die Arbeitgeber vertraten, – zu einer Frage der politischen Macht erklärt und dementsprechend gelöst wurde…*".[60] Angemerkt werden muss an dieser Stelle, dass die Versicherungskassen den Repräsentanten der Arbeiter auch warme Plätze boten. Sein Hauptbemühen richtete Winter darauf, dass es ihm gelingen möge, die große Zahl der Krankenversicherungen zu reduzieren, ein Problem, das das damalige Versicherungswesen bereits lange vor dem Ersten Weltkrieg bedrückt hatte. Bereits im Jahre 1913 nahm Winter daran Anstoß, dass es – mit Blick auf das Jahr 1910 – in Österreich 3.352 Krankenkassen gegeben hatte, von denen fast zwei Drittel (genauer: 2.190) nicht einmal 500 Mitglieder zählten. Zu Recht bemerkte Winter, dass solche Institutionen „*sich kaum auf den Beinen zu halten vermögen, dass eine Mitgliedschaft hier nicht viel bringe*".[61] Eine hohe Zahl von Versicherungen bedeutete, dass Institutionen existierten, die wenige Versicherte zählten und aus diesem Grunde sich nicht in der Lage zeigten, ihren Verpflichtungen nachzukommen.[62] In der gleichen Debatte (15. Mai 1919) zögerte Winter am Ende nicht zu betonen, dass „*die registrierten Kassen am Körper der Krankenversicherung das größte Krebsgeschwür sind…*". Es war zweifellos das Ergebnis seiner Bemühungen, dass

[60] *Stenografické záznamy schůzí Revolučního národního shromáždění* [Stenographische Protokolle der Sitzungen der Revolutionären Nationalversammlung], 50. Sitzung, 15. Mai 1919.

[61] Winter, Lev: *Čtvrtstoletí pojišťovácí zákonodárství dělnického* [Ein Vierteljahrhundert der Arbeiterversicherungsgesetzgebung], Praha 1913.

[62] Vgl. Machačová, Jana: *Pojištění dělnictva v průmyslových oblastech českých zemí 1848–1914* [Die Versicherung der Arbeiterschaft in den Industriegebieten der böhmischen Länder 1848–1914], Slezský sborník 88, 1990, Nr. 1, S. 36–47.

sich die Zahl der Träger der Krankenversicherungen innerhalb der ersten Nachkriegsjahre auf ein Fünftel des Standes von 1918 reduzierte.[63] Welche Bedeutung Winter dem neuen Versicherungsgesetz beimaß, unterstreichen auch seine eigenen Worte aus dem Jahre 1924, als er nach dessen Verabschiedung und Verkündung dieses als „Schutzschild des Staates" bezeichnete.[64]

Als Winter im März 1925 erneut die Berufung zum Minister für Sozialfürsorge erhielt, setzte er im Parlament noch eine Ergänzung zum Gesetz Nr. 221/1924 (Gesetzestexte) durch, nämlich ein Gesetz zur Versicherung von selbständig Tätigen (Nr. 148/1925, Gesetzestexte). Für eine Versicherung auch dieser Schichten des Volkes hatte er im übrigen bereits vor dem Ersten Weltkrieg aufgerufen. Allerdings waren – mit Blick auf dieses Gesetz – zu keinem Zeitpunkt Durchführungsbestimmungen erlassen worden, aus diesem Grunde erlangte dieser Zweig der Sozialversicherung niemals eine Wirksamkeit. Als im Jahre 1927 die konservative Regierung der sog. Herrenkoalition das Versicherungsgesetz attackierte und dieses spürbar restringieren wollte, war es nicht verwunderlich, dass Winter derartigen Bestrebungen zornig entgegentrat. Mit Štern gab er im gleichen Jahr eine Broschüre heraus, in der er die Pläne der Regierung analysierte und verurteilte. Erneut zeigte sich hier das Maximum seines politischen Kompromisses, wenn er schrieb: *„Es war ein Gesetz, das sozusagen bis zum letzten Buchstaben zwischen der Arbeiterschaft, damals durch die beiden sozialistischen Regierungsparteien repräsentiert, und der Bourgeoisie, vertreten durch die Agrarpartei, die Volks- und die National-demokratische Partei, ausgehandelt worden war... Dieses Ergebnis kam nicht ohne bedeutende Opfer vonseiten der Arbeiterschaft zustande... Die Arbeiterschaft wird jetzt von dem Gefühl beherrscht, sie sei hintergangen, sei betrogen worden... Ein derartiges Gefühl ruft die Überzeugung hervor, dass unsere Bourgeoisie nicht in der Lage ist ein Partner zu sein, auf dessen Wort man sich verlassen könne... Es macht zunichte, was wir prahlerisch vor Europa die*

[63] Vgl. HAMPL, Antonín: *K úmrtí JUDr. Lva Wintra* [Zum Tode von JUDr. Lev Winter]. In Sociální ústav ČSR památce svého zakladatele... [Das Sozialinstitut der ČSR im Andenken an seinen Gründer...], S. 34.

[64] SCHOENBAUM, Emil: *Dr. Winter a sociální pojištění...* [Dr. Winter und die Sozialversicherung], S. 10.

‚innere Konsolidierung der Republik' genannt haben.“[65] Angefügt werden muss hier, dass es im Verlaufe des folgenden Jahres – zweifellos auch dank der engagierten Einbindung Winters in diese Causa – gelang, die Bemühungen der Regierung zunichte zu machen. Winter gehörte zu jenen Personen, die vor der europäischen politischen und fachlichen Öffentlichkeit für die tschechoslowakische Versicherung warben. Winter besaß hierfür die denkbar günstigsten Voraussetzungen. Seine Sprachkenntnisse waren zumindest überdurchschnittlich. Er sprach fließend Deutsch, Französisch und Englisch und beherrschte darüber hinaus alle slawischen Hauptsprachen. Daher leitete er, sofern er nicht gerade durch eine andere Arbeit in Anspruch genommen wurde, die „Außenpolitik“ seiner politischen Mutterpartei. Die Burg und die Regierung zogen Winter gelegentlich für außenpolitische Missionen heran und mehrmals galt Winter als Kandidat für den Posten eines Botschafters im Ausland. Und dabei ging es keineswegs um zweitrangige Destinationen. Er erhielt das Angebot, als Gesandter in Berlin, Wien und zuletzt sogar in London zu wirken. Winter sehnte sich allerdings keineswegs nach einer diplomatischen Karriere und widmete sich lieber der einheimischen Sozialpolitik.[66] František Soukup ließ seiner Phantasie im Nekrolog nach Winters Tod derart freien Lauf, dass er Winter zu den Hauptanwärtern auf den Posten des Außenministers zählte, sollte Edvard Beneš diese Funktion aufgeben.[67] Trotz der weiter oben genannten Tatsachen erweisen sich Winters Kontakte mit dem Ausland im Vergleich zur übergroßen Mehrzahl der übrigen tschechoslowakischen Politiker als überdurchschnittlich umfangreich. Vor allem in der zweiten Hälfte der 1920er-Jahre begann Winter nach geradezu Posten in internationalen Institutionen zu sammeln. Seit 1927 war Winter Vorsitzender des Ausschusses der Krankenkassen, zwei Jahre später wurde er Mitglied der Exekutive der Sozialistischen Arbeiterinternationale und im Jahre 1930 wählte man ihn zum Vorsitzenden der tschechoslowakischen Sektion der

[65] Winter, Lev – Štern, Evžen: *Útoky na sociální pojištění* [Die Angriffe auf die Sozialversicherung], Praha 1927, S. 15.

[66] Robotnické noviny 22, Nr. 199, 31. August 1935.

[67] Soukup, František: *Dr. Lev Winter v Internacionále a zahraniční politice republiky* [Dr. Lev Winter in der Internationale und der Außenpolitik der Republik], Právo lidu 44, Nr. 204, 1. September 1935.

Interparlamentarischen Union.[68] Winter repräsentierte die ČSR auch in der Internationalen Arbeitsorganisation.

Die letzten Jahre seines Lebens widmete sich Winter dem Kampf für die gesetzliche Verankerung der 40-Stunden-Arbeitswoche. Ebenso wie zahlreiche andere Fachleute zeigte sich Winter überzeugt, dass die Massenarbeitslosigkeit, die die Welt nach 1929 erfasst und die auch Mitte der 1930er-Jahre mit Blick auf den Rückgang noch nicht wieder den Stand vor Ausbruch der Krise erreicht hatte, durch den technischen Fortschritt verursacht worden sei. Doch dieses Ziel – die 40-Stunden-Arbeitswoche – konnte Winter bereits nicht mehr realisieren. Im übrigen begann sich die Arbeitszeit erst in den 1950er- und 1960er-Jahren zu verkürzen. Die große Wirtschaftskrise wertete Winter als Wendepunkt zwischen zwei Epochen, und er selbst spürte, dass er zu den Abtretenden gehörte.[69] Winter nahm an, dass sich die neue Wirtschaftspolitik nach völlig neuen Regeln richten werde. Obwohl Winter – wie wir bereits aufgezeigt haben – prinzipiell eine auf einen Konsens ausgerichtete Willensbildung in politischen Koalitionen verteidigte, wenn er die Antikrisenpolitik der Regierung bewertete, klingt in seinen Worten unverborgene Skepsis. Winter ließ verlautbaren, dass viele Maßnahmen „*direkt falsch waren und der Gesamtwirtschaft schadeten…*“, da sie „*zufällig, um das Bedürfnis zu befriedigen, das im gegebenen Augenblick am dringlichsten sei*“ und dass diese „*unabhängig voneinander und ohne Rücksicht auf die wirtschaftlichen Gesamtinteressen*“ erfolgten.[70] Angemerkt werden muss, dass es für diese Diagnose zahlreiche Wahrheiten gab. In einer seiner letzten öffentlichen Vorlesungen, die am 17. Januar 1935 im Sozialinstitut stattfand, verkündete er, dass die Planlosigkeit in der Weltwirtschaft mehrere Dutzend Millionen Menschen von der Produktion und an die hundert Millionen Menschen von der Konsumtion ausgeschlossen habe. „*Dies musste jedoch*“, so fuhr Winter in seiner Erklärung fort, „*auf die Weltwirtschaft in materieller und sittlicher Hinsicht störend wirken. Heute wird bereits sichtbar, dass es sich hierbei nicht allein um*

[68] Vgl. Tomeš, Josef u. a.: *Český biografický slovník XX. století* [Tschechisches Biographisches Wörterbuch des 20. Jahrhunderts], Bd. 3, Praha-Litomyšl 1999, S. 530.

[69] Dělnické listy 15, Nr. 36, 6. September 1935.

[70] Winter, Lev: *Nové politické období* [Eine neue politische Zeit], Nová svoboda 11, 5. Januar 1934, S. 1.

eine vorübergehende Störung handelt, sondern dass im wirtschaftlichen Leben der Staaten ein Plan vonnöten ist…".[71]

Dies sollte in Winters Augen ein Schlüsselzeichen für eine neue Wirtschaftsepoche sein. In seinem Bett im Kurort Gräfenberg, wo er seine letzten Tage verbrachte, konnte sich Winter kaum vorstellen, welche Gestalt eineinhalb Dekaden später dieser „Bedarf" haben würde. Zu Winters unvollendetem sechzigstem Geburtstag paraphrasierte Antonín Hampl zu Recht das Gesetz Nr. 22/1930 über die Verdienste von T. G. Masaryk, als er vor der Versammlung der Zentralen Sozialversicherung (*Ustřední sociální pojišťovna*) verkündete: „[Winter] *hat sich um Arbeiterschaft, Volk und Staat verdient gemacht.*"[72]

[71] N. A., *Fond: Sociální ústav*, Karton Nr. 13, Sign. 1920, 1930–1935.

[72] Soukup, František: *Revoluce práce – Dějinný vývoj socialismu a československé sociální demokratické strany dělnické* [Die Revolution der Arbeit – die geschichtliche Entwicklung des Sozialismus und der tschechoslowakischen Sozialdemokratischen Arbeiterpartei], Praha 1938, S. 1588.

DER ADVOKAT ALOIS MIKYŠKA

MARTIN RÁJA

Seit der Mitte des 19. Jahrhunderts kam es in den böhmischen Ländern zu einer grundlegenden Umwandlung der Gesellschaft. Die Aufhebung der Zünfte, die Liberalisierung der Unternehmertätigkeit, die Industrielle Revolution, die in den 1860er-Jahren ihren Höhepunkt erlebte – dies alles brachte gravierende Veränderungen mit sich. Die Zahl der Einwohner in den Städten wuchs und zugleich diejenige der Arbeiter, die Produktion erhöhte sich, aber auf der anderen Seite verarmten die Handwerker und Gewerbetreibenden, die Arbeiter erhielten niedrige Löhne und waren auf Gnade und Ungnade den Arbeitgebern ausgeliefert. In einem derartigen Milieu wuchs in den unteren Schichten häufig Unzufriedenheit und Hoffnungslosigkeit. In dieser Situation kamen zwei Lösungen in Frage – entweder Repressionen oder Reformen (Verkürzung der Arbeitszeit, Versicherung der Arbeitnehmer, bessere Gesundheitsfürsorge, Wohnraum u. ä.).

Es geschieht nicht allzu häufig, dass sich der Monarch eines bestimmten Staates aktiv um soziale Reformen in seinem Lande bemüht. Noch ungewöhnlicher ist dies dann, wenn sich der „Herrscher" bemüht, das Leben der Bewohner seines fiktiven Königreichs zu erleichtern. Eine der Ausnahmen, in denen dies geschah, bildet der Zeitraum der „Herrschaft" des „Königs der Walachei" und „Herzogs von Mesopotamien", des Advokaten JUDr. Alois Mikyška aus Wallachisch Meseritsch (Valašské Meziříčí).

Alois Mikyška wurde am 9. Mai 1831 in Olbramkostel bei Znaim in der Familie des Kaufmanns Alois Mikyška geboren.[1] Die Mittelschule besuchte er in Brünn, anschließend studierte er Jura an den Universitäten in Wien, Olmütz, Graz und Prag, wo er im Jahre 1855 zum Doktor der Rechte promoviert wurde.[2] Seine Referendarzeit absolvierte Mikyška bei JUDr. Dvořáček in Wien, seine Notariatszeit in Hietzing (heute

[1] Mährisches Landesarchiv Brünn (Moravský zemský archiv Brno), Fond E 67, Inv.-Nr. 14318, Matrikel der Neugeboren in der römisch-katholischen Pfarrei Olbramkostel.

[2] HELLER, Hermann: *Mährens Männer der Gegenwart*, Teil 1 (Gesetzgeber und Politiker). Brünn 1885, S. 40.

ein Stadtteil von Wien). Auf der Grundlage des Dekrets Nr. 2928 vom 27. Mai 1863 des Justizministers wurde er zum Anwalt in Walachisch Meseritsch ernannt, seine Kanzlei eröffnete er hier am 7. Juli des gleichen Jahres.[3] Advokaten wurden für die einzelnen Orte nämlich bis zum Jahre 1869, als eine neue Anwaltsordnung in Kraft trat, die den Rechtsvertretern umfangreiche Freiheiten zusprach, durch den Justizminister ernannt. Letzterer konnte bis zu jenem Zeitpunkt entscheiden, ob und wohin er die Bewerber für einen Posten als Advokat entsenden würde. Zugleich galt ein Numerus clausus, das heißt, es wurde eine Obergrenze für die Zahl der Advokaten festgelegt. Die Entscheidung für Wallachisch Meseritsch lag also nicht bei Mikyška, sondern es handelte sich um eine behördliche Festlegung. Wie sich jedoch zeigen sollte, war diese Entscheidung für Mikyškas Berufslaufbahn eine glückliche. Die Stadt selbst zählte zwar im Jahre 1869 lediglich 3.029 Einwohner,[4] doch war Mikyška in der Walachei überhaupt der erste Anwalt, so dass nicht allein die Leute aus der Region Wallachisch Meseritsch, sondern auch aus dem Raum Rožnov oder Wsetin (Vsetín) Mikyška in juristischen Angelegenheiten aufzusuchen begannen. Seine Klienten wurden zudem prominente Institutionen der Region wie die Glashütte der Firma Reich in Krásna und Rožnov. Von der regen Aufsuche der Kanzlei Mikyškas zeugt auch die Nachricht, dass er zu bestimmten Zeiten mehr als 20 Schreiber beschäftigte, die sich dann kaum in den ansonsten relativ großen Räumen bewegen konnten, so dass einige auch auf dem Flur arbeiten mussten.[5]

Es erstaunt nicht, dass aufgrund der großen Zahl von Klienten die Anwaltskanzlei für Mikyška rasch eine bedeutende Einnahmequelle wurde und sein Privatvermögen wuchs. Eine gewisse Grundlage schuf bereits seine in dieser Hinsicht aussichtsreiche Ehe – Alois Mikyška heiratete Johanna Mayer, die aus einer reichen deutschjüdischen Familie stammte. Aus der Ehe gingen zwei Kinder hervor, die Tochter Johanna und der Sohn

[3] Mährisches Landesarchiv Brünn, Fond Vrchní zemský soud Brno (Oberstes Gericht Brünn) (C 6/II.), Karton 970.

[4] *Historický místopis Moravy a Slezska v letech 1848–1960* [Historische Topographie Mährens und Schlesiens in den Jahren 1848–1960]. Bd. VII, Ostrava 1980, S. 35.

[5] Balán, Alois: *Valašský král.* Životopisný náčrt [Der König der Walachei. Abriss seines Lebens] Das Manuskript wird im Museum für die Walachei in Wsetin – Museum Wallachisch Meseritsch aufbewahrt, S. 2.

Alois.[6] Mikyškas Ehefrau starb allerdings bereits 1864, der Witwer entschloss sich ein Jahr später erneut zu heiraten, und zwar seine Schwägerin Juliana Mayer. Die guten Erfahrungen in der Tätigkeit als Advokat fanden auch Eingang in Mikyškas Vorstellungen über die Zukunft der eigenen Kinder – sein Sohn Alois studierte Jura und eröffnete eine eigene Anwaltskanzlei im väterlichen Haus, die Tochter Johanna heiratete Mikyškas Konzipienten, den späteren Anwalt Štěpán Sedník in Bystřitz am Hostein (Bystřice pod Hostýnem).

Die umfangreichen Einnahmen aus der Anwaltskanzlei ermöglichten es Mikyška im Jahre 1865 vom Grafen Eugen Kinsky die ehemalige Vogtei in Brňov mit dem dazugehörigen Medůvka-Wald zu erwerben. Mikyška konnte zudem weitere Grundstücke hinzukaufen und arrondieren, womit er begann, Brňov nach seinem Bilde zu verändern. Mikyška ließ einen Wirtschaftshof errichten, eine Villa aus Holz bauen, hinter der er einen Park und im Tal Fischteiche anlegen ließ. In Wallachisch Meseritsch erwarb er zwei Häuser auf dem damaligen Viehmarkt, die abgerissen wurden und an deren Stelle man im Jahre 1874 ein prachtvolles Gebäude errichtete. Im Erdgeschoss befand sich die Anwaltskanzlei, im ersten Stock das Speisezimmer mit Vorraum, ein Salon, eine Bildergalerie sowie das Schlafzimmer. Im Dachgeschoss standen noch weitere vier Räume zur Verfügung. Umfangreiche Unterbringungsmöglichkeiten waren auch für die Dienerschaft notwendig, und auch in dieser Hinsicht litt Mikyška keine Not. Im Jahre 1880 beschäftigte Mikyška zwei Dienstmädchen, eine Köchin, eine Haushälterin, eine Erzieherin, zwei Kutscher sowie eine Kanzleigehilfin. Zwanzig Jahre später dienten ihm eine Kammerfrau, ein Dienstmädchen, eine Köchin, ein Stall- sowie ein Hausmeister.[7] Diese große Zahl an Dienstpersonal verdient selbst in der mährischen Metropole Beachtung, nicht allein in einem abgelegenen Zentrum der Hauptmannschaft.[8]

[6] Baletka, Ladislav: *JUDr. Alois Mikyška (1831–1903). Po stopách velké kariéry* [JUDr. Alois Mikyška (1831–1903). Auf den Spuren einer großen Karriere]. Vsetín 2003, S. 8. Johanna wurde am 30. 12. 1858 geboren, Alois am 8. 10. 1860.

[7] Ebd., S. 13–14.

[8] Selbst ein so reicher und bedeutender Advokat wie Alois Pražák in Brünn konnte sich lediglich vier Dienstboten leisten. Vgl. Fasora, Lukáš: *Služebný personál v domácnostech brněnské komunální elity 1850–1910* [Dienstpersonal in Haushalten der Brünner städtischen Elite 1850–1910]. In: Brno v minulosti a dnes 18, 2005,

Sehr bald nach seiner Ankunft in Wallachisch Meseritsch engagierte sich Mikyška im Vereins- und öffentlichen Leben. Zuerst trat er dem deutschen Leserbund Kasino bei, nur wenig später gründete er die Měšťanská beseda (Bürgerhaus) als tschechisches Pendant zum Kasino. Mikyška stand Pate bei der Gründung der lokalen Sektion des Sokol, der Freiwilligen Feuerwehr, der Museumsgesellschaft und der Nationalen Einheit.[9] Als Gegengewicht zum deutschen Spar- und Vorschussverein gründete er im Jahre 1864 die Občanská záložna (Bürgerliche Vorschusskasse), in der Mikyška Leiter und Vorsitzender ihres Ausschusses wurde. Führende Funktionen hatte er in nahezu allen tschechischen Vereinen in Wallachisch Meseritsch inne. Bereits seit 1865 bis zum Ende seines Lebens wirkte er in der Gemeindevertretung, später auch im Rat, seit 1890 übte er schließlich das Amt des Bürgermeisters von Wallachisch Meseritsch aus.

Den Höhepunkt in Mikyškas politischer Karriere stellte die wiederholte Wahl in den Mährischen Landtag in den Jahren 1874 und 1878 als Vertreter für die ländlichen Gemeinden der Bezirke Wallachisch Meseritsch, Rožnov, Wsetin sowie der Gewinn eines Abgeordnetenmandats für den Reichsrat in Wien im Jahre 1879 für die ländlichen Gemeinden der Bezirke Wallachisch Meseritsch, Rožnov, Wsetin, Ungarisch Brod, Freistadt und Mährisch Ostrau dar.[10] Dabei kandidierte Mikyška stets für die Mährische Nationalpartei (Moravská Národní strana).

Alois Mikyška wird als Mensch von hoher und imposanter Statur, mit einem Vollbart versehen, beschrieben. In Kombination mit seiner gepflegten Kleidung, einer beachtlichen Weitsicht und Bildung erwarb er sich – insbesondere in der Walachei – außerordentlichen Respekt. Mikyška wurde, wie bereits erwähnt, erster Advokat in der Walachei, und neben Geistlichen, einigen Ärzten und zum Teil auch Lehrern gehörte er

S. 275–276. In Olmütz war die Situation ähnlich, hier beschäftigte lediglich Karl Schrötter vier Dienstboten. Vgl. Rája, Martin: *Advokát a jejich působení v Olomouci v letech 1869–1914* [Ein Advokat und sein Wirken in Olmütz in den Jahren 1869–1914]. In: Z minulosti advokacie [Aus der Vergangenheit der Anwaltspraxis] (im Druck).

[9] Balán, Alois: *Valašský král* [Der König der Walachei], S. 4–6.

[10] Heller, *Mährens Männer*, S. 40; Skopalík, František: *Zemský sněm Markrabství moravského od r. 1861 až do konce roku 1885* [Der Landtag der Markgrafschaft Mähren von 1861 bis zum Ende des Jahres 1885]. Brno 1885, S. 32, 65.

zu den einzigen Repräsentanten der Intelligenz in dieser Region. Wenn man hierzu noch den umfangreichen Besitz und die große Vielzahl an Funktionen im öffentlichen Leben hinzuzählt, dann galt Mikyška als außerordentliche Persönlichkeit. Darauf nahmen die Beinamen „König der Walachei" oder der „liebe Herrgott der Walachei" Bezug.[11] Im Mährischen Landtag verdiente er sich die Bezeichnung „Herzog von Mesopotamien", eine Anspielung auf den Namen von Mikyškas Wohnstätte.

Insbesondere mit der Abgeordnetentätigkeit im Mährischen Landtag hängen Mikyškas beachtliche Anstrengungen zusammen, die auf eine Verbesserung des Lebensniveaus der wallachischen Bevölkerung zielten.[12] Diese Aktivitäten betrafen mehrere Bereiche. Zunächst profilierte sich Mikyška als Förderer des Schulwesens und der Bildung. In bedeutendem Umfang erwarb er sich Verdienste um die Gründung eines Gymnasiums in Wallachisch Meseritsch im Jahre 1871, den Bau des entsprechenden Gebäudes und die spätere Tschechisierung. Des weiteren hatte Mikyška entscheidenden Anteil an der Gründung einer Fachschule für Schnitzkunst, einer weiterbildenden Schule für Gewerbetreibende sowie Korbmacherschulen.[13] Wallachisch Meseritsch stieg somit zu einem Bildungszentrum der Walachei auf und die Stadt erhielt den Beinamen „wallachisches Athen". Mikyška gelang es nicht allein im Landtag die Einrichtung einer tschechischen „Lehrervorbereitungsschule" in seiner Heimatstadt durchzusetzen.[14] Im Jahre 1875 legte er, zusammen mit weiteren tschechischen Abgeordneten eine komplexere Lösung zur Ein-

[11] Baletka, Ladislav: *Vévoda z Mezopotámie – valašský král* [Herzog von Mesopotamien – König der Walachei]. In: Valašské Meziříčí od minulosti k dnešku IV [Wallachisch Meseritsch von der Vergangenheit bis heute, Teil IV], 1972, S. 59.

[12] Auf einige soziale Probleme und die Art und Weise ihrer Lösung auf dem Boden des Mährischen Landtags in den sechziger und siebziger Jahren des 19. Jahrhunderts verweist u. a. Janák, Jan: *Morava v národním a politickém ruchu 19. století* [Mähren in der nationalen und politischen Bewegung des 19. Jahrhunderts]. Brno 2007, S. 59–77.

[13] Heller, *Mährens Männer*, S. 40. Vgl. Baletka, *JUDr. Alois Mikyška*, S. 16.

[14] Die Einrichtung forderte Mikyška am 2. 10. 1874 auf der 8. Sitzung innerhalb der 1. Session des Landtags. *Sněmovní list o sezeních moravského sněmu zemského nejvyšším patentem, daným dne 10. srpna 1874 svolaného* [Landtagsprotokoll über die Sitzungen des Mährischen Landtags, durch das Allerhöchste Patent am 10. August 1874 genehmigt]. Brno 1874, S. 105.

richtung und Finanzierung „gewerblicher und vorbereitender Schulen" in Form eines Landesgesetzes zur Verabschiedung durch den Landtag vor.[15] Mikyška begründete dies damit, dass *„die Unterrichtung in nationalen Schulen nicht ausreiche, um unseren künftigen Handwerkern eine ausreichende technologische Unterweisung und Vorbereitung zu bieten"* und dass *„der Mangel an derartigen vorbereitenden Schulen der Hauptgrund dafür sei, dass Handwerk und Gewerbe in unserer Heimat weiterhin zurückgehen oder aber ein kümmerliches Dasein fristen"*.[16] Mikyška zufolge komme es häufig dazu, dass sich die Lehrlinge *„ohne jegliche handwerkliche Vorbereitung, ohne eine größere Meinung über ihren Beruf von der Bahn des gewerblichen Fortschritts auf den mühseligen Tagelöhnerboden begeben, wo sie kaum imstande sind, die armseligen und bescheiden Bedürfnisse ihres Lebens zu befriedigen"*. Die Jugendlichen ohne angemessene Bildung, die in die Fabriken in den Industriestädten gehen, leiden ohne entsprechende Unterstützung geistig und physisch und machen ihrem Vaterland keine Ehre. Den Abgeordneten, die auf die ökonomischen Argumente hörten, erläuterte Mikyška, dass die Handwerker und Gewerbetreibenden mit gründlicher Bildung qualitätsvoller und billiger produzieren könnten, was sie vor ausländischer Konkurrenz schützen würde. Dabei verwies Mikyška auf die Tatsache, dass ähnliche Schulen bereits in Belgien, Bayern, Württemberg, aber auch in Niederösterreich existierten. Sein Vorschlag wurde jedoch auf unbestimmte Zeit verschoben. Mikyška legte ihn wiederum sieben Jahre später erneut zur Abstimmung vor. Er erinnerte daran, dass das *„weiter zunehmende Elend in Gewerbe- und Handwerkerkreisen, der jähe Verfall, die Auflösung und das Verschwinden des Mittelstandes es dringend erfordere, diesem (...) Elend, diesem drohenden Untergang eines solch bedeutsamen gesellschaftlichen Faktors und staatlichen Werkzeugs Abhilfe zu erteilen"*.[17] Mikyška

[15] Konkret geschah dies am 13. 4. 1875 auf der 4. Sitzung des Landtags. *Sněmovní list o sezeních moravského sněmu Nejvyšším patentem, daným dne 3. března 1875 svolaného* [Landtagsprotokoll über die Sitzungen des Mährischen Landtags, durch das Allerhöchste Patent am 3. März 1875 genehmigt]. Brno 1875, S. 38.

[16] Ebd., S. 60.

[17] 20. 10. 1882 auf der 16. Sitzung. Sněmovní list o sezeních moravského sněmu zemského, svolaného Nejvyšším patentem ze dne 27. srpna 1882 [Landtagsprotokoll über die Sitzungen des Mährischen Landtags, durch das Allerhöchste Patent am 3. März 1875 genehmigt]. Brno 1882, S. 295.

nutzte dabei erneut den Vergleich mit dem Ausland, als er unterstrich, dass in Deutschland oder Großbritannien die Zahl von Fortbildungsschulen für Gewerbetreibende höher sei als in ganz Österreich und dass schließlich im benachbarten Bayern auf 4.800 000 Einwohner 300 derartige Schulen fielen, während in Mähren mit seinen 2.151 000 Einwohnern lediglich sechs derartige Schulen existierten. In ähnlichem Sinne argumentierte Mikyška im Jahre 1880 auch im Reichsrat in der Debatte über den Haushalt des Ministeriums für Kultur und Erziehung.[18] Aus diesem Grunde stellte er sich auch hinter den Vorschlag des deutschen liberalen Abgeordneten JUDr. Adolf Promber über Subventionen bei der Einrichtung von Fachschulen für Weber in Freistadt und Römerstadt (Rýmařov). In seiner Rede hob er die schwierige soziale Situation der Weber in Nordostmähren hervor: *„Jeder kennt die elende Lage der Weber, jeder weiß, dass, wenn man in dieser Hinsicht nicht durch rationale Unterweisung hilft, ein Großteil der dortigen Bevölkerung an Hunger sterben wird.“*[19] Mikyška forderte hierfür auch eine bestimmte Anzahl an Stipendien, *„denn nur auf diese Weise ist es möglich, dass die armen, in den entlegenen Bergregionen lebenden Weber eine solche Schule besuchen können“*. Ein unbestreitbarer Vorteil in Mikyškas Wirken bestand zweifellos in der Bereitschaft, Projekte zur Verbesserung der Bildung von Gewerbetreibenden auch außerhalb Mährens und außerhalb des tschechischen Ethnikums zu unterstützen. Als nutzbringend stellte er zum Beispiel die an den Reichsrat gerichtete Bitte des niederösterreichischen Gewerbevereins hinsichtlich einer Subvention zur Realisierung eines technologischen Museums dar. Museen verkörperten für Mikyška eine Möglichkeit, wie eine höhere Qualität in der Bildung der Handwerker erreicht werden könne.[20]

[18] 86. Sitzung des Reichsrates vom 3. 5. 1880. *Stenographische Protokolle des Abgeordnetenhauses des Reichsrates*. 9. Session, S. 2885–2888. Zugänglich im Internet unter http://alex.onb.ac.at.

[19] *Mikyška brachte diese Argumentation am 7. 10. 1881 auf der 7. Sitzung des Landtags vor. Sněmovní list o sezeních moravského sněmu zemského, svolaného Nejvyšším patentem ze dne 2. srpna 1881* [Landtagsprotokoll über die Sitzungen des Mährischen Landtags, durch das Allerhöchste Patent am 2. August 1881 genehmigt]. Brno 1881, S. 84.

[20] 59. Sitzung des Reichsrats am 15. 3. 1880. *Stenographische Protokolle des Abgeordnetenhauses des Reichsrates*. 9. Session, S. 1840–1841.

Das Fachschulwesen stellte für Mikyška nicht allein ein Mittel für die Bildung der Bevölkerung dar, sondern zugleich eine Möglichkeit, wie man der Armut und den damit in Zusammenhang stehenden sozialen Problemen gegensteuern könne. Die Schulen sollten arbeitsame, geschickte und nachdenkliche Handwerker erziehen, die dank ihrer Fähigkeiten und der Applikation neuer Methoden der Konkurrenz der Großindustrie und ausländischen Importen würden standhalten können.

Ein weiterer Bereich, dem Mikyška enorme Bedeutung zumaß, war die Regulierung des Flüsschens Bečva. Dieses rief nämlich in der Frühjahrszeit beträchtliche Schäden auf den Feldern und Straßen hervor. Bereits im ersten Jahr seiner Abgeordnetentätigkeit im Mährischen Landtag legte Mikyška eine Petition der Städte Wallachisch Meseritsch, Krásna, Rožnov sowie 19 weiterer Gemeinden vor, die eine Regulierung der Bečva forderte. Der Kommunikationsausschuss empfahl die Gründung von Genossenschaften aus den Reihen der Landbesitzer in der Umgebung des Flüsschens, die eine Regulierung aus eigener Tasche bezahlen sollten. Zu einer ähnlichen Auffassung – die ebenfalls eine Finanzierung des Flüsschens aus Landesmitteln ablehnte – gelangte auch der Vertreter der deutschen Liberalen Auspitz. Dem widersprach Mikyška und setzte eine Beteiligung des Landes an der Flussregulierung durch, da die durch Hochwasser hervorgerufenen Schäden seinen Worten zufolge in jedem Jahr einen Betrag von mehreren hunderttausend Gulden ausmachten.[21] Die Vorbereitungsarbeiten verliefen sehr langsam. Im Jahre 1876 wies Mikyška deshalb darauf hin, dass eine Regulierung der Bečva mit den Planungsarbeiten für den Donau-Oder-Kanal verbunden werden sollte.[22] Zwei Jahre später mahnte Mikyška zum wiederholten Male die Notwendigkeit einer Unterstützung der Gemeinden oder Genossenschaften für

[21] Diese Rede hielt Mikyška am 12. 10. 1874 auf der 14. Sitzung. *Sněmovní list o sezeních moravského zemského Nejvyšším patentem, daným dne 10. srpna 1874 svolaného* [Landtagsprotokoll über die Sitzungen des Mährischen Landtags, durch das Allerhöchste Oberste Patent am 10. August genehmigt]. Brno 1874, S. 340.

[22] Dies geschah auf der 7. Sitzung am 22. 3. 1876. *Sněmovní list o sezeních moravského zemského Nejvyšším patentem, daným dne 11. února 1876 svolaného* [Landtagsprotokoll über die Sitzungen des Mährischen Landtags, durch das Allerhöchste Patent am 11. Februar 1876 genehmigt]. Brno 1876, S. 62–63.

einen Bedarf der Regulierung der Bečva aus Mitteln des Landeshaushalts an, unter anderen schon aus dem Grund, dass *„das Bečva-Tal sozusagen die Hauptfläche ist, die diesen Kreis lebendig macht und durch die er lebt“*.[23] In den nachfolgenden Jahren errang Mikyška einen Teilerfolg etwa bei der Regelung der Bečva in den Katastern der Gemeinden Jablunka und Pržno, die trotz Auspitz' Gegenvorschlag vom Land subventioniert wurden.[24] Gegenüber Auspitz verteidigte Mikyška das Projekt einer Regulierung der Bečva auch im Jahre 1883. Die Vorteile einer Fortsetzung dieser Regulierung fasste Mikyška wie folgt zusammen: *„Die Regulierung der Bečva wurde zur Lebensaufgabe für den gesamten Kreis der Walachei. Wir haben von der Regierungsbank jüngst die Ausreden vernommen, die das Elend des wallachischen Volkes schildern, wir haben gehört, wie wieder und immer wieder durch Naturkatastrophen das Volk dort heimgesucht und geschwächt wurde. Regulieren Sie, meine Herren, dem wallachischen Volk die Bečva, schützen sie es vor den Natur- und Hochwasserkatastrophen und sparen sie somit einen Großteil aller weiteren Subventionen für andere notwendige allgemeine und öffentliche Bedürfnisse. Schützen Sie es, meine Herren, vor diesen periodisch wiederkehrenden Unglücken, und das dortige Volk wird durch seine Arbeitsamkeit, seinen Fleiß und seine Sparsamkeit bald unter Beweis stellen, dass es sich aus eigener Kraft seine Straßen, seine Brücken, seine Schulen auch ohne besondere Hilfe und außerordentliche Unterstützung des hochlöblichen Parlaments und des ganzen Landes reparieren kann. Durch aufgewendete Subventionen für diese Zwecke, für diese Regulierungsarbeiten, sparen Sie in bedeutendem Maße andernorts dringende Unterstützungen und Hilfen“*.[25] In der Umgebung des

[23] 12. Sitzung am 10. 10. 1878. *Sněmovní list o sezeních moravského zemského Nejvyšším patentem, daným dne 28. srpna 1878 svolaného* [Landtagsprotokoll über die Sitzungen des Mährischen Landtags, durch das Allerhöchste Patent am 28. August 1878 genehmigt]. Brno 1878, S. 251.

[24] 14. Sitzung am 18. 10. 1882. *Sněmovní list o sezeních moravského zemského, svolaného Nejvyšším patentem ze dne 27. srpna 1882 svolaného* [Landtagsprotokoll über die Sitzungen des Mährischen Landtags, durch das Allerhöchste Patent am 27. August 1882 genehmigt]. Brno 1882, S. 211.

[25] 17. Sitzung am 17. 10. 1883. *Sněmovní list o sezeních moravskéhosněmu zemského, svolaného Nejvyšším patentem ze dne 2. září 1883* [Landtagsprotokoll über die Sitzungen des Mährischen Landtags, durch das Allerhöchste Patent am 2. September 1883 genehmigt]. Brno 1883, S. 263.

Flusses begann man für die Korbherstellung erforderliche Weiden als weitere Einnahmequelle der örtlichen Bewohner anzubauen. Die Regulierung konnte schließlich, vor allem dank Mikyška, durchgesetzt und realisiert werden.

Ein weiteres Projekt, für das Mikyška eintrat, war die Eisenbahnlinie Troppau – Vlárský-Pass. Wegen der Verzögerung beim Baubeginn interpellierte er mit Unterstützung von 40 Kollegen im Jahre 1875 im Mährischen Landtag an den Statthalter. Dabei argumentierte Mikyška nicht allein mit der Notwendigkeit des Baus aus wirtschaftlichen Gründen (Verteuerung des Baus aufgrund der Verzögerung), sondern er führte auch soziale Gründe ins Feld: *„angesichts der durch wiederholte Missernten hervorgerufenen Not der Bauern erscheint es bei den Bewohnern der ostmährischen Bergregionen wünschenswert, dass durch diesen sofortigen Baubeginn der verelendeten Bergbevölkerung Arbeit und Einkommen garantiert werden sollte*".[26] Der Statthalter antwortete auf die Interpellation ausweichend, dass Ministerium warte ab, ob sich nicht irgendein Interessent an einer Konzession melde. Ähnlich interpellierte Mikyška im Jahre 1890 an den Handelsminister im Reichsrat mit Blick auf den Bau der lokalen Eisenbahnstrecke Krásno – Rožnov.[27]

Die umfassendste Übersicht über die soziale Situation der Bewohner in der bergreichen Walachei und ihre mögliche Lösung trug Mikyška in seinen Reden in der Abgeordnetenkammer des Reichsrates vor. Im Jahre 1880 verwies er auf die krisenhafte Situation in zahlreichen Gebieten Mährens, wo mehr als 300 Gemeinden eine finanzielle Unterstützung zur Linderung des Elends beantragt hatten. In einigen Orten brach sogar eine Hungersnot aus, in der Gemeinde Kunčice etwa starben aus diesem Grunde annährend 70 Menschen. Mikyška führte als Ursache für diesen Verfall sowie eine mögliche Verbesserung des Lebensniveaus der örtlichen Bevölkerung drei Bereiche an: die Gesundheit der arbeitsfähigen Personen, eine ausreichen-

[26] 14. Sitzung am 30. 4. 1875. *Sněmovní list o sezeních moravskéhosněmu zemského Nejvyšším patentem, daným dne 3. března 1875 svolaného* [Landtagsprotokoll über die Sitzungen des Mährischen Landtags, durch das Allerhöchste Patent am 3. März 1875 genehmigt]. Brno 1875, S.232.

[27] 420. Sitzung am 12. 12. 1890. *Stenographische Protokolle des Abgeordnetenhauses des Reichsrates*. 10. Session, S. 15919.

de Kapitalstärke der Bauern und Gewerbetreibenden sowie eine günstige politische Atmosphäre.[28] Die Gesundheit der wallachischen Bevölkerung wollte Mikyška auf der Grundlage des Anteils der als für den Militärdienst geeignet angesehenen Personen darstellen. Im Jahre 1873 lag Mikyška zufolge dieser Anteil im Gerichtsbezirk Wallachisch Meseritsch bei 12,8%, in Rožnov bei 10,2% und in Wsetin bei 13,1%. Bereits fünf Jahre später (1878) lag jedoch die Zahl der jungen Männer, die für den Militärdienst geeignet waren, niedriger – im Bezirk Wallachisch Meseritsch betrug sie 9,6%, in Rožnov 8,4% und in Wsetin 6,8%. Demgegenüber lag die Zahl der für einen Dienst in der Armee tauglichen Männer in anderen Ländern weitaus höher – in Oberösterreich etwa betrug sie 21,5%, in Dalmatien 22,9%, in Krain und im Küstengebiet 27,5%. Es handelt sich hier um eine beachtliche Disproportion, auch wenn diese Zahlen durch weitaus mehr Faktoren beeinflusst sein konnten als nur ausschließlich durch die Gesundheit potentieller Rekruten.

Eine weitere Bedingung stellte die Existenz finanziell ausreichend ausgestatteter starker Bauern und Handwerker dar. Den zeitgenössischen Stand schilderte Mikyška wiederum am Beispiel des Bezirks Wallachisch Meseritsch. In den 34 Gemeinden des Bezirks bewegte sich die Verschuldung zwischen 70–120% des Gesamtbesitzes der Bauern. Die durchschnittliche Höhe der Kredite erreichte 86% des Besitzes der Bauern. Diese Leute konnten also nur über ungefähr 14% ihres Besitzes frei verfügen. Dabei sollte der Ertrag bei diesen kleinen Höfen maximal 3% betragen, und dies noch ohne Steuern und Abgaben. Von diesem kleinen Ertrag sollten dann die bäuerlichen Familien ihre Bedürfnisse abdecken. Mikyška erinnerte zugleich daran, dass das Leben in diesen Bergregionen durch häufige Überschwemmungen zusätzlich kompliziert wurde.

Eine ähnlich verheerende Situation schilderte Mikyška mit Blick auf die Handwerker (Weber, Messerschmiede, Schmiede, Schneider u. a.), die ohne Unterstützung des Staates keine rationale Produktion zustande brächten und Not leiden würden. Unter derartigen Bedingungen ist es verständlich, dass zahlreiche einheimische Handwerker sich bemühten, im Ausland – vor allem in den USA – eine Arbeit zu finden, um ihre Situation

[28] 37. Sitzung am 22. 1. 1880. *Stenographische Protokolle des Abgeordnetenhauses des Reichsrates*. 9. Session, S. 1001.

zu verbessern. Mikyškas Informationen zufolge sollen allein aus dem Gerichtsbezirk Wsetin 1694 Personen nach Amerika ausgewandert sein.

Aus diesen Gründen unterstützte Mikyška staatliche Subventionen, die die in der Walachei bestehende kritische Situation verbessern sollten. Besondere Sympathie erweckten bei Mikyška dabei Projekte zum Aufbau von Kommunikationsverbindungen auf Bezirks- und Gemeindeebene, die neben einem Soforteffekt in Gestalt von Arbeitsmöglichkeiten der Region zugleich Zukunftsperspektiven eröffnen sollten. Lob verdiente Mikyška zufolge auch der geplante Ankauf von Saatgut für arme Bauern. Demgegenüber wandte er sich gegen den Ankauf von Lebensmitteln in einem Gesamtumfang von 50.000 Gulden, was bei weitem nicht für den gedachten Zweck ausreiche; die Mittel, so sein Vorschlag, sollten für eine komplexere Lösung der Situation verwendet werden, da es sonst zu einer Wiederholung der Krise komme. Diese könnte dann weitaus schlimmer ausfallen und größere Gebiete erfassen. „*In Österreich ist bezeichnend, dass Katastrophen auf dem Schlachtfeld häufig zu staatlichen Reorganisationen führten. Eine Notsituation, wie sie heute entstanden ist, ist der Art, dass sie zu Wirtschaftsreformen im großen Stil zwingt.*“[29]

Energisch setzte sich Alois Mikyška für eine Verbesserung der Lebensverhältnisse der Armen insbesondere in der Walachei ein. Er selbst zählte dabei keineswegs zu den Besitzlosen, sondern im Gegenteil. Wie bereits dargelegt, erwarb er einen umfangreichen Besitz insbesondere durch seine Anwaltstätigkeit. Mikyška war hierbei vor allem auf gute Beziehungen zu reichen Klienten angewiesen – etwa die Glasfabrik Reich oder die Großgrundbesitzungen des Grafen Eugen Kinsky. Die Vertretung der Interessen armer Landbewohner versprach in keinem Falle die Zuführung großer Summen als Anwaltshonorar. Dennoch erweist sich mit Blick auf Mikyškas Denken als charakteristisch, dass – sofern ihn arme Landbewohner um Rat baten – Mikyška in zahlreichen Fällen überhaupt kein Geld nahm.[30] Mit seinem Lebensstil näherte sich Mikyška dem Leben des Adels an – er beschäftigte eine sehr zahlreiche Dienerschaft; in Wallachisch Meseritsch besaß er ein stattliches Haus, das fast einem Palast glich; in Brňov war er Besitzer eines Guts und er liebte Ausritte auf Pferden. Zeitgenossen zufol-

[29] Ebd., S. 1003.

[30] Balán, Alois: *Valašský král* [Der König der Walachei], S. 7.

ge äußerte er den sehnlichen Wunsch einen Adelstitel zu erwerben, dies soll auch der Grund seiner sehr guten Beziehungen zum Grafen Eugen Kinsky gewesen sein. Dennoch vergaß er nicht, ähnlich wie einige Adelige, Angehörigen unterer sozialer Schichten zu helfen.

Im Unterschied zu den meisten reichen Bürgern begnügte sich Mikyška bei seiner Unterstützung für Bedürftige nicht mit einmaligen Geld- oder anderen Geschenken, sondern er bemühte sich die Situation weitaus komplexer zu lösen. Ihn schmerzte der Niedergang der kleinen und mittleren Handwerker und auch der Bauern. Im Unterschied zu den marxistischen Historikern, die in Mikyškas Handeln klassenmäßig-politische Beweggründe erblickten – etwa um eine Proletarisierung des Landes zu verhindern –, darf angenommen werden, dass bei Mikyška sozial-ökonomische Gründe den Ausschlag gaben. In den Handwerkern, Gewerbetreibenden und Bauern sah er die Grundlage der ländlichen Gesellschaft, deren Verarmung zöge einen Niedergang der ganzen Gesellschaft nach sich. Mikyška zufolge seien für die Existenzbedrohung dieser Schichten das Großkapital und die ausländische Konkurrenz verantwortlich. Dennoch avancierte Mikyška nicht zu einem Kämpfer für hohe Zölle und eine Schutzpolitik oder eine Liquidierung der Großproduktion sowie der Monopole. Eine mögliche Lösung für die damals komplizierte Situation sah er an anderer Stelle.

Mikyška trat dafür ein, dass die Ärmsten eine solide bezahlte Arbeit erhielten. Aus diesem Grunde war er kein Anhänger verschiedener sozialer Abgaben und Dotationen, die das Problem längerfristig nicht lösten. Demgegenüber unterstützte er öffentliche Aufträge in armen Regionen, insbesondere den Aufbau von Kommunikationsverbindungen. Diese sollten dann der weiteren Entwicklung der Region dienen. Ähnliche Rezepte nutzten später zum Beispiel einige Staaten in der Zeit der Wirtschaftskrise in den dreißiger Jahren des 20. Jahrhunderts. Ein wichtiges Anliegen stellte für Mikyška auch das Bemühen um eine Regulierung der Flüsse (vor allem der Bečva) dar. Die hiermit verbundenen Arbeiten sollten es ermöglichen, Personen zu beschäftigen, darüber hinaus könnten Hochwasserschäden auf den Feldern und an öffentlichem Besitz (vor allem an Kommunikationsverbindungen) verhindert werden. Die Bauern sollten auf diese Weise ein wenig mehr Boden gewinnen und sie sollten zudem ein gewisses Gefühl der Sicherheit erhalten. Mikyška trat zudem auch für eine Verbesserung der Gesundheit der Bevölkerung ein, die eine wichtige Rolle spielte und die die Chancen bei der Arbeitssuche verbesserte, woraus auch die Familien einen Vorteil zögen. Allerdings beschränkte sich Mikyška hier eher auf eine Beschreibung der Situation ohne einen konkreten Vorschlag vorzulegen. Die größte Bedeutung maß Mikyška allerdings der Bildung zu. Das Fachschulwesen sollte den Handwerkern und Gewebetreibenden Informationen über moderne Techniken und deren Fächer bieten. Die Modernisierung der Ausstattung, eine tiefere Kenntnis und Ausnutzung neuer Herangehensweisen sollten diesen Kleinproduzenten ein gewisses Maß an Konkurrenzfähigkeit und damit ein Überleben garantieren.

Insgesamt trat Mikyška als Befürworter einer Lenkung und Organisierung der Wirtschaft durch den Staat auf. Den Wirtschaftsliberalismus lehnte er ab, da *„bei einer uferlosen Konkurrenz, einer Spekulation und durch das Kapital die Arbeit verkümmere“*.[31] Einer der notwendigen Eingriffe des Staates sollte eine Novelle des Gewerbegesetzes sein, durch die Gewerbetreibende und Handwerker einen stärkeren Schutz erhielten. Das Ziel sei, so Mikyška, die Schaffung einer solchen *„Ordnung, in der die Handwerker Abwehr und Schutz vor der Flut des Kapitals und der Großindustrie fänden“*. Von der Flut der *„angeschwemmten billigen Massenproduktion und der unsoliden Konkurrenz“* sollte sich wiederum der „goldene Boden“ des Handwerks klar sichtbar unterschieden. Mikyška sah sein Vorbild vermutlich insbesondere in den sozialen Reformen Kanzler Bismarcks.[32]

Im Tätigkeitsbereich der mährischen Anwaltskammer besaß Mikyška auf dem Felde der Sozialreformen keinen ernsthafteren Konkurrenten. In dieser Hinsicht stand ihm der Brünner Advokat JUDr. Ludwig Merores am nahesten, Mitglied des Stadtrates und Abgeordneter des Mährischen Landtags, der sozial ausgerichtete Projekte unterstützte, insbesondere die Errichtung preiswerter Häuser für Arbeiter.[33] Ein weiterer Anwalt, der in seinen Vorstellungen Mikyška nahe stand, war JUDr. Václav Šílený, der

[31] 245. Sitzung am 7. 12. 1882. *Stenographische Protokolle des Abgeordnetenhauses des Reichsrates*. 9. Session, S. 8525.

[32] Die sozialen Reformen Ottos von Bismarck behandelt u. a. Nipperdey, Thomas: *Deutsche Geschichte 1866–1918*. Band 1, München 1998, besonders S. 337–354.

[33] Fasora, Lukáš: *Svobodný občan ve sbobodné obci?* [Ein freier Bürger in einer freien Gemeinde?] Brno 2007, S. 301.

ebenfalls die Notwendigkeit begriff, dem Abstieg der Gewerbetreibenden entgegenzuwirken. Im Unterschied zu Mikyška jedoch spielte bei Šílený die nationale Frage eine größere Rolle.[34] Ähnlich wie die übergroße Mehrheit der mährischen Gesellschaft beabsichtigten die Advokaten nicht, durch soziale Reformen das Los der Armen zu verbessern. Sie beschränkten sich eher auf traditionelle Formen – nämlich eine karitative Tätigkeit. Weniger häufig spielte die Gründung von Stiftungen eine Rolle, durch die mittellose Studenten unterstützt wurden. Dies war der Fall bei dem Brünner Advokaten JUDr. Josef Koudela und seiner Gemahlin sowie insbesondere der außergewöhnlich reichen Spende des tschechischen Adeligen JUDr. Václav Kounic, die der Unterstützung von Studenten an den Brünner Hochschulen diente.[35]

Für seine umfangreiche Tätigkeit erhielt Alois Mikyška zahlreiche Auszeichnungen. Zu den prestigereichsten gehörten das Ritterkreuz des Franz-Josef-Ordens im Jahre 1895 und der russische Orden des hl. Stanislaus II. Klasse im Jahre 1902.[36] Die Persönlichkeit von JUDr. Alois Mikyška besaß allerdings auch ihre Schattenseiten. Neben den Verleumdungen dergestalt, dass Mikyška Scheunen anzündete oder anzünden ließ, die eine planmäßige Modernisierung der Stadt Wallachisch Meseritsch verhinderten, war es insbesondere die schicksalhafte Causa der Bürgerlichen Vorschusskasse in

[34] Malíř, Jiří: *Advokát. Příklad JUDr. Václava Šíleného* [Der Advokat. Das Beispiel von JUDr. Václav Šílený]. In Fasora, L. – Hanuš, J. – Malíř, J. (Hrsg): Člověk na Moravě 19. století [Der Mensch in Mähren im 19. Jahrhundert]. Brno 2004, S. 101.

[35] Malíř, Jiří: *Nadační podpora českého vysokého školství na Moravě před r. 1918* [Die Unterstützung des tschechischen Hochschulwesens in Mähren vor 1918 durch Spenden]. In: Sborník prací Filozofické fakulty brněnské univerzity, C 38, 1991, S. 67, 74–75. Aus Mitteln der Spende wurden Studenteninternate errichtet. Eingehender hierzu KLOBAS, Oldřich: *Šlechtic nejen rodem* [Ein Adeliger nicht nur der Geburt nach]. Brno 1993. Zuletzt vgl. Rája, Martin: Život JUDr. Václav Kounice [Das Leben des JUDr. Václav Kounic]. In: Malíř, Jiří – Rája, Martin (Hrsg.): JUDr. *Václav Kounic a jeho doba* [JUDr. Václav Kounic und seine Zeit] (im Druck); Fasora, Lukáš – Hanuš, Jiří: *Václav Kounic a brněnská univerzita* [Václav Kounic und die Brünner Universität]. In: Malíř, Jiří – Rája, Martin (Hrsg.): JUDr. Václav Kounic a jeho doba [JUDr. Václav Kounic und seine Zeit] (im Druck).

[36] Baletka, *JUDr. Alois Mikyška (1831–1903)* [JUDr. Alois Mikyška (1831–1903)], S. 6.

Wallachisch Meseritsch. Wie bereits dargelegt, kontrollierte Mikyška diese als Direktor und Ausschussvorsitzender. Im Jahre 1903 wurden hier eine schlechte Wirtschaftsführung sowie Ungereimtheiten in den Bilanzen festgestellt. Der Fall gewann an Bedeutung, als eine Kommission ein Übergewicht der Passiva über die Aktiva feststellte und die Vorschusskasse auf einen Konkurs zusteuerte. Alois Mikyška erlebte dies jedoch nicht mehr, da er am 4. September 1903 im Haus seines Gutes in Brňov Selbstmord beging.[37] Der Stern und der Ruhm des „Königs der Walachei" und des „Herzogs von Mesopotamien" vergingen umgehend. Die Öffentlichkeit interpretierte die Tatsache von Mikyškas Freitod als Eingeständnis der Verantwortung für die Krise der Vorschusskasse und aus dem „walachischen lieben Herrgott" wurde ein Verbrecher und Betrüger.[38] Der Fall der Bürgerlichen Vorschusskasse überschattete somit auch Mikyškas Bemühen um soziale Reformen, als die große Mehrzahl der Kleinsparer aus der Walachei den größten Teil ihrer – häufig das ganze Leben eingezahlten – Einlagen verlor.[39]

[37] Baletka, *Vévoda z Mezopotámie* [Der Herzog von Mesopotamien], S. 83.

[38] Dieses Bild überdauerte auch die nachfolgenden Jahrzehnte. Vgl. u. a. Navrátil, Michal: *Almanach československých právníků* [Almanach der tschechoslowakischen Juristen]. Praha 1930, S. 288, der anführt, dass Mikyška „durch Selbstmord endete, die Malversation in der Vorschusskasse in Wallachisch Meseritsch einräumend".

[39] Die vorliegende Studie entstand im Rahmen eines Projektes an der Masaryk-Universität in Brünn MSM 0021622426 im „Forschungszentrum für die Geschichte Mitteleuropas: Quellen, Länder, Kultur" (Výzkumné středisko pro dějiny střední Evropy: prameny, země, kultura)

JAROMÍR FREIHERR VON MUNDY[1]

Jan Županič

Am Ufer des Donaukanals ging ein alter müder Mann auf und ab. Er hatte den Ort passiert und war dorthin zurückgekommen. Schließlich hatte er unter der Kettenbrücke, die den Namen Sophienbrücke trägt, Halt gemacht, an dem Ort, wo heute die Halmgasse den Donaukanal streift. Er stellte sich Richtung Wasser, direkt an den Rand des Ufers, und griff in seinen Mantel. Aus der Innentasche zog er einen massiven Revolver, holte Luft und legte die Waffe an die Schläfe. Ein Schuss zerriss die Luft, sein Echo hallte von den Brückenpfeilern einen kurzen Augenblick später an die Stelle zurück. Man schrieb Donnerstag, den 23. August 1894, gerade hatte es halb zwei geschlagen. Baron Jaromír Mundy, Arzt und Philanthrop, war tot.

Jaromír Candidus Franz Serafin Freiherr von Mundy wurde am 3. Oktober 1822 auf der Burg Eichhorn (Veveří) als jüngster Sohn des Johann Evangelist Wilhelm Freiherr von Mundy (1795–1872) und der Isabella geb. Gräfin Kálnoky von Köröspatak (1798–1866) geboren. Für Johann Mundy war die Heirat mit Isabella außerordentlich prestigeträchtig gewesen, da die Familie Kálnoky zum alteingesessenen ungarischen Adel gehörte, der in Siebenbürgen bereits im 13. Jahrhundert nachweisbar ist und im Jahre 1697 in den ungarischen Grafenstand erhoben wurde. Über die Familie Mundy ließ sich dasselbe nämlich nicht sagen. Ja, sogar das Gegenteil galt. Über Jahrhunderte hinweg waren deren Angehörige für die Geschichte namenlos, und auf die Sonnenseite der Geschichte brachte das Geschlecht der Mundy erst am Ende des 18. Jahrhunderts Johanns Vater Wilhelm (1751–1805). Im Jahre 1773 kam er als unbekannter Geselle aus Montjoie (heute Monschau), einer am westlichen Rand des Heiligen Römischen Reiches liegenden Stadt, in die Hauptstadt der Markgrafschaft Mähren Brünn, wo sein großer Aufstieg begann.

[1] Die vorliegende Studie entstand mit Unterstützung der Grantagentur der Tschechischen Republik Nr. 404/06/0810 „Nová šlechta v českých zemích v 18.–19. století [Der Neuadel in den böhmischen Ländern im 18.–19. Jahrhundert].

Montjoie gehörte damals zum Herzogtum Jülich, wo in den Jahren 1742–1799 Pfalzgraf Karl Theodor, Kurfürst von Bayern, regierte.[2] Die Stadt war bereits seit dem 17. Jahrhundert ein prosperierendes Zentrum der Textilproduktion, von wo aus sich neue technische Erkenntnisse und Sorten von Produkten weiter in den Osten Deutschlands und in die Habsburgermonarchie verbreiteten. Zusammen mit diesen Neuerungen kamen auch Meister und Gesellen, die die entstehenden österreichischen Manufakturen wegen ihrer Arbeitserfahrungen dankbar aufnahmen. Dies war auch das Schicksal des Tuchmachergesellen Wilhelm Mundy, der eine neue Anstellung in der Brünner Fabrik von Johann Leopold Ritter von Köffillerer fand. Der bekannte mährische Tuchfabrikant Köffiller erweiterte und verbesserte die Produktion, aus diesem Grunde bemühte er sich für seine Fabrik führende Tuchmachermeister aus ganz Europa zu gewinnen, unter anderem auch aus Montjoie. Gerade von dort brachte Köffiller auch Johann Bartholomäus Seitter nach Brünn mit, einen bedeutenden Fachmann, den er zum Direktor seiner Manufaktur ernannte. Köffillers Unternehmen beschäftigte annähernd 1000 Arbeiter und gehörte zu den größten Manufakturen in der Monarchie.[3]

Mundy kam offenkundig auf Einladung Seitters nach Brünn. Bald stieg er in Köffillers Unternehmen zum Meister auf und bereits im Jahre 1776 erwarb er das Bürgerrecht in Brünn. Zu diesem Zeitpunkt machte sich Mundy auch selbständig, und im Jahre 1780 erwarb er für Brünn die Berechtigung, fabrikmäßig feines Tuch herstellen zu dürfen. Sechs Jahre später vermietete ihm Kaiser Josef II. für eine jährliche Miete von 2000 Talern das Gebäude des aufgehobenen Klosters der Zisterzienserinnen in Vorkloster (Předklášteří) bei Tischnowitz (Tišnov). Mundys Aufstieg war bemerkenswert. Innerhalb weniger Jahre reihte sich Mundy unter den bedeutendsten österreichischen Fabrikbesitzern ein. Aus dem Tuchmacher-

[2] Im Jahre 1777 erhielt Karl Theodor auch die bayerische Kurwürde. Als er starb, erbte seine gesamten Ländereien Herzog Maximilian I. Josef von Pfalz-Zweibrücken, der im Jahre 1805 erster bayerischer König wurde.

[3] Myška, Milan u. a. (hier Smutný, Bohumír – Myška, Milan): *Historická encyklopedie podnikatelů Čech, Moravy a Slezska do poloviny XX. století* [Historische Enzyklopädie der Unternehmer Böhmens, Mährens und Schlesiens bis zur Mitte des 20. Jahrhunderts]. Ostrava 2003, S. 233.

gesellen wurde im Verlaufe von zwei Jahrzehnten ein Großunternehmer. Dessen Manufakturen produzierten am Ende des 18. Jahrhunderts ein volles Viertel der gesamten Textilerzeugung des Stadt Brünn und ihres Umlandes, und Mundy war ein Mann, der zu den reichsten im damaligen Mähren zählte. Im Jahre 1797 produzierte Mundy in seinen Manufakturen mehr als 5.000 Stück Tuch jährlich. Um noch besser in das neu annektierte Galizien exportieren zu können, zögerte er Ende der 1790er-Jahre nicht, eine neue Manufaktur in Teschen (Těšín) zu gründen. Als Mundy im Jahre 1805 starb, war er Besitzer von drei Manufakturen in Brünn, Tischnowitz und Teschen.[4]

Ebenso wie die meisten Unternehmer dieser Zeit investierte auch Mundy den größten Teil seiner Gewinne in den Erwerb von Großgütern. Auf der einen Seite handelte es sich um eine sichere Investition, auf der anderen Seite erhöhte der Besitz einer Herrschaft das Prestige und öffnete die Tür zum Erwerb eines Adelstitels und damit verbunden auch zu einem gesellschaftlichen Aufstieg. Im Jahre 1800 kaufte Mundy aus diesem Grunde für 277.000 Taler die Herrschaft Tischnowitz und zwei Jahre später für 440.000 Taler und 800 Dukaten die Herrschaften Eichhorn und Říčany. Über sein Privatleben wissen wir leider kaum etwas. Bekannt ist nur, dass Mundy zweimal verheiratet war.[5] Mit der ersten Gemahlin Josefa Freiin von Forgatsch (1769–1792), die aus einem ungarischen Geschlecht stammte, das sich in Mähren niedergelassen hatte, zeugte Mundy zwei Söhne, die jedoch vermutlich in jungen Jahren verstarben.[6] Die zweite Ehe

[4] Ebd., S. 311–312.

[5] Die nachfolgenden Informationen verdanke ich freundlicherweise Herrn Dozent PhDr. Bohumír Smutný, CSc. vom Mährischen Landesarchiv, der die Einträge über die Familie Mundy in Brünner und Tischnowitzer Matrikeln ermittelt hat.

[6] In der Matrikel (siehe oben) wird die erste Gemahlin als Josepha Freiin von Forgatz aufgeführt. Deren Eltern – Anton Willibald Freiherr Forgatsch (auch Forgatsch von Ghymes; 1734–1797) und Franziska Podstatzka von Prusinowitz – wurden im Jahre 1763 getraut. Aus dieser Ehe ging noch eine zweite Tochter Marie Anna hervor, die jedoch unverheiratet starb. Vgl. Národní archiv [Nationalarchiv], genealogische Sammlung Dobřenský, Forgatsch. (Für die Unterstützung bei den genealogischen Nachforschungen und dem Erstellen des Stammbaums danke ich Herrn RNDr. Vladimír Pouzar, Dr. Sc.). In dieser Ehe wurden zwei Söhne geboren (beide in Brünn-Zabrdowitz, Nr. 28): Wilhelm Franz (*17. 2. 1790) und Wenzel Jakob Josef

schloss Mundy als 24-jähriger am 11. Februar 1793 in Brünn-Zabrdowitz mit Franziska, der 18-jährigen Tochter des Hauptmanns Ladislaus von Mikovinyi. Aus dieser Verbindung gingen die Tochter Wilhelmina Franziska (†1820), die später Joseph Freiherr von Honrichs zu Wolfswarffen (†1861) ehelichte, und der Sohn Johann, der später den größten Teil des väterlichen Erbes erhielt und der sich 1816 mit Isabella Gräfin Kálnoky von Köröspatak verheiratete, hervor. Diese Heiraten ermöglichten sowohl Wilhelms Reichtum als auch die Tatsache, dass auch er selbst seit dem ausgehenden 18. Jahrhundert zum Adelsstand gehörte.

Um die Verleihung des Adelstitels suchte Wilhelm Mundy am 20. Februar 1789 offiziell beim Kaiser nach.[7] Die entsprechende Akte wird im Wiener Adelsarchiv aufbewahrt und unterscheidet sich in keiner Weise von Dutzenden ähnlicher Anträge. Mundy informierte darin den Monarchen in insgesamt neun Punkten über seine unternehmerischen Erfolge. Beachtenswert ist lediglich die Dreistigkeit des Antragstellers: er bat nämlich um nichts Geringeres als um die Aufnahme in den Freiherrenstand des Königreichs Böhmen. Die übergroße Mehrzahl der Unternehmer und Finanziers dieser Zeit, denen eine Nobilitierung gelang, stellte keine so hohen Ambitionen und zeigte sich zufrieden, sofern man ein einfaches Adelsprädikat oder im günstigeren Falle einen Rittertitel erhielt, der den Erwerb des Inkolats und die Einreihung unter die Landstände ermöglichte.[8] Dar-

(*26. 7. 1791), über die keine weiteren Informationen vorliegen. Josepha Forgatsch starb am 18. 1. 1792 im Alter von 22 Jahren an der Schwindsucht.

(Dankenswerter Weise eine Mitteilung von Herrn Dozent B. Smutný). *Gothaisches Genealogisches Taschenbuch der Freiherrlichen Häuser*, Gotha 1849, S. 124 (hier wird Josepha allerdings unter dem Namen Johanna aufgeführt.

[7] Mundy bat um die Verleihung des Adelstitels für sich und seinen Bruder Michael, über den sich in der Schrift jedoch keine näheren Einzelheiten finden. Während Wilhelm in den Adelsstand erhoben wurde, erhielt Michael keine Nobilitierung. Vgl. weiter unten. Zum gesamten Vorgang: Österreichisches Staatsarchiv, Allgemeines Verwaltungsarchiv. Adelsarchiv (künftig nur: AVA, AA), Wilhelm Mundi, Freiherrenstand 1789. Auch nachfolgend. Wilhelms Familienname erscheint in der angegebenen Schrift stets als „Mundi".

[8] Vgl. u. a. den ehemaligen Arbeitgeber Mundys, Johann Leopold Köffiller, der am 18. 5. 1767 in den Adelsstand und am 22. 10. 1773 in den Ritterstand erhoben wurde. Zu den Nobilitierungen der Unternehmer am Ende des 18. Jahrhunderts am ausführlichsten Komanovits, Renate: *Der Wirtschaftsadel unter Kaiser Franz II.*

über hinaus wurde bei Nobilitierungen von Nichtadeligen nur in Ausnahmefällen ein höherer Stand verliehen als der eines einfachen Adeligen, eine Praxis, die man auch in der gesamten ersten Hälfte des 19. Jahrhunderts beibehielt. Wir wissen nicht, aus welchem Grunde Mundy so hoch hinaus wollte und es kann nicht mehr geklärt werden, warum der Kaiser so handelte. Seine Akte bietet für derartige Informationen nur wenige Anhaltspunkte. Neben der Bitte finden sich hier lediglich zwei Gutachten. Bei dem ersten handelt es sich um ein Memorandum des mährisch-schlesischen Guberniums vom 21. März 1789, das zu einem großen Teil Mundys Argumente wiederholt. Das Gubernium lehnte freilich Mundys Bitte um die Aufnahme unter die Barone ab, da – wie betont wird – es sich um eine allzu hohe Auszeichnung gehandelt hätte. Die Verdienste Mundys stritt man jedoch keineswegs ab, doch sollten diese nur mit dem Adels- bzw. Rittertitel Anerkennung finden. Diese Meinung akzeptierte auch die Vereinigte Hofkanzlei, und am 26. März 1789 empfahl sie dem Kaiser den Fabrikbesitzer in den Adelsstand zu erheben. Doch keinerlei Gutachten hatte letztlich Einfluss auf das Resultat. Die ganze Angelegenheit entschied nämlich Kaiser Josef II. allein, als er energisch dem Memorandum der Hofkanzlei hinzufügte: *„Ich will ihm den Freyherrenstand gegen Entrichtung der halben Taxe verleihen.“*[9] Leider wissen wir nicht, wie das Verhältnis zwischen Kaiser und Fabrikherr aussah und welche Bindungen zwischen beiden bestanden. Feststeht lediglich, dass dank der kaiserlichen Gunst

(I.) in der Zeit von 1792 bis 1815, Dissertation zur Erlangung des Doktorgrades an der Philosophischen Fakultät der Universität Wien, 1974. Wertvolle Informationen zur Nobilitierungspraxis enthält auch die bahnbrechende Studie von Brňovják, Jiří: *České dvorské kanceláře z období vlády cisaře Karla VI. (1712–1740)* [Die böhmischen Hofkanzleien im Zeitraum der Regierung Kaiser Karls VI.(1712–1740)], In: Sborník archivních prací, 56, 2006, Nr. 1, S. 69–111.

[9] Die Glosse Josefs II. auf dem Memorandum der Vereinigten Hofkanzlei vom 26. 3. 1789. AVA, AA, Wilhelm Mundi, Freiherrnstand 1789. Die Urkunde wurde mit Datum 20. 4. 1789 ausgestellt. Angesichts der in der Regierungszeit Maria Theresias realisierten administrativen Veränderungen wurde Mundy jedoch nicht in den Freiherrenstand des Königreichs Böhmen erhoben, sondern in den der Erbländer (also gemeinsam für die böhmischen und österreichischen Erbländer). Die Rechnung der Erhebungstaxe und der Bestätigung über die Bezahlung sind der Akte nicht beigefügt. Zu dieser Frage vgl. Županič, Jan: *Nová šlechta Rakouského císařství* [Der Neuadel des österreichischen Kaisertums]. Praha 2006, S. 56.

aus dem Fabrikanten Wilhelm Mundy im Jahre 1789 nach Begleichung der Hälfte der üblichen Erhebungstaxe der Adelige Wilhelm Freiherr von Mundy wurde.[10]

Nach dem Tode des ersten Barons Mundy am 22. Mai 1805 fielen seine Besitzungen, einschließlich der Berechtigung eine Fabrik zu betreiben, an die Erben. Die Witwe und die Kinder wollten anfänglich wohl die Produktion fortführen, doch bereits im Jahre 1806 wurden die Textilunternehmen verkauft.[11] Auch wenn dies nicht so aussah, leitete dieser Schritt doch den Niedergang der Familie ein. Bemerkenswert erscheint, wie unwahrscheinlich schnell das Besitzimperium der Mundys zusammenbrach. Nach der Liquidierung der Manufakturen kamen die kleineren Betriebe an die Reihe und nach ihnen die Großgüter. Im Februar 1821 verkaufte Johann Mundy die Herrschaft Tischnowitz an Friedrich Freiherr von Viettinghof. Zwar ohne Bosonohy, Komín und Německé Kynice, die man der Herrschaft Eichhorn angliederte, doch auch diese zweite Herrschaft trat man – zusammen mit Říčany und Hvozdec – an den schwedischen Prinzen Gustav Wasa für 620.000 Taler und 1.000 Dukaten ab.[12] Ein Teil der so eingenommenen Gelder diente offensichtlich der Begleichung von Schulden, den Rest investierte Johann in den Erwerb der Herrschaft Račice bei Wischau (Vyškov), die er noch im Jahr des Verkaufs von Eich-

[10] Das Wappen, das sich der neu siegelnde Baron Mundy wählte, spiegelt diese außerordentliche kaiserliche Gunstbezeugung wider und verweist auch auf die Erfolge des Fabrikanten im Bereich der Textilherstellung: Gold-blau geviertelter Schild. Im ersten und vierten Feld sieht man einen in die Mitte blickenden schwarzen Adler mit der Initiale I. II. [Iosephus II.] auf der Brust, im zweiten und dritten Feld steht auf grünem Boden ein in die Mitte des Wappens zugekehrtes Lamm mit natürlicher Farbe [Schafwolle bildete den grundlegenden Rohstoff von Mundys Unternehmen]. Über dem Wappen erhebt sich die Krone der Freiherren, darauf drei gekrönte Turnierhelme. Auf dem mittleren mit schwarz-goldenen und blau-silbernen Deckeln tritt ein Adler aus dem Panzer, von rechts mit schwarz-goldenen und von links mit blau-silbernen Deckeln erwächst ein Lamm. Für die Unterstützung sowie wertvolle Hinweise danke ich Herrn PhDr. Michal Fiala (Stadtarchiv Prag).

[11] Myška, M. u. a. (hier Smutný, B.): *Historická encyklopedie podnikatelů* [Historische Enzyklopädie der Unternehmer], S. 312.

[12] Oharek, Václav: *Vlastivěda moravská. Tišnovský okres* [Mährische Heimatkunde. Kreis Tischnowitz]. Musejní spolek, Brno 1923, [online]. C 2000, [Stand 17. 11. 2008]. Zugänglich unter http://www.obecveverskabityska.cz/prameny/html/d002.html

horn in seinen Besitz brachte. In gewissem Sinne knüpfte er an die väterliche Tradition an, als er in Račice eine Musterzucht von Schafen einführte und deren Wolle dann in die nahe gelegenen Webereien verkaufte. Das Renaissanceschloss ließ Mundy im Empirestil umbauen und er richtete hier eine Bibliothek ein, die 20.000 Bände umfasste. Auch dieses Großgut verkaufte Baron Mundy jedoch im Jahre 1864. Drei Jahre zuvor, 1861, hatte er von Erzherzog Franz d'Este für 300.000 Taler die verbundenen Güter Mořice, Výšovice und Nezamyslice erworben. Diese bildeten die letzte Besitzgrundlage der Familie. Noch vor seinem Tode, im Jahre 1871, verkaufte Johann diese an den Olmützer Fürstbischof Friedrich Kardinal Fürstenberg.[13]

Solange das Familienarchiv derer von Mundy noch nicht erforscht ist, lässt sich die Frage nicht eindeutig beantworten, was – mit Blick auf den Besitz – den Niedergang dieses Hauses hervorgerufen hat. Innerhalb nur eines Menschenlebens rasten die Mundys wie ein Komet in schwindelerregende Höhen, um dann in den nachfolgenden Jahrzehnten langsam am Horizont zu versinken, wo sie sich dann in den Kreis der wenig einflussreichen und nicht allzu vermögenden Adelsfamilien einreihten. Dies wäre in der Tat so verlaufen, wäre nicht in der letzten Generation eine Persönlichkeit hervorgetreten, die die Familie Mundy wiederum in den Vordergrund rückte, wenn auch in einem anderen Sinne – auf dem Feld der Humanität. Diese Persönlichkeit verkörperte Baron Jaromír Mundy.

Wie bereits unterstrichen, erblickte dieser im Jahre 1822 als jüngstes und fünftes Kind des Johann Mundy und der Isabella Kálnoky das Licht der Welt.[14] Über die Gründe für die Heirat wissen wir leider nichts, doch

[13] Spurný, František u. a.: *Hrady, zámky a tvrze v Čechách, na Moravě a ve Slezku* [Burgen, Schlösser und Kastelle in Böhmen, Mähren und Schlesien], Bd. 2, S. 160; Mašek, Petr: *Šlechtické rody v Čechách, na Moravě a ve Slezsku od Bílé hory do současnosti* [Adelsgeschlechter in Böhmen, Mähren und Schlesien von der Schlacht am Weißen Berg bis in die Gegenwart], Bd. 1 (A-M), Praha 2008, S. 665.

[14] Pořízka, Jiří: *Maltézští rytíři u nás. Tři studie k historii českého velkopřevorství řádu Maltézských rytířů* [Die Malteserritter bei uns. Drei Studien zur Geschichte der böhmischen Großpriorei des Ordens der Malteserritter]. Brno 1990, S. 66–75. Es handelt sich hier vermutlich um das detailreichste Medaillon von Jaromír Baron Mundy, das in Tschechien erschien. Allerdings finden sich im Text zahlreiche Ungenauigkeiten. Die Quelle für die nachfolgenden Informationen sind neben dieser Studie die

hat es den Anschein, dass der Reichtum der Familie Mundy nicht der Hauptgrund für die Verbindung von Jaromírs Eltern, die aus sozial sehr unterschiedlichen Verhältnissen stammten, gewesen sein muss. Isabellas Vater Heinrich Anton Graf Kálnoky (1765–1822) hatte zwar mit seiner Gemahlin Marie Anna geb. Gräfin von Engl und zu Wagrain (1770–1832) zahlreiche Kinder, eine Volljährigkeit lässt sich hingegen lediglich für den Sohn Gustav (1799–1875)[15] und die Tochter Isabella, die spätere Gräfin Mundy, belegen. Isabella litt offenkundig seit frühen Jahren an einer Geisteskrankheit, einer maniodepressiven Psychose, die sich später auch bei Jaromír zeigen sollte. Sofern dieser Umstand allgemein bekannt war, hätte die junge Gräfin auf dem aristokratischen „Heiratsmarkt" keine Chance besessen und die Familie war vermutlich froh, als sie zumindest einen vermögenden Neuadeligen heiratete.

Nicht ohne Interesse ist zudem, wie stark sich die Familie Mundy innerhalb einer Generation in das böhmische bzw. mährische Milieu einfügte. In der Person von Johanns Vater Wilhelm nahm das noch ganz deutsch geprägte Geschlecht in der ersten Hälfte des 19. Jahrhunderts eine „slawische" Identität an. Johann vererbte seinen Kindern nämlich nicht allein die aus der Familientradition stammenden Namen (Isabella, Johann, Heinrich), sondern er ließ seinen ältesten Sohn auf den Namen Bohuslav taufen[16] und nannte den jüngsten Sohn Jaromír. Baron Mundy bekannte sich damit aber eher zu Landespatriotismus und Romantik – in jener Zeit unter den Aristokraten sehr populär – als zu einem entschiedenen Slawentum.

Johann Mundy sah für seine Söhne eine typische Adelskarriere vor. Während die Güter offenbar der älteste Sohn Bohuslav erben sollte, plante Mundy für die übrigen eine andere Lebensbahn. Johann und Heinrich wurden k. k. Offiziere[17], Jaromír sollte eine kirchliche Laufbahn einschla-

Nekrologe für Jaromír Freiherr von Mundy in der Wiener Zeitung (24. 8., 25. 8. und 26. 8. 1894), auf die mich Dr. Pouzar hinweis.

[15] Dessen Sohn war österreichisch-ungarischer Außenminister (1881–1895) – Gustav Graf Kálnoky (1832–1898).

[16] Auch Bojuslaw.

[17] Johann (1820–1862) wurde vor seinem Tode zum k. k. Major befördert, Heinrich (1821–1896) wird im Jahre 1893 als k. k. Hauptmann der Reserve erwähnt. *Gotha-*

gen. Er besuchte daher zunächst das Gymnasium in Brünn und studierte nachfolgend Philosophie und Theologie. Doch bereits damals zeigte sich bei Mundy ein starkes Interesse für Medizin. Er verließ daher das Brünner Alumnat und begann sich mit Medizin zu beschäftigen. Der Vater jedoch zeigte sich mit diesem Schritt ganz und gar nicht einverstanden und zwang seinen Sohn, den Militärdienst beim 49. Infanterieregiment in Wien abzuleisten.[18] Das Interesse an der Medizin ließ jedoch bei dem jungen Baron nicht nach. In der Freizeit besuchte er Wiener Krankenhäuser und bemühte sich Ärzten und Patienten zu helfen. Mundy nutzte zudem seine phänomenale Sprachbegabung – neben Deutsch sprach er fließend Tschechisch, Französisch, Italienisch und Kroatisch, er konnte Latein, passiv beherrschte er Ungarisch und Türkisch, und vom Alumnat her besaß er Grundlagen im Hebräischen und Persischen. Mundys außergewöhnliche Persönlichkeit und sein Eifer erweckte auch die Aufmerksamkeit seiner Vorgesetzten. Nach dem Ausbruch der Revolution im Jahre 1848 war er bereits Oberleutnant und in den Reihen der Armee Radetzkys nahm er am gesamten Italienfeldzug (1848–1849) teil. Als ihren Adjutanten wählten ihn der Feldzeugmeister Wilhelm Graf von Lichnowsky (1793–1864) sowie Feldmarschalleutnant Karl II. Fürst zu Schwarzenberg (1802–1858). Mit nicht einmal dreißig Jahren wurde Mundy zum Hauptmann befördert und zum 6. Infanterieregiment nach Galizien versetzt, wo schrittweise die Entscheidung reifte, die Armee zu verlassen. Die Erlebnisse auf den italienischen Schlachtfeldern, die wenige Jahre später, nach der Schlacht bei Solferino, den Schweizer Geschäftsmann Henri Dunant zur Gründung des Roten Kreuzes veranlassten, prägten auch Baron Mundy. Ebenso wie Dunant gelangte auch er zu der Überzeugung, dass ein Fehlen von Sanitätsdiensten und einer schnellen medizinischen Hilfe größere Verluste an Leben bewirkten als der Kampf selbst.

Im Jahre 1855 verließ Mundy deshalb die Armee und schrieb sich an der Medizinischen Fakultät der Universität Würzburg ein. Dank seines außerordentlichen Fleißes wurde er bereits nach dem vierten Semester

isches Genealogisches Taschenbuch der Freiherrlichen Häuser, Gotha 1893, S. 613; *Gothaisches Genealogisches Taschenbuch der Freiherrlichen Häuser*, Gotha 1893, S. 661.

[18] Vgl. hierzu Pořízka: *Maltézští rytíři u nás* [Die Malteserritter bei uns], S. 66. Die Nekrologe geben keine Auskunft über die Gründe für einen Eintritt in die Armee.

zum Rigorosum zugelassen, das er mit Auszeichnung bestand. Zugleich verteidigte Mundy die Arbeit *„Beiträge zur Sanitätsreform"*, in der er seine bisherigen Erkenntnisse zusammenfasste. Mundy war jedoch keineswegs nur Theoretiker, sondern er zögerte nicht seine Prinzipien auch in der Praxis umzusetzen. Als nach den Provokationen durch das Haus Savoy im April 1859 ein Krieg zwischen Österreich, Savoy und Frankreich ausbrach, zögerte Mundy keinen Augenblick mit dem Wiedereintritt in die k. k. Armee. Nach seinem Eintreffen im österreichischen Hauptstab in Garlasco am Ticino bot er seine Dienste der Armee an und wurde zum Sanitätsdienst eingeteilt. Die gewaltigen Verluste auf beiden Seiten und der Kollaps der medizinischen Versorgung bestätigten erneut Mundys These von der Notwendigkeit grundsätzlicher Reformen des Sanitätsdienstes in der Armee.

Die grauenvollen Kriegserlebnisse hatten ihn erschüttert und waren offensichtlich die Hauptursache bei der Entscheidung Mundys, für eine gewisse Zeit die Spezialisierung zu wechseln. Nach dem Gemetzel bei Solferino richtete Mundy deshalb sein Augenmerk auf die Hilfe für die am meisten hilfsbedürftigen und wehrlosesten Patienten – geistig Verwirrte. Mundy wurde zum Propagandisten für eine Reform der Psychiatrie und für diesen Zweck bereiste er zahlreiche europäische Metropolen. Als jedoch im Jahre 1866 der preußisch-österreichische Krieg ausbrach, meldete er sich erneut freiwillig im Kriegsministerium und bat um eine Versetzung zu den kämpfenden Einheiten. Zunächst wurde Mundy zum Regimentsarzt am Feldlazarett Nr. 38 in Pardubitz (Pardubice) ernannt und nach der verlorenen Schlacht bei Königgrätz (Hradec Králové) war er einer derjenigen, die für die Evakuierung der Verwundeten verantwortlich zeichneten. Später ernannte man Mundy zum stellvertretenden Leiter des Militärkrankenhauses im Wiener Prater. Als Augenzeuge der Kämpfe begleitete er vom 9.–20. August 1866 den Chef der I. Chirurgischen Klinik in Wien, Prof. Dr. Johann Dumreicher Edler von Oesterreicher, auf einer Inspektionsreise über das nördliche Schlachtfeld.[19] Das Ziel der Inspektion

[19] Johann Dumreicher (1815–1880) wurde nach Beendigung des preußisch-österreichischen Krieges durch den Kaiser mehrfach für seine außerordentlichen medizinischen und humanitären Verdienste ausgezeichnet. Mit Kabinettsschreiben vom 7. 10. 1866 erhielt er das Ritterkreuz des Leopoldordens, mit der Allerhöchsten Entschließung er am 19. 10. 1866 zum Hofrat ernannt und am 17. 10. 1866 durch Kaiser

bestand darin, zum einen der im Krieg durch die Verwüstung des Landes geschädigten Bevölkerung Hilfe zuteil werden zu lassen, zum anderen in der Erarbeitung einer neuen Konzeption für die medizinische Versorgung der Armee. Mundy, der kurz vor Ausbruch des Krieges die Studie „*Beiträge zur Reform des Sanitätswesens in Österreich*" publiziert hatte, beteiligte sich danach höchstwahrscheinlich an der Niederschrift von Dumreichers Mitteilungen, die in gekürzter Form in der *Allgemeinen militärärztlichen Zeitung* erschienen.[20]

Noch während des militärischen Konflikts zwischen den Krieg führenden Seiten erweckte der preußische Sanitärdienst Mundys Interesse, der die Eisenbahn für den Transport von Verwundeten ins Hinterland nutzte. Auf Mundys Empfehlung hin begann daher auch die k. k. Armee ebenfalls Züge für diesen Zweck zu nutzen. Da keinerlei spezielle Kranken- oder Sanitärwaggons zur Verfügung standen, nutzte man zu diesem Zweck gewöhnliche, mit Stroh oder Heu den Boden bedeckende Frachtwaggons. Auf Mundys Initiative hin wurden jedoch in einige dieser Waggons Balken für acht an Lederriemen hängende Bahren montiert, was die Schmerzen der Verwundeten und Kranken bedeutend linderte. Kurz nach Beendigung des Krieges wurde Baron Jaromír Mundy durch den Kaiser zum Stabarzt der Reserve befördert.[21]

Das Jahr 1867 stand ganz im Zeichen der Weltausstellung in Paris, wo Mundy auf eigene Kosten ein Musterhaus für Geisteskranke erbaute. Für die Repräsentation Österreich-Ungarns sowie weitere Verdienste verlieh der Kaiser ihm das Komturkreuz des Franz-Joseph-Ordens. Neben der Hilfe für geistig Verwirrte, der er sich auch weiterhin widmete, verlor Jaromír Mundy auch das Problem des Sanitätsdienstes nicht aus den Augen. Im Jahre 1868 nahm er an einer internationalen Konferenz des kurz zuvor gegründeten Roten Kreuzes teil, doch das Prestige der neu geschaffenen Organisation betrachtete Mundy als bislang unzureichend. In ihm reifte eine andere Idee. Im Verlaufe des Krieges 1866 hatte er

Franz Joseph in den Freiherrenstand erhoben (die Urkunde wurde am 28. 11. 1866 ausgestellt). AVA AA, Johann Dumreicher Edler von Oesterreicher, Freiherrnstand 1866.

[20] Allgemeine militärärztliche Zeitung. Organ für praktische Ärzte, VII. Jg., 1866, Nr.49–50, S. 417–419 sowie 425–428.

[21] Pořízka, *Maltézští rytiři u nás* [Die Malteserritter bei uns], S. 71f.

sich nämlich mit dem Militärlazarett der böhmischen Großpriorei der Malteserritter bekannt gemacht. Deren Aktivitäten brachten ihn auf den Gedanken, dass sich mit dem militärischen Sanitätsdienst am besten Institutionen beschäftigen könnten, die ihre Tätigkeit sowohl dem Kampf als auch der Hilfe für Kranke und Verwundete geweiht hatten – die geistliche Orden der Malteser und der Deutsche Orden.[22] Diese Auffassung verteidigte Mundy auch im Februar 1869 auf einem internationalen Kongress von Hilfsvereinen. In Österreich-Ungarn fand Mundys Auftreten ein großes Echo und es bildete die Grundlage für die karitative Tätigkeit beider Orden bis zum Jahre 1918. Im März 1870 wurde Mundy als Magistralritter in den Orden der Malteserritter, mit dem er für viele Jahre seine humanitären Aktivitäten verknüpfte aufgenommen.

Seine Erfahrungen bei der Hilfe für Verwundete konnte Jaromír Mundy bald darauf erneut erweitern. Nach dem Ausbruch des preußisch-französischen Krieges im Jahre 1870 wurde er nach Paris gesandt, wo er drei Feldlazarette organisierte und für diese vier Chirurgen aus Wien bereitstellte. Er selbst arbeitete im Odéon-Theater im Jardin de Luxembourg. Gemeinsam mit der Schauspielerin Sarah Bernard, mit der ihn eine lebenslange Freundschaft verband, baute er eine Ambulanz und ein Spital auf. Er beteiligte sich zudem an der Organisation des Transports der Verwundeten, und bis zum April 1871 wurden durch die nach seinen Vorschlägen umgebauten Waggons etwa 35.000 Personen verlegt. Später stellte Mundy aus 20 Waggons einen eigenen Sanitätszug zusammen, der die massenhafte Verlegung von Verwundeten ermöglichte. Baron Mundy interessierte nicht, für welche Seite die Verwundeten gekämpft hatten, sondern er bemühte sich lediglich deren Schmerzen zu lindern. Mundy wurde für sein Engagement nach Beendigung des Konflikts sowohl durch den französischen Präsidenten Adolphe Thiers als auch durch den neuen deutschen Kaiser Wilhelm I. ausgezeichnet. Einen weiteren Orden verlieh ihm auch Franz Josef.[23]

In Frankreich verweilte Mundy bis zum Jahre 1872, als ihn die Universität Wien zum außerordentlichen Professor ernannte. Das Thema seiner Vorlesungen in der Hauptstadt der Monarchie bildete die Organisierung

[22] Vgl. zu dieser Frage Županič, *Nová šlechta* [Der Neuadel], S. 256–260.

[23] Pořízka, *Maltézští rytíři u nás* [Die Malteserritter bei uns], S. 74–75. Wiener Zeitung, 24. 8. 1894. Auch für die nachfolgenden.

des militärischen Sanitätsdienstes, das Problem der Massenevakuierung Verwundeter und der Transfer von Personen aus von Epidemien bzw. Naturkatastrophen betroffenen Gebieten. Mundy achtete dabei nicht allein auf den gewöhnlichen Transport, sondern er machte auch auf die unerlässliche Versorgung mit Lebensmitteln, Medikamenten und Kleidung sowie die Bereitstellung mobiler Küchen und ähnliches aufmerksam.

Ein großer Förderer Jaromír Mundys wurde Franz Graf Kolowrat-Krakowsky (1803–1874), seit 1804 böhmische Großprior der Malteserritter, der den Baron zum Generalarzt der böhmischen Großpriorei ernannte. Ein Produkt dieser engen Zusammenarbeit stellte das im Jahre 1874 durch den österreichisch-ungarischen Kriegsminister genehmigte Projekt der Anschaffung von zwölf Sanitätszügen mit 16 Waggons dar. Ein Jahr später organisierte Mundy dann kraft seines Titels als Generalarzt der Großpriorei die Herstellung und den Betrieb des Sanitätszuges des Ordens mit neun ambulanten Wagen eigener Konstruktion. Für seine Pläne konnte Mundy zudem den Wiener Chirurgen und Universitätsprofessor Theodor Billroth (1829–1894) sowie Leopold Wittelshöfer (1818–1889), den Herausgeber des Fachblatts *Wiener medizinische Wochenschrift*, gewinnen. Gemeinsam mit ihnen bereitete Mundy auf der Weltausstellung in Wien im Jahre 1873 einen ganzen Pavillon vor, der der Präsentation der Sanitätszüge diente, und er veranstaltete eine Pressekonferenz.

Dr. Mundy ahnte offenbar nicht, wie bedeutsam seine Erfindung war und wie viele Leben sie retten würde. Im Jahre 1875 brach ein Aufstand in Herzegowina aus, ein Jahr darauf erschütterte ein Krieg die gesamte, vom Osmanischen Reich beherrschte Balkanhalbinsel. Während des serbisch-türkischen Krieges in den Jahren 1876–1877 organisierte Mundy den militärischen Gesundheitsdienst der Serben und dank der Gelder, die er ihm Ausland sammeln konnte, erichtete er ein Feldlazarett sowie einen Verbandsplatz sowohl in Belgrad als auch außerhalb der serbischen Metropole. Als im Jahre 1877 Russland in den Konflikt auf dem Balkan eintrat und sich der Schwerpunkt der Kämpfe nach Osten verlagerte, zog Mundy mit seinen Mitarbeitern auf türkisches Gebiet. Hier organisierte und führte er im Geiste der Genfer Konvention aus dem Jahre 1864[24]

[24] Zum Text der Genfer Konventionen vgl. Jukl, Marek: *Ženevské konvence a dodatkové protokoly* [Die Genfer Konventionen und die Zusatzprotokolle]. Praha

mehrere Krankenhäuser mit Ambulanzen. Dabei arbeitete Mundy eng mit dem internationalen Komitee des Roten Kreuzes zusammen. Das Echo dieser Aktion war derart gewaltig, dass am Ende des Krieges, im Jahre 1878, in der Türkei als Partnerorganisation des Roten Kreuzes der Rote Halbmond entstand. Noch vor der Beendigung des Konfliktes, im Verlaufe der Okkupation Bosniens und Herzegowinas durch Österreich-Ungarn, wurden die Malteser Sanitätszüge erstmals auch zur Unterstützung der k. k. Armee eingesetzt. Über drei Monate waren sie ununterbrochen im Einsatz und sie transportierten annähernd 3.000 Verwundete und Kranke ins Hinterland.

Die mehrjährigen ununterbrochenen Aktivitäten und der Aufenthalt auf den Schlachtfeldern hatten Jaromír Mundy ohne Zweifel sehr erschöpft. Er ließ sich deshalb in Wien nieder, wo er sich zu Gunsten von Krankenhäusern und humanitären Organisationen engagierte. Seine weitere Lebensbahn jedoch beeinflusste eine der größten österreichischen Katastrophen des 19. Jahrhunderts: der Brand im Wiener Ringtheater am 8. Dezember 1881. Offiziell kamen hierbei 384 Personen ums Leben, die Zahl der Toten dürfte aber vermutlich wesentlich höher gewesen sein. Die Ursache für diese Brandkatastrophe lag nicht allein in den völlig unzureichenden Sicherheitsmaßnahmen, sondern auch im Fehlen eines schnellen Rettungsdienstes, der sich um die Verletzten hätte kümmern können. Jaromír Mundy, von diesem Ereignis tief erschüttert, gründete deshalb – zusammen mit dem bekannten Mäzen Hans Graf Wilczek (1837–1922) sowie Eduard Graf Lamezan-Salins (1835–1903) – nur einen Tag nach dem Feuer am 9. Dezember die *Wiener Freiwillige Rettungsgesellschaft*, deren Geschäftsführer er bis zum März 1892 wurde.

Mundy pflegte entschieden keinen Müßiggang. Bereits am 2. Januar 1882 empfing ihn Kaiser Franz Josef, der zugleich der neu entstandenen Organisation seine Unterstützung versprach. Dank der ungewöhnlichen Tatkraft der Gründer und der Protektion durch den Kaiser ging die Arbeit rasch voran. Am 31. Januar begann die Firma Löhner nach Mundys Plänen von Pferden gezogene Ambulanzwagen herzustellen. Zwei Monate später

1999. Online zugänglich (Stand 25.11. 2008) unter http://ck.czweb.org/cck/aktivity/konvence.html; zur Konvention vom 22. August 1894 vgl. Pořízka, *Maltézští rytíři u nás* [Die Malteserritter bei uns], S. 68–69.

stellte die k. k. Polizeidirektion in Wien, die auf kaiserliche Anordnung der Rettungsgesellschaft alle mögliche Hilfe bot und deren Tätigkeit sicherte, die ersten Wagen in Dienst. Zum historisch ersten Transport eines Kranken kam es am 24. April 1882 und seit dieser Zeit wurde die Tradition eines schnellen Gesundheitsdienstes zu keinem Zeitpunkt unterbrochen. Da die ersten Einsätze Lohnfuhrwerker übernahmen, lässt sich nur schwer von einem Rettungsdienst sprechen, eher handelte es sich um Sanitätstransporte. Da sich die transportierten Personen häufig in Lebensgefahr befanden, ließ sich ein ähnliches Vorgehen auf Dauer nicht aufrechterhalten und Mundy begann daher ein Jahr später eigenes Personal für den Rettungsdienst zu schulen. Die erste ständige und feste Rettungsstation wurde ein Gebäude im ersten Wiener Bezirk, an der Ecke Fleischmarkt/Rotenturmstraße,[25] wo sich 97 Medizinstudenten und 36 Laien ununterbrochen im Dienst abwechselten. Mundy selbst tat alles, was erforderlich war – er war Arzt, Krankenträger und Kutscher.

Die Anfänge der Rettungsgesellschaft waren keineswegs einfach und es fehlte vor allem an Geld. Die notwendigen Finanzen gewann Mundy durch Gaben, Sammlungen und Benefizveranstaltungen. Der berühmte Schauspieler und Sänger Alexander Cirardi (1850–1918) konzertierte zu Gunsten der Organisation in der Rotunde[26] im Prater und Johann Strauß Sohn (1825–1899) komponierte für die Rettungsgesellschaft den Marsch „Freiwillige vor!", der auch auf dem ersten Ball der Gesellschaft am 30. Januar 1887 erklang. Neben Aristokraten und Industriellen unterstützten die Organisation auch zahlreiche führende Intellektuelle, unter ihnen der bereits erwähnte langjährige Freund Mundys, der Wiener Arzt Theodor Billroth.[27]

[25] Das ursprüngliche Gebäude wurde im Jahre 1900 abgerissen und durch einen Neubau im Sezessionsstil ersetzt.

[26] Die Rotunde war aus Anlass der Weltausstellung im Jahre 1873 errichtet worden und wurde zu einem der Wahrzeichen Wiens. Am 17. September 1937 fiel sie einem Brand zum Opfer und wurden abgerissen.

[27] Regal, Wolfgang – Nanut, Michael: *Wir kommen*! (Altes Medizinisches Wien 22), Museum der Wiener Rettung (Ärzte Woche, 17. Jahrgang Nr. 6, 2003), [online], [Stand 25. 11. 2008] unter http://www.aerztewoche.at/viewArticleDetails.do?articleId=3843. Beachtung verdient, dass der berühmte Arzt T. Billroth auch ein nicht minder namhafter Antisemit war und große Verdienste bei der Aufnahme sog.

Zu Beginn der 1890er-Jahre verschlechterte sich jedoch der Gesundheitszustand Dr. Mundys. Eine zyklisch wiederkehrende maniodepressive Psychose machte sich bei ihm bemerkbar, wofür Mundy gewisse genetische Voraussetzungen besaß, zudem litt er unter schwerem Asthma. Mundy sah sich gezwungen dem Rechnung zu tragen und er gab die meisten Funktionen ab, die Arbeit in der Rettungsgesellschaft eingeschlossen, die in den Jahren zuvor den Hauptinhalt seines Lebens dargestellt hatte. Die Depressionen verstärkten sich immer mehr und es war keine Ausnahme, dass Baron Jaromír Mundy ganze Nächte durch die Wiener Gassen lief, um nicht allein zu Hause bleiben zu müssen, zumal sich damit sein Zustand weiter verschlechterte. Im August 1894 konnte Mundy sein Leiden nicht mehr ertragen und er setzte seinem Leben mit einem Pistolenschuss in den Kopf ein Ende. Damit starb eine der prägnantesten Persönlichkeiten der zweiten Hälfte des 19. Jahrhunderts.

In den Hinterlassenschaften von Baron Mundy fand man mehrere Dutzend Orden und Auszeichnungen, die er niemals getragen hatte.[28] Wenngleich Mundy aus einer adeligen Familie stammte und mütterlicherseits mit zahlreichen aristokratischen Dynastien verwandt war, benutzte er seinen Titel zumeist nicht und unterzeichnete lediglich als Jaromír Mundy bzw. Dr. Mundy. Für seine Kollegen von der Wiener Rettungsgesellschaft war er stets der *Onkel Jaromír*. An seinem Begräbnis auf dem Wiener Zentralfriedhof nahm eine große Menschenmenge teil. Der Trauerzug setzte sich um die dritte Stunde am Nachmittag von der Dominikanerkirche im Stadtzentrum aus, wo der Leichnam aufbewahrt worden war, in Bewegung. Der Sarg wurde auf einem geschmückten Leichenwagen von einem Achtspänner gezogen, der nach der Einsegnung über die Ringstraße zum Schwarzenbergplatz zog und von dort aus auf dem Rennweg und die Simmeringer Straße zum Friedhof. Den Ort der letzten Ruhe fand Jaromír Freiherr von Mundy in einem Ehrengrab in unmittelbarer Nachbarschaft herausragender Persönlichkeiten.[29]

Arierparagraphen in zahlreichen deutschen Vereinen hatte, die die Ära eines rassisch begründeten Antisemitismus eröffneten. Ausführlicher hierzu Županič, *Nová šlechta* [Der Neuadel], S. 291.

[28] Pořízka, *Maltézští rytiři u nás* [Die Malteserritter bei uns], S. 75 spricht von 54 Orden und Auszeichnungen.

[29] Nekrolog Jaromír Freiherr von Mundy, Wiener Zeitung, 26. 8. 1894.

Das Ableben von Baron Jaromír von Mundy bedeutete auch das Ende der ganzen Familie. Weder Mundy noch einer seiner Brüder hatten Nachkommen, sodass die Dynastie der Freiherren von Mundy bereits in der dritten Generation ausstarb. Als letzter starb der älteste Bruder Bohuslav (1816–1896), der als einziger geheiratet hatte. Am 9. Februar 1875 wurde die Tochter des Budweiser Hoteliers Theresia Geringer seine Frau.[30] Baron Bohuslav Mundy lebte bis zu seinem Tode in Budweis (České Budějovice), wo er sich als Kunstmäzen einen Namen machte.[31]

So ging ein Geschlecht unter, das innerhalb der kurzen Dauer seiner Existenz eine ungewöhnliche Entwicklung genommen hatte. Aus Großunternehmern wurden Großgrundbesitzer und in der letzten Generation der Familie disponierte man eher mit sittlichem und intellektuellem Kapital als mit Geld. Unauslöschbare Spuren hinterließ die Familie in der Geschichte insbesondere dank Baron Jaromír von Mundy. Der Gründer des Roten Kreuzes Henri Dunant nannte Mundy später einmal einen „Mann mit einem goldenen Herzen" und Theodor Billroth sagte über Mundy, dieser sei „einer der größten praktischen Humanisten unseres Jahrhunderts" gewesen.[32]

[30] Státní oblastní archiv Třeboň, farní úřad Ceské Budějovice, Matrika oddaných římskokatolické církve [Staatliches Gebietsarchiv Wittingau, Pfarramt Budweis, Matrikel der Getrauten der römisch-katholischen Kirche], Buch 66 (1871–1880), fol. 190, [online], [Stand 27.11.2008]. Vgl. http://digi.ceskearchiv.cz/index_main.php?lang=cs&menu=3&id=2776&page=192&search=dates=&searchtype=searchtype

[31] Kovář, Daniel: Modrá krev v Českých Budějovicích 1850–1918 [Blaues Blut in Budweis 1850–1918], In: Rodpisná revue 1, jaro 2002. Mundys Villa in der heutigen Lanová-Straße mit einer Gartenallee mit Büsten deutscher Dichter, die auch Rainer Maria Rilke erwähnt, ist heute in den Gebäudekomplex des Unternehmens Jihočeská energetika integriert. Rainer Maria Rilke, *Dny toulek po Čechách* [Tage der Sehnsucht nach Böhmen], [online], c. 2001–2008 Jihočeská vědecká knihovna, [Stand 8. 12. 2008]. Zugänglich unter http://www.kohoutikriz.org/data/w_rilke.php

[32] Pořízka, *Maltézští rytiři u nás* [Die Malteserritter bei uns], S. 75.

JOHANN SCHICHT

Kristina Kaiserová

„Alles, was konsumiert wird, muss erzeugt werden. Dazu ist Menschenarbeit notwendig. Pflege ich unnützen Konsum, verbrauche ich unnützer Weise Menschenarbeit. Von seinem Mitmenschen unnütze Arbeit fordern, heißt ihre Arbeitskraft missbrachen und verhindern, dass Notwendiges produziert wird. Verhindere ich die Produktion notwendiger Dinge, so ist es klar, dass in diesen Dingen Mangel herrschen wird. Ich werde schuld, dass andere oder ich selbst Mangel am Notwendigen leiden. Von allen notwendigen Dingen ist durchaus nicht genug vorhanden. Es sind weder genug Schulen, noch genug Wohnungen, weder genug Verkehrsmittel, noch genug Wohlfahrtsanstalten, noch ist genug gesunde Nahrung für alle da. Es mangelt an diesen notwendigen Sachen überall, und das nur deshalb, weil die Mittel, die dazu erforderlich wären, für entbehrliche Sachen hingeopfert werden.“[1]

Wilhelm Bode

Dieses Zitat aus einem Buch Wilhelm Bodes,[2] eines bedeutenden Goethe-Kenners und zugleich auch Autors zahlreicher Schriften über gesunde Ernährungsgewohnheiten, lässt sich als Motto für Reflexionen über die Lebensphilosophien des Johann Schicht verwenden.

Johann Schicht wurde im Jahre 1855 geboren und erwies sich bald als der fähigste der acht Söhne (von neun Kindern insgesamt) des Bauern, Fleischers und Wurstmachers Georg Schicht. Ein Schlüssel zum Verständnis

[1] Bode, Wilhelm: *Über den Luxus.* Leipzig 1904, S. 130.

[2] Wilhelm Bode (1862–1922) studierte Germanistik und Romanistik in Freiburg, Berlin und Straßburg und schlug, nach mehreren kurzen Wirkungsstationen und der Ableistung des Militärsdienstes, schließlich in Weimar Wurzeln, wo er sich den Rest seines Lebens dem Leben und Werk Johann Wolfgang von Goethes widmete, wobei in diesem Zusammenhang die Herausgabe der Vierteljahresschrift „Stunden mit Goethe“ (1905–1915) Erwähnung verdient. Zugleich jedoch verfasste Bode zahlreiche Schriften im Kampf gegen den Alkoholismus und andere Laster, einschließlich ihrer Auswirkungen auf die soziale Frage – vgl. AugenBlick, Mitteilungen des Freundschaftskreises Goethe – Nationalmuseum 2, 15. April 2002, S. 2.

der Gedankenwelt des späteren erfolgreichen Unternehmers ist zweifellos in seiner Kindheit und Jugend zu suchen. Man kann festhalten, dass der Erfindungsgeist des methodisch mit großem Fleiß vorgehenden Self-Made-Mannes auch zur maßgeblichen Auffassung der Lebensphilosophie führte, in die selbstverständlich auch die Ansicht bezüglich einer Lösung der sozialen Fragen fiel.

Die Schichts lebten offenkundig bereits seit dem Mittelalter in dem Dorf Ringelshain (Rynoltice u Jablonného) im Gebirgsvorland unterhalb des Jeschken und gehörten zu den vermögenderen Familien, auch wenn ihnen keine schicksalhaften Katastrophen erspart blieben.[3] Johanns Vater Georg verdiente höchstwahrscheinlich seinen Lebensunterhalt auch als Bauer und Fleischer, im Jahre 1847 erwarb er von seinem Onkel Michael Schicht ein kleines Stück Land sowie das Recht zum Betrieb einer „Fleischerei", so dass er das Fleischerhandwerk ausüben konnte. Seine unternehmerische Tätigkeit fiel jedoch wenig zufriedenstellend aus.[4] Bei einem Seifensieder in Niemes (Mimoň) erwarb Schicht die notwendigen Kenntnisse zum Kochen von Seife, und auf seine Bitte hin erhielt er im Jahre 1848 die Gewerbeerlaubnis zur Herstellung von Seife. An der Seifenherstellung im Keller des väterlichen Hauses beteiligte sich die ganze Familie. Das Leitmotiv Georg Schichts lautete: „Kaufe billig Rohstoffe ein und verkaufe preiswert gute Ware." Die Anfänge der Firma waren jedoch keineswegs idyllisch. Die Seifenherstellung geschah im ursprünglichen Fleischkessel im Keller des väterlichen Hauses, in die Arbeit eingebunden wurden in mitunter knechtischer Form sämtliche Familienmitglieder, die sich jedoch anpassten und sich keine andere Tätigkeit vorzustellen vermochten. Die Nachfrage wuchs. Die finanziellen Verhältnisse gestatteten

[3] Dies schreibt und belegt partiell quellenmäßig der Chronist der Gemeinde BÜRGER, Josef: *Geschichte von Lämberg und Chronik von Ringelshain mit besonderer Berücksichtigung der Orte der Herrschaft und Umgebung*. Reichenberg 1886, S. 66–94.

[4] Die Informationen zur Geschichte des Betriebes stammen ausnahmslos aus Králová, Iva: *Schichtovy závody* [Die Schicht-Betriebe], In: Dějiny města Ústí nad Labem (hrsg. von Kristina und Vladimír Kaiser), Ústí nad Labem 1995, S. 118–121. Ich danke Frau Iva Králová-Kolářová, ehem. Archivarin im Betriebsarchiv des Unternehmens Setuza, heute selbständige Archivarin des Archiv města Ústí nad Labem, an dieser Stelle für zahlreiche wertvolle Hinweise und die bei der Suche nach Archivmaterial gewährte Unterstützung.

es im Jahre 1867 ein Wohnhaus zu errichten, fünf Jahre später ein neues Sudhaus für die Seifengewinnung, mit Waren beladene Waggons fuhren nach Lobositz (Lovosice) und Aussig (Ústí nad Labem). Rohstoffe wurden aus Hamburg auf der Elbe bis Dresden transportiert, per Eisenbahn bis Weißkirchen an der Neiße (Bílý Kostel) und anschließend auf Fuhrwerken bis Ringelshain.

Johann Schicht verließ das väterliche Haus und durchlief zunächst eine dreijährige, sehr harte Lehre bei einem Kaufmann in Reichenberg. Nachfolgend ging er zur weiteren Ausbildung nach Wien, wo er in einem Fettwaren-Handlungshaus eine Stelle antrat, im Kontor arbeitete und schrittweise die Problematik des Handels im großen Stil kennen lernte. In seiner Freizeit studierte er Sprachen.

Bereits im Jahre 1873 übermittelte er dem Familienrat in einem Brief zur Abwägung seinen Vorschlag, in Aussig, einer Stadt mit damals 12.000 Einwohnern, eine Seifensiederei und eine Kerzengießerei zu gründen. Seinen Vorschlag begründete Schicht damit, dass der Transport der wichtigsten Rohstoffe – der Kerne von Kokosnuss und Palme – auf der Elbe auf direktem Wege preiswerter sei. Kohle und Soda gab es ebenfalls in der Nähe, die Stadt Aussig und ihr Umland würden zudem einen guten Absatzmarkt bieten. In der Umgebung von Aussig seien die großen Städte durch Eisenbahnverbindungen zugängig, die zudem eine Verbindung mit ganz Böhmen garantierten. Johanns Wunsch fand damals keine Umsetzung. Nach seiner Rückkehr aus Wien leitete er die Rechnungsagenda und führte die Korrespondenz. Für das Jahr 1880 werden Filialen in Reichenberg (Liberec) und Weißkirchlitz (Novosedlice) bei Teplitz (Teplice; heute ein Stadtteil) erwähnt.

Im Jahre 1878 übernahm Johann Schicht zusammen mit seinen Brüdern Josef und Franz den Familienbetrieb. 1879 ehelichte er die Tochter eines Bauern aus Ringelshain, Franziska Rudolf (1859–1887), die zehn Jahre später nach langer Krankheit verstarb und vier Kinder hinterließ. Johann fand bald darauf eine neue Gemahlin und Mutter für seine Kinder, Antonie Niesig, mit der er drei weitere Kinder zeugte.

Gemeinsam mit seinen Brüdern begann Johann Schicht bald darauf seine ursprünglichen Absichten in die Tat umzusetzen. Ein geeigneter Ort schien zunächst Altstadt (Staré Město) bei Tetschen (Děčín) zu sein, wo im April 1882 Kommissionsverhandlungen mit dem Ziel eine Seifensiederei zu eröffnen stattfanden. Die Gemeinde stellte sich allerdings gegen diese Pläne, aus Furcht vor einer Belastung durch den Rauch aus dem Schornstein sowie den Geruch aus dem Seifensiederhaus. Eine mögliche Alternative war Türmitz (Trmice) bei Aussig. Als vorteilhaftester Standort bot sich jedoch der Grenzbereich zwischen den Gemeinden Krammel (Kramoly) und Obersedlitz (Novosedlice) im heutigen Stadtteil von Aussig, in Schreckenstein (Střekov), an. Die Fabrik eröffnete ihre Produktion bereits im Dezember 1882. Sie bestand aus zwei Gebäuden mit einem Schornstein, einem Schuppen und mehreren Fuhrwerken. Johann Schicht war damals 27 Jahre alt.

Seit dem Jahre 1885, als zehn Arbeiter und zwei Angestellte hier eine Beschäftigung fanden, verzeichnete das Unternehmen einen steilen Aufstieg. 1887 erweiterte man den Betrieb um die Produktion von Palmöl und Wasserglas, im Jahre 1891 um die Herstellung von Stearin. 1894 nahm man in Schreckenstein die Produktion von Luxusseifen auf, zwei Jahre später auch die Produktion von Lackfirnis und Glycerin. Schrittweise begann die Firma Schicht zudem die Produktion von Pflanzenfett und auch Obstsäften unter dem berühmten Markennamen *Ceres*. Bereits vor dem Ende des Jahrhunderts war die Fabrik in Střekov voll elektrifiziert. Die im Jahre 1906 in eine Aktiengesellschaft umgewandelte Firma war in jener Zeit die größte derartige Fabrik in Europa. Nur kurze Zeit später, im Juni 1907, starb Johann Schicht an Leberkrebs.

In der Zeit der vollen Blüte vor dem Ersten Weltkrieg zählte die Firma 3.500 Beschäftigte. Diesen stand bereits seit 1894 eine Betriebskantine zur Verfügung, der ein Kinderkarten, eine ärztliche Ordination und eine Betriebsbibliothek angeschlossen waren. Als Selbstverständlichkeit erwiesen sich in den einzelnen Arbeitsstätten errichtete Umkleideräume, Raucherzimmer, Ruhe- und Waschräume, Duschen, Aufwärmgelegenheiten für das herbei getragene Essen, eine Warmluftheizung sowie Ventilation. Als Sitzgelegenheit stand bei schönem Wetter für die Nachmittagspausen eine Terrasse zur Verfügung, auf der auch Konzerte der Betriebskapelle stattfanden. Die Wohnungsfrage löste die Firma Schicht bis zum Ersten Weltkrieg, als sie eine erste Siedlung für 90 Familien errichtete. Bereits im Jahre 1887 wurde eine Satzung für die Betriebskrankenkasse festgelegt, später gründete man eine Subsidiärkasse sowie Unterstützungseinrichtungen als selbständiges juristisches Subjekt. Sämtliche Institutionen wurden von der Firmenleitung dotiert. Johann Schicht hatte mit fünf Beschäftigten begonnen, vor dem Ersten Weltkrieg arbeiteten in der Firma bereits 4.500 Menschen.[5]

In der zweiten Hälfte der 1890er-Jahre, als das Tempo bei der Entwicklung der Firma sich ein wenig verlangsamte, begann Johann Schicht sich systematischerer seine geistige Welt aufzubauen. Eine große Inspiration stellte für ihn dabei in erster Linie Leo Nikolajewitsch Tolstoi dar. Die komplizierte Erscheinung Tolstois, insbesondere, nachdem sich neben seinen literarischen Werken seit den 1880er-Jahren auch seine ethnisch-religiösen Schriften zu vermehren begannen, inspirierte westlich von Russland zahlreiche Persönlichkeiten, die – zuweilen sehr verschiedenartig – versuchten, Tolstoi zu interpretieren.[6] Auch Johann Schicht begann systematisch die Schriften Tolstois zu studieren und der russische Dichter wurde für ihn nicht allein ein großes sittliches Vorbild, sondern Schicht übernahm auch dessen nationalökonomische Theorien, die in der Theorie über die Verdammung des falschen Konsums und das Verhältnis zur Staatsmacht ihren Höhepunkt fanden. Im Jahre 1898 erhielt Schicht für seine Verdienste um die Entwicklung der Industrie in der österreichisch-ungarischen Monarchie den Titel eines kaiserlichen Rates. Die Annahme dieser Auszeichnung

[5] Zu konkurrieren mit Schichts Unternehmen (und dieses bis zum Ersten Weltkrieg bisweilen auch zu überbieten) vermochte unter den Aussiger Firmen mit Blick auf das Sozialprogramm lediglich der Verein für die chemische und metallurgische Produktion (Spolek pro chemickou a hutní výrobu), der jedoch bereits im Jahre 1856 als Aktiengesellschaft gegründet worden war. Vgl. diesbezüglich Englová, Jana: *Spolek a jeho lidé. Sociální politika Spolku od založení do první světové války* [Ein Verein und seine Menschen. Die Sozialpolitik des Vereins von der Gründung bis zum Ersten Weltkrieg]. In: Dílo sedmi generací. 150 let Spolku pro chemickou a hutní výrobu [Das Werk von sieben Generationen. 150 Jahre Verein für die chemische und metallurgische Produktion]. Ústí nad Labem 2008, S. 153–164.

[6] Eine grundlegende Übersicht zum Werk und Denkens Tolstois findet sich bei Jehlička, Miloslav: *Lev Tolstoj. Vypravěč a vizionář* [Leo Tolstoi. Erzähler und Visionär]. UJEP Ústí nad Labem. Mit Lev N. Tolstoi korrespondierte auch T. G. Masaryk, für das tschechische Milieu vgl. zudem den Aufsatz von Maleček, Martin: *Etická koncepce Lva N. Tolstého jako problém českých národovců. Několik historických poznámek k tématu L. N. Tolstoj a české myšlení* [Die ethische Konzeption Leo N. Tolstois als Problem der tschechischen Nationalisten. Einige historische Anmerkungen zum Thema Leo N. Tolstoi und das tschechische Denken]. In: Sborník FF Brněnské univerzity B 50, 2003 – Studia Philosophoica, S. 79–82.

lehnte Schicht freilich ab, gerade wegen seines kritischen Verhältnisses zu den staatlichen Institutionen. In einem Brief vom 5. Dezember 1898 an seine intellektuelle Freundin Eichmann aus Arnau (Hostinné) schrieb er wortwörtlich: „*Die Regierung wollte mir den Titel eines kaiserlichen Rates verleihen, den ich freilich ablehnen muss. Vor dem Studium des Buches ‚Das Himmelreich in Euch‘ von Tolstoi hätte ich diesen vielleicht angenommen. Nunmehr ist dies unmöglich.*“[7] „*Ich verehre Tolstoi, auch wenn er Russe ist, wie einen Heiligen. In meinen Augen ist er die edelmütigste Persönlichkeit, die seit der Zeit von Christus gelebt hat, und niemals ermüdet er mich, seine Bücher zu empfehlen.*“[8] Schicht übernahm von Tolstoi die Liebe zu den aufgeklärten Moralisten, insbesondere verehrte er J. J. Rousseau, er blickte bewundernd zu den deutschen Klassikern auf, insbesondere zu Johann Wolfgang Goethe und dessen Faust. Von der Lehre Tolstois war in hohem Maße auch die Profilierung seiner Einstellungen zu verschiedenen gesellschaftlichen Fragen, die Auswahl der Freunde determiniert...

Mit Tolstois Lehre hatte Johann Schicht dessen Freund Moritz Schnitzer bekannt gemacht, ein Fabrikbesitzer aus Warnsdorf (Varnsdorf). Letzterer wurde im Gefolge der Heilung von einer schweren Krankheit auf der Grundlage der Einhaltung der Praktiken des Leipziger Naturheilpraktikers Louis Kuhn[9] zu einem passionierten Propagandisten der Naturheilkunde und des Vegetarierwesens.[10] Diese Lebenshaltung sprach auch Schicht an, der häufig in Kuhns Zeitschrift „Reformblatt für Gesundheitspflege“ publizierte. Schließlich bereitete er mit Schnitzer ein doch etwas idealistisches Projekt vor, welches darauf beruhen sollte, dass drei ausgewählte arme Männer aus Warnsdorf an einer ausgewählten Stelle im Böhmischen

[7] *Johann Schicht. Sein Leben und Wirken*. Hrsg. von Ferdinand Bernt, Wien 1909, S. 7.

[8] So Schicht in einem Brief an seine älteste Tochter Margarethe vom 11. 11. 1899. *Johann Schicht. Sein Leben*, c. d., S. 287.

[9] Im Jahre 1896 erschien in tschechischer Übersetzung Kuhn, Louis: *Nová věda léčebná, čili nauka o jednosti všech nemocí a jejich na tom založené jednotné, léků i operací prosté léčení* [Die neue Heilwissenschaft oder die Lehre von der Einheit aller Krankheiten und deren darauf begründete einheitliche, arzneilose und operationslose Heilung]. Praha 1896.

[10] *Johann Schicht. Sein Leben*, c. d., S. 101. Zu Schnitzer vgl. Autorenkollektiv: *Varnsdorf, město průmyslu a zahrad* [Warnsdorf. Stadt der Industrie und der Gärten]. Česká Lípa 2003, S. 198–199.

Mittelgebirge ausgesetzt werden sollten, wo sie ganz in der Natur leben und sich ernähren sollten. Johann Schicht war jedoch so sehr mit seiner Fabrik beschäftigt, dass das Projekt letztlich keine Realisierung fand.[11] Dies hinderte ihn jedoch nicht daran, sich weiteren Schriften zur skizzierten Thematik zu widmen; so schätzte er zum Beispiel das Buch von Gustav Schlickeysen *Obst und Brot* (1875) oder die bereits erwähnten Texte Wilhelm Bodes.[12] Darüber hinaus faszinierte ihn die Persönlichkeit Eduard Balzers, der im Jahre 1867 in Deutschland den ersten Verein für Vegetarier (Deutscher Verein für naturgemäße Lebensweise) sowie die Zeitschrift „Vereinsblatt für Freunde der natürlichen Lebensweise" gegründet hatte.[13] In der nahen und weiteren Umgebung besaß Schicht auch andere Freunde, die seine Vorstellungen teilten: Erwähnung verdienen z. B. der Stadtarzt in Reichenberg (Liberec) Dr. Gustav Rößler (er gab die Zeitschrift „Der Alkoholgegner" heraus) oder der Fabrikbesitzer in Unterbodenbach (Podmokly) Josef Umlauft. Häufig gewährte Schicht auch finanzielle Unterstützung, seine Gegner beschuldigten ihn wiederholt, er hege ausschließlich kaufmännische Absichten.[14]

Sofern die Vegetarierbewegung bis heute als eine kontrovers diskutierbare Angelegenheit aufgefasst werden kann, stellte der Kampf gegen den Alkoholismus ein bedeutendes soziales Problem dar, dem sich auch die Regierungsbehörden widmen mussten.[15] Schicht registrierte selbstverständlich

[11] *Johann Schicht. Sein Leben*, c. d., S. 103.

[12] Die Vegetarierbewegung hatte jedoch von Beginn an auch ihrer Gegner – vgl. u. a. ALBU, Albert: *Die vegetarische Diät. Kritik ihrer Anwendung für Gesunde und Kranke*. Leipzig 1902.

[13] Eduard Balzer (1814–1887), Liberaler und Pfarrer, war zudem erster Vereinspräsident des Bundes Freireligiöser Gemeinden Deutschlands. http://www.ivu.org/history/europe19b/baltzer.html

[14] *Johann Schicht. Sein Leben*, c. d., S. 107, 108.

[15] Vgl. JIRÁNEK, Tomáš: *Těžký život abstinenta v rakouské armadě poloviny 19. století (Průkpník střídmosti Emanuel Salomon z Friedbergu-Mirovský)* [Das schwere Leben eines Abstinenzlers in der österreichischen Armee Mitte des 19. Jahrhunderts (Der Wegbereiter der Enthaltsamkeit Emanuel Salomon von Friedberg-Mirovsky)], In: Pivo lepších časů, Ústí nad Labem 2007, S. 179–180. Der Autor befasst sich einleitend in seinem Beitrag sehr detailliert mit der Frage des Alkoholismus in der Habsburgermonarchie (ähnlich verhielt es sich mit dieser Frage auch in anderen Ländern).

die Beispiele für den Einfluss des Alkohols auf das Leben insbesondere der Arbeiterfamilien, die dadurch in starke Existenzprobleme gerieten. Neben der Verbreitung seiner Auffassungen bei den verschiedensten Gelegenheiten muss der konkrete Beitrag Erwähnung finden, der die Einführung von Obstsäften der Marke Ceres beinhaltete.

Eine persönliche Beziehung knüpfte Johann Schicht zu dem Kirchenreformator und Anhänger der pazifistischen Bewegung Moritz von Egidy (1847–1898), der kurz vor seinem Tode im Oktober 1898 in Aussig eine Vorlesung zum Thema Friedensbewegung hielt (er war vom Pazifistenkongress in Wien unter dem Vorsitz von Bertha von Suttner zurückgekehrt). Die Vorlesung verzeichnete angeblich einen starken Zuspruch und Schicht zeigte sich insbesondere durch die Aussage *„die Religion dürfe nicht weiterhin neben dem Leben stehen, das Leben selbst ist Religion" und „Frieden bedeutet nicht, dass es keinen Kampf mehr gibt, Frieden bedeutet lediglich, dass es keinen Krieg mehr gibt.*"[16]

Großen Einfluss auf Schicht übte Eugen Dühring aus. Schicht schrieb ihm am Ende über seine Vorstellungen der Theorie des Konsums, Dühring antwortete ihm hingegen, er könne sich aufgrund des Mangels an Zeit nicht mit dieser Theorie befassen.[17] Dem Autor der Lebensbeschreibung zufolge las Schicht Dührings Abhandlungen über die Geschichte der Volkswirtschaft und weitere Bücher. Was machte nun Dühring für Schicht interessant? Der umstrittene deutsche Philosoph, Physiker und Ökonom Eugen Karl Dühring (1833–1921) war insbesondere in den 1860er- und 1870er-Jahren sehr populär und besaß großen Einfluss auf die deutsche Arbeiterbewegung. Scharf grenzte er sich Mitte der sechziger Jahre des 19. Jahrhunderts von Karl Marx und Ferdinand Lassalle ab. Friedrich Engels polemisierte mit Dühring in seiner bekannter Schrift „Anti-Dühring", die im Jahre 1878 erschien. Zu diesem Zeitpunkt freilich hatte sich der Einfluss Dührings bereits merklich abgeschwächt. Wir wollen versuchen den gemeinsamen Nenner in Dührings Ideen zu finden, der Schicht interessierte. Das Buch „Wert des Lebens" (1865) ist unter anderem auch der Vision von der Entwicklung des Menschen gewidmet, Dühring befasste

[16] *Johann Schicht. Sein Leben*, c. d., S. 101–102.

[17] Die Korrespondenz fand im Jahre 1902 statt. *Johann Schicht. Sein Leben*, c. d., S. 99.

sich hier mit dem Gedanken der Entstehung des neuen Menschen u. a. durch die Liquidierung jeglicher Animalität. Er ging dabei von einer Liquidierung aller Religion und Kirchen aus. Die Philosophie ist für Dühring keineswegs bloß eine Theorie, sondern Ausdruck persönlicher Gesinnung. Auswüchse der Moral finden sich in unseren natürlichen Instinkten. Individualismus und Sozialismus gehören untrennbar zusammen: die komplexe Entwicklung des einzelnen ist nicht in einem bestehenden Gewalt- und Repressionsstaat möglich, in einer „freien" Gesellschaft hingegen lassen sich die Beziehungen zwischen den Menschen sozialisieren, eine Gleichberechtigung erreichen. Ähnliche Gedanken enthält auch Dührings „Kursus der National- und Sozialökonomie" (1873).[18]

Johann Schicht ging bei seinem Denken auch von der individualistischen Auffassung der Welt aus, und es war somit logisch, dass er den kollektiven Sozialstaat der radikalen Sozialdemokraten ablehnte. Er sah auch unter den Sozialdemokraten ein buntes Konglomerat von einzelnen mit nicht nur guten Eigenschaften – dies mache es – seiner Auffassung nach – unmöglich etwas Positives zu schaffen. Sofern die Sozialdemokraten nur gut seien und ordentlich arbeiteten, würden sie sämtliche Produktionsmittel innerhalb von 20–30 Jahren in ihren Händen halten.[19] Schicht verteidigte auf der anderen Seite, dass den Arbeitern das Lesen sozialdemokratischer Zeitungen nicht verboten werden solle, schließlich ließ er ihnen sogar ein Lesezimmer einrichten, in dem nicht allein diese (sozialdemokratischen) Zeitungen zur Verfügung standen, sondern auch verschiedene Bücher, die dieses Denken propagierten. Sofern sich irgendwo ein interessanter Artikel fand, der das Thema sozialer Reformen behandelte, ließ er mehrere Exemplare bestellen und stellte sie im Lesezimmer zur Verfügung.[20]

[18] Vgl. http://www.textlog.de/6632.html. Vorländer, Karl: *Geschichte der Philosophie III.* Die Philosophie der Neuzeit IV. Die Philosophie der Gegenwart. (1840 bis jetzt) XXVI. Sonstige philosophische Erscheinungen der Gegenwart, § 77. Realistische Richtungen: Empiriokritizismus, jüngerer Positivismus, Wirklichkeitsphilosophie.

[19] *Johann Schicht. Sein Leben*, c. d., S. 99.

[20] Der Beitrag in Schnitzers Reformblatt für die Gesundheitspflege (3/2004, Jg. 8) besaß offenkundig keinen großen propagandistischen Effekt, wenngleich sich Schicht wiederholt in dieser Richtung äußerte. Auf der anderen Seite ist die Bestätigung hinsichtlich der finanziellen Unterstützung der Deutschnationalen Arbeiter-Zeitung „Der Hammer" (8/6/ 2012 Eger) des Herausgebers Franz Stein bzw. für das nationalistisch-

Interessant erscheinen auch zwei umfangreichere Beiträge zur sozialen Frage – eine Polemik mit dem altkatholischen Pfarrer und Publizisten Karl Jentsch[21] unter dem Titel „Die bösen Unternehmer"[22] sowie eine Ansprache anlässlich der Feiern zum 50. Jahrestag der Gründung der Firma Schicht am 8. Mai 1897.[23] Hierin kommt die Empörung gegen die Definition einer Kollektivschuld der Unternehmer an der Ausbeutung der Arbeiterklasse zum Ausdruck. Ein fleißiger und sparsamer Unternehmer biete den Arbeitern mehr als ein Salonsozialist, der zuweilen in einem größeren Luxus lebe als jener Unternehmer. So sei die Frage, wer wen ausbeute im Prinzip relativ, stets sei irgendwer mit Blick auf das Eigentum höhergestellt, was gegenüber dem ärmeren Mitmenschen ungerecht sei. Das Einzige, was man tun könne, sei den Luxus zu begrenzen – die Welt verändere sich durch die fortwährende Zunahme der Zahl von Luxusgütern in einen Berg der Völlerei, wobei die wahre Kultur fehle. Der Menschheit helfe für ein besseres Morgen lediglich ein bewusstes Hören auf das Naturgesetz unter dem Banner einer weltumspannenden und alles verzeihenden Liebe.[24]

Eine ähnliche Argumentation benutzte Johann Schicht auch in den übrigen Bereichen des gesellschaftlichen Lebens – in seinen Ansichten zu Religion und ethnisch-nationaler Frage etwa...[25] Mit Blick auf die

antisemitische Blatt „Aussig – Karbitzer Volkszeitung" bekannt. Vgl. Státní oblastní archiv Leitmeritz (Dep. Stadtarchiv Ústí nad Labem), Fond Georg Schicht, a. s., Sign. II–1, Karton 677. Das Spektrum war somit breiter, auch wenn es keine Anzeichen gibt, dass Schicht auch Dührings aggressiven Antisemitismus übernommen hätte.

[21] Karl Jentsch (1833–1917), Schriftsteller und Publizist, zunächst seit dem Jahre 1856 katholischer Priester, seit 1875 Altkatholik. Er lebte lange Zeit in Neiße (Nisa) in Preußisch-Schlesien – vgl. http://www.bautz.de/bbkl/j/Jentsch.html.

[22] Der Text stammt aus Schichts Hinterlassenschaft. *Johann Schicht. Sein Leben*, c. d., S. 183–201.

[23] Státní oblastní archiv Litoměřice (Archiv města Ustí nad Labem), Fond Georg Schicht, Sign. II–1, Karton 683. Danksagung an die Arbeiter und Beamten einer ihr 50 jähr. Geschäftsjubileum feiernder Firma für die dargebrachten Glückwünsche und Ovationen, 8. 5. 1897.

[24] *Johann Schicht. Sein Leben*, c. d., S. 201.

[25] Eine interessante Angabe am Rande – im Nekrolog erinnerte der Bodenbacher Freund Josef Umlauft an Schichts Bemerkung, in der er seinen Stammgenossen darauf aufmerksam gemacht hatte, seine Kinder sollten zur Kenntnis der zweiten Landessprache hingeführt werden. *Johann Schicht. Sein Leben*, c. d., S. 110.

Religion hielt sich Schicht strikt an Tolstois Visionen, doch erläuterte er zugleich, warum er trotz alle Missbilligung insbesondere der Institutionen der katholischen Kirche, nicht aus letzterer austrete. Einem namentlich nicht genannten Pfarrer schrieb er: „*Wenn ich noch nicht aus der Kirche ausgetreten bin, dann liegt dies an meiner bisherigen Feigheit mich öffentlich zu äußern und zudem daran, dass viele von denen, die in Ihrem Glauben eine Lebensstütze gefunden haben, mich nicht verstehen würden und ich ihnen ungern etwas rauben möchte*".[26]

Mit Blick auf die nationale Problematik war Schicht keineswegs indifferent, dennoch betrachtete er auch dieses heiß diskutierte Thema durch das Prisma seiner Auffassungen, wie aus einem Zitat aus dem Jahre 1906 deutlich wird: „*Höhepunkt in der Agitation der deutscher Fortschrittler sind ein paar Losungen, u. a.: ‚Wir Deutsche fürchten Gott und sonst niemanden auf der Welt!'". Die Wahrheit freilich ist, dass gerade die Deutschen nichts so sehr fürchten wie einen Mangel an Bier, Wein und Tabak. Das Trinken von Wasser, wie dies der ‚Turnvater' Jahn praktiziert hatte, betrachten sie wie einen der Hölle ähnlichen Alptraum.*"[27]

In der Hinterlassenschaft des Johann Schicht ist eine Analyse der eigenen Handschrift erhalten, die er im Graphologischen Institut Paul Jury in Hannover hatte anfertigen lassen.[28] Auch wenn wir annehmen dürfen, dass sich das Institut bemühte die positiven Eigenschaften des Fabrikbesitzers ein wenig zu berücksichtigen, lässt sich dennoch – mit Blick auf das geleistete Werk – vielen Punkten der Bewertung zustimmen – gute Organisationsfähigkeit, Logik, Ausdauer... Johann Schicht war es (zwar durch die Unterstützung seiner weit verzweigten Familie, auf die er sich zumindest in der ersten Gründergeneration durchwegs hatte verlassen können, während Konzeption und Innovation die seinen waren) gelungen, innerhalb einer relativ kurzen Zeit eine moderne Fabrik mit allen – positiven wie negativen – Begleiterscheinungen aufzubauen. Eine übersichtliche Arbeit an einem kleinen Seifensiederkessel im Keller des elterlichen Hauses,

[26] *Johann Schicht. Sein Leben*, c. d., S. 263.

[27] Ebd., S. 252–253.

[28] Vgl. Státní oblastní archiv Litoměřice (Archiv města Ustí nad Labem), Fond Georg Schicht, a. s., Sign. II–1, Karton 710, Graphologische Analyse der Handschrift. J. S. durchgeführt im Graphologischen Institut Paul Jury Hannover.

wo zwar hart gearbeitet wurde, die Konkurrenz jedoch beherrschbar war, keine Kredite aufgenommen werden mussten, aber auch die gesellschaftliche Ebene eine andere war. Obgleich Schicht auf der anderen Seite des Elbufers unternehmerisch tätig war, musste er sich mit der Gesellschaft der sich dynamisch entfaltenden Stadt Aussig messen. Dabei handelte es sich vor allem um den sich im starken Umland bewegenden Verein für die chemische und Hüttenproduktion sowie die Textilfabriken der Familie Wolfrum mit einer in die Zeit vor das Jahr 1848 reichenden Tradition.[29]

Johann Schicht hatte sich in sozialer Hinsicht formal eingeordnet, doch bleibt die Frage, wie es ihm gelang den raschen gesellschaftlichen Aufstieg gefühlsmäßig nachzuvollziehen? Es wäre mit Sicherheit nicht vorteilhaft, Schichts Lebensphilosophie an irgendeinem „Panzer" gegenüber einem fremden Milieu zu vereinfachen – im übrigen stand, wie bereits oben angeführt, Schicht mit seinen Ansichten auch im Unternehmermilieu nicht allein. Und selbstverständlich darf bei einer Persönlichkeit vom Format eines Johann Schicht auch angenommen werden, dass er sich ähnliche Persönlichkeiten zum Vorbild nahm.

Die Studie entstand im Rahmen der Projekt 409/09/0503 der Grantagentur der Tschechischen Republik „Hledání centra. Vědecké a vzdělávací instituce Němců v Cechách v 19. a první polovině 20. století" [Die Suche nach dem Zentrum. Wissenschafts- und Bildungsinstitutionen der Deutschen in Böhmen im 19. und in der ersten Hälfte des 20. Jahrhunderts] und 404/08/0029 „Intelektuální a lidová zbožnost v českých zemích v 19. století mezi nacionalismem a novou konfesionalizací" [Intellektuelle und Volksfrommigkeit in den böhmischen Ländern im 19. Jahrhundert zwischen dem Nationalismus und neuer Konfessionalisierung].

[29] Daneben gab es unzählige weitere Fabriken. Vgl. *Dějiny města Ustí nad Labem* [Geschichte der Stadt Aussig], c. d.

PAUL KUPELWIESER,
SCHÖPFER DES MODERNEN SOZIALSYSTEMS DER WITKOWITZER EISENWERKE

Jiří Matějček

Im letzten Viertel des 19. Jahrhunderts waren die Witkowitzer Eisenwerke das größte Hütten- und Maschinenbauunternehmen (Witkowitzer Bergbau- und Hüttengewerkschaft) in den böhmischen Ländern und deren Besitzer, die Familien Rothschild und Gutmann, gehörten zu den reichsten und einflussreichsten Unternehmern in der Monarchie. Die Eisenwerke zählten jedoch bereits in der Mitte des 19. Jahrhunderts zu den größten Industriebetrieben: sie beschäftigten ungefähr 1.000 Arbeiter, während der Konjunktur zu Beginn der 1870er-Jahre fast 5.000, und das gewaltige Kapital der damals einzigen Besitzer, der Rothschilds, sowie die wirtschaftliche Präferenz des Hüttenwesens ermöglichten – gemeinsam mit der zunehmenden Prosperität des Unternehmens – bereits seit den vierziger Jahren des 19. Jahrhunderts eine groß angelegte und aufwendige Sozialpolitik. Durch die Zusicherung von Vorteilen gegenüber anderen Unternehmen (unter anderem den benachbarten Kohleschächten) sollten Beschäftigte angezogen und gebunden werden. Erst schrittweise jedoch entstand ein bis ins Detail durchdachtes Sozialsystem und es hat den Anschein, dass es sich hierbei bis zum Ersten Weltkrieg um das umfangreichste und am meisten entwickelte System dieser Art in den böhmischen Ländern handelte.

Über das Sozialsystem des Unternehmens insgesamt wissen wir bis in die 1870er-Jahre nur sehr wenig, in den Quellen ist lediglich die Rede von „Wohlfahrtseinrichtungen". Hierzu zählte die durch das Unternehmen im Jahre 1844 unter dem Direktor Gross eingerichtete Volksschule mit „mährischer" Unterrichtssprache; erst dreißig Jahre später kam hier eine deutsche Volksschule hinzu. Bereits seit den 1830er-Jahren ließ das Unternehmen Häuser für Angestellte und Meister erbauen; diese Bautätigkeit wurden in den 1840er- und 1850er-Jahren noch intensiviert. Errichtet wurden zudem eine „Kasernen" für ledige Arbeiter – unter letzteren ziemlich unbeliebt, zumal man dort die Einhaltung der Disziplin forderte, andererseits lebte es sich dort billiger als in privaten Häusern. Im Jahre 1856 wurden

Kinderkrippen und eine Suppenküche eingerichtet, ein Jahr später eine Betriebsküche, eine Betriebssparkasse sowie ein „Pensionsinstitut" für Angestellte. Im Jahre 1865 entstand zudem eine betriebseigene Schule für Lehrlinge, die später in erster Linie für die Ausbildung im Maschinenbauhandwerk diente. Wohl bereits seit Gründung des Unternehmens existierte eine „Schenke", d. h. höchstwahrscheinlich nur ein Ausschank, der im Jahre 1864 in ein Gasthaus umgewandelt wurde; bereits zuvor bestanden eine Kantine sowie eine Verkaufsstelle für Lebensmittel, in der die Preise etwas niedriger lagen als in privaten Läden.[1] Seit den 1840er-Jahren existierte eine Bruderlade, eine gegenseitige Versicherung für ständige Arbeiter, die entsprechende Unterstützungen im Falle von Unfällen und Krankheit auszahlte sowie eine gewisse Hilfe im Alter. In diese Bruderlade zahlte das Unternehmen bereits vor dem Erlass des Berggesetzes von 1854 freiwillig Beträge ein. Die Bruderlade betrieb auch ein Spital für Arbeiter; dessen Finanzierung und Leitung übernahm im Jahre 1856 das Unternehmen. Angestellte und Meister erhielten vom Unternehmen ein Deputat: kostenloses oder preiswertes Wohnen, kostenlos Holz und Kohle zum Heizen, Gärten und kleine Grundstücke. Dies war auch andernorts gängige Praxis. Bereits in dieser Zeit waren in Witkowitz die Löhne der Meister ungefähr viermal höher als diejenigen der Arbeiter (englische Meister erhielten noch weitaus mehr Lohn) und die starke Lohn- und Gehaltsdifferenz bestand auch weiterhin fort; diese betraf auch die Angestellten; während der Hauptbuchhalter Kořínek in den 1830er Jahren bei einem relativ geringen Gehalt von 420 Talern im Jahr Anspruch auf 0,5% des Unternehmensgewinns hatte, erhielt der „Kunstmeister" (vergleichbar mit dem technischen Direktor) zwei und der Betriebsdirektor zu den 500 Talern Jahresgehalt fünf Prozent als Tantiemen aus dem Gewinn.[2] Bis zum Be-

[1] Möglich erscheint, dass es sich bei „Gasthaus", „Speiseraum", „Kantine" und „Werksküche" um ein und dieselbe Einrichtung handelte, wobei die Begriffe abwechselnd benutzt wurden. Industrieunternehmen betrieben jedoch sehr häufig nach dem Vorbild des Adels auch einträgliche öffentliche Gasthäuser.

[2] In der Zeit der Prosperität und der militärischen Zulieferungen in den 1880er-Jahren erhielt Kupelwieser Tantiemen in Höhe von 120.000 Talern jährlich. Es handelte sich hierbei vermutlich um das höchste zeitgenössische Managergehalt in den böhmischen Ländern.

ginn der 1870er-Jahre liegen keinerlei Nachrichten über „Turbulenzen" im Unternehmen, eine Unzufriedenheit der Arbeiter oder sozialistische Agitationen vor.

Bis zur großen Konjunktur am Beginn der 1870er-Jahre gestaltete sich die Sozialpolitik im Eisenwerk Witkowitz traditionell und war mit derjenigen in anderen großen Unternehmen vergleichbar, wobei sie auch gewöhnliche Leistungselemente einschloss. Nach der Entstehung der Witkowitzer Berg- und Hüttengewerkschaft im Jahre 1873, als die Familie Gutmann, die gerade einen steilen wirtschaftlichen Aufstieg erlebte, als Gesellschafter mit einer Beteiligung von 50% in das Unternehmen einstieg, begann man eine genau durchdachte und systematisch gegliederte Sozialordnung innerhalb des Unternehmens aufzubauen. Diese Sozialordnung wurde dann bis zum Beginn des 20. Jahrhunderts ständig vervollkommnet. In den 1870er- und 1880er-Jahren hielt dieses neue Sozialsystem unter dem Direktor Paul Kupelwieser Einzug, der im Jahre 1876 in das Unternehmen eintrat.[3]

Das Unternehmen fand Kupelwieser in technischer und kaufmännischer Hinsicht in einem ziemlich trostlosen Zustand vor, die Krise der 1870er-Jahre führte darüber hinaus auch zu einem Rückgang der Zahl der Beschäftigten von ursprünglich 5.000 auf 2.400, von denen lediglich 800 „wirklich arbeiteten", zumeist noch wenig leistungsfähig – die Jungen gingen fort und es blieben nur die (relativ) Alten, „matt und träge", bereit jedoch, auch für einen niedrigen Lohn zu arbeiten. Eine der ersten Handlungen Kuppelwiesers musste deshalb in einer Verjüngung der Arbeitskräfte

[3] Paul Kupelwieser war der Sohn eines prominenten Wiener Malers. Mit seinem Bruder Franz studierte Paul am Wiener Technikum in der Zeit der „Ingenieur-Revolution", und während Franz ein hervorragender Fachmann auf dem Gebiet der Kokerei sowie ein Hochschullehrer wurde, stieg Paul mit einem Teil des Familienkapitals zum Miteigentümer und Leiter der Teplitzer Eisenwalzwerks auf. Für Witkowitz warb ihn die Familie Gutmann an. Ungefähr zur gleichen Zeit wurde ein anderer talentierter Techniker, Vilém-Wilhelm Jičinský, Leiter der Kohlegruben der Witkowitzer Berg- und Hüttengewerkschaft. Zu Kupelwieser und Jičinský vgl. u. a. Myška, Milan: *Rytíři průmyslové revoluce* [Ritter der Industriellen Revolution]. Ostrava 1997. Jičinský verfasste u. a. eine Autobiographie unter dem Titel *Meine Biographie*, Praha 1902, ebenso wie Gutmann, David: *Aus meinem Leben.* Wien 1910; gleiches gilt für Kupelwieser, P.: *Erinnerungen eines alten Österreichers.* Wien 1918.

bestehen: die älteren Arbeitnehmer schickte er in Provision, wodurch er fast die Bruderkasse ruinierte, die das Unternehmen sanieren musste, aber Witkowitz besaß fortan den Ruf eines „jungen Unternehmens" mit einer leistungsstarken Arbeiterschaft. Der neue Direktor führte progressive Löhne ein, die eine gesteigerte Arbeitsleistung belohnten, deren Ergebnisse „nicht allein der Besitzer des Unternehmens einstreichen" konnte sollte. Bis zum Beginn der 1880er-Jahre sanierte Kupelwieser den Betrieb auch mit Blick auf die technische Ausstattung – unter anderem erfand, testete und führte er ein raffiniertes „Duplex Verfahren" ein, mit dem er die Nachteile der neuen Rohstoffbasis – phosphorhaltige Erze aus der Region Gemer – beseitigte. In den 1880er-Jahren fand der steile technische und kaufmännische Aufschwung des Unternehmens seine Fortsetzung, so dass Alfred Krupp verlautbaren ließ, dass Witkowitz eine Art kleineres Essen sei. Krupp suchte Kupelwieser regelrecht nach Essen zu locken, doch dieser lehnte ab, nicht allein aus Loyalität zu den Rothschilds, wie er in seinen Erinnerungen schreibt, sondern wohl auch wegen der Möglichkeit eines eigenständigen Wirkens im Unternehmen, das er weiter entwickeln wollte.[4]

[4] Die Entwicklung des Unternehmens bis in die siebziger Jahre des 19. Jahrhunderts verfolgt ein Manuskript des Archivars DRAPALA, Rudolf: *Hundert Jahre Eisenwerk Witkowitz*, das im Unternehmensarchiv aufbewahrt wird; hier befindet sich zudem die tschechische Fassung unter dem Titel *Sto let Vítkovických železaren* aus dem Jahre 1928 sowie das Buch von MYŠKA, Milan: *Založení a počátky Vítkovických železáren* [Die Gründung und die Anfänge der Witkowitzer Eisenwerke]. Ostrava 1960. Die Entwicklung seit den 1870er-Jahren bis zum Ersten Weltkrieg beleuchten MATĚJČEK, J. – WIESNEROVÁ, Eva: *K vývoji Víkovických železáren 1875–1914* [Zur Entwicklung des Eisenwerk Witkowitz 1875–1914]. In: Průmyslové oblasti, 4, Ostrava 1973, S. 78–124. Die Studie entstand auf der Grundlage eines Fonds der Witkowitzer Berg- und Hüttenbaugewerkschaft durch Auswertung des Unternehmensarchivs, unter anderem der Einträge aus dem Rat der Anteilseigentümer, Zum sozialen System der Witkowitzer Eisenwerke vgl. auch eine Reihe meiner eigenen früheren Studien in den Jahrbüchern *Z dějin hutnictví* [Aus der Geschichte des Hüttenwesens], die das Národní technické muzeum in Prag herausgibt: Nr. 3 (1976), 13 (1985), 14 (1985) UND 15 (1986) sowie im Jahrbuch Ostrava, Nr. 9 (1977). Die neue, aus Anlass des Jubiläums herausgebene Geschichte wurde von den Zeitumständen geprägt, in denen das Werk entstand: MATĚJČEK, J. – VYTISKA, Josef (in Wahrheit Karel SOMMER): *Vítkovice, železárny a strojírny Klementa Gottwalda* [Witkowitz, Die Eisen- und Maschinenbauwerke „Klement Gottwald"]. Praha 1978.

Das Eisenwerk hatten damals nämlich einen Wert von sieben Millionen Talern.[5]

Auf Initiative des Direktors begannen sich gerade in den siebziger Jahren des 19. Jahrhunderts – neben den technischen Innovationen – auch „praktische Sozialreformen" innerhalb des Unternehmens und des Ortes zu entfalten, die jedoch auch die Prosperität erhöhen und Turbulenzen verhindert sollten. Kupelwieser war jedoch kein Schwärmer oder Sozialreformer, sondern ein Realist, der die Beziehungen zwischen den sozialen Schichten und Gruppen verstand – die Wünsche und Ziele, wobei sein Hauptanliegen der Prosperität und der positiven Entwicklung des Unternehmens galt; hier half ihm auch seine Begeisterung für „technische Basteleien" – was ihm offenkundig hinter vorgehaltener Hand die Rothschilds verübelten, Finanziers der „alten Struktur", denen die moderne Produktionstechnik verdächtig erschien: sie konnten sich offenkundig nicht mit dem Gedanken anfreunden, wie zum Beispiel mit einem Luftvorwärmer eines Hochofens Geld zu machen sei.[6] Diese „Basteleien" jedoch brachten finanzielle Erfolge: Bereits im Jahre 1883 kam das Unternehmen aus den negativen Bilanzen und erstmals wurde ein Reingewinn von fast zwei Millionen Talern eingefahren. Der Gewinn wuchs weiter und Das Eisenwerk in Witkowitz begannen auch für militärische Zwecke zu produzieren – in den 1880er-Jahren betrug der Gewinn im Durchschnitt 30 Prozent des Grundkapitals: dies erreichte bei weitem kein anderer Betrieb in den böhmischen Ländern, so dass man den Direktor nicht bei seinem „Spielen" hinderte, sondern seine Bemühungen beim Aufbau eines Sozialsystems im Unternehmen unterstützte.

Zu Beginn der siebziger Jahre des 19. Jahrhunderts jedoch herrschte in Witkowitz Wohnungsmangel, so dass sich die Suche nach neuen perspektivreichen Arbeitskräften schwierig gestaltete, zumal in den alten Kolonien ungünstige hygienische Verhältnisse herrschten und sich von den Mooren um das Werk herum Fieberkrankheiten verbreiteten. Der neue Direktor veranlasste aus diesem Grunde auch den Bau einer neuen Kolonie und von

[5] Zum Vergleich: Der Bau und der Betrieb einer nur mittleren Eisenbahn kostete damals ungefähr Millionen Taler.

[6] Albert Rothschild sagte Kupelwieser offen, dass es besser sei für 500.000 Taler „ein schönes Gut" zu kaufen als irgendeinen Erhitzer.

„Kasernen“, und zusammen mit dem neuen Betriebsarzt Doktor Munk erfolgte eine Assanierung – die Moore wurden trockengelegt und die alten Wohnkolonien nach Möglichkeit modernisiert.

Das Unternehmen begann neue junge Facharbeiter und mittlere Kader anzuwerben, unter anderem durch die Zahlung von Löhnen und Gehältern, die den Forderungen und den Arbeitsleistungen entsprachen.[7] Ein spezifisches Kennzeichen des Hüttenwesens bestand darin, dass die Löhne nur fünf bis sechs Prozent der Produktionskosten bildeten – für Unternehmer war es daher fast immer günstiger, diese ein wenig zu erhöhen als einen Streik zu riskieren. Dies galt auch in Witkowitz und der einzige wirkliche Streik fand dort erst im Jahre 1906 statt – im Unterschied zum Bergbau, wo „laufend“ gestreikt wurde. Auch an dem Bergarbeiteraufstand im Jahre 1890 nahm die Belegschaft des Witkowitzen Eisenwerkes nur unter Druck teil. Die Witkowitzer Arbeiter zeigten sich insgesamt zufrieden und schätzten ihre Arbeitsplätze auch deshalb, da ihre durchschnittlichen Löhne um etwa zwanzig Prozent höher waren als diejenigen der Bergleute im Revier Ostrau-Karwin, wobei die Löhne hoch qualifizierter Arbeiter über den Gehältern der untersten Angestellten lagen.[8] Eine nicht unwesentliche Differenzierung der Löhne gab es auch unter der Arbeiterschaft des Werkes, vor allem als im Verlaufe der 1870er-Jahre fast sämtliche Arbeiten normiert wurden. Diese Differenzierung ermöglichte eine große Zahl unterschiedlich entlohnter Professionen und zugleich gestatte sie der Leitung, mit den Löhnen so zu lavieren, dass zwischen den Gruppen der Arbeiter und einzelnen Arbeitern Unterschiede, Neid, Animositäten und Feindschaften (Streitigkeiten löste man durch Prügeleien) entstanden, so dass die Arbeiter sich nur schwer auf eine einheitliche Durchsetzung der Forderungen verständigen konnten. Die Bildung feindlicher Beziehungen war eines der wichtigsten Ziele der Unternehmensführung. Bedeutung besaß zudem die Tatsache, dass es in den Eisenwerk und vor allem in

[7] Das Hüttenwesen und seine Technik stellten in gewissem Umfang einen „deutschen“ Zweig dar, aus diesem Grunde strömten in bedeutendem Umfang auch Deutsche nach Witkowitz.

[8] Um das Jahr 1900 erhielten ein Diurnist zwei Kronen, ein Hüttenwerker vier Kronen pro Tag; ein Bergarbeiter erhielt einen Jahreslohn von 1.000 Kronen, in Witkowitz war der Durchschnitt 1.200 K.

den Maschinenwerkstätten verhältnismäßig viele Meister und Vorarbeiter mit relativ hohen Löhnen gab, so dass es real war, sich um diese Stellen zu bemühen (im Unterschied zum Bergbau, wo ein Steiger auf ungefähr einhundert Bergleute kam und offenkundig auch deshalb eine größere Solidarität herrschte), und dies nicht durch Leistung, sondern auch „durch ein Entgegenkommen auf alle Forderungen der Führung".

Welchen Anteil an der Entstehung dieser Situation Kupelwieser besaß, ist nicht klar, es hat den Anschein, dass das System der „allgemeinen Feindschaft" sich im wesentlichen nach seinem Weggang herausbildete, als das Unternehmen rasch wuchs (Maximum im Jahre 1908: fast 20.000 Beschäftigte). Kupelwiesers Bestreben war es offenkundig, dass er für das Unternehmen qualitativ gute und zufriedene Beschäftigte gewann, die anständig entsprechend ihrer Qualifikation und der Arbeitsleistung bezahlt wurden, wobei sich zu Beginn seiner Tätigkeit die neue Arbeiterschaft wohl eher erst einmal einleben musste – dabei existierte zugleich auch eine sehr starke Fluktuation von Unqualifizierten.

Die Zufriedenheit hing jedoch auch von den Lebensperspektiven ab. Daher widmete sich der neue Direktor von Beginn an intensiv der Reform der Unfall-, Kranken- und Altersversicherung der Angestellten und der ständig im Unternehmen beschäftigten Arbeiter.[9] Bis zu seiner Ankunft lagen die Provisionen (Pensionen) aus der Bruderlade so niedrig, dass Kupelwieser zufolge es nicht möglich war ältere Arbeiter rechtzeitig in den Ruhestand zu schicken, da es sich um eine „unverhältnismäßige Härte" gehandelt hätte. Kupelwieser gründete deshalb ein „Versorgungs anstalt", in dem sich die Pensionen zum einen nach dem in der aktiven Zeit gezahlten Lohn richteten, zum anderen nach der Dauer der Beschäftigung im Unternehmen und nicht pauschal wie in der alten Bruderkasse. Dies hatte eine stimulierende Bedeutung und konnte auch die Fluktuation vermindern: das Unternehmen zahlte einigen Arbeitern zu der Provision eine Treueprämie – und zwar mehr als 400 Taler im Jahr.[10]

[9] Noch lange Zeit danach existierte eine Altersversicherung der Arbeiterschaft nur im Bergbau und im Hüttenwesen, aber eben nicht zum Beispiel im Maschinenbau sowie in anderen Bereichen.

[10] Traditionell hoch lagen die Pensionen für die Witwen von Angestellten – jährlich bei 800 Talern, also mehr als zwei Taler täglich – sowie Renten für Waisen.

Der Direktor verkündete, er benötige gebildete Arbeiter, und auf seine Initiative hin wurde in Witkowitz eine vom Unternehmen finanzierte Volksschule gegründet, und zwar eine deutsche, „auf die das Unternehmen Einfluss haben sollte".[11] Eine Vorstufe bildeten der deutsche Kindergarten, in dem den Kindern auch kulturelle Gewohnheiten vermittelt werden sollten, sowie eine Krippe, die ursprünglich die Bezeichnung Kinderbewahrungsanstalt trug. Die Germanisierungstendenzen des Direktors betrafen nicht allein das Schulwesen: im Verlaufe seines Wirkens verschwanden tschechische Namen schrittweise aus der Unternehmensführung und auch in seinen Erinnerungen schreibt Kupelwieser, er habe *„intelligenten und fleißigen Deutschen den Vorzug vor trunksüchtigen und faulen Slawen"* gegeben.

Der Alkoholismus stellte im letzten Viertel des 19. Jahrhunderts ein ernsthaftes Problem in der Region Ostrau dar. Hierüber ist viel geschrieben worden. Das Unternehmen verbot selbstverständlich das Trinken am Arbeitsplatz sowie den Genuss von Schnaps vor Schichtwechsel, andererseits wurde damit gehandelt, so dass die Kantinen zumindest alkoholarme Biere, Limonaden und Tee anboten; doch trotz gewisser Erfolge war Alkohol häufig die Ursache für Arbeitsunfälle und negative soziale Erscheinungsformen. Schrittweise wurde auch das System der Gesundheitsversorgung umgebaut: den Arbeitern bot man eine ausgiebige Kost (auch mit großen Fleischportionen – halbes Pfund) für Preise, die vernünftig schienen, doch ernährte sich dauerhaft lediglich eine Minderheit auf diese Art und Weise, während den meisten dies zu teuer erschien. In den Kantinen für Angestellte lagen die Preise höher.

Bis zum Ersten Weltkrieg bestand im Unternehmen das in den 1870er-Jahren aufgebaute soziale System fort, das man lediglich perfektionierte. Hier half zu dem das Wohlwollen der Behörden gegenüber dem Unternehmen, doch erzwang dieses System auch der chronische Mangel an Arbeitskräften, die nach 1900 sogar auf dem Balkan angeworben werden mussten. Die Grundlage des beherrschenden und manipulierenden Systems beruhte auf der Einteilung der Beschäftigten in drei Gruppen: In die erste Gruppe gehörten die nicht regelmäßig beschäftigten unqualifizierten

[11] Wilhelm Gutmann hatte vorgeschlagen, dass zugleich auch eine neue tschechische Schule entstehen sollte, doch geschah dies erst später.

Arbeiter, denen es nur um den momentanen Erwerb ging, Wanderarbeiter, die das Unternehmen häufig verließen – zuweilen auch wieder in dieses zurückkehrten, mitunter mehrmals – und die kein Interesse an einer Adaption zeigten. Das Unternehmen verhielt sich diesen Arbeitskräften gegenüber im Grunde genommen repressiv, durch Strafen für schlechte Arbeit oder unkorrektes Verhalten, unter Androhung der Entlassung und die tatsächliche Entlassung in Zeiten von Krisen und Depressionen (in der Krise der Jahre 1901–1902 wurden 6.000 Beschäftigte entlassen oder verließen von selbst das Unternehmen). Deren Löhne lagen wie bereits erwähnt um 20 Prozent höher als diejenigen der Bergarbeiter. Die zweite Gruppe – in gewissem Sinn die der Neutralen – bildeten qualifizierte Arbeiter, die durch den Lohn stimuliert und durch Vorteile, die es andernorts nicht gab – etwa eine vorteilhafte Altersversorgung, preiswertere Wohnungen, zugeteilte Grundstücke u. ä. – zu einem „guten Verhalten" angehalten wurden. Die dritte Gruppe – vor allem Meister, Aufseher, Vorarbeiter und selbstverständlich Angestellte – wurden in die Position einer Elite mit Vorteilen manövriert, die die beiden anderen Gruppen nicht besaßen. Neben höheren Löhnen handelte es sich hierbei um die Möglichkeit verschiedene nicht standardisierte Einrichtungen zu nutzen, wobei „Verdienste um das Unternehmen" die Voraussetzung bildeten – neben langjähriger Beschäftigung und einer speziellen Qualifikation häufig auch ein „Entgegenkommen gegenüber allen Forderungen der Unternehmensleitung". Gerade diese spezifischen Möglichkeiten kamen jedoch erst nach Kupelwiesers Weggang zum Tragen.

Letzterer widmete sich, als zu Beginn der 1880er-Jahre die Prosperität des Betriebes gesichert und auch die Hauptbestandteile des sozialen Systems aufgebaut waren, in den achtziger Jahren des 19. Jahrhunderts der Pflege der Gemeinde und der Kultivierung des Lebens ihrer Bewohner vor allem mit Hilfe öffentlicher Einrichtungen. In rascher Folge wurde ein neues Zentrum von Witkowitz aufgebaut: Rathaus, Kirche, Markthalle mit Interventionspreisen, ein Hotel und daneben ein Park, ein neues Krankenhaus, alles in einheitlichem Stil aus roten ungemörtelten Ziegeln. Lediglich das direktorische„Schlösschen" blieb wie es war. Des weiteren entstanden eine Turnhalle und ein Sportplatz, ein Bad, ein Altersheim mit 26 Wohnungen, ein Waisenhaus für 150 Kinder, eine öffentliche Straßenbeleuchtung, ein Wasserwerk, Kanalisation und weitere Schulen sowie

Krippen, als in der Gemeinde die Zahl der Kinder zunahm. Am Ende des 19. Jahrhunderts gab es in den „Witkowitzer“ Gemeinden zehn Schulen, später auch zehn Kinderkrippen, die zumeist vom Unternehmen betrieben wurden. Im Jahre 1886 wurde eine fünfklassige Fachschule für Knaben gegründet, zudem existierten auch eine Mädchenschule sowie eine Handarbeitsschule für Mädchen. Bereits im Jahre 1883 wurde eine Betriebsspar- und Ersatzkasse gegründet, die jedoch im Jahre 1907 lediglich 201 Mitglieder umfasste. Witkowitz stieg zu einer modernen Industriegemeinde nach westlichen Vorbildern auf, mit einem „Kern“ und Wohnenklaven – Kolonien und „Kasernen“ – in den umliegenden Gemeinden.[12]

Im Jahre 1892 wurde Kupelwieser jedoch aus der Position des Generaldirektors verdrängt, angeblich durch Intrigen des Leiters der Hochofenabteilung Emil Holz, der sein Nachfolger wurde. Kupelwieser ging in Pension, sein angespartes Kapital begann er auf der im Mittelmeer gelegenen Insel Brioni zu investieren, aus der er ein Seebad und eine internationale Sommerfrische der Oberschichten zu formen begann. Gerade unter Emil Holz und ab 1902 unter seinem Nachfolger Friedrich Schuster wurde auch das soziale System des Unternehmens ausgebaut.

Es hat den Anschein, dass gerade jetzt der Stil eines „allgemeinen Misstrauens und der Feindschaft“ herrschte, was jedoch nicht allein dem Einfluss bedeutender Persönlichkeiten beider offenkundig autoritärer Direktoren entsprang, sondern zu einem großen Teil auch das Ergebnis des Wirkens weiterer Umstände darstellte: die wachsende Konkurrenz der neu entstehenden wie auch der älteren österreichischen Hütten und Maschinenfabriken (besonders der Škoda-Werke), derer sich das Witkowitzer Unternehmen erwehren musste, aber auch die starke Konkurrenz deutscher Eisenwerke, die Zuspitzung der ökonomischen Zyklen sowie das wachsende Selbstbewusstsein der Arbeiterschaft und nicht zuletzt auch die Ausbildung der öffentlichen Meinung, die – mit Blick auf das Unterneh-

[12] Der Leser konnte bereits feststellen, dass sich die Nachrichten über die Entstehung einiger Einrichtungen wiederholen, so dass sich der Eindruck aufdrängt, diese seien zwei- oder mehrmals gegründet worden (besonders Kantinen und das Waisenhaus). Die Angaben müssten detailliert hinterfragt werden, doch fehlt häufig leider das entsprechende Quellenmaterial besonders aus der Zeit vor Entstehung der Witkowitzer Berg- und Hüttengewerkschaft.

men – nicht immer positiv war.[13] Besonders Schusters Tätigkeit erinnert an das Verhalten eines Despoten, zugleich jedoch eines fleißigen und gedankenvollen Beamten, der nicht weiß „wohin er zuerst springen soll" und auf den ständig neue, wenn nicht direkt Katastrophen, dann zumindest schwer beherrschbare Situationen einstürzen.

Dies führte unter anderem zu einer Festigung des sozialen Systems im Unternehmen und zu einer partiellen Suche nach „neuen Lösungen". Zu diesen gehörte zum Beispiel eine stärkere Bespitzelung der Arbeiter: die Meister „sollten den Kontakt" zu diesen nicht verlieren, sondern im Gegenteil deren Launen und Absichten kennen und sich gegebenenfalls Informanten besorgen. Als selbstverständlich erwies sich der Kampf gegen die Sozialisten und überhaupt gegen „Aufhetzer", die entlassen wurden. Unter der nach 1905 fast 20.000köpfigen Belegschaft des Unternehmens gab es angeblich nur einige Dutzend sozialistische Gewerkschaftler, die geheim außerhalb des Betriebes organisiert waren. Seit den 1890er-Jahren existierte im Unternehmen eine Personalabteilung, die Interessenten an einer Beschäftigung „überprüfte" und Informationen mit anderen Unternehmen über Personen und vor allem Sozialisten austauschte.

Das Eisenwerk Witkowitz mussten immer stärker dafür Sorge tragen unqualifizierte Arbeitskräfte in zunehmender Zahl vom Balkan zu gewinnen und durch eine Erhöhung der Löhne Facharbeiter von einer Abwanderung nach Westeuropa abzuhalten. Zwischen 1894 und 1904 stiegen die Löhne für eine Schicht im Durchschnitt um 29% und in den einzelnen Abteilungen um drei bis sechsundzwanzig Prozent (in der Walzerei I); ein qualifizierter Hüttenarbeiter verdiente im Jahre 1912 zehn bis zwölf Kronen pro Schicht. Es erstaunt daher nicht, dass einige Meister sogar zu Hausbesitzern aufstiegen und Wohnungen in ihren Häusern vermieteten.[14]

Löhne, preiswerte Betriebswohnungen, Plätze im Altenheim, außerordentliche Unterstützungen im Alter, Treueprämien, Aufenthalte im

[13] Bei einem Großteil der örtlichen Bevölkerung genossen das Eisenwerk jedoch ein hohes Ansehen, insbesondere wegen der guten Entlohnung der Belegschaft.

[14] Dies stellte die so genannte Karpeles-Umfrage fest: *Arbeiterverhältnisse im Ostrau-Karwiner Steinkohlenrevier*. Wien 1902 und 1904.

Erholungsheim in Stará Bělá, die Teilnahme von Kindern am Sommerlager in Althammer (Staré Hamry) in den Beskiden, Stipendien für Kinder der Beschäftigten, die Benutzung von Tennisplätzen und Angestelltenbädern sowie die Aufnahme in Vereine – alles war vom „guten Verhalten" gegenüber dem Unternehmen abhängig, zugleich aber auch von der Länge der Beschäftigung in diesem. Zugleich bemühte sich das Unternehmen gegenseitiges Misstrauen unter den Beschäftigten zu schüren und gegen unqualifizierte Arbeitnehmer ging man mit Hilfe von Weisungen, Verboten und der Androhung der Entlassung vor. Die in den Jahren 1901 und 1902 entlassenen 6.000 Beschäftigten besaßen jedoch nur teilweise die Möglichkeit, in die familiäre Landwirtschaft zurückzukehren, von wo aus sie zu einem Großteil in das Unternehmen gekommen waren. Nach wie vor herrschte die Gewohnheit, dass unqualifizierte Arbeiter im Betrieb Beschäftigung fanden und mehrmals im Jahr wieder gingen, in einigen Abteilungen wurde die Belegschaft im Laufe eines Jahres (quantitativ gesehen) zu 100 Prozent ausgewechselt.[15]

Die Unternehmensleitung bemühte sich den Betrieb von der Öffentlichkeit zu isolieren, den Beschäftigten wurde unter Androhung der Entlassung verboten, außerhalb des Betriebsgeländes irgendetwas über das Werk zu erzählen oder gar zu veröffentlichen. Das Unternehmen bemühte sich zudem die Gemeinderäte in den umliegenden Dörfern nicht allein mit Virilisten zu beherrschen, sondern auch mit weiteren Personen („Strohmännern"). Es handelte sich dabei insbesondere um den günstigen Verkauf von Gemeindegrundstücken an das Unternehmen, das ständig wuchs, und die Verhinderung, dass die Konkurrenz preiswerte Grundstücke erwarb. Bei den Wahlen zu den Gemeinderäten, aber auch für die Organe der Unfall- und Krankenkasse wurde angeblich betrogen, Ergebnisse gefälscht, Druck auf die Wähler ausgeübt und sogar Politiker im Landtag bestochen.[16] Allgemein

[15] Nach 1905 verließ mehr als ein Drittel das Eisenwerk Witkowitz, mehr als 40% wurden zugleich neu eingestellt; im Jahre 1901 gingen 50% der Arbeiter, im Jahre 1908 60% (allerdings geschah dies in einer Wirtschaftskrise), zu einer noch stärkeren Fluktuation kam es nach 1910.

[16] Dies schrieb insbesondere die sozialistische Presse, die Behauptungen lassen sich natürlich nicht belegen, doch dürften sie mit Blick auf unsere heutigen Erfahrungen wohl der Wahrheit entsprechen.

wurde die weit reichende Macht der Besitzer und des Unternehmens selbst moniert, das zur Erreichung seiner Ziele mit „allen Mitteln" operierte und im Bedarfsfalle auch jeden unbotmäßigen Arbeiter vernichten konnte. Das Werk finanzierte eine Zeitschrift unter dem Titel „*Přítel dělníků*" (Der Freund der Arbeiter), die in unauffälliger Weise der sozialistischen Propaganda trotzen und eine soziale Konformität erzeugen sollte; zudem wurden auch touristische, Leser- und Sängervereine mit einer deutschen Ausrichtung organisiert.

Im Jahre 1903 zusammengesetzt das Unternehmen einen zweibändigen internen Codex über die Art des Umgangs mit den Beschäftigten und gegenüber der Öffentlichkeit. Entlassen werden sollte mit Bedacht, damit das Werk nicht unnütz qualifizierte Arbeitskräfte verliere, Strafen und Geldbußen sollten in Abhängigkeit von der Konjunktur verhängt werden – in Zeiten guten Absatzes sollte moderat bestraft werden, um die Beschäftigten nicht zu erzürnen, Meistern und Angestellten verbot man nicht abgesegnete schroffe Handlungen gegenüber Arbeitern und empfahl ihnen Zurückhaltung – die Arbeiter sollten nicht beschimpft und angeschrieen werden und den Forderungen, die sich leicht realisieren ließen, sollte entsprochen werden. In den Verhaltenscodex gehörte jedoch auch das Verbot über das Unternehmen in der Öffentlichkeit zu sprechen, die Anweisung zur Gewinnung von Informationen unter den Arbeitern u. ä. Ein positives Bild des Unternehmens in der Öffentlichkeit sollte auch die Publikation über die „Wohlfahrtseinrichtungen" aus dem Jahre 1908 erzeugen.

Mit Zunahme des Unternehmens fand auch die Einrichtung neuer Betriebsküchen und Kantinen sowie die Errichtung von Schulen, Kindergärten und Krippen eine Fortsetzung. Seit 1910 finanzierten das Eisenwerk Witkowitz auch eine tschechische Schule. Im Jahre 1895 wurde eine „gewerbliche Fortbildungsschule" gegründet, die sich mit der Zeit zu einer Art technischer Fachschule entwickelte (nach 1900 bildete das Unternehmen permanent mehr als 400 Lehrlinge aus). Auf Initiative von Max Gutmann gründete das Werk im Jahre 1895 auch eine Gartenbauschule. Aus Kupelwiesers Stiftung entstanden Krippen und im Jahre 1906 finanzierte die Eisenwerke bereits zehn Kindergärten. Aus der millionenschwere Stiftung der Söhne Albert Rothschilds entstand u. a. ein Waisenhaus. Bis 1914 erreichte der Umfang der verschiedenen Unternehmensstiftungen mehrere Millionen Kronen.[17] Das Eisenwerk Witkowitz gründeten ein Lehrlingsheim, ein Armenhaus und einen Kinderspielplatz, eine Eislaufplatz und zu Beginn des 20. Jahrhunderts unterhielt das Unternehmen zwei Turnhallen, einen Sportplatz, ein Schwimmbad, ein Radsportstadion sowie Tennisplätze.

Die Beziehungen zwischen den Besitzern und den leitenden Angestellten auf der einen sowie den Beschäftigten auf der anderen Seite durchliefen – wie es den Anschein hat – in Witkowitz drei Phasen, die mit der allgemeinen sozialen Situation in der Monarchie, den böhmischen Ländern sowie in der Region zusammenhingen. Die erste Phase fiel in die Zeit des „Ausklingens des Feudalismus", charakterisiert durch einen Patriarchalismus, und sie erstreckte sich in Witkowitz bis in die siebziger Jahre des 19. Jahrhunderts, vermutlich unter dem Einfluss der gesamten kulturellen Rückständigkeit der Region. Der „betriebliche Patriarchalismus" knüpfte an die Beziehung zwischen Meister und Gesellen in der agrarisch dominierten Zeitepoche an: der Meister war der „Patron", der „Arbeitgeber", und der Geselle (der später einmal Meister werden sollte) „Empfänger der Arbeit" (Arbeitnehmer); der Meister hatte sich um die Lebensbedürfnisse seiner Arbeiter zu kümmern, und alle waren relativ zufrieden, unter anderem auch durch den Einfluss der christlichen Ideologie sowie der gesamten sozialen „Atmosphäre", die vor allem Gehorsam und Demut predigte. (Die „Volksfrömmigkeit" war unter den Ostrauer Bergleute noch nach 1900 weit verbreitet, die „Gehorsamkeit" freilich nicht.)

Die zweite Phase lässt sich in Witkowitz gerade mit dem Wirken Paul Kupelwiesers identifizieren: Sie zeichnete sich durch eine Orientierung auf die Leistung und eine Erhöhung des Lebensniveaus charakterisieren, wie dies vor allem in wirtschaftlich progressiven Produktionszweigen in der Zeit der „Massenindustrialisierung" im letzten Viertel des 19. Jahrhunderts für gewöhnlich der Fall war. In einem vernünftig ausgeklügelten Unternehmenskonzept wuchsen auch die Arbeitsleistungen (und damit zugleich die Zufriedenheit der Eigentümer) und mit diesen zudem auch die Arbeitslöhne, so dass sich eben auch die Arbeiter und die übrigen Beschäftigten mit der Verbesserung ihres Lebensniveaus und ihrer gesamten

[17] Bei einer dieser Stiftungen handelte es sich um eine humanitäre Stiftung P. Kupelwiesers.

Lebenssituation zufrieden zeigten. Beiläufig bemerkt verstanden auch andernorts die Arbeiter nicht, warum sie streiken sollten, wie dies die ersten Sozialisten sie zu lehren versuchten, wenn sie – also die Arbeiter – ein Mehrfaches verdienten als in der Landwirtschaft und im Handwerk (und in Witkowitz kamen ihnen noch weitere Vorteile zugute). Von einem Sozialismus hatte man im übrigen in dieser Zeit in der Region Ostrau noch keinerlei Ahnung und es dürfte wahrscheinlich sein, dass, sofern hierher gewisse Kunde gelangte, die Sozialisten im Geist der zeitgenössischen Ideologie (verbreitet unter anderem durch die Kirche) auch unter dem „Volk" als „gefährliche Brandstifter" angesehen wurden und nicht etwa als Heilsbringer für die Arbeiterklasse. Die Entstehung der „modernen Unzufriedenheit" trat damit in der Region Ostrau mit Verspätung ein.[18]

Mit ihrer Entfaltung hing die dritte Phase der Entwicklung des sozialen Systems des Eisenwerkes Witkowitz zusammen, wobei sich dieser Prozess im wesentlichen unter den Direktoren Holz und Schuster abspielte, als sich zugleich die konkurrierenden Bedingungen im Eisenhüttenwesen verschlechterten und sich zugleich die sozialistische Agitation unter den Ostrauer Bergleuten nach dem Eintreffen der Radikalen – der Brüder Wagner sowie Tomáš Kašes und des „Zentristen" Petr Cingr aus Nordböhmen – zu verbreiten begann. Das letzte Viertel des 19. Jahrhunderts war eine Zeit der beschleunigten Öffnung der (bereits bürgerlichen) Gesellschaft sowie der emanzipatorischen Bewegungen der Arbeiterschaft, aber zum Teil auch der Frauen, des geistigen Fortschritts sowie der Akquisition neuer Verhaltensmuster, die im Prinzip auf einer größere Freiheit zielten. In den Witkowitzer Eisenwerken zeigte sich diese dritte Phase als eine repressive und manipulierende Etappe.

Kupelwieser – ein „Kind der Ingenieurrevolution", ein Manager und Techniker – war gewiss kein „Freund der Arbeiter", zugleich jedoch zeigte

[18] Zur Entstehung der „modernen Unzufriedenheit" vgl. u. a. Machačová, J. – Matějček, J.: *Historická pa(z)měť nadloajalisty Jana Čupníka a vývoj sublokální a lokální existence 1805–2005. Nevědomost, loajalita, lhostejnost, nespokojenost.* In: Napoleonské války a historická paměť [Die historische Erinnerung des Überloyalisten Jan Čupník und die Entwicklung der sublokalen und lokalen Existenz 1805–2005. Unkenntnis, Loyalität, Indifferenz, Unzufriedenheit. In: Die Napoleonischen Kriege und die historische Erinnerung]. Hrsg. Von L. Fasora, J. Hanuš und J. Malíř. Brno 2005, S. 389–400.

er sich als guter Ökonom, der Leistungen fordert, für die er gut bezahlt, und der zugleich gute Arbeits- und Lebensbedingungen für „seine“ Beschäftigten in einem modernisierten patriarchalischen Stil schafft. Er erscheint auch viel kultivierter – wie einer der großen Manager, die sich um den Erfolg des Werkes bemühen, aber auch um eine reale Kultivierung des Lebens, während Holz und Schuster unter den neuen Bedingungen die bekannte wirksame Sozialpolitik von „Zuckerbrot und Peitsche“ realisieren, um die Prosperität des Unternehmens zu sichern – und damit zugleich auch seine Interessen. Kupelwieser lässt sich vielleicht ein wenig als Visionär begreifen, als ein Mann, der kultivieren will, der sich bemüht, die allgemeinen Bedingungen zu verbessern, und zwar auch diejenigen „seiner“ Arbeiter in der Zeit der sich erst ausformenden modernen Gesellschaft – mit neu sich eröffnenden Möglichkeiten, Holz und Schuster hingegen sind als Praktiker, die den Beschäftigten bieten, was diese wünschen, ohne dass erstere bereits Visionen verfolgen würden. Es „ließ sich damit bereits nichts mehr anfangen“, die „moderne Unzufriedenheit“ existierte bereits.

Wie die sozialen Einstellungen der Besitzer der Eisenwerke – der Rothschilds und der Gutmanns – aussahen, lässt sich auf der Grundlage des zur Verfügung stehenden Quellenmaterials nur schwer abschätzen. Max Gutmann – die zweite Generation der Gründer – war ein „gelernter“ Techniker, Hütteningenieur (aller Wahrscheinlichkeit dazu gezwungen), und er kümmerte sich um das gute Funktionieren des Unternehmens, während die beiden „Älteren“ ein gewisses Verständnis und eine Nachsicht (im Sinne eines allgemeinen guten Willens) zeigten, als sie ihren Aufstieg erfolgreich beendeten. Sie begriffen jedoch die Notwendigkeit eines vorteilhaften Gesamtbildes des Unternehmens in der Öffentlichkeit. Albert Rothschild, der um mehr als zwei Generationen „ältere“ Unternehmer, leitete als jüngstes der Geschwister das Familienunternehmen in der Tat gezwungenermaßen, damit sich seine Brüder ihrem künstlerischen Mäzenatentum, dem Sport und dem Reisen und die nachfolgende Generation dann auch der Wissenschaft widmen konnten; er hätte vermutlich lieber auf einem „schönen Gut“ gelebt, unter den Eigentümern offenbarte er sich jedoch als realistischer Wirtschafter. Die Rothschilds erhielten seit der dritten Generation eine universitäre Ausbildung, so dass auch bei Albert eine Kultiviertheit angenommen werden darf, bei seinen Brüdern resultierte diese aus ihren Interessen heraus. Die karitative Tätigkeit der Vermögenden resultierte noch immer zu einem Teil aus dem Bemühen hier dem Adel zu folgen, und das gesamte Verhalten gegenüber den Niederen und deren materielle Absicherung ermöglichte auch die gewaltige soziale Macht des Geldes, bei den Rothschilds noch durch Kontakte „zu den höchsten Kreisen" verstärkt. Die in hohem Maße vorhandene Primitivität der Ostrauer Arbeiterschaft musste Albert jedoch wie aus einer anderen Welt kommend erscheinen und rief möglicherweise auch eine gewisse Abscheu hervor – sofern er überhaupt mit Arbeitern zusammentraf.[19]

Die gesamte „Spitze" des Eisenwerkes Witkowitz löste jedoch die „soziale Frage" (die Ungleichheit in der Gesellschaft und ihre Folgen) praktisch nach zeitgenössischen Vorbildern.

[19] Zu den Lebensverhältnissen der Ostrauer Arbeiterschaft vgl. nicht allein die zitierte „Karpeles-Umfrage": zu den primitiven Vorbildern vgl. vor allem die Arbeit von Rohel, Jan: *Život hornické rodiny v kolonii na Ostravsku* [Das Leben einer Bergarbeiterfamilie in der Kolonie in der Region Ostrau]. Radostná země 1954, S. 7–8. Ähnlich auch Pitronová, Blanka: *Haličské migrace na Ostravsku* [Die galizische Zuwanderung in der Region Ostrau]. Opava 1979.

OTTO LECHER – EIN LINKSLIBERALER DEUTSCHER (1860–1939)

PAVEL CIBULKA

Thematisch rückt die nachfolgende biographische Studie die Persönlichkeit des Brünner Juristen, Ökonomen und liberalen Politikers Otto Lecher in den Mittelpunkt, dessen berufliche Tätigkeit in der Brünner Handels- und Gewerbekammer sowie dessen politisches Wirken innerhalb der *Deutschen Fortschrittspartei Mährens* diesen unmittelbar mit vielen sozialen Problemen in den letzten drei Jahrzehnten des Bestehens der Habsburgermonarchie in Kontakt brachten. Lecher kamen seine juristische Ausbildung, die enge Verbindung mit der ökonomischen Praxis sowie die Fülle an Möglichkeiten zur Einbringung seiner Fähigkeiten in der aktiven Politik zugute.[1]

Otto Lecher wurde am 6. Januar 1860 in Wien geboren. Lechers Familie stammte aus Vorarlberg. Sein Vater, Zacharias Konrad Lecher (1829–1905), arbeitete als Journalist bei der *Morgenpost*, der *Neuen Freien Presse* und wurde später Herausgeber der konservativ-liberalen Zeitung *Die Presse*.[2] Otto Lecher studierte Rechtswissenschaft an der Juristischen Fakultät der Universität Wien und trat nachfolgend im Juli 1881 in die Dienste der Brünner Handels- und Gewerbekammer, wo er seit 1889 als deren Sekretär arbeitete. 1906 ging er in Pension.

[1] In weitaus stärkerem Umfang als Otto Lecher finden sich in allgemeinen Enzyklopädien Einträge über seinen älteren Bruder Ernst (1. 6. 1856 Wien – 19. 7. 1926 Wien) – Universitätsprofessor in Innsbruck, Prag und Wien, Autor zahlreicher Lehrbücher der Physik und der elektrischen Resonanz, der mit seinen Arbeiten über Wärmestrahlung und vor allem die Ausbreitung elektrischer Wellen in Drähten Anerkennung fand. (Deutsche Biographische Enzyklopädie VI. München 1999, S. 281).

Wir fügen an dieser Stelle auch an, dass der Neffe beider Brüder der spätere Medizinnobelpreisträger für das Jahr 1973, Dr. Konrad Lorenz, war, Sohn der gemeinsamen Schwester Emma (RHOMBERG, Ulrich: *Wundarzt Dr. Michael Lecher und seine Nachkommen*. In: Mitteilungen der Dornbirner Geschichtswerkstatt, Heft 4, Juni 2006, S. 11–16).

[2] *Die Habsburgermonarchie 1848–1918. Bd. VIII/2: Die Presse als Faktor der politischen Mobilisierung*. Wien 2006, S. 1734, 1843.

Die Agenda der Handels- und Gewerbekammer zwang Lecher sich mit zahlreichen Themen zu befassen, die eng mit sozialen Fragen in Verbindung standen. Aus seiner Feder stammten zahlreiche Äußerungen der Brünner Kammer zur Zollnovelle aus dem Jahre 1885, zur Bildung von gewerblichen Assistenz-Krankenkassen (1886), zu dem neuen Gesetz über die Ausübung des Hausiererhandels (*Hausiergesetz*) aus dem Jahre 1888, die Reformierung der Konsum- und Verzehrvereine 1889, den Zonentarif (1890), den österreichisch-ungarisch-rumänischen Zollkrieg im Jahre 1891, die Arbeiterausschüsse und die *Einigungsämte*r, die Lohnsteuer u. v. a. Lechner hatte das Hauptverdienst daran, dass die Brünner Handels- und Gewerbekammer nach langer Unterbrechung seit 1890 jährlich eine gesetzlich vorgeschriebene summarische Übersicht über die Handelsverhältnisse auf seinem Territorium veröffentlichte. Das erste Exemplar aus dem Jahre 1890 rief verdientermaßen die Aufmerksamkeit in Fachkreisen hervor, und Lecher erntete für seine Anstrengungen einen verdienten Applaus. Im Januar 1890 nahm er an einer vom Handelsministerium einberufenen statistischen Konferenz teil, auf der der Verbesserung des Niveaus der österreichischen Industriestatistik dienende Angelegenheiten besprochen wurden. Lecher agierte auf dieser Konferenz als Referent im sozialstatistischen Ausschuss und seine Vorlagen bildeten die Grundlage für die Eckfundamente der Sozialstatistik in Cisleithanien.[3]

Im Dezember 1892 nahm Lecher als Brünner Delegierter am Kongress der österreichischen Handels- und Gewerbekammern teil und verteidigte hier die Interessen seiner eigenen Kammer gegenüber der geplanten Lohnsteuersatzung.

Im Jahre 1896 veröffentlichte Lecher eine Broschüre unter dem Titel „*Die Fortsetzung der österreichischen Valuta-Regulierung*“, die sich mit Fragen der österreichischen Währung befasste. Diese rein fachliche Frage betrachtete Lecher auch durch das Prisma der praktischen Bedürfnisse der ärmsten Schichten der österreichischen Bevölkerung, wenn er darüber nachdachte, auf welche Art und Weise die Angehörigen der Arbeiterschaft ihr Geld bei sich trugen und ob nicht Papier- bzw. Silbergeld vorteilhafter

[3] Heller, Hermann: *Mährens Männer der Gegenwart. Biographisches Lexikon IV.* Großgrundbesitzer, Land- und Forstwirthe, Comerzielle und Industrielle. Brünn 1890, S. 95.

sei. Lecher sprach sich gegen eine Emission von Banknoten im Wert von fünf Talern aus, da er die Verbreitung der Papierwährung keineswegs optimistisch betrachtete.[4]

Lecher schilderte die trostlosen Verhältnisse, die in österreichischen Handelskreisen herrschten, in denen des öfteren die Zahlungsmoral zu einer Preiserhöhung führe und umgekehrt das Verzögern bei der Bezahlung dem Sünder verschiedene Erleichterungen und Preisermäßigungen bringe. Schwärmerisch propagierte Lecher die Benutzung des Scheck- und Clearing-Kontakts in Österreich. Für dessen größere Verbreitung schlug er verschiedene Tarifermäßigungen vor, vor allem aber mahnte er die Handels- und Gewerbevereine sowie Gesellschaften Bildungsarbeit zu leisten. Lecher war ein Verfechter dafür, dass der Haushalt beider Reichshälften keinerlei Defizit aufweisen dürfe, ohne dass jedoch die natürliche Entwicklung der Infrastruktur der Monarchie vernachlässigt werden durfte.[5] Lecher empfahl mit Nachdruck die Gründung einer höheren Handelsschule in Brünn.[6]

Lecher beteiligte sich auch an dem monumentalen Werk „*Oesterreich-Ungarn in Wort und Bild*", ein Werk, in dem er – gemeinsam mit Max Hoenig – für den Band über Mähren und Schlesien einen Beitrag über die mährischen Gewerbe, die Industrie und den Verkehr im Lande verfasste.[7]

Lecher wurde als ein Sympathisant der Aktivitäten der Wiener Sozialpolitischen Partei angesehen und nahm an einigen Aktionen des *Sozialpolitischen Vereins* in Wien teil. Im Jahre 1899 trat Lecher zum Beispiel im Rahmen eines Vorlesungszyklusses dieses Vereins zum Thema „*Ausgleich und Handelspolitik*" auf.[8] Im Februar 1906 nahm er an der großen Versammlung der Wiener Sozialpolitiker zum allgemeinen und gleichen

[4] Lecher, Otto: *Die Fortsetzung der österreichischen Valuta-Regulierung*. Wien 1896, 45 S.

[5] Ebd., S. 37–38.

[6] Heller, Hermann: *Mährens Männer der Gegenwart. Biographisches Lexikon I.* Gesetzgeber und Politiker. Brünn 1912, S. 66–67.

[7] Lecher, Otto – Hoenig, Max: *Gewerbe, Industrie und Verkehr*. In: Die österreichisch-ungarische Monarchie in Wort und Bild. Mähren und Schlesien. Wien 1897, S. 465–482.

[8] Holleis, Eva: *Die Sozialpolitische Partei. Studien zur Geschichte der neoliberalen Bewegung in Wien um die Jahrhundertwende*. Wien 1977, S. 71.

Wahlrecht teil, die in Wien stattfand und auf der sich Lecher gegen das Feilschen um Mandate für das künftige Volksparlament aussprach.[9]

Lecher trat auch dem Verein *Freie Schule* bei, den Paul Baron Hock gegründet hatte und dessen Mitglieder die einflussreichen Repräsentanten der Sozialpolitischen Partei Julius Ofner, Emil Fürth und A. Zemann sowie die Sozialdemokraten Karl Seitz und Wilhelm Ellenbogen waren. Mitglieder des Vereins wurden darüber hinaus auch die Abgeordneten der Freidenker Josef Bendel, Stefan Licht, Engelbert Pernerstorfer und Viktor Zenker.[10]

Lechers politische Laufbahn war verbunden mit der Deutschen Fortschrittspartei, deren Landesorganisation in Mähren er mitbegründete, und zudem mit der Persönlichkeit Heinrich d'Elverts, der sein politischer Mitläufer wurde. Im Jahre 1897 wurde Lecher Mitglied der mährischen Führung der Deutschen Fortschrittspartei (des weiteren saßen hier Heinrich Fux, Heinrich d'Elvert, Rudolf M. Rohrer und Gustav Groß).[11] Innerhalb der mährischen Parteispitze repräsentierten Lecher und d'Elvert den linken Flügel, der das um den Antisemitismus abgespeckte deutsch-nationale Programm durchsetzte. Die Spaltung in Fortschrittler (d'Elvert, Lecher, Wannieck) und Altliberale (Chlumetzky, Rohrer) übertrug sich auch auf den Boden der Stadt Brünn.[12]

Als im Januar 1897 die Abgeordnetenkammer aufgelöst und die bisherigen Vertreter Brünns im Parlament Johann Ritter Chlumetzky und der Industrielle Friedrich Wannieck es ablehnten ihre Mandate zu verteidigen, begann eine Zeit des Generationswechsels innerhalb der Brünner liberalen politischen Repräsentation. Die deutschen Liberalen entschieden, dass innerhalb der städtischen Kurie im Bezirk Brünn für die beiden zu vergebenden Mandate Heinrich d'Elvert und Otto Lecher kandidieren sollten. Von den 6740 Wahlberechtigten gingen 5055 zur Wahlurne, von den beiden li-

[9] Ebd., S. 102.

[10] Ebd., S. 106.

[11] Malíř, Jiří: *Od spolku k moderním politickým stranám. Vývoj politických stran na Moravě v letech 1848–1914* [Von Vereinen zu modernen politischen Parteien. Die Entwicklung der politischen Parteien in Mähren in den Jahren 1848–1914]. Brno 1996, S. 281.

[12] Höbelt, Lothar: *Kornblume und Kaiseradler. Die deutschfreiheitlichen Parteien Altösterreichs 1882–1918.* Wien-München 1993, S. 126–130.

beralen Kandidaten gewann die meisten Stimmen Heinrich d'Elvert (3230), der sich auf das einflussreiche Renommee seiner Familie in der Stadt stützen konnte[13], während Lecher, der 2636 Stimmen erhielt, den Kandidaten der Deutschen Volkspartei Franz Held, Professor an der Gewerbeschule, der 2343 Stimmen auf sich vereinigen konnte, nur knapp besiegte.[14]

Diese erste Wahl stellte die größte Belastungsprobe für das Duo d'Elvert – Lecher dar, das nachfolgend den städtischen Bezirk Brünn bis zum Ende der Habsburgermonarchie sozusagen „abonnierte". Lecher war zwar in der Abgeordnetenkammer ein Neuling, doch geriet er rasch in das Zentrum der Aufmerksamkeit der politischen Öffentlichkeit. Nachdem am 22. April 1897 die Sprachverordnungen auch für Mähren verkündet worden waren, entschieden die Abgeordneten der *Deutschen Fortschrittspartei* zur Taktik der Obstruktion überzugehen. Lecher erläuterte dieses Vorgehen bereits am 28. April bei der ersten Lesung zur Verabschiedung der kurz zuvor geschlossenen Handelskonvention mit Bulgarien. Im Namen der Abgeordneten verkündete er den Ausnahmezustand, was die Abgeordneten der Rechten mit einem Lächeln aufnahmen, das ihnen verging, sobald der Kampf der Landtagsmehrheit gegen die Obstruktionen begann, den die Abgeordneten der Deutschen Fortschrittspartei sowie die radikalen Deutschnationalen betrieben.[15]

Nach der Vertagung der Verhandlungen des Reichsrates verteidigte Lecher die Politik seiner Partei auf zahlreichen Versammlungen mit Wählern. Auf der Volksversammlung in Groß-Tajax (Velké Dyjákovice) sprach sich Lecher am 18. Juli 1897 auf Einladung des *Znaimer Deutschen Vereins für Stadt und Land* gegen Badenis Sprachenverordnung aus und behauptete, dass nach 1901 neu einzustellende Staatsbedienstete, einschließlich Briefträgern, Förstern und Waldhütern, beide Landessprachen in Wort

[13] Hierfür standen sein Onkel Christian d'Elvert (1803–1896) – zweimal Bürgermeister, Landtags- und Reichsratsabgeordneter sowie sein Vater Friedrich d'Elvert (1812–1901) – ehemaliger Präsident des Mährischen Landesgerichts.

[14] Vgl. auch Höbelt, Lothar: *Nationale Interferenzerscheinungen bei den mährischen Reichsratswahlen um die Jahrhundertwende.* In: Die Chance der Verständigung. Absichten und Ansätze zu übernationaler Zusammenarbeit in den böhmischen Ländern 1848–1918, hg. von Ferdinand Seibt. München 1987, S. 245–254.

[15] Kolmer, Gustav: *Parlament und Verfassung in Österreich VI.* Wien-Leipzig 1910, S. 225–226.

und Schrift beherrschen müssten. Lecher wies die Notwendigkeit zurück, dass in rein deutschen Siedlungsgebieten alle hier beschäftigten Beamten tschechisch sprechen müssten, da in Einzelfällen bei einem Kontakt mit den tschechischen Parteien sicherlich die Anwesenheit eines Dolmetschers reichen würde. Lecher versuchte aus der reinen Beamtenfrage ein auch die bäuerliche Bevölkerung betreffendes Problem unter Hinzuziehung des Beispiels der deutschen Zertifikatisten zu machen, d. h. ausgedienter Unteroffiziere, die unter Umständen nach zwölf Jahren Dienstzeit das Recht auf eine Beschäftigung in der staatlichen Verwaltung als niedere Beamte hatten und die auch aus Bauernfamilien stammen konnten. Lecher bemühte sich die südmährischen Bauern durch die Schilderung der jämmerlichen Verhältnisse und der Gerichte aufzuschrecken, die im hypothetischen Falle der Beschuldigung eines deutschen Bauern durch einen tschechischen Beteiligten des Streits für letzteren einträten. Lecher behauptete, dass die Deutschen nicht beide Landessprachen kennen würden und nicht in die Geschworenengerichte berufen werden könnten. Badeni hielt er vor, dass er die Sprachenverordnungen ohne gründliche Konsultation mit den entsprechenden Behörden in den böhmischen Ländern verkündet, ja nicht einmal ein Gutachten der deutschen Abgeordneten eingefordert habe.

Lecher erhob die Forderung, die Sprachenfrage in Österreich solle durch das Gesetz geregelt werden und keineswegs per Ministerverordnung, die dann zu jeder Zeit wieder widerrufen werden könne. An diesem Gesetz sollten sich die Vertreter aller acht in Cisleithanien lebenden Völker beteiligen.[16] Axiomatisch glaubte Lecher, in sprachlicher Hinsicht sei die Verwaltung in Mähren „*tadellos*“, wenngleich 80% der dortigen Beamten angeblich nicht den Anforderungen der Badenischen Sprachenverordnungen entsprachen. Eine Richtschnur für die Sprachgesetzgebung müsse der Bedarf und keinesfalls eine schablonenhafte Anwendung irgendeiner Regel sein.[17]

In der dem tschechischen Staatsrecht gewidmeten Passage richtete Lecher scharfe Angriffe gegen dessen Verfechter, den Prinzen Schwarzen-

[16] Sutter, Berthold: *Die Badenischen Sprachenverordnungen von 1897, ihre Genesis und ihre Auswirkungen vornehmlich auf die innerösterreichischen Alpenländer I.* Graz-Köln 1960, S. 239; Lecher, Otto: *Der Kampf gegen die Sprachenverordnungen. Drei Reden des Reichstagsabgeordneten…* Znaim 1897, S. 9.

[17] Lecher, Otto: *Der Kampf gegen die Sprachverordnungen*, S. 24.

berg,[18] und zwar nicht allein als Verteidiger einer veralteten, „feudalen" politischen Theorie, sondern auch als Ausbeuter seiner Beschäftigten, die er schlecht entlohne. Lecher argumentierte dabei auch mit demographischen Daten, die signalisierten, dass in den Bezirkshauptmannschaften, in denen die Schwarzenbergischen Güter lagen, die Zahl der Verstorbenen diejenige der Neugeborenen überstieg. Lecher argumentierte, dass das tschechische Staatsrecht das Bemühen der konservativen Aristokratie zum Ausdruck bringe, die Unzufriedenheit der tschechischen Bauernschaft aus den trostlosen sozialen Verhältnissen und dem Ruf nach unerlässlichen Wirtschaftsreformen in die Welle eines politischen Nationalismus einzubinden.[19] Schwarzenberg wolle so angeblich die eigenen ökonomischen Interessen verteidigen, die u. a. in einer Beibehaltung der Institution des Fideikommiss bestünden.[20] Die Verwirklichung des tschechischen Staatsrechts würde Lechers Auffassung zufolge eine „*Zertrümmerung*" Österreichs bedeuten und schrittweise den Untergang der deutschen Sprachinseln in den böhmischen Ländern nach sich ziehen. Lecher wies auf den peu à peu sich vollziehenden Rückzug von den Positionen der Prager Deutschen hin. Seine Argumentation verband allerdings nationale Motive mit dem Verweis auf die übrigen Seiten des öffentlichen Lebens: „*Die Verwirklichung des böhmischen Staatsrechts bedeutet weiter eine Einschränkung der Freizügigkeit in Schule, Gewerbe und im gesamten Wirtschaftsleben*". Lecher glaubte, dass jede politische Abgrenzung auch eine wirtschaftliche Segregation mit sich bringe und die Sudetendeutschen, die den großen cisleithanischen Markt benötigen, sich daher vehement gegen diese tschechischen Bemühungen („*bis aufs Messer*") wehren müssten.

In der Versammlung des *Deutschen Wahlvereins* in Brünn befasste sich Lecher am 14. Juni 1897 mit der Frage der Obstruktion sowie die Vorhaltungen der Christlich-Sozialen, dass diese politische Taktik dem deutschen

[18] Gemeint ist offenkundig Karl IV. Schwarzenberg (1859–1913).

[19] Bezeichnend für Lechers politischen Stil ist nachfolgendes Zitat: „*Wenn der Schwarzenberg in Budweis sagt: das Staatsrecht voran, so heißt es in Wirklichkeit: mit den wirtschaftlichen Reformen zurück. Das böhmische Staatsrecht ist der Schnaps, mit dem das tschechische Bauernvolk betäubt wird, damit es den Hunger nicht spürt.*" (Lecher, Otto: *Der Kampf gegen die Sprachenverordnungen*, S. 19).

[20] Lecher, Otto: *Der Kampf gegen die Sprachenverordnungen*, S. 17–18.

Volk in Österreich wirtschaftlichen Schaden zufüge. Lechers grundsätzliche Antwort lautete, das deutsche Volk in Österreich würde sich im *„Kriegszustand"* befinden und der Krieg könne nicht ohne Opfer geführt werden.[21]

Lecher beschrieb in bemerkenswerter Form Badenis politischen Stil: *„Es ist ja die Methode Seiner Exzellenz, des Herrn Ministerpräsidenten, die er, seit er nach Westösterreich gekommen ist, bei jeder großen Frage, vor der er gestanden ist, angewendet hat, auch bei der ersten großen Frage, die ihn hier erwartete, bei der Wiener Bürgermeisterfrage, immer erst etwas schlecht zu machen und dann, wenn er sich blamiert hat, es noch einmal zu machen und wieder schlecht"*.[22]

In der Abgeordnetenkammer markierte Lecher für die gesamte Monarchie mit seiner zwölfstündigen Obstruktions-Rede für die kommenden 15 Jahre einen „Rekord" in der Länge einer gehaltenen Rede auf dem Boden des österreichischen Parlaments. Die deutsche Opposition gegen die Regierung Badeni, die auf einen Sturz des Ministerpräsidenten wegen der Sprachenverordnungen für Böhmen und Mähren hinarbeitete, wollte die Behandlung des österreichisch-ungarischen Wirtschaftsausgleichs im Parlament verhindern. Als es am 28. Oktober 1897 zur ersten Lesung der Ausgleichsvorlage kommen sollte, nahm als erster Redner aus den Reihen der Opposition Lecher das Wort, der um dreiviertel Neun am Abend zu sprechen begann und erst nach zwölf Stunden um dreiviertel Vier am Nachmittages des darauf folgenden Tages endete. Im Verlaufe seiner Rede, die einen Katalog der Sünden der Regierung Badeni darstellte, verließen die Abgeordneten schrittweise den Sitzungssaal und diejenigen, die der nächtlichen Sitzung beiwohnten, kämpften mit Müdigkeit und Schlaf, wobei einige sich schließlich die Zeit mit Kartenspielen verkürzten. Am Schluss seiner Rede führte Lecher aus, die Deutschen wünschten sich, dass *„alle Abmachungen vernichtet werden, welche diese unfähige Regierung mit Ungarn getroffen hat, und aus diesem Grunde allein schon – nicht lediglich wegen der Sprachenverordnungen und der anderen Sünden, müsste das Ministerium Badeni fallen"*.[23]

[21] Ebd., S. 26

[22] SUTTER, B.: *Die Badenischen Sprachenverordnungen von 1897 I*, S. 258.

[23] Ebd., S. 249; Neue Freie Presse (NFP), Nr. 11 921, 29. 10. 1897, Abendblatt, S. 1, *Oesterreichischer Reichsrath*.

Lecher kehrte nachfolgend nach Hause zurück, enthusiastisch von einer 20.000 Menschen umfassenden Masse wie ein Heerführer nach gewonnener Schlacht begrüßt. Lecher wurde in Brünn ein feierlicher Empfang bereitet. Die Deutsche Fortschrittspartei hatte ihren Helden gefunden. Lecher erlangte nachfolgend in ganz Cisleithanien Popularität. Seine Rede wurde als eigenständige Broschüre gedruckt, auch weil es nicht möglich war sie in authentischer Fassung in Ruhe zu hören.[24] Der Historiker des österreichischen Parlaments, Gustav Kolmer, spricht von Lorbeerkränzen und Festgedichten, die Lechners Bemühungen anpriesen.[25] Lechers Auftreten hielt sogar der damals in Wien weilende Klassiker der Satire, Mark Twain, fest.[26]

Während dieser rednerische Auftritt Lechers ganz innerhalb des gesetzlichen Rahmens stattfand, schloss sich Lecher einen Monat später auf der Sitzung am 27. November, als die zweite Lesung zur Vorlage über den österreichisch-ungarischen Ausgleich und die Obstruktion im Parlament ihren Höhepunkt fand, jenen Abgeordneten an, deren aggressive Reden die dunklen Seiten des cisleithanischen Parlamentarismus kennzeichneten. An diesem Tage erklang die erste *Katzenmusik* auf dem Boden der Abgeordnetenkammer und dem allgemeinen Tumult schloss sich Lecher dergestalt an, dass er ein gläsernes Tintenfass gegen das Präsidium im Sitzungssaal schleuderte, das an der benachbarten Marmorwand zersplitterte und diejenigen Abgeordneten besudelte, die gerade den Präsidenten der Abgeordnetenkammer, David Abramowicz, bedrängten. Diesen beschimpfte Lecher

[24] Urban, Otto: *Česká společnost 1848–1918* [Die tschechische Gesellschaft 1848–1918]. Praha 1982 (deutsche Ausgabe Wien-Köln-Weimar 1994), S. 463; Lecher, Otto: *Die Rede über das Ungarische Ausgleichs-Provisorium, gehalten in der Sitzung des österreichischen Reichsrathes vom 28. bis 29. Oktober 1897 von Dr. Otto Lecher.* Brünn 1897, 91 S. Die Broschüre erschien in der Druckerei von Rudolf M. Rohrer mit dem Hinweis: „*Das Reinerträgnis dieser Publication ist dem Deutschen Schulvereine in Wien gewidmet*".

[25] Der Anfang des Gedichts des Prager Deutschen Josef Willomitzer lautet: „*Neun Uhr abends hat's geschlagen / Als der Kämpfer ohne Zagen / Seine große Tat begann. / Anfangs nur als leiser Sprecher / Führt das Wort der Doktor Lecher / Heil dem braven deutschen Mann*" (Kolmer, G.: *Parlament und Verfassung in Österreich VI*, S. 305)

[26] Lecher, Albert: *Mit Mark Twain durch Europa. Samuel Longhorne Clemens in der Alten Welt (1891–1899 und 1903–1904).* Norderstedt 2007.

den stenographischen Protokollen zufolge mehrfach als „Schuft". Hinzugefügt werden muss, dass Lecher im Gedränge des Aufruhrs auch wesentlich gepfeffertere Schimpfwörter benutzte. Der Zweck jedoch wurde mit diesen nicht wählerischen Mitteln erreicht, da die zeitgleich stattfindenden Demonstrationen in den Wiener Straßen zum Sturz der Regierung Badeni führten.[27]

Lecher interpellierte in der Abgeordnetenkammer mehrfach den Finanz- bzw. den Justizminister in Fragen, die die deutsche Beamtenschaft in Mähren betrafen, damit es nicht zu einer Bedrängung der deutschen Beamten bzw. zu einer Stärkung des tschechischen Beamtenelements in Mähren kam.[28] Im Reichsrat gerieten Lecher und d'Elvert mit dieser Haltung der Linken innerhalb des liberalen Lagers in einen Wahlblock mit den Abgeordneten der *Deutschen Volkspartei*, mit denen diese beiden Abgeordneten nationalistische Ansichten teilten bzw. sich letzteren annäherten.[29]

Im Oktober 1898 attackierte Lecher den neuen Ministerpräsidenten Franz Graf Thun-Hohenstein, dem er vorhielt, dass Thun einer Erhöhung der Steuer auf Zucker nur deshalb zugestimmt habe, weil er damit als Besitzer einer Zuckerfabrik seine Gewinne steigern wolle. Heuchlerisch fügte er hinzu, dass er aus Gründen der eigenen Sicherheit Thuns Handeln nicht so beschreiben könne, wie dieser das in Wahrheit verdient hätte. Der Bruder des Ministerpräsidenten, Jaroslav Graf Thun-Hohenstein, beschrieb diese Attacke Lechers in seinem persönlichen Tagebuch mit den Worten: „*Er ist feige wie ein Hund!*"[30] Nachdem die Erhöhung der Zuckersteuer mit Hilfe von Paragraph 14 in Kraft getreten war, bezeichnete Lecher dies als „*Vier-Millionengeschenk an die Zuckerfabrikanten*".[31] Lecher sprach sich zudem auch gegen eine Erhöhung der Lebensmittelsteuer aus, kritisierte die auf einer Schließung der Grenzen zu Serbien und Rumänien beruhen-

[27] Kolmer, G.: *Parlament und Verfassung in Österreich VI*, S. 329–330.

[28] Kolmer, Gustav: *Parlament und Verfassung in Österreich VII*. Wien-Leipzig 1911, S. 142, 146.

[29] Höbelt, Lothar: *Kornblume und Kaiseradler*, S. 192.

[30] Galandauer, Jan: *František kníže Thun – místodržící Českého království* [Franz Fürst Thun – Statthalter des Königreichs Böhmen], Praha – Litomyšl 2007, S. 159.

[31] Kolmer, Gustav: *Parlament und Verfassung in Österreich VII*, S. 333.

de ungarische Handelspolitik, was zu einer Verschlechterung der Beziehungen zu diesen Staaten führte.[32]

Auf der Volksversammlung in Neutitschein (Nový Jičín) am 26. Dezember 1898 sprach sich Lecher für eine gemäßigtere Taktik aus, die die Deutsche Fortschrittspartei verfolgten sollte. Lecher erläuterte seinen Wählern, dass sich zwar durch Lärmmachen im Parlament in geeigneter Form Widerstand gegen die Regierung machen und Zustimmung aus der Öffentlichkeit erreichen ließe, dass man diese Taktik jedoch nicht endlos fortführen könne. Lecher fügte hinzu, dass die Arbeit in den Parlamentsausschüssen, in denen es um Angelegenheiten wie verschiedene Tarife bzw. Fragen der Post ginge, worüber selten in den Zeitungen berichtet werde, zwar kaum in der Öffentlichkeit registriert würden, doch diese brächten den Mitgliedern weitaus größere Schwierigkeiten als die reine Beschimpfung als Lumpen bzw. Schufte, die dem entsprechenden Abgeordneten mehr Popularität bringen würden, wie Lecher aus eigener Erfahrung wusste. Lecher fügte hinzu, dass die Deutschen wichtige wirtschaftliche Interessen im Bereich der Landwirtschaft und der Gewerbetätigkeit besäßen, die man im Parlament aktiv unterstützen müsse. Lecher beharrte darauf, dass den Abgeordneten als Volksvertretern nicht vorgeschrieben werden könne, zu welcher politischen Taktik sie neigten. Lecher nahm an, dass die oppositionelle Taktik nicht die wirtschaftlichen Gesetze betreffen dürfe. Er musste jedoch während seiner Rede konstatieren, dass die Realisierung einer gewaltsamen Opposition zum Scheitern verurteilt sein würde, da zwei politische Massenparteien von dieser Taktik abwichen, nämlich die Sozialdemokraten und die Christlich-Sozialen, die eine Befriedigung der materiellen Bedürfnisse ihrer Mitglieder und die Lösung der ökonomischen Fragen forderten.[33]

Das Hauptthema, über das Lecher auf Einladung des „*Nationalvereins deutscher Bürger und Bauern für den Neutitscheiner Kreis*" referierte, war der österreichisch-ungarische Wirtschaftsausgleich. Lecher stellte sich dabei auf den ungarischen Standpunkt, dass Österreich und Ungarn zwei

[32] Harrington-Müller, Diethild: *Der Fortschrittsklub im Abgeordnetenhaus des österreichischen Reichsrats 1873–1910*. Wien-Köln-Graz 1972, S. 77.

[33] Sutter, B.: *Die Badenischen Sprachenverordnungen von 1897 II*, S. 397; Lecher, Otto: *Der Ausgleich mit Ungarn und die neue Taktik*. Neutitschein 1899, S. 21, 25.

verschiedene Staaten bildeten, die lediglich das Kaiserhaus, die Armee, Geld und ein einheitliches Zollgebiet vereinten. Bei der Erneuerung der Wirtschaftsabkommen zwischen beiden Staaten unterstrich Lecher, der ungarische Markt sei für die österreichische Arbeiterschaft, die Gewerbetreibenden und den Handel das vordergründige sozialpolitische Motiv dieser Verhandlungen. Lecher verwies auf die Schutzbestimmungen der ungarischen Regierung, die gegen den Gedanken eines einheitlichen Wirtschaftsraumes und gegen die Interessen der österreichischen Industrie gerichtet seien. Lecher nahm an, dass auch die österreichische Regierung nicht zögern würde ähnliche Maßnahmen zu ergreifen, wie sie die ungarische Regierung zur Unterstützung der einheimischen Industrie praktiziere. Lecher verteidigte auch das Recht Österreichs Agrarprodukte aus den Balkanländern einzukaufen, da sich der Export aus Österreich auf den Balkan ausrichte und für die dortigen Staaten die Zahlung mit Agrarwaren vielfach die einzige Möglichkeit darstelle, die Einfuhr österreichischer Produkte zu begleichen. Vor der Erneuerung des österreichisch-ungarischen Wirtschaftsausgleiches stellte Lecher deshalb zwei Bedingungen: die Beibehaltung der freien Konkurrenz auf dem ungarischen Markt und keinerlei Hindernisse für den Export österreichischer Industriewaren durch Ungarn.[34]

Die Quote, die beide Staaten zur Deckung der gemeinsamen Ausgaben (68,6 : 31,4) beitrugen, wertete Lecher als völlig unausgewogen und nicht adäquat dem ungarischen Einfluss und den ungarischen Ambitionen, die gemeinsame Politik der österreichisch-ungarischen Monarchie zu beeinflussen. Lecher schlug vor, wenn es schon nicht zu einem paritätischen Beitrag komme, dann sollte das Verhältnis von der Einwohnerzahl bzw. von der sog. Rekrutierungsziffer ausgehen (d. d. Österreich 52% gegenüber Ungarn 48%).[35] Lecher erachtete es dabei als unvorteilhaft, dass zur Deckung der gemeinsamen Ausgaben Österreich-Ungarns wie bisher Zolleinnahmen genutzt wurden, da es auf diese Weise dazu komme, dass die aus den Zollbelastungen des importierten Mehls bzw. Getreide gewonnenen Mittel die Produktion von Waffen finanzieren. Lechers Auffassung zufolge sollten diese Gelder eher zur Verringerung der großen materiellen

[34] Lecher, O.: *Der Ausgleich mit Ungarn*, S. 5–9.
[35] Ebd., S. 14–15.

Not verwendet werden. Das Fazit seiner Überlegungen war folgendes: in der durch die Regierung vorgelegten Form sei der österreichisch-ungarische Ausgleich inakzeptabel, da er eine *„Ausbeutung der großen Massen des arbeitenden Volkes"* bedeuten würde.[36]

Lecher kritisierte zugleich den Plan des Finanzministers Josef Kaizl zur Erhöhung der Lebensmittelsteuer auf Zucker, Bier und Branntwein sowie die Erhöhung des Zolls auf Petroleum, da diese indirekten Steuern insbesondere die Haushalte der ärmsten Schichten der österreichischen Bevölkerung trafen.[37] Lecher führte das Beispiel des Gesetzes über die Bezahlung der Staatsdiener an, das durch die Abgeordnetenkammer verabschiedet worden war und das die Regierung abgelehnt hatte, dem Kaiser zur Sanktionierung vorzulegen, solange sich hierfür im Staatshaushalt keine ausreichende finanzielle Deckung finde. Lecher beschuldigte den Finanzminister Kaizl, er wolle unter dem Vorwand der Aufspürung von Finanzmitteln für dieses Gesetz die Erhöhung der Zuckersteuer durchsetzen, wobei der Unterschied zwischen beiden Positionen bei 11–12 Millionen Talern lag.

Lecher sah in den österreichischen Deutschen einen integrativen Bestandteil der deutschen Nation; erstere verknüpfe mit den Reichsdeutschen ein *völkerrechtlicher* Verband. Die historische Mission der österreichischen Deutschen bestand Lecher zufolge im Schutz des südöstlichen Gebietes des Deutschen Reiches und der engen Anbindung von 33 Millionen Bürgern nichtdeutscher Völkerschaften an den Verband des Reiches, damit diese im Falle irgendeiner Konflagration gemeinsam mit den Deutschen kämpften.[38]

Auf der Volksversammlung in Znaim am 16. April 1899 ließ sich Lecher auf eine zusammenfassende Kritik der Ausgleichvorlagen ein, die dann auch separat als Broschüre unter dem Titel *„Obstruction und Patriotismus"* im Druck erschien.[39] Anfang Januar 1900 legte der Abgeordnete der deutschen Volkspartei Arthur Lemisch einen Entwurf vor, der die Beseitigung des berüchtigten Paragraphen 14 der österreichischen Verfassung

[36] Ebd., S. 16.

[37] Ebd., S. 12–13.

[38] Lecher, O.: *Der Ausgleich mit Ungarn*, S. 26–27.

[39] Harrington-Müller, D.: *Der Fortschrittsklub im Abgeordnetenhaus*, S. 77.

vorsah. Auf einer Zusammenkunft in Brünn stimmte auch Lecher diesem Vorschlag zu als er verkündete, dass sich die Völker der Monarchie auf diesen Paragraphen berufen und dass, solange dieser existiere, nicht ernsthaft an einen nationalen Ausgleich zwischen Tschechen und Deutschen zu denken sei.[40]

Lecher bewährte sich auch als scharfer Kommentator der politischen Situation, die nach dem Antritt der Regierung Ernst von Koerber eingetreten war, wobei Lecher zwar nicht die Verdienste des neuen Ministerpräsidenten bei der Abblockung des ungeteilten Parlaments negieren konnte, doch er war sich darüber im klaren, dass dies zu Lasten der Artikulierung der materiellen Wünsche der einzelnen Teilnehmer des politischen Kampfes gehen würde, die die österreichische Regierung nicht immer werde erfüllen können.[41]

Dank einer vierjährigen intensiven Arbeit im Parlament, zahlreichen Auftritten auf öffentlichen Versammlungen sowie einer ausgiebigen publizistischen Arbeit hatte Lecher keinerlei Schwierigkeiten bei der Wiederwahl ins Parlament, besonders als bei den Reichsratswahlen im Jahre 1901 die Gegenkandidaten aus dem deutschen Lager abfielen.[42] In der Abgeordnetenkammer wurde Lecher in den Jahren 1897–1907 Mitglied des *Klubs der Deutschen Fortschrittspartei*, in der ersten „Volks"-Kammer in den Jahren 1907–1911 dann der *Deutschfortschrittlichen* Vereinigung[43] und nach 1911 des *Nationalverbandes*.

Lecher setzte sich auch mit Abstand in den ersten Wahlen in die „Volks"- Kammer durch, als er im ersten Brünner deutschen Bezirk am 14. Mai 1907 von insgesamt 7567 Stimmen 4649 auf sich vereinigen konnte und den sozialistischen Kandidaten Josef Kalhous (2333 Stim-

[40] Abtleitinger, Alfred: *Ernest von Koerber und das Verfassungsproblem im Jahre 1900*. Wien-Köln-Graz 1973, S. 64; NFP, Nr. 12702, 3. 1. 1900, Morgenblatt, S. 4, *Abgeordneter Dr. Lecher über die politische Lage.*

[41] Kolmer, Gustav: *Parlament und Verfassung in Österreich VIII*. Wien-Leipzig 1914, S. 205.

[42] Im Brünner Stadtwahlbezirk wurden 6653 Stimmen abgegeben, von denen auf d'Elvert 4879 entfielen, während Lecher 4759 erhielt; von den tschechischen Kandidaten erhielten der Anwalt Hynek Bulín 1157 und der Buchhändler Joža Barvič 1144 Stimmen (NFP, Nr. 13069, 11. 1. 1901, Morgenblatt, S. 3, *Die Reichsrathswahlen*).

[43] Harrington-Müller, D.: *Der Fortschrittsklub im Abgeordnetenhaus*, S. 169–170

men) besiegte.[44] An dieser Stelle muss betont werden, dass Lecher zu der Minderheit von Politikern der *Deutschen Fortschrittspartei* gehörte, die aus innerer Überzeugung und keineswegs unter dem Zwang äußerer Umstände für das allgemeine Wahlrecht plädierten.[45] Im Parlament zählte Lecher innerhalb des deutschen Lagers zu den respektierten Abgeordneten, was ihn im Herbst des Jahres 1908 veranlasste, einer aus der Troika von Abgeordneten zu sein, denen die Ausarbeitung der Statuten der *Deutschfortschrittlichen Vereinigung* übertragen wurde.[46]

Vor den Wahlen 1911 verteidigte Lecher die politischen Grundsätze des *Nationalverbandes* sowie einer entgegenkommenden politischen Taktik gegenüber der Regierung. Lecher war der Meinung, dass die Abgeordneten des Nationalverbandes sich für eine werktätige Politik dergestalt einzusetzen hatten, dass die staatliche Notwendigkeit ordnungsgemäß auf parlamentarischem Wege geregelt werde, dass Staat, Staatshaushalt, Regierung und Dynastie alles unentbehrliche erhielten, jedoch sollte der Nationalverband als Entlohnung die Möglichkeit erhalten die Entwicklung des Staates, der Wirtschaft, der kulturellen und sozialen Bedürfnisse in freigeistigem Sinne zu beeinflussen. Lecher zeigte sich überzeugt, dass es möglich sei, die Taktik eines Junktims der für den Staat unerlässlichen Vorlagen mit jenen zur Anwendung zu bringen, die die Entwicklung durch eine freidenkerische Richtung lenken würden. Lecher lehnte die oppositionelle Taktik als populistisch ab.[47]

Lecher versuchte den Brünner Wählern zu erklären, dass für eine Gesundung der staatlichen sowie unter Umständen der Landesfinanzen einige Schritte im Steuergebiet notwendig seien, die geeignete Finanzquellen erschließen könnten, die sich dann für die Gehälter der Lehrer und Staatsbeamten oder für die Sozialversicherung der Arbeiterschaft sowie selbständig arbeitende Personen heranziehen ließen. Lecher zeigte sich überzeugt, dass eine Vermehrung der Einnahmen des Staatshaushaltes mit Hilfe der vom Parlament verabschiedeten Gesetze entschieden der bessere Weg sei

[44] NFP, Nr. 15348, 15. 5. 1907, Morgenblatt, S. 5, *Der heutige Wahltag.*

[45] Höbelt, K.: *Kornblume und Kaiseradler*, S. 251.

[46] Ebd., S. 270.

[47] Lecher, Otto: *Politische Richtlinien des Nationalverbandes. Wahlwerberede, gehalten in Brünn am 15. Mai 1911 von…* Brünn 1911, S. 5–6.

als etwa die Anwendung des Paragraphen 14 über die außerordentlichen Rechtsvollmachten der Exekutive, wie dies im Jahre 1899 geschah, als die Steuern auf Bier, Branntwein, Petroleum und Zucker erhöht wurden. Lecher konstatierte, dass sich jedoch zur Durchsetzung einer unabdinglichen Steuerreform eine aus den politischen Parteien bestehende Mehrheit gefunden werden müsse, die sich nicht scheue die politische Verantwortung für diese staatliche Notwendigkeit zu übernehmen.[48]

Lecher kritisierte die sozialdemokratischen Abgeordneten für deren unproduktive, dem Staat gegenüber negative Haltung im Parlament. Er hielt ihnen als Vorbild die Vertreter der Arbeiterschaft in Frankreich, Italien bzw. England vor Augen, die angeblich in den Vertretergremien häufig in positiver Weise agierten. Von der Veränderung der sozialdemokratischen Taktik versprach sich Lecher eine Schwächung des klerikalen und agrarischen Einflusses auf die Regierungsmehrheit. Den Sozialdemokraten hielt Lecher Ungeduld beim politischen Handeln und Rohheit bei öffentlichen Bekundungen vor, die Lecher zufolge einen sachlichen Dialog zwischen der stadtbürgerlichen und der proletarischen Welt unmöglich machten. Lecher registrierte, dass die österreichische Sozialdemokratie auch um Stimmen aus den bürgerlichen Schichten warb, aus diesem Grunde rückte der Wahlkampf von revolutionären Losungen über eine Vergesellschaftung der Produktionsmittel ab. Lecher bemerkte, dass die Sozialdemokraten Anstrengungen unternahmen, die Stimmen der Unzufriedenen aus allen Lagern zu sammeln.[49]

In der nationalen Frage verbarg der Nationalverband Lecher zufolge keineswegs, dass er den übrigen Interessen bedingungslos die Interessen der deutschen Bevölkerung Cisleithaniens vorschaltete. Der Verband sei zwar vorbereitet per Gesetz seine Beziehungen zu den deutschen Völkern zu regeln, doch in absehbarer Zeit glaubte Lecher nicht an einen dauerhaften Frieden mit Tschechen und Slowenen. Die Lösung der nationalen Frage ging er im Gegenteil sehr kämpferisch an: „*Wir meinen vielmehr, dass der Wettstreit der Nationen ein in der Natur der Menschen, die sich nun einmal nicht gleichen, begründeter Vorgang ist und dass das deutsche Volk dessen Kampf nicht zu scheuen hat und um so besser überstehen wird, je kampf-*

[48] Lecher, O.: *Politische Richtlinien des Nationalverbandes*, S. 8.
[49] Ebd., S. 11–12.

süchtiger es ist, je weniger es sich seinen gesunden nationalen Egoismus durch philosophisch-phantastische Unklarheiten – wie es der sozialdemokratische Internationalismus ist – trüben lässt."[50]

Die öffentlichen Aktivitäten Otto Lechers wurden mit der Verleihung der Ehrenbürgerschaft der Stadt Brünn, die ihm der Brünner Magistrat am 2. April 1912 gemeinsam mit Heinrich d'Elvert aus Anlass ihrer 15-jährigen Vertretung der Brünner Interessen im Reichsrat zuerkannte, belohnt.[51]

Der Stil von Lechers öffentlichen Auftritten zeichnete sich dadurch aus, dass in Fällen, in denen der Redner die politischen Gegner attackierte, Lecher sich für gewöhnlich ein Beispiel von häufig extremer Natur wählte, durch das er den Anwesenden das behandelte Thema nahezubringen versuchte (Sprachenverordnungen, tschechisches Staatsrecht), um so die Zuhörer vom negativen Charakter der Frage zu überzeugen und diese so auf seine Seite zu ziehen. In derartigen Fällen widmete sich Lecher in der Regel nicht einer weitergehenden Analyse des Themas. Wenn Lecher zu den Bauern im Znaimer Land sprach, versuchte er sämtliche bewegenden Themen mit dem Alltag der Zuhörer in Verbindung zu bringen. Lechers Ansprachen wurden von den Repräsentanten der altliberalen Richtung nicht sehr hoch geschätzt und als „*kopflose und verlogene Redereien*" diffamiert.[52] Seine politischen Erfahrungen verzinste Lecher literarisch in dem Roman „*Der Abgeordnete*", dessen Held ein ehrenwerter deutscher und nationaler Politiker aus der Provinz ist.[53]

Lechers dauerhaftes Interesse an Fragen der Wirtschaftsbeziehungen zwischen den beiden Reichshälften der Donaumonarchie sowie an der Handelspolitik des Vielvölkerstaates bildeten eine natürliche Grundlage dafür, dass Lecher regelmäßig in die cisleithanische Delegation für die Markgrafschaft Mähren gewählt wurde.[54] Als kundigen Fachmann in sozialen und wirtschaftlichen Fragen respektierte ihn hier zum Beispiel

[50] Ebd., S. 12–13.

[51] Mährisch-Schlesischer Correspondent 52, Nr. 77, 3. 4. 1912, Morgenblatt, S. 1–2, *Aus dem Gemeinderate.*

[52] Höbelt, L.: *Kornblume und Kaiseradler*, S. 175.

[53] Lecher, Otto: *Der Abgeordnete. Erzählung aus dem Franzisko-Josephinischen Oesterreich.* Berlin 1919.

[54] Vgl. Kolmer, G.: *Parlament und Verfassung in Österreich VIII*, S. 226, 367, 465.

auch T. G. Masaryk.[55] Auch Innenminister Karl Heinold äußerte in einem seiner privaten Gespräche über Lecher, dieser sei ein Mann, der das Handelsministerium leiten könne.[56] Demgegenüber äußert sich Josef Redlich in seinen Memoiren wenig schmeichelhaft über Lecher, den er als seinen unmittelbaren direkten politischen Konkurrenten darstellt.[57] Lothar Höbelt charakterisierte Lechers Position vor dem Ersten Weltkrieg und stellte dabei fest, dass dieser gemeinsam mit seinem Mitläufer d'Elvert weiterhin zu den Stützen des Nationalverbandes zählte, keineswegs jedoch zu dessen Führern. Es lässt sich jedoch eine Persönlichkeitsentwicklung feststellen, die Otto Lecher von seinen Anfängen als gefeierter Obstruktionsredner hin zu einem respektierten Fachmann für Wirtschaftsfragen und Handelspolitik führte.

Die Lebensbahn Otto Lechers schloss sich am 20. Januar 1939 in Leopoldsdorf. Die Brünner Zeitung Lidové noviny schrieb in der Nachricht über seinen Tod: „*Er war ein Repräsentant des Wirtschaftsliberalismus, doch stellte er sich nicht taub gegen die Strömungen der neueren Zeit.*"[58]

[55] Masaryk. T. G.: *Parlamentní projevy 1907–1914* [Parlamentsreden 1907–1914]. Praha 2002, S. 242–243.

[56] Fellner, Fritz (Hg.): *Schicksalsjahre Österreichs 1908–1919. Das politische Tagebuch Josef Redlichs I. 1908–1914*. Graz-Köln 1953, S. 143.

[57] Fellner, Fritz (Hg.): *Schicksalsjahre Österreichs 1908–1919. Das politische Tagebuch Josef Redlichs I. 1908–1914*. Graz-Köln 1953, S. 19, 117.

[58] Lidové noviny 47, Nr. 42, 24. 1. 1939, Morgenausgabe, S. 5, *Zemřel dr. O. Lecher* [Der. O. Lecher verstorben].

JOHANN SCHLITTER, POLIZEIDIREKTOR IN BRÜNN

Lukáš Fasora

Die Analyse von Vorstellungen eines Polizeibeamten über die Möglichkeiten der Einstellungen zur Arbeiterbewegung sowie zur Lösung der sozialen Frage im Habsburgerreich birgt in sich einige Grenzen, aber auch Vorteile. Vor allem sind der Posten eines Polizeibeamten sowie die gesamte Atmosphäre des bürokratischen Polizeiapparates nur schwer mit der Denkweise kompatibel, die wir für gewöhnlich als theoretisch zu bezeichnen pflegen und die vielfach den Horizont aktueller Tatsachen überschreitet, sich dabei bemüht, Dinge vorwegzunehmen, zu Ende zu denken und zu generalisieren. Auch ein Polizeibeamter in einer derartig hohen Position, wie es das Amt des Polizeidirektors in Brünn darstellte, musste vor allem ein loyaler und stets gehorsamer Bestandteil des Systems sein, und ein Übermaß an selbständigem Denken auch bei sehr intelligenten und leistungsfähigen Angehörigen des Sicherheitsapparates brachte in der Praxis mehr Schaden als Nutzen. Ein Polizist musste ganz eindeutig auf einer Seite der Barrikade stehen, musste im Grunde genommen die Personifizierung der staatlichen Politik verkörpern. Wenn sich freilich von Polizisten kaum viele theoretische Anregungen mit Blick auf das zu behandelnde Problem erwarten lassen, kann man sich andererseits um so mehr auf deren Urteil bezüglich der Detailkenntnisse der örtlichen Situation sowie auf deren wertvolle praktische Beobachtungen verlassen, die vornehmlich auf das Problem von – auf der Existenz ausgeprägter sozialer Unterschiede beruhender – Sicherheitsrisiken für den Habsburgerstaat ausgerichtet waren.

Die zweite Grenze aus Sicht des Historikers stellt das Funktionieren des Sicherheitsapparates selbst dar, das auch die Tätigkeit eines hohen Polizeibeamten in vielerlei Hinsicht sozusagen anonymisierte. Auch der Brünner Polizeidirektor verließ sich notwendigerweise bei der Erstellung komplexer Nachrichten für Übergeordnete auf die Ergebnisse der Arbeit seiner Mitarbeiter. Johann Schlitter war darüber hinaus offenkundig nicht mit ausreichenden Kenntnissen der tschechischen Sprache ausgestattet und deshalb bei vielen Einschätzungen folglich von seinen Mitarbeitern und der Arbeit des gesamten Apparates abhängig – in erster Linie von Polizeikommissar Leopold Wohnout, dem sozusagen die Sorge für den tschechischen Zweig der Arbeiterbewegung oblag. In den überlieferten Materialien lässt sich somit nicht immer genau unterscheiden, wo es sich um Auffassungen Schlitters und wo um Auffassungen Wohnouts handelte, wobei zahlreiche fundierte Informationen über die Brünner Arbeiterbewegung auch der Polizeioberkommissar Dr. Carl Edler von Rueber lieferte. Dennoch wird offenkundig, dass Rueber oder Wohnout eher für Mikroanalysen – d. h. vornehmlich die Teilnahme an Versammlungen – zuständig waren. Komplexe Nachrichten zum Stand der sozialen Frage sowie der Arbeiterbewegung erstellte für die Statthalterschaft sowie das Ministerium ausschließlich Schlitter.

Johann Schlitter (1830–1901) war Absolvent der Prager Carolo-Ferdinandea, im Jahre 1852 begann er seinen Dienst als Konzeptionspraktikant bei der Prager Polizeidirektion, bereits im darauf folgenden Jahr wurde er als Konzeptionsadjunkt nach Venedig versetzt. In den Jahren 1855–1865 brachte er es dank seines Dienstes in den Provinzkommissariaten in Udine und Vicenza bis zum Titel eines Kommissars, nach der Rückversetzung nach Venedig im Jahre 1865 stieg er in den Rang eines Hauptkommissars auf. Der Dienst in den italienischen Provinzen war Schlitters eigenen Worten zufolge sehr anspruchsvoll und gefährlich, Schlitters Vorgesetzte lobten seine unbeirrbare Loyalität und die Fähigkeit, „delikate Situationen" zu lösen. Schlitter offenbarte ein bedeutendes diplomatisches Talent und erwarb sich den Ruf eines Kenners von Sicherheitsrisiken, die den Interessen der Habsburgermonarchie durch die italienische Nationalbewegung drohten. Besonders der Verlust der Lombardei im Jahre 1859 hatte für Schlitter negative Folgen: Aufgrund der personellen Versetzungen wurde vorübergehend auch sein Aufstieg auf der Karriereleiter gestoppt und die ganze Familie befand sich in einer schwierigen materiellen Lage. Im Verlaufe der militärischen Kampagne 1866 wurde Schlitter als Attaché der Armeeführung in Verona zugeteilt, wobei er – wie es hieß – erneut *„Diensteifer, Taktgefühl, eine unzweifelhaft loyale Haltung sowie eine unstrittige Begabung"* an den Tag legte.

Im Jahre 1867 wurde Schlitter nach Brünn versetzt, bereits seit 1868 agierte er als stellvertretender Polizeidirektor, im Jahre 1876 verlieh man ihm den Titel eines Polizeirates und seit 1879 leitete er die Polizeidirektion – zunächst als akkreditierter Beamter, schließlich bereits als ordentlich ernannter Polizeidirektor. Hatte sich Schlitter bis dahin als Sicherheitsexperte für die italienische Nationalbewegung profiliert, sah seine Aufgabe nunmehr anders aus: in die mährische Metropole hatte man ihn programmgemäß mit dem Ziel gesandt, die Situation in der Arbeiterbewegung zu verfolgen und auszuwerten, da diese nach Meinung der österreichischen Behörden gerade in Brünn das größte Sicherheitsrisiko darstellte und zu Zeiten von Schlitters Amtsantritt in dieser Hinsicht die mit dem deutsch-tschechischen Zusammenleben verbundenen Probleme bei weitem übertraf. Die Anführer der mächtiger werdenden Arbeiterbewegung in Brünn konnten bereits im Jahre 1875 den ersten großen Streik organisieren, weitere folgten in den Jahren 1885 und 1889 – von mehreren Dutzend Streiks kleineren Umfangs ganz zu schweigen. Seit den 1890er-Jahren standen große Demonstrationen der Arbeiterschaft für Brünner Polizisten insgesamt auf der Tagesordnung. Schlitter befasste sich persönlich sehr intensiv mit diesen Streikationen, für sein Agieren während des Streiks im Jahre 1875 erhielt er ein besonderes Lob[1], und insbesondere der Streik im Jahre 1885 bedeutete für ihn einen großen Arbeitsaufwand[2], der sich auf seine immer stärker angegriffene Gesundheit auszuwirken begann, vornehmlich die fortschreitende Neurose.

Schlitter verlor zu einem nicht näher bekannten Zeitpunkt in der Phase seiner Übersiedlung nach Brünn seine Frau und blieb als Witwer mit seinen beiden Kindern allein. Diese Wende in seinem Leben wirkte sich in hohem Maße auf die Profilierung seiner Interessen auf die soziale Frage aus, vor allem mit Blick auf die Probleme von Jugendlichen aus den ärmsten Schichten, wie er dies selbst in seinem Bittgesuch zur Verleihung des Titels eines Polizeirates im Jahre 1876 formulierte. Seit 1868 ließ Schlitter alljährlich zur Weihnachtszeit kleine Geschenke verteilen – Kleidung und Lebensmittel an Kinder aus ärmsten Verhältnissen, in erster Linie aus Arbeiterfamilien. Die Vielzahl der verteilten Geschenke war in der Tat imposant, zu Weihnachten 1875 verteilte er Gaben an 300 Kinder. Schlitters karitatives Engagement brachte ihm Anerkennung vonseiten ähnlich

[1] Moravský zemský archiv (MZA –Mährisches Landesarchiv: künftig MZA), B 26 – Policejní ředitelství Brno [Polizeidirektion Brünn], Karton 220, čj. 1119/1875.

[2] *Ende des Arbeiterstreikes*. Brünner Morgenpost 24. 6. 1885, Jg. 20, Nr. 142, S. 3.

ausgerichteter Vereinigungen des Brünner Bürgertums ein und fand zudem auch in der aristokratischen Gesellschaft ein positives Echo. Die übergeordneten Organe quittierten ähnliche private Initiativen den überlieferten Dienstaufzeichnungen zufolge mit großem Dank, da diese zum einen das praktische Bemühen um die Realisierung des *„höchsten Interesses hinsichtlich der Verbesserung der Situation der Arbeiterschaft“* unterstrichen, und Schlitter zum anderen verständlicherweise durch seine Beziehungen viele wertvolle Informationen erhielt.

Im Jahre 1891 wurde Schlitter vorzeitig aus gesundheitlichen Gründen in den Ruhestand versetzt, seine Neurose begann sich in langjähriger Schlaflosigkeit, Atemnot sowie ernsthaften Kreislaufproblemen bemerkbar zu machen. Nach dem Ausscheiden aus seinem Amt lebte Schlitter mehrere Jahre bei seinem Sohn Hans, der als Archivar im Haus-, Hof- und Staatsarchiv Wien arbeitete, seine letzten Lebensjahre verbrachte er bei seiner Tochter Nina in Payerbach, unweit von Gloggnitz in Niederösterreich.[3]

Die politischen Vorgaben für den Sicherheitsapparat legten das Augenmerk mit Blick auf die Arbeiterbewegung während der gesamten Karriere Schlitters mehr oder weniger auf eine Verfolgung der Arbeiterbewegung und deren politischer Erscheinungsformen, die als Bedrohung für den Staat aufgefasst wurden. Wenngleich Schlitter im Verlaufe seiner fast vierzigjährigen Dienstzeit mehrere kleinere Korrekturen dieses grundlegenden Schemas beim Herangehen an die Arbeiterbewegung und die Sozialdemokratie erlebte – sei es nun in Richtung einer verschärften Persekution oder auch einer mehr wohlwollenden Betrachtung einiger Erscheinungen der Arbeiterbewegung –, blieb der repressive Charakter der Haltung des Staates im Grunde genommen erhalten. Erst nach Schlitters Pensionierung etablierte sich die Sozialdemokratie als parlamentarische politische Partei und der Sicherheitsapparat erhielt von der Staatsführung andere Vorgaben, was das Verhalten gegenüber den Sozialdemokraten betraf.

Den Rahmen für Schlitters Aktivitäten gegen die Arbeiterschaft bildete die staatliche Sozialpolitik der sog. Ära Taaffe.

[3] Zu Schlitters beruflicher Laufbahn vgl. MZA, Fond Statthalterei-Präsidium B 13, Karton 424, čj. 2006/1878; dort auch Karton 424, čj. 3091/1880; MZA, B 14 Fond der Statthalterei jüngere Faszikel 3025, čj. 25918/1901.

Die persönliche Einstellung Schlitters zur Arbeiterbewegung bewegte sich zwischen einem gewissen Maß an Verständnis für die komplizierte materielle und geistige Situation der Arbeiterschaft, auf der anderen Seite zeigte sich Schlitter überzeugt, dass die Lösung dieser Probleme ausschließlich im Rahmen der bestehenden gesellschaftlichen und politischen Ordnung möglich sei. Schlitter lehnte die politische Artikulierung der ständischen Interessen der Arbeiterschaft ab, vor allem deshalb, weil die zahlreichen berechtigten Forderungen nach einer Verbesserung der Lebensbedingungen der Arbeiter in Pläne für einen grundlegenden Umbau der Gesellschaft sowie der politischen Verhältnisse verpackt wurden.[4] Diese Haltung zeigte Schlitter fest an der Seite der konservativen politischen Kräfte, wobei die Einstellung der konservativen Regierung Taaffe zu den gewaltigen Streiks der Brünner Arbeiterschaft aus den Jahren 1885 und 1889 sowie zur gesamten sozialen Frage dem Polizeidirektor offenkundig ganz zu Eigen war.[5]

Die Eliminierung der politischen Aspekte der Arbeiterbewegung bildete für Schlitter die grundlegende Voraussetzung für einen Erfolg bei der Lösung der sozialen Frage. Die Sozialdemokratie hatte in seinen Augen ihre Stärke unter den Arbeitern vor allem dem Umstand zu verdanken, dass sie die partiellen Interessen der einzelnen Beschäftigten bei deren Behandlung auf öffentlichen Foren in den Hintergrund gedrängt, die Illusion einer einheitlichen Arbeiterklasse geschaffen und dieses Trugbild dann konsequent politisch ausgenutzt hatte. Die ältere tschechische Literatur datierte die Entstehung eines kollektiven Bewusstseins der Arbeiterschaft in die 1860er-Jahre[6], neuerdings versuchen Jana Machačová und Jiří Matějček dieses Phänomen eher in die achtziger Jahre des 19. Jahrhunderts zu legen[7],

[4] MZA, B 13 Statthalterei-Präsidium, Karton 307, čj. 5148/89, bes. fol. 23.

[5] Vgl. das Beispiel einer zeitgenössischen Kritik dieser Haltung durch den Gesandten des Reichsrates Adolf Anton Wiesenberg MZA, B 26, Polizeidirektion Brünn, Karton 253, čj. 1370/1887.

[6] Novotný, Karel: *K otázce kolektivního vědomí našeho dělnictva v období živelného dělnického hnutí* [Zur Frage des kollektiven Bewusstseins unserer Arbeiterschaft im Zeitraum spontanen Arbeiterbewegung]. Časopis Matice moravské 93/1974, Nr. 1–2, S. 69–79 (hier S. 78–79).

[7] Machačová, Jana – Matějček, Jiří: *Nástin sociálního vývoje českých zemí* [Abriss der sozialen Entwicklung der böhmischen Länder], S. 189.

was auch Mikrosonden für die Brünner Region stützen.[8] Eric Hobsbawm spricht mit Blick auf die britische Arbeiterschaft über den Zeitraum nach 1870 (mit einer Reihe von Regressen, regionalen, berufszweig-, alters- und geschlechtsspezifischen Unterschieden),[9] die moderne deutsche Forschung zum Thema „Geschichte der Arbeit" stimmt mit Hobsbawm im Prinzip überein: im Jahre 1848 sowie in den 1860er-Jahren werden die „Wurzeln" gesehen, die kulturelle Fixierung des Phänomens und seine massenhafte Verbreitung datiert man jedoch eher in die achtziger und neunziger Jahre des 19. Jahrhunderts.[10]

Schlitter betrachtete jedoch die Lage der Arbeiterschaft in den einzelnen Fabriken bis in die 1880er-Jahre als weiterhin sehr variabel, auch die einzelnen Betriebsstätten unter dem Zeichen der gleichen Firma wichen voneinander ab, hinzu kam, dass selbst unter der Arbeiterschaft eine deutliche Hierarchie vorherrschte, hinzu gesellten sich unterschiedliche Einstellungen und Interessen. Die mentale Ebene im Prozess der Vereinigung der Arbeiterschaft, also die Entstehung und Stabilisierung eines kollektiven Bewusstseins, unterschätzte Schlitter.[11] Basierend auf den erwähnten wirtschaftlichen und sozialen Differenzen war es ihm zufolge möglich, das Konzept einer Lösung der mit der Industrialisierung verbundenen sozialen Probleme zu entwickeln, und Schlitter und seine Leute widmeten der Analyse der Unterschiede in den einzelnen Fabriken während der Streiks außerordentliche Aufmerksamkeit.

Die Arbeiterschaft zeigte sich nach Meinung des Brünner Polizeidirektors im Grunde genommen stets einem Vertrag über eine angemessene Verbesserung ihrer materiellen Situation gegenüber aufgeschlossen, doch wurde sie von einer Seite durch Agitatoren zu einem Radikalismus verleitet

[8] Vgl. Halas, František: *Kemka. Vzpomínky bývalého textilního dělníka* [Kemka. Erinnerungen eines ehemaligen Texilarbeiters]. Praha 1950; FRANĚK, Otakar: *Josef Hybeš ve vzpomínkách současníka* [Josef Hybeš in den Erinnerungen eines Zeitgenossen], Brno 1962.

[9] Hobsbawm, Eric: *Workers: Worlds of Labour*. New York 1984, S. 194–213.

[10] Ritter, Gerhard A. – Tenfelde, Klaus: *Arbeiter im Deutschen Kaiserreich*, Bonn 1992, bes. S. 836.

[11] MZA, B 13 Statthalterei-Präsidium, Karton 307, čj. 5148/89, bes. fol. 75–77, 129, 189.

und von anderer Seite durch kurzsichtige und unnachgiebige Unternehmer provoziert.[12]

Den Sprechern der Sozialdemokratie gegenüber empfahl Schlitter ein scheinbar einfaches Vorgehen zu applizieren: diese sollten zur Verletzung der Gesetze provoziert werden, um dann durch deren Verhaftung die Arbeiterschaft ihrer radikalen Führer zu berauben. Die Forschungsergebnisse zur Arbeiterbewegung in deutschen Städten zeigen jedoch, dass diese Strategie im Zeithorizont mittelfristig das genau Gegenteil bewirkte – die personelle Instabilität und der Nimbus von Märtyrern im Kampf gegen den Staat führte zu einer weiteren Politisierung und Radikalisierung der Arbeiterschaft, darüber hinaus kam es – mit Blick auf deren Kampf gegen den Staat – in der Arbeiterschaft insgesamt zu einer Homogenisierung. So, wie dies der bekannte Anarchist Max Stirner verkündet hatte: „*Freiheit huldigt den Unterschieden*".

Auf der anderen Seite brachte die personell stabile Organisation einer nicht durch Verfolgungen bedrohten Sozialdemokratie aus Sicht des Staates einen zweifach positiven Effekt hervor: 1) Ließ man der Sozialdemokratie nicht genug Raum zur Bildung einer einheitlichen Arbeiterklasse als Trägerin gesellschaftlicher Veränderungen, goss man damit auch kein Wasser auf die Mühle einer Politisierung der sozialen Frage, und die Arbeiterbewegung blieb – wie insbesondere die britische Entwicklung unterstreicht – folglich entsprechend des berufsmäßigen, branchenmäßigen oder regionalen Schlüssels gespalten und den Einfluss wahrten in den Gewerkschafts- und generell den Arbeiterorganisationen eher qualifizierte Arbeiter, die revolutionären Verlockungen skeptisch gegenüberstanden.

2) Die Stabilität der Organisationen brachte eine Konzentration der Macht in den Händen einiger einflussreicher Führer mit sich, führte schrittweise zu einer Einschränkung der innerparteilichen Diskussion als Plattform für Unzufriedene und Radikale und im Ergebnis dessen zu einer realistischen, pragmatischen Politik.[13]

[12] MZA, B 13 Statthalterei-Präsidium, Karton 457, čj. 116 und ebd. Karton 307, čj. 5148/89, bes. fol. 23.

[13] BOLL, Friedhelm: *Massenbewegungen in Niedersachen 1906–1920. Eine sozialgeschichtliche Untersuchung zu den unterschiedlichen Entwicklungstypen Braunschweig und Hannover*. Bonn 1981, insbes. S. 313–322.

Im Milieu der Brünner Textilarbeiterschaft, des Hauptmotors großer Streikaktionen, erblickte Schlitter die größte Gefahr vonseiten der Anführer der Weber, andererseits sah er beim Blick auf ganz Mähren die radikalsten Kräfte unter den Metallarbeitern. Die Weber waren der Polizei zufolge in der Regel ausschließlich auf Einnahmen aus dem Verdienst in den Fabriken angewiesen und konnten sich nicht auf ihre Verwandten auf dem Lande oder aber auf den Besitz eines kleinen Stücks Boden oder ähnliches verlassen, in den Streikaktionen traten sie deshalb besonders unnachgiebig auf. Die Identifikation mit dem Kampfziel des Agierens war bei ihnen besonders groß, und als relativ hoch erwies sich zudem ihre Diszipliniertheit. Bei den übrigen Gruppen der Brünner Arbeiterschaft konstatierte Schlitter ausdrücklich ein utilitaristisches Verhalten: Viele fuhren während eines Streiks einfach aufs Land, suchten ersatzweise ein Einkommen oder besuchten lediglich Verwandte und Bekannte – allein die Tucharbeiter verloren angeblich dieses soziale Hinterland durch ihren langjährigen Aufenthalt in der Stadt.[14]

Auf Seiten der deutschen Arbeiterschaft in Brünn und ihrer Führer registrierte der Polizeidirektor mehr Verständnis für die Notwendigkeit eines Vertrages über strittige Fragen, und er schrieb dieses Verständnis der höheren Bildung der meisten deutschen Arbeiter sowie der Anziehungskraft der im deutsch-österreichischen Milieu der Intellektuellen geführten, theoretischen Diskussionen über die soziale Frage für die sozialdemokratische Führer zu. Die tschechische Fraktion der Sozialisten erwies sich für die Interessen des Staates stets als potentiell gefährlicher – Schlitter war sich sehr wohl der größeren personellen Labilität sowohl des Kaders an qualifizierten tschechischen Arbeitern als auch ihrer Anführer bewusst.[15] Dennoch änderte diese Wahrnehmung nichts an den Empfehlungen Schlitters an seine Vorgesetzten hinsichtlich der Festnahme von Arbeiterführern. Die tschechischen Arbeiterführer – als Beispiel wurde Josef Hybeš genannt – waren angeblich entweder aus Überzeugung selbst Radikale oder aber sie standen unter einem solchen Druck der radikalen Arbeiterschaft und deren spontan auftretender Sprecher, dass sie sich auf Dauer nicht in der Rolle von Befürwortern eines Vertrages zu halten vermochten. Die

[14] MZA, B 13 Statthalterei-Präsidium, Karton 307, čj. 5148/89, insbes. fol. 72.

[15] MZA, B 13 Statthalterei-Präsidium, Karton 357, čj. 2782.

Existenz der einflussreichen Brünner Gruppe gemäßigter sozialistischer und Gewerkschaftsführer (František Antonín Jura, Adolf Burian u. a.), die in der zweiten Hälfte der 1880er-Jahre wirksam in den Streit innerhalb der sozialistischen Bewegung zwischen Radikalen und Gemäßigten eingriffen,[16] nahm Schlitter nicht wahr, deren „gemäßigte Haltung" lag offenkundig außerhalb seiner Fähigkeiten einer Differenzierung.

Eine tiefer gehende Begründung für den Radikalismus der (besonders tschechischen) Arbeiterschaft finden wir – mit Ausnahme des Hinweises auf die rein praktische Orientierung dieser sozialistischen Fraktion – in den Polizeiberichten nicht. Es lässt sich also nicht sagen, ob Schlitter die von den Sozialisten postulierten Ziele einer gesellschaftlichen Reform überhaupt ernst nahm, ob die Vision einer demokratischen Gesellschaft mit gleichen Chancen für alle für diese lediglich ein Instrument zum Anlocken weiterer Sympathisanten unter das Banner der Sozialdemokratie darstellte oder ob ihn – also Schlitter – die genaue Kenntnis der örtlichen Verhältnisse, zusammen mit der praktischen Lebenseinstellung, bei der Herstellung jedweder emotionalen Bindung nicht eher hinderte.

Die Eliminierung der radikalen Führer sollte zu einer Abtrennung der politischen und ideologischen Seite in der Tätigkeit der Arbeiterorganisationen von deren lokal gebundenem Kampf um bessere materielle und Arbeitsbedingungen führen.[17] Das Eintreten der Arbeiterschaft für höhere Löhne und eine Verbesserung der Arbeitsbedingungen sah Schlitter in zahlreichen Fällen als berechtigt an. Der Weg zu entsprechenden Korrekturen führte jedoch gewiss nicht über ideologische und politische Aktivitäten unter dem Deckmantel der Sozialdemokratie, sondern ausschließlich auf dem Wege eines Vertrages mit den Arbeitgebern.

Schlitters Überlegungen hinsichtlich des Vorgehens der Arbeitgeber gingen von mehreren Voraussetzungen aus, die – mit zeitlichem Abstand – als sehr konservativ bewertet werden müssen; in einigen Punkten waren sie widersprüchlich oder widersprachen letztlich sogar dem realen

[16] Vgl. Jordán, František: *Překonání rozkolu dělnického hnutí v českých zemích na umírněné a radikály (1879–1889)* [Die Überwindung der Spaltung der Arbeiterbewegung in den böhmischen Ländern in Radikale und Gemäßigte (1879–1889)], Praha 1965.

[17] MZA, B 13 Statthalterei-Präsidium, Karton 307, čj. 5148/89, bes. fol. 22.

Stand der Dinge. Der Brünner Polizeidirektor verfügte aller Wahrscheinlichkeit nach nicht über eine ökonomische Bildung und seine Kenntnis über das wirtschaftlichen Geschehen war relativ niedrig – was jedoch mit dem allgemein geringen Informationsgrad der Öffentlichkeit über Ursachen und Folgen ökonomischer Zyklen, deren Zusammenhänge mit der Situation auf dem Arbeitsmarkt sowie mit dem Thema Regeneration der Arbeitskraft und Erhöhung der Effektivität der Arbeit und damit zusammenhängenden Fragen korrespondierte. Das Fehlen einer soliden amtlichen Statistik, schwach besetzte wirtschaftliche Rubriken auch in den führenden mährischen Presseorganen sowie ein Mangel an kompetenten Fachleuten ohne direkte Bindung an den Unternehmersektor: alle diese Faktoren führten zu einer einseitigen Information der Öffentlichkeit über das Geschehen im Bereich der Wirtschaft, und diese Informationsdefizite zogen eine grundlegende Verzerrung in der ansonsten realistischen und sachlichen Abwägung des Brünner Polizeidirektors nach sich. Schlitter schweifte bei den Versuchen einer Analyse der ökonomischen Zusammenhänge der Entwicklung der Arbeiterbewegung in Brünn relativ häufig ab in den Bereich einer Analyse des Zustands insbesondere in der Brünner Textilproduktion, allzu sehr verließ er sich jedoch auf Informationen, die von der Unternehmerlobby sowie von dieser beherrschten Institutionen stammten – etwa der Brünner Handels- und Gewerbekammer oder dem Mährischen Gewerbeverein.

Die so übernommene Interpretation der Entwicklung und des Zustands der Textilindustrie in Brünn, die Schlitter weiterhin den übergeordneten Dienststellen „dolmetschte", stützte sich auf die Prämisse einer unerbittlichen Konkurrenz, die die Brünner Textilunternehmen in Bedrängnis brachte, die sich – der Tradition getreu – um eine maximale Verringerung der Produktionskosten bei gleichzeitiger Beibehaltung der Qualität der Produktion bemühten.[18] Schlitter zeigte sich zwar in einem seiner ersten Berichte sehr wohl davon überzeugt, dass die Gewinne aller Brünner Textilunternehmer hauptsächlich zu Beginn der 1870er-Jahre sehr hoch waren – bei einigen setzte sich diese Entwicklung auch später fort – und dass diese Gewinne nur in relativ geringem Umfang in die Entwicklung der Technologie der Textilproduktion in der Stadt Brünn

[18] MZA, B 13 Statthalterei-Präsidium, Karton 357, čj. 116.

reinvestiert wurden. Wie wir heute durch die Arbeiten von Jan Janák wissen, investierten die Unternehmer ihre Mittel lieber in den Erwerb von Immobilien oder die Entwicklung unternehmerischer Projekte außerhalb der Textilbranche, und unbewusst öffneten sie damit der beutegierigeren Konkurrenz Tür und Tor. Unter dem Druck hoher Aufwendungen für die Arbeitskräfte verlagerten die Brünner Textilunternehmer schließlich einen Teil des Produktionsprozesses in den Bereich der rückständigen, freilich billigen Heimproduktion, was verständlicherweise Auswirkungen auf die Qualität der Waren sowie eine Veralterung des Maschinenparks zur Folge hatte. Insbesondere in Nordböhmen ließ diese Situation wahre Giganten der Textilproduktion entstehen, die durch ihre Kapitalkraft und ihre technologische Ausgereiftheit Brünn allmählich vom Piedestal als bedeutendstes Zentrum der Textilindustrie in der Habsburgermonarchie verdrängten. Schlitters Einstellungen in den achtziger Jahren verloren mit Blick auf das Verhältnis zu den Unternehmern ihren kritischen Ton, auf der anderen Seite erschienen ihm die Forderungen der Arbeiterschaft um so häufiger als unbegründet, unverantwortlich und gefährlich für die sich verringernde Konkurrenzfähigkeit der Brünner Textilindustrie.

Auch Schlitters Vorstellungen über die Möglichkeit eines Vertrages zwischen dem Fabrikbesitzer und „seinen“ Arbeitern, die sich auf eine Instruktion von oben stützten und schließlich auf die Vorstellungen des Kaisers selbst über die Möglichkeiten zur Lösung der sozialen Frage, erwiesen sich in vieler Hinsicht als hemmend. Ein charakteristisches Element in Schlitters Denken bildete seine Vorstellung, dass der erdachte Ball im Spiel um den sozialen Frieden auf der Seite der Fabrikbesitzer läge, die in den Verhandlungen mit der Arbeiterschaft die stärkere Partei präsentierten. Ein Ausgangspunkt war die Vorstellung, dass a) der Fabrikant in der Personalpolitik eine freie Handhabe besäße, die lediglich gesetzliche Vorschriften begrenzten, b) zwischen dem Arbeitgeber und den Beschäftigten eine interessensmäßige und vielleicht auch eine gewisse emotionale Bindung bestehe, die sich auf die Identifikation mit dem Betrieb, ein gemeinsames Interesse an dessen Erhalt und der Prosperität und somit auf den Willen zu einem Vertrag bei den Verhandlungen über Lohn- und ähnliche Forderungen stütze. Die Arbeiterschaft sollte in diesem Gedankenkonstrukt politischen und ideologischen Forderungen entsagen, die *„Malcontents“* (Unzufriedenen) aus ihrer Mitte eliminieren und sich voll auf die Weisheit des Arbeitgebers verlassen, der kraft seines Titels als *„Herr im Hause“* sowie aufgrund des Drucks der öffentlichen Meinung auf seine Person eine schrittweise und zeitlich begrenzte Korrektur der Verhältnisse herbeiführen sollte. Einen sehr guten Raum für Verhandlungen über gemeinsame Interessen boten hauptsächlich verschiedene Unterstützungskassen, deren Mitglieder nicht selten sowohl die Beschäftigten als auch die Arbeitgeber waren.[19] Während der Besuche des Kaisers in Brünn in den Jahren 1880 und 1892 sowie im Verlaufe der Aufenthalte weiterer Angehöriger der herrschenden Dynastie wurden in diesem Geiste auch feierliche Versprechen der Unternehmer in die Hände des Monarchen bzw. des Erzherzogs geleistet, dass man mit „seinen“ Arbeitern anständig umgehen wolle. Die Unternehmer wurden für dieses Versprechen in der Folge mit Ritterorden und Erhebungen in den Adelsstand geehrt.[20]

Schlitters Vorstellungen erweisen sich im Lichte aktueller Forschungen in mehrfacher Sicht als fehlerhaft. Ein erstes Problem stellte die Nichtbeachtung des repressiven Charakters des österreichischen Staates und seine Ungerechtigkeit in zahlreichen Fällen dar. Wie schrieb auch die sehr gemäßigte, christlich-sozial orientierte Zeitschrift Dělník (Der Arbeiter): *„Die Arbeiter erlauben sich nicht anders* (als durch die Gründung von Organisationen und Aktionen auf der Straße – Anm. des Verfassers) *Rechte gegen ihre Unterdrücker herauszunehmen, zumal die Polizei jeden vorbereiteten Schritt zu einer Versammlung gleich von Beginn an vereitelt, eine Betriebsversammlung der Arbeiter schließt und überhaupt jede Beratung auf Seiten der Arbeiter zunichte macht, während sie den Fabrikanten keinerlei Hindernis in den Weg legt, wenn diese sich über den blutigen Schweiß der Arbeiter absprechen.*“[21] Die Chancen der Arbeiter auf gleichberechtigte Verhandlungen waren ziemlich gering und die Eingriffe der Polizei in den Verhandlungsprozess stärkten die Positionen der Radikalen, politisierten die Arbeiterbewegung und machten im Ergebnis dessen faktisch den lokal gebundenen Vertrag über die Arbeitsbedingungen (kollektiver oder Werkstattvertrag) unmöglich.

[19] MZA, B 13 Statthalterei-Präsidium, Karton 307, čj. 5148/89

[20] MZA, B 13 Statthalterei-Präsidium, Karton 339, čj. 6542/98

[21] *Organizace dělnictva* [Die Organisation der Arbeiterschaft], Dělník, 27.6.1885, Nr. 13, r. 1.

Sofern das Verhältnis zur Arbeiterschaft bei Schlitter durch ein langjähriges Misstrauen belastet war, überrascht im Falle der Fabrikbesitzer bzw. genauer der Arbeitgeber der geringe Informationsgrad über den Sachstand. Schlitter überbewertete den dem konkreten Arbeitgeber in der Personal- und Lohnpolitik gegebenen Spielraum bei Verhandlungen. Gespräche der Fabrikbesitzer im Bereich des Personalwesens waren mit der Existenz – offizieller wie inoffizieller – unternehmerischer Interessensgruppen verbunden, die die Aufgabe besaßen, die Produktions- und Handelsstrategie zunächst im Verhältnis zum Staat, nachfolgend aber ebenfalls mit Rücksicht auf die Handelspartner, Konkurrenten und auch die Beschäftigten zu koordinieren: Ungefähr vierzig kartellierte Brünner Fabrikbesitzer, vereint in einem Handelskonsortium, behielten in der Zeit der Streiks sowie der Verhandlungen mit den Gewerkschaften in der Regel die gleiche Position bei. Im Jahre 1906 schließlich erfuhr dieses langjährige Bündnis mit der Bildung eines Kartells eine Institutionalisierung (Zentral-Verband der Wollindustriellen). Ein besonders großes und mächtiges Mitglied der Vereinigung wurde die Aktien-Kammgarnfabrik, die sog. Kammgarnspinnerei (im Volksmund Kemka), bekannt durch harte Arbeitsbedingungen sowie eine kompromisslose Leistungsorientierung.[22] Die Gesellschaft gehörte einem Konsortium von Unternehmern, die nach außen vor allem die Familie Schoeller vertrat. Einen nicht unwesentlichen Anteil an der Gesellschaft besaß das ausländische, weitgehend anonyme Kapital, u. a. aus Frankreich und Belgien. Die Gesellschaft verhielt sich kompromisslos nicht allein gegenüber rebellierenden Arbeitern, einen einfachen Stand hatten nicht einmal die Direktoren, die sich bemühen wollten die hygienisch ziemlich tristen Arbeitsbedingungen in der Spinnerei zu Lasten des Gewinns ein wenig zu verbessern. Die hohe Fähigkeit Streikbrecher zu mobilisieren, die skrupellose Ausnutzung polizeilicher und militärischer Assistenz sowie präventive Maßnahmen gegen Unruhestifter in Form eines berüchtigten „Schwarzen Buches“, das es hier eingetragenen Arbeitern unmöglich machte in Brünn eine entsprechende Arbeit zu finden – dies waren Instrumente, die in der Kammgarnspinnerei häufig Anwendung

[22] Vgl. den Polizeibericht B 13, Karton 307, čj. 5148/89, bes. fol. 23; Halas, František: *Kemka. Vzpomínky bývalého textilního dělníka* [Kemka. Erinnerungen eines ehemaligen Textilarbeiters]. Praha 1950.

fanden. Die Schoellers nahmen in der Zeit der großen Streiks für gewöhnlich eine führende Position in den Verhandlungsdelegationen der Fabrikbesitzer ein und beeinflussten mit ihrer Haltung die Entscheidungen des ganzen Kartells. Aus der Zeit des großen Streiks im Jahre 1912 besitzen wir Nachrichten über die Unzufriedenheit kleinerer Mitglieder des Kartells, die in einen unnötigerweise sich verschärfenden Konflikt mit den Gewerkschaften verwickelt wurden, aus dem kapitalschwächere, aber in der Beschäftigungspolitik und in der Produktion flexiblere Unternehmen keinen Vorteil zu ziehen vermochten und bei denen ein längerer Produktionsausfall auch eine Liquidierung des Betriebes zur Folge haben konnte.

Bei dem Versuch unter den Unternehmern, mit denen Schlitter in Kontakt kam, zumindest einen zu finden, der den Vorstellungen des Polizeidirektors über einen konservativ-sozialen Herrn im eigenen Hause entsprochen hätte, können wir die Typologie beibehalten, die deutsche Historiker erstellt haben. Aus deren Untersuchung der Situation im Wilhelminischen Deutschland wird erkennbar, dass das Model „Herr im eigenen Hause" im Reich zwar weit verbreitet war, nur selten jedoch nahm es die Gestalt einer konservativ-sozialen Beschäftigungspolitik an – eher verbarg sich unter dieser Bezeichnung, neben dem Unwillen mit organisierten Beschäftigten zu kommunizieren, auch die geringe Lust zur Applikation sozialer Maßnahmen überhaupt. Das Ideal eines konservativ-sozialen Unternehmers im Wilhelminischen Deutschland verkörperte die Firma Krupp als Repräsentant und eigentliches Symbol des deutschen militärisch-industriellen Komplexes, ein Unternehmen, das in seiner patriarchalischen Macht über die Beschäftigten und die ganze Stadt sowohl vonseiten des Staates als auch vonseiten der militärischen Führung unterstützt wurde. Nur wenige Unternehmer konnten so wie Krupp energisch behaupten, „*dass ich in meinem Hause, wie auf meinem Boden Herr sein und bleiben will.*" Neben dem Beispiel Krupp finden wir in der Typologie auch verschiedene Varianten einer moderneren Sozialpolitik, repräsentiert durch weltbekannte Firmen wie Siemens (Siemens & Halske), Carl Zeiss oder Robert Bosch – deren Rolle in der Gesamtprofilierung der Beziehungen zwischen Arbeitgebern und Arbeitnehmern in Deutschland erwies sich vor dem Ersten Weltkrieg aus mehreren Gründen als einzigartig. Ein wahrer sozialliberaler Ethos mit einem Akzent hin zu einer Veränderung des gesamten sozioökonomischen Systems findet sich lediglich bei Ernst Abbe in der Firma Carl Zeiss, in den übrigen Fällen handelte es sich eher um einen unternehmerischen Pragmatismus mit dem Ziel, die Effektivität der Arbeit der eigenen Beschäftigten zu erhöhen.[23]

Wohl am stärksten unter den Brünner Fabriken näherten sich Schlitters Ideal die Verhältnisse in der Maschinenfabrik Friedrich Wanniecks – der späteren Ersten Brünner Maschinenfabrik – an. Wannieck besaß zwar bei weitem nicht die Kraft zur Entwicklung sozialer Programme für seine Arbeiter in Gestalt der bekannten Kruppschen Großfabriken, sein Auftreten gegenüber den Arbeitern jedoch basierte auf der dauerhaften persönlichen Bekanntschaft vor allem der älteren und länger beschäftigten Arbeiter sowie dem Respekt vor deren hoch qualifizierter Arbeit, den der Arbeitgeber wiederholt sowohl in der Fabrik als auch in der Öffentlichkeit zum Ausdruck brachte. Auf der Grundlage einer detaillierten Aufzeichnung über die Verhandlungen zwischen Unternehmer und Arbeitern im Jahre 1882 entsteht ein symbolisch den gegenseitigen Respekt artikulierendes Bild – Wannieck sprach persönlich mit den Arbeitnehmern, stand mitten unter ihnen in der Fabrikhalle, benutzte Wortwendungen, als würde er in einigen Augenblicken eher mit Kollegen als mit Untergebenen sprechen. Ältere Arbeiter kannte er persönlich, er redete sie mit Namen an und für die versammelten Arbeitnehmer sprachen zudem nur die ältesten Sprecher. Wannieck sprach Deutsch, einer der Arbeiter übersetzte ins Tschechische. Das Bild einer patriarchalischen Führung des Unternehmens wurde jedoch durchbrochen, da der Gegenstand des Streits nicht beseitigt war: Wanniecks Arbeitnehmer forderten, bei allem Respekt gegenüber ihrem Chef, auch weiterhin die Überweisung von Geldern aus dem Kranken- und Unfallfond der Fabrik in die Verwaltung einer Institution außerhalb der unmittelbaren Kontrolle des Arbeitgebers – in diesem Falle die „Central Kranken- und Invaliden-Cassa der Eisen-, Metall- und deren Hilfsarbeiter".[24] Bestandteil von Wanniecks Sozialprogrammen war auch die

[23] FISCHER, Wolfram: *Die Pionierrolle der betrieblichen Sozialpolitik im 19. und beginnenden 20. Jahrhundert.* In: Treue, Wilhelm – Pohl, Hans [Hgg.]: Betriebliche Sozialpolitik deutscher Unternehmer seit dem 19. Jahrhundert. Köln 1978, S. 34–50 (hier S. 41–50).

[24] MZA, B 26 Präsidium, Karton 234, čj. 774/1882; *Die Frage der Arbeiter-Krankencassen,* Mährisch-schlesischer Correspondent, 1.5. 1882, Jg. 22, Nr. 100, S. 2–3.

Arbeiterkolonie Friedrichsruhe, in Brünn ein – mit Ausnahme der sog. Šmálka[25] – einmaliger Versuch des Arbeitgebers zur Verringerung der Wohnungsnot der eigenen Stammbelegschaft.

In Schlitters Empfehlungen finden wir zudem keinen Hinweis auf ein weiteres perspektivisches Segment der Sozialpolitik – nämlich die Sozialprogramme der Munizipalitäten. Dabei trafen gerade hier vermutlich am ausführlichsten die Pläne realistischer nichtrevolutionärer Kräfte innerhalb der Arbeiterbewegung mit den Prinzipien moderner Stadtpolitik zusammen. Zu Schlitters Entschuldigung muss jedoch gesagt werden, dass die tatsächliche Entwicklung der Sozialprogramme der Brünner Munizipalität erst nach seinem Rücktritt vom Posten des Polizeidirektors einsetzte, und in den ausgehenden 1880er-Jahren konnte man lediglich erste Ansätze für eine solche Politik registrieren.

Auch wenn Schlitter in den angespannten Zeiten der Streiks täglichen Kontakt mit den Vertretern der Brünner Stadtverwaltung pflegte, finden sich keinerlei Hinweise auf Veränderungen im sozialen Bereich, die einige Mitglieder der Munizipalität vorbereiteten. In den Augen des Polizeidirektors war die Rolle der führenden Stadtvertreter in sozialen Konflikten sehr marginal und beschränkte sich im Prinzip auf eine Vermittlerfunktion. Mit der Frage der Autorität der Stadtoberen bei der Arbeiterschaft, die besonders in Brünn von der Gruppe der Wahlberechtigten für die Kommunalwahlen durch einen hohen Wahlzensus abgetrennt war, beschäftigte sich Schlitter nicht. Diskussionen über eine Demokratisierung der Brünner Wahlordnung breiteten sich erst nach Schlitters Tod voll aus, erste Anzeichen einer Demokratisierung und sozialen Orientierung der Kommunalpolitik fielen jedoch in die letzten Jahre von Schlitters Wirken auf dem Posten des Polizeidirektors.

Die innovativen Versuche der Brünner Munizipalität auf dem Gebiet der Sozialhilfe und der Arbeitnehmerpolitik erwiesen sich dabei als keineswegs gering und nahmen charakteristischerweise in vielerlei Hinsicht die staatliche Sozialpolitik[26] vorweg, auf der anderen Seite muss aber auch der

[25] Fojtík, Karel: *Tři typy dělnického obydlí v Brně* [Drei Typen der Arbeitersiedlung]. In: Brno v minulosti a dnes 1/1959, S. 23–41.

[26] Kozińska-Witt, Hanna: *Krakau in Warschaus langem Schatten. Konkurrenzkämpfe in der polnischen Städtelandschaft 1900–1939.* Stuttgart 2008, S. 45.

Stand der Dinge realistisch beurteilt werden – mit den sozialen Projekten großer reichsdeutscher Stadtverwaltungen lassen sich die Brünner Versuche im Untersuchungszeitraum nur schwer vergleichen.[27] Seit 1889, also in der Phase, in der sich Schlitters Tätigkeit als Polizeidirektor ihrem Ende zuneigte, wirkte in Brünn bereits – nach Wiener Vorbild – der Verein für Arbeitsvermittlung.[28] Die Zahl seiner Mitglieder war nicht sehr groß und der Verein setzte sich vornehmlich aus Angehörigen des gebildeten Bürgertums zusammen, andererseits übte der Verein in der Kommunalpolitik einen nicht geringen Einfluss aus – unter anderem auch dank des Vorsitzenden Rudolf Rohrer, des Besitzers einer großen Druckerei und Herausgebers der liberal-nationalen Zeitung „Tagesbote aus Mähren“, der in den Jahren 1894–1914 als erster stellvertretender Bürgermeister amtierte.[29] Dem Verein gelang es auch dank der Unterstützung vonseiten einiger Sozialisten im Jahre 1898, den Stadtrat zur Einrichtung einer städtischen Arbeitsvermittlungsstelle zu bewegen.[30]

Im Jahre 1897 entstand in Brünn auch ein „Sozialpolitischer Verein“, dem neben Intellektuellen auch mehrere Industrielle und führende Manager (der Lederfabrikant Arnold Grünfeld, der Baumwollunternehmer Artur Pisko, der Generaldirektor der Ersten Brünner Maschinenfabrik Ludwig A. Lohnstein u. a.) angehörten. Der Verein bemühte sich nach dem Vorbild des bekannten reichsdeutschen Vereins für Sozialpolitik um die Entfachung einer breit angelegten Diskussion über die Möglichkeiten sozialliberaler Politik auf kommunaler Ebene: Eine Thematisierung erfuhr das Problem der Erhöhung der Kapazität städtischer Schlachthäuser als

[27] Zur Kritik der Sozialprogramme der Munizipalität aus dem Blickwinkel der Sozialdemokratie vgl. *Liberale Sozialpolitik*. Volksfreund 12.1.1905, Jg. 25, Nr. 2, S. 5: *Kommunale Arbeiterpolitik*. Volksfreund 29.6.1905, Jg. 25, Nr. 26, S. 4; *Was ist's mit den kommunalen Fleischständen in Brünn*. 3.11.1905, Jg. 25, Nr. 49, S. 5; *Die Gemeinde Brünn und die Lebensmittelteuerung*, Volksfreund 1.1.1908, Jg. 28, Nr. 1, S. 5.

[28] *Die Arbeitsvermittlung*. Die Gewerkschaft. Organ des gewerblichen Vereines Österreichs 15.5.1898, Jg. 6, Nr. 9, S. 1

[29] Zu Rohrers Profil vgl. FASORA, Lukáš: Představitel obecní samosprávy. Příklad Rudolfa Rohrera [Ein Repräsentant der Gemeindeselbstverwaltung. Das Beispiel Rudolf Rohrers]. In: Fasora, L. – Hanuš, Jiří – Malíř, Jiří (Hgg.): Člověk na Moravě 19. století [Der Mensch in Mähren im 19. Jahrhundert]. Brno 2004[1], S. 124–139.

[30] MZA, B 26, Karton 2445A, i.c. 2238, Sign. 20, bes. Folia 4,5,7,13.

präventives Mittel für Eingriffe in den Lebensmittelmarkt, die Frage einer Unterstützung des Aufbaus preiswerter und gesunder Wohnungen oder die Frage der Dienstpragmatik städtischer Angestellter.[31] Es gab hier zudem interessante Signale in Richtung einer Zusammenarbeit städtischer, sozial orientierter Gebildeter mit sozialistischen Strukturen: der liberale Advokat jüdischer Herkunft Ludwig Merores z. B. war Ehrenmitglied der Allgemeinen Arbeiter-Krankenhaus-Unterstützungskasse, der Druckereimagnat Rudolf Rohrer, der sich hauptsächlich aus nationalen Positionen heraus für die soziale Frage interessierte, war Ehrenmitglied des Fachvereins der Buchdrucker[32], in ähnlicher Weise war der Besitzer der Maschinenfabrik Friedrich Wannieck Ehrenmitglied des Gewerkschaftsbundes der Eisenmetallarbeiter.[33]

Insgesamt lassen sich die Einstellungen des Brünner Polizeidirektors, eines Mannes mit intensivem und durch persönliche Erfahrungen hervorgerufenen Interesse am sozialen Bereich, für den Untersuchungszeitraum als ziemlich konservativ charakterisieren, in zahlreichen Ansichten als widersprüchlich, mitunter schließlich als ratlos. Schlitter verfolgte zwar – durch seine Arbeit bedingt – sehr aufmerksam das Geschehen in der Stadt, die in der zweiten Hälfte des 19. Jahrhunderts im Rahmen der Habsburgermonarchie zu einem führenden Brennpunkt sozialer Probleme und der Versuche, diese zu lösen, aufstieg, er repräsentierte jedoch innerhalb des Spektrums der Herangehensweisen an die soziale Frage ein wenig flexibles, wohl auch mitunter rigides Element. Wenn Schlitter noch in der zweiten Hälfte der siebziger Jahre offenkundig in Kontakt bzw. letztendlich in einer Reihe mit jenem Milieu und jenen Leuten stand, die den vermeintlichen „Haupttrend" beim Herangehen an soziale Probleme repräsentierten, fand sich Schlitter spätestens zehn Jahre später mit seinen Vorstellungen am Rande des Geschehens wieder, und zu den perspektivreichen Richtungen städtischer Sozialpolitik verlor er den Kontakt.

Aus diesem Gesichtspunkt war Schlitter eigentlich ein Symbol des erfolglosen Bemühens des habsburgischen Staates zur Entwicklung einer staatlichen Sozialpolitik nach dem Vorbild Bismarcks aus den 1880er-

[31] MZA, B 26, Karton 2476A, i. č. 2365, Sign. 177, bes. Folia 3–4, 12–14, 20.

[32] MZA, B 26, Karton 2461, i. č. 2304, Sign. 105.

[33] MZA, B 26, Karton 2641, i. č. 2304, Sign. 105.

Jahren. Die Errungenschaften der Sozialgesetzgebung aus der Zeit der konservativen Regierung des Grafen Eduard Taaffe (1879–1893) wurden durch ungewöhnlich scharfe Restriktionen der sozialistischen Bewegung ergänzt, und besonders die Ausweisung der Sozialisten aus der Hauptstadt im Jahre 1884 verbannte zahlreiche – in der Organisationsarbeit mit der Arbeiterschaft erfahrene – Personen in die Provinz. Diese verhalfen dann in der Folge in den Industrieregionen den lokalen Arbeitervereinen in dem Maße zu einer Verbesserung des Niveaus der Organisation und der Aktionsfähigkeit, dass sich Taaffes Sozialgesetzgebung innerhalb kurzer Zeit, mit Blick auf die Wahrung des sozialen Friedens, als unzureichend erwies und von neuem Diskussionen über die Möglichkeiten der Entfaltung der Sozialpolitik entflammten – sowohl vonseiten der organisierten Arbeiterschaft als auch durch das sozial orientierte Bürgertum sowie weitere Gruppen der Gesellschaft.[34] Dieser Trend, in der Politik des Wilhelminischen Deutschland als „Neuer Kurs" bezeichnet, der mit der Machtübernahme des ambitionierten jungen Kaisers im Jahre 1888 und Bismarcks erzwungener Pensionierung zwei Jahre später verbunden ist,[35] berührte den Brünner Polizeidirektor bereits kaum mehr.

Johann Schlitter war einfach ein Mann der „Ära Taaffe". Seine Persönlichkeit vereinte in sich ein aufrichtiges Interesse an sozialen Fragen, zugleich zeigten sich aber auch die Grenzen des ersten Versuches zur Entwicklung einer komplexen staatlichen Sozialpolitik – also vor allem die Vision, die staatliche Sozialpolitik würde, zusammen mit polizeilichen Repressionen, die wirksamste Waffe zur Unterdrückung der sozialistischen Bewegung bilden.

[34] *Der Stillstand der Arbeiterschutzgesetzgebung in Oesterreich.* Volksfreund 30. 3. 1905, Jg. 25, Nr. 13, S. 5; *Zünftlerische Wirtschaftspolitik in Oesterreich.* Volksfreund 27. 4. 1905, Jh. 25, Nr. 17 (Beilage), S. 9.

[35] Vgl. Born, Karl Erich: *Staat und Sozialpolitik seit dem Sturz Bismarcks. Ein Beitrag zur Geschichte der innenpolitischen Entwicklung des Deutschen Reiches 1890–1914.* Wiesbaden 1957; Berlepsch von, Hans-Jörg: *„Neuer Kurs" im Kaiserreich? Die Arbeiterpolitik des Freiherrn von Berlepsch von 1890 bis 1896.* Bonn 1987.

KAREL ADÁMEK (1840–1918) UND DIE SOZIALPOLITIK DER FREISINNIGEN NATIONALPARTEI (JUNGTSCHECHEN)*

LUBOŠ VELEK

Dem sozialen bzw. wirtschaftlich-sozialen Denken und der Politik im heutigen Wortsinne Widmeten die politischen Parteien des sog. Honoratiorentyps im Europa des 19. Jahrhunderts nur wenig Aufmerksamkeit. In den programmatischen Texten der Parteien finden wir in der Regel dieses überhaupt nicht und aus der praktischen Politik ihrer einzelnen Repräsentanten lässt sich dieses nur sehr schwer präparieren. Die ökonomischen und sozialen Theorien stellen im 19. Jahrhundert vor allem eine Domäne der Universitätsprofessoren für Nationalökonomie dar, und im Profil der Aktivitäten der politischen Parteien begegnen wir diesen vor allem mit Hilfe der Anschauungen dieser Gelehrten. Wenn wir uns das recht lockere Verhältnis zwischen der Honoratiorenparteien und ihren Mitgliedern vor Augen führen, dann bleibt stets die Frage, in welchem Umfang die wirtschaftlichen und sozialen Ansichten der gelehrten Akademiker die allgemeinen Standpunkte ihrer Parteien reflektieren und in welchem Umfang es sich lediglich um persönliche Meinungen handelt, denen der Stempel der Exklusivität ihrer Stellung innerhalb ihrer politischen Parteien aufgedrückt ist. Die *Sozialpolitik* der Honoratiorenparteien müssen wir darüber hinaus vor allem lediglich als eine Verfolgung und Kommentierung der zeitgenössischen sozialen Probleme und Konflikte (sog. soziale Frage), gegebenenfalls als Abwägung und Unterbreitung von Vorschlägen verschiedener Korrekturmittel und der damit zusammenhängenden Durchsetzung von Limits im Verhältnis zum klassischen liberalen Wirtschaftsdenken begreifen. Das Milieu der wirtschaftlichen Stagnation und der Krisensymptome der 1870er- bis 1890er-Jahre schuf für diese Entwicklung ein günstiges Milieu, als die *soziale Frage* nicht allein und ausschließlich auf die

* Dieser Beitrag entstand im Rahmen des Forschungsprojektes MSMT Nr. MSM0021620827 „České země uprostřed Evropy v minulosti a dnes" [Die böhmischen Länder in der Mitte Europas in Vergangenheit und Gegenwart], für das die Philosophische Fakultät der Karlsuniversität Prag verantwortlich zeichnet.

Arbeiterfrage reduziert werden konnte, sondern auch Probleme der Gewerbetreibenden, der Bauernschaft, die Kleinintelligenz, aber z. B. auch der *Frauenfrage* betraf.

Dies galt auch für das tschechische Milieu, wo die oben wiedergegebene Charakteristik sowohl für die Nationalpartei (sog. Alttschechen) als auch für die Freisinnige Nationalpartei (sog. Jungtschechen) zutrifft, deren Sozialpolitik wir nachfolgend näher betrachten wollen.[1] Die soziale Struktur der nationalen tschechischen Gesellschaft des 19. Jahrhunderts (Absenz der höheren Schichten und insgesamt Schwäche der Mittelschichten) bis zur Wende der 1880er- zu den 1890er-Jahren ermöglichten ein Fortleben des allnationalen Konzepts politischer Parteien, das auf deren Bemühen um eine Repräsentation aller Schichten innerhalb der bis dahin in sozialer Hinsicht nur sehr gering differenzierten tschechischen Gesellschaft beruhte. Die nahezu völlige Absenz großer Grundbesitzer (Adel) und reicher Unternehmer sowie Finanziers in der nationalen tschechischen Gesellschaft orientierte das Interesse der tschechischen politischen Parteien vor

[1] Zur Entwicklung der tschechischen Honoratiorenparteien in den böhmischen Ländern eingehender: Vojtěch, Tomáš: *Mladočeši a boj o politickou moc v Čechách* [Die Jungtschechen und der Kampf um die politische Macht in Böhmen], Praha 1980; Malíř, Jiří: *Národní strana svobodomyslná v Čechách a Lidová strana (pokroková) na Moravě* [Die Freisinnige Nationalpartei in Böhmen und die Volkspartei (Fortschrittliche Volkspartei) in Mähren], In: Malíř, Jiří – Marek, Pavel (Hrsg.), Politické strany. Vývoj politických stran a hnutí v českých zemích a Československu 1861–2004. I. Období 1861–1938 [Die Politischen Parteien. Die Entwicklung der politischen Parteien und Bewegungen in den böhmischen Ländern und in der Tschechoslowakei 1861–2004. Bd. I. Zeitraum 1861–1938], Brno 2005, S. 139–199; Ders.: *Od spolků k moderním politickým stranám. Vývoj politických stran na Moravě v letech 1848–1914* [Von Vereinen zu modernen politischen Parteien. Die Entwicklung der politischen Parteien in Mähren in den Jahren 1848–1914], Brno 1996; Ders.: *Vývoj liberálního proudu české politiky na Moravě* [Die Entwicklung der liberalen Strömung der tschechischen Politik in Mähren], Brno 1984; Cibulka, Pavel: *Národní strana* [Die Nationalpartei], In: Malíř, J. – Marek, P. (Hrsg.), Politické strany [Die politischen Parteien], S. 109–138; Velek, Luboš: *The Political Culture in the Czech Lands, 1848–1918*, In: Hulas, Magdalena – Pánek, Jaroslav – Baron, Roman (Hrsg.): Political Culture in central Europa (10th – 20th Century). Part II. 19th and 20th Centuries, Warsaw 2005, S. 45–70; Pokorný, Jiří: *Vereine und Parteien in Böhmen*, In: Rumpler, Helmut – Urbanitsch, Peter (Hrsg.): Die Habsburgermonrachie 1848–1918. VIII/1, Wien 2006, S. 609–703 (hier bes. S. 652–680).

allem auf die städtische Intelligenz, die Gewerbetreibenden, Kaufleute und Bauern; jedenfalls zeigte sich in rhetorischer Form das Interesse auch an der Arbeiterschaft und weiteren sozial schwachen Schichten, die jedoch (bis zu diesem Zeitpunkt) über kein Wahlrecht verfügten. Es war somit gerade die jungtschechische Partei, die sich mit ihrer Unterstützung für eine Ausdehnung des Wahlrechts bis zu dessen allgemeiner Durchsetzung um eine Einbindung dieser Schichten bemühte, dieses Reservoirs künftiger Wähler. Mit dieser Taktik hing auch deren ins Auge fallende Aufmerksamkeit für die wirtschaftlichen und sozialen Folgen der sich vertiefenden Agrarkrise zusammen, die seit der Mitte der achtziger Jahre des 19. Jahrhunderts die böhmischen Länder radikalisierte und schrittweise auch die Welt der städtischen Kleinproduzenten berührte.

Allgemein gilt, dass Liberalismus und Konservatismus in der Mitte des 19. Jahrhunderts einen neuen und dabei gemeinsamen Gegner im Sozialismus fanden. Die jungtschechischen Liberalen jedoch bemühten sich im Kampf gegen den Sozialismus nicht um eine Allianz mit den konservativen Kräften, sondern um eine Verbesserung der unerträglichen Lage der Arbeiterschaft und deren Einbindung in das nationale Programm. Dem entsprach nicht allein die jungtschechische Akzentuierung der demokratischen politischen Reformen, sondern auch die schrittweise Befürwortung der Notwendigkeit einer Einführung sozialer Reformen. Die Jungtschechen reihten sich damit in den 1870er- und 1880er-Jahren unter den sog. Linksliberalen ein, die über eine starke Position insbesondere im benachbarten Deutschland verfügten. In Österreich besaßen sie eine solche Stellung bereits nicht mehr und ihr Platz auf der Skala der liberalen Strömungen in Cisleithanien befand sich irgendwo zwischen den deutschösterreichischen Liberalen und den Demokraten (Kronawetter-Gruppe).[2]

Über ein in sich geschlossenes soziales Programm (gleiches gilt für das Wirtschaftsprogramm) verfügte die jungtschechische Partei lange Zeit nicht und ihre Aufmerksamkeit für die sozialen Probleme reduzierte sich oft auf reine Phrasen hinsichtlich einer Unterstützung der bedrohten Interessen dieser und jener gesellschaftlicher Schichten bzw. Stände.[3] Die

[2] VOJTĚCH: *Mladočeší a boj* [Die Jungtschechen und der Kampf], S. 80.

[3] Kennzeichnend für diesen Fakt ist die Forderung des jungtschechischen Abgeordneten F. Lukavský aus dem Frühjahr 1918, die jungtschechische Partei solle sich

sich zuspitzenden wirtschaftlichen und sozialen Probleme führten jedoch um 1900 dennoch nur zur Formulierung zahlreicher konkreter Vorschläge und Projekte, die sich um die Lösung der Folgen – mitunter auch der Ursachen der Probleme – bemühten. Doch auch hier stoßen wir auf Schwierigkeiten, was als offizielle Auffassung der Partei und was als Meinung mehr oder weniger qualifizierter Einzelpersonen oder schließlich als Ansicht der ständisch eingegrenzten Interessensfraktionen angesehen werden kann, aus denen sich die zerfallende jungtschechische Partei bislang zusammengesetzt hatte (Agrarfraktion, Bewegung der Gewerbetreibenden, „nationale Arbeiter", erstarkende Unternehmerkreise, Beamte sowie des weiteren die städtische Kleinintelligenz). Damit wir uns eine Vorstellung über die Richtungen der Sozialpolitik innerhalb der jungtschechischen Partei machen können, erscheint es daher unabdingbar, die Auffassungen der einzelnen nationalökonomischen Experten in den Reihen der Jungtschechen, die zumeist aus den Reihen der Abgeordneten kamen, zu analysieren.[4]

Auf der Grundlage eigener Untersuchungen können wir konstatieren, dass sich einige Jungtschechen ziemlich von den klassischen liberalen Vorstellungen hinsichtlich der nationalökonomischen Prozesse und deren Regulierung bzw. Nicht-Regulierung entfernt hatten. Die im politischen Spektrum als liberale bzw. liberal-demokratische Partei geltenden Jungtschechen lassen sich dann im Bereich der Wirtschaft und nachfolgend auch der Sozialpolitik zwar wiederum als eine ursprünglich die klassischen liberalen Prinzipien verteidigende Partei ansehen, schrittweise jedoch auch als Partei, die diese Prinzipien immer mehr zu korrigieren sich bemüht, und zwar im Zusammenhang mit den wachsenden negativen Auswirkungen des ziemlich reinen österreichischen Wirtschaftsliberalismus der 1860er- und 1870er-Jahre. In den sozialen Konzepten der jungtschechi-

nunmehr endgültig mit der sozialen Frage befassen, da soziale Angelegenheiten für die Jungtschechen nicht mehr nur eine leere Phrase darstellten, sondern eine Aufgabe sei! ANM [Archiv des Nationalmuseums in Prag], A. Rašín, Karton 4, Lukavský an Rašín am 21. 4. 1918.

[4] Ziemlich allein auf weiter Flur steht bislang die knappe Analyse des sozial-politischen Denkens von Karel Kramář: Rákosník, Jakub: *Kramářovy sociálně politické koncepce na přelomu 19. a 20. století* [Kramářs sozialpolitische Konzeptionen an der Wende vom 19. zum 20. Jahrhundert], Sborník Národního muzea v Praze – řada A 61, 3–4/2007, S. 35–40.

schen Politiker spiegelt sich dabei die breite Skala von Auffassungen wider, die vom klassischen Manchesterliberalismus und den weiterhin noch liberalen Auffassungen, die bei der Beseitigung der sozialen und wirtschaftlichen Schwierigkeiten die Betonung auf Eigenhilfe und traditionelle soziale Instrumente der Gesellschaft (etwa die Armenhilfe ausschließlich vonseiten der Gemeinden, der Kirche usw.) legen, über soziale Reformen und etatistische Methoden in Form der Ansichten der sog. Kathedersozialisten bis hin zu *softsozialistischen* Vorstellungen der jungtschechischen Linken reichte,[5] die später im Kontext des Ersten Weltkrieges und der durch diesen hervorgerufenen allgemeinen Krise den größten Teil der jungtschechischen Partei erfasste (Sozialisierungspläne wurden dabei damals vor allem durch einen antideutschen Nationalismus motiviert).

* * *

Zu den führenden jungtschechischen Politikern, die sich intensiv mit nationalökonomischen und sozialen Problemen befassten gehörte zweifellos der Abgeordnete Karel Adámek (1840–1918). Er stammte aus dem ostböhmischen Städtchen Hlinsko, aus der Familie eines kleinen Gewerbetreibenden – der Vater Jan besaß eine Brennerei, in der Karel bereits im Alter von 18 Jahren als „Geschäftsleiter" agierte. Über seine Ausbildung wissen wir nur sehr wenig.[6] Bekannt ist lediglich, dass er – mit Blick auf

[5] Sozialistische Auffassungen in den Reihen der Jungtschechen ertönten, auch wenn es sich nur um vereinzelte Stimmen handelte, nicht nur aus der Fraktion der „nationalen Arbeiter", sondern auch aus den Reihen der ärmsten Schichten der Gewerbetreibenden. Diese repräsentierte in der Partei der Abgeordnete und Budweiser Gastwirt Vojta Holanský, der seine Bewunderung der Sozialdemokratie nicht verbarg, an der er lediglich deren Internationalismus abstoßend fand: „Unsere Partei [d. h. die jungtschechische Organisation in Budweis], die sich derzeit nicht mit der Arbeiterpartei vereinigen kann, steht dennoch in einer freundschaftlichen Verbindung." Holanský, Vojta: *Řeč Vojty Holanského, přednesená na I. veřejné schůzi Politické Besedy Občanské v Č. Budějovicích dne 29. června 1893* [Rede von Vojta Holansky, vorgetragen auf der I. öffentlichen Zusammenkunft des Politischen Bürgervereins in Budweis am 29. Juni 1893], České Budějovice 1893, S. 4.

[6] In Adámeks Hinterlassenschaft findet sich ein Diplom, welches bezeugt, dass Adámek im Jahre 1858 ein Studium am Polytechnischen Institut absolvierte, wo er

eine nicht näher spezifizierte Krankheit – kein Hochschulstudium absolvieren konnte und sich so gezwungen sah, sich als Autodidakt weiter zu bilden, *„doch durch unermüdliche Arbeit eignete er sich eine derart geistige Kultur und einen Sinn für alle wirtschaftlichen, künstlerischen, wissenschaftlichen und überhaupt bildungsmäßigen Fragen an, dass sich in dieser Hinsicht nur sehr wenige Politiker aus den Reihen der studierten Intelligenz mit ihm messen konnten*".[7] Davon, dass es sich nicht um eine reine Phrase aus dem feierlichen Nekrolog handelte, noch dazu verfasst von Adámeks eigenem Sohn, zeugt Adámeks bewunderungswürdige Karriere als Politiker auf kommunaler, Landes- und Reichsebene. Seiner Weitsicht, seinen Kenntnissen, Fähigkeiten und seiner Bereitwilligkeit sich zu engagieren verdankte er, dass er bereits im Alter von nur 25 Jahren 1865 zum ersten Bürgermeister des Bezirkes Hlinsko gewählt wurde und dass er diese Funktion ununterbrochen bis zum Jahre 1918 ausübte. In der gleichen Zeit ermunterten ihn die Bürger von Hlinsko auch zur Kandidatur für den Landtag, doch sein niedriges Alter machte eine rechtsgültige Wahl unmöglich. Mit dem Einzug der Tschechen in den Reichsrat im Jahre 1879 tauchte auch Karel Adámek unter den tschechischen Abgeordneten auf und in der Wiener Abgeordnetenhaus war er bis zum Jahre 1907 vertreten, als er für seine lebenslangen Verdienste vom Kaiser zum Mitglied des Herrenhauses ernannt wurde. Sein Landtagsmandat (1881–1913) erwies sich als Selbstverständlichkeit, und seit 1895 war er auch Beisitzer im Landesausschuss des Königreichs Böhmen, eine mit einer soliden finanziellen Absicherung verbundene Position. Adámeks unerschütterliches politisches Hinterland im heimischen Hlinsko und im gleichnamigen Bezirk waren dabei nicht allein ein Ausdruck der Anerkennung durch seine Mitbürger, sondern auch Beleg für das Wirken des *Familienclans* der Adámeks, die die damalige kommunale und regionale Politik beherrschten.[8] Politisch bekannte sich Adámek immer zur jungtschechischen Partei, in der er jedoch eine

sich einer Prüfung „über die Wartung der Dampfkessel" unterzog. NA [Nationalarchiv in Prag], RA Adámků – K. Adámek, Karton 1.

[7] [ADÁMEK, K. V. – JELÍNEK, Josef], *Za Karlem Adámkem. Pohrobní vzpomínka* [Für Karel Adámek. Eine postume Erinnerung], Hlinsko 1918, S. 6.

[8] Ebd.; des weiteren vgl. LIŠKOVÁ, Marie: Slovník představitelů zemské samosprávy v Čechách v letech 1861–1913, Praha 1994, S. 12–13.

ausgesprochen autonome Position besaß. Dies ermöglichte ihm Abstand zur Parteiführung in Gestalt der Brüder Julius und Eduard Grégr zu halten und andererseits loyal mit dem alttschechischen *Vůdce národa* (Führer der Nation), František L. Rieger (in den Jahren 1879–1890), zusammenzuarbeiten. Mit Blick auf Adámeks wirtschaftliche Absicherung können wir bislang nur spekulieren. In Hlinsko selbst besaß er eine nicht näher spezifizierte Immobilie (er bezeichnete sich selbst als „Grundbesitzer"), ein wesentlicher Teil seiner Einnahmen resultierte jedoch offensichtlich aus seiner Funktion in der Selbstverwaltung.

K. Adámek brachte während seiner gesamten politischen Karriere mit Blick auf die Zukunft einen expressis verbis *antikapitalistischen* Standpunkt zum Ausdruck. Diesbezüglich spielte der Wiener Börsenkrach (1873) eine maßgebliche Rolle. Die nachfolgende langwierige wirtschaftliche Depression beeinflusste Adámek in seinen Ansichten über die Existenz des freien Marktes: „*die ungeteilte wirtschaftliche Freiheit ist nur die Phrase eines schwach blendenden Gedankens, in Wahrheit jedoch bedeutet sie eine beherrschende Dominanz des Kapitalismus in der Volkswirtschaft, die Unterwerfung des kleinen Mannes unter die Gläubiger, eine Versklavung der Arbeiter in den Fabriken, eine Proletarisierung der Bauernschaft*".[9] Im Kontext einer ähnlichen Auffassung erscheint evident, dass Großkapital und Aktiengesellschaften für den *Kleinbürger* Adámek den Feind Nummer 1 verkörperten: „*Vor den Augen der Gesetzgebung verwandelten sich unsere Aktiengesellschaften in organisierte räuberische und betrügerische Gemeinschaften, deren geheime Geschichte mehr Niederträchtigkeiten, Ehrlosigkeiten und Gaunereien verbirgt als die Geschichte vieler Zuchthäuser, nur dass jene Räuber und Gauner statt Eisen Gold besitzen.*"[10] Das Kapital war für Adámek eine „*gefährliche Waffe zur Verknechtung und Ausbeutung der ehrenwerten und mühseligen Arbeit*";[11] „*es untergräbt und verschiebt die Grundlagen der natürlichen, gedeihlichen volkswirtschaftlichen Entwicklung und ebnet*

[9] Adámek, Karel: *Naše rolnictví. Úvahy národohospodářské a sociálně-politické* [Unsere Bauernschaft. Nationalökonomische und sozialpolitische Überlegungen], Brno 1884, S. 22.

[10] Zitat des Nationalökonomen Ihering, mit dem sich Adámek identifizierte. Ders.: *Našemu řemeslnictvu* [Für unsere Handwerker], Praha 1895, S. 6.

[11] Ders.: *Naše rolnictví* [Unsere Bauernschaft], S. 22.

den Weg für eine ungeteilte Monopolisierung der gesamten Produktion und der Einnahmen".[12] Die Verbindung des Kapitals mit seinem mehrheitlich fremden (reichsdeutschen) Ursprung wurde nachfolgend in Adámeks zahlreichen Arbeiten wortwörtlich dämonisiert und fand Eingang in das nationalistische jungtschechische Konzept und bildete zudem einen integralen Bestandteil auch der Wirtschaftspolitik.[13] Ebenso verhielt es sich mit den Monopolen, in denen die Jungtschechen die Ursache für den Niedergang der Kleinproduzenten erblickten.[14] In Ungnade stand bei dem Abgeordneten Adámek auch der „ungezügelte Konkurrenzkampf", in dem Adámek den Urgrund für die wirtschaftlichen Probleme aller Klassen erblickte;[15] eine Ursache für die Bankrotte bildete für ihn – neben „kühnen Schwindlern" und einer unsoliden Konkurrenz – auch die „übermäßige Produktion".[16] Im Kampf zwischen Arbeiter und Unternehmer stellte sich Adámek eindeutig auf die Seite des Arbeiters; er lehnte einen freien Vertrag über die Arbeit ab, da der Arbeiter nicht so frei sei wie der Unternehmer, sondern in Wahrheit letzterem nicht allein seine Arbeit verkaufe, sondern häufig auch seine persönliche Freiheit.[17] Adámeks nationalökonomische und soziale Ausgangsbasis war somit meilenweit von der des einstigen Führers der tschechischen Politik, František Palacký, entfernt, der sich wie-

[12] Ders.: *Našemu řemeslnictvu* [Für unsere Handwerker], S. 4.

[13] Das fremde Kapital würde die lebensnotwendigen tschechischen Produktionsbereiche wie etwa die Lebensmittelindustrie sowie die tschechische Kleinproduktion gefährden: „Es ist an der Zeit an eine Schutzorganisation gegen diese Eroberung zu denken. Uns droht der Ruin durch die Beherrschung der landwirtschaftlichen Produktion durch fremdes, uns in höchstem Maße feindlich gesinntes Kapital!" Ders.: *Vývoj živnostenské politiky na sněmu Král. Českého* [Die Entwicklung der Gewerbepolitik im Landtag des Königreichs Böhmen], Praha 1896, S. 12.

[14] Ders.: *Našemu řemeslnictvu* [Für unsere Handwerker], S. 4.

[15] Ders.: *Některé příčiny hospodářské krise* [Einige Ursachen der Wirtschaftskrise], Chrudim 1891, S. 3.

[16] Ders.: *Naše dělnictvo. Úvahy národohospodářské a sociálně-politické* [Unsere Arbeiterschaft. Nationalökonomische und sozialpolitische Überlegungen], New York 1889, S. 7.

[17] Adamek strotzte nur so von Kritik an die Adresse der Arbeitgeber, im Gegensatz hierzu war der Arbeiter für ihn in der Regel „ein Sklave des Großkapitals", eine leichte Beute für die exzentrischen Kapitalisten, „die im Arbeiter lediglich eine Maschine und im Kapital nur ein Mittel für die größtmögliche und schnellstmögliche Ausnutzung dieser Maschine sehen". Ebd., S. 3–4, 19.

derum demagogisch vom Gegenteil überzeugt zeigte: „*Auch die Arbeiter können den notwendigen Schutz ihrer Erfolge auf gesetzlichem Wege nur dann beanspruchen, wenn erstere die öffentliche Meinung von der Rechtmäßigkeit ihrer Forderungen zu überzeugen vermögen. Dies jedoch können sie jedoch weder durch eine eitle Weisheitskrämerei, noch durch ein Gegröle, noch durch ein geheimes Konspirieren und Bündnistätigkeit oder letztlich die Flucht hin zu jedweder Gewalt erreichen, sondern ausschließlich durch ein vernünftiges und gründliches Entdecken und Vorlegen der tatsächlichen Wahrheit und des Unrechts. Also seid fleißige Arbeiter zu jeder Zeit und vertraut auf den endgültigen Sieg der Wahrheit. Deren Streitsache ist jedoch nicht so einfach und ist nicht so nahe liegend wie zuweilen der Streit zwischen Obrigkeit und Untertanen; in den Arbeiterverhältnissen herrscht keine Gewalt, sondern zumindest scheinbar eine freiwillige Übereinkunft … für den festgelegten Lohn arbeitet nur, wer will; wer nicht will, wird auch nicht zur Arbeit gezwungen.*“[18]

Ein Rezept zur Verteidigung vor den Monopolen, fremdem Kapital und einem *Pseudoliberalismus* waren für Adámek sowohl seine beliebte und den liberalen Prinzipien nicht widersprechende Selbsthilfe[19] als auch sein völlig unliberales Schwärmen für eine starke Rechtsgewalt des Staates in den wirtschaftlichen und sozialen Verhältnissen (Etatismus): „*Der Staat … ist verpflichtet und berufen Opfer zu verlangen, welche die Steuerpflichtigen durch Steuern erbringen, was er mit dem Schutz und der fleißigen Bewahrung der kulturellen und wirtschaftlichen Interessen des Volkes ersetzt.*“[20] Auffassungen hingegen, die denen Adámeks ähnlich gewesen wären – und die durch letzteren am prägnantesten formuliert wurden –, waren aus der jungtschechischen Partei jedoch zu keinem Zeitpunkt zu hören und zählten innerhalb der Partei nicht einmal zu einer ideologischen Randerscheinung. Adámek

[18] RIEGER, Bohuš (Hg.): *Františka Palackého Spisy drobné. Díl I. Spisy a řeči z oboru politiky* [Kleine Schriften František Palackýs. Teil 1: Schriften und Reden aus dem Bereich der Politik], Praha 1899, S. 356.

[19] „Je grausamer die Kämpfe sind, in denen wir auch für unsere wirtschaftliche Existenz kämpfen, desto beherzter und ausdauernder müssen wir uns verteidigen, desto mehr müssen wir uns auf die eigene Stärke verlassen, auf die Selbsthilfe…“. ADÁMEK, Karel: *Organizování zastupování zájmův rolnictva. Úvaha o III. článku vídeňských punktací* [Die Organisierung von Vertretungen der Bauernschaft. Eine Reflexion über den 3. Artikel der Wiener Punktationen], Chrudim 1890, S. 4.

[20] DERS.: *Naše rolnictví* [Unsere Bauernschaft], S. 48.

selbst repräsentiert mit seinem umfangreichen publizistischen Werk ein interessantes Beispiel für einen sozialen Reformator, der zwar niemals ganz die liberalen Grundsätze der zeitgenössischen Ökonomie außer Acht ließ, sich jedoch bemühte diese zu ergänzen und durch eine ausgesprochen sozialreformerische Herangehensweise zu modifizieren. Seine Einstellungen bei der Lösung der sozialen Frage spiegeln – bei aller ideologischen Rasanz (zumeist nur verbal geäußert) im Verhältnis zum Liberalismus – insgesamt die jungtschechische Vorwahlerklärung aus dem Jahre 1891 wider, als die wohl von Adámek selbst formulierte Passage auftauchte, dass die Jungtschechen bei der Durchsetzung sozialer Reformen das Gewicht auf eine *„ruhige, gewaltlose Korrektur der jetzigen Rechts- und Gesellschaftsordnung legen werden, auf ein intensives und systematisches Zusammenwirken von Gesellschaft, Staat und Land für eine Verbesserung und Absicherung der Existenz jener, die Not leiden“*.[21] K. Adámek gehörte mit seinem intensiven Interesse an sozialen und wirtschaftlichen Fragen seit den 1890er-Jahren zu den führenden tschechischen Politikern; sein Interesse galt dabei sowohl der Arbeiterfrage als auch der Gewerbe- und Agrarfrage.

Die soziale (Arbeiter-)Frage im Werk von K. Adámek

Die Freisinnige (jungtschechische) Nationalpartei erarbeitete im Bereich ihrer Sozial- und vor allem der Arbeiterpolitik bis zum Ausbruch des Ersten Weltkrieges keinerlei Programm; ihren Mitgliedern ließ die Partei zugleich jedoch einen relativ breiten Spielraum für die Präsentation eigener Vorstellungen hinsichtlich der Lösung der sozialen Probleme. Die Mehrzahl der Mitglieder sah dabei den einzigen möglichen und richtigen Weg in schrittweise umzusetzenden sozialen Reformen. Als Ganzes jedoch erweckte die ähnlich unkoordinierte und notwendigerweise inhomogene Sozialpolitik den Eindruck von Konzeptionslosigkeit und Unglaubwürdigkeit, was die jungtschechischen Kritiker, einschließlich derer vom sozial-fortschrittlichen Flügel der tschechischen Politik, nicht zu unterstreichen vergaßen.[22]

[21] Škarda, Václav: *Národní strana svobodomyslná a její program* [Die Freisinnige Nationalpartei und ihr Programm], Praha 1897, S. 84.

[22] Von diesen Kritikern sei hier namentlich T. G. Masaryk genannt, demzufolge die Jungtschechen die Sozialpolitik unterschätzten und deren Lösung auf das Bemühen

Als verbindender Faktor erwies sich selbstverständlich die anachronistische und dabei von den Jungtschechen weiterhin implementierte Illusion einer allnationalen Einheit, die – mit Hinweis auf die Unerlässlichkeit der Verteidigung der Interessen aller Klassen und Stände – keine energischere Lösung der sozialen Frage gestattete.[23] Der angedeuteten Illusion erlag auch K. Adámek, demzufolge nicht einmal die jungtschechische, auf die Mittelschichten ausgerichtete Politik, *„auch eine, wie wir im Reichsrat aufgezeigt haben, Einforderung der Erfüllung der berechtigten Ansprüche der Arbeiterschaft ausschließt"*.[24] Ohne Zweifel widmeten die Jungtschechen der sozialen Frage in den 1890er-Jahren größte Aufmerksamkeit, und zwar vor allem unter dem Aspekt einer Einbindung der national orientierten Fraktion der tschechischen Arbeiterschaft in ihre *allnationale Partei*. Mit der endgültigen Anerkennung der Unmöglichkeit, weiterhin das Ideal einer gesamtnationalen politischen Repräsentation auch nach der Einführung des allgemeinen und gleichen Wahlrechts (1907) zu proklamieren

reduzierten, mit Hilfe sozialer Phrasen den national orientierten Teil der Arbeiterschaft zu beherrschen. Masaryk, Tomáš G.: *Desorganisace mladočeské strany. Organisujme se ku práci* [Die Desorganisierung der jungtschechischen Partei. Organisieren wir uns für die Arbeit], [Praha] 1903, S. 16.

23 Der jungtschechische Parteiführer J. Herold unterminierte noch am Vorabend der allgemeinen Wahlen 1907 das Aussehen sozialer Reformen und deren Auswirkungen auf die gesamte nationale Gemeinschaft wie folgt: „... die sozialen Reformen sind und dürfen nicht so sein, dass sie lediglich ein Erfolg des Einzelnen werden, sondern auch ein Erfolg des Ganzen, sie dürfen nicht nur eine einseitige Forderung sein und sie dürfen auch nicht einseitig gelöst werden". *Den*, 23. 4. 1907.

24 Adámek, Karel: *Z mých styků s Moravany* [Aus meinen Kontakten mit den Mährern], s. l. 1910, S. 46. Noch deutlicher äußerte sich in dieser Hinsicht Adámeks Kollege, der spätere k.k. Minister B. Pacák: „Wir sind für soziale Reformen und wir werden immer hierfür eintreten, aber wir sind keine Sozialdemokraten in dem Sinne, wie unsere Sozialdemokraten; wir wollen die Interessen der Arbeiterschaft in Einklang bringen mit den den Interessen unseres Volkes: der Städtebürger, der kleinen Gewerbetreibenden, der Bauern, und wir sind darüber hinaus eine nationale Partei, die folglich an führender Stelle fordert, dass der Arbeiter auch seinem Volk treu bleibe." Pacák, Bedřich: *Řeč poslance dra. Bedřicha Pacáka proti výminečnému stavu proslovená na říšské radě dne 17. měsíce října 1893* [Rede des Abgeordneten Dr. Bedřich Pacák gegen den Ausnahmezustand, vorgetragen im Reichsrat am 17. des Monats Oktober 1893], Hora Kutná 1893, S. 11.

orientierten sich die Jungtschechen bereits nur mehr ausschließlich auf die städtischen Mittelschichten. Ihr Interesse an der sozialen (Arbeiter-)Frage trat somit erkennbar in den Hintergrund.[25]

Karel Adámek zählte seit der Wende der achtziger zu den neunziger Jahren des 19. Jahrhunderts zu den führenden Experten der Arbeiterfrage in den Reihen der jungtschechischen Abgeordneten. Adámeks Engagement in dieser Hinsicht bezeugen bis heute Dutzende von ihm vorbereitete Vorschläge zur Verbesserung der sozialen Stellung der Arbeiterschaft sowie eine Vielzahl der von ihm publizierten Zeitungsartikel und Broschüren zu diesem Thema. Bereits an der Jahreswende 1890/91 setzte Adámek in den Debatten über das künftige Parteiprogramm durch, dass darin eine Erklärung erschien, *„dass wir uns an der Lösung der sozialen Frage beteiligen und wir uns der Sache der produzierenden und arbeitenden Klassen annehmen werden"*.[26] Der hier wiedergegebene Ausspruch K. Adámeks – wir könnten noch weitere Beispiele anführen – weist auf den ersten Blick deutlich in das linke Lager des politischen Spektrums. Es überrascht sicherlich nicht, dass Adámek selbst den Sozialismus a priori nicht als feindliche Ideologie begriff und in diesem primär einen Kampf *„für die materielle und geistige Erbauung der arbeitenden Klassen, einen Kampf gegen Elend und Not sah"*.[27] *Adámek verschmolz daher – ebenso wie ein Teil seiner Kollegen – nicht automatisch „mit den exzentrischen Elementen*", unter denen er ansonsten die Anarchisten und Sozialdemokraten verstand: *„Ein Kompromiss und ein Ausgleich mit Extremisten, mit exzentrischen Elementen der Arbeiterschaft, denen weder die Heimat, noch der Glaube, noch die Familie heilig ist, und*

[25] Doch auch in dieser Zeit konnten die Jungtschechen mit Erfolg als Vermittler zwischen den *Arbeitenden* und den *Arbeitgebern* auftreten. Dies bezeugt z. B. die Vermittlungstätigkeit des Abgeordneten J. G. Maštálka zwischen der Regierung und den streikenden Eisenbahnern im Jahre 1905. *Náš kandidát poslanectví na radu říšskou za XXII. volební okres Jindřich G. Maštálka, jeho život a působení* [Unser Kandidat als Abgeordneter für den Reichsrat für den Wahlkreis XXII Jindřich G. Maštálka, sein Leben und Wirken], Jičín [1911], S. VI.

[26] NA, RA Adámků – K. Adámek, Karton 16, Protokoll vom 17. 1. 1891 über die Fusion der Freisinnigen Nationalpartei und der „Freien Vereinigung auf dem böhmischen Landtag". Adámeks Vorschlag fand damals keine Mehrheit.

[27] Adámek, Karel: *Z naší doby. III* [Aus unserer Zeit. III.], Valašské Meziříčí 1899, S. 269.

die mit den Anarchisten, ohne die tieferen Ursachen für das soziale Elend zu suchen, lediglich durch einen Umsturz aller Grundlagen der Sittsamkeit und des Rechts, durch Verbrechen in der Revolution das Heil der Arbeiterschaft suchen...".[28] Die Betonung der traditionellen Werte in Gestalt von Glauben und Familie entfernten Adámek deutlich von den sozialdemokratischen Konzepten; markant ist freilich auch letzteren expressis verbis die Akzentuierung der nationalen Selbstidentifikation der Arbeiterschaft selbst.

Adámeks konkrete Auffassungen und Vorschläge zur Verbesserung der sozialen Position der Arbeiterschaft gingen primär davon aus, dass der Staat und die bisherige Gesetzgebung, die sich „*nahezu durch eine Ignorierung der sozialen Frage*" auszeichnete, für die Ausdehnung der sozialdemokratischen Entwicklung verantwortlich zeichneten.[29] Den einfachsten Ausweg aus der sozialen Krise suchte Adámek daher vor allem auf der Seite des Staates; resolut lehnte er dabei eine Lösung der Probleme der Arbeiterschaft ausschließlich in der Ebene der klassischen liberalen Rezepte in Gestalt der Selbsthilfe bzw. der Bildung der Arbeiterschaft ab. Adámek räumte zwar der Arbeiterselbsthilfe, dem Genossenschaftswesen und der Bildung eine nicht geringe Bedeutung ein, jedoch ohne eine ergänzende Hilfe des Staates sah er diese Maßnahmen als wertlos an.[30] Die Aufgabe des Staates erblickte Adámek vor allem in der Durchführung sozialer Reformen auf legislativem Wege. In erster Linie schwebte ihm die Durchsetzung einer obligatorischen Versicherung der Arbeiterschaft gegen Arbeitslosigkeit[31] sowie eine weitere Vervollkommnung der Kranken-, Unfall- und Invaliditätsversicherung der Arbeiterschaft vor: „*Die bisherigen Hilfs-, Arbeiter- und Betriebskassen haben sich, ebenso wie die Krankenkassen der Gewerbegenossenschaften, bei uns kaum um die Arbeiterschaft gekümmert; daher müssen wir*

[28] Der Staat sollte – Adámek zufolge – die Anarchisten, keineswegs jedoch durch Repressionen, sondern durch eine Reform der Verhältnisse. Ders.: *Naše dělnictvo.* [Unsere Arbeiterschaft], S. 19–20.

[29] Ebd., S. 9.

[30] Ebd., S. 15.

[31] Diesen Vorschlag von J. Dvořák machte sich auch der böhmische Landesausschuss, dessen Beisitzer Adámek war, zu Eigen und verabschiedete diesen im Jahre 1900. Ders.: *Z naší samosprávy, II* [Aus unserer Selbstverwaltung. II], Chrudim 1900, S. 56.

die notwendige Versicherung der Arbeiter im Krankheitsfalle begrüßen..."[32] Ein weiteres Mittel zur Lösung der sozialen Frage der Arbeiterschaft bildete selbstverständlich der Druck auf eine Erhöhung der Löhne, der Absenkung der Steuern auf Arbeiterwohnungen bzw. eine Verkürzung der Arbeitszeit. Hier stießen freilich die jungtschechischen Reformer auf den Widerstand einer Reihe ihrer eigenen Parteikollegen. Adámek selbst hatte bei seinen Vorschlägen zur Verkürzung der Arbeitszeit zielgerichtet lediglich die gesundheitlichen Interessen der Arbeiterschaft im Auge, die wiederum auch von der Fürsorge hinsichtlich der sittlichen Unbescholtenheit der Arbeiter[33] sowie deren Bildung unterstützt wurden, zumal der Arbeiter sich in der Freizeit der Erziehung der Nachfahren bzw. der eigenen geistigen Erbauung widmen könnte.[34] Die durch das Gesetz abgesicherte Regenera-

[32] DERS.: *Z naší doby. III* [Aus unserer Zeit. III.], S. 273; DERS.: *Vývoj živnostenské politiky* [Die Entwicklung der Gewerbepolitik], S. 45. Adámek wies zugleich Befürchtungen der Unternehmer hinsichtlich einer Ausdehnung sozialer Reformen und damit verbundener Aufwendungen zurück. Er argumentierte dabei mit den Erfahrungen der Arbeitgeber aus England, Deutschland und der Schweiz. DERS.: *Nedělní klid. Úvahy národohospodářské a sociálně-politické* [Die Sonntagsruhe. Nationalökonomische und sozialpolitische Überlegungen], Praha 1893, S. 31–32. Zur Problematik der Versicherung vgl. DERS.: *Pojišťování dělníků. Úvahy národohospodářské a sociálněpolitické, I. – pojišťování dělníkův proti úrazům* [Die Versicherung der Arbeiter. Nationalökonomische und sozialpolitische Überlegungen, I. – Die Versicherung der Arbeiter gegen Unfälle], Brno 1886. Die meisten jungtschechischen Abgeordneten waren in ihrer Auffassung hinsichtlich einer Vervollkommnung des Versicherungssystems einer Meinung, unterschieden sich jedoch darin, ob eine Ausdehnung der Alters- sowie weiterer Arbeiterversicherungen auch Arbeiter in der Landwirtschaft, Gewerbetreibende usw. erfassen sollte. *Náš kandidát poslanectví* [Unser Kandidat für ein Abgeordnetenmandat], S. VII.

[33] Adámek stieß hierbei auf eine hohe Sterblichkeitsrate und Erkrankungen der Arbeiterschaft, die u. a. auch durch die niedrige Qualität ihrer Wohnungen hervorgerufen wurden: „*Derartige Wohnungen sind abscheuliche Lasterhöhlen der Unsittlichkeit und der Trostlosigkeit, eine Brutstätte für Seuchen und körperliche und geistige Krankheiten.*" K. ADÁMEK: *Naše dělnictvo.* [Unsere Arbeiterschaft], S. 33.

[34] In diesem Zusammenhang führte Adámek mit dem ihm eigenen moralisierenden Unterton hinzu, dass „*der überanstrengte Arbeiter reizbar sei, leidenschaftlich, sinnlich und letztlich geistig versteift.*" DERS.: *Nedělní klid.* [Die Sonntagsruhe], S. 6–7. In die gleiche Kategorie gehörte auch Adameks unermüdlicher Kampf gegen den Alkoholismus, vornehmlich unter den Arbeitern. DERS.: *Z bojiště proti kořalečnímu moru* [Vom Schlachtfeld gegen die Schnapsseuche], Chrudim 1893.

tion der Kräfte in Gestalt der zwangsläufigen Sonntagsruhe, die per Gesetz begrenzte Arbeitszeit, das Verbot der Nachtarbeit für Frauen und Kinder sind *„neben anderen eine vorrangige Aufgabe des Staates, um die Heiligkeit des Familienlebens zu erhalten und zu schützen“*.[35] Die Frage der von Adámek verteidigten Einführung des Achtstundenarbeitstages stieß jedoch auf den Widerstand der Unternehmer- und Landwirtschaftsfraktion innerhalb des jungtschechischen Abgeordnetenklubs (u. a. von J. Wohanka bzw. V. Formánek).[36] Nicht anders verhielt es sich mit der Frage einer obligatorischen *Sonntagsruhe*, als nämlich den so konzipierten Regierungsentwurf ein Teil der Jungtschechen ablehnte (Kulp), da dieser *„den Wettbewerb unseres Volkes“* totschlagen würde, während ein anderer Teil diesen Vorschlag eindeutig unterstützte (Šrámek) und andere wiederum diesen durch partielle Ausnahmen einschränkten (V. Formánek schloss vom Verbot der Sonntagsarbeit z. B. die Bergregionen aus).[37]

Die Gewerbeproblematik im Werk von Karel Adámek

Die Konzentration der Aufmerksamkeit auf die gewerbetreibenden Schichten stellte die traditionelle politische Orientierung der Freisinnigen Nationalpartei bereits seit den 1870er-Jahren dar. Dennoch geriet in den 1880er- und 1890er-Jahren die Gewerbeproblematik mit Blick auf die unaufschiebbare Aktualität der Probleme der Bauernschaft auf ein Nebengleis in der Politik der jungtschechischen Partei. Die wirtschaftliche Depression erreichte zwar mit einer gewissen zeitlichen Verschiebung auch die Gewerbetreibenden, allerdings traf sie diese keineswegs so hart und unmittelbar wie die Bauern. Von der *beschaulichen* Lage in den Kreisen der böhmischen Gewerbetreibenden zeugte nicht allein die geringe Akzentuierung der Gewerbeproblematik in jungtschechischen Bekundungen, sondern auch die Gleichgültigkeit der Gewerbetreibenden selbst sowie das Desinteresse an einem wirksamen Schutz des eigenen Standes. Die organisatorische Schwäche der Gewerbetreibenden hielt – in auffallendem Unterschied

[35] DERS: *Nedělní klid.* [Die Sonntagsruhe], S. 8; des weiteren DERS.: *Z naší doby. III* [Aus unserer Zeit. III.], S. 270.

[36] AÚTGM, T. G. Masaryk, Karton 223, Tagebuchnotiz vom 27. und 28. 4. 1892.

[37] *Národní listy*, 15. 11. 1902.

zu den Bauern – auch in den Folgejahren an. Die einzigen Äußerungen für Aktivitäten innerhalb der Gewerbetreibenden blieben die zeitweiligen regionalen Gewerbekongresse, auf denen zwar Klagen hinsichtlich der wirtschaftlichen und sozialen Verhältnisse laut wurden, dennoch mündeten diese zu keinem Zeitpunkt in eine derartige Bewegung, wie etwa im Falle der böhmischen Agrarbewegung. Es überrascht daher nicht, dass die Jungtschechen bis zum Ende des Jahrhunderts nicht zur Konzipierung einer eigenen komplexen Gewerbepolitik übergingen und lediglich das Wirken von Einzelpersonen aus den Reihen der Abgeordneten den politischen Raum im Hintergrund der der sich verschlechternden Verhältnisse ausfüllte. Unter diesen Personen trat Karel Adámek eindeutig hervor, als Autor von Dutzenden von Studien, die auf einer tiefgehenden Kenntnis der zeitgenössischen Literatur und der statistischen Angaben beruhten. Mit der Frage der Gewerbetreibenden beschäftigte sich Adámek seit dem Zeitpunkt seines Eintritts in die parlamentarische Politik (1879).[38] Im Verlaufe der Jahre avancierte er zu einem anerkannten Fachmann auf dem Gebiet der Gewerbeproblematik.[39] Die jungtschechische Partei betraute ihn Jahrzehnte lang mit der Organisation und Vorbereitung ihrer Stellungnahmen zur Gewerbefrage sowie der Vorbereitung entsprechender Gesetze.[40]

Die Auswirkungen der Wirtschaftskrise spürten jedoch, zusammen mit der gewaltigen Ausweitung der Massenproduktion in Fabriken, die

[38] Zu den wichtigsten Arbeiten zählt: Adámek, Karel: *Řeč Karla Adámka o živnostenském řádu přednesená na říšské radě dne 6. prosince 1882* [Die Rede Karel Adámeks über die Gewerbeordnung, vorgetragen im Reichsrat am 6. Dezember 1882], Praha 1883.

[39] Adámek wurde am 9. November 1896 zum Hauptredner bei der Behandlung der Novellierung der Gewerbeordnung gewählt. Die Národní listy (Nationalzeitung) schrieben über diese Auszeichnung: „Welches Ansehens und welchen Vertrauens er sich erfreut, davon lieferte seine heutige Wahl zum Generalredner einen brillanten Beweis. Alle 19 Abgeordneten verschiedener Parteien, die für die Vorlage eingetragen waren, gaben ihm hierbei ihre Stimme. Sie anerkannten damit, dass er prädestiniert und am meisten befähigt ist, in ihrem Namen zu sprechen." Zitiert nach: Ders.: *Paměti z doby Badeniovy* [Erinnerungen aus der Zeit Badenis], Praha 1910, S. 21.

[40] NA, RA Adámků – K. Adámek, Karton 12, Sekretär der Freisinnigen Nationalpartei Moudrý an Adámek am 30. August 1901. Eine ähnliche Rolle hatte Adámek bereits in der Zeit des gemeinsamen Böhmischen Klubs gespielt: Ebd., Karton 32, Rieger an Adámek am 20. Juli 1888.

Gewerbetreibenden immer stärker. Die Honoratiorenparteien begannen den Kampf um die Gewerbetreibenden mit demjenigen gegen die Arbeiterparteien, die die politische Zersplitterung der städtischen Mittelschichten ausnutzten, zu verbinden.[41] Mit Blick auf den Umstand, dass sich die jungtschechische Partei seit dem Beginn des 20. Jahrhunderts ausschließlich auf das städtische Elektorat orientierte und in diesem Rahmen vornehmlich auf die Gewerbetreibenden, stellte die Beibehaltung der Unterstützung durch diese für die Jungtschechen eine Frage des weiteren politischen Wirkens dar. Es überrascht nicht, dass gerade auf dem Gebiet der Gewerbepolitik die Jungtschechen nach 1900 begannen, ihre größte Energie und Aktivität zu entwickeln. Sie konzentrierten dabei ihre Bemühungen um eine Unterstützung für die Gewerbetreibenden auf vier Bereiche: 1) die legislative Unterstützung, 2) die Unterstützung der Selbsthilfe, 3) die Schaffung von Organisationsstrukturen der Gewerbetreibenden von freiwilligen politisch-wirtschaftlichen Vereinigungen (nach dem Muster der Selská jednota / Bauernvereinigung) bis hin zu erzwungenen professionellen Gemeinschaften, 4) die Ausarbeitung eines Programms der Gewerbetreibenden. Bei der Realisierung der aufgeführten Aufgaben spielte unter den jungtschechischen Politikern Karel Adámek, der neben den klassischen Instrumenten (Selbsthilfe, Genossenschaften) die Betonung wiederum auf die Rolle des Staates und auf vom Staat durchgesetzte Reformmaßnahmen legte, selbstverständlich eine führende Rolle.

Adámek empfahl im Falle der „Gewerbeaktion" keinerlei übereilte Regulierungsmaßnahmen. Den Ausgangspunkt zum Schutz des Standes der Gewerbetreibenden erblickte er vor allem in einer weiteren Novellierung der Gewerbeordnung sowie in einer legislativen Dezentralisierung der Angelegenheiten der Gewerbetreibenden, nämlich der Ausgliederung aus der Tätigkeit des Reichsrates und der Übertragung an die Landtage.[42]

[41] Die Jungtschechen warnten die Gewerbetreibenden zu Beginn des 20. Jahrhunderts vor der Unaufrichtigkeit der Sozialisten, die auf den unterschiedlichen Interessen von Gewerbetreibenden und Arbeiterschaft beruhten. *Živnostnictvu na uváženou* [Den Gewerbetreibenden zur Abwägung], hrsg. von der Gewerbeabteilung der Freisinnigen Nationalpartei, s. l., s. d.

[42] „Aber auch wenn der Reichsrat die Durchführung einiger Reformen für Gewerbetreibende übernimmt, löst er diese auf der Grundlage ungesunder Kompromisse,

Dem Staat sollte in den novellierten gewerblichen Vorschriften insbesondere eine konsequentere Beaufsichtigung der gewerblichen Verhältnisse zufallen. Adámek forderte daher eine aktivere Tätigkeit der gewerblichen Instruktoren. Es ging jedoch nicht allein um eine Stärkung der staatlichen Aufsicht, sondern um eine aktive Teilnahme des Staates durch Instruktoren an der korporativen Organisierung der Gewerbetreibenden. Die Instruktoren des Handelsministeriums sollten so nicht allein für die Durchführung der Reformen in der Praxis und die Vermittlung der Arbeit sowie der staatlichen Lieferung an kleine Gewerbetreibende sorgen (insbesondere militärische Aufträge), sondern auch für eine Belebung der Tätigkeit der gewerblichen Genossenschaften und überhaupt deren Organisation.[43] Und gerade die nicht vorhandene Organisierung und die vorherrschende Zersplitterung der Schicht der Gewerbetreibenden werteten die Jungtschechen als größtes Hindernis bei einer wirksamen Unterstützung für die Gewerbetreibenden als Stand: „*Unserer Handwerkerschaft fehlt bislang eine feste, allgemeine und werktätige Schutzorganisation, im handwerklichen Lager finden wir anstelle einer selbstbewussten Energie und eines systematischen und konsequenten Herangehens an die klar gesteckten Ziele Kleinmut, einen Mangel an Selbstbewusstsein … das verzweifelte Verlassen auf fremde Hilfe…*“[44] Die Jungtschechen verstärkten daher seit der Wende der 1880er- zu den 1890er-Jahren ihre Anstrengungen zur Gründung einer landesweiten Organisation der Gewerbetreibenden nach dem Vorbild der *Selská jednota* [Bauernvereinigung].[45] Dass man mit der Organisation der Gewerbetreibenden auch rein politische Ziele verfolgte, ist naheliegend. Im Jahre 1894 kam es schließlich zur Gründung der *Živnostenská jednota pro Království české* [Gewerbevereinigung für das Königreich Böhmen] und im

bei denen in der Regel für die Länder wirtschaftlich und kulturell weniger fortschrittliche Entscheidungen gesucht werden.“ ADÁMEK, Karel: *Živnostensko-politická činnost sněmu království Českého v letech 1898–1900* [Die gewerbepolitische Tätigkeit des böhmischen Landtags in den Jahren 1898–1900], Praha 1900, S. 3–4.

43 Im Einklang mit dieser Forderung stand auch eine Aufstockung der Zahl ähnlicher Instruktoren, zumal in den böhmischen Ländern in den 1890er-Jahren lediglich zwei derartige Instruktoren wirkten! Ebd., S. 81–83.

44 DERS.: *Našemu řemeslnictvu* [Unserer Handwerkerschaft], S. 9.

45 Im Organisationsstatut der Jungtschechischen Partei hatte man mit der *Živnostenská jednota* [Gewerbevereinigung] gerechnet, noch bevor diese wirklich entstand.

darauffolgenden Jahr entstand sodann die *Zemská jednota řemeslnických a živnostenských společenstev v Čechách* [Landesvereinigung der Handwerks- und Gewerbegenossenschaften in Böhmen]. Eine Pflichtmitgliedschaft aller Gewerbetreibenden in den einzelnen Korporationen ließ sich freilich nicht durchsetzen und die genannten Institutionen waren im Vergleich mit ihren agrarischen Pendants wesentlich schwächer.

Die soziale Stellung der Gewerbetreibenden sollte nach dem Vorbild der Arbeiterschaft ihre (am besten erzwungene) Versicherung verbessern.[46] Praktisch jedoch legte Adamek das größte Gewicht auf konkrete wirtschaftliche Schritte. In erster Linie ging es ihm um eine automatische Zuteilung eines Teils staatlicher Aufträge (insbesondere für den Bedarf der Armee oder einzelner Behörden) an Kleinproduzenten. Gegenüber der gängigen Praxis der monoplartigen Zulieferer schlug er vor (und setzte dies auch mit durch), dass es zu einem Übergang zu einer Dezentralisierung bei der Vergabe von Armeebestellungen kam, was unter anderem bedeutete, dass die Produktion von einem Viertel der geforderten Militärschuhe ausschließlich kleinen Handwerkern überlassen wurde. Adámek bemerkte enthusiastisch, dass ähnliche Zulieferungen für Kleinhandwerker der Ausdruck „*einer weitsichtigen Wirtschafts-, Sozial- und Steuerpolitik*" und ein Schutzschild „*gegen die destruktiven Strömungen des umstürzlerischen Anarchismus*" unter den Gewerbetreibenden seien.[47] Die erhöhten Aufwendungen für ein ähnliches System der Vergabe staatlicher Aufträge an Kleinproduzenten standen dabei im Hintergrund und die durch die Jungtschechen in der Regel ansonsten kritisierte Armee und die Höhe der für sie aufgewendeten Ausgaben erntete Lob für produktiv verwendte Mittel.[48] Ähnlich appellierten die Jungtschechen an die österreichischen Konsulate für größere Unterstützung des einheimischen Exports.[49] Große Hoffnungen setzten sie dann in die Gründung eines Landeskreditfonds für Kleingewerbetreibende. Der Vorschlag für dessen Einrichtung im Januar 1896 unterbreiteten die jungtschechischen Abgeordneten K. Adámek, V. Janda

[46] Ders.: *Z naše doby* [Aus unserer Zeit], III, S. 276.

[47] Ders.: *Ozbrojený mír* [Der bewaffnete Frieden], Pardubice 1894, S. 22–23.

[48] Ebd., S. 19–21. Als politischen Erfolg werteten die Jungtschechen dies auch später: *Den*, 27. 4. 1907.

[49] Ders.: *Našemu řemeslnictvu* [Unserer Handwerkerschaft], S. 10.

und V. Němec, und im Februar desselben Jahres wurde der Fond mit einer Einlage von 500.000 Gulden gegründet.[50]

Ein weiteres praktisches Mittel zur wirtschaftlichen Stärkung der Gewerbetreibenden stellte die Entwicklung von Selbsthilfemechanismen in Gestalt einer Unterstützung und weiteren Gründungs- sowie Ausdehnungstätigkeit von Genossenschaften der Gewerbetreibenden dar: der gemeinsame Einkauf von Materialien, Maschinen, Einrichtung gemeinsamer Werkstätten und Lager.[51] Adámek hob die Vorzüge der Selbsthilfe unter den Instrumenten der Gewerbepolitik eindeutig hervor: *„Durch das Verlassen auf fremde Hilfe, die Überbewertung des Einflusses der Gesetzgebung bei der Bannung wirtschaftlicher und industrieller Krisen wird das Selbstvertrauen untergraben, welches die wichtigste Triebfeder der Selbsthilfe darstellt, der tatkräftigen Initiative, die Quelle für die Kraft der Einzelnen und der Völker.*“[52] Hand in Hand mit der Selbsthilfe sollte jedoch auch die Bildung weiter ausgebaut werden, und dies insbesondere in Gestalt einer Ausweitung und qualitativen Verbesserung des Fachwissens der Gewerbetreibenden. Adámek ging es namentlich um die Einrichtung weiterführender Industrie- und Kaufmannsschulen.[53] Die Jungtschechen gingen im Bildungsprogramm für die Gewerbetreibenden auch von der Gründung eines technologischen Museums bzw. dem Erhalt regelmäßiger staatlicher Subventionen für die Durchführung von Gewerbeausstellungen (seit dem Jahre 1895) aus.[54] Viel versprachen sie sich zudem von der Einberufung eines nationalökonomischen Kongresses im Jahre 1893, dessen Organisatoren neben den ausgewiesenen Kennern der Gewerbefrage K. Adámek und V. Šílený auch die Nationalökonomen J. Kaizl und J. Fořt – beide nachmalige k.k. Ressortminister – waren.

[50] Ders.: *Vývoj živnostenské politiky* [Die Entwicklung der Gewerbepolitik], S. 174–175.

[51] Ders.: *Našemu řemeslnictvu* [Unserer Handwerkerschaft], S. 10.

[52] Ders.: *Vývoj živnostenské politiky* [Die Entwicklung der Gewerbepolitik], S. 56.

[53] Ders.: *Živnostensko-politická činnost* [Die gewerbepolitische Tätigkeit], S. 22. Große Aufmerksamkeit widmeten die Jungtschechen zum Beispiel der Gründung einer Fachschule für Müller, damit letztere als traditionelle Stütze der Jungtschechen nicht die „hervorragenden Müllerschulen in Deutschland besuchen müssen“. Mit diesem Vorschlag trat im Jahre 1896 der Abgeordnete Karlík an die Öffentlichkeit, im Jahre 1900 erinnerte H. Janda an eben diesen Vorschlag. Ebd., S. 38.

[54] *Den*, 27. 4. 1907.

Die Agrarfrage im Werk von K. Adámek

Die Bauernschaft bildete seit der Mitte der 1880er-Jahre bis zum Ende der 1890er-Jahre den wichtigsten und zahlenmäßig stärksten Bestandteil der jungtschechischen Wählerschaft. Zu deren politischer Aktivierung trug die Agrarkrise in den siebziger bis neunziger Jahren des 19. Jahrhunderts bei. Wenn wir uns das Ausmaß der sozialen Folgen dieser Krise und zugleich die Bedeutung der Bauernschaft für die jungtschechische Partei vor Augen führen, dann überrascht zugleich, dass letztere im Verlaufe des Untersuchungszeitraums keinerlei spezifisches Bauernprogramm ausarbeitete. Das fehlende kompakte Programm supplierte ein buntes Konglomerat heterogener Vorschläge und Bemerkungen, auf die wir nicht allein in Gestalt von Gesetzesvorlagen stoßen, sondern die wir vor allem auf den Seiten der jungtschechischen Zeitungen und Broschüren antreffen. Diese Vorschläge oszillierten von der Unterstützung der bäuerlichen Selbsthilfe und einer besseren Qualität der Bildung der Bauern (Wirtschaftsschulen, landwirtschaftliche Hochschule), über den Ausbau des Netzes agrarischer Kreditinstitute bis hin zur Senkung und Beseitigung einiger Steuern, der Einführung von Schutzzöllen, der gesetzlichen Verankerung einer obligatorischen wirtschaftlichen Korporation bzw. der Unteilbarkeit bäuerlicher Güter bis zu einem bestimmten Umfang. Aus diesem Konglomerat von Vorschlägen und Konzeptionen ein kompaktes Ganzes zu bilden, erwies sich freilich als nicht so einfach, schon allein wegen der völligen Spontaneität und vielfach auch Naivität.[55] Den entscheidenden Impuls für die Ausarbeitung eines in sich geschlossenen Agrarprogramms der jungtschechischen Partei bildeten die sich mehrenden Sezessionen der einzelnen bäuerlichen Fraktionen.[56]

[55] VOJTĚCH: *Mladočeši a boj* [Die Jungtschechen und der Kampf], S. 38–40 und 90. Es entspricht freilich nicht der Wahrheit, dass sich die Jungtschechen nicht mit der Agrarfrage befasst hätten, einige ihrer Repräsentanten taten dies nämlich sehr intensiv. ADÁMEK, Karel: *Organizování zastupování* [Die Organisierung der Vertretungen]; DERS.: *Některé příčiny* [Einige Ursachen]; DERS.: *Naše rolnictví* [Unsere Bauernschaft].

[56] VELEK, Luboš: *Sdružení českých zemědělců a Národní strana svobodomyslná 1896–1899* [Die Vereinigung der tschechischen Bauern und die Freisinnige Nationalpartei 1896–1899], In: Rašticová, Blanka (Hrsg.), *Politická a stavovská zemědělská hnutí ve 20. století* [Die politischen und die ständischen landwirtschaftlichen Bewegungen im 20. Jahrhundert], (Studie Slováckého muzea 5), Uherské Hradiště 2000, S. 123–124; DERS.: *Agrární*

Das Fehlen eines komplex erarbeiteten Programms, das auf die aktuellen Probleme der Bauernschaft (die soziale und wirtschaftliche Sphäre nicht ausgeschlossen) reagiert hätte, ist ein Beleg für den fortdauernden Honoratioren- und allnationalen Charakter der Freisinnigen Nationalpartei. Der programmatische Anachronismus kontrastiert dabei nicht allein mit der sich parallel entwickelnden sozialdemokratischen Partei, sondern auch mit der Modernisierung der jungtschechischen Organisationsstruktur, die sich mit ihrer durchdringenden Modernisierung bemühte, der wachsenden Konkurrenz der Massen- und Ständeparteien – insbesondere der Tschechischen Agrarpartei – zu trotzen. Die harte Kritik an die Landwirtschaftspolitik der Jungtschechen durch die Agrarpartei rief eine sich verstärkende Abwehrreaktion hervor, die sich wiederum unter anderem wie folgt zeigte: in der Veröffentlichung einer Übersicht über die Tätigkeit im Landtag zugunsten der Landwirtschaft in den zurückliegenden sechs Jahren.[57] Die lange Aufzählung der Vorschläge und gegebenenfalls auch der erreichten legislativen Erfolge sagten allerdings über die Verbesserung der sozialen und wirtschaftlichen Verhältnisse des tschechischen Bauern nur wenig aus. Die Jungtschechen schoben daher die Schuld für die Nichtannahme einer ganzen Reihe vorgeschlagener Maßnahmen, die wirksam den Auswirkungen der Agrarkrise entgegenwirken sollten, der zentralistischen Verfassung zu, die größere Kompetenzen der Landtage und einer die Regierung boykottierende Arbeit der Landtage durch deren kurze Sitzungen verhinderten. Als Entschuldigung diente auch der Umstand, dass die Abgeordneten *„in einem scharfen und beharrlichen Kampf gegen die Deutschen für die allerhei-*

proud v mladočeské straně v 90. letech 19. století [Die agrarische Strömung innerhalb der jungtschechischen Partei in den neunziger Jahren des 19. Jahrhunderts], In: K úloze a významu agrárního hnutí v českých a československých dějinách [Zur Rolle und Bedeutung der Agrarbewegung in der tschechischen und tschechoslowakischen Geschichte], hrsg. von Souša, Jiří – Miller, Daniel K. – Hrabík Samal, Mary, Praha 2001, S. 19–29.

[57] *Jednání sněmu království Českého o zemědělství v letech 1896 až 1901* [Die Verhandlungen des Landtags des Königreichs Böhmen über die Landwirtschaft in den Jahren 1896 bis 1901], Chrudim 1901. Die Jungtschechen trugen hier die Ergebnisse ihrer Arbeit auf dem Felde der Entwicklung des landwirtschaftlichen Schulwesens, der Einführung einer wirtschaftlichen Versicherung, der Subventionierung von Meliorationen, der Gründung des Subsidiärfonds Franz Josefs, der Einführung direkter Wahlen in die ländliche Landtagskurie etc. zusammen.

ligsten nationalen Rechte und das Staatsrecht stehen … wodurch die Lösung aller wirtschaftlichen und kulturellen Aufgaben nicht sehr erleichtert wird.“[58]

Den entscheidenden Schritt zur Wahrung der Sympathien auf Seiten der Bauernschaft vor den herannahenden Reichsratswahlen im Jahre 1901 bildete der Versuch zur Ausarbeitung des fehlenden Agrarprogramms der Partei, das letztere als verbindliches Konzept der Landwirtschaftspolitik vorzulegen beabsichtigte. Die dafür notwendigen Arbeiten begannen bereits im März 1899, also kurz nach einer der bäuerlichen Sezessionen (Vereinigung der tschechischen Landwirte). Mit der Ausarbeitung des Programms betraute die Partei den Führer der jungtschechischen Gutsbesitzer Heřman Janda. Dieser erfüllte allerdings die ihm übertragene Aufgabe nicht.[59] Das Landwirtschaftsprogramm stellte nämlich einen derart einschneidenden Schritt dar, dass seine Verabschiedung nicht auf einzelnen, noch dazu nicht gerade intellektuell schöpferischen Personen beruhen konnte. Die Vorbereitungen des Programms verliefen daher letztlich vor allem auf dem Boden des elitären Prager Vereins „Klub der Freisinnigen Nationalpartei“.[60] Die Hauptrolle hierbei spielten neben H. Janda nicht allein der anerkannte nationalökonomische Fachman K. Adámek, sondern auch der Neuling unter den Jungtschechen, der Nationalökonom und Professor am Prager Technikum František Fiedler, der zukünftige k.k. Handelsminister. In den Verhandlungen des Klubs spiegelte sich Ratlosigkeit wider, wie man die Agrarfrage angehen solle. Während sich Adámek auf Hinweise zur Verbesserung des legislativen Prozesses des Landtags sowie eine effektive Ausnutzung der Selbsthilfemechanismen beschränkte,[61] verteidigte Janda die klassischen liberalen Prinzipien und lehnte die Vorstellungen ab, den Bauern könnte niemand eine klarere Hilfe bieten als sie selbst; er empfahl den Bauern daher vor allem gut zu wirtschaften! Aus

[58] Ebd., S. 28.

[59] Adámek, Karel: *Pro naše rolnictvo. Ze svých pamětí* [Für unsere Bauernschaft. Aus meinen Erinnerungen], Praha 1913, S. 87. Janda selbst wollte eher lediglich als Koordinator der programmatischen Arbeiten agieren.

[60] Das Ergebnis der Vorbereitungen war dabei u. a. die Broschüre Adámek, Karel – Fiedler, František – Janda, Heřman: *Pracovní program agrární. Jednání v Klubu Národní strany svobodomyslné v Praze* [Landwirtschaftliches Arbeitsprogramm. Die Beratungen im Klub der Freisinnigen Nationalpartei in Prag], Praha 1901.

[61] Ebd., S. 17–18.

der Diskussion wird ersichtlich, dass der einflussreiche, aber von den Problemen der Bauernschaft entfernt stehende Janda schwerlich zur Lösung der bäuerlichen Probleme beitragen konnte. Ebenso beabsichtigte jedoch auch Adámek, der bei älteren Vorstellungen verharrte, als Gewerbeexperte nicht, sich in der Agrarfrage, die keine Lorbeeren in Aussicht stellte, grundlegender zu engagieren.

Das fortdauernde Missgeschick bei der Konzipierung eines in sich geschlossenen Agrarprogramms supplierten (und verbargen) die Jungtschechen gleichzeitig mit dem bisherigen Vorgehen, d.h. dem Vortragen von einzelnen und dabei heterogenen Reformschritten und Projekten. Die Spuren dieser Tätigkeit finden wir nicht allein in den Vorlagen der stenographischen Protokolle, sondern zugleich vor allem in Dutzenden von Broschüren, Studien und Zeitungsartikeln, die bereits mehr als ein Jahrhundert einer Auswertung harren.[62] Zu den fleißigsten Unterbreitern von Teilreformen zählten neben K. Adámek und F. Fiedler die jungtschechischen Leiter von Wirtschaftsschulen – die Abgeordneten Vilém Teklý, Rudolf Treybal und Richard Purghart.[63] Am produktivsten erwies sich in dieser Hinsicht ohne Zweifel K. Adámek, der sich seit den 1890er-Jahren in Dutzenden kleinerer und umfangreicherer Arbeiten einem breiten Kreis von Fragen der Landwirtschaftsproblematik befasste.[64] Seine analytischen

[62] Malíř, Jiří: *K roli brožur a letáků pri nástupu masových politických stran (na příkladu Moravy)* [Zur Rolle von Broschüren und Flugblättern beim Auftreten politischer Massenparteien (am Beispiel Mährens)], ČMM 120, 2001, S. 123–154.

[63] Zu deren Wirken vgl. Velek, Luboš: *Agropedagogika ve službách mladočeské strany na přelomu 19. a 20. století* [Agropädagogik in Diensten der jungtschechischen Partei an der Wende vom 19. zum 20. Jahrhundert], In: Rašticová, Blanka (Hrsg.): Zemědělské školství, výzkum a osvěta jako předpoklad hospodářského a sociálního rozvoje venkova v 19. a 20. století [Das landwirtschaftliche Schulwesen, Forschung und Bildung als Voraussetzung für die wirtschaftliche und soziale Entwicklung der ländlichen Regionen im 19. und 20. Jahrhundert] (Studie Slováckého muzea 9), Uherské Hradiště 2004, S. 33–38.

[64] Adámek, Karel: *Z rozvahy světové tržby s obilím* [Aus der Bilanz des Weltgetreidehandels], Chrudim 1896; Ders.: *Cukr* [Zucker], Praha 1899; Ders.: *Zájezdy rolnictva východočeského na Moravu a do Slezska v l. 1884 až 1902* [Die Fahrten der ostböhmischen Bauernschaft nach Mähren und Schlesien in den Jahren 1884–1902], Chrudim 1908; Ders.: *Meliorování a chov dobytka* [Melioration und Viehzucht], Chrudim 1893; Ders.: *Tržební smlouvy. Úvahy a rozhledy* [Handelsverträge. Überlegungen und

Studien und partiellen Vorschläge ergänzte Adámek vor allem um statistische Untersuchungen und Reformansichten, die dem *Kathedersozialismus* nahe standen.[65]

Bei Adámek und bei Fiedler spielte bei der Lösung der Agrarprobleme der Staat eine große Rolle. Adámek sah den Ausgangspunkt aus der Agrarkrise in einer Kombination staatlicher Unterstützung mit der Selbsthilfe, wobei er jedoch letztere präferierte: „*Unsere Bauernschaft muss auch weiterhin ihr Heil in der Selbsthilfe suchen, vor allem in einer Vervollkommnung des Wirtschaftens sowie in einer meisterhaften Verteidigung und Wahrung ihrer Interessen.*“[66] Fiedler hob – im Unterschied zu Adámek – in seinen Arbeiten die Selbsthilfe nicht hervor und sprach lediglich von einer zielgerichteten Landwirtschaftspolitik des Staates (respektive der öfffentlichen Macht) sowie von einem Mitwirken der einzelnen. Die beiden Politiker repräsentieren zwei mögliche Richtungen, zu deren offener Konfrontation es jedoch innerhalb der Partei nicht kam; in der Praxis vermochten sich beiden vielmehr zugleich Geltung zu verschaffen. Anders verhielt es sich jedoch im Falle der sog. „Agrarradikalen“ (gemeint ist A. Šťastný), die seit dem Jahre 1895 außerhalb der jungtschechischen Partei standen und die den Weg der Selbsthilfe bagatellisierten und einseitig eine Lösung der bäuerlichen Probleme mit Hilfe des Staates forderten. An ihre Adresse gerichtet verkündete Adámek: „*Dem gesunden Fortschritt in der Landwirtschaft wird der Weg nicht durch eine Unterschätzung unternehmerischer Reform und ein Nachjagen nach Utopien geeebnet… Diese Politik, die unerfüllbare Hoffnungen der Bauernschaft in die wundersame Hilfe des*

Überblicke], Chrudim 1892; Ders.: *Z hospodářské politiky, I-VI* [Aus der Wirtschaftspolitik, I-VI], Chrudim 1898–1903.

[65] F. Fiedler wiederum war ein Synthetiker, der an die Landwirtschaftspolitik wie an einen breiten Komplex von Problemen herantrat und sein besonderes Augenmerk bei der Lösung dieser Probleme auf die Landwirtschaftspolitik des Staates richtete. Auch er war ein Reformpolitiker. Auch er war ein Reformliberaler mit einem tiefen, allerdings kritischen Interesse am Sozialismus (Fiedler interessierte auch der Gedanke einer Bodenreform: František Fiedler: *Zemědělská politika, I-II* [Landwirtschaftspolitik, I-II], Praha 1899, S. 106–113).

[66] Adámek, Karel: *Organizování zastupování* [Die Organisation der Vertretungen], S. 4. Umfassend beschäftigte er sich mit der Selbsthilfe In: Ders.: *Z hospodářské politiky, III* [Aus der Wirtschaftspolitik, III.].

Staates suggeriert, bildet daher das größte Hindernis bei der Entwicklung einer gesunden Selbsthilfe.“[67]

Der Unterschied in den Heransgehensweisen von Adámek und Fiedler bestand im Umfang der Bereitschaft den Boden der liberalen Politik zu verlassen. Fiedler blieb ein überzeugter Liberaler, der sich unter dem Einfluss der Wirtschaftskrise bemühte, die Position des Staates in der Sphäre der Wirtschaft neu zu definieren. Adámek hingegen verließ mit seinen Vorschlägen nicht nur einmal den Boden der liberalen Ideologie und avancierte zu einem Sozial- und Wirtschaftsreformer des böhmischen Landes, bei dem die liberale Ideologie auch in solchen Fragen zu kurz kommen konnte, in denen es um das freie Eigentum ging: „*Ich bin sicherlich kein Rückwärtsgewandter, dennoch würde ich, könnte ich zwischen einer Einschränkung der vollkommenen Besitzfreiheit mit Blick auf Bauerngüter und der Wahrung unseres Bauernstandes wählen, ohne Zögern diese leere Freiheit opfern…*“ Hiermit hing auch die von Adámek verteidigte Begrenzung der freien Verfügung über den Boden zusammen, wenn er als grundlegende Aufgabe der Landwirtschaftspolitik eine „*Einschränkung der Mobilität des Bodens im allgemeinen, eine Mobilisierung der bäuerlichen Güter im besonderen*“ wertete. Wir dürfen nicht vergessen, dass die wirtschaftliche Freiheit in ihren Folgen eine Herrschaft der Starken über die Schwachen ist.“[68] Die Quellen des unterschiedlichen Herangehens werden vornehmlich darin gesehen, dass der um eine Generation ältere Adámek unmittelbar das schockierende Ende der wirtschaftlichen „Gründerzeit“ in Österreich mit-

[67] Ebd., S. 8–9. Die „Agrarradikalen“ stellte Adámek in einen Zusammenhang mit den Bemühungen der Sozialdemokratie!

[68] Ders.: *Naše rolnictví* [Unsere Bauernschaft], S. 31; Ders.: *Z hospodářské politiky, I* [Aus der Wirtschaftspolitik, I.], S. 14. Die Einschränkung der Teilbarkeit von Gütern gehörte zu den äußerst umstrittenen Fragen nicht allein innerhalb der Bauernschaft, sondern auch innerhalb der jungtschechischen Partei. Adámeks „unliberale“ Neigung zur Begrenzung der Teilbarkeit der Güter teilte u. a.: Teklý, Vilém: *Stinné stránky neobmezené dělitelnosti pozemků* [Die Schattenseiten einer unbegrenzten Teilbarkeit von Gütern], Roudnice 1882. Demgegenüber strichen im Jahre 1896, als die Vereinigung tschechischer Landwirte entstand, die Jungtschechen aus seinem, ihnen zur Verabschiedung vorgelegten Programm den Paragraphen zur Einführung der „Begrenzung der freien Überschuldung und Teilbarkeit der Güter“. LA PNP, E. Engel, Karton 23, Vorschlag des Programms die Vereinigung der tschechischen Landwirte mit Engels Ergänzungen und Streichungen.

erlebt hatte, die er darüber hinaus mit dem antitschechischem (d.h. deutschen bzw. jüdischen) Kapital gleichsetzte. Adámek blieb insgeheim ein Liberaler, für seine antiliberalen Äußerungen zeichnete die wirtschaftliche Depression verantwortlich, die bei ihm in eine Befürwortung der gestärkten Rolle des Staates als aktiver Regulator und Kontrolleur der wirtschaftlichen Entwicklung überging. Im Unterschied zu dem synthetisierenden Theoretiker Fiedler ließ sich Adámek weitaus stärker auf konkrete, aber doch nur partielle Überlegungen und Reformvorschläge ein.

Den Ausgangspunkt zur Regulierung der Verhältnisse in der Landwirtschaft bildeten für Adámek – neben der Dezentralisierung der landwirtschaftlichen Legislative und der Übertragung in den Wirkungsbereich der Landtage – vor allem die regulativen Eingriffe des Staates in der Wirtschaft.[69] Der Staat sollte sich um einen Stopp der Erhöhung der Verbrauchssteuern, die steuerliche Entlastung der Bauernschaft, um günstige Subventionen der Produktion (z.B. die Unterstützung von Meliorationen), die Gewährung zinsloser Anleihen für die bäuerlichen Vereinigungen, billige Kredite, die Begrenzung der Wehrpflicht für Absolventen mittlerer Wirtschaftsschulen u. ä. kümmern.[70] Der Staat sollte zudem aktiv die Verkehrstarife regeln, Hindernisse im Verkehr beseitigen und überhaupt die Verkehrsaufwendungen verringern.[71] Adámek empfahl bereits Mitte

[69] Adámek, Karel: *Organizování zastupování* [Die Organisation der Vertretung], S. 32; Ders.: *Z hospodářské politiky, III* [Aus der Wirtschaftspolitik, III.], S. 8.

[70] Die Jungtschechen Adámek, Václav Janda und Václav Němec z.B. initiierten auf dem Parteitag 1896 die Gründung von zwei Kreditfonds über 500.000 Gulden für Kleinbauern. Wegen des Finanzmangels sollten die Fonds aus Landesmitteln für einen Zeitraum von zehn Jahren ausgestattet werden, aus diesem Grunde war deren Ausnutzung in der abklingenden Krise nicht sehr aktuell. Ders.: *Vývoj živnostenské politiky* [Die Entwicklung der Gewerbepolitik], S. 38; Ders.: *Naše rolnictví* [Unsere Bauernschaft], S. 38; Ders.: *Pro naše rolnictvo.* [Für unsere Bauernschaft], S. 38; Ders.: *O našem zemědělském úvěrnictví* [Über unser landwirtschaftliches Kreditwesen], Chrudim 1897.

[71] „Die staatliche Verwaltung besitzt sicherlich ausgiebige Mittel für ein direktes und indirektes Wirken hinsichtlich der Regelung unserer Verkehrstarife, das üppigste Mittel jedoch ist die Konkurrenz der staatlichen und verstaatlichten Eisenbahnen." Ders.: *Naše rolnictví* [Unsere Bauernschaft], S. 45; „Je stärker der Verkehr vereinfacht wird und je stärker sich die Aufwendungen für diesen verringern, desto mächtiger wird die einheimische Landwirtschaft und Industrie mit Blick auf ein siegreiches Wirtschaften in den Konkurrenzkämpfen." Ders.: *Některé příčiny* [Einige Ursachen], S. 118.

der 1880er-Jahre zur Erreichung dieser Ziele u. a. eine Verstaatlichung der Eisenbahnen, die *„bislang ausschließlich Profit machende, private Unternehmen vorwiegend fremden Kapitals sind"*, und die öffentlichen Interessen unterzuordnen seien.[72] Einen besonderen Platz in Adámeks Überlegungen nahm der Erhalt der Schutzzollpolitik ein (insbesondere der Getreidezölle). Adámek schwankte hier ideologisch, was ein Ergebnis des Ringens zwischen der liberalen Theorie und der volkswirtschaftlichen Praxis war.[73] Im Grunde genommen jedoch gilt, dass er es ablehnte, die Zollregulierung als allein selig machend zu begreifen und er darin *„lediglich ein Mittel für einen zeitweiligen Schutz der bedrohten Interessen dieses Zweiges"* erblickte. Adámek unterstützte eher eine ausgewogene und flexible Zollpolitik, und dies lediglich aus wirklich gewichtigen Gründen.[74]

Die Forderungen nach Dezentralisierung, sozialen Reformen, staatlichen Interventionen und Subventionen der Politik kombinierte Adámek

[72] Ders.: *Naše rolnictví* [Unsere Bauernschaft], S. 40–41 und 45; Ders.: *Pro naše rolnictvo.* [Für unsere Bauernschaft], S. 78.

[73] Zu Beginn der 1890er-Jahre verhielt sich Adámek z.B. gegenüber einer Einführung eines Schutzzolles allgemein eher ablehnend, andererseits begrüßte er im Jahre 1884 den Schutzzoll Vgl. Ders.: *Naše rolnictví* [Unsere Bauernschaft], S. 38; Ders.: *Z mezinárodního bojiště hospodářského. Úvahy o politice tržební* [Vom internationalen Wirtschaftsschlachtfeld. Überlegungen über die Handelspolitik], Chrudim 1891.

[74] Ebd., S. 72–73. Adámek argumentierte hier nicht ganz überzeugend mit dem durch die Entwicklung der böhmischen Zuckerindustrie ungeschützten Zoll. Er vergaß, dass der Getreideweltmarkt sich nicht mit dem rein mitteleuropäischen Anbau und der Verarbeitung der Zuckerrübe vergleichen ließ. Auf einen ähnlichen Standpunkt stellte sich auch Adámeks Kollege Teklý, der ebenfalls auf die Mehrdeutigkeit der Vorteile einer Schutzpolitik verwies und die Stabilität der Verhältnisse in diesem Bereich würdigte. Teklý, Vilém: *Nové obchodní smlouvy* [Die neuen Handelsverträge], Chrudim 1882, S. 9. Nach etlichen Jahren versuchte F. Fiedler die tschechischen Forderungen im Bereich der Zollpolitik zusammenzufassen. Fiedler, František: *Požadavky českého zemědělství k nastávající úpravě zahraničních obchodních a celních poměrů říše Rakousko-uherské. Dobré zdání podané c. k. ministerstvu orby českým odborem zemědělské rady pro království České na zakladě usnesení výboru tohoto odboru ze dne 15. května 1900* [Die Forderungen der tschechischen Landwirtschaft hinsichtlich der künftigen Regelung der Außenhandels- und Zollverhältnisse im Österreichisch-Ungarischen Reich. Das dem k.k. Ackerbauministerium durch die tschechische Abteilung des Landwirtschaftsrates für das Königreich Böhmen auf der Grundlage eines Beschlusses des Ausschusses dieser Abteilung vom 15. Mai 1900 überreichte Gutachten], Praha 1900.

mit der Einführung einer organisierten Selbsthilfe. Letztere war jedoch nicht ohne eine weitere (wirtschaftliche, gegebenenfalls auch politische) Organisierung der Bauernschaft denkbar. Die wirtschaftliche Organisation der Bauernschaft verfolgte in den 1890er-Jahren zwei Ziele: 1) politisch – eine einheitliche Vertretung und Verteidigung der bäuerlichen Interessen; 2) wirtschaftlich und kulturell – eine eng verbundene Realisierung gemeinsamer ökonomischer Aufgaben und die Verbreiterung der allgemeinen und fachlichen Bildung der Bauernschaft.[75] Der Überzeugung von den Vorteilen einer Vereinigung zum Zwecke der Selbsthilfe widmete sich auch eine Reihe überparteilicher Bauernkongresse. Deren Organisatoren versprachen in der Regel nicht allein einen wirtschaftlichen und kulturellen Erfolg, sondern auch eine Stärkung der nationalen und politischen Überzeugungen der Bauernschaft und zugleich eine Ausweitung des Raumes für die eigene Agitation in Form eines Umgehens des strengen Vereinsgesetzes. Nicht zuletzt sah man in den verschiedensten Vereinigungen auch eine Art und Weise des Festhaltens und der Vermehrung des landwirtschaftlichen Bodens in tschechischen Händen: „*In der Verbreiterung der Bildung und in der Vereinigung der Bauernschaft finden wir die wesentlichen Garantien für eine Bewahrung unseres bäuerlichen Mittelstandes... Der tschechische Bauer bleibt Eigentümer seines Bodens und behält die väterlichen Güter für seine Nachkommen, sofern er seine Interessen mit der scharfen Waffe des Geistes, ausdauernder Arbeit und vereinten Kräften wahrt und verteidigt.*“[76] Als nacheifernswertes Beispiel einer auf Selbsthilfe ausgerichteten Vereinigung dienten Adámek die ostböhmischen Bauerngenossenschaften, die mehrere Zuckerfabriken aufgekauft hatten, zudem die ganze Herrschaft Choltitz gepachtet und so „*zur Wahrung unseres heimatlichen Bodens in unseren Händen*“ beigetragen hatten.[77] Das politische Ziel, kombiniert mit dem ökonomisch-sozialen Profit, wird vor allem in den Forderungen nach Schaffung eines dichten Netzes bäuerlicher Verbände und Genossen-

[75] Adámek, Karel: *Organizování zastupování* [Die Organisation der Vertretungen], S. 6.

[76] Ebd., S. 6.

[77] Ders.: *Naše rolnictví* [Unsere Bauernschaft], S. 53. Ähnlich rief der Abgeordnete R. Treybal wiederum zur wirtschaftlichen Exploatation des bislang unzureichend genutzten „tschechischen“ Böhmerwald auf. Treybal, Rudolf J.: *O zakopaných hřivnách našeho českého Pošumaví* [Über die vergrabenen Pfunde unseres tschechischen Böhmerwaldes], Praha 1902.

schaften sowie der Krönung bäuerlicher Vereinigungstätigkeit in Gestalt „einer allgemeinen Organisation der tschechischen Bauernschaft“ aller Länder der böhmischen Krone deutlich – also der *„Bildung eines einzigen großen Bauernverbandes, einer Union der Bauernschaft Böhmens, Mährens und Schlesiens, im Interesse der wirtschaftlichen Selbsthilfe und unserer nationalen Erweckung“*.[78] Wenngleich Adámek selbst an die Idee der Bildung eines einheitlichen Bauernverbands nicht so recht glaubte, so unterstützte er doch zumindest entschieden *„die allgemeine, rationale Organisation der lokalen Wirtschaftsverbände ... die Organisierung der zentralen Landeswirtschaftsvereine der Bauern auf demokratischen Grundlagen, für eine föderative Vereinigung dieser Verbände in einer Körperschaft der Delegierten“*.[79]

Den Gedanken der Selbsthilfe und des Genossenschaftswesens ergänzte Adámek z.B. durch die Forderung, breiten Schichten der Bauernschaft eine solide fachliche Bildung zu ermöglichen.[80] In der Praxis widmeten die Jungtschechen dem Bereich der Bildung der Bauernschaft außerordentliche Anstrengungen: allein in den Jahren 1895–1910 wurden elf Wirtschaftsschulen und drei derartige Einrichtungen für Wirtinnen gegründet.[81] Unter den tschechischen Forderungen finden wir die Einrichtung einer landwirtschaftlichen Hochschule am tschechischen Polytechnikum in Prag und ebenfalls die Gründung eines besonderen tierärztlichen Instituts.[82] Eine weitere Forderung Adámeks von sozialreformerischem Charakter war die Betonung des Bedarfs nach Gründung einer Versicherung des Besitzes der Landwirte und der in der Landwirtschaft beschäftigten Arbeiter.[83] Mit diesen Forderungen wollte Adámek nicht allein einer möglichen Armut, Alter, Inva-

[78] Adámek: *Zájezdy rolnictva* [Die Exkursionen der Bauernschaft], S. 46–51.

[79] Ebd., S. 52–53; Ders.: *Naše rolnictví* [Unsere Bauernschaft], S. 52.

[80] Dem Bedürfnis nach wirtschaftlicher Bildung und landwirtschaftlichem (ökonomischem) Schulwesen ist die Schrift gewidmet: Ders.: *Z hospodářské politiky, II* [Aus der Wirtschaftspolitik, II], Vgl. des weiteren Ders.: *Organizování zastupování* [Die Organisierung der Vertretungen], S. 4.

[81] Ders.: *Pro naše rolnictvo* [Für unsere Bauernschaft], S. 73.

[82] LA PNP, E. Engels, Karton 25, Anmerkungen der Abgeordneten an die Sprachenverordnungen vom Oktober 1897.

[83] Adámek, Karel: *O pojišťování dělníků zemědělských* [Über die Versicherungen der Landarbeiter], Chrudim 1885; Ders.: *Zemské pojišťování rolnictva* [Die Landesversicherungen der Bauernschaft], Chrudim 1903.

lidität, Krankheit bzw. dem Verlust des Eigentums entgegenwirken, sondern auch einem Vordringen der Sozialdemokratie unter den Landarbeitern.[84]

In Adámeks Arbeiten erscheint seit den 1880er-Jahren noch ein weiterer Aspekt: der – trotz der Anerkennung der dominanten Bedeutung der Landwirtschaft für die böhmische Wirtschaft – Hinweis auf die feste Verankerung der tschechischen Landwirtschaft mit der tschechischen Industrie, vor allem der Lebensmittelindustrie (Müllereiunternehmen, Zucker- und Brennereigewerbe). Die existentielle Abhängigkeit beider Zweige der nationalen Volkswirtschaft voneinander verkörperte in Adámeks Vorstellungen die Notwendigkeit gegenseitiger Rücksichtnahme und Unterstützung für einander, und zwar insbesondere mit Blick auf die Rücksichtnahme der entstehenden tschechischen Industrie.[85] Zu Beginn des 20. Jahrhunderts, als die kartellartige Lebensmittelindustrie eine Gefahr für die meisten Bauern darstellte, kamen jedoch Rücksichtnahmen zugunsten der Industrie schon nicht mehr in Frage. Die Jungtschechen – Adámek eingeschlossen – unterschätzten jedoch diese Veränderungen. Die allnationale Ideologie, die gebot, alle Stände zu verteidigen, kam nicht mit den natürlichen Gegensätzen zurecht und lehnte es ab, die Veränderungen in den Einstellungen der Bauernschaft zu reflektieren.[86]

[84] Ders.: *Sociální demokracie a rolnictvo* [Die Sozialdemokratie und die Bauernschaft], Chrudim 1901. Weiterhin empfahl Adámek z.B. die Gründung untergeordneter Industriebetriebe auf dem Lande, in denen den Winter über Saisonarbeiter tätig sein könnten, da „die Hauptursache für die Unzufriedenheit der Landarbeiterschaft der Mangel an Arbeit im Winter" sei. Ebd., S. 40.

[85] K. Adámek verfolgte sorgfältig das Anwachsen der Produktion von Bier und Alkohol, warnte vor einer Anhebung der Verbrauchssteuern, die die Entwicklung des Kartoffel- und Getreideanbaus bedrohen würden, zu einer Zunahme des Alkoholismus führten (ein teures Bier bedeutet einen höheren Konsum von Schnaps) und die Positionen der tschechischen Produzenten auf dem österreichischen Markt (Konkurrenz mit Galizien) schwächten. Ders.: *Krise hospodářského průmyslu* [Die Krise der Wirtschaftsindustrie], Chrudim ³1906, S. 69, 71, 102 und 108; Ders.: *Z naší doby, I* [Aus unserer Zeit, I], S. 148–149. Die Regierung Badeni zwangen die Jungtschechen z.B. zu einer Senkung der Biersteuer: Ders.: *Pro naše rolnictvo* [Für unsere Bauernschaft], S. 78. Zur Dominanz der Landwirtschaft: Ders.: *Vývoj živnostenské politiky* [Die Entwicklung der Gewerbepolitik], S. 5; Ders.: *Naše rolnictví* [Unsere Bauernschaft], S. 4

[86] Noch im Jahre 1906 betonte Adámek die Verknüpfung der tschechischen Industrie und der Landwirtschaft (am Beispiel von Schnapsbrennereien und Kartof-

Fazit

Aus den hier skizzierten Ansichten und Diskussionen, die die Sozial- (und Wirtschafts)politik der jungtschechischen Partei betreffen, geht hervor, dass die Suche nach optimalen Lösungen nicht allein eine Frage des Konsenses zwischen den einzelnen Ständen darstellte, sondern zugleich eine Frage der Definition der neuen Rolle des Staates sowie deren geeigneter Verknüpfung mit Selbsthilfe, Bildung und wirksamen legislativen Schritten war. Wenngleich in den Arbeiten der Sozialpolitiker ein Rückgang der Bedeutung individueller Entscheidungen in der modernen Gesellschaft offenkundig zutage tritt, lässt sich nicht verleugnen, dass liberale Prinzipien und Mechanismen – trotz deren häufiger unter Lärm vorgetragener Verfluchung – weiterhin einen wichtigen Platz im Denken der jungtschechischen Politiker einnahmen. In der Praxis stießen somit die alten Ideen des Wirtschaftsliberalismus (und der diesen nicht widersprechenden genossenschaftlichen Selbsthilfe) auf der einen Seite auf Vorstellungen von einer aktiven wirtschaftlich-sozialen Politik des Staates, der staatlichen Regulierung der ökonomischen Beziehungen, der Einführung einer Pflichtversicherung bzw. einer obligatorischen ständischen Vereinigung oder letztlich der Begrenzung der Eigentumsrechte auf der anderen Seite. Die Diskussionen über den Umfang der Rechtsgewalt der öffentlichen Verwaltung, die eine aktive Kontrolle und Regulierung der Produktion und des Marktes garantieren und zugleich – sofern möglich – den ungeschmälerten Raum für eine Entfaltung des freien Willens des einzelnen wahren sollten, machten aus der wirtschaftlichen Problematik einen grundsätzlichen ideologischen Kampf. Die traditionelle Selbsthilfe war gewiss nicht heilsbringend, dennoch stritten einzelne jungtschechische Nationalökonomen über deren Bedeutung und den Umfang des Wirkungsgrades in den Reformprojekten. Während die einen hierauf das Hauptgewicht bei der Beseitigung der Auswirkungen der Krise und der Durchsetzung des *Wohlstands* der Bauernschaft legten, war dies für andere lediglich ein peripheres Subsidiärmittel. In der Frage der Selbsthilfe, die darüber hinaus auf einer obligatorischen Organisierung begründet war, können wir eine paradoxe

felanbau). Ders.: *Krise hospodářského průmyslu* [Die Krise der Wirtschaftsindustrie], S. 102

Heterogenität der innerhalb einer politischen Partei vertretenen weltanschaulichen Auffassungen erblicken. Eine Heterogenität, die zwischen dem klassischen Liberalismus über eine durch den Staat gelenkte liberale Wirtschaft bis hin zu einem Staat als Durchsetzer sozialer Programme (Pflichtversicherung, obligatorische Vereinigungen) schwankte. Die Basis für Reformen blieben jedoch für die meisten jungtschechischen Denker die wesentlichen liberalen Werte, lediglich die Attribute und Aufgaben unterschieden sich. Auffällig dabei war allerdings die völlige Passivität der klassischen Liberalen in den Reihen der jungtschechischen Politiker.

Dieser Optik enzog sich auch der *Kathdersozialist* K. Adámek nicht. Von den Jungtschechen ging dieser in der Frage der Ablehnung des Wirtschaftsliberalismus vielfach am weitesten, zumeist handelte es sich freilich lediglich um eine effektvoll vulgarisierte Rhetorik. Die konkreten und sachlichen Entwürfe für Reformen basierten dann in der Regel auf den grundlegenden Prinzipien einer liberalen Wirtschaft, die Adámek um Elemente der Selbsthilfe, um Forderungen für eine weitergehende Bildung der Bauern bzw. Gewerbetreibenden, zuweilen wohl auch um die Unterstützung einer gewissen wissenschaftlichen Forschungstätigkeit (z.B. Forderungen nach Gründung von Wirtschaftsmuseen und Hochschulen) ergänzte und weiterentwickelte. Legislative Eingriffe in die Wirtschaftssphäre sah er vornehmlich in subsidiären und in der Regel lediglichen vorübergehenden Eingriffen, die helfen sollten die aktuellen Folgen der Krise zu mindern (Frage der Schutzzölle, Regulierung der Verkehrstarife bei der Eisenbahn). Das Eingreifen des Staates in Gestalt unumkehrbarer Schritte – wie etwa einer Bodenreform – reflektierte Adámek zwar, setzte diese aber keineswegs durch; zurückhaltend verhielt er sich auch in der Frage einer möglichen Beschränkung der Teilbarkeit bäuerlicher Güter. Eine erkennbare Ausnahme in dieser Hinsicht war wohl lediglich Adámeks Druck auf eine Verstaatlichung der Eisenbahnen, ein Druck, der freilich am stärksten durch die Unterschiede der Verkehrstarife der österreichischen (häufig privaten) und ungarischen (zumeist staatlichen) Eisenbahnen motiviert war. Auf der anderen Seite verwies Adámek mit Nachdruck auf staatliche Eingriffe im Bereich der eigentlichen Sozialgesetzgebung, etwa der weiteren Etablierung einer obligatorischen und möglichst umfassenden Sozialversicherung der Bevölkerung. Ein besonderes Kapitel stellte Adámeks Unterstützung für eine möglichst durch den Staat erzwungene obligatorische Bündnistätigkeit auf ständischer Grundlage dar. Dabei lässt sich freilich der Umstand nicht übersehen, dass der wirtschaftlich-soziale Effekt ähnlicher ständisch-berufsmäßiger Verbände Hand in Hand ging mit den politisch-nationalistischen Bedürfnissen der jungtschechischen Partei, effektiv möglichst breite Schichten der Bevölkerung wirksam zu beherrschen und im Bedarfsfalle zu mobilisieren.

Karel Adámek präsentierte in seinen wirtschaftlich-sozialen Reformvorschlägen im Verlaufe seines vier Jahrzehnte dauernden Engagements in der parlamentarischen Politik eine doch ziemlich breite Palette von Vorschlägen, Auffassungen und Methoden. Sein Ekklektizismus verrät mit Blick auf die Auffassungen und Richtungen bezüglich der sozialen Reformen, dass Adámek im Bereich der Sozialpolitik kein origineller Denker war. Auf der anderen Seite war er jedoch ein hervorragender Kenner der sozial-wirtschaftlichen Problematik, er vermochte sie eingehend zu studieren und er machte sich kontinuierlich mit verschiedenen zeitgenössischen Methoden und Vorschlägen zur Lösung der aktuellen sozialen Probleme bekannt. Sein umfangreiches politisches und literarisches Werk unterstreicht in dieser Hinsicht, dass es sich – mit Blick auf die Breite der Aktivitäten und des Engagements in der Person Karel Adámeks – um eine außergewöhnliche Persönlichkeit handelte, die nicht allein im tschechischen, sondern auch im gesamtösterreichischen Maßstab ihresgleichen suchte.

JOSEF NIEDERLE
(4. SEPTEMBER 1821 – 28. AUGUST 1894)

MARIE MACKOVÁ

Der Name Josef Niederle wurde zu einem Begriff in der Geschichte der kleinen, in einem Grenzgebiet liegenden Bezirksstadt Landskron (Lanškroun). Josef Niederle fand, trotz aller Bemühungen, keinen Eingang in die „große Geschichte" der Habsburgermonarchie, auch nicht aufgrund der Tatsache, dass er als Abgeordneter im böhmischen Landtag saß. Dennoch aber lässt sich an seiner Lebensbahn und seinen Einstellungen aufzeigen, wie die Herangehensweise seiner Zeit an die Lösung einiger Fragen erfolgte, die damals neu in den Vordergrund rückten. Wie sich das Herangehen an die Dringlichkeit sozialer Fragen in der zweiten Hälfte des 19. Jahrhunderts vollziehen konnte.

Josef Niederle wurde als sechstes Kind in der Familie eines Landskroner Fleischermeisters geboren, also in einem materiell abgesicherten Milieu im Rahmen von Zeit und vor allem Raum.[1] Es hat den Anschein, dass er keine höhere institutionelle Bildung erwarb und mit dem Besuch der Stadtschule und der Lehre als Seifenmacher Vorlieb nehmen musste. Mit Blick auf seine späteren Ambitionen und vor allem die wirklichen Aktivitäten erscheint dies schon ein wenig bemerkenswert. Im Alter von 27 Jahren ging Niederle eine ebenbürtige Heiratsverbindung mit der örtlichen Müllerstochter ein und begann in einem Haus in der Innenstadt zu wirtschaften, das seinem Onkel mütterlicherseits gehörte, der zugleich sein Taufpate war. Aus der Ehe gingen schrittweise drei Söhne hervor. Bis hierher handelt es sich um einen ganz gewöhnlichen Vorgang aus einer Kleinstadt in der Mitte des 19. Jahrhunderts. Ungewöhnlich wurde das Leben Josef Niederles dann kurz vor seinem 40. Geburtstag, und diese Ungewöhnlichkeit sollte fortan auch bestehen bleiben. In den ersten Wahlen zur städtischen Vertretung nach der langen Stagnation des legislativen Provisoriums in den 1850er-Jahren wurde Niederle im Jahre 1861 in den Stadtrat gewählt und übernahm die Funktion des Bürgermeisters von Landskron. Diese Situation sollte sich noch insgesamt

[1] Zu seinem Leben eingehender MACKOVÁ, Marie: *Josef Niederle*, Lanškroun 1995.

zehnmal wiederholen. Die letzte – in der Reihenfolge elfte – Wahl zum Bürgermeister im Jahre 1891 lehnte Niederle dann mit dem Hinweis auf seinen Gesundheitszustand ab.[2] Auf einer breiteren als der städtischen Ebene engagierte sich Niederle als Mitglied des Bezirks, auch wenn er niemals deren Chef wurde und lediglich in einer einzigen Wahlperiode seit 1868 als stellvertretender Stellvertreter des Bezirksobmanns agierte. Für den Landtag kandidierte Niederle mehrfach seit 1870, doch erhielt er nur zweimal – in den Jahren 1875 und 1881 – ein Landtagsmandat. Mit einem Misserfolg endete auch seine Kandidatur für die Wahlen zum Reichsrat im Jahre 1871. Dies verhinderte jedoch nicht seine intensiven Kontakte mit einem relativ breiten Kreis hoch gestellter Personen, vor allem aus den Reihen der ihm ideologisch nahe stehenden Deutschliberalen. Vornehmlich auf diesen unformalen Beziehungen – sei es nun zu ihm selbst oder aber zur Stadt Landskron – beruhte ein Großteil seiner erfolgreichen öffentlichen Arbeit, deren Ergebnisse auf seine Vaterstadt ausgerichtet waren. Als Person wirkte Niederle ziemlich streng, korrekt, strikt und reserviert, und er beharrte nicht allein darauf, dass die Versammlungen der Vertretung regelmäßig stattfanden und dass dabei Protokolle der Verhandlungen geführt wurden, sondern er untersagte zum Beispiel auch den Herren, in die Ausschüsse ihre geliebten Hunde mitzubringen. In seiner Heimatstadt erwarb sich Niederle schließlich allgemein Anerkennung, ihm wurde die Ehrenbürgerschaft verliehen, ein Platz erhielt seinen Namen. Und auch ein Porträt im Ratssaal, auf dem in goldenen Buchstaben auf der Schleife im Blumenkranz geschrieben steht: *„Sparcasa – Tabakfabrik – Obergymnasium – Eisenbahn – Verschönerung – Humanität“*.[3]

Die ersten vier Losungswörter bringen die Haupterfolge zum Ausdruck, die der wirtschaftlichen Entfaltung dienten. Unter aktiver Anteilnahme von Josef Niederle wurde in Landskron eine Stadtsparkasse gegründet, ein Gymnasium eröffnet, eine staatliche Tabakfabrik erbaut und das

[2] Hierzu ausführlicher vgl. u. a. Macková, M.: *Zapomenutý starosta – Adalbert Kölbl von Geysing* [Ein vergessener Bürgermeister – Adalbert Kölbl von Geysing]. Ustí nad Orlicí 1999, S. 5–38.

[3] Die Nachfahren betrachteten es als vorteilhaft, dies alles in der Stadtchronik festzuhalten, das Porträt gilt heute jedoch als verschollen.

lokale Eisenbahnnetz an die Strecke Olmütz – Prag angeschlossen. Doch das, was hier in einem einzigen Satz zum Ausdruck kommt, erforderte in Wirklichkeit einen zweiten Atem für das alte industrielle Zentrum, das in den sechziger Jahren des 19. Jahrhunderts im Gefolge der Krise in der Baumwollindustrie seine Stärke eingebüßt hatte, von der in bedeutendem Umfang seit dem ausgehenden 18. Jahrhundert auch die umliegenden Gebiete abhängig gewesen waren. Das fünfte Losungswort („Verschönerung") betraf die Verwandlung des Aussehens der Stadt, die jedoch in bedeutendem Umfang die sich verändernde Lebensweise und die damit zusammenhängenden Bedürfnisse reflektierte. So wurde unter anderem im Gefolge der Eindrücke des Krieges von 1866 hier eine Wasserverteilung bis zu den einzelnen Häusern gebaut, wodurch das anspruchsvolle Heranschaffen von öffentlichen Brunnen entfiel und sich die Wasserqualität in bedeutendem Maße verbesserte; die gleiche Ursache hatte der Bau einer modernen Kanalisation. Als der Feuerwehrverein gegründet wurde, verschwand der Gemeindefischteich vom Markt und der Bereich dort wurde gepflastert. Als am Rande der Stadt das Areal der staatlichen Tabakfabrik erwuchs, pflasterte man weitere Straßenzüge und der k. k. Kommiss achtete auf das schmucke Aussehen bis hin zu einer Einzäunung mit verzierten Metallgittern sowie einer parkähnlichen Instandsetzung darinnen. Es wurden neue, nicht so staubige Straßen gebaut, befestigte Wege für Fußgänger in der Umgebung der Stadt. Eine Generalüberholung erfuhr die römisch-katholische Kirche, durch Vereinsinitiative errichtete man ein Denkmal für Kaiser Josef II. und reich gewordene Einwohner renovierten ihre Privathäuser.[4] Hinter all diesen Maßnahmen standen verschiedene treibende Kräfte und Exekutoren, all dies geschah jedoch während der langen Bürgermeisterjahre von Josef Niederle, so dass man dies dem positiven Bild dieses Kommunalpolitikers zurechnete.

Die letzte Losung aus der Dekoration des oben angesprochenen Bildes lässt sich am besten als Sorge um die soziale Stabilität in der Stadt begreifen. Die Humanität des Bürgermeisters Niederle besaß rundweg eine

[4] Zur Stadt Landskron, einschließlich der beschriebenen Veränderungen im letzten Viertel des 19. Jahrhunderts, zuletzt BORKOVCOVÁ, Marie u. a.: *Krajem koruny země* [Durch einen Kreis der Krone des Landes]. Vlastivěda Lanškrounska, Lanškroun 2002. Hier auch eine Übersicht zu weiteren Informationsquellen.

spezifische Gestalt, und sofern Niederle wirklich distanziert wirkte, dann war es die Charitas. Was jedoch nicht bedeutete, dass er dies in konkreten Fällen hätte vermissen lassen. Zum Beispiel sah sich Niederle in der Lage den Vorschlag zu unterbreiten, dass aus dem städtischen Haushalt eine Fahrt nach Brünn bezahlt wurde und die Kosten für die ärztliche Untersuchung eines erblindeten Jungen aus der Stadt übernommen wurden, ebenso die Folgeauslagen für dessen Aufenthalt in einem Spezialinstitut, als sich herausstellte, dass sich der Zustand nicht verbessern ließ und die Familien des Jungen nicht in der Lage war, die entsprechenden Kosten zu tragen.[5] Dennoch waren dort, wo es sich um zur Arbeit fähige Menschen handelte, die Auffassungen des Bürgermeisters gänzlich anders. Sofern dieser gestrenge und verantwortungsbewusste Mann etwas mochte, dann sicherlich die passive Annahme fremder Hilfe und die autoritative Delegierung der Macht von oben. Dabei musste es sich nicht um Niederles ursprüngliche Auffassung handeln, sondern die Lage der Stadt an der Wende von den sechziger zu den siebziger Jahren führte ihn hierzu. Damals musste sich die Stadt mit den Auswirkungen der im Niedergang begriffenen Textil- bzw. Leinen und Baumwollindustrie auseinandersetzen. Diese hatte bereits eine Blütezeit in Gestalt der hiesigen Erxlebenschen Manufaktur erlebt, nachfolgend existierte diese als Gesellschaft der Gebrüder Erxleben, die zu Beginn des 19. Jahrhunderts annähernd 200 und in den Zeiten der größten Prosperität fast 500 qualifizierte Arbeiter beschäftigte. Das Unternehmen meldete jedoch Konkurs an und zwischen 1845–1858 folgte ein Vergleich.[6] Darüber hinaus arbeitete hier ständig eine Vielzahl einheimischer Spinner, Spuler und Weber, an deren Erzeugnissen aber immer weniger Bedarf bestand. Den Schlusspunkt setzte der amerikanische Bürgerkrieg, der die Einfuhr des Rohstoffs unterband und die einheimischen Arbeitskräfte blieben somit definitiv ohne Beschäftigung – sie waren wenig qualifiziert und lebten in einer unter kommunikativen Aspekten problematischen Region, wobei aufgrund der klimatischen Bedingungen die Landwirtschaft nicht

[5] Staatliches Bezirksarchiv Ústí nad Orlicí (fortan nur: SOkA ÚO), Archiv města Lanškrouna (nachfolgend nur: AM La), Sign. 150-B, 1870.

[6] Zu diesem Unternehmen bisher am ausführlichsten vgl. Sekotová, Věra: *Christian Polykarp Erxleben*. In: Osobnosti měst Lanškrouna [Persönlichkeiten der Stadt Landskron], Lanškroun 1997, S. 7–26.

der alleinige Brotgeber sein konnte. Einen weiteren Schlag versetzte der wirtschaftlichen Lage der preußisch-österreichische Krieg im Jahre 1866, in dem die Stadt zwar keinen unmittelbaren Kriegsschauplatz bildete, beide Armeen jedoch zwei Mal durch die Stadt zogen, ein Umstand, der in seinen Folgen für die Stadt ökonomisch eine Katastrophe bedeuten sollte. Geringer hingegen fielen die Verluste an Menschen aus (nicht einmal eine Epidemie vermochte letztlich die Reihen stark zu lichten, wenngleich sich unmittelbar in der Stadt ein provisorisches Militärspital befand, wobei sich als größte Feinde gerade das leicht verunreinigte Wasser und die sich in einem erschreckenden Zustand befindliche Kanalisation erwiesen), als um so größer hingegen waren sich die ökonomischen Verluste.[7] Viele Einwohner der Stadt lebten auch weiterhin an der Grenze zur Armut, auch nach den Maßstäben einer kleinen im Gebirgsvorland gelegenen Stadt.[8] Der geltenden Legislative entsprechend lag die Lösung in den Händen der Selbstverwaltung. Den Bestimmungen über die Heimatzugehörigkeit zufolge hatte sich die Stadt um ihre armen Mitbewohner zu kümmern. Der Bürgermeister Niederle begriff sehr rasch, dass neue Arbeitsplätze in der Stadt geschaffen werden mussten, doch anfangs gelang dies weder ihm selbst noch irgendeinem anderen Vertreter aus dem Stadtrat. Aus diesem Grunde stiegen an der Wende der sechziger zu den siebziger Jahren des 19. Jahrhunderts die Ausgaben für die soziale Unterstützung.[9] Möglicherweise brachten diese Eingriffe in den allgemeinen Haushalt, die im Untersuchungszeitraum als drastisch angesehen wurden, den Bürgermeister

[7] Sofort zeigte sich die Notwendigkeit erschwinglicher Kredite; die städtische Sparkasse war dabei einer der Mechanismen, der half, den ersten Zeitraum der spürbaren Kriegsfolgen zu überwinden. Vgl. hierzu Macková, M.: *Město Lanškroun jako válečné předpolí roku 1866* [Die Stadt Landskron als Vorkriegsschauplatz des Jahres 1866]. In: Documenta Pragensia 16, Města versus katastrofy, Praha 1998, S. 245–256.

[8] Nach der Volkszählung im Jahre 1869 lebten in Landskron 5.012 Einwohner in 718 Häusern. Vgl. *Seznam míst v Království českém* [Verzeichnis der Orte im Königreich Böhmen]. Praha 1872.

[9] Niederles eigenen Aussagen in der Stadtchronik zufolge handelte es sich um eine Summe von 4.000 Goldtalern. Dies erscheint jedoch zum einen unspezifiziert und zum anderen heute nicht mehr überprüfbar, zumal die Eintragungen der Armenkommission, auf die in der übergroßen Mehrzahl in den meisten Fällen in den Protokollen der Verhandlungen des Stadtrates verwiesen wurde, nicht erhalten geblieben sind. SOkA ÚO, AM, Sign. 150-B. Ebd., Mezifondová sbírka kronik, Buch Nr. 152.

dazu, zum einen alle verfügbaren Kräfte zu mobilisieren, einschließlich der sehr einflussreichen Mäzene, um den Zustand zu verändern, zum anderen bekräftigten sie Niederles Überzeugung, dass gegen die Armut nicht allein mit passiven Geschenken anzugehen sei und die Unterstützung nur dazu dienen könne, diese im Moment zurückzudrängen. Auf der einen Seite müssten so viele Menschen wie nur möglich sich ihre Existenz erarbeiten, auf der anderen Seite sei jeder für seine Absicherung verantwortlich und diese Verantwortung könne ihm kein anderer abnehmen. Weder die Heimatgemeinde noch irgendein anderer karitativer Verein.

Dies zeigte sich konkret in zwei Momenten, die jedoch die Folge zahlreicher Einflüsse und Umstände subjektiver und objektiver Art darstellten. Zum einen wurde im Jahre 1862 die Städtische Sparkasse gegründet, zum anderen nahm Ende 1871 die staatliche Tabakfabrik ihre Produktion auf.

Die Städtische Sparkasse entstand hier vor allem als Geldinstitut der Stadt und für deren Bedürfnisse, in der ersten Phase hauptsächlich im Zusammenhang mit der Notwendigkeit, die Entwicklung des höheren Schulwesens zu finanzieren. Ungeachtet dieser Tatsache bereits die grundlegende Argumentation, die der Bürgermeister Niederle den Äußerungen des Landesschulinspektors P. Johann Maresch hinzufügte, als er nicht allein die damals entstandene Niedere Realschule – die bereits von Beginn an Ambitionen erkennen ließ, zu einem Gymnasium aufzusteigen –, sondern auch das vorgesehene örtliche Geldinstitut unterstützte, Gedanken ganz anderer Art. „*Nachdem die Errichtung einer Spakassa in der Stadt Landskron sich als eine sehr große Wohltat für die sämtlichen Bewohner der hiesigen Gegend darstellt, in dem hierdurch der drückenden Geldnoth zum Teile abgegolten, dem Real-Kredite unter die Arme gegriffen, und so viele Familien, denen die Realitäten wegen Geldmangel oft wegen ganz kleinen Schuldbeträgen in Exekutionswege verkauft werden, dem Bettelstande entrissen werde, …*“.[10] Darüber, welche Teile der Bewohnerschaft er vornehmlich

[10] Unter Bezugnahme auf die gemeinsame öffentliche Sitzung des Rats und der Vertreterschaft der Stadt Landskron vom 2. April 1862 wurde dies publiziert im *Rückblick über die Wirksamkeit der Sparkasse während ihres 60-jährigen Bestandes 1862–1922*. Landskron 1922 (nachfolgend: RWSL), S. 7. Dieses Verzeichnis lässt sich heute nicht überprüfen, zumal sich in den existierenden Protokollen der Sitzungen des Stadtrates über die Gründung der Stadtsparkasse nur ein Satz findet, mit dem auf ein besonderes

im Sinne habe, äußerte sich Niederle eindeutig in seiner an das Staatsministerium gerichteten Bitte, in dessen Kompetenz damals die Erlaubnis für die Existenz ähnlicher Institutionen fiel: „..., *dass der weniger bemittelteten Volksklasse hierdurch die Gelegenheit zur sicheren Aufbewahrung, Verzinsung und Vermehrung kleiner Ersparnisse gebothen und dieselbe auch dadurch zur Aufmerksamkeit und Sparsamkeit angeeifert wird...*"[11] Was zur damaligen Zeit in bedeutendem Maße für die Industriearbeiterschaft galt, zumal in der Region bereits in den sechziger Jahren des 19. Jahrhunderts in der Industrie und im Gewerbe 20–25% der Bevölkerung beschäftigt waren.[12] Diese Absicht, im übrigen sehr rasch und erfolgreich in Gestalt des fortan eindeutig prosperierenden Finanzinstituts realisiert, wurde in den Anfängen, aber auch in der Folgezeit flächendeckend als allen wirtschaftlich schwachen Teilen der städtischen Gesellschaft gereichte, helfende Hand gewertet. Dies galt freilich nicht für den äußersten Rand, zumal sich dort Menschen bewegten, die keiner Arbeit nachgingen und die sich so nach Auffassung des Bürgermeisters nicht ausreichend um ihr Schicksal kümmerten. Und nur ein sehr kleiner Teil von ihnen verdiente Niederle zufolge ein wirkliches Mitgefühl.

Die grundlegenden Pflichten eines jeden Menschen bestanden darin, dass er in der Zeit, in der er sich in der Lage zeigte zu arbeiten und auch Arbeit besaß, eine Reserve bildete, von der man sich ernähren konnte, wenn man die Fähigkeit zu arbeiten einbüsste. Dies war Josef Niederles feste Überzeugung, mit der er an die sozialen Fragen in der Stadt heranging. Hilfe erkannte er ausschließlich jenen zu, die zu keinem Zeitpunkt arbeiten konnten und zwar nicht durch eigenes Verschulden. Etwa seit ihrer Kindheit Geschädigten, sei es nun durch Erblindung, Immobilität oder geistige Behinderung. Für diesen Personenkreis musste Geld in der Stadtkasse gefunden werden. Die übrigen sollten selbst für sich verantwortlich sein. Hierfür benötigten sie jedoch die Möglichkeit eine Arbeit zu finden. Bei aller besonderen Strenge war sich der Bürgermeister des Mangels an

Protokoll verwiesen wird. Dies ist heute aber offenbar verschollen. SOkA ÚO, AM La, Sign. 150-B, 1. 4. 1862.

[11] RWSL, S. 9.

[12] Die Habsburgermonarchie 1848–1918, Bd. 1: Die wirtschaftliche Entwicklung, Wien 1973, S. 228–232.

Arbeitsmöglichkeiten in der Stadt sowie in der weiteren Umgebung bewusst. Scharfsinnig bemerkte er, dass die durch den Staat betriebene Fabrik der abgelegenen Region sehr zum Vorteil gereiche. Für diesen Gedanken gewann er einige einflussreiche Männer persönlich sowie durch den vermittelnden Einfluss in den entscheidenden zentralen Behörden, und es gelang das Außergewöhnliche – in Landskron siedelte sich die staatliche Tabakfabrik an.[13] Für die Region war dies eine geradezu ideale Form des Wirtschaftens, die die zahlreichen, jedoch wenig qualifizierten und zumindest am Beginn nicht auf höhere Löhne ausgerichteten, hiesigen Arbeitskräfte absorbierte. Von den ersten 190 Arbeitskräften, die zur Weihnachtszeit 1871 die Arbeit aufnahmen, wuchs die Zahl der Beschäftigten auf 2.289 im Jahre 1902, wobei sich die durchschnittliche Zahl der Arbeiter bis zum Ersten Weltkrieg für gewöhnlich zwischen 1.600–1.800 Menschen bewegte, zumeist in der Kategorie ständig beschäftigter Arbeitskräfte.[14] Es handelte sich vor allem um Arbeit für Frauen, die nicht mit einem großen Verdienst entlohnt wurde, auf der anderen Seite aber ein regelmäßiges und sicheres Einkommen für viele der hier ansässigen Familien darstellte. Auch mit Blick auf die bestehende geldliche Absicherung schließlich in der Zeit, in der das Arbeitsverhältnis bereits nicht mehr bestand. Und wenn wir hier den Fakt hinzurechnen, dass dieser Typus der Fabrikproduktion sich durch ein sehr geringes Risiko auszeichnete, nahezu keine tödlichen Arbeitsunfälle kannte und während der Arbeit auftretende Unfälle bis auf ganz wenige Ausnahmen auch nicht zu fortdauernder Invalidität führten, dann erwies sich diese Form der Verdingung des Lebensunterhalts als nahezu ideal für die städtische Kasse – die Fabrik barg unter den genannten Aspekten nur ein unerhebliches Risiko. Dem Bürgermeister Josef Niederle kam darüber

[13] Einzelheiten hierzu bei Macková, M.: *Tabáková továrna Lanškroun jako součást státní tabákové režie* [Die Tabakfabrik Landskron als Bestandteil des staatlichen Tabakmonopols]. Lanškroun 2007, S. 131–197.

[14] Eine Übersicht über die Zahl der hier beschäftigten Arbeiter in den Jahren 1873–1912 findet sich in den *Tabellen zur Statistik des österreichischen Tabak-Monopol der im Reichsrathe vertretenen Königreiche und Länder für das Jahr 1873–1913* sowie *Statistische Mitteilungen über das österreichische Tabakmonopol für das Jahr 1893–1913*, zusammengestellt in Macková, M.: *Tabáková továrna Lanškroun jako součást státní tabákové režie* [Die Tabakfabrik Landskron als Bestandteil des staatlichen Tabakmonopols]. Lanškroun 2007, S. 171.

hinaus auch ein historischer Umstand zugute, den anfänglich weder er noch sonst einer der Beteiligten vorauszusehen vermochte: Seit den siebziger Jahren des 19. Jahrhunderts bis zum Ende des Ersten Weltkrieges stieg die Nachfrage nach Tabakerzeugnissen beständig, so dass sich die Landskroner Fabrik zu keinem Zeitpunkt als überflüssig erwies und deren Produkte nicht verkaufbar gewesen wären. Die hiesige Fabrik gehörte freilich zur Gründerwelle, die aus der Retrospektive gesehen als eine große soziale Maßnahme des Staates bewertet wird[15] – an den verschiedensten Orten in Cisleithanien wurden an der Wende der 1860er- und 1870er-Jahre mehrere staatliche Tabakfabriken gegründet, die im Betrachtungszeitraum mit ihren Erzeugnissen die wachsende Nachfrage des Marktes zufrieden stellten. Zugleich lässt sich jedoch nicht übersehen, dass diese Fabriken in Orten angesiedelt wurden, zu zumeist kommunikativ schlecht zugängig waren oder aber andere Nachteile besaßen, die eben keine erfolgreiche private Unternehmertätigkeit zuließen. Auf der anderen Seite wurde keine dieser Fabriken durch den Staat finanziell unterstützt, alle Unternehmen mussten selbsttragend wirtschaften, wobei allen dies auch bis zum Ersten Weltkrieg gelang. Ebenso muss beachtet werden, dass für eine jede dieser Gründungen eine zeitige und ausreichend seriöse lokale, von einflussreichen Stimmen aus dem Zentrum unterstützte Initiative sich als notwendig erwies. Sofern einige dieser Voraussetzungen fehlten, wurde die Bitte ad acta gelegt und verschwand in den Schubladen.

Josef Niederle war auch deshalb erfolgreich, weil er über eine ausreichende Weitsicht verfügte und genug Informationen besaß, um diese Möglichkeit überhaupt in Erwägung zu ziehen, und auch, um dies in ausreichender Form rechtzeitig zu beachten. Niederles erfolgreiches Wirken dokumentiert, dass die Auffassungen – unter anderem zur Lösung der Probleme in der sozialen Sphäre – mit diesen erkannten Problemen zeitlich übereinstimmten. Mit Blick auf Niederles Vorstellungen war dieser zur rechten Zeit am rechten Ort.

[15] So urteilen z. B. Hitz, Harald – Huber, Hugo: *Geschichte der Österreichischen Tabakregie 1784–1835*, Wien 1935. Vgl. des weiteren Sommer, Jiří: *Československý tabákový průmysl v letech 1918–1938* [Die tschechoslowakische Tabakindustrie 1918–1938]. ungedruckte Dissertation, Praha 1973, sowie Čapek, Alois: *Tabák v Čechách* [Tabak in Böhmen], Praha 1947.

Dies bezeugen unter anderem auch die Reden, die in Landskron am 10. Mai 1974 gehalten wurden, als die Feierlichkeiten zur Grundsteinlegung für das Areal der neuen Tabakfabrik stattfanden. Als Festredner traten der regierende Generaldirektor des staatlichen Tabakmonopols Jakob von Merkl-Reinsee aus Wien sowie der örtliche Bürgermeister Josef Niederle auf. Beide propagierten den gleichen Gedanken, auch wenn jeder diesen ein wenig unterschiedlich darlegte. Der Generaldirektor redete in unter die Losung *„Arbeitsamkeit, Sparsamkeit, Sittsamkeit"* gefassten edlen Worten, er versprach nichts, sondern gab lediglich zu bedenken, dass diejenigen, die dies betreffe, auf der Grundlage eigener Überlegungen zu den gleichen Schlüssen kämen. Bürgermeister Niederle sprach im Imperativ: *„Arbeite! – Spare! – Bewahre!"*, Ausrufezeichen eingeschlossen.[16] Niederle wiederholte bei dieser Gelegenheit seine zumindest bereits einmal vorgetragene These, der zufolge jeder, die Arbeiterschaft eingeschlossen, nicht allein für seine aktuelle Situation, sondern auch für seine künftige materielle Lage verantwortlich sei. Es sei nicht möglich sich auf irgendeine andere Person zu verlassen, sondern ausschließlich auf sich selbst. Im übrigen konnte sich Niederle diese These erlauben. Er bot den hiesigen unteren sozialen Schichten die Gelegenheit zum Broterwerb in einem solchen Umfang, von dem zahlreiche andere Industrieregionen nur träumen konnten. Und zwar in dem Bewusstsein, dass der Staat zwar nur angemessen freigiebig sei, dafür jedoch ein verlässlicher Arbeitgeber, der darüber hinaus seine eigenen Gesetze und Verordnungen mehr als irgendein anderer in Ehren halten müsse. Und zwar auch in einer Situation, in der die Leitung der einzelnen Fabriken auch weiterhin sehr selbständig sei im Verhältnis zur Arbeiterschaft und eine zentrale Leitung, einschließlich der Arbeiterproblematik und der Frage der tabellarischen Löhne, noch Zukunftsmusik

[16] Josef Niederle übte seit dem Jahre 1869 auch das Amt des Stadtchronisten aus. In dem erhalten gebliebenen Band der Stadtchronik wird deutlich, nicht allein welche Prioritäten der Verfasser bei der Schilderung des Gangs des täglichen Lebens in der Stadt setzte, sondern auch welche eigenen Reden und diejenigen anderer er für wichtig hielt; so hat Niederle bei weitem nicht alle seiner öffentlichen Auftritte verzeichnet. Beide Reden bei der feierlichen Grundsteinlegung zur Tabakfabrik sind in der Stadtchronik enthalten, sodass auch die Ausrufezeichen einen Beleg für die Auffassungen des Bürgermeisters darstellen. SOkA ÚO, mezifondová sbírka kronik, Buch Nr. 152, S. 507v–511.

sei und zudem auch eine grundlegende Sozialgesetzgebung noch in weiter Ferne läge. Zeitzeugen zufolge spendete die versammelte Menschenmenge (zumeist handelte es sich offenbar gerade um die staatlichen Fabrikarbeiter, die einen halben Tag frei bekamen) beiden Rednern gleichermaßen enthusiastisch Beifall. Dies sagt freilich wenig über die Akzeptanz oder Ablehnung dieser sozialen Konzeption aus. Es folgte eine öffentliche Feier, die gerade wie ähnliche Zeremonien dieser Art allen zumindest für eine Weile das tägliche Leben vergessen ließ. Mehr Aussagekraft kommt wohl der Tatsache zu, dass es bis zum Ausbruch des Ersten Weltkriegs in der Landskroner Tabakfabrik lediglich zu einem einzigen Streik der Arbeiter kam und, den Aufzeichnungen in den zeitgenössischen Arbeiterkatastern zufolge, nur ein Bruchteil der Arbeiter im Gefolge disziplinarischer Maßnahmen entlassen wurde. Die hiesige Arbeiterschaft – zumeist handelte es sich um Frauen – respektierte ihren staatlichen Arbeitgeber und verhielt sich damit konform zu den Vorstellungen des Landskroner Bürgermeisters.

Die positiven Folgen fanden ihren Niederschlag auch in der städtischen Wirtschaft. In den Protokollen der Ratssitzungen rutschte der die Unterstützung für Arme behandelnde Punkt fortan vom ersten auf den letzten Platz des Beratungsprogramms und seine Verlegung auf die nächste oder übernächste Versammlung stellte keineswegs eine Ausnahme dar. In einer Zeit, in der sich auch in abseits gelegenen Städten öffentlich parteipolitische Plattformen herauszubilden begannen, wurde die deutsche Sozialdemokratie in Landskron zweifellos eine der bedeutendsten Parteien, doch keinesfalls die dominierende. Im Unterschied etwa zum ebenso abseits gelegenen und industriellen, sich hingegen nach einem anderen Modell entwickelnden Grulich (Králíky), wo die Sozialdemokraten sicherlich auch im Stadtparlament ihre Unterstützer besaßen.[17] Der dortige Bürgermeister Johann Kretschmer, eine halbe Generation jünger als sein Landskroner Amtskollege Josef Niederle, aber ebenso lange an der Spitze

[17] Ausführlicher hierzu vgl. Macková, M.: *Johann Kretschmer – starosta města Králíky* [Johann Kretzschmer – Bürgermeister der Stadt Grulich], In: Vindemia, Ustí nad Labem 1997, S. 161–175. Zur Situation in dieser Industriestadt zuletzt Dies.: *Králíky kolem roku 1900, sociologické-statistická sonda* [Grulich um das Jahr 1900. Eine soziologisch-statistische Sonde], In: Východočeský sborník historický, 12, Pardubice 2005, S. 141–170.

der Stadt stehend, stand persönlich der deutschen Sozialdemokratie sehr nahe und die Verwaltung des städtischen Armenfonds und des hiesigen sozialen Milieus stellte einer seiner Prioritäten dar. Josef Niederle durfte sich bis zu einem gewissen Grade gestatten, sich nur minimal mit dieser Problematik auseinanderzusetzen. Möglicherweise verfestigte sich in Landskron als Folge seines Einflusses die Gewohnheit für sämtliche Arten von Unterstützungen zu stimmen, sei es nun etwa die Hilfe für Opfer von Feuersbrünsten oder Hochwassergeschädigte in anderen Städten, und zwar im mittleren Sektor der Freigebigkeit. Regelmäßig fanden nicht einmal ziemlich opulente oder allzu abschlägige Vorschläge Unterstützung.

Josef Niederle führte während der dreißig Jahre seiner Amtsführung als Bürgermeister die Stadt zu einer wirtschaftlichen Blüte und Landskron entfernte sich in dieser Zeit von ihm mit Blick auf die politischen Auffassungen. Die Nationalisierung der hiesigen Gesellschaft und ihrer führenden Repräsentanten schritt rascher voran, als Niederle dies bereit und fähig war zu akzeptieren. Als er im Jahre 1894 starb beherrschten die ortsansässigen Alldeutschen mit dem Bürgermeister Berthold A. Schmeiser das Rathaus, die Deutschliberalen waren in der Minderheit und als Monarchist agierte nur ein Einzelner, zwar sehr reicher, jedoch allein stehender.[18] Auf einer anderen als der regionalen Ebene erfuhr Josef Niederle keinerlei Würdigung. Er wurde zwar mit dem goldenen Verdienstkreuz geehrt, doch dieses hatte er bereits vom Kaiser im November 1866 für seine und der Stadt Treue im preußisch-österreichischen Krieg sowie während der preußischen Okkupation der Stadt erhalten, ebenso wie zahlreiche andere Bürgermeister im damals mehrheitlich loyalen Böhmen. Niederles Beitrag zur ökonomischen Prosperität und sozialen Stabilität besaß regionalen Charakter und wurde auch dementsprechend bewertet. Symbolischen Charakter besaßen – wie bereites einleitend unterstrichen – die Ehrenbürgerschaft und das Porträt Niederles an einem Ehrenplatz. Es stellt sich die Frage, ob Aktivitäten in dieser Form als Beitrag zur Lösung der sozialen Frage gewertet werden können. Im Kontext von Ort und Zeit unbestritten ja, auch wenn diese den gewöhnlichen sozialen Theorien ziemlich fern sind

[18] Zur Situation im Landskroner Rathaus in dieser Zeit ausführlicher Kolomý, Jan – Macková, M.: *Radnice a dějiny městské správy v Lanškrouně* [Das Rathaus und die Geschichte der städtischen Verwaltung in Landskron]. Lanškroun 1996, S. 55–89.

und der Autor selbst in keinerlei Form irgendeine Theorie konzipierte und dies vermutlich auch gar nicht beabsichtigte. Niederle war ein Praktiker, und seine ganzen Bestrebungen und Taten waren auf die Praxis ausgerichtet. Die Tatsache, dass er die staatliche Tabakregie in die Stadt und die Region zog, deren unmittelbare Überordnung in den Finanzministerien der Monarchie zu den Autoren in der gegebenen Zeit progressiver sozialer Maßnahmen gehörten,[19] war ohne Zweifel nicht seine ursprüngliche Intention gewesen.

Josef Niederle interessierten nur seine Vaterstadt und die Verhältnisse in dieser. Letztere führten in bedeutendem Umfang zu einer Korrektur seines eigenen Bildes. Und das ist wohl niemals möglich, sofern die Vorstellungen nicht den Möglichkeiten sowie der Art und Weise der Reflexion in der gegebenen Zeit entsprechen; im Höchstfalle sind sie nur ein wenig schneller als die aktuelle Geschwindigkeit bei der Verbreitung von Informationen.

[19] Hierzu ausführlicher u. a. FRITZ, Wolfgang: *Für Kaiser und Republik.* Österreichs Finanzminister seit 1848, Wien 2003. Der Autor beschäftigt sich im Prinzip nur mit dem österreichischen, keineswegs jedoch dem Reichsministerium, aus dem im letzten Viertel des 19. Jahrhunderts hauptsächlich Vorschläge zu sozialen Reformen kamen; allerdings konnte Fritz in seinen Forschungen einige Persönlichkeiten nicht umgehen, die beide Ministerien durchliefen.

JOSEF KRAMÁŘ, APOTHEKER UND BÜRGERMEISTER

JANA NOVÁ

Josef Kramář erblickte im Jahre 1814 in Hochstadt an der Iser (Vysoké nad Jizerou), einer Kleinstadt an der Grenze zwischen Riesen- und Isergebirge, das Licht der Welt. Die Tatsache, dass er der älteste Sohn des örtlichen Apothekers war, bestimmte sein Leben: Er sollte den Platz seines Vaters einnehmen. Die Führung einer Apotheke erforderte eine fachliche Bildung. Nach dem Besuch des Altstädter akademischen Gymnasiums in Prag und den vorgeschriebenen Praktika, die Kramář in Gitschin (Jičín), Teplitz und Prag absolvierte, schrieb er sich im Jahre 1837 an der Medizinischen Fakultät der Wiener Universität ein, wo er den Titel eines Magisters der Pharmazie erwarb. Im Jahre 1839 konnte er dann die väterliche Apotheke übernehmen. 1841 wurde er in seiner Geburtsstadt zum Stadtrat und Kämmerer der Gemeinde gewählt, zwei Jahre später heiratete er Marie Řihová, die Tochter des Bürgermeisters aus der Kleinstadt Liban (Libáň), die in einem fruchtbaren Landstrich ungefähr 50km südlich von Hochstadt lag. Dem Paar wurden in den darauf folgenden Jahren insgesamt sechs Kinder geboren, zwei verstarben allerdings sehr früh.

Das Jahr 1848 stellte nicht allein einen geschichtlichen Wendepunkt dar, sondern bildete zugleich den Gipfelpunkt in der Karriere Kramářs. In den Juniwahlen zum böhmischen Landtag wurde er zusammen mit F. L. Rieger als Abgeordneter für das Vikariat Semily gewählt. Der Landtag trat jedoch nicht zusammen, und für den Reichstag kandidierte der Apotheker Kramář bereits nicht mehr.[1] Auf der Grundlage des neuen Gesetzes über Gemeindevertretungen wurde er allerdings im Jahre 1850 zum Bürgermeister von Hochstadt gewählt.

[1] Das Lexikon Ottův slovník naučný [Ottos Wissenschaftliches Wörterbuch] führt irrtümlich an, Kramář sei im Jahre 1848 als Abgeordneter in den Reichstag gewählt worden. Vgl. *Ottův slovník naučný*, Bd. 15, Praha 1900, S. 61. Der Grund, warum Kramář bei den weiteren Wahlen nicht mehr kandidierte, lag angeblich in der Krankheit seines Bruders begründet. KRAMÁŘ, *Příhody svého života* [Ereignisse meines Lebens], Olomouc s. a., S. 203.

Im Jahre 1856 übersiedelte die Familie nach Reichenberg. Josef Kramář übernahm hier die gut bezahlte Stelle des Direktors des Bezirkstabaklagers. In Reichenberg lebte die Familie Kramář drei Jahre, nachfolgend siedelte sie nach Liban, wo Josef Kramář den Hof seines verstorbenen Schwiegervaters übernahm. Auch hier wurde er binnen kurzer Zeit zum Bürgermeister gewählt. Bereits im Jahre 1862 wurde Prag neue Wirkungsstätte Kramářs. Nach fast einjähriger Suche nach einer angemessenen Beschäftigung erhielt er die Stelle eines Bibliothekars des „Vereins zur Ermunterung des Gewerbsgeistes in Böhmen“ (Jednota k povzbuzení průmyslu v Čechách).

Inmitten der Ereignisse des Preußisch-Österreichischen Krieges im Jahre 1866 verstarb Josefs Bruder František, Apotheker in Prerau (Přerov), an der Cholera. Die Familie zog damals erneut um, und Josef Kramář kehrte in seinen ursprünglichen Beruf zurück. Er übernahm die Apotheke des Bruders und versorgte die hinterbliebenen Waisen. Doch auch in Mähren stand Kramář nicht abseits des öffentlichen Geschehens. Er wurde Mitglied des Wirtschaftsvereins in Olmütz und unterrichtete als außerordentlicher Lehrer an der Bauernschule in Prerau, die der Wirtschaftsverein unterstützte. Im Jahre 1874 übersiedelte Josef Kramář nach Olmütz, wo er sich dauerhaft niederließ. Gemeinsam mit seinem Schwiegersohn gründete er hier die erste tschechische Buchdruckerei.

Der Sohn Josef Kramářs, Oldřich, wurde Gymnasialprofessor. Er publizierte mehrere Arbeiten, in denen er sich vor allem mit Philosophie, aber auch mit Mathematik, Naturwissenschaften und Philologie beschäftigte.[2] Die älteste Tochter Miloslava heiratete den Sekretär des Vereins zur Ermunterung des Gewerbsgeistes in Böhmen, Karel Procházka. Ehemann der Tochter Božena wurde Jan Rudolf Demel, Pädagoge und Abgeordneter des Mährischen Landtags. Die Tochter Jitka heiratete Frantisek Ošťádal (Oščádal), Bezirksschulinspektor in Prerau.

Die meisten Details aus dem Leben Josef Kramářs wären längst im Dunkel des Vergessens verschwunden, gäbe es da nicht seine Leidenschaft für die Aufzeichnung und Weiterreichung der Kenntnisse und Erfahrungen. Bereits als Bürgermeister in Liban begann Kramář ein Memorialbuch der Stadt anzulegen, sein erstes heimatkundlich-historisches

[2] *Ottův slovník naučný*, Bd. 15, Praha 1900, S. 61–62.

Werk.[3] An dieser Beschäftigung fand Kramář Gefallen, und in seiner Druckerei gab er auch eine Geschichte von Prerau, Teplitz, Karlsbad, Olmütz und anderen Städten heraus.[4]

Des weiteren verfasste Kramář eine kleinere Schrift über die Seidenraupenzucht und später für die Schüler der Wirtschaftsschulen auch ein Lehrbuch der chemischen Technologie.[5] Für die Jugend schrieb und übersetzte er aus dem Französischen didaktische Geschichten.[6] Er stellte zudem eine das Jubiläum der Hochzeit des Kaiserpaares preisende Schrift zusammen.[7] Im Jahre 1885 gab Kramář ein Hauslehrbuch für sämtliche Bedürfnisse des Familien- und Gesellschaftslebens (*Poučný slvník domácí pro všeliké potřeby rodinného i společenského života*) heraus.

Seine wirtschaftlichen Überlegungen veröffentlichte Kramář bereits im Jahre 1867 in den Olmützer Nachrichten unter dem Titel *Jak si pomůžeme z naší nouze a bídy* (Wie helfen wir uns selbst aus unserer Not und unserem Elend heraus).[8] Im Jahre 1878 gab er dann seine in deutscher Sprache verfasste Schrift *Unser Fortschritt in sozialer und moralischer Beziehung* heraus.[9]

[3] Kramář beschäftigt sich darin mit der Geschichte der Gemeinde, beschreibt eingehend die Ereignisse seit dem Jahre 1830 und führt diese Darstellung bis zum Jahre 1861 fort. Das von Josef Kramář verfasste Memorialbuch der Stadt Liban wird im Gemeindeamt in Liban aufbewahrt.

[4] Eine Serie von Artikeln unter dem Titel „*Ausflug in das Riesengebirge*" erschien in der Zeitschrift „Komenský" in den Jahren 1874–75. In Buchform erschienen u. a. *Přerov na Moravě: původ jeho a vývin* (Prerau in Mähren: seine Anfänge und seine Entwicklung). Olomouc 1879; *Teplice a Karlovy Vary: cesto a místopisný nástin* (Teplitz und Karlsbad: Geschichte und topographischer Abriss). Olomouc 1880.

[5] *Krátké navedení k hedvábnictví pro hospodáře* [Eine kurze Anleitung zur Seidenraupenzucht für Landwirte], s. l., 1864; *Základové chemické technologie* [Grundlagen der chemischen Technologie], Olomouc 1872.

[6] Z. B. *Esop a jeho bajky* [Äsop und seine Fabeln]. Olomouc 1873; Carraud, Z.: *Malá Johannka, čili Povinnost* [Die kleine Johanna oder die Pflicht], Olomouc 1879.

[7] *Vínek z pomněnek nejasnějšího rodu habsburského k oslavě stříbrné svatby Jejich Veličenstev nejmilostivějšího císaře a krále Františka Josefa I. a jeho vznešené choti Alžběty* [Ein Kränzlein aus Vergissmeinnicht des allerdurchlauchtigsten Geschlechts der Habsburger zur Feier der Silberhochzeit Ihrer Hoheit des allergnädigsten Kaisers und Königs Franz Josefs I. und seiner erhabenen Gemahlin Elisabeth], Olomouc 1879.

[8] *Olomoucké noviny* [Olmützer Zeitung], Jg. 3, 1867.

[9] *Unser Fortschritt in sozialer und moralischer Beziehung*, Olmütz 1878.

Die vermutlich interessanteste schriftstellerische Tat Kramářs sind dessen Erinnerungen. Er nannte dieses Buch in vier Teilen *Příhody svého života* (Begebenheiten meines Lebens) und widmete die Memoiren seiner Familie. Es handelt sich dabei um persönliche Aussagen zu seinem privaten und öffentlichen Leben. Diese gestatten es zum einen seine persönliche soziale Strategie zu verfolgen, zum anderen das breitere, allerdings subjektive Bild der wirtschaftlichen und sozialen Situation sowie der Veränderungen in diesem Bereich zu hinterfragen. Nachfolgend wollen wir den Versuch unternehmen, gerade auf der Grundlage von Kramářs Erinnerungen zu beleuchten, aus welcher Perspektive dieser Mann die wirtschaftliche und soziale Problematik seiner Zeit betrachtete.

Aus der einleitenden kurzen Lebensbeschreibung geht hervor, dass Josef Kramář eine mit der Fähigkeit einer bedeutenden geographischen und sozialen Mobilität ausgestattete Persönlichkeit war. Die Familie zog mehrmals um. In einigen Fällen – etwa bei der Übersiedlung nach Prerau in Mähren – handelte es sich um einen durch die Umstände erzwungenen Wechsel. Mindestens zweimal jedoch änderte die Familie vollkommen freiwillig den Wohnort, um ihre wirtschaftliche und soziale Stellung zu verbessern. In beiden Fällen handelte es sich um eine rasante und wohl auch ein wenig riskante Veränderung.

Die Vorgehensweise, die Josef Kramář bei seiner ersten Entscheidung hinsichtlich einer neuen Beschäftigung und Wirkungsstätte wählte, erwies sich als überraschend modern. In Zeitungen suchte er zwei Angebote für eine Beschäftigung heraus.[10] Beide prüfte er persönlich und wählte jenes Angebot, das ihm solider erschien. Seine neue Wirkungsstätte wurde Reichenberg (Liberec). Kramář nennt in seinen Erinnerungen zwei grundlegende Ursachen für den Umzug. Zum einen den vergeblichen Versuch, die Einkünfte der Apotheke in einer kleinen Bergstadt zu steigern, die darüber unter dem Rückgang der wirtschaftlichen Bedeutung litt. Zum anderen beabsichtigte er, seinen Kindern eine höhere Form der Bildung zu ermöglichen.[11]

[10] Gesucht wurden der Leiter eines holzverarbeitenden Betriebes in Wien und der Direktor eines Tabakkontors in Reichenberg. Kramář, *Příhody svého života* [Begebenheiten meines Lebens]. Olomouc s. a., S. 251f.

[11] In Hochstadt an der Iser gab es lediglich zwei Gemeindeschulen. Um die Einrichtung einer bürgerlichen Schule bemühte sich Kramář als Bürgermeister vergeblich.

Erwähnt werden muss, dass es sich um eine wirklich grundlegende Veränderung im Leben der Familie und Josef Kramářs selbst handelte. Die Familie zog aus einer kleinen, wirtschaftlich verfallenden Stadt in eine der einwohnerreichsten und am meisten industrialisierten Städte in Böhmen.[12] Darüber hinaus handelte es sich um einen Übertritt aus dem tschechischsprachigen ins deutschsprachige Milieu. Die bisherige Tätigkeit eines Apothekers gab Josef Kramář auf und er widmete sich der gänzlich anderen Profession des Direktors eines Tabakkontors. In Hochstadt hatte Kramář ein Haus und seine Apotheke besessen, die – auch wenn sie keine großen Erträge einbrachte – eine Quelle der Versorgung der ganzen Familie bis zu seinem Lebensende zu sein vermochte.[13] In Reichenberg wohnte die Familie hingegen in einem Mietshaus.

Bei diesem ersten Ortswechsel hielt Josef Kramář sehr detailliert die finanziellen Bedingungen fest, unter denen sich eine solch bedeutende Veränderung der Lebensweise vollzog. Kramář entschied sich, eine bedeutende Summe zu investieren, und er wurde Kompagnon des Barons Villani, der das dem staatlichen Monopol unterstehende Tabakkontor als Entschädigung für den Dienst in der Armee zur Verwaltung übertragen bekam. In das Unternehmen investierte Kramář annähernd die Hälfte sämtlicher Mittel die er besaß, zugleich gewährte er dem Baron einen Kredit. Neben seinem Gehalt gehörten zu seinen Einnahmen somit auch die Raten seines Kredits.[14]

[12] Die ältesten Gesamtangaben zu den Einwohnerzahlen der einzelnen Städte stehen erst für das Jahr 1869 zur Verfügung. Demnach bestand Hochstadt an der Iser in diesem Jahr aus 253 Häusern mit 1492 Einwohnern. Reichenberg hingegen zählte 1438 Häuser mit 22.394 Einwohnern. Vgl. *Retrospektivní lexikon obcí Libereckého kraje 1850–2001* [Lexikon der Gemeinden des Kreises Reichenberg 1850–2001], Liberec 2003.

[13] Kramář verkaufte seinen gesamten Besitz – sein Haus am Markt mit der Apotheke, ein Landhäuschen und Bodenbesitz – den eigenen Angaben zufolge für 17.400 Taler. Kramář, *Příhody svého života* [Begebenheiten meines Lebens], Olomouc s. a., S. 248.

[14] Der ursprüngliche Vertrag beinhaltete, dass Kramář ein Gehalt von 1.000 Talern jährlich bekommen sollte, jedoch musste er eine Kaution von 8.400 Talern in staatlichen Schuldscheinen hinterlegen. Bald jedoch zeigte sich, dass auf dem Kontor Schulden lasteten. Am Ende übernahm Kramář aber dennoch die Leitung des Kontors. Er zahlte den Gläubigern des Barons 1.500 Taler, und neben der erwähnten Pfandschaft regelte er auf eigene Kosten die Versorgung mit Tabak, und zwar dergestalt, dass er neben dem Jahresgehalt von 1.500 Talern monatlich noch 100 Taler dazu erhielt, sofern

Im Falle des Umzugs nach Prag war eines der Motive unbestritten auch die Anziehungskraft der Landeshauptstadt. Die konkrete Ursache bildete jedoch die drohende Gefahr eines finanziellen Verlusts infolge eines Kredits, den Josef Kramář einem entfernten Verwandten gewährt hatte.[15] Unter dem Eindruck des drohenden Verlusts entschied er sich als Haupt der Familie, die Ausgaben für die Lebenshaltung zu senken. Der Sohn Oldřich, der bislang an der Realschule in Reichenberg studierte, sollte sein Studium in Prag fortsetzen. Um dann an den Kosten für seine Unterkunft und Verpflegung zu sparen,[16] entschied man sich für einen Umzug nach Prag.[17] Kramář ging davon aus, dass es in Prag wohl möglich sein müsste eine Stelle zu finden, die im Jahr einige hundert Taler an Gehalt einbringen sollte. Diese Hoffnung erfüllte sich freilich nicht. Die gesellschaftliche Anerkennung stellte sich zwar mit der öffentlichen Tätigkeit zu Gunsten der tschechischen nationalen Bewegung in den Reihen des Vereins zur Sei-

ihm der Baron nicht jene 1.500 Taler zurückzahle. Angesichts der Tatsache, dass sein Vermögen nicht ganz 20.000 Taler betrug, investierte er in das Unternehmen also etwas mehr als die Hälfte seines Privatvermögens. Vgl. Kramář, *Příhody svého života* [Begebenheiten meines Lebens], Olomouc s. a., S. 255–256.

[15] Da Josef Kramář Einnahmen und Sicherheiten im Geschäft mit dem Verkauf von Tabak selbst geprüft hatte, lieh er später dem Schwager seines Onkels in Klattau (Klatovy) bereitwillig 9.100 Taler in Form staatlicher Schuldscheine als Kaution für ein Tabakkontor. Alles schien durch beglaubigte Urkunden abgesichert und Josef Kramář sollte aus seinem Kredit neben den Zinsen noch 6% Provision erhalten. Der Schuldner wanderte jedoch nach dem Scheitern seines Unterfangens in die Vereinigten Staaten aus und Josef Kramář fand sich plötzlich unter den unzufriedenen Gläubigern wieder. Vgl. Kramář, *Příhody svého života* [Begebenheiten meines Lebens], Olomouc s. a., S. 289.

[16] In Reichenberg wurden pro Jahr ca. 400 Taler hierfür beziffert. Vgl. Kramář, *Příhody svého života* [Begebenheiten meines Lebens], Olomouc s. a., S. 295.

[17] Die Kramářs zogen in den Neubau eines Mietshauses in der Prager Neustadt. Die finanzielle Situation beschrieb Josef Kramář wie folgt: Ihm standen 940 Taler an jährlichen Einnahmen zur Verfügung (einen Teil dieser Summe bildete die Pacht für ein durch den Schwiegervater in Liban vermachtes Grundstück). Kramář errechnete, dass er für die Wohnung maximal 200 Taler zahlen könne. Er mietete also eine Wohnung mit zwei Zimmern und einer Küche für 190 Taler, in der er mit seiner Gemahlin, vier Kindern und einem Dienstmädchen lebte. Zur Ausstattung des Haushalts zählte auch ein Flügel. Vgl. Kramář, *Příhody svého života* [Begebenheiten meines Lebens], Olomouc s. a., S. 302.

denraupenzucht und des Vereins zur Ermunterung des Gewerbsgeistes in Böhmen ein, doch dauerte es nahezu ein Jahr, ehe Kramář eine bezahlte Stelle als Bibliothekar fand.

Fassen wir die private wirtschaftliche Strategie Josef Kramářs an dieser Stelle kurz zusammen. Diese beruhte in erster Linie in der Absicht, eine angemessen bezahlte Beschäftigung, die die Aufwendungen für die Lebenshaltungskosten der Familie deckte, mit der öffentlichen Tätigkeit, bei der Kramář auch den öffentlich, gegebenenfalls national gewinnbringenden Gesichtspunkt berücksichtigte, mit einer geeigneten, einträglichen und sicheren Investition zu vereinen. Der Hauptzweck bestand in der Schaffung einer finanziellen Reserve, die der Familie Kramář zudem eine sichere Altersvorsorge garantieren sollte.

Kramářs breitere wirtschaftliche und soziale Überlegungen gingen vornehmlich von seinen Erfahrungen in der Gemeindeselbstverwaltung aus. Als er im Jahre 1848 zum Abgeordneten des Böhmischen Landtags gewählt wurde, bereitete er sich auf die anstehenden Verhandlungen durch „Vorschläge für notwendige Korrekturen“ vor, die insgesamt zwölf Punkte enthielten. Darauf aufbauend können wir uns ein Bild machen, welche Probleme Josef Kramář im Jahre 1848 als grundlegend erschienen und worin er eine mögliche Lösung erblickte. Der erste Bereich, mit dem er sich beschäftigte, waren Verwaltungsreformen, vor allem die Gliederung der Bezirksämter; Kramář empfahl möglichst kleinste territoriale Einheiten, damit diese auch effektiv verwaltet werden könnten. Zugleich forderte er strenge Strafen für Korruption. Ein akutes Problem schien ihm der Zustand der Wälder und deren ständig umfangreicher werdender Pilzbestand zu sein. Interesse zeigte Kramář auch für einen höheren Schutz des Eigentums sowie Vorschläge für strengere Bestrafungen bei Eigentumsstraftaten. Nach seinen Erfahrungen als Stadtrat nahm Kramář zudem Anstoß an der Institution des einheimischen Rechts und der übermäßigen Mobilität der besitzlosen Schichten der Bevölkerung.

Darüber hinaus fehlte auch das Thema der Förderung des Handwerkerstandes nicht, der gegen die wachsende Fabrikproduktion geschützt werden sollte. Eine konkrete Forderung bestand in der Fortführung des Baus der sog. Riesengebirgsstraße sowie der Errichtung von Straßen, die auch in Zukunft aus staatlichen Mitteln finanziert werden sollten. Die Festsetzung der Handelssteuer entsprechend des Gewinns sollte den wachsenden sozialen Unterschieden entgegenwirken. Auch beabsichtigte Kramář sich für Reformen im Bereich des Schulwesens, die Beseitigung der Patronatsrechte, feste Gehälter für Geistliche und Lehrer einzusetzen.[18]

In den Selbstverwaltungsfunktionen erwies sich Josef Kramář als ebenso praktischer wie umsichtiger Wirtschafter, was gleichsam auch für sein privates Leben galt. Seine Aktivitäten gingen in diesen Bereichen von der Stellung als Immobilienbesitzer aus, also derjenigen eines Stadtbürgers, wobei seine Absichten insbesondere auf eine effektive Verwaltung des Gemeindeeigentums sowie eine Aufrechterhaltung der Ordnung und Sicherheit zielten.

Als Josef Kramář im Juni des Jahres 1850 in Hochstadt an der Iser erstmals an die Spitze der Gemeinde gewählt wurde, fürchteten die sozial schwächeren Bewohner der Stadt, die Häusler, dass nunmehr für sie schlechtere Zeiten anbrechen würden. Zwischen dem Stadtrat und den Häuslern gab es bereits seit Jahren Streit über die Nutzung der Gemeindegrundstücke, eine Auseinandersetzung, in die sich Josef Kramář bereits als Gemeindekämmerer zuvor eingeschaltet hatte. Der Streit flammte erneut im Jahre 1848 auf und erreichte im regionalen Maßstab die soziale Dimension einer Revolution. Kramář beschrieb dies in seinen Erinnerungen wie folgt: „*In meiner Geburtsstadt flammte der alte Groll der Häusler gegen die reichen Stadtbürger neuerlich auf und nahm die Form eines Murrens aller Art an. Es befanden sich einige kommunistische Andeutungen im Umlauf, dass es besser sei, den Gemeindebesitz aufzuteilen.*“[19]

Die Situation beruhigte sich am Ende wieder. Es war klar, dass die stadtbürgerliche Fraktion die Oberhand gewann und gleichzeitig gelang es Kramář den sozialen Frieden zu wahren. An erster Stelle standen für den Hochstädter Bürgermeister die Interessen der Stadt. Um einige Reformen durchführen zu können und gleichzeitig die Gemeindefinanzen zu schonen, führte er ein System öffentlicher Arbeiten ein. Der Anteil an diesen öffentlichen Arbeiten wurde auf der Grundlage der Steuerhöhe festgelegt, die die einzelnen Bürger zahlten.[20] In den nachfolgenden Jahren wurden

[18] Kramář, *Příhody svého života* [Begebenheiten meines Lebens], Olomouc s. A., S. 408–417.

[19] Ebd., S. 186.

[20] Jeder Bürger in selbständiger Position hatte die Pflicht, einen Tag an öffentlicher Arbeit zu leisten und zudem einen Tag für jeden Taler an direkten Steuern. Für die

auf diese Art und Weise Gemeindestraßen instand gesetzt, der Friedhof von der Kirche vor die Stadt verlegt, wobei der freie Raum vor der Kirche auch die Gesamtansicht veränderte.

Die gleiche Erfindungsgabe zeigte Kramář auch bei der Einrichtung einer Schule. Da er es für nicht zumutbar erachtete, dass die Schule die Gemeindekasse belastete, gründete er einen Schulfond. Die Grundlage bildete der Erlös des Gemeindetheaters (das bisherige Laientheater hatte er nämlich billig für die Gemeinde erworben). Eine weitere Einnahmequelle stellte die Vermietung der sog. Pflanzenbeete, Parzellen dar, auf denen Setzlinge der lokal gezüchteten Sorte von Kraut angepflanzt wurden, die bislang kostenfrei benutzt worden waren. In den Fond flossen zudem kleinere Summen aus verschiedenen Abgaben. In den ersten beiden Jahren kamen auf diese Weise nach Kramářs Worten 1.200 Taler zusammen und der Fond wuchs auch weiter; kurze Zeit später wurde ein Haus erworben, in dem man eine vier Klassen umfassende Gemeindeschule einrichtete.[21] Der Bürgermeister bemühte sich zudem um die Einrichtung einer Hauptschule, doch schlugen diese Anstrengungen fehl. In Hochstadt führte Kramář zudem eine Marktordnung ein, die die Gebühren für Waren und Verkaufsstände regelte, wodurch sich wiederum die Einnahmen der Gemeinde um mehrere hundert Taler im Jahr erhöhten. Strafen für Verstöße wurden in einen Armenfond eingezahlt.[22]

Als Bürgermeister bestimmte Josef Kramář einen Festpreis für bestimmte Lebensmittel. Um einen angemessenen Preis für Brot zu überprüfen, startete Kramář schließlich einen Versuch, bei dem er herausfand, wie

Bereitstellung eines Gespanns wurden 5–10 Tage abgeschrieben. Die festgeschriebene Arbeit mussten die Bürger nicht persönlich leisten, sie konnten jede beliebige andere Person hierfür abstellen (Magd, Lehrling, erwachsene Kinder). Auch war nicht festgelegt, wann die Arbeit auszuführen sei, jeder konnte nämlich selbst die Zeit bestimmen, so dass der eigene Haushalt nicht beeinträchtigt wurde. Wer keine öffentlichen Arbeiten mochte oder auszuführen in der Lage war, musste den Tageslohn für einen von der Gemeinde in Dienst genommenen Arbeiter zahlen. Josef Kramář errechnete, dass er auf diese Weise jährlich 2000 Tage an öffentlichen Arbeiten gewann. Vgl. Kramář, *Příhody svého života* [Begebenheiten meines Lebens], Olomouc s. A., S. 212.

[21] Ebd., S. 216.

[22] Ebd., S. 224.

viel Brot sich aus einem Scheffel Korn backen lasse. Nach der Abrechnung des Gewinns des Bäckers bestimmte er dann einen neuen Preis für Brot, der jedoch nicht den überkommenen Gewohnheiten entsprach, die sich nach dem bisherigen sog. Gitschiner Privileg orientierten. Die Hochstadter Bäcker drohten, sie würden das Backen einstellen, der Bürgermeister hingegen erzwang die neuen Regelungen unter Androhung einer Strafe zu akzeptieren, er werde die Regulierung der Preise freigeben und eine Gemeindebäckerei errichten lassen, die die moderne holländische Technologie des Backens nutze. Am Ende waren ihm die Bäcker angeblich dankbar, da dank eines billigeren Brotes hier Kunden auch aus der weiteren Umgebung einkauften.[23]

Als Josef Kramář das Amt des Bürgermeisters antrat, herrschte noch immer eine von einer Teuerung begleitete, schlechte wirtschaftliche Lage, die bereits im Jahre 1847 ihren Ausgang genommen hatte. Die neu eingerichtete Bezirkshauptmannschaft in Hohenelbe (Vrchlabí) schrieb eine Lotterie zur Unterstützung der Armen aus. Ein Teil der Gewinne dieser Lotterie wurde auch dem Armenfond der Stadt Hochstadt zugeteilt. Josef Kramář ging mit diesen Mitteln entsprechend seiner Gewohnheit sehr effektiv um und nutzte hier wiederum auch seine Fachkenntnisse. Zum Zwecke einer Suppenküche für Arme richtete er nämlich den „Papin'schen -Topf“ ein und beaufsichtigte das Kochen der Suppen persönlich. Die Suppen wurden sechs Monate im Jahr gekocht, im Herbst und im Winter. Lebensmittel für die Versorgung kaufte man in großem Stil ein um zu sparen. Aus Fleisch und Knochen, die „täglich aus führenden Bürgerhäusern geliefert wurden“ bereitete man eine starke Brühe, die die Grundlage der Suppen bildete. Die qualitätsvolle und preiswerte Suppe (1 Portion im Umfang von zwei Seideln kostete einen Kreuzer) lobte angeblich sogar der Landesstatthalter Baron Meczery, worauf Josef Kramář entsprechend stolz war; als Kontrast führte er in seinen Erinnerungen einen Vergleich mit dem deutschsprachigen Rokitnitz (Rokytnice) an, wo es für ihn wenig schmeichelhaft zuging: *„In Rokitnitz, einer sehr volkreichen deutschen Gemeinde mit ihrer Industrie und Kultur, in der wirklich alle über uns gegenüber*

[23] Seine Ausführungen zu dieser Angelegenheit beendete Kramář wie das Märchen vom guten Bauern: „Dass sie genug verdienten, zeigte ihr wachsendes Vermögen – und das arme Volk segnete mich.“ – Ebd., S. 226–227.

geprotzt haben, haben sie begonnen, unserem Beispiel folgend, auch Suppen zu kochen, doch ist ihnen dies nicht gelungen; die Suppen waren schlecht und teuer, weshalb man bald wieder davon abgekommen ist. Sie waren nicht imstande zu bedenken, dass es hierfür Aufopferung, Selbstlosigkeit und Umsicht bedarf."[24]

Eine gewisse Despektierlichkeit gegenüber dem „deutschen Rokitnitz" speiste sich aus dem Umstand, dass im Unterschied zu Hochstadt, welches sich nach der Verwaltungsreform bemühte, Sitz des Bezirksgerichts zu werden, Rokitnitz diesen Status erhielt. Ein weiterer und weitaus gewichtigerer Grund war jedoch die Entwicklung der Textilfabriken, was im Grunde genommen den Bedeutungsverlust Hochstadt an der Iser hervorrief, wogegen auch ein solch aufmerksamer und bedachter Wirtschafter, wie Josef Kramář dies war, nichts auszurichten vermochte. Kramářs Überlegungen zu sozialen Veränderungen haben in bedeutendem Maße die Erfahrungen mit jenen Ereignissen beeinflusst, die seine Familie hart trafen und auf die er in seinen Memoiren immer wieder zurückkommt. Es handelte sich um einen Prozess, bei dem gerade in den 1840er-Jahren die traditionelle einheimische Spinnerei und Weberei, die Leinen verarbeitete, unterging. An Wasserläufen in den umliegenden Tälern entstanden Textilfabriken. Der gesamte Prozess besaß darüber hinaus einen für die Region charakteristischen nationalen Zündstoff, zumal hier die Sprachengrenze verlief. Bei den Textilfabrikanten handelte es sich ausnahmslos um Deutsche, während die tschechische Bevölkerung die Lohnarbeitskräfte in jenen Fabriken (in denen freilich auch deutsche Arbeiter tätig waren) stellte.

Den Gegenstand von Kramářs Kritik bildete im übrigen nicht die ethnisch-nationale Situation. Ein Problem stellte in seinen Augen vielmehr der rasche Verlauf der Ereignisse dar, der in gefährlicher Weise das soziale Gleichgewicht sprengte. Seine Desillusionierung war die Desillusionierung eines konservativen Stadtbürgers, der keine plötzlichen Wendungen befürwortet und sämtliche Ausschläge auszugleichen sich bemüht.

Die Einführung von Spinnereimaschinen und die Einfuhr der Baumwolle versetzten dem harten Leben in der Bergregion einen schweren Schlag. Die ersten Spinnereien wurden in der zweiten Hälfte der zwanziger Jahre des 19. Jahrhunderts in Reichenberg und Tannwald (Tanvald)

[24] Ebd., S. 223.

errichtet. Die einheimische Weberei vermochte sich noch etwas länger zu halten. Doch auch sie wurde schrittweise durch die Maschinenproduktion ersetzt. Und so wurde Josef Kramář Zeuge, wie die Veränderung in der Produktionssphäre eine ganze Kette von Ereignissen auslöste, die ihren Niederschlag nicht allein im sozialen Bereich fanden. An die Zeit seiner Kindheit erinnerte sich Kramář wie an eine glückselige Epoche: „*In jener Zeit war wenig zu hören von Not – lediglich nach einer großen Missernte. Es gab keine Bettler; die Bewohner lebten zwar einfach und bescheiden, aber man verdiente seinen Lebensunterhalt, ohne dass sich die Menschen gezwungen sahen, mit einer Bitte die ihnen Nahestehenden zu belästigen… Es waren gewiss glückliche Zeiten für die Bergbewohner, die in ihrer Einfachheit keinerlei größere Bedürfnisse kannten, zufrieden und in Eintracht lebten sie miteinander und kümmerten sich nicht um die übrige Welt, sie bewahrten streng ihre Ehrlichkeit und ihren frommen Sinn.*“[25]

Die bislang erwähnten Ansichten Josef Kramářs verweisen auf eher konservative Einstellungen. Wichtig für ihn waren jedoch auch Werte, die ihn unserer Auffassung nach eher zu den Liberalen zählen lassen könnten, etwa mit Blick auf die Betonung der persönlichen Freiheit und der Selbstgenügsamkeit. Allerdings stießen die Ideen des Liberalismus bei ihm an ihre Grenzen. Der freie Willen eines jeden Einzelnen, sein eigenständiges Leben zu leben und seine Fähigkeiten zu verwirklichen, stießen auf den freien Willen anderer Einzelpersonen und die soziale Frage griff notwendigerweise in das Spiel ein. Auswirkungen zeigten sich jedoch auch auf gesellschaftlichem Gebiet, und Josef Kramář notierte diesbezüglich: „*Die Fabriken, die Einzelpersonen reich machen, haben tausende Einwohner an den Bettelstab gebracht, ihnen ihren ganz normalen selbständigen Lebensunterhalt genommen, für den sie ihnen einen elendigen, abhängigen Tagelöhnerverdienst gegeben haben. Damit haben sie nicht allein den bisherigen Wohlstand vernichtet, sondern zugleich auch die alten einfachen Sitten. Aus ruhigen, gutherzigen und eigenständigen Bürgern haben sie rohherzige, vom Fabrikherrn abhängige Arbeiter gemacht, die tiefer und tiefer im Elend versinken und entschiedene Feinde jeglichen Besitzes wurden. Die Fabriken waren, wie ich nicht ohne Grund annehme, die Hauptquelle*

[25] Ebd., S. 27.

der Ideen des Kommunismus und der Internationale, die später zu spuken begann.“[26]

Kramář bewertete das ursprüngliche Interesse der zentralen Behörden, auf diese Entwicklung zu reagieren, positiv. Doch trat eine kuriose Situation ein, die Kramář zufolge das Ergebnis des Misstrauens der Bevölkerung gegenüber der Regierung war. Als eine Untersuchung stattfand, die die Unverzichtbarkeit der einheimischen Spinnerei und der Weberei für die Bewohner der Bergregionen bestätigen sollte, gaben diese die niedrigsten Zahlen in der Befürchtung an, man würde ihnen sonst höhere Steuern auferlegen. In der Folgezeit wurde dann die Genehmigung zum Bau von Fabriken erteilt, da die Statistik gezeigt hatte, dass die Bedeutung der einheimischen Produktion nur minimal sei.[27]

Josef Kramář setzte sich persönlich für eine Korrektur ein und bemühte sich energisch, alle Möglichkeiten auszuschöpfen. Seine Beschreibung der aktuellen Situation schickte er dem Landesverweser, Erzherzog Stefan. In seinem Bemühen stand Kramář nicht allein. Die Nachrichten über die schlechte wirtschaftliche Lage rund um das Riesengebirge mehrten sich. Die Landesregierung reagierte damals auf das Problem mit zwei Maßnahmen. Bei der ersten handelte es sich um das Projekt der sog. Riesengebirgsstraße, die die Städte Reichenberg und Trautenau (Trutnov) verbinden sollte. Die Kosten hierfür sollten zum Teil aus staatlichen Mitteln, zum Teil aus Mitteln der Gemeinden und von Unternehmern abgedeckt werden. Mit den Vermessungsarbeiten begann man bereits im Jahre 1845, der gesamte Bau wurde im Jahre 1856 fertig gestellt. Begleitet wurde dies durch eine ganze Reihe von Streitigkeiten in der Frage der konkreten Trassenführung, was auch Hochstadt betraf.[28] Der zweite Schritt war das Versprechen, die

[26] Ebd., S. 169.

[27] Ebd., S. 28.

[28] „Bald wäre es uns mit der versprochenen Straße ähnlich ergangen. Als wir sie uns erkämpft hatten, fiel den benachbarten Deutschen ein, dass sie unseren Fleiß ausnutzen und uns um die Früchte unserer Anstrengungen bringen könnten. Sie haben sich mit der Bitte an höhere Instanzen gewandt und die Unbedeutendheit der tschechischen Siedlungen dargelegt, die angeblich gar keine Straße bräuchten und daraus die Wichtigkeit der deutschen Siedlungen abgeleitet, wobei sie ein positives Echo bei der deutschen Regierung fanden, die umgehend anordnete, die bisherigen Straßenbauarbeiten einzustellen, und die Straße durch die deutschen Siedlungen führen zu lassen.

einheimische Produktion erhalte Aufträge zur Herstellung von Leinen für staatliche Krankenhäuser, einige Klöster und einen Teil der Armeestandorte in Böhmen. Der Apotheker Kramář sammelte für diesen Zweck Warenproben. Die Bestellung kam allerdings nicht zustande, was Kramář der *„arglistigen Koterie“* anlastete, gegen die nicht einmal der Statthalter etwas auszurichten vermochte.[29]

Diese Tat war der erste und einzige Versuch vonseiten des Staates die Situation zu korrigieren. In den Folgejahren wurde die Wirtschaftspolitik der Regierung auf die Lösung des Finanzdefizits durch Ausschreibung neuer Steuern und neuer Staatsanleihen ausgerichtet. Für einen Mann, der einer ordnungsgemäßen Rechnungsführung große Bedeutung beimaß und der vor Schulden zurückschreckte, vor ungedeckten Wechseln, Finanzspekulationen sowie einem leichtsinnigen Ausgeben von Geldern, für einen Mann, der in seinen Erinnerungen ausführlich darüber nachsinnt, wie richtig gezählt wird, dessen Bestandteile auch praktische Aufgaben bildeten, die einen durchschnittlichen Zins, einen gewissen Gewinn aus dem Handel usw. errechneten,[30] erwies sich die Wirtschaftspolitik des Staates als abschreckend. Josef Kramář vermochte sich nicht mit der neuen Realität der Markt- und Finanzbeziehungen abzufinden und glaubte hartnäckig, dass einfache mathematische Regeln auch im Finanzwesen gelten würden. Im übrigen klingen bereits Kramářs Überlegungen hinsichtlich der staatlichen Schulden ein wenig wie eine Wortaufgabe: *„Durch unverhältnismäßige Steuern sinkt der bürgerliche Wohlstand in erstaunlichem Umfang, und trotzdem nehmen die staatlichen Schulden noch zu. Vom unglücklichen Jahr 1848 an hat sich die Verschuldung so verallge-*

Nur durch ungewöhnliche und mehrere Jahre in Anspruch nehmende Anstrengungen konnten wir eine Straße für uns erringen, und allein das Wort des Kaisers hat sie geschützt. Die Deutschen haben dennoch eine Straße für sich bekommen; und so wurden an merkwürdigen Stellen zwei Straßen errichtet; eine führte durch die deutschen Siedlungen und eine zweite durch die tschechischen Ansiedlungen lediglich als Abzweigung. Die deutsche Straße wurde in das kaiserliche Geschenk einbezogen und uns hat man dieses Geschenk gekürzt.“ Ebd., S. 171.

[29] Ebd., S. 170. Transkription des Briefes, mit dem sich Josef Kramář und der damalige Bürgermeister von Hochstadt an der Iser Frantisek Vodseďálek direkt an den Statthalter, Erzherzog Stefan, gewandt hatten. Ebd., S. 405–407.

[30] Ebd., S. 435–480.

meinert, dass bereits keine Regierung und schon gar keine Gemeinde mehr ohne Schulden auskommen kann. Vor dem Jahre 1848 haben wir über die schlechte Staatswirtschaft geklagt und sämtliche staatlichen Schulden beliefen sich, trotz nur geringfügiger Steuern, auf ungefähr 900 Millionen. Seit dieser Zeit hat sich jedoch die Staatsschuld allein in unserer Reichshälfte, im sog. Cisleithanien, um mehr als 2000 Millionen erhöht, obwohl sich viele Steuern verzehnfacht haben. Würden wir wohl so viele Schulden haben, wenn die Steuern so niedrig geblieben wären, wie dies vor dem Jahr 1848 der Fall war?"[31]

Josef Kramář verließ sich freilich nicht auf die Hilfe des Staates, was auch bei seinen eigenen unternehmerischen Versuchen offensichtlich wird. Er bemühte sich neue Bereiche zu erkunden, die die handwerkliche Tätigkeit zu ersetzen vermochten, die sich wiederum in den Bereich der fabrikmäßigen Produktion verlagerte. Bei diesen unternehmerischen Versuchen nutzte er häufig seine Kenntnisse der chemischen Technologien, die er beim Studium der Pharmazie erworben hatte.

Anfangs versuchte er mit seinem Bruder František, ebenfalls ein Apotheker, einen künstlichen Ultramarinfarbstoff zu entwickeln. Doch aus Gründen der niedrigen Rentabilität ließ man von diesem Vorhaben ab. Ein Problem war die aufwendige Einfuhr von Rohstoffen.[32] Nachfolgend versuchte Kramář Spirituosen aus verschiedenen Obstsorten zu destillieren, aber auch aus Vogelbeeren, Zuckerrüben oder aus Kohlstrunken. Auch dieser Versuch war aufgrund der hohen Lebensmittelsteuer zum Scheitern verurteilt.[33] Der dritte Versuch wiederum – es handelte sich um die Verschiffung von Graphit, der in der unmittelbaren Umgebung gefördert wurde – scheiterte an den schlechten Kommunikationswegen, auf denen sich die Transportkosten verteuerten und schließlich den Gewinn überstiegen.[34] Als erfolgreicher erwies sich die Herstellung von Essig. Zu diesem Zwecke ließen die Brüder Kramář ihr Erzeugnis von Fachleuten der Prager Medizinischen Fakultät prüfen, erwarben ein Grundstück und errichteten eine Produktionsstätte. Die Entscheidung über eine Genehmigung der

[31] Ebd., S. 398.
[32] Ebd., S. 180.
[33] Ebd., S. 180.
[34] Ebd., S. 180–181.

Produktion schoben die obrigkeitlichen Behörden jedoch mehr als zwei Jahre hinaus. Am Ende konnte die Produktion zwar beginnen, doch bald fiel die Erzeugung auch den Ereignissen des Jahres 1848 zum Opfer.[35]

Mit Blick auf breitere und keineswegs ausschließlich private Interessen versuchte Josef Kramář eine Alternative für die im Verfall begriffene einheimische Spinnerei und Weberei zu finden. Er nutzte die Gelegenheit, die ihm der 1847 in Prag gegründete Verein bot zunächst für eine Unterstützung der Armen im Erzgebirge. Bald darauf begann der Verein sich auch um die Bewohner des Riesengebirges zu kümmern und eine seiner ersten Aktivitäten bestand in der Gründung einer neuen Produktionstradition – der Strohverarbeitung. Es handelte sich um die Herstellung von Gegenständen aus Stroh, vor allem Hüte.

Die ursprüngliche Absicht des Vereins lag in dem Versuch, die Strohverarbeitung in Rokitnitz anzusiedeln, Josef Kramář jedoch bemühte sich, Hochstadt zu favorisieren. Die Produktion schien ihm der Spinnerei verwandt und er hoffte, dass sich hieraus eine Industrie entwickeln würde, die der ganzen Umgebung Wohlstand bringen möge. Ein Vertrag wurde aufgesetzt, zwischen dem Verein und der Gemeinde. Der Verein gründete und unterstützte eine Schule für Strohverarbeitung, die Gemeinde sollte Räume und Heizmaterial zur Verfügung stellen.[36] Es wurden hier ausschließlich Mädchen ab sechs Jahre unterrichtet. Die Schule besuchten anfänglich 50, zuletzt bis zu 100 Mädchen. Doch obwohl die Produktion anlief, erwies sich deren Einfluss auf die wirtschaftliche Situation im Ort als nur minimal.

Auch in den Folgejahren stellte Kramář, nachdem er seine Heimatstadt verlassen hatte, seinen Mut unter Beweis, um neue Zweige einzuführen. Am stärksten interessierte ihn die Seidenraupenzucht. Bereits in Hochstadt unternahm er den Versuch, Maulbeerbäume anzubauen, doch in dem hiesigen rauen Klima gelang ihm dies nicht. Mit größerem Erfolg

[35] Ebd., S. 181.

[36] Josef Kramář bot für eine Miete in Höhe von 50 Talern für diesen Zweck ein Haus an, das ursprünglich zur Produktion von Essig genutzt worden war und er wurde Ehrendirektor und Schatzmeister. Das durch den Verein bereitgestellte Startkapital betrug 600 Taler, darüber hinaus bezahlte der Verein die Lehrerin und stellte täglich zwei Kreuzer für jede Schülerin bereit. Ebd., S. 220–222.

setzte er seine Bemühungen in Liban fort. Die ersten Maulbeerbaumsetzlinge erwarb Kramář im Jahre 1850 von Heinrich Rangheri.[37] Die Maulbeerbäume konnten nach dem Umzug der Familie nach Liban bereits zur Fütterung von Seidenspinnen benutzt werden, mit deren Zucht Kramář im Jahre 1861 begann, wobei er gleichzeitig einige Nachbarn inspirierte, dies ebenfalls zu tun. Die Kokons der Seidenfasern brachte er nach Prag in Rangheris Unternehmen, der diese verarbeitete.[38] Der Seidenraupenzucht widmete sich Kramář auch in Prag. Gemeinsam mit anderen gründete er hier im Jahre 1863 einen Verein für Seidenraupenzucht.[39] In den Jahren 1865–66 redigierte Kramář die tschechischen „Všeobecné hedvabnické noviny“ (Allgemeine Zeitung für Seidenraupenzucht).[40] Zudem wurde Kramář an seinem mährischen Wirkungsort Mitglied des dortigen Vereins für Seidenraupenzucht.[41]

Aus Kramářs Erinnerungen wird deutlich, dass er die Entwicklung auf wirtschaftlichem Gebiet verfolgte und sich mehrfach hierzu äußerte. Als Beispiel mag unter anderem die Bemerkung über die Gründungsaktivitäten von Hermann Schulze-Delitzsch dienen. Kramář führt an, dass in der Zeit des Umzugs nach Liban die Gedanken dieses deutschen Volkswirtschaftlers und Politikers – Gründer von Selbsthilfegenossenschaften von Handwerkern – in Böhmen und Mähren ihre Verbreitung fanden.[42] Wir haben bereits konstatiert, dass Josef Kramář nicht zögerte alle möglichen Gedanken mit Leben zu erfüllen, die unter wirtschaftlichen

[37] Dessen Vater, der Kaufmann Josef Rangheri, stammte aus der Lombardei und ließ sich um 1776 in Prag nieder. Im Jahre 1811 erwarb er die Maulbeerbaumgärten an den Prager Burggräben, züchtete Seidenraupen und begründete auf diese Weise die Tradition der Seidengewinnung, die auch sein Sohn fortsetzte, der im Jahre 1852 für seine Tätigkeit die Goldmedaille der k. k. patriotisch-wirtschaftlichen Vereinigung in Prag erhielt, was auch für seinen Enkel später galt. *Slovník naučný*, Bd. VII., Praha 1868, S. 144.

[38] Kramář, *Příhody svého života* [Begebenheiten meines Lebens], Olomouc s. a., S. 296–297.

[39] Ebd., S. 303.

[40] Ebd., S. 307–308.

[41] Ebd., S. 350.

[42] Der Problematik der Vorschusskassen in der Zeitung „Bote aus Prag“ widmete sich vor allem František Šimáček.

Gesichtspunkten sein Wirkungsfeld hätten erweitern können. Im übrigen beabsichtigte Kramář wie erwähnt bereits in Hochstadt eine Sparkasse zu gründen, doch stieß seine Bitte auf Ablehnung, da es in der Stadt keine politische Behörde gab, die die Aufgabe besaß, derartige Finanzinstitute zu beaufsichtigen. Kramář ging daher erst in Liban daran (parallel zu ihm tat dies auch sein Bruder František, an seiner neuen Wirkungsstätte in Prerau), eine Vorschusskasse einzurichten. Diese Libaner Vorschusskasse übernahm die Satzung der Nimburger Vorschusskasse.[43] Diese Satzung verabschiedete man im Jahre 1862 und Josef Kramář wurde zum Vorsitzenden des Verwaltungsausschusses gewählt.[44]

Die Devise, die Josef Kramář an einer Stelle seiner Erinnerungen benutzt: lautet: *„Hilf Dir selbst und Gott hilft Dir“*,[45] entsprach ebenfalls dem Gedanken der Selbsthilfe von Schulze-Delitzsch. Dieser wiederum war von der Selbsthilfebewegung in England inspiriert worden, unter anderem auch unter den englischen Webern, und reagierte ebenfalls auf die mit der wachsenden Fabrikproduktion, der Kumulation des Kapitals in jeweils einer Hand und das daraus erwachsende Auseinanderbrechen des sozialen Gleichgewichts zusammenhängenden Probleme. Josef Kramář jedoch kannte nicht die Quellen dieses Gedankens, die auf einem Umweg auf die Problematik zielten, mit der er, Kramář, bereits Erfahrungen gesammelt hatte.

Schulze-Delitzsch erwähnt Kramář in seinen Erinnerungen lediglich im Zusammenhang mit der Libaner Vorschusskasse, daher können wir nicht mit Sicherheit sagen, ob Kramář seine Bewertung der traditionellen

[43] Bei der im Jahre 1859 gegründeten Nimburger Vorschusskasse handelte es sich um eine der ersten ihrer Art in Böhmen. Vgl. *Slovník naučný*, Rieger, F. L., Malý, J. (Hrsg.), Bd. X, Praha 1873, S. 239.

[44] Die Statuten legten einen Einzelanteil von 50 Talern fest. Jedes Mitglied war verpflichtet einen Taler in einen Reservefond und darüber hinaus 50 Kreuzern wöchentlich einzuzahlen. Wenn die Höhe der Einlage den festgelegten Betrag von 50 Talern erreicht hatte, wurde der Sparer zu einem Gläubiger der Vorschusskasse. Darlehen bis zu zehn Talern wurden gegen eine Bescheinigung ohne beglaubigte Obligation gewährt, größere Darlehen hingegen nur gegen legalisierte Wechsel. Die kürzeste Geltungsfrist für ein Darlehen war eine Woche, damit der Zins zumindest fünf Kreuzer erreichte.

[45] Unter dieser Losung handelte Josef Kramář bei den grundlegenden Veränderungen in seinem Leben. Kramář, *Příhody svého života* [Begebenheiten meines Lebens], Olomouc s. A., S. 247.

handwerklichen Gesellschaft, der Zünfte, deren Untergang er in seinen Memoiren wiederholt bedauert, in Opposition zu dem preußischen Politiker formulierte, der deren Schöpfer war.[46] Josef Kramář hat deshalb keinesfalls das Ende 1859 verabschiedete Gewerbegesetz begrüßt, das im darauf folgenden Jahr in Kraft trat. Den Gewerbevereinigungen wurde damit ein neuer Rahmen gegeben. Kramář kritisierte vor allem die Folgen dieser Veränderung für das Bildungssystem. Die Ausbildung neuer Handwerker, die früher die einzelnen Meister durch die Einstellung von Lehrlingen und Gesellen abgesichert hatten, wurde durch vom Staat eingerichtete und unterstützte Fachschulen ersetzt, die Kramář zufolge unwirtschaftlich und wenig effektiv arbeiteten.[47] In Kramářs Blick auf die Gewerbefreiheit überwogen negative Aspekte: „Ein Handwerk zu lernen ist überflüssig, denn wir haben die Gewerbefreiheit; jeder kann durchführen was er will, ob er dies nun versteht oder nicht, wenn er denn nur die vorgeschriebene Steuer zahlt.“[48]

Kramářs Erinnerungen enthalten eine Vielzahl von Informationen, doch nur ein Minimum solcher, die in irgendeiner Weise die Angaben über die Lektüre – seien es nun Zeitungen oder Zeitschriften oder gar Bücher – präzisieren würden. Wir dürfen jedoch davon ausgehen, dass Kramář als Bibliothekar des Vereins zur Ermunterung des Gewerbsgeistes einen Überblick über die Wirtschaftsliteratur besaß.[49]

Es ist ziemlich wahrscheinlich, dass die wirtschaftlichen und sozialen Überlegungen Josef Kramářs, die er in seine Erinnerungen einfließen ließ, in vielfacher Hinsicht den Arbeiten seines Schwiegersohns Karel Procházka ihr Aussehen verliehen, der als Sekretär der Prager Vereinigung für die Belebung der Industrie in Böhmen arbeitete.[50] Im Jahre 1862, als sie

[46] *Slovník naučný*, Rieger, F. L., Malý, J. (Hrsg.), Bd. X, Praha 1873, S. 234–246.

[47] Kramář, *Příhody svého života* [Begebenheiten meines Lebens], Olomouc s. A., S. 276–278 u. a.

[48] Ebd., S. 391.

[49] Kramář kannte zweifellos das Druckerzeugnis der Vereinigung und vielleicht auch einige ältere statistische Übersichten, etwa der Arbeiten des vorherigen Sekretärs: K. J. Kreuzberg, Skizzierte Uebersicht des gegenwärtigen Standes und der Leistungen von Böhmens Gewerbs- und Fabriksindustrie, Prag 1836.

[50] Ottův slovník naučný, Bd. 20, Praha 1903, S. 740–741. Die beiden Schriften Karel Procházkas *O spolčování se živnostníkův*. Praha 1862 und der *Pokus dějepisného*

vermutlich zum ersten Male zusammentrafen, da sie als Konkurrenten im Ringen um den Posten eines Sekretärs der industriellen Vereinigung auftraten, gab Procházka eine Schrift mit Titel „O spolčování se živnostníkův“ (Über die Vereinigung der Gewerbetreibenden) heraus, die unbestritten Kramářs Ansichten zu diesem Thema beeinflussten.

Im Jahre 1868 übersetzte Procházka dann die Arbeit von Anton Emanuel Komers über die Nationalökonomie, die die Vereinigung für die Belebung der Industrie mit dem Untertitel „Příspěvek k rošíření nejdůležitějších vědomostí národohospodářských mezi rolními a řemeslními průmyslníky“ (Ein Beitrag zur Verbreitung der wichtigsten nationalökonomischen Kenntnisse unter den bäuerlichen und handwerklichen Industriellen) herausgab. Mit der Schrift von Komers befasste sich Josef Kramář nachweislich in diesem Jahr, es hat jedoch den Anschein, dass seine Gedanken über die Vorteilhaftigkeit einer Verbindung ländlichen Unternehmertums mit industrieller Tätigkeit und möglicherweise auch Komers Bewertung der Aktivitäten des deutschen Chemikers Justus Liebig, der dafür eintrat, dass die Chemie die wissenschaftlichen Laboratorien verlassen und zu einer nutzbringenden Quelle materiellen Wohlstands in der Wirtschaft und Industrie werden sollte, auf den Hochstadter Apotheker bereits früher Eindruck gemacht hatten, wie seine unternehmerischen Versuche dies unterstreichen.[51] Doch hierbei handelt es sich um eine reine Spekulation.

Auch ein weiterer Schwiegersohn übte sicherlich einen Einfluss auf Josef Kramář aus, und zwar Jan Rudolf Demel. Dieser unterrichtete Chemie und Naturkunde an der deutschen Realschule in Olmütz und war zugleich Triebkraft und Vorsitzender des dortigen Wirtschaftsvereins. Besonders eifrig widmete er sich der Vortragstätigkeit, und zwar auch in

vývoje technologie jako vědy [Versuch einer geschichtlichen Entwicklung der Technologie als Wissenschaft]. Praha 1865. Procházka übersetzte zudem von Anton Emanuel von Komers, *Die Begründer der Nationalökonomie. Ein Beitrag zur Verbreitung der wichtigsten nationalökonomischen Kenntnisse unter den bäuerlichen und handwerklichen Industriellen* [Základové národové hospodářství. Příspěvek k rošíření nejdůležitějších vědomostí národohospodářských mezi rolními a řemeslními průmyslníky], Praha 1868. 1864 gründete Procházka die technologische Zeitschrift *Průmyslník* (Der Industrielle), und in den Jahren 1866–70 redigierte er die Wochenzeitschrift *Hospodářské noviny* (Wirtschaftszeitung).

[51] *Ottův slovník naučný*, Bd. 14, Praha 1899, S. 633–634.

der weiteren Umgebung. Neben der im Jahre 1864 gegründeten Bauernschule in Prerau, von der bereits die Rede war, gründete der Olmützer Wirtschaftsverein unter seiner Führung zudem eine Bauernschule in Hradisko (1876). Demel agierte des weiteren als Redakteur der Zeitschrift *Hospodář moravský* (Der mährische Bauer), aus der dann im Jahre 1871 die wirtschaftspolitische Zeitung *Pozor* (Achtung) hervorging, die in der Olmützer Druckerei Kramářs und Procházkas gedruckt wurde.[52] Demel verfasste eine Vielzahl kurzer Broschüren didaktischen Charakters zur Wirtschaftsthematik für eine breite Öffentlichkeit. Auch er trat als Propagandist unternehmerischer Gemeinschaften auf, wobei er sich auf das Gebiet der Landwirtschaft orientierte. Auf seine Anregung hin wurde die Zentrale bäuerliche Vorschusskasse (Ústřední záložna rolnická) gegründet, die die bäuerlichen Vorschusskassen aus ganz Mähren sowie weitere Unternehmen vereinte. Procházka zeigte auch politische Ambitionen. In den Jahren 1867 und 1871 wurde er für die Bezirke Olmütz und Prossnitz (Prostějov), 1873 für die Bezirke Prossnitz und Plumenau (Plumlov) in den Mährischen Landtag gewählt.[53]

Demels Einfluss auf Josef Kramář kommt wohl am ehesten in erster Linie am Ende seiner Erinnerungen zum Vorschein, wenn Kramář einen gewissen historischen Überblick über die Entwicklung der Menschheit gibt und hier großes Gewicht der Landwirtschaft beimisst.[54] Hirten- und vor allem Bauerntum besaßen für ihn grundlegende Bedeutung, da diese nämlich eine sesshafte Lebensweise sowie eine Festigung der familiären und gesellschaftlichen Hierarchie begleitete. Nicht zuletzt entstand aus dieser

[52] Das letzte große Unternehmen Kramářs sollte nationalen Interessen dienen. Im Jahre 1870 erwarb Kramář ein Haus in Olmütz, wo er eine „nationale Buchdruckerei" einzurichten beabsichtigte, die als einzige ihrer Art in Mähren tschechische Bücher drucken sollte. Ursprünglich war ein Gemeinschaftsunternehmen beabsichtigt, in das mehrere Anteilseigner investieren sollten. Die nationalen Aktivitäten der meisten Eigner endeten, wenn es um deren Geld ging. Kramář richtete deshalb die Druckerei auf eigene Kosten ein, sein Kompagnon wurde Karel Prochazka. Kramář, *Příhody svého života* [Begebenheiten meines Lebens], Olomouc s. A., S. 349ff.

[53] *Ottův slovník naučný*, Bd. 7, Praha 1893, S. 278.

[54] *Rozjímání o vývinu člověčenstva* [Reflexionen über die Entwicklung der Menschheit]. In: Kramář, *Příhody svého života* [Begebenheiten meines Lebens], Olomouc s. a., S. 493–517.

Tätigkeit Besitz. Dies alles waren Werte, die Kramářs bürgerliche Sicht auf die Welt begründeten: „*Das Band der Familie, die Freude am Besitz, das Streben nach größerem Komfort und die Liebe zum Boden hat diese Welt bereits im Schweiße des Angesichts kultiviert, und die sie belebt haben, waren in erster Linie Faktoren, die die Menschheit allmählich diese Stufe erreichen Ließen, auf die sie sich im Verlaufe der Zeit hinaufgearbeitet hat.*“[55]

Der letzte, vierte Teil seiner Erinnerungen ist eine bittere Zusammenfassung der wirtschaftlichen und gesellschaftlichen Veränderungen, die Kramář im Laufe seines Lebens erlebte.[56] Im Alter von 64 Jahren, als ihm offenkundig allmählich die Energie zu verlassen begann, erschien ihm die Welt in einem noch schlimmeren Licht. Wenngleich aus dem bisher Gesagten deutlich wird, dass Josef Kramář relativ erfolgreich war und es ihm entscheidend gelang, seinen wirtschaftlichen, sozialen und gesellschaftlichen Status zu verbessern, blickte er selbst auf diese Entwicklung überraschenderweise wesentlich skeptischer zurück und fühlte sich in seinen Hoffnungen enttäuscht. Wieder und wieder kehrte er in seinen Memoiren in das Jahr 1848 zurück, um die Veränderungen, die dieses Jahr hervorbrachte, am Ende zu verurteilen: „*Alles das hat die so genannte Freiheit aus dem Jahre 1848 bewirkt. Eine kaum zu verstehende Böswilligkeit und Intrigen, die nicht einfach zu durchschauen sind, vielleicht auch Kurzsichtigkeit und Aberwitz, sind in Zügellosigkeit, Verwüstung und Rohheit umgeschlagen, die der rohesten Zeit des Mittelalters hätten als Vorbild dienen können.*“[57]

Die Hauptprobleme, die Kramář in diesem Prozess erblickte, waren stets die gleichen. In erster Linie ging es um die Veränderung im Charakter der Produktion, wovon bereits berichtet werden konnte. In der Frage einer Lösung wurde freilich aus dem Mann der Tat ein verzweifelter Sittenprediger. Es zeigte sich, dass von allen wirtschaftlichen und sozialen Veränderungen Kramář am schmerzhaftesten die Devalvierung der sittlichen

[55] Kramář, *Příhody svého života* [Begebenheiten meines Lebens], Olomouc s. a., S. 498.

[56] Ebd., S. 399f. Kramář rekapituliert die Gedanken, die er in der eigenständigen Schrift „Unser Fortschritt in sozialer und moralischer Beziehung“, Olomouc 1878, veröffentlicht hatte.

[57] Kramář, *Příhody svého života* [Begebenheiten meines Lebens], Olomouc s. a., S. 404.

Werte berührte und er so den Akzent auf das Gebiet der Erziehung setzte: „So hätte sich zumindest eine Hauptseite des jetzigen Übels verbessert, da eine gute Erziehung die erste Bedingung für eine glückliche Gesellschaft darstellt."[58]

Auf sozialem Gebiet beunruhigte Kramář natürlich die „sich ausbreitende Armut" und er wollte sich gegen die *„weisen nationalökonomischen Institutionen"* stellen. Er fügt jedoch hinzu, dass trotz aller seiner Bemühungen auf seinem Weg durch das Leben er eher in die Rolle des Beobachters geraten war: *„Diese Dinge, die Eingrenzung der Armut, ein Ansporn, für das Allgemeinwohl einzutreten, und die Verbreitung guter Sitten, ergötzten meinen Sinn für die ganze Zeit und waren ein ständiger Gegenstand meines Nachdenkens. Die göttliche Vorsehung hat mir jedoch ein so wenig wirksames Betätigungsfeld zugewiesen, dass ich der Allgemeinheit nicht soviel zugute kommen lassen konnte, wie ich mir dies gewünscht hätte."*[59]

[58] Ebd., S. 404.
[59] Ebd., S. 404.

PERSONENREGISTER

AUTORENVERZEICHNIS

Zdeněk Bezecný, Wissenschaftlicher Assistent, Historisches Institut der Philosophischen Fakultät der Südböhmischen Universität in České Budějovice / Budweis

Pavel Cibulka, Wissenschaftlicher Mitarbeiter, Historisches Institut, Akademie der Wissenschaften der Tschechischen Republik in Brno

Lukáš Fasora, Assistant Professor am Historischen Institut der Philosophischen Fakultät der Masaryk-Universität in Brno

Jiří Hanuš, Assistant Professor am Historischen Institut der Philosophischen Fakultät der Masaryk-Universität in Brno

Milan Hlavačka, Professor am Institut für die Geschichte Tschechiens, Philosophische Fakultät der Karls-Universität in Praha

Kristina Kaiserová, Assistant Professor am Institut für slawisch-germanische Forschung der Philosophischen Fakultät der Purkyně-Universität in Ústí nad Labem

Marie Macková, Assistant Professor am Historischen Institut der Philosophischen Fakultät der Pardubice-Universität

Jiří Malíř, Professor am Historischen Institut der Philosophischen Fakultät der Masaryk-Universität in Brno

Pavel Marek, Professor am Historischen Institut der Philosophischen Fakultät der Palacký-Universität in Olomouc

Jiří Matějček, Historiker, Arbeitsstelle für historische Soziologie CLEO, Kutná Hora

Jana Nová, Wissenschaftliche Mitarbeiterin, Glas- und Bijouteriemuseum in Jablonec nad Nisou

Martin Rája, Wissenschaftlicher Mitarbeiter am Historischen Institut der Philosophischen Fakultät der Masaryk-Universität in Brno

Jakub Rákosník, Wissenschaftlicher Assistent am Institut für Wirtschafts- und Sozialgeschichte der Philosophischen Fakultät der Karls-Universität in Praha

Jiří Štaif, Professor am Institut für Wirtschafts- und Sozialgeschichte der Philosophischen Fakultät der Karls-Universität in Praha

Luboš Velek, Wissenschaftlicher Assistent am Institut für die Geschichte Tschechiens, Philosophische Fakultät der Karls-Universität in Praha

Jan Županič, Assistant Professor am Institut für Weltgeschichte, Philosophische Fakultät der Karls-Universität in Praha

DIE HERAUSGEBER

Lukáš Fasora (geb. 1972), Historisches Institut der Philosophischen Fakultät der Masaryk-Universität, widmet sich der Sozialgeschichte des 19. und 20. Jahrhunderts in den böhmischen Ländern, vor allem der Problematik der bürgerlichen Schichten im Rahmen der gemeindlichen Selbstverwaltung. Er ist Autor der Publikation *Svobodný občan ve svobodné obci* (Der freie Bürger in der freien Gemeinde, 2007).

Jiří Hanuš (geb. 1963), Historisches Institut der Philosophischen Fakultät der Masaryk-Universität; Zentrum für das Studium der Demokratie und Kultur, befasst sich mit der Kultur- und Kirchengeschichte des 19. und 20. Jahrhunderts. Autor der Publikation: *Skrytá církev. Felix M. Davídek a společenství Koinótés* (Die verborgene Kirche. Felix M. Davídek und die Gesellschaft Koinótés, 1999), *Historie moderní doby* (Geschichte der Gegenwart, 2004), *Katolická církev v Československu 1945–1989* (Die katholische Kirche in der Tschechoslowakei 1945–1989, 2007).

Jiří Malíř (geb. 1949), Historisches Institut der Philosophischen Fakultät der Masaryk-Universität, beschäftigt sich mit der Geschichte der politischen Parteien, Fragen der Gesellschaftsgeschichte sowie den tschechisch-deutschen Beziehungen im 19. Jahrhundert. Er ist Autor sowie Koautor u. a. folgender Publikationen: *Od spolků k moderním politickým stranám* (Von Vereinen zu modernen politischen Parteien, 1996), *Staročeši a mladočeši v Čechách, na Moravě a ve Slezsku* (Alttschechen und Jungtschechen in Böhmen, Mähren und Schlesien, 1998) sowie *Der mährische Landtag* (2000), *Politické strany. Vývoj politických stran a hnutí v českých zemích a Československu 1861–2004*, 1–2 (Die politische Parteien 1861–2004, 2005).